中国革命战争纪实

主编 侯树栋 范震江 刘统

解放战争

华东卷

刘统 著

人民出版社

总 策 划：陈有和　郇中建　乔还田

责任编辑：郇中建　侯　春　王一禾

　　　　　冀　良　张润生　崔继新

整体设计：曹　春

图书在版编目（CIP)数据

刘　统 著 －北京：人民出版社，2007.7

（中国革命战争纪实丛书／ 侯树栋　范震江　刘　统 主编）

ISBN 978-7-01-002806-4

Ⅰ.中... Ⅱ.刘... Ⅲ.第三次国内革命战争－史料－华东地区

Ⅳ.K266-6

中国版本图书馆 CIP 数据核字（98）第 14022 号

书　　　名	中国革命战争纪实·解放战争·华东卷
	ZHONGGUO GEMINGZHANZHENG JISHI
	JIEFANGZHANZHENG HUADONG JUAN
作　　　者	刘　统 著
出版发行	人民出版社
	（北京朝阳门内大街 166 号　邮编　100706）
邮购地址	100706 北京朝阳门内大街 166 号人民东方图书销售中心
邮购电话	(010)65132886　65250042　65289539
印　　　刷	北京中科印刷有限公司印刷　新华书店经销
版　　　次	1998 年 12 月第 1 版　2007 年 7 月第 2 版第 2 次印刷
开　　　本	787 毫米×1092 毫米 1/16　印张 42.5　插页：10
字　　　数	571 千字
印　　　数	0,001—5,000 册
书　　　号	ISBN 978-7-01-002806-4
定　　　价	125.00 元

向苏北转移的部队通过浮桥，迅速开进。

人民解放军战士守卫在刚刚攻克的山东邹平县政府门前。

人民解放军战士
紧追逃敌。

"三人小组"到山东视察，陈毅司令员（前左三）等前往迎接。

民兵缴获的枪支。

淮海战役总前委成员。左起：粟裕、邓小平、刘伯承、陈毅、谭震林。邓小平
为总前委书记。

中原人民推着
小车运送弹药、物
品，对战争的胜利
作出了重要贡献。

1949年1月6日，华东野战军在中原野战军配合下，对杜聿明集团发起总攻。

人民解放军全歼国民党军第二、第十三两兵团，生俘国民党徐州"剿总"副总司令杜聿明（左二）。

人民解放军东集团部队奋勇渡江，当地船工自告奋勇，为人民解放军撑船掌舵。

这是被人民解放军击伤的英国军舰"紫石英"号。

南麻、临朐战役华东野战军共歼敌一万六千余人。这是我炮兵在战前擦拭火炮。

1948年6月20日，我军占领国民党军河南省保安司令部。

我突击队冲向济南城东南角突破口。

我华东野战军担任主攻的三个纵队全歼黄百韬兵团。这是某部二连冲进黄百韬兵团在碾庄圩的司令部。

被押送后方的大批俘虏通过上海市南京路。

目录

总　序

　　今年8月1日，是中国人民解放军诞生80周年的纪念日。从诞生之日起，这支中国共产党领导下的革命军队，就与国内外的强大敌人展开了浴血奋战，在人民群众的大力支持下，前仆后继，百折不挠，经过长达22年的英勇斗争，终于推翻了帝国主义、封建主义和官僚资本主义的反动统治，建立了中华人民共和国，谱写了一曲天翻地覆、乾坤更替的壮丽史诗。在纪念中国人民解放军建军80周年之际，由人民出版社和军队专家学者共同策划、撰写的《中国革命战争纪实》系列丛书问世了。当看到这部14卷15本的恢弘巨著时，作为亲身经历这支革命军队艰难历程的一名老战士，我仿佛又回到了炮火连天的战争岁月，心潮澎湃，思绪难平。

　　发生在20世纪上半叶的中国革命战争，是中国历史上一幅波澜起伏、辉煌绚烂的壮丽画卷。1927年8月至1937年7月进行的土地革命战争，是中国共产党为实现民族独立和解放而独立领导武装斗争的伟大开端。这一时期，党和中国工农红军开始创建农村革命根据地，深入开展土地革命，以游击战、带游击性的运动战，先后多次粉碎国民党军的"进剿"、"会剿"和"围剿"。在反"围剿"斗争遭受严重挫折的情况下，主力红军进行了举世闻名的二万五千里长征，使革命转危为安，并打开了中国革命的新局面。留在南方根据地的红军和游击队则进行了三年艰苦卓绝的游击战争。1937年7月至1945年8月进行的抗日战争，是在中国共产党倡导的、以国共合作为基础的抗日民族统一战线旗帜下，由全国各族人民和海外爱国侨胞广泛参加的全民族抗战。抗战伊始，中国共产党就提出了全民族全面抗战的总路线和持久战的总方针，并领导八路军、新四军、华南抗日纵队和东北抗日联军等武装，独立自主地开展敌后游击战争，创建抗日根据地，开辟了广阔的敌后战场，成为全民族抗战的中流砥柱，并最终迎来了抗日战争的伟大胜利。这不仅是中华民族百余年来反抗帝国主义侵略所取得的第一次完全胜利，也为世界反法西斯战争的胜利做出了重要贡献。1945年9月至1950年6月进行的解放战争，是中国革命力量与反革命力量的总决战。在中共中央、中央军委正确领导下，人民解放军以自卫战争粉碎了国民党军的全面进攻和重点进攻，随后适时转入战略进攻，将战争引向国民党统治区域，果断发起战略决战，消灭了国民党军主力，随后向全国进军，展开战略追击，解放了除台湾、澎湖、金门、马祖等少数岛屿以外的全部国土，迎来了中华人民共和国的诞生。从此，中国彻底摆脱了半殖民地半封建社会的悲惨命运，真正实现了民族的独立、解放和富强。没有中国革命战争的胜利，就没有新中国，也就不会有今天中华民族的繁荣昌盛。

中国革命战争长达22年，历时之久、规模之大、条件之艰苦、历程之复杂、胜利之辉煌，为中外战争史所罕见。在指导这场战争的过程中，以毛泽东同志为代表的中国共产党人，把马克思列宁主义普遍原理与中国革命战争的具体实际相结合，不但指引中国革命战争取得了最后胜利，而且形成了马克思主义中国化的军事理论成果，这就是毛泽东军事思想。它既是中国共产党人集体智慧的结晶，也包含着亿万人民群众和人民军队广大指战员的斗争经验与创造精神。周恩来、朱德、刘少奇、任弼时等同志都对毛泽东军事思想的形成有过重要的理论贡献。但这一思想体系之所以用毛泽东同志的名字来命名，是与毛泽东同志个人的独特贡献分不开的。在土地革命战争时期，毛泽东同志率先在井冈山斗争中实行"工农武装割据"，开辟了农村包围城市、武装夺取政权的革命道路。1929年，毛泽东同志主持起草的《古田会议决议》，成为坚持党对军队绝对领导、建立无产阶级新型人民军队的纲领性文件。毛泽东同志和朱德同志提出的游击战"十六字诀"，奠定了我军战略战术的基石；在三次反"围剿"斗争中，毛泽东同志又提出了"诱敌深入"的积极防御作战方针，并在实践中形成了战略退却、战略反攻理论以及慎重初战，集中兵力，打运动战、速决战、歼灭战等作战原则。土地革命战争时期，毛泽东军事思想的基本内容就已经产生。红军长征到达陕北后，毛泽东同志总结土地革命战争的经验,写下了《中国革命战争的战略问题》一书,成为毛泽东军事思想形成理论体系的重要标志。抗日战争爆发后,毛泽东同志又写下了《抗日战争的战略问题》、《论持久战》等军事名著,阐明了抗日游击战争的重要战略地位以及抗日游击战争的战略战术原则。在这些原则指导下,我党领导的抗日武装不但坚持了8年之久的敌后抗战,消灭了大量日伪武装,而且自身力量得到了空前发展。在1945年党的七大上,朱德同志作了《论解放区战场》的报告,全面阐述了以人民军队、人民战争、人民战争的战略战术为基本内容的毛泽东军事思想。在解放战争中,毛泽东同志又写下了大量军事著作和文电,进一步丰富了积极防御和运动战思想,而且创立了转入战略进攻、进行战略决战和战略追击的系统理论,使毛泽东军事思想的理论体系更加完善。人民军队由小到大、由弱到强、不断以劣势装备战胜强敌的历程,充分证明了毛泽东军事思想的正确与伟大。其中所蕴涵的战争指导真谛,永远是我军克敌制胜的思想源泉。

中国革命战争,是一部荡气回肠的革命英雄主义史诗;中国人民解放军,是一支英雄辈出的伟大军队。1955年我军首次授衔时,朱德同志等10人被授予元帅军衔,粟裕同志等10人被授予大将军衔;被授予上将军衔的57名,被授予中将军衔的175名,被授予少将军衔的800名。这一千多名将帅,无不是身经百战、功勋卓著、令敌人闻风丧胆的沙场猛将。中国人民解放军从诞生的第一天起,便具有一往无前的革命精神,不仅在战略战术上高敌一筹,而且能以高昂的士气压倒一切敌人,从而创造出无数战争史上的奇迹。这些战争奇迹的背后,是中国共产党坚强正确的领导,是人民军队广大官兵为了共产主义理想而献身的崇高信念,是中华民族吃苦耐劳、百折不挠的优秀品格。人民军队这种不怕牺牲、视死如归、敢打必胜的英雄气概,是激励新一代军人建功立业的宝贵精神财富。

每当回想起当年这段血与火的斗争历史,我便常常怀念那些牺牲了的战友和同志。在中国革命战争中,无数先烈为革命事业献出了生命。他们既包括人民军队的重要领导者,如叶挺、许继慎、蔡申熙、段德昌、曾中生、黄公略、方志敏、刘志丹、左权、彭雪枫、罗炳辉、杨靖宇等同志,也包括千百万的史书上不见姓名的烈士。据不完全统计，在中国人民解放军的历次战役、战斗中，先后有一百多万指战员牺牲于战场，仅师以上干部就有两千多人。他们中的大多数人牺牲时都很年轻，风华正茂，为了共产主义理想抛头颅、洒热血，他们是那一代中国人"我以我血荐轩辕"、以身许国的真实写照。没有这些先烈血染疆场，就不会有民族的独立和富强，更不会有我们今天的和平与安宁。人民将永远记住他们！

　　中国革命战争史，是一个巨大的精神和思想宝库，值得我们去深入挖掘。为了全方位描绘中国革命战争史，从1995年开始，人民出版社便与中国人民解放军军事科学院和国防大学的专家、学者开始策划并着手写作《中国革命战争纪实》系列丛书，历时寒暑12载，终于完成了这项宏大工程。这是一件极有意义的事情，也是对中国人民解放军建军80周年的最好纪念。《中国革命战争纪实》这套丛书，共包括14卷15本，分为土地革命战争纪实(4卷5本)、抗日战争纪实(4卷)、解放战争纪实(6卷)。这套丛书的作者，都是具有专业功底的军事历史和军事理论科研与教学人员。他们通过丰富的史料和生动的笔触，把当年这场波澜壮阔的革命战争全方位地展现给读者。希望广大读者能够通过这套丛书，更好地了解中国革命战争的历史和人民军队的优良传统，以利于更好地把握今天、面向未来，以昂扬向上的精神风貌投身于建设社会主义和谐社会的伟大事业。

张蕃

二〇〇七年四月

第*1*章

全线出击

我军将领们乘美国军用飞机返回前线——中央部署大反攻——陈毅受命回华中——新四军出击大江南北——上海起义计划暂停——山东五路大军进展神速——毛泽东决定去重庆谈判——对江南地区的战略考虑

1945 年 8 月 25 日上午，延安东关机场，一架美国军用运输机在轰鸣声中腾空而起，向东方飞去。

这是一次非同寻常的航行，窄小的机舱里拥挤地坐满了二十多人。他们是来延安出席中国共产党第七次全国代表大会的各抗日根据地的代表刘伯承、邓小平、陈毅、林彪、陈赓、薄一波、萧劲光、李天佑、邓华、陈锡联、陈再道、宋时轮、滕代远、张际春、杨得志等。此刻，他们都怀着急迫的心情，恨不得马上回到各自的领导岗位。

时局变化太快了。两个月之前党的"七大"闭幕时，毛泽东等中共中央领导人对形势的估计是：虽然德国法西斯已经灭亡，但彻底打败日本侵略者尚需时日。1945 年 6 月中央给南下支队负责人王震和广东省委的指示中说："对日战争，今年尚不能达到最后决战阶段，明年可能有大变化。""美军由欧东调，需要时间，日美决战当在明年夏季以后。"①因此，"七大"闭幕后，毛泽东没有急于要各根据地的主要负责人立即返回，而是让他们再等一段时间，以便中央研究下一步的工作计划和人事调整。

8月9日，无线电广播中突然传来振奋人心的消息：苏联对日本宣战了！数十万苏联红军以排山倒海之势进入中国东北，向日本"关东军"发起进攻。在此之前，根据苏、美、英三国雅尔塔协议，苏方对这一重大军事行动采取了严格保密，没有通知中共中央。毛泽东的秘书师哲回忆："在苏军进入我国东北之前，我们并不知道苏军的动向。不管是苏联方面，还是在苏军中工作的我方人员——如刘亚楼、周保中等同志，都没有向我们透露过任何消息。看来苏联是认真遵守同英美达成的秘密协定，即只同中国国民政府打交道。"

平静的延安顿时忙碌起来，党中央领导人日夜紧张工作。毛泽东把办公地点从他的窑洞移到枣园小礼堂，一面同各根据地领导人谈话，一面挥笔疾书，起草给各地的电报、指示。他忙得连饭也顾不上吃，工作人员就把馅饼、面包、西瓜放在办公桌上，让他饿了随时拿一块吃。小礼堂四周摆上一圈长条靠背木椅，干部们坐在那里等候毛主席的召见，受领任务。②

当时中央最重视的是山东和华中根据地。山东是以八路军115师为骨干，加上几个分区的地方部队，控制着鲁西南、鲁中、山东半岛等地区，由罗荣桓同志在那里主持。华中是新四军活动的地区，在苏中、淮北、浙东拥有大片根据地，此时由饶漱石在主持。这两个地区经过八年抗战，已经奠定了坚实的基础，是最有利于我党我军大发展的地方。毛泽东的计划是要抢在国民党军队之前，指挥我军接收日伪占领区，猛烈扩大解放区。他要派最得力的干部去加强和领导那里的工作。

中央领导人经过研究，决定派林彪去山东，让陈毅仍然回华中。对此，林彪是非常满意的。115师是他的老部队，可以放手去干。而陈毅却有几分

① 《中共中央文件选集》第15卷。
② 师哲：《在历史巨人身边》第9章第1节。

顾虑：他不会忘记1943年10月期间，在盱眙县黄花塘的新四军军部，华中局代理书记、新四代政委饶漱石发起了一场对他的批判斗争。饶漱石罗织罪名，诬陷陈毅"历史上一贯反对毛主席"，企图把陈毅整倒，排挤出新四军。直到毛泽东来电要陈毅到延安出席党的第七次代表大会，陈毅才得以脱身。但是在延安，毛泽东不愿意听陈毅的申诉，而是要他先作自我批评。陈毅听从了毛泽东的劝告，在整风期间进行了认真的自我检查，在"七大"上被选为中央委员。此时，当毛泽东要他回华中工作时，陈毅考虑到与饶漱石的关系，坦诚相告：回华中去恐怕没有事情做，不起作用。毛泽东说：怎么不起作用，只要你坐在那里就起作用！陈毅看毛泽东这样说，就答应下来。为了让陈毅能顺利开展工作，毛泽东于8月26日陈毅乘飞机走后致电华中局：

"陈毅同志昨日飞抵太行，转赴华中。陈态度很好，一切问题均谈通。分工：饶为书记及政委，陈为军长及副书记，其余不变。"①

在那些日子里，毛泽东和中共中央负责人与各根据地保持着密切联系，频繁往来电报，下达命令，部署反攻和向日伪占领区进军的行动。8月11日，毛泽东在起草的《中央关于日本投降后我党任务的决定》中说："目前阶段，应集中主要力量迫使敌伪向我投降，猛力扩大解放区，占领一切可能与必须占领的大小城市与交通要道，夺取武器与资源，并放手武装基本群众，不应稍有犹豫。8月10日和11日两天，周恩来同志起草了延安总部的第一到第六号命令，以朱德总司令的名义命令解放区各部队前往敌占区接管受降。任弼时同志也为中共中央起草了几份重要指示。8月10日，在致中共中央华中局的电报中，要新四军采取"重点主义"，集中主力占领津浦、沪宁两线，并向长江以南的城市进军。要新四军军部"即日发表江苏、浙江、安徽三个省主席，上海、南京两个市长。"②遵照中央指示，华中局书记、新四军政委饶漱石发表粟裕为南京市市长、刘长胜为上海市市长的委任声明。

① 《陈毅传》第7章第1节。
② 《毛泽东年谱》。

　　延安的行动，急坏了在重庆的蒋介石。8月11日，他也连发三道命令。一是要国民党各战区部队"加紧作战努力，一切依照既定军事计划与命令积极推进，勿稍松懈。"二是命令沦陷区伪军"维持治安，保护人民。非经蒋委员长许可，不得擅自迁移驻地。"三是特地命令第18集团军（八路军）"该集团军所属部队，应就原地驻防待命。政府对于敌军之缴械、敌俘之收容、伪军之处理及收复地区秩序之恢复，均已统筹决定，分令实施。为维护国家命令之尊严，恪守盟邦协议之规定，各部队均勿再擅自行动。"

　　毛泽东收到蒋介石的电报，怒不可遏。华北、华中、山东大片的敌后抗日根据地，都是共产党领导的八路军、新四军和游击队打出来的。如今胜利到来，不让我军去受降，是何道理？他奋笔疾书，在8月13日以朱德总司令的名义，给蒋介石回电指出："这个命令你是下错了，而且错得很厉害。使我们不得不向你表示：坚决地拒绝这个命令。因为你给我们的这个命令，不但不公道，而且违背中华民族的民族利益，仅仅有利于日本侵略者及背叛祖国的汉奸们。"当天，毛泽东在延安干部会议上发表了长篇讲演《抗日战争胜利后的时局和我们的方针》。提出了"针锋相对，寸土必争"的战斗口号。

　　但是，怎样与蒋介石进行争夺，中央的考虑还不是很成熟。毛泽东的眼睛盯住广大农村。8月12日在给各中央局、各区党委的指示中说："太原以南之同蒲路，郑州以西之陇海路及以南之平汉路，长江以南各要道及大城市根本不作占领计划，而置重点于占领广大之乡村。在城市及要道未取得前，乡村仍是我党的根据地。"同日，陈毅代中央军委起草了给华中局的指示："江南方面立即有计划分路发动进攻，占领吴兴、长兴、宜兴、郎溪诸城镇及太湖西岸各地及浙西敌区各地。并在以上各地造成一些片的（包括城镇）统一的广大农村局面。对京沪沿线苏州、无锡、武进、镇江、丹阳等城相机占领，不可能时即不要去，能占领时亦不宜作久住之计。江南的任务是占领各城镇后，即放手发动群众，扩大部队武装，囤积资财，布置内战战场。……江北方面，应将津浦路以东、长江以北、陇海以南、运河两岸这块地区打成一片，占领所有城市，解放所有地区，打定长期巩固根据地的基础。"

　　根据中共中央的指示,各根据地都积极行动起来,向日伪军盘踞的据点和县城发起攻击。在江北,张爱萍指挥新四军4师收复淮北的宿迁、泗县、泗阳三县;罗炳辉指挥新四军2师攻克淮南的定远、嘉山、天长、六合等县城;谭希林指挥新四军7师攻克无为县城;黄克诚指挥新四军3师攻克沭阳、涟水等城。在江南,粟裕、叶飞指挥苏浙军区一、三、四纵队连克长兴、溧水、溧阳、金坛等县,解放了江阴、无锡、常熟三角地带的大多数乡镇。短短一个多月时间,华中、淮北、淮南根据地基本上联成一片,江南、浙西地区根据地也有很大的发展。

　　8月20日,华中局饶漱石得到上海传来的消息,说地下党组织了几十万工人准备武装起义,等待我军去支援接应。饶漱石致电中央,请求发动上海起义。毛泽东立即回复两电表示同意。第一电说:"你们发动上海起义的方针是完全正确的,望坚决彻底执行此方针。并派我军有力部队入城援助。其他城市如有起义条件,照此办理。"第二电说:"速发动京沪杭三角区内数百万农民武装起义,策应上海起义。从江南、江北分派数十支武工队及大批军政干部,分布各县为核心。"但是想了一夜,8月21日毛泽东又给华中局发去电报说:"关于上海起义问题,我们过细考虑结果,认为在目前起义,对我们和人民是不利的,应即照本日午电停止起义。保存我们在工人及其他人民群众中的组织基础,以便将来能够进行民主运动。"①事实证明毛泽东的决断是正确的,当时饶漱石命令叶飞带部队前往上海,他们集合队伍准备上船,得到中央停止行动的命令。事后得知,所谓几十万工人准备起义的情况是上海个别人虚报的,当时我党还不具备接管上海的条件。②

　　山东形势的发展也同样令人振奋。8月10日,中共山东分局书记、山东军区司令员兼政委罗荣桓接到中央指示:"山东军区有占领德州、济南、徐州、青岛、连云港及其他大小城市交通要道之任务。"要求他们"迅速进攻与招降伪军,争取群众,扩大部队","将山东行政委员会宣布为正式省政

①　《中国人民解放军第三次国内革命战争史料选编》第1辑第1册。
②　《叶飞回忆录》第22章。

府。"罗荣桓立即召集会议，向干部们传达中央指示精神，下达了进军的命令。13日，山东行政委员会宣布改为山东省人民政府，黎玉为主席。山东八路军和地方部队迅速进行整编，组成一线的8个师、12个警备旅。按照鲁中、鲁南、滨海、渤海、胶东5个军分区编成五路大军，动员了10万民工支援，山东大地展现出空前规模的大反攻和大进军的热潮。

鲁中军区部队在王建安、罗舜初指挥下，连克临朐、博山、莱芜、周村、益都等城市，切断胶济铁路，逼近济南。滨海军区部队在陈士榘、唐亮指挥下，占领日照、青口，切断陇海线东段，逼近海州、连云港；又北上切断胶济线东段，解放胶县。胶东军区部队在许世友、林浩指挥下，解放了威海卫、烟台、蓬莱、即墨等山东半岛大部分城镇，逼近青岛。渤海军区部队在杨国夫、景晓村指挥下，解放了昌邑、临淄、广饶、邹平、吴桥等地，切断了胶济线中段，与鲁中军区部队会合，逼近济南。鲁南军区部队在张光中、王麓水指挥下，切断津浦线，解放泗水、曲阜、台儿庄，逼近兖州。短短半个月内，山东部队战果辉煌，解放了山东境内40多座县城，将残存的山东日伪军压缩在胶济、津浦铁路沿线的少数孤立城市中。①

蒋介石对共产党方面的积极行动感到焦急不安。抗日战争的胜利，使蒋介石达到了他一生中最辉煌的顶点。他不仅得到了美国、英国的支持，苏联也与他的政府签订了《中苏友好同盟条约》，承认他的正统地位。天时、人和，都让蒋介石占据。唯有地利这方面不占优势，国民党的精锐部队都远在中、缅边境和云南、四川大后方。要想用西南地区现有的破烂交通工具将如此之多的政府官员、军队运送到东部沿海和平原的各个城市，没有半年十个月是办不到的。而共产党的军队就挨着敌占区，迈开双腿就到。蒋介石必须要想一个冠冕堂皇的办法，阻止共产党的进军。于是，蒋介石在8月14日、20日和23日连发三封电报，打着"和平建国"的旗号"恳词"邀请毛泽东来重庆谈判，并表示已经准备好飞机来接毛泽东。

蒋介石的这一着确实厉害，当时全国上下渴望和平，重庆方面的舆论都

① 《罗荣桓传》第17章第2节。

表示拥护。斯大林也来电报要中共中央去谈判。如何应付这个复杂局面，8月23日中共中央政治局举行扩大会议，分析国内外形势，商讨对策和下一步行动方针。毛泽东在会上作了长篇发言。他说："我们可能在两种情况下进入和平建设阶段，一种是可以得到一部分大城市，一种得不到。现在是得不到了。原因有二：一是苏联为了国际和平和受中苏条约限制，不可能帮助我们；二是蒋利用合法地位，使日本完全投降他。我们只能承认这个事实。只能在得不到大城市的情况下进入和平阶段。"

毛泽东清醒地分析了蒋介石的有利条件，同时也列举了解放区目前的有利条件。他说："我们现在新的口号是：和平、民主、团结（过去是抗战、团结、进步）。和平是能取得的，因为苏美英需要和平，不赞成中国内战。中国人民需要和平。国民党也不能下决心打内战，因为他的摊子未摆好，兵力分散，内部矛盾，加上解放区的存在，我们不易被消灭。"毛泽东估计今年的局面蒋介石还不会发动大规模内战，但很可能是"打打停停，甚至可能要打痛他才能逼他让步""不可能设想在蒋的高压下，没有斗争可以取得地位。"所以，毛泽东说："这次谈判应该去，不能拖，而且估计也不会有什么危险。只要我们站稳脚跟，保持清醒的头脑，就不怕一切大风大浪。"

会议展开了激烈争论。主要是围绕毛泽东究竟去不去重庆的中心议题而展开。周恩来表示不愿意毛泽东去冒险。朱德则主张应该去。最后多数的意见是：周恩来先去重庆，毛泽东随后再去。

会议结束前，毛泽东再次发言说："我们要准备有所让步以取得合法地位，利用国会讲坛去进攻。我们很需要这样一个时期来教育全国人民，来锻炼我们自己。我是否去重庆？还是出去。出去的时机由政治局、书记处决定。先派恩来同志出去。我出去，决定由少奇同志代理我的职务，书记处另推陈云、彭真同志为候补书记，以便我和恩来同志出去以后，书记处还有五人开会。"他的建议得到了一致的同意。①

方针既定，中共中央立即安排有关的准备工作。因为参加中共第七次全

---

① 《毛泽东年谱》。

国代表大会，各战略区的领导人和主要将领还都在延安。现在迫切要求他们立即回到各自的岗位上去。就在 25 日这天，恰巧美军观察组的飞机要从延安飞往太行山区的黎城县，中央紧急决定，刘伯承、邓小平、林彪、陈毅、陈赓、薄一波等二十几位将领搭乘美军运输机返回各自地区。

上飞机之前，刘、邓向毛泽东请示。毛泽东说："我们的口号是和平、民主、团结，首先立足于争取和平，避免内战。我们提出的条件中，承认解放区和军队为最中心的一条。中间可能经过打打谈谈的情况，逼他承认这些条件。你们回到前方，放手打就是了，不要担心我在重庆的安全问题。你们打得越好，我越安全，谈的越好。别的法子是没有的。"

8 月 26 日，中央政治局再次开会，讨论去重庆谈判问题。毛泽东在会上宣布了他决心亲自去与蒋介石谈判的决定，并考虑到谈判期间可能要作出的妥协和让步。他说："去，这样，可以取得全部主动权。去重庆，要充分估计到蒋介石逼我作城下之盟的可能性，但签字之手在我。谈判自然必须作一定的让步，只有在不伤害双方根本利益的条件下才能得到妥协。我们准备让步的第一批地区是广东至河南的根据地，第二批是江南的根据地，第三批是江北的根据地，这要看谈判的情况，在有利条件下是可以考虑让步的。陇海路以北迄外蒙一定要我们占优势。东北我们也要占优势，行政大员是国民党派，我们去干部，那里一定有文章可做。如果这些条件还不行，那么城下就不盟，我准备坐班房……如果是软禁，那也不用怕，我正是要在那里办点事。"但是毛泽东估计这种情况不大可能发生。因为现在形势上是中国自己解决问题，实际上苏、美两国也介入了。大家都不愿意中国内战，国际压力是不利于蒋的独裁的。所以重庆是可以去，必须去。领导核心还在延安，延安不要轻易搬家。由于有我们的力量、全国的人心、蒋介石自己的困难、外国的干预四个条件，这次去是可以解决一些问题的。①

会后，毛泽东起草了《中共中央关于同国民党进行和平谈判的通知》。在通报了即将去重庆谈判的决定后，指出："中国反动派的内战阴谋，可能

① 《毛泽东文集》第四卷。

被挫折下去。如果国民党还要发动内战，它就在全国全世界面前输了理，我党就有理由采取自卫战争，击破其进攻。同时我党力量强大，有来犯者，只要好打，我党必定站在自卫立场上坚决彻底干净全部消灭之（不要轻打，打则必胜），绝对不要被反动派的其势汹汹所吓倒。""但是不论何时，又团结，又斗争，以斗争之手段，达团结之目的；有理有利有节；利用矛盾，争取多数，反对少数，各个击破等项原则，必须坚持，不可忘记。""你们绝对不要依靠谈判，绝对不要希望国民党发善心。""坚决依靠人民，就是你们的出路。"①

考虑到江南地区我军部队可能要作战略转移，毛泽东在8月24日特地给新四军负责人发出指示。电报中说："我党口号是和平、民主、团结。"因此，大城市不取军事占领政策，"力争占领小城市及乡村。""江南江北我军主力各就现地集结整训，恢复疲劳，养精蓄锐，准备于顽军进攻时，坚决、彻底、干净、全部消灭之（不要轻打，打则必胜，每次消灭其一部，各个击破之）。打得几个大胜仗，威震大江南北，对于促成国共和谈非常有利，顽军亦不敢轻视你们。"②

作好了一切安排之后，8月28日，毛泽东、周恩来、王若飞在专程前来的张治中、赫尔利的陪同下，乘飞机离开延安赴重庆谈判。举国上下都关注着这场历史性的国共谈判，究竟会取得什么样的结果。

①《毛泽东军事文集》第3卷。
②《毛泽东文集》第四卷。

第2章

"向北发展，向南防御"

重庆谈判的交锋——来自东北的好消息——中央下达战略指示——林彪、陈毅的新任务——山东部队北上——黄克诚率3师远征——新四军江南部队再次渡江——东江纵队到达烟台

9月的重庆，天气依然是那么炎热。站在阳光下，汗水很快就湿透了衬衫。但此时人们的心情比天气还热，毛泽东来重庆的消息已经引起了巨大的轰动。

从毛泽东走下飞机的那一刻起，他就成了各界关注的中心人物。人们对毛泽东表现的崇敬和热情，是蒋介石没料到的。为了显示出"国家领袖"的风度，他盛宴款待中共代表团，对毛泽东表示："任何问题皆可坦白提出，尽量发表意见。"然而在召集国民党要员商量对策的会议上，蒋介石定下三条基调：一、不得于现在政府法统之外来谈改组政府问题；二、不得分期或局部解决，必须现时整个解决一切问题；三、归结于政令、军令之统一，一切问题，必须以此为中心。他还说：对中共在政治方面的要求可予以宽容，而军事统一则严格要求，不稍迁就。①

---

① 《胡乔木回忆毛泽东》第14章。

毛泽东和蒋介石都懂得"枪杆子里出政权"的道理。蒋介石所谓的"政令、军令之统一",就是要共产党把解放区和军队交出来。毛泽东偏要给他一个针锋相对,"人民的武装,一枝枪,一粒子弹,都要保存,不能交出去"。

艰难的谈判开始了。周恩来、王若飞与国民党代表张群、张治中、邵力子、王世杰等唇枪舌剑,围绕着解放区和军队数额问题争得不可开交。国民党代表软硬兼施,当他们听到我方提出的方案是将解放区军队改编成16个军,48个师的数额时,连连摇头。蒋介石交代的底牌是共产党军队只能保留12个师,张群表示:"兄等此次所提条件,距离实在太远。"邵力子亦表示:"有数点根本无从讨论。"

王若飞指出:"今日我党客观之事实如何?即拥有120万军队,19个解放区政权。此种事实如不承认,而要用武力解决,则不仅为今日之国情所不容许,而且为我党坚决反对。"

周恩来补充说:"我党不仅事实上拥有敌后军队与解放区政权,而且拥有百余万党员。此百余万党员如何安置,必须有一过渡办法,我党所以要求几个省与几个市便即为此。"

邵力子说:"解放区为战时之状态,现在战事已结束,此事不应再提。"

周恩来严正指出:"事实依然存在。"

你说你的,我说我的,谈不成,只好休会。

以后的日子依然是在这样的争论中度过的。张治中说:"现在中央军队并非国民党之军队,乃是国家的军队。本党还政于民,则军队即是人民的军队。既然国民党已无军队,则中共系何理由要保持一党私有的军队?"

这种话是蒙骗不了人的。王若飞当场反驳:"在尚未实施宪政的现在,国民党处于党治时期,所说的中央军队实系国民党之军队。"

邵力子说:"如中共放弃武力与地盘,诚意奉之国家,则以蒋主席之精诚谋国,天下为公之做法,不仅不亏待中共,而将敬重不置。"

周恩来反驳:"我方提出的11条建议,无一项不是作相当让步,以期解决问题。"

鉴于国民党方面的顽固态度,毛泽东与大家协商,决定作适当让步。9

月19日会谈时，周恩来公布我方的新方案：中共军队缩编为20个师，我方撤出海南岛、广东、浙江、苏南、皖南、湖北、湖南、河南地区的八个解放区。但华北四省应由我方掌握，在其他一些省市中，也应有我方的相应地位。然而国民党代表仍然是摇头，张治中说："兄等所提华北四省主席应由中共推荐，省政由中共主持，此何异乎割据地盘？是否中共欲由此四省以北联外蒙，东北联东三省？果如此，则兄等实际作何打算，作何准备？"

面对这种攻击，王若飞愤然而起，大声说："那么中央将我党军队都消灭好了！"①

谈判桌上不解决问题，谈判桌以外的形势却在迅速地发生着变化。根据延安总部的命令，冀热辽军分区部队于8月中旬开始向东北进军。曾克林率领的部队在苏军配合下打开了山海关，于9月5日到达沈阳。他们在那里收集武器，扩充人马，放手大干起来。苏军统帅部感到不安，决定派人与延安取得联系。9月14日，曾克林与苏军代表一起乘飞机到了延安。

听到东北来人的消息，中共中央领导人喜出望外。当天下午，刘少奇主持中央政治局临时会议，听取曾克林的汇报。曾克林报告了他的部队进入沈阳的经过后，说：东北各地秩序混乱，到处堆积着武器和物资，无人看管，各种轻重武器都可以随便拿。任何人只要不打八路军和中央军的旗号，都可以自由进入东北。乘火车不用买票。在东北扩兵很容易，我们四个连进沈阳，一星期就扩大了四千人，还收编了一万多人的保安队，全都装备了新式武器。我们已经看守了沈阳各重要仓库和工厂，枪有几十万，大炮有几千门。弹药多得数不清。红军只占领大城市，中小城市和乡村都没有人管。

曾克林的汇报使得中央领导人都喜形于色。这真是天大的好事，东北遍地是物资武器，我们不去谁去？晚上，中央政治局继续举行会议，就东北局势展开热烈讨论。大家一致认为，东北工业基础雄厚，物产丰富，蒋介石还没有派军队进入东北，这是我党占领东北的大好时机。朱德兴奋地说："中央要迅速派人到东北去，要准备四十至六十万军队。"刘少奇原来就打算建

---

① 参见《重庆谈判纪实》。

立中共中央东北局，曾克林的汇报促使他下了决心。经过讨论，会议通过两项决议：

一、立即成立东北局，以彭真为书记，陈云、程子华、林枫、伍修权为委员，马上随苏军飞机去沈阳。

二、从华中、华北派遣100个团的干部去东北。"不带武器，穿便衣作为劳工到满洲找东北局。"

事不宜迟，9月17日彭真、陈云等搭乘苏军飞机前往东北。刘少奇等中央负责人连续向重庆中共代表团发报，向毛泽东汇报这个重大消息，并商量下一步的行动计划。刘少奇、朱德、任弼时提出党的战略方针应该是"向北推进，向南防御"。为了避免主力分散，处处陷入被动的局面，建议新四军在江南的主力立即转移到江北。从华东、华中抽调10万部队北上。

毛泽东在重庆已有20天，谈判还是毫无结果。9月15日以后，延安方面的电报突然增多，东北的好消息使毛泽东精神振奋。9月17日毛泽东、周恩来复电延安，完全同意组建东北局和力争东北的决策。并且指出：东北及热河、察哈尔控制在手，全党团结一致，什么也不怕。9月19日，毛泽东再次电复延安，完全同意"向北发展，向南防御"的战略方针。并对人事安排做了重要调整。

根据毛泽东的指示，刘少奇为中央起草了《目前任务和战略部署》的指示，于9月19日发往各中央分局。指示中说："国共谈判暂时很难有结果。国民党军队在敌伪掩护下业已进入许多大城市及交通要道，并有进入北平、天津之可能。伪军几乎全部为国民党掌握。热河及察哈尔两省我必须全部控制，东北全境我亦有控制可能，但红军在12月初将全部撤离东北，我必须迅速作妥善部署，方能保障我党对于东北的控制。"

为了完成战略目标，中央的部署是："山东主力及大部分干部迅速向冀东及东北出动。第一步，由山东调三万兵力到冀东，协助冀热辽军区肃清伪军，开辟热河工作，完全控制冀东、锦州、热河。另由山东调三万兵力，进入东北发展，并加装备。"

"华东新四军（除五师外），调八万兵力到山东和冀东，保障与发展山东根据地及冀热辽地区。浙东我军即向苏南撤退，苏南、皖南主力即撤返江北。”

“成立冀热辽中央局，并扩大冀热辽军区，以李富春为书记，林彪为司令。罗荣桓到东北工作。将山东局改为华东局，陈毅、饶漱石到山东工作。现在的华中局改为分局，受华东局指挥，其人员另行配备。”

中央指示最后说：“全国战略方针是向北发展，向南防御。只要我们能控制东北及热、察两省，并有全国各解放区及全国人民配合斗争，即能保障中国人民的胜利。”①

此时，陈毅、林彪一行正在向河南濮阳进发。8月25日他们乘飞机在晋南的黎城机场降落后，即与刘伯承、邓小平告别，在冀鲁豫军区司令员杨得志和一支小分队的护送下，匆匆赶路。途中他们收到军委指示：为了配合重庆谈判，促成国内和平，要林彪、萧劲光指挥在中原打一个大战役。当时，国民党何柱国部正向徐州前进，白崇禧的桂系部队正沿津浦铁路北上。林彪、萧劲光分析了敌情，电告军委：“我们意见，应在徐州、开封之间占领陇海路一段，屯集重兵，寻求胜仗，以威胁蒋军各路北上部队之整个部署。威胁平汉、津浦两铁路，以造成华北、华中之联系。”军委同意他们的意见，于8月30日命令各军区：以林彪、萧劲光指挥冀鲁豫军区两万人、山东军区部队及新四军4师组织陇海路战役。②

9月10日，林彪在通过平汉铁路之前给罗荣桓发出一封电报，要他转告军委：“陇海路情况不明，对陇海战役问题希能作最后决定。”情况很快发生了变化，9月23日，刘少奇紧急致电冀鲁豫军区司令宋任穷：“请设法转告陈毅，因中央有新的部署，决定新四军主力及陈、饶二人均到山东工作，望你及你所率之军事干部取捷径直到山东，接替罗荣桓的职务，以便罗能迅速去东北。林、萧已决定不去山东，直去冀东履行新的任务。”

26日陈毅和林彪在濮阳获悉中央指示，立即分手。一个向东，一个向

---

① 《刘少奇选集》上卷。
② 军委一局编：《山东我军行动部署摘报》。

北，日夜兼程。各根据地的部队也根据中央"向北发展，向南防御"的战略方针，开始了一场大调动。

罗荣桓在山东正忙得不可开交。9月初他指挥鲁中部队攻克临沂，并将军区和省委机关迁到那里。就在各分区部队忙于攻占县城乡镇时，又接到中央要求他们派先遣部队渡海北上的命令。中央在8月下旬就命令滨海军区万毅部渡海北上，因为没有部队接防，拖延了些日子。中央对此很不满意，几次批评山东方面行动迟缓。9月19日，中央向各分局传达了"向北发展，向南防御"的战略方针后，9月20日，刘少奇电告山东分局："发展东北控制冀东、热河进而控制东北，除去各地派去之部队和干部外，中央是完全依靠你们及山东的部队和干部。原则上以山东全部力量去完成这个任务，其他各地加以帮助。"要求"罗荣桓及萧华望能很快到东北，林彪到冀东。"9月28日，中央电告罗荣桓："向东北和冀东进兵及运送干部是目前关系全国大局的战略行动，对我党及中国人民今后的斗争，有决定的作用。在目前是时间决定一切，迟延一天即有一天的损失。"第二天下达严厉的命令："必须在二十天至一月内渡过二三万部队和干部，否则决不能完成你们的战略任务。""必须用全力迅速组织渡海，再不能容许片刻迟缓。"①

但是，主持山东军区工作的罗荣桓却无法立即动身。因为陈毅还在途中，山东这一摊也很重要，不能扔下就走。再说，罗荣桓的肾病越来越重，已经卧床不起。军令如山，罗荣桓忍着腰痛，调遣人马，一部分由萧华指挥走海路，一部分过黄河北上走陆路，许世友、王建安等留在山东，接受陈毅指挥。

10月5日，陈毅长途跋涉一个多月后，到达临沂。罗荣桓见到这位井冈山的老战友，非常高兴。他抓紧时间向陈毅交代山东的工作，同时开始组织山东各主力部队进军东北的准备工作。配备干部，整编部队，设置兵站，筹集粮食，制订渡海和陆地行军路线。

10月10日，旷日持久的重庆谈判终于有了结果。蒋介石迫于国内各界

---

① 《中国人民解放军第三次国内革命战争史料选编》第1辑第1册。

压力，也作了一些让步。国共双方签署了"双十协定"，在解放区与军队的问题上，虽然国民党方面拒绝承认解放区的合法地位，但同意"维持现状"，承认了它的存在。共产党方面同意将军队缩编为20个师，并撤离江南的根据地。事后证明，蒋介石决心消灭共产党人的立场没有任何改变，协议不过是一纸空文。而毛泽东在重庆期间，通过会晤各界人士，宣传党的方针政策，真正赢得了人心，这才是他重庆之行的最大收获。

10月11日毛泽东回到延安后，立即投入紧张的工作，部署催促进军东北的行动。25日，毛泽东又给陈毅、罗荣桓等下达严厉的渡海命令："渡海与野战并重，而渡海最急。""请罗、李精密组织渡海，务使每日不断，源源北运。山东应出之兵，请分别陆行、海运，下月必须出完，并全部到达辽宁省，那边需用至急，愈快愈好。"①其实，罗荣桓和山东军区领导未敢稍有怠慢，10月24日，罗荣桓接到中央来电，要他"率轻便指挥机关，日内去东北"。当天，罗荣桓带领参谋处长李作鹏、情报处长苏静、国际友人罗生特医生等，乘汽车离开临沂去胶东。肾病严重的罗荣桓一直在尿血，在通过敌占区时，既不能乘车，又不能骑马，只好由战士用担架抬着行军，其痛苦可想而知。11月5日，他们到达龙口海滨。胶东军区司令员许世友正在指挥各部队渡海。码头上挤满了征集来的帆船、汽船。（据萧华回忆，当时征集到小汽船三十余只，每只可载七八十人；小帆船一百四十多只，每只可载二三十人。）为了执行中央的命令，在没有气象预报，没有导航设备，缺乏通讯联络的条件下，只要不是赶上狂风暴雨天气，一条条满载战士的小船就从港口强行出海，向辽东半岛驶去。

这次山东部队的大搬家规模空前，也是争夺东北战略上具有决定性意义的一步。根据东北军区后来的统计，陆续到达东北的山东部队有：

万毅率领的滨海支队，约3500人，9月下旬从海路到辽东半岛，10月中旬抵达吉林的磐石、海龙地区。

萧华率山东军区机关人员及部队1000余人，9月下旬从海路到辽东，于

————
① 《毛泽东文集》第三卷。

10月下旬到达安东（今丹东市）。

胶东军区副司令吴克华率山东6师及5师两个团，约8000人，9月下旬从海路到辽东，10月24日到达营口地区。

渤海军区司令杨国夫率山东7师三个团，副政委刘其人率三个团，共12000人，从陆路行军，11月分别到达山海关、古北口一带。

山东军区2师罗华生部，约7500人，从海路到辽东，11月上旬到达沈阳以西地区。

山东军区1师梁兴初部，约7500人，走陆路于11月中旬到达锦州以西地区。

山东田松支队约1000人，从海路到辽东，11月中旬到达牡丹江地区。

罗荣桓率山东军区机关直属部队和几个独立营，约4000人，从海路到辽东，11月到达沈阳、安东地区。

最后出发的是鲁中军区司令罗舜初率领的山东3师及鲁中警备第3旅，共9000余人。从海路到辽东，12月上旬到达沈阳、鞍山地区。①

上述各部队，人数总计约六万人。在1945年进军东北的十万大军中，除去黄克诚部三万多人，山东部队显然是绝对的主力。他们构成了东北野战军的基础，这些经过抗日战争考验的老部队，作风硬朗，战斗力强，在东北解放战争中建立了卓越的功勋。

黄克诚率领的新四军第3师，是进军东北的部队中人数最多，战斗力最强的一支队伍。1945年9月初，黄克诚率部队从津浦路西返回苏北根据地，参加解放淮阴、淮安的战斗。在华中局驻地他获悉我军先头部队已经进入东北，当即向华中局书记、新四军政委饶漱石建议：给中央发电报，要求派大部队到东北去。饶漱石认为这不属于他管辖的事，不同意发这个电报。于是黄克诚以个人名义，于9月13日给中央发了一封长电，就当前形势和我党战略方针提出自己的看法和建议。他说："东北既能派队伍去，应尽量多派，至少应有五万人，能去十万人为最好。并派有威望的军队领导人去主持工

① 东北军区司令部编：《东北三年解放战争军事资料》。

17

作，迅速创造总根据地，支援关内战争。""以晋、绥、察三地为关内第一战略根据地，""以山东为关内第二战略根据地"。黄克诚强调指出："目前我党若没有联系一片的大战略根据地，就不会有大的胜利；没有大规模决战的胜利，就不会有联系一片的大战略根据地。故集中兵力决战，当为当前之急。如依靠谈判或国际干涉，均带有极大危险性。"

黄克诚的建议与中央的想法不谋而合，刘少奇向毛泽东通报情况时，特别汇报了黄克诚的意见，得到毛泽东的同意。9月23日，黄克诚接到中央命令，要他率3师开赴东北。这样，3师主力4个旅、3个特务团共35000人在师长黄克诚、副师长刘震、副师长兼参谋长洪学智、政治部主任吴法宪带领下，士气高昂地从苏北淮阴北上。经过山东时，山东军区希望他们停留一段时间，协助山东部队作战。黄克诚以为兵贵神速，直接向军委请示。中央军委10月6日答复："为迅速达成战略任务，三师部队在到达山东后，应兼程北进，不能在山东担负战斗任务。"

3师仅在临沂休息了两天，补充粮食，便继续北上了。由于淮北痢疾流行，不少老战士生病。新补充的地方部队也来不及训练，拖着全部辎重长途行军，进度很受影响。黄克诚只好下令把辎重全部留下，轻装前进。在河北行军中，又遇上连阴雨天，部队在泥泞中艰难行进，一些战士的脚走烂了，一些掉了队。历尽千辛万苦，这支大部队终于在11月10日到达玉田境内。队伍减员3000人，还有32000余人，都已经疲惫不堪。①

为了填补上述部队走后留下的空白，大江南北的新四军部队也开始大规模北上。从9月下旬开始，罗炳辉率新四军2师从高邮地区、张爱萍率领新四军4师从泗县地区、谭希林率新四军7师从无为地区相继北上到鲁南根据地。新四军江北主力的北上，给华中、淮南根据地造成了兵力不足的空缺，党中央认识到这些根据地的重要性，9月26日指示华中局："江南撤退，但江北必须控制，不可放松。如我在苏中、苏北、皖东不能击退顽军进攻，则对全国战略形势将受影响。""粟裕两个旅可作为北进预备队，看山东形势需

①《黄克诚自述》。

要时即调赴山东，不需要时，可留华中工作。叶飞一个旅必须留在苏中、苏北，因华中仍须留必要的主力部队。如将来山东方面需要更多兵力，可从华中派些次要的部队北上。因目前谈判已无结果，大的内战可能爆发。那时苏北、皖北在全国战略上仍居很重要地位。"①

新四军在江南的部队，也开始陆续北上了。9月下旬，在江苏宜兴县的张渚镇，新四军1师师长、苏浙军区司令员粟裕主持会议，研究北上的行动方案。

粟裕，湖南会同人，1927年参军，在叶挺部队中任班长。同年6月加入中国共产党，8月参加了著名的南昌起义，后随朱德上了井冈山，成为红军中的一员战将。1934年他随方志敏的北上抗日先遣队转战闽浙赣边区，在国民党军队的围攻下，先遣队不幸失利。粟裕率领余部突出重围，在浙江南部山区打游击。在与中央失去联系的情况下，坚持了极其艰苦的三年游击战争。新四军成立后，他率领部队北上东进苏中，协助陈毅打开了苏中抗日根据地的新局面。在指挥黄桥、车桥等战役中，显示出高超的指挥艺术。在新四军中以擅长运动战、歼灭战闻名。1944年底，为了迎接抗日战略反攻，他奉命率1师主力再下江南，开辟天目山、四明山敌后根据地。

1945年"八一五"日本投降后，粟裕指挥部队出击，在短短一个月中收复许多县城、集镇。部队得到很大发展。此时，国民党军队在顾祝同指挥下，向南京、上海、杭州等铁路沿线大城市进发，抢夺胜利果实。粟裕、叶飞曾于8月底向华中局报告说，苏浙军区主力一、二、四3个纵队共9个团，12000余人，加上浙东地方武装5000人。由于这一带比较富裕，根据地的给养不成问题。如果新四军江北部队能抽调部分主力南下，他们就有了进攻大城市的力量。"如不能增兵江南，依现有兵力，放弃占领京沪大城市计划，依靠广大农村，我们有把握长期坚持苏、浙、皖三省边区斗争。"

9月25日，根据中央"向北发展，向南防御"的战略部署，华中局作出华东部队北调的行动计划。江南部队的行动是："苏南先由粟裕率第一批

①《中国人民解放军第三次国内革命战争史料选编》第1辑第1册。

两个旅约15000人迅速集中后，立即出动到达苏中地区。稍加休整，并由苏中抽调两个旅补充估计约22000人左右，作为第三批入鲁部队。叶飞率廖（政国）旅及苏南地方部队、地方干部约15000人，掩护浙东部队经江北绕道五分区再到苏中。待浙东部队到达安全地区时，叶由苏南方能开始北撤。将来拟作第四批入鲁部队。"①

10月1日，新四军军部发表《关于江南部队北撤事告全体民众书》，向全国人民表明我党、我军的立场："我们的抗战是胜利了，我们现在要什么呢？我们要和平、民主、团结；我们不要什么呢？不要内战和独裁。""毛主席应蒋委员长电邀，亲自到重庆和国民党当局谈判。同时为了促进谈判成功，为全国和平团结的迅速实现，就又委曲求全，自愿将江南的新四军全部转移到江北。谁都了解这是共产党对国民党的一个极大的让步，但共产党为了制止敌伪和反动派的阴谋，为了避免内战，实现全国和平团结，就不能不忍痛这样做。我们相信中国共产党的这种顾全大局的伟大胸怀及委曲求全的苦衷，是能够得到全国人民的赞许和谅解的。"②公开声明之后，江南部队开始了北调的秘密行动。10月初，粟裕率领苏浙军区机关和主力一、三纵队及部分地方武装共约万人，从宜兴地区出发，在常州至奔牛之间越过宁沪铁路，由西桥渡江北上，10月8日全部安全转移到江北的泰兴。由于行动隐蔽，国民党军队并未察觉，事后才派出10多艘军舰，在长江上来回巡逻。

叶飞率领的浙东部队转移则历尽艰辛。9月下旬，叶飞率苏浙军区四纵从金华地区出发，集结于长兴，配合浙东游击纵队渡钱塘江北上。这时，国民党军顾祝同部已进至杭州，企图拦截我军于钱塘江口，重演"皖南事变"的阴谋。形势顿时紧张起来。10月3日，华中局指示："浙东部队能北渡即迅速北渡，如不能即退回原地坚持。"然而此时已无法后退，只能向前。4日拂晓，浙东我军一部北渡杭州湾在澉浦登陆，遭到国民党军队包围。我军坚决突围，血战竟日，在付出213人伤亡的代价后，终于杀开一条血路，继

①《华中我军行动及部署》。
②《中国人民解放战争军事文集》第1集。

续北上。

得悉浙东部队突围后，叶飞即率四纵主力经宜兴、句容，渡江北上到达泰兴。渡江时仅租到一艘商轮，昼夜不停地运送我军。10月16日夜里，当商轮运送最后一批人员时，因轮机损坏，船又超载，不幸沉没。叶飞闻讯赶到江边，黑夜茫茫，人手又少，除几十人获救，四纵政委韦一平等800余人不幸遇难。这是江南部队北上遭受的最严重的意外损失，令人痛心。①

最后一批北上的是广东抗日游击队的战士们。抗战时期，在广东地下党组织的领导下，活跃着几支抗日武装。主力是以曾生为司令员、林平为政委的东江纵队和珠江纵队、韩江纵队等。他们在远离党中央的情况下，坚持游击战争。时而分散，时而集中，神出鬼没地打击日伪敌人，度过了极为艰苦的岁月。抗战胜利后，他们正准备迅速发展时，根据国共谈判的协议，党中央指示他们北上转移。为了保证转移的安全，北平军事调处执行部派出第八小组前来广州。小组中有中共代表方方少将、国民党代表黄少校、美方代表米勒上校。

执行小组到达后，国民党方面处处阻挠破坏。广东行营主任张发奎矢口否认广东有共产党武装存在，他在记者招待会上说：从未听说有中共武装的番号、驻地和人数的通报，只有"专事扰乱治安者，仅系地方零星土匪"，"不能承认其为军队"。国民党的目的是等部队调遣完成，一举消灭广东境内的革命武装。中共中央对此进行了针锋相对的斗争，在报纸上几次发表声明，驳斥国民党方面的谣言。周恩来安排林平到重庆，向各界人士介绍广东抗日游击队的战斗历史和现状，迫使国民党方面不得不承认这一事实，并在重庆与中共代表团达成东江纵队北撤的协议。1946年3月，由中共代表廖承志等组成的三人小组来广州，协助第八执行小组实施东江纵队撤退计划。

又是一场长时间的斗争和谈判。国民党方面使用种种手段，在东江纵队集结地点、人数、运送方式、所需经费等方面刁难拖延。我方则采取有理、有利、有节的原则，灵活地与其周旋。美国代表米勒上校采取了比较公正的

① 《叶飞回忆录》。

立场，尽力促成谈判的成功。当我方电台被国民党特务破坏后，他允许我方使用他的电台与延安联系。国民党方面提出没有粮食供给东江纵队，要我方先运送一批粮食给华北的国民党部队，作为交换才能保证东江纵队北撤的粮食供应。叶剑英同志办妥了这件事，并给广东党组织汇来一笔现款，终于保证了撤退计划的实行。

1946年6月29日，全面内战的阴云已经笼罩在中国北方的大地上。东江纵队和其他抗日游击队的干部、战士和家属共2500多人从各游击区集结到大鹏湾，登上三艘美国海军登陆舰，开始了北上的航行。7月5日，当太阳升起的时候，各舰相继进入烟台港口。在岸上等待的胶东解放区军民热烈欢迎来自广东的战友们，烟台市内群众夹道欢迎，敲锣打鼓，扭着秧歌。东江纵队的干部、战士们含着热泪，高呼口号，仿佛回到了久别的家乡。他们是幸运的，在内战爆发前，能安全圆满地撤退到解放区，的确是一个奇迹。东江纵队的北上，标志着党中央"向北发展，向南防御"的战略计划，画上了一个完满的句号。①

① 《曾生回忆录》。

第 3 章

津浦路上争夺战

山东形势的新变化——破路阻敌北上——国民党军步步为营——陈毅到津浦路前线指挥作战——舍身炸碉堡的英雄陈金合——攻克滕县——围困临城——三个月战斗的成绩

1945年底到1946年初，山东部队主力奔赴东北，新四军主力相继北上，我军基本上完成了"向北发展，向南防御"的战略转移。陈毅元帅总结这个时期的形势是："抗日战争结束，华东战场起了新的变化。一方面要抽调主力争取东北，山东六个师去了四个，黄克诚带3师也去了，华东的力量有所削弱；另一方面，华东面对上海、南京、徐州，国民党兵力很大，我们要重新组织战场，要统一力量，缩短战线。新四军北上山东，山东、华中两块合成一块；苏南、皖中、两广纵队撤回来，收回五个手指，捏成拳头。这是华东一个很大的特点。""当时中央决定抽调主力去东北，山东、华中合并，撤回两广纵队、浙东的部队，缩短战线，吸引、分散敌人，进行各个击破，是完全正确的。华东执行是坚决的。"①

我们的八路军、新四军在兼程北上，国民党军队也在平行地与我军赛

---

① 陈毅：1962年2月10日的谈话。

跑。从抗战胜利以来，蒋介石一边同毛泽东谈判，一边迅速调动兵力沿平汉、津浦铁路北上，抢夺抗战胜利果实，并向解放区进攻。到1945年9月中旬，蒋介石就已经调动了36个军、73个师。其中一部分是国民党嫡系部队，由云、贵、湘、黔出动北上，或由越南海防、海南岛乘船北上。一部分是投降的伪军，蒋介石给他们加委封官，充当进攻解放区的先头部队。在这些调动的国民党军队中，第11战区副司令长官李延年率12、97、骑2军进占商丘、徐州，准备打通津浦路徐州至济南段。10月，19集团军司令陈大庆率霍守义的12军、廖运泽的骑2军由徐州向济南推进，开路的是由伪军改编的吴化文部第3方面军。李弥率领的8军由海运到青岛登陆。

抗战胜利的果实，绝不能让蒋介石轻易夺走。为了阻止国民党军从平汉、津浦铁路北上，中共中央连续发出破路指示。10月15日，刘少奇代表中央起草了《关于在铁路线上消灭和阻止北进敌军的方针部署给各局、各区党委的指示》。在介绍了日本投降两个月来的敌我形势后，指出："目前华北、华中解放区作战的重心，应放在铁路线上，作战的主要目的是消灭和阻止北进之顽军。"

为了完成破路任务，刘少奇按各军区、军分区所在位置，分片负责，主要破坏津浦、陇海、平汉、正太、同蒲、平绥等几条干线，既要阻挡蒋军北上，又要防止阎锡山、傅作义部对解放区的进攻。但是，刘少奇特别指示不得破坏北宁线的北平至塘沽段，胶济线全线及津浦线徐州至海州段，为的是让投降的日军回国。在非解放区的铁路沿线，"应积极组织破路、袭扰、埋设地雷、翻车和相机打击顽军，务使其不能乘车而必须步行前进。"

刘少奇特别强调："必须发动广大群众和民兵去进行破坏。凡群众在破路时，所获得的一切铁轨、枕木、电杆、电线及其他东西，均归群众所有，由公家定价收买。其破坏桥梁、道基、水塔、机车及车辆者，则由公家定价奖赏。对于铁路工人和路警，应十分注意联合和解释，其失业者，须加救济，使其参加破路，不反对我军破路。""凡为我控制之铁路及在可能时，对于高出地面用土垫起之路基，及车站、月台等，均须彻底破坏。所有机车及车辆、行车用具均须彻底毁坏。"①

中央指示一下，各解放区军民闻风而动，在几天时间内，就将铁路扒了个稀烂。南北交通大动脉被切断，火车动弹不得。国民党军队北进的步伐被大大延缓了。与此同时，十万八路军、新四军部队和来自各解放区的干部，正源源不断、日夜兼程奔向东北。这一个月的竞赛是举足轻重，共产党人尽管没有飞机、火车，就凭两条腿，硬是走在老蒋之前到了东北。如果没有破路的配合，这个先机是占不到的。

但是，山东军区在破路方面则显得力不从心。罗荣桓执行中央的指示是从不含糊的，眼下他却忙得两头顾不过来。中央催促山东主力进军东北的电报一封接一封，口气又急又严厉。山东主力六个师中，四个师已经上路或整装待发。就是这样中央还嫌慢，毛泽东电报中说得很明确："渡海与野战并重，而渡海最急。"又命令罗荣桓也到东北工作。这样，罗荣桓只好先顾一头，破路阻敌的事就交给鲁中军区留下的部队去办了。

国民党军队也不是傻瓜，特别是吴化文的伪军，与八路军打了多年交道，也有一套应付我们的方法。在沿津浦路向济南进军的途中，他们采取边修路边前进，步步为营的战术，让你无隙可乘。据罗荣桓、黎玉10月9日致军委的电报中反映：国民党军队行军的组织相当严密。

"行军两侧警戒严密，约1000至3000人不等，沿铁路两侧护路沟墙步行。其机关人员、行李辎重、伤病员均载车上。

出发前，其侧卫部队先乘车至警戒地带，下车警戒。待整个部队车辆通过后，再乘车跟去。

步行者全系轻装，多用跑步行进。火车与步行部队互相掩护，火车很慢。

侧卫部队沿护路沟墙行进，遇我袭击时，即以沟墙为主阵地进行掩护，火力较强。一般不向我冲锋，但某些要点，有时冲锋占领或争夺之。

火车载机动部队随时增援薄弱处，较远据点，敌亦用大炮策应。"

就这样，陈大庆、吴化文部沿津浦路步步北上，相继占领临城、兖州、

① 《中国人民解放军第三次国内革命战争史料选编》第1辑第1册。

邹县、大汶口等地，进入济南。山东军区 10 月 11 日向军委报告：

"12 军、骑 2 军及吴化文等部 15000 余人，自 9 月底沿津浦路北上，10 月 1 日抵临城，3 日抵滕县。此时我 8 师部队尚在台儿庄南，迄我转至滕县东，为时已晚。我破路不彻底，敌积极修路，使其顺利北上，我失去这一着。顽 5 日抵邹县，6 日抵兖州，7 日一部乘车，一部徒步北上。此时我 3 师及警 3 旅集于官村东，8 日，其侧翼 3000 人于官村附近与我激战一日，伤其 70 人。我因兵力分散，顽以护路沟墙作抵抗，形成火力对峙，未能有力堵击，敌窜大汶口。9 日于南留村附近，复遇我 4 师截击，俘 10 余人，当日都抵泰安。10 日继续北上，一部已抵济南。我鲁中阻击均未奏效，其主要原因是破路不彻底，未能争取多余的时间控制有利阵地，致形成单纯尾追，相当被动，使我在战略上又失一着。"①

陈毅刚到临沂，面临的就是这样的困难局面。然而敌情的严重只是外部的困难，更严重的困难还是山东部队内部的问题。《陈毅传》中是这样描述的：

"首先，山东主力部队将以绝大多数开赴东北，包括八路军山东军区第 1、2、3、7 师全部，第 5、6 师的主力，18 个警备团和基干团，部分军政干部共约 60000 人。只留下第 4、8 两个师。与此同时新四军 3 师约 30000 余人，也由黄克诚师长率领北调出关。陈毅所能指挥使用的山东野战部队，实际只有 50000 人，加上警备旅和区县武装，以及华中方向新四军 9 个旅，整个华东总兵力也才 40 万人。兵力不强这是第一难。

第二难，是华东局面复杂，敌情严重。蒋介石还都南京，苏鲁解放区将成为直接威胁国民党南京政权的'大患'，成为蒋介石调兵北运的'大障'，必先除之而后快。而陈毅所辖部队，力量相当分散，有刚从华中调来山东的，有刚从地方武装上升为主力部队的，有在某一地区活动发展多年不愿远离老家的，也有干部过去对陈毅并不熟悉而个性很强，不那么'听招呼'的。要在这种情况下将各个方面的力量归统起来，形成一个强大的、集中协调

① 军委一局编：《山东我军行动部署摘报》。

的、可以实施机动作战的野战大兵团，来对付装备、兵力占绝对优势的敌人，决不是轻而易举的事。"

陈毅与罗荣桓交接工作后，马上与黎玉赶到邹县香城的前线指挥部，召开团以上干部会议。陈毅向大家传达了中央指示和津浦路作战的意图，他以简洁的语言表示战斗的决心："此山是我开，此树是我栽，谁敢来摘果，把枪缴下来！"

然而在兵力部署上，情况却是一点也不乐观。当时山东2、3师部队开赴东北，已经到了津浦路附近，陈毅原来想让这两个主力师参与对陈大庆部的战斗，由于中央一再催促，时间紧迫，2、3师来不及参战就匆匆北上了。新四军叶飞纵队已经到了淮北，中央命令他们准备去东北，也不能前来助战。到10月23日，陈毅手中掌握的部队仅有六个团。这么少的部队要控制几百公里的铁路沿线，简直不可能。陈毅向中央报告："截止今晚止，我们手中只集中山东8师三个团，新四军9旅三个团，湖西一个地方团（600人），新四军5旅两个团要有日才能赶到。山东2师本日开至我们附近，又奉罗（荣桓）令东开。3师因开东北而东撤。新四军2旅王必成部及19旅谭希林部，本日从淮南、苏中动身，最快得11月10日左右才能赶到。顽方利用我军来去未能接替的空隙，正陆续取道徐州北上。陇海路没有阻击兵团，亦为最大原因之一。"

兵力不足也得打仗。在陈毅指挥下，山东军区8师师长王麓水、鲁中军区司令员张光中带领部队首先向邹县、滕县之敌发起攻击。部队和民兵相结合，发动上万群众，几天之内把邹县南北的津浦铁路扒了约80里，迫使吴化文部龟缩在邹县、界河等几个据点内，切断其与临城陈大庆部的联系。滕县以北的沙河据点为日军盘踞。我军令其缴枪，县城的日军装甲列车开来增援。我军派人与日军交涉，日军头目表示他们不愿与八路军作战，缴枪缴给谁都是一样，只是上边没有命令，他们不敢擅自行动。我军表示，不缴枪就不准通过，至少要求日军保持中立，不得帮助国民党军队。日军在城里有很多家属，准备一起回国，士气低落，接受了我方的条件。这样，我军可以集中有限的兵力，专门对付国民党军的北上部队。

这时，新四军二纵的5、9两个旅在罗炳辉、韦国清率领下赶到邹县前线。加强了我军的力量。11月1日，吴化文部5个师从滕县北上，我军在界河集结埋伏。国民党军以300多日军开路，进入我军包围圈内，顿时枪声大作，国民党军陷入混乱之中。日军根本不想卖命，早早缴枪，国民党军队被切断后路，无法退回滕县，经过两个小时的战斗，吴化文带领残余部队仓促逃往两下店。11月3日中午，国民党军企图突围，我军各路伏兵分头出击，除吴化文本人只身逃脱，国民党军军长于怀安、师长许树声以下4000余人被俘。①

邹县被我军收复后，8师沿津浦路西侧南下，向临城逼近。11月11日夜里，该师23团向临城以西的柏山国民党军阵地发起进攻。敌军依据一个大碉堡，以密集火力死守。连队派爆破组上去，想用拉线手雷炸掉它。不料放好手雷，爆破员退下来使劲一抻拉线，线断了手雷却没响。连长眼看天快亮了，急得要命。这时班长陈金合主动请战。连长让他挂上拉线就撤回来。陈金合在机枪掩护下爬到碉堡跟前，发现没办法挂上拉线。这时，他没有犹豫，也没有退回来，毅然用手拉响了手雷。碉堡在一声巨响中坍塌，陈金合也粉身碎骨，光荣牺牲了。陈毅在指挥部听到这个消息，激动地说："陈金合是实际战争的领导者，是彻头彻尾的共产主义英雄！"这是山东部队在解放战争中涌现出的第一位战斗英雄，他的精神激励着所有的战士们，成为大家学习的榜样。

接着，陈毅命令8师进攻滕县县城。滕县驻有国民党新2师约万余人，依仗高大的城墙和外围众多地堡企图顽抗。8师先扫清外围，消灭2000多人后，将县城团团围困。8师师、团首长亲自到距城墙50米的前方观察地形，决定以东门为突破口。东门有三个炮楼，是最大的障碍。城墙下还有鹿砦、河沟，形成四道封锁线。8师组织主攻连队反复看地形，研究战术，组织了爆破组、投弹组、突击班，准备了攀登城墙的梯子、镢头。待准备工作完成后，于11月18日黄昏发起攻击。

---

① 《华东军区、第三野战军第三次国内革命战争战史资料选编》过渡阶段上册。

下午4时，我军的山炮开火，发射17发，15发命中，东门的三个炮楼均被摧毁。爆破组冲向第一道铁丝网，第一包炸药一响，我军的机枪、迫击炮跟着怒吼起来，压制住敌人的火力。第二爆破组冲向鹿砦，战士们看见鹿砦稀松，便从中间钻过去，爬到城门前，一声巨响，东门被炸开。后面的投弹组、突击班乘着烟雾，迅速突入城中。他们机智地避开街道上的地堡，钻屋翻墙，展开巷战，使敌军火力无法封锁前进道路。后续部队冲入城中，对敌军实行分割包围。并使用俘虏当向导，专找敌人的师、团指挥部打。这一手很见效，一个敌军团长本来还想顽抗，看到自己手下只剩200人，又与其他部队隔开，遂丧失信心，缴枪投降。这一仗8师以400人伤亡，歼灭守敌8000多人。其中俘虏7600人，毙伤敌师长以下1000余人。缴获山炮6门和大量枪支弹药。但是，8师师长王麓水同志在战斗中光荣牺牲。①

滕县攻坚战的胜利使得我军士气高昂，陈毅与参谋长宋时轮商量，决定下一步进攻临城，拔掉国民党军在津浦路上这个最重要的据点。当时陈大庆属下的97军已经进据临城，听到我军连续进攻的消息，97军在临城匆忙布防，准备死守。

临城就是今天的薛城。东边是枣庄煤矿，西靠微山湖，南面是徐州。自津浦铁路开通后，临城就是交通枢纽和军事重镇。日本侵华时期，对临城尤其重视，修建大量炮楼和工事，铁路上有装甲列车巡逻。临城分为南北两个区，城外有几个小山作制高点。97军军长王毓文老奸巨猾，命令各部依托日本人留下的军事设施，加强防御。

在攻克滕县的同时，新四军9旅也攻克了枣庄的小窑、陶庄两个据点。这里是国民党新29师和日军一个中队把守。研究了敌情之后，大家认为小窑敌军力量比较薄弱，可以先拿下来。决定27团带上2门山炮、5门迫击炮进攻小窑。12月11日夜里开始攻击，一面前进，一面进行土工作业，挖掘壕堑。挖了一天一夜，把壕堑挖到了敌军工事前沿。13日下午，我军先用炮火将敌军的大碉堡全部摧毁，突击分队冲入村中，与敌军展开近战。日军

① 前锋：《8师滕县攻坚战经验》。

比较滑头，保持中立不动。小窑之敌很快被消灭。守陶庄的国民党新29师副师长何志彬在我强大攻势下，经过谈判，被迫率所部5000人投降。因我军清扫战场，看管不严，何志彬带领一部分人逃到临城。

11月25日，我军主力山东8师、新四军4、5、9、19旅开始进攻临城外围。先后占领了城北的官桥、辛庄；城南的沙沟、官庄等十几个村镇，破坏了临城至兖州、枣庄和徐州的三段铁路。12月1日起，5、9旅对临城东面的新29师发起攻击。激战两昼夜，消灭国民党军一个团，占领了全部阵地。在逐个争夺碉堡和制高点的战斗中，我26团打得极为艰苦，团长严光、政委谢锡玉等1100余人负伤，294人牺牲。在炮火掩护下，外围国民党守军仓皇退入临城。鉴于我军重武器太少，攻坚能力有限，指挥部命令对临城实行围困。待国民党军忍受不住，我军就可以寻求机会，在运动中歼灭突围的97军或徐州来援之敌。[①]

据97军军部11月20日的记录，"本军给养已在极度困难情形下维持。今日后则仅以红薯、高粱、黑豆维持。甚而一日仅得一饱。"26日以后，"全军给养已极度困难，至四里石外围据点不守，补给更形困窘。官兵日仅稀饭一餐，战马饿死者已达百余匹，马草、马料更无处采购。弹药耗损殆尽。"就在97军处于穷途末路之际，蒋介石终于拉了他们一把。12月5日，国民党空军运输机在战斗机护航下，飞抵临城上空，投下30多包粮食弹药。以后又多次前来空投，使97军得以维持下去。直到1946年1月10日国共双方宣布停战，临城之围才因我军主动撤离而解除。[②]

我军在津浦路沿线连续获胜，使国民党军队及其收编的伪军大为震惊。为了北上增援临城，进犯鲁南解放区，陈大庆命令冯治安的第33集团军分三路进攻鲁南。打头阵的是郝鹏举指挥的第6路军。

郝鹏举，河南阌乡(今属灵宝市)人，早年投入冯玉祥的国民军，曾到苏联学习，因与人打架被开除学籍。回国后在冯玉祥军中任军参谋长，1929

---

① 军委一局：《津浦线徐济段作战经过概述》。
② 《绥靖战史》97军战斗详报。

年蒋冯中原大战，郝鹏举见形势不利，脱离西北军，躲到郑州开澡堂子为业。后来又投靠蒋介石。蒋历来排斥杂牌部队，郝鹏举混得很不得志，又被撤职。抗战期间，他又投入汪精卫汉奸集团，被任命为"徐州绥靖公署主任"、"淮海省省长"等职，带领部队驻守徐州、海州地区。抗战结束后，他随冯治安部接受国民党的收编。陈大庆到徐州后，根本不把他们放在眼里，百般歧视。郝鹏举虽然心怀不满，也无可奈何。这时，陈大庆命令冯治安部北上，郝鹏举的部队又是打头阵，这不是明摆着让他们去送死嘛！郝鹏举不敢违抗军令，只能消极避战，希望能保存实力。1945年12月底，郝部进至江苏、山东交界的台儿庄，掩护国民党军队北上增援临城。郝鹏举感到自己的部队过于突出，随时有被新四军消灭的危险，日夜不安。在我军强大的军事压力和地下党组织的联络动员下，郝鹏举决心再赌一把运气，于1946年1月9日通电起义，脱离内战，率领部下1000余人进入鲁南解放区。陈毅对郝鹏举的行动表示热烈欢迎，在《大众日报》上发表了郝的通电全文，并将他接到临沂，盛宴招待。郝鹏举的部队被命名为"中国民主联盟军"，转移到莒县学习休整。这也是津浦路作战中取得的又一成绩。①

　　由于新四军部队调入山东，为了统一指挥，中央军委决定将津浦前线部队组建为山东野战军。1946年1月7日，任命陈毅为山东野战军司令员，黎玉为政委，宋时轮任参谋长，唐亮任政治部主任。下辖第一、第二纵队和第7、第8师，共70000余人。在此之前，1945年11月10日，渡江北上和留在华中、淮南的新四军部队组建为华中野战军，粟裕任司令员，谭震林为政委，刘先胜任参谋长，钟期光任政治部主任。下辖第六、第七、第八、第九纵队，共40000余人。1946年1月4日，刘少奇以中央名义电告华中局和陈毅："华中野战军在建制上属于华中军区，在战略行动上受陈毅同志指挥。你们野战军经常的位置及战略性的行动，必须事先取得陈毅的同意并报告军委。"原来八路军、新四军的体制在新形势下重新组合，形成了山东、华中的两大主力。

①《民国高级将领列传》第7集。

　　三个月津浦铁路沿线作战，我军在战略调整的动荡中，克服兵力不足、装备落后等困难，连续出击，控制了津浦线260里长的路段和临城到枣庄的铁路，歼灭了众多国民党军和日、伪军，使国民党迅速打通津浦路，调兵北上的计划被迫延迟。不得不寄托于海运，将调往东北的军队运到秦皇岛上岸。这就有力地支援了各解放区进军东北的大军，为开辟东北根据地取得了战略上的主动。然而，三个月的作战也暴露出许多问题，由于山东部队处于换防调整阶段，部队间的作战协同尚未建立起来。作战时各打各的，不能集中绝对优势兵力歼敌一部，致使多数战斗打成了击溃战、消耗战。陈毅调兵遣将也不是得心应手，与各部队领导之间还要有一段适应过程。这些问题在后来的作战中又表现出来，战争出现了曲折反复。

第4章

阴云笼罩下的"和平"

国共双方宣布停战令——蒋介石向王耀武面授机宜——光明与阴暗的两个世界——陈毅舌战国民党大员——国民党制造摩擦——黄河归故道的斗争——蒋介石整军备战——党中央告诫各地坚持斗争,不怕分裂——内战不可避免

"双十协定"签署之后,蒋介石即向北方各战区下达进攻命令,企图一口吃掉解放区和八路军、新四军。两个月的战争进程给蒋介石迎头一棒,津浦路上进展缓慢,占领北平、天津都要依靠空中和海上运兵。共产党的军队已经在东北到处活动,而国民党军队还在北宁线上慢慢推进。进攻晋冀鲁豫解放区的国民党军被刘伯承、邓小平打得落花流水,马法五被擒、高树勋起义。这些挫折使蒋介石感到,要调兵遣将与共产党作真正的较量,尚需一段时间的准备。而国际国内要求和平的呼声一浪高过一浪,美国也向蒋介石施加一些压力,召回赫尔利,派来马歇尔。于是蒋介石只好暂缓执行内战计划,接受共产党代表团提出的建议,于1946年1月10日宣布停战。在北平成立以周恩来、张治中、马歇尔为首的军事调处执行部,监督停火和解决国共双方军事上的矛盾冲突。

中国共产党人是真心希望和平的。毛泽东在停战令中指出:"凡在中国

共产党领导之下之一切部队，包括正规军、民兵、非正规军及游击队，以及解放区各级政府、共产党各级委员会，均需切实严格遵行，不得有误。全中国人民在战胜日本侵略者之后，为建立国内和平局面所作之努力，今已获得重要之结果。中国和平民主新阶段，即将从此开始。"①

停战的消息传到山东临沂，当地群众一片欢腾。邮电局门前挤满了人，等待买一份《大众日报》的"号外"。阅报栏前也聚集着一大群人，听识字的人在高声朗读。当念到停战令已经下达时，在场的人都鼓掌高呼"好啊！"一位50多岁的老大爷买了20多份"号外"，嘴里喃喃地说："和平，停战，俺老百姓可盼死了！"郊区后皮庄的民兵们召开大会，传达停战令。村长激动地说："共产党为了咱老百姓，去年9月毛主席亲自去见老蒋，替俺们提出要求民主的那个意见，哪知老蒋说人话，不办人事，开了一百多万大军进攻解放区。这回国民党发下停战命令，实在是毛主席谋虑周到，没有俺们组织起来的力量，庄户粗人，谁爱听俺们嚷嚷。"有的说："还没到刀枪入库，马放南山的时候，没听说国民党又向热河进攻了吗？我看咱们还得加点小心。"②

蒋介石是不希望和平的。就在停战令公布几天后，他向长沙发出紧急电报，要国民党第4方面军司令王耀武马上来重庆见他。王耀武是山东泰安人，出身贫寒，黄埔三期毕业生。抗战期间，他参加过"八一三"淞沪抗战、长沙会战等重大战役，在1941年春季江西上高会战中，他指挥74军重创日军，受到蒋介石的嘉奖，很快被提升为方面军司令。在国民党将领中，王耀武被认为是比较有头脑，善于打仗的将领。

王耀武从长沙匆匆赶到汉口，换乘飞机到达重庆。蒋介石见到王耀武，面带笑容，勉励一通，然后表情严肃地对王耀武说："我主张军队国家化，使国家彻底统一。但共产党不肯将他们的部队变成国家的部队，他们也就不会放弃消灭国民党和颠覆国家的企图。和平解决国事，没有希望。"他又说：

---

① 《毛泽东年谱》。
② 1946年1月16日《大众日报》。

"山东在地理上很重要，况共军在该省已有基础，我们必须加强力量占领山东。控制山东可以支援华北及东北，任务繁重，而非李延年所能担任。我想将第11战区副司令长官李延年调任徐州绥靖公署副主任，将第4方面军司令部及直属部队改为第2绥靖区司令部及直属部队，以你任司令官，司令部驻济南。"

回家乡当总司令，王耀武当然很愿意。但考虑到要与"共军"作战，又恐怕落下个发动内战的罪名，王耀武感到很矛盾。几天后他再次去见蒋介石，谈了他自己的一些想法：第一，八年抗战之后，军队风气太坏，需要整顿，目前不适宜与共产党作战；第二，官兵和老百姓都有厌战心理，想过太平日子；第三，要共产党放弃根据地是不可能的，最好能划给他们一个区域，可以减少冲突，也有利于国民党方面巩固地方统治。

蒋介石断然拒绝王耀武的建议，他说："为了国家的统一，不容许再有割据。你要知道，共产党不会给我们整顿的时间，你不打他，他要打你。他不容许我们休息。你们不要因为和谈放松了准备，我们如果被他们打败了，就死无葬身之地。山东很重要，青岛又是美国的海军基地，我们必须控制。"接着，他向王耀武面授机宜："现在津浦、胶济路都被共军截断，我吩咐空军运送你的司令部和部队到济南。以当前山东的情况看，胶济路比津浦路还重要。你到济南后，应尽力打通胶济路。我们的军队将重要城市和交通线占领后，再由点线扩大成面。"①

看来，蒋介石对于打内战是决心已下，而且有了具体的方案。王耀武作为蒋的嫡系，当然是坚决执行。这么多的部队，要空运到济南而不暴露目标，该是一件多难的事。王耀武与先到济南的李延年商定：飞机将军队运到时，机场戒严，用带篷的卡车将部队拉到空闲的工厂，不许与老百姓见面。对外就说是李延年12军的。这样，在1946年2月停战期间，国民党第4方面军的部队从武汉机场起飞，陆续运送到济南。

王耀武到济南后，发现情况确实对他十分不利。共产党在山东占有绝对

---

① 王耀武：《蒋介石指示我在山东破坏和谈和调处的真相》，载《文史资料选辑》第28辑。

优势，除了津浦、胶济铁路沿线的大城市外，县城和广大乡村都是共产党的根据地。由于交通尚未恢复，城里的粮食、物资极度匮乏，人心动荡。济南这座历史名城，过去被人称颂为"四面荷花三面柳，一城山色半城湖"。而现在是"三面八路一面匪，一城司令半城兵"。何应钦来济南视察，夜里听到城南郊区有机关枪和迫击炮声，不觉胆战心惊。早晨起来就问王耀武："昨天夜里有枪炮声，你听到没有？"王说听到了。何应钦说："济南郊区就有共军活动，他们如果用炮向城里射击，都可以打得到。这样对我们威胁太大，要把他们打远一些。"王耀武苦笑而已，何应钦也无可奈何地承认："山东共军的力量优于我们，济南四面楚歌，处在孤立状态中，如不增加部队向外开展，前途并不乐观。"

别处的情况比济南也好不到哪里去。泰安城里闹哄哄地挤满了逃难的汉奸和伪军。有个人叫辆黄包车去县政府，走了一段路，车夫突然问："先生，你去哪一个县政府？"原来八路军大反攻时，附近各县的伪政权和保安队都仓皇逃命，涌入泰安城，一个城里竟有八个"县政府"。这些汉奸把伪军和保安队纠集起来，自制"山东省防军暂编1师"的旗号，为非作歹起来。城墙上修了碉堡、垛子，城墙外挖了深沟。城里各街巷口都修了工事，这些都是强迫城里的老百姓拆房扒瓦，做苦工搞起来的。伪军在城里要吃要喝，三天两头向百姓派粮派款；伪军经常破门而入，抢了面条抢柴禾，还顺手拿走人家的衣服被面。老百姓愤怒地说："鬼子投降以后这几个月，比鬼子在这里的八年还难熬！"当停战谈判代表来泰安视察时，每次都有许多老头老太太跪在街头哭喊："救救我们啊！"[1]

而解放区这边，却是一片兴旺发达的景象。记者在临沂城看到：热闹的集市上纸烟、布匹、肥皂、毛巾等工业品应有尽有，价格也非常便宜。一条抽纱大手帕只卖3元，在重庆至少要500法币。蔬菜摊子更多，卖猪肉、生熟牛肉、煎饼、锅贴的摊子走几步就是一个。经济学家薛暮桥向记者介绍，自临沂解放以来，集市规模扩大了20倍。民主政权成立后，先是发放救济

① 李普：《泰安城的悲哀》，1946年3月2日《大众日报》。

粮，然后是清算分配敌伪资产，同时发展生产，使当地面貌迅速发生变化。原来城里没有一家工厂，现在有了纺织厂、制硝厂。农民分到土地，养了猪，现在一斤猪肉仅14元（解放区货币），普通农民也吃得起。走在街上看着每个人的脸，都流露着喜悦和兴奋的表情。[①]

山东的大部分矿产资源也掌握在解放区人民手中。著名的枣庄煤矿，我方控制着三个大矿井、七个小矿井，占全部矿产的90%。周村煤矿在我方积极修复下，已经日产2000多吨煤。胶东的金矿也恢复了生产。淮北沿海地区的大部分盐场也在我方控制之下。我军恢复了运河的航运事业，促进了华中、两淮和山东解放区的经济往来，运河的税收为解放区经济增加了收入。山东解放区当时是各解放区中最富庶的，有力地支援了中共中央和其他解放区的发展。所有这些，都令国民党当局垂涎妒忌。

1946年1月24日，军调部徐州执行小组从徐州飞到峄县，与山东解放区领导人会晤，商谈停战协定执行问题。陈毅、黎玉、张云逸、陈士榘、舒同等前往迎接。美方代表黑里斯上校询问陈毅停火执行情况，陈毅直言相告：我军部队严格执行了停战令，但一些地方的伪军拒不投降，仍向我方开枪挑衅。至于国民党方面声称我军仍在进攻，是完全没有事实根据的。

黑里斯上校问："目前在临城为共产党军队包围的政府军，粮食极感困难，可否下令将部队向后稍撤，给对方解决此问题以方便？"

陈毅答："我们正在这样做，日前我方曾几度派人前往临城交涉，允许其运粮。"

黑里斯又问："据盐务局报告，共产党部队在苏北控制许多盐田，希望能将部队撤离以上地区，以便恢复生产。"

陈毅答："这些盐田都是我军从敌人手中夺回来的，因为国民党盐务局在抗战初期即到大后方去了，现在以上盐田，已交当地民主政府管理，并早已恢复生产。"

黑里斯上校又说："煤为上海、南京各大都市需要，希望共产党军队控

---

① 李普：《临沂风光》，1946年2月28日《大众日报》。

制的煤矿，不至损坏矿上的设备才好。"

陈毅答："煤不仅为各大都市需要，而且也为我们解放区人民所需要。我们对山东的煤矿，无论公营和私营，均一律采取保护的方针。比如山东的淄博煤矿，我军曾和敌人反复争夺过三次，最后终为我解放。我们对该煤矿主要考虑如何复工的问题。"

陈毅见黑里斯上校絮絮叨叨，好像在为国民党讨饭，不觉好笑。他将话题一转，指出当前最需要解决的问题是相当数量的伪军仍盘踞着若干地区，拒不向我军投降。而且国民党方面无理剥夺我军受降的权利。陈毅严肃地说："一个打胜仗的士兵，他应得到战利品；一个打胜仗的军队，他应该受降。假如剥夺这种正当权利，不仅不公道，不合正义，而且是一种侮辱，这是很难容忍的。"

陈毅的谈话，从容大度，有理有节，黑里斯上校为这位共产党人的风度所感动，连连点头称是。在谈判桌上，共产党人先赢了一分。[1]

1946年3月1日，陈毅、黎玉等乘飞机从临沂到达济南，准备迎接军事三人小组——马歇尔、周恩来、张治中来济南、徐州视察军事调处事宜。在济南等候的一天中，陈毅会晤了王耀武。陈毅快人快语，开门见山就问："你们的报纸说，'山东国军对共军像风卷残云，秋风扫落叶一样'。是真的吗？"

王耀武表情尴尬，很不好意思地说："那是吹牛皮的。"

陈毅说："不信可以试试看，究竟谁卷谁？你们需要对我们研究一下呢，我们对你们是有研究的，承认你们的长处。可是你们的报纸总是什么'土匪'长'土匪'短的，都是王婆卖瓜的那一套。"

王耀武说："很感谢你，你真坦白。你说的是对的，我们就是这一套。你们有三大好处。"

陈毅有兴趣地问："哪三大好处？"

王耀武说："一是共产党方面还读书，经常看到你们高级长官在报纸上写文章，讨论问题。国民党内哪里有谁念书呢？有时间都吹牛拍马去了。二

[1] 1946年1月30日《大众日报》。

是共产党与群众关系好……"

陈毅幽默地打断他的话:"你们不是讲共产党杀人放火吗?"

王耀武说:"那是宣传的。三是你们军队打仗士气高,国民党方面不如你们。"

陈毅觉得王耀武还是个说实话的人,有些见识。就说:"我们也有缺点,一是读书没止境;二是与老百姓关系也有不好的,与地主的关系便是搞不好的;三是我们军队的装备差。"

三天之后,陈毅到了徐州,又见到"皖南事变"的老冤家顾祝同。陈毅对他说:"现在和平民主的潮流是不可抗拒的。北伐是一种潮流,你和蒋先生都是那时候起来的,可知顺潮流的人便能存在。抗日也是一种潮流,现在民主和平也是一样,谁想抗拒阻止,他一定要失败的。"

看顾祝同表示同意,陈毅就问他:"你看和平民主是否有希望?"

顾祝同说:"这完全决定于美国。美国人要打就非打不可,美国人不打,要打也打不起来的。"

陈毅问:"老先生不是闹着要打吗?"

顾祝同说:"委员长也没有办法,老头子能顶什么事!"

陈毅问:"打起来前途如何?"

顾祝同说:"你们作战勇敢,但装备不好,现代战争主要是技术决定一切的。"

陈毅顶他:"我们也缴获了日本人很多武器,装备不一定差吧。现在美国人要打,你们应该起来反对嘛。"

顾祝同摇着头说:"国民党内部的事情你们是知道的,真难说。你们共产党的报纸说我是'皖南事变'的刽子手,其实真冤枉。我不过是执行命令。"

顾祝同毕竟是老奸巨猾,他知道当面斗不过陈毅,就派参谋长去作说客。参谋长先给陈毅戴高帽子,吹捧一通,然后说:"陈先生要负责让步些,不要给国民党刺激太多了,让好战者找到借口。"

陈毅立即反驳:"你的话不对,是国民党对我们的刺激太大太多了。如果进犯解放区,我们是要坚决自卫的。你们总是称我们为'土匪',这不是刺激吗？你看我是不是'土匪'？"

参谋长说："陈先生很有学问，哪里是'土匪'。"①

国民党反动派一向口是心非，他们当面说好话，背后却一再搞阴谋，用种种手段破坏谈判，制造事端。

1946年3月2日，周恩来、张治中、马歇尔一行飞抵济南。陈毅、黎玉及国民党山东省主席何思源、第2绥靖区长官王耀武等到机场迎接，然后一同到国民党省党部大楼开会。济南老百姓挂起彩旗，张贴标语，夹道欢迎"和平使者"。但在欢迎人群中，发出一种不谐和的声音。少数人乱喊诬蔑共产党的口号，但响应者寥寥。

当三人小组分别听取了国共双方代表所作的汇报后，省党部大院里聚集了一批"学生"。他们呼喊着"我们要吃饭"，"我们要回家"，一个中年男人混在他们中间低声吩咐："一定要求周恩来出来讲话，你们的口号和要求态度要强硬。"当周恩来出现在讲坛上，他从容镇定地对大家讲道：

"各位先生，我和马、张两将军在此受到各位热烈的欢迎，甚为感谢。诸位的希望很清楚，就是要和平。抗战胜利后，我和马、张两将军所努力的就是要全国实现和平。山东在八年抗战当中，在敌人的残酷统治下，受尽了痛苦，我现在来慰问诸先生。现在乡村和城市不应再隔绝了，应该恢复交通了，城市父老需要粮食，乡村父老需要商品，我们应该保证实现这些要求。我看见王耀武将军和陈毅将军握手言欢，我很高兴，山东从此可以获得和平。这次我们三人来，诸位所希望的和平、民主、统一是一定要实现的！"

听了周恩来的讲话，大家脸上露出了笑容，鼓掌之后便散去了，并没有发生一些人盼望的反共场面。②多年后王耀武在回忆录中承认，这些请愿是国民党当局策划的，鼓动一些地主子弟和国民党职员闹事，"借机诬蔑共产党，使周副主席难堪，使马歇尔认为山东的百姓是反共的。"遗憾的是，这些把戏又失败了。

① 陈毅：1947年12月30日的报告，《一年来自卫战争总结》。
② 周而复：《济南一幕》，1946年3月9日《大众日报》。

停战谈判期间，共产党和民主政府认真执行协定，积极配合停战谈判的工作。各军分区向执行小组提供详细材料，标明我军各部队的番号、驻地、人数，并介绍等待回国的日军和伪军的驻地和具体情况，便利执行小组进行划界和调停。执行小组在解放区活动期间，我方都给予热情接待。而国民党方面一再玩弄阴谋，以种种手段进行挑衅。当执行小组前往地方视察时，经常遇到闹事者高喊诬蔑共产党的口号，扣留、毒打共产党方面的代表和工作人员。例如1946年5月21日，第22小组我方代表甘重斗及翻译吴武汉到枣庄中兴煤矿开会，解决伪军王继美部盘踞破坏煤矿设备问题。会后乘车返回途中，遭到便衣伪军士兵毒打。甘重斗被打断肋骨，伤势严重。在山东野战军总部强烈抗议下，被军调部送往北平医院治疗。6月10日，执行小组到晏城调解伪军向我军挑衅事件，途中遭到伪军射击。结果子弹不长眼，打死了国民党联络官雷奋强，我方人员刘仁秀负伤。国民党方面硬说雷是被共军打死的，将我方代表缴枪、扣押几天，又强迫他们离开济南。从2月中旬到6月中旬，仅我方代表团向军调部提供的备忘录中，我方谈判代表和小组工作人员被侮辱和伤害事件就有25起。国民党军和伪军向我方挑衅的事件就更多了。

国民党利用停战时期暗中备战，调遣军队，并得到美国人的暗中支持。当时泰安城内驻扎着宁春霖部伪军8000余人，在我军包围下，已成瓮中之鳖。粮食弹药都极为缺乏。王耀武想保存这部分力量，设法让其突围到济南。如果没有足够的弹药，这帮家伙出城不远就会被我军消灭。当时我军严守停战协定，停止对泰安的军事行动，并允许往城内运送粮食柴草。王耀武想借运粮的机会，把子弹装在麻袋里，每次运几十包。他把偷运子弹的事预先告诉了美方代表雷克上校，得到他的默许。正逢军事调处小组要到泰安视察，王耀武命令部下把子弹与大米混在麻袋里，装了几车厢，随车运到泰安车站。不料搬运工人卸货时，感到有的麻袋重，有的麻袋轻，产生怀疑。我方代表要求开包检查。国民党代表慌了手脚，命令关上车厢，宁可再拉回济南，也不让开包检查。结果，偷运子弹没有成功。雷克上校也当众出丑，回去对王耀武大发牢骚。

　　1946年3月间，国民党在济南制造了一起"王道事件"。王道是鲁中军区独立旅旅长，奉命带几个干部到济南与国民党省政府接洽交换日用品的事情。国民党军统特务诬陷王道是共产党派来搞情报的，硬将他们扣留起来。特务编造了王道等人的脱离共产党的"电报"，造成既成事实，让他想回也回不去。国民党特务的如意算盘是：王道不是老八路，原来曾当过国民党军队的旅长，后来带部队投奔了八路军。把他争取过来，可以得到许多共产党的情报。他们派王道去给国民党军官办训练班，教授对付共产党的战术。谁知王道讲课时反复宣传共产党的好处，说："共产党就是因为抗战到底，才得到老百姓的拥护。学共产党的方法来对付共产党，首先就学他们诚心诚意为人民。解放区的社会秩序就是好，没有二流子，没有浪费和不生产的事，所以遇到灾荒也饿不死人。"特务们把情况报告给王耀武，王耀武感叹地说："共产党真厉害，像王道这样的人，过去是国民党的旅长，一旦投了共产党，竟对共产党如此忠心。不要让他讲了，把他关起来好了。"后来王道被关了将近一年，才被人救出，辗转回到了解放区。①

　　在停战的半年内，国民党当局从各方面捣乱破坏，给解放区制造困难和麻烦。1946年1月，南京政府宣布"黄河归故"的决定。1938年6月，国民党军队在与日军作战中节节败退，为了阻挡日军进攻，竟然不顾中原百万人民的生死安危，炸开河南花园口黄河大堤，造成大片"黄泛区"，造成河南、安徽、江苏44个市县受灾，淹没耕地84万公顷，89万人死亡，390万人逃荒。从此后，黄河改道经由中牟、扶沟、太康等县，夺颍河、涡河入淮河，再入黄海。八年抗战期间，花园口以下黄河故道成为我冀鲁豫、山东抗日根据地管辖范围。

　　从理论上说，黄河应当回归故道。但是国民党选择的时机居心叵测。正如周恩来1946年1月8日的谈话所指出，蒋介石急于将黄河回归故道的用心"就在想利用黄河水淹死豫、鲁解放区人民和部队，隔断解放区的自卫动员，破坏解放区的物资供给，好便于他的进攻和侵占，以达到他的军事目

---

① 王耀武：《蒋介石指示我在山东破坏和谈和调处的真相》，载《文史资料选辑》第28辑。

的。"

黄河改道八年间，从花园口到山东利津的下游故道变化很大。由于河床干枯，很多老百姓迁到大堤内开荒种地，拆护堤的砖石盖屋建房。形成了200多个村庄。河堤多处被挖开口子，变成通衢大道。黄河归故，首先要迁移几万户居民，修复上千里破旧的河堤。这都不是短时期内能办到的事情。国民党方面不顾解放区老百姓死活，强行在花园口开始堵口工程，扬言要在两个月内合龙，将黄河回归故道。国民党的蛮横行径引起了故道两岸人民的愤怒，抗议之声一浪高过一浪。中共中央指示冀鲁豫解放区成立黄河水利委员会，山东渤海解放区成立黄河河务局，一面与国民党当局谈判，一面动员群众做好准备工作。在国内舆论的谴责下，国民党当局被迫暂停堵口，与解放区代表谈判。1946年4月在开封达成初步协议：堵口与修复大堤同时进行，由南京方面拨款救济河床内的迁移百姓，并解决修堤所需的民工、物资、运输等工程费用。

国民党政府为了发动内战，加紧堵口行动，白崇禧、刘峙等将领先后到花园口视察，带有明显的军事目的。对解放区的救济粮款和工程用款，则一拖再拖。根据协议，解放区一期修堤工程应由南京方面拨款100亿元，实际只拨40亿元。7月应将8800吨面粉运到菏泽，2500吨面粉运到渤海解放区。实际上只有500吨运到菏泽，1300吨运到渤海区，致使数万修堤民工忍饥挨饿。1946年7月国共破裂，全面内战爆发后，国民党军队在山东长清、东明等地袭击修堤民工，抢走修河工具，多次骚扰。1947年3月15日，花园口堵口工程合龙，黄河水滚滚东流，全部注入故道。沿河的濮阳、范县等10个县的河滩区内就有237个村庄被淹，淹没耕地27万亩，造成了大量新灾民。国民党借黄河归故之名，行淹没解放区之实的罪恶行径，暴露无遗。①

在制造摩擦、对解放区进行破坏和挑衅的同时，蒋介石抓紧时间整顿军队、调兵遣将，完成发动全面内战的准备。1946年3月18日，蒋介石在南京召开"复员整军"会议，名为裁减军队，实为整顿军队质量，进行战争动

① 王传忠等编：《黄河归故斗争资料选》。

员。蒋介石在会议上说:"我们在政治、经济、外交上都有信心,有把握取胜,问题是在军事上,就是在你们这些高级将领身上。你们是否有把握指挥自己的部队打败共军? 你们必须确实掌握好你们的军队,不要腐化堕落,要努力完成任务。"国民党军队经过一个时期的整顿,把原来的军改为整编师。如王耀武的老部队74军改为整编74师,由张灵甫任师长。原来的师整编为两个团建制的旅,拆散一个团补充其他的团,使之达到满员。多余的军官调到后方,拉大批青年学生入伍,进行训练。以日军投降缴获的武器和美国提供的武器装备部队,重点装备几个嫡系部队。这样,表面上看起来国民党军队编制少了,而战斗力实际上加强了许多。整编好的部队陆续调往靠近解放区的战略要地,以求集中优势兵力向解放区发动突然进攻。华东地区是蒋介石进攻的重点,1946年1月停战令生效时,国民党军在华东共有17个正规军47个师,加上部分伪军。到6月底,南京方面陆续将第100、65、99、5、73、88、54军共7个军、19个师增调到华东解放区周围。这样,国民党军对付华东解放区的总兵力达到23个军,共52万人。据不完全统计,停战半年时间,国民党方面对华东解放区的袭击达900余次,蚕食村庄城镇300多个。

当时,国共双方的争夺焦点在东北,中共中央命令东北局与国民党军队进行坚决斗争,组织四平保卫战。而在其他地区则尽量保持克制,避免与国民党破裂。因为对全面内战的严重性估计不足,"和平"的气氛在一定程度上影响到我们的干部和部队。有的同志认为,战争一时打不起来了。山东8师曾在一个连队进行调查,全连72人,认为"人人要和平,和平可靠"的占44人;认为"努力就可靠,不努力不可靠"的占7人;认为"解放区地面小,蒋介石队伍多,美国还帮他,现在小冲突,将来大冲突,和平不可靠"的占21人。可见,能保持警惕性的同志仅有三分之一。在根据地后方,也出现了许多混乱的现象。许多人要求复员,回老家去过太平日子。机关脱产人员大量增加,财政开支盲目增长,出现赤字。本来各根据地依靠征收公粮就能维持党、政、军人员的口粮,由于脱产人员剧增,粮食供应也出现紧张。有的单位"自筹经费",竞相开设商店,与民争利,影响了市场的稳定,造成物价上涨。有的地区解散或削弱了民兵武装,这些现象在淮南地区表现比较严重，全面内战爆发后，使得淮南地区出现了不应有的混乱局面。①

这种情况，不仅华东有，其他根据地也有。蒋介石表面上鼓吹"民主"，召开政协会议，却根本不承认政协的决议。暗地里却调兵遣将，加紧内战准备。中共中央很快从"和平民主新阶段"的乐观情绪中清醒过来，1946年3月18日中共中央发出指示："最近时期一切事实证明，蒋介石反苏、反共、反民主的反动方针，一时不会改变的，只有经过严重斗争，使其知难而退，才有作某些较有利于民主的妥协之可能。停战协定、政协决议、整军方案我们是不愿其破坏的。但反动派必欲破坏，只要使人民了解这是由国方破坏的，而不是由我方破坏的，那对于中国的前途，也会是有好处的。因此，我们不破坏它们，但我们决不怕反动派破坏，我们反对分裂，反对内战，但我们不怕分裂，不怕内战，我们在精神上必须有这种准备，才能使我们在一切问题上立于主动地位。"②

山东、华中的领导人接到中央指示，命令各部队开展"百日练兵"运动，提高政治觉悟，加强正规化训练，以便应付随时可能出现的严重局面。果然，从4月起，东北炮声隆隆，东北民主联军展开四平保卫战，与美式装备的国民党军精锐部队激烈厮杀。战斗持续了一个月，我军因消耗过大，主动退出四平，放弃长春，撤退到松花江北岸。蒋介石认为时机已到，在短暂的停战期间，向中共驻南京谈判代表团提出最后通牒式的苛刻条件：中共让出南满、西满、东满地区，只准许保留3个师的编制和北满部分地区；中共让出热河、察哈尔全境；中共立即退出山东新收复的城镇，让出烟台、威海卫让国民党军进驻；让国民党军队继续增兵青岛、天津、北平，以便使美军撤退。

面对蒋介石的恐吓和威胁，周恩来愤怒地拒绝了国民党的条件。中共中央迅速通知各解放区，全面内战将于7月爆发，各部队要加紧准备，争取自卫战争的胜利。和平的气氛已经散去，一场大战迫在眉睫。

① 南京军区战史资料编辑室编：《中国人民解放军第三野战军暨华东军区第三次国内革命战争战史资料》第1章第2节。(1958年8月初稿)
② 《中共中央文件选集》第16册。

苏中七战七捷（一）

巩固苏中根据地——蒋介石挑起全面内战——毛泽东筹划南线作战——粟裕请求在苏中先打几仗——宣家堡、泰兴初战告捷——如皋痛击49师——毛泽东指示不打无把握之仗——我军主动撤离海安

1945年10月中旬，粟裕率领江南新四军主力渡江北上，到达海安。这里是苏中军区所在地，他们受到老战友、苏中军区司令员兼苏中行政公署主任管文蔚的热烈欢迎。

当时的苏中根据地拥有长江以北、京杭大运河以东、北至斗龙港、东至黄海的一片约23000多平方公里的地区。相当于今天江苏省的南通地区大部和盐城地区南部。这里城镇比较稠密，人口800余万。盛产粮食、棉花、食油、海盐等重要战略物资，棉纺织业和商业也很发达。平原上水网密布，公路纵横，生存环境相当优越。抗日战争中，陈毅率新四军渡江北上，在盐城建立新四军军部。粟裕被任命为1师师长兼苏中军区司令员，到东台、泰兴、海安、兴化、南通一带开辟根据地。1944年底粟裕奉命过长江开辟苏浙根据地前，苏中已经成为巩固的抗日根据地。时隔不到一年，粟裕又回到曾经战斗过的老根据地，如同回到家乡一般的亲切。

"双十协定"公布后，苏中地区出现了短暂的和平。在此之前，新四军苏中部队在管文蔚、陈丕显、吉洛（姬鹏飞）领导下，自8月中旬大举出击，向盘踞大小城镇的伪军发起进攻，很快收复了泰兴、海安、兴化、如皋等一

批县城，向高邮、南通逼近。

抗战胜利后，国民党军队从津浦路向大运河以东的苏中和淮南、淮北地区进发。苏中解放区与南京、上海仅隔一条大江，蒋介石当然容不得身边有这样一个解放区的存在。他委任顾祝同为徐州行营主任，汤恩伯、李品仙为副主任，用飞机将嫡系的5军、74军空运到南京。伪军孙良诚的25军进至扬州，4军盘踞盐城，还有几个师也正从徐州、安徽调往津浦路以东，企图三面包围，将苏中解放区吃掉。

到达苏中后，粟裕与大家分析了形势，认为和平是靠不住的，苏中地处与国民党斗争的前线，战争不可避免。这时，党中央根据战略形势的变化，决定将中共山东分局与华中局合并为中共中央华东局，以饶漱石为书记兼新四军政委，陈毅为副书记兼新四军军长、山东军区司令员。原华中局改为华中分局，受华东局领导。因此，华中的党和军队领导也作了相应的调整。10月27日，粟裕接到华中分局转达的中央命令，任命他为苏皖军区司令员，张鼎丞为副司令；邓子恢、谭震林为正、副政委。粟裕认为张鼎丞资历比他老，当副职不合适，当天就给中央发出电报，说明鼎丞同志"抗战以前为长辈，抗战初期为职之上级"，"请求中央以鼎丞为司令，职当尽力协助，以完成中央给予之光荣任务"。中央领导看到粟裕这封恳切的电报，感到粟裕确实是从大局和团结的愿望出发，表示了不计职位高低的谦虚态度，于是29日指示华中局，同意粟裕的要求，以张鼎丞为华中军区司令，粟裕为副司令兼华中野战军司令员。①

领导机构作了调整，势必要对部队也进行调整和改编。当时新四军部分主力北上山东，江南主力回到华中，部队产生了一些动荡不安情绪。一方面要适应新的环境，一方面要重新组织部署，使之尽快安定下来。当时华中局曾有指示，以老部队与新部队混编，成立新建制。粟裕感到不妥，老部队是作战的骨干，一旦打乱原有编制，与新部队要有相当一段时间才能相互适应，很可能影响部队的战斗力，不能适应突然情况。而战争危险时刻存在，

① 《粟裕军事文集》。

不可能有很从容的时间来完成整编。想到这些，粟裕在10月27日以个人名义又给中央发了一封电报，建议不要过分打乱各师建制。电报说：

"此次华中北调部队除三纵保持整个建制外，其他各主力师均系分别抽调。似此不同建制之部队，今后须有较长时期方可打通思想，但对目前战斗之协同配合不利（特别是华中分局领导下之部队），可能产生重大影响。此点虽曾向华中局及分局建议，未蒙采纳，对此问题尚不能完全理解。因职以为各师地区既留有地方兵团，虽将当地主力师调走，对坚持似无大影响。因此，职意应尽可能不过分破坏建制，较为有利。职敢冒本位、宗派主义之嫌，特电告中央，尚盼指示。"①

中央认真考虑了粟裕的意见。认为集中主力，形成拳头，对作战是有利的。回电同意粟裕的建议，在原来老部队的基础上组建华中野战军，编成四个纵队：

原苏浙军区一纵编为六纵，王必成任司令，江渭清任政委。

原苏中军区主力编为七纵，吉洛任司令兼政委。

原苏浙军区三纵编为八纵，陶勇任司令，卢胜任政委。

原新四军4师的11、12旅编为九纵，张震任司令兼政委。

这四个纵队加上华中地方武装，总数近15万人，由于新四军主力大规模的调动，华中的情况并不稳定。这时，山东野战军领导向中央建议，再抽华中部分主力北上，支援山东方向的作战。华中局领导接到电报，认为这样会引起华中局势动荡，不如先在华中打几个胜仗，建立巩固的根据地，再支援山东。11月30日华中局致电中央，说明华中存在的不稳定现象。"此种现象，除继续政治动员与解释外，尚须在各主要方面打几个胜仗才能稳定。"

关于作战的设想，华中局的电报说："依华中情况发展，将来至少有两个以上的作战方向。除蚌埠至徐州段为主要方向外，高邮运河线亦将为顽军主要进攻方向之一。现25军有两个师正开扬州、泰州、高邮一线，此路对分割我华中地区威胁甚大。淮南及南通和灌云方向亦将是其次要的进攻方向。"

① 军委一局编：《华中局往来电报》1945年8月—1946年5月。

华中局的电报告诉中央：现在他们能够机动作战的主力只有六、八、九三个纵队，近4万人，骨干只有王必成、陶勇的6个团。加上华中地方部队也不过6万人，力量是有限的。所以目前实在无法分兵给山东，必要时可以临时抽调配合山东作战。

当时华中部队最迫切的任务是要打几个胜仗，扩大和巩固根据地，真正在这个地区站住脚。当时伪军孙良诚部的4军盘踞着盐城和周围的几个据点，等待配合国民党军队进攻解放区。这是一个心腹之患，华中局决定肃清这股伪军，夺回盐城这个战略要地。苏中军区受命完成这个任务，管文蔚、陈丕显调集两个纵队和地方武装共2万多人，从四面包围了盐城和附近的伪军据点。

伪军据点的防御还是比较严密的，我军首先进攻的目标是伍佑镇。这里有伪军39师数千人把守。管文蔚等研究了敌情，决定设计把伪军引出城来消灭。他争取了一个伪军俘虏，模仿4军军长赵云祥的笔迹写了一封信，叫伪39师师长按时向北门突围。随后，我军开始向伍佑城发起佯攻。伪军师长是个粗人，信以为真，便下令打开北门往外冲。伪军一出城就乱了套，四散逃命，我军杀声震天，合围上来，把2300伪军干脆利落地消灭干净。然后乘胜追击，将盐城团团包围。

盐城中的赵云祥非常恐慌，39师是他的主力，竟然这样快就被消灭，说明新四军力量强大，以盐城里这些伪军恐怕是守不住的。部下建议赵云祥找新四军谈判，他只好惴惴不安地来见管文蔚和姬鹏飞。

管文蔚直率地对赵云祥说："你的部队只有两条路，要么打光，要么投降。你走哪条路？想好了没有？"

赵云祥低声说，他们请求起义，希望新四军不要拆散他们的部队建制，保护军官和家属的生命财产安全。

管文蔚要求赵云祥放下武器，带部队出城等候整编。这样，盐城不费我军一枪一弹，顺利解决。11月11日，新四军进入盐城。赵云祥心里发虚，怕新四军追究他的罪恶。借口到扬州说服孙良诚起义，带家属离开盐城。到了扬州，赵云祥便被孙良诚扣押起来。他的部队经过我军的改造整编，组成

3 个团，充实了华中野战军的力量。

盐城收复后，粟裕率领六、八两个主力纵队与管文蔚的部队会合。下一步打哪个地方，粟裕经过思考，12 月 15 日致电陈毅、饶漱石，建议组织高邮战役。他指出：现在伪军孙良诚的 25 军占据高邮，如果敌人沿大运河北上，华中解放区有被分割、孤立的危险，对山东的配合也会减弱。如果夺取高邮、邵伯，我军就可以控制大运河这条运输线，保证华中的经济供给，对今后的作战意义极大。

中央军委、华东局很快批准了粟裕的计划。粟裕命令管文蔚指挥 7 纵攻邵伯，而以主力八纵主攻高邮。高邮是两淮地区的门户，西临运河、高邮湖，三面是水网，只有一条运河大堤公路贯穿南北，工事坚固，易守难攻。高邮城里驻守着日军一个大队、4000 多伪军，一个小小的城市，几乎家家住兵。日本人奉国民党当局的命令在那里留守，人无斗志；伪军则等着国民党来接收，气焰嚣张。我军士气旺盛，志在必得。战斗打响后，12 月 21 日，七纵攻占邵伯，25 日，八纵攻克高邮，日军很快投降，我军俘虏日军 891 人、伪军 3493 人。高邮战斗的胜利，拔掉了敌人设在解放区门口的一个重要据点。除扬州、南通、泰州等主要城市外，苏中、苏北全部解放，并与山东解放区联成一片。粟裕高兴地对管文蔚说："现在苏北地区，除了南通、泰州、扬州、海州、徐州这几个孤立的城市外，都已经被我们控制了。原来四个战略区完全连成了一片，形成了东滨黄海、南界长江，西迄涡河、裕溪口，北接陇海路这样一块广大的解放区。有这么多人口，养二三十万兵不成问题。给养、兵源都有了保证。党政军统一的领导机构已建立起来，群众的基础又那么好，加强和平建设是有很大力量的，即使再打起仗来，我们也有条件在这里战胜敌人。"①

1946 年 1 月 10 日国共双方停战协定生效后，苏中度过了一段相对平静的日子。受和平思想的影响，一部分干部认为国共开始和平谈判，政协会议也召开了，武装斗争可能没有了，即使有也是局部摩擦。军队要国家化，整

---

① 《管文蔚回忆录续编》第 5 章。

军复员也搞起来了。部队干部很多人对此是表示怀疑的，认为和平不可靠，战争危险仍然存在。但上级说和平了，有的干部就想结婚成家，过安稳日子。有的看到地方干部穿的好，部队还穿老粗布衣服，也不安心，想转到地方工作。但是粟裕等领导人却没有放松警惕。遵照中央和华东局指示，他们开展了"百日练兵"，教育干部战士不可松懈。

果然，到了1946年5月，东北方面的形势越来越紧张。四平之战结束后，国民党军队占领了长春。蒋介石认为他有把握消灭共产党军队，得意洋洋地飞往沈阳督战。美国方面的态度也越来越明显地偏向国民党一方。当时，中共中央还不愿与国民党全面破裂，6月初周恩来回延安汇报时，中央还决定"竭力争和平，哪怕短时期也好"。但蒋介石咄咄逼人，6月17日提出最后通牒式的停战条件：要求中共退出热河、察哈尔两省，山东的烟台、威海，东北的哈尔滨、安东、通化，以及6月7日后在山东解放的大小城镇。25日，更要求中共退出胶济铁路沿线、苏北和6月7日后在山西、河北解放的大小城镇。马歇尔也压中共代表团接受蒋介石的条件，周恩来对此极为愤慨，表示根本不能考虑。国民党代表在与周恩来谈判时又提出由美方行使最后决定权，周恩来怒不可遏，严正声明：中国共产党人是爱国主义者，不能承认丧失国权的办法。①

形势已经十分明显，蒋介石是决心要打全面内战，退让已经没有出路。周恩来于6月22日电告中央：蒋介石不仅要在东北大打，也将向关内解放区进攻。战争可能在7月初开始，所以应在8天之内积极备战。

毛泽东思考了几天几夜，终于下定决心以自卫战争对付蒋介石的全面内战。6月22日，他设想了一个南线作战的战略计划，请刘伯承、邓小平、陈毅等同志考虑：如果国民党军队向我大举进攻，山东、太行两区的我军主力则实行外线出击，向南作战。刘、邓主力以豫东地区为主要作战方向，相机占领开封；陈毅主力以徐州为主要作战方向，相机占领徐州；力求在野战中歼灭国民党军一部分有生力量。华中主要对付江北敌军，配合南线作战。毛

① 《周恩来年谱》。

泽东的意图是将战争引向国民党统治区,保护老解放区不受损害,同时开辟新解放区,并保障中原李先念部队的安全。对于苏中地区,毛泽东考虑到那里靠近南京,肯定是国民党要重点进攻的地方。6月25日,毛泽东电告华中分局:"苏中地区在蒋优势兵力进攻下,有暂时失陷可能。你们宜作事先准备,以免临事仓猝,受过大损失。"看来,中央对华中局势已经作了最坏的打算。①

为了实施这个战略计划,中央于6月26日指示华中分局,要粟裕、谭震林率领15个团的主力向淮南进发,配合山东主力进攻蚌埠。留下少量部队牵制扬州方向国民党军队。在山东的新四军军部表示执行中央命令,电令华中野战军主力西进待命。

接到这些电报,粟裕立即从海安动身赶往华中分局驻地淮安,与邓子恢、张鼎丞、谭震林等同志分析形势,商量对策。大家认为:抽调华中主力到淮南,苏中根据地可能有失陷的危险。苏中保不住,淮南作战也将处于不利局面。粟裕回忆,当时他们考虑了以下三个方面的问题:

"第一,淮南地区人口仅130余万,抗日战争后期,该区环境比较安定,转入战时状态需有一个过程。战争初期,我华中野战军主力如在淮南作战,不仅粮草需由苏中供给,就连支前民工也需由苏中补给。主力部队开到,加上民工、干部,每天至少需要粮食10万斤,两三个月的粮食将达数百万斤,其他军需供应也相当繁重,将给初期作战带来很大困难。

第二,苏中当面有敌军九个旅,如我华中主力西进,留守部队难以担任钳制任务,该区有被敌迅速占领之极大可能。苏中地富人稠,人口九百万,占华中总人口的五分之二,粮食亦占华中总产量的五分之二,沿江商业繁盛,税收就占华中的一半,这些都是支援战争的巨大力量,一旦沦入敌手,就为敌人所用。而且苏中地近京沪,如不战而弃,政治影响也不利。

第三,淮南之敌有第5军,整编第74师一个旅也在淮南(另两个旅在南京,一打起来势必北渡淮南)。这两支部队均属蒋军五大主力,加上淮南

①《毛泽东军事文集》第3卷。

其他敌军，兵力较强。相对说来，苏中之敌较弱。"①

经过慎重研究，华中分局领导人于6月29日联名致电中央和新四军军部，在陈述上述理由后表示：目前华中主力不宜调到淮南作战。建议将华中主力王必成、陶勇纵队仍留在苏中解决当面之敌，改善苏中形势，钳制敌人。待山东及太行主力完成第一阶段任务后，华中主力再西进津浦线，配合第二阶段作战。

毛泽东收到这份电报，认为有道理。30日复电华中分局："部队暂缓调动，待与陈军长商酌后，即可决定通知你们。"

以后的几天中，毛泽东从各方面转来的情报获悉，国民党军队可能向胶济、徐州、豫北、豫东、苏北几个方向同时发起进攻。7月4日，他指示刘、邓、陈及华中局："先在内线打几个胜仗再转至外线，在政治上更为有利。"②这样，粟裕等坚持苏中作战的方针，实际上已经获得肯定。

粟裕晚年，谈起当年坚持苏中作战的指导思想说："我们部队营以下干部、战士基本上都是土生土长的；即使是团以上干部，虽然大都是外地干部，但是由于长期在苏中地区坚持，坚持了八年抗战，与人民结成了血肉关系，与地方党政关系也是很融洽的，很密切的。那时是党政军一元化领导，大家曾经是生死与共，艰难困苦都是一道的，这是我们一个不可战胜的力量。我们部队对于当时的地形、地理、道路、人情、风俗习惯都很熟悉，这对我军作战也是一个很有利的条件。同时，我军的补给无所谓什么交通线很长的问题，到处都是我们的后方，到处都可以安置我们的伤病员，到处可以得到补给，所以我们没有后顾之忧。""我们当时考虑了，如果我们不利用苏中这些有利条件打几仗，不打就撤，那不仅会影响士气，而且会大大的失掉民心，也会影响到该地干部、党政机关的信心，更谈不上坚持那个地方的斗争。"③

① 《粟裕战争回忆录》第10章。
② 《毛泽东军事文集》第3卷。
③ 粟裕：1978年5月16日的谈话。

形势如同党中央和华中分局领导所预料的那样，1946 年 6 月间，国民党军队调兵遣将，准备向苏中大举进攻。驻守在常州的国民党第 1 绥靖区司令李默庵接到上司徐州绥靖公署主任薛岳的命令，前去密商进攻苏中的行动计划。6 月 24 日李默庵见到薛岳，薛岳将他召进内室，密谈了一阵，将一个密封的大信封交给李默庵和他的参谋长罗觉元说："这是我们根据国防部的意图拟定的作战计划，你们回到司令部再拆开，要绝对保守秘密。"李默庵遵命回到常州才打开信封，只见里面是一张作战部署要图和计划。要求黄百韬的 25 师从扬州向邵伯、高邮进攻；李天霞的 83 师以泰兴为基地向兴化进攻；王铁汉的 49 师以南通为基地向如皋、海安等地进攻；行动的时间定在 7 月 15 日。[①]

从 7 月上旬，粟裕就密切注视着国民党军队的动向。江北国民党军队的调动集结和有关情报，使他确信战争将会马上爆发。在敌强我弱的局面下，粟裕决定主动出击，先发制人。在国民党军队完成进攻准备之前，先打他个措手不及。他在地图前反复思索，第一仗究竟在哪里打响。

为了应付战争，粟裕是有准备的。5 月间经过"百日练兵"，部队的状态有明显提高。为了攥紧"拳头"，他把华中野战军的两支老部队——陶勇的八纵和王必成的六纵恢复原来的番号。陶勇部为 1 师，粟裕兼任师长，陶勇为副师长；王必成部为 6 师，谭震林兼任师长，王必成为副师长。当时华中野战军这两个主力师和其他部队共 19 个团约 3 万余人驻扎在如皋、海安一带，究竟先打哪一路敌军比较合适呢？粟裕考虑：泰州之敌离我军最近，威胁较大；但泰州是个中等城市，周围水网密布，大兵团行动不便，不是理想的战场。而泰兴、宣家堡这一带是敌军蚕食解放区占据不久的地方，各有 1 个团把守，虽然临时修了些工事，但远不如泰州、南通坚固。打掉泰兴、宣家堡这孤立、分散的一路敌军，我军就能连续作战，打开局面。

在调兵遣将上，粟裕是熟悉他的老部队的。他想：陶勇部比较灵活，我们把他用于宣家堡。宣家堡离敌人大据点泰州比较近，敌人来援的可能性

---

① 罗觉元：《国民党军进犯苏北的回忆》，载《江苏文史资料》第 3 辑。

大，必须赶在敌援军到来之前解决战斗。王必成部阻击能力强，把他用于泰兴方向，虽然敌军增援的可能少些，但攻打这个县城是要费力气的。只要陶勇能迅速解决战斗，腾出手来，就是敌军来援，我们也不怕，可以进行第二次战斗。考虑成熟，粟裕、谭震林于7月10日午夜发布命令，向泰兴、宣家堡进军。①

7月12日，陶勇率领1师急行军向宣家堡进发。陶勇原名张道庸，安徽霍丘人，1929年参加红军，1931年入党。在红四方面军中当过团长，身经百战。长征中在西路军的9军，浴血奋战河西走廊。西路军不幸失败，陶勇与战友坚贞不屈，终于被党中央营救回到延安。抗战时期他奉命到新四军工作，由于勇猛善战，深受陈毅、粟裕的信任，在粟裕的1师中任旅长，转战大江南北。这次他接受任务去打头阵，部队上下士气高昂。

宣家堡是泰兴以北的一个镇子，三面环水，一条小河横贯镇中。镇子四周有土圩和炮楼，驻守在那里的是国民党38师的56团。38师原来是第100军，属于蒋介石的嫡系，参加过缅甸远征军。师长李天霞颇为傲慢，没把新四军放在眼里。我军到达时，敌军还在仓促修工事。

13日黄昏，1师先头部队2团到达距宣家堡不远的许家堡，发现敌情。当时以为敌军兵力不多，师首长命令3团解决许家堡之敌，主力仍去包围宣家堡。3团于当夜打响。因为没有时间进行战前准备，3团发起攻击后，遇到河沟障碍，被国民党军的轻重机枪火力封锁，造成人员伤亡。3团发觉敌军比他们估计的要多，便重新调整部署，选择适当的突破口于次日清晨分两路发起进攻。在我军密集火力压制下，敌军终于顶不住，夺路突围，被3团战士追赶围歼，一个营的敌军大部被俘。

14日，陶勇指挥1师4个团的兵力围攻宣家堡。在扫清外围战斗中，敌军迅速收缩，退入宣家堡镇中。8团首先向敌人发起进攻，没想到当天月光明亮，能见度很好，敌军集中火力，猛烈封锁前沿，第一次攻击失利。陶勇骑马赶到8团团部，只见团干部正在准备再次攻击。陶勇感到这样硬拼肯定

---

① 粟裕：1978年5月16日的谈话。

伤亡很大，果断制止8团行动，亲自观察阵地。粟裕指示陶勇，要投入6：1的优势兵力消灭敌军，而8团投入的兵力是1：1，所以打成了消耗战。陶勇重新部署兵力，将7团和9团调上来，三面围攻宣家堡。第二天夜晚，8团再次开始攻击，敌军仍然像昨天一样集中火力封锁8团的攻击路线，西北方向是敌军侧后方，河流环绕，地势起伏，敌军只设了两道铁丝网。8团吸引敌军火力时，7团突然从西北发起攻击，很快突破敌军防线。敌军慌忙调兵前来抵挡，正面又被8团突破，开始巷战。敌军在我军两面夹击下溃不成军，天亮时冲出镇子，向西北方向突围，被赶来参战的1团、3团堵个正着，国民党军56团和附属山炮营全部被歼灭。①

王必成率领的6师担任泰兴攻坚任务。泰兴是一个古老的县城，有完整的城墙和宽阔的护城河。国民党军38师的57团和一个炮连驻在城内。王必成的部队是新四军中打硬仗出名的"老6团"基础上扩编的，干部战士士气旺盛。13日黄昏，6师开始扫清外围，很快逼近城墙。敌军依靠城墙进行抵抗，炮弹和机枪子弹从城头上猛烈地喷泻下来。王必成暂停攻击，重新组织兵力，选择突破口，14日黄昏从三个方向再次攻城。我军集中了几门山炮，猛轰城墙，48团突击队在火力掩护下快速登城，突破敌军防御。二梯队紧跟突入城内，夺取东门。52团两次进攻失利，团首长及时调整部署，组织突击队架起梯子攻城，终于在后半夜突入西门。53团也攻入北门，王必成令47团投入战斗，在巷战中消灭敌军。到15日早晨，国民党守军基本被消灭，只有敌军团长带百余人在城角的庆云寺内顽抗。我军缺乏攻坚经验，没有使用爆破的方法，一时难以攻下。②

13日下午，李默庵在常州突然接到38师李天霞师长的电话，说宣家堡和泰兴受到共军攻击。李默庵以为是小接触，没当回事，叫李天霞看着办。半夜李天霞频频告急，说泰兴眼看守不住了。李默庵顿时紧张起来，命令赶紧增援。15日靖江国民党军出动增援，粟裕决定主动撤离泰兴，命令陶勇、

① 陶勇：《苏中初战》，载《苏中七战七捷》。
② 华野参谋处：《苏中50天战斗要报》，1946年9月编。

王必成率领部队向如皋方向转移。苏中首战以我军歼灭国民党军两个团,约3000余人而结束。比起后来的战役,这两仗的规模不算大。但初战告捷,大大鼓舞了我军和苏中百姓的士气,为以后的连续获胜打下了良好的基础。

李默庵获悉我军发起进攻后,加紧向苏中调运兵力。当时戴之奇的69师99旅乘火车到达无锡,原计划调往苏北,被南京国防部命令增援李默庵。这样,99旅与65师的两个旅迅速过江增援,于7月15日左右占领黄桥。王铁汉率49师3个旅分两路从南通北上,16日进攻杨家桥、林梓,准备夹击如皋。83师、25师也从泰州方向前来增援。国民党几路大军向如皋地区逼近,企图将华中野战军包围吃掉。

毛泽东关注苏中战局,7月15日指示华中分局:"此次泰兴作战不论胜败如何,均须于结束战斗后,立即整理部队,准备再战。即使打了大胜仗,也要如此;因为敌人会继续进攻,我军在南线须准备打四五个大仗,方能解决问题。"

粟裕与毛泽东的想法是一致的。他根据敌情迅速作出决断:"南通的敌人乘我军正在激战于泰兴和宣家堡的时候,迅速向我如皋进攻;靖江的敌人也向泰兴前进。敌人以为我军主力在西边,可以乘虚夺取我们的如皋、海安这样一些城镇。当时敌人估计我军第一仗伤亡必然很大,不敢再战了,而且泰兴还在战斗。这时我们把泰兴战斗当成一个钓鱼的鱼饵,因为我们在泰兴还没有解决战斗,敌人判断我们的兵力不会转移到东边去,至少不会转移得这么快。而我们利用泰兴没有完全解决战斗这样一个条件,把坏事变成好事。除了以极少数部队继续在那里猛攻,不管能否打下,吸引敌人注意力。而以陶纵全部、王纵大部昼夜兼程东进,这样又出乎敌人意料之外。"所以,宣家堡、泰兴战役结束后,部队没有休息,华中野战军司令部即下达命令,主力部队除一小部分牵制泰兴、靖江之敌,大部前往如皋消灭国民党军49师。

陶勇、王必成率领1、6师部队不顾疲劳,一夜强行军100余里,16日早晨赶到如皋以南地区。管文蔚率领的七纵也奉粟裕之命前来担任阻击任务。17日王铁汉的49师分两路北进,右路的26旅在王铁汉带领下占领丁堰镇，推进到田肚里、鬼头街；左路79旅推进到宋家桥、杨花桥地区，准备占领如皋。这天夜里，我军集结了四倍于敌的优势兵力，悄悄出动，分别包围了鬼头街、杨花桥等地。18日早晨，49师的炮兵营从白蒲出发沿公路北上，被我1师2团包围，我军上前猛攻，将敌军击溃，缴获野炮3门。然后我军掉过头来，1师和七纵向林梓逼近。国民党军迅速收缩，向丁堰镇逃去，王铁汉指挥26旅残部和师直属队盘踞丁堰纱厂，企图依靠高大厂房固守待援。1师3团向鬼头街守敌进攻，激战一夜，敌军顶不住，19日下午开始突围。他们有意让大批骡马和辎重行李走在前面，想诱惑我军战士"发洋财"，趁机突围。3团首长发现这些情况，立即通报各部不许捕捉骡马，把几十挺机枪架在房顶上，封锁道路。敌军突围中遭到我军猛烈火力杀伤，混乱不堪，我军战士冲入敌阵，杀声震天。除王铁汉带领少数敌军逃往宋家桥，26旅的两个团基本被我军解决。

宋家桥位于如皋以南，北面是一条河，形成天然障碍。盘踞在这里的49师79旅战斗力比26旅要强些，王铁汉逃到宋家桥后，立即命令加强工事，并向李默庵紧急求援。20日下午，王必成的6师和从丁堰赶到的1师1团包围了宋家桥，准备消灭这里的敌军。当天夜里，6师从西北、1师1团从东北分别向宋家桥发起攻击，连续的胜利使一些干部产生骄傲情绪，事先没有认真看地形，就匆忙下达命令。部队渡河后才发现前面还有鹿砦等障碍，无法前进。而敌军不断从村里向外发动反冲锋，我军每次进攻只有一、两个连的兵力，显得力量薄弱，被迫撤回。这样冲上去又撤下来，反复了几次，连队干部战士伤亡较大。在这次战斗中，我军不善于打攻坚战的弱点暴露出来，在战术配合上也不如国民党军队。后来1师总结经验教训说，国民党军队善于组织火力与使用火力，"敌在部队展开后即用远距离炮火向我纵深二线阵地轰击，再以中距离火力杀伤我密集部队，迫使我过早展开兵力；又以短距离火力杀伤我接近前沿部队。他们善于发挥火器性能，用六零炮、掷弹筒打我二线阵地，火箭炮专打我军占领的前沿房屋。重机枪封锁我军二线部队，山炮打我三线部队，步枪仅射击单独目标。"国民党军队也擅长村落战斗，他们"占据要点后很快构筑工事，并利用民家各种用具和牛车等构筑简单抵抗工事，普遍架设鹿砦，在鹿砦下埋手榴弹。阵地内除配备正面火力外，还组织侧射火力，从侧面杀伤我前进部队，消灭死角。"我军虽然善于打近战、夜战，冲锋勇猛，但战术配合比较差，各部队之间的协同也不好。最令人着急的是战斗中联络通讯很差，我军缺乏通讯器材，技术不好，电话架不到前沿。战斗打响后连队的情况上级不能及时掌握，只靠通信员跑来跑去口头转达命令，非常误事。①

1师1团在宋家桥打了一夜，6师也连续发起三次进攻，均因兵力不集中，相互协同不好未能奏效。王必成非常恼火，命令21日晚集中四个团的兵力猛攻宋家桥，并向华野首长保证当晚解决战斗。没想到敌军拼命死守，6师虽然打得很努力，把敌军阵地冲开两个缺口，但仍然没能拿下宋家桥。国民党守军一再向李默庵求救，李默庵也命令其他国民党部队迅速向如皋靠拢。21日，国民党65师占领黄桥，又前进到杨花桥附近。49师的105旅也从南通赶来救援，83师也到达姜堰一带。国民党空军出动飞机到宋家桥轰炸，使6师的进攻受到阻碍。粟裕见我军主力连续作战，已经相当疲劳，为了避免陷入被动，果断决定停止战斗。命令陶勇、王必成率部撤离宋家桥，转移到海安东北地区休整。23日清晨，我军开始主动后撤，国民党军趁机占领如皋。如南战斗我军消灭49师近万人，俘虏敌军6000人。我军在攻坚战中也付出了5000人伤亡的代价。

毛泽东得知苏中两次战斗的胜利，十分高兴。7月21日致电粟裕："1、庆祝你们打了大胜仗；2、敌情尚严重，望将参战主力集中休整，补充缺额，恢复疲劳，以利再战。"

国民党军队占领如皋后，对共军主力的去向一无所知。李默庵眼看王铁汉的49师遭受沉重打击，再也不敢大意轻进。他指示国民党江北各部队，下一步的目标是占领海安。为了谨慎起见，他命令65师和49师的105旅由如皋向北；以83师、25师各一个旅由姜堰向东；采取锥形阵势两面靠拢前进。

---

① 1师3旅参谋处：《如东南战役对敌我的战术研究》，1946年9月17日。载华野《建军增刊》第12期。

其正面不足 15 公里，纵深约 10 公里。21 师的第二梯队向如皋集结，随时准备增援前面的部队。国民党军队互相靠得很紧，不给我军以各个歼灭的机会。

我方的形势严峻起来。粟裕回忆当时的情况："海安是苏中的战略要点和交通枢纽，（南）通（赣）榆公路、（南）通扬（州）公路，以及从海安向东延伸到黄海边的公路都联结于此；贯穿南北的串场河，沟通东西的运粮河也在此交汇。记得 1940 年 10 月 5 日黄桥战役胜利发展到追击阶段时，我们曾向部队提出一个口号：'占领海安就是胜利！'部队控制海安后，立即斩断了韩德勤与南通、如皋、海门、启东地区的联系，使我军迅速控制了富饶的江海一角。但是，如果我兵力处于劣势，则海安这个苏中战略要地势难固守。"①

海安是苏中根据地的中心城市，轻易放弃必然影响我方士气。早知道要撤退，前两仗不是白打了？而国民党军队有明显的优势，我军主力与其硬拼，必然大伤元气，以后的形势就很难预料。粟裕考虑再三，希望上级能加强苏中的兵力。7 月 25 日，他致电山东的陈毅、淮南的张鼎丞，并转告中央，希望将中原突围到达淮南的皮定均 5 旅调来苏中。电报说："我们经十天或半个月之休整与兵源及干部补充，尚可再战，但以当面尚有顽十师（旅）之众，而我仅能集中 35000 人（官兵在内）之野战军，于一个突击方向，于短时期中恐难使战局打开更大局面。现目前我淮南部队形势很难保住天长于盱眙，果如此，则淮南仅以少数坚持即可。故建议在淮北战役尚未大打时，仍将 5 旅调至苏中参战，比留淮南更为有效。"②

海安究竟能不能守，粟裕是打算放弃的。这样可以避免我军主力与国民党军硬拼，有灵活机动的余地。但放弃海安责任重大，粟裕一个人是不能轻易作决定的。他考虑再三，决定与华中分局领导一起研究。于是他日夜兼程从海安赶往淮安，300 多里路，他开始骑摩托车，又坐了一段黄包车，接着

---

① 《粟裕战争回忆录》第 10 章。
② 《中国人民解放军第三次国内革命战争史料选编》第 2 辑第 1 册。

又骑自行车,乘船,当时能用的交通工具全用上了,一天一夜赶到淮安。华中分局立即召开常委会,讨论苏中战局和我军的行动方针。大家基本达成一致,在海安采取运动作战。

毛泽东在 7 月 20 日起草了中央给各战略区的指示《以自卫战争粉碎蒋介石的进攻》,要求各解放区依靠群众,克服困难,坚持持久战争,不怕暂时放弃若干城市,与国民党军队打运动战。接到粟裕来电后,他于 7 月 30 日复电华中的张邓粟:"在我军主力未获充分休息恢复疲劳以前,及敌未进至于有利我之地形条件以前,宁可丧失一些地方,不可举行勉强的无把握的作战。此次粟部歼敌二万,打得很好,今后作战亦不要过于性急,总以打胜仗为原则。敌以十万大军向我进攻,我损失若干地方是不可免的。你们应有对付恶劣环境之精神与组织准备。"①这样,中央与华中局的意见也一致起来。

粟裕返回海安,决定组织力量先守一个时期,不能轻易将海安交给敌人。守海安的任务交给管文蔚的七纵。七纵是地方部队新组建的部队,许多战士是刚从俘虏兵里补充的,装备和战斗力都不如 1、6 师。但是七纵干部战士积极挖工事,准备节节阻击敌人。

7 月 30 日国民党军队开始进攻海安,在飞机大炮配合下,65 师向杨家桥我军阵地发起轮番冲锋,七纵 55 团凭借水网和工事,顶住敌人一次又一次进攻。并在夜间组织小部队反击,扰乱敌军部署。31 日敌军连续冲锋九次,55 团用上所有的预备队,最后把团部的勤务人员、参谋全部调上火线,终于又坚守了一天。这时,我军阵地已经完全被炮火打烂,管文蔚决定将部队主动撤到二线阵地防守。

海安前线激战正酣,后方也发生了变故。管文蔚夫人张云在东台后方医院生小孩,当地的地主和坏分子听说国民党军队要来了,掀起叛乱。他们煽动群众说:"我们本来不要打仗,都是管文蔚叫我们的子弟上前线,如今死的死、伤的伤,国军来了还要抓我们的人,烧我们的房。我们找管文蔚算账

①《毛泽东军事文集》第 3 卷。

去！"他们冲进医院，抓走张云和一个孩子，扬言要杀掉她们母子，动摇前方部队的斗志。粟裕得到消息，非常愤怒，命令刘培善立即带领部队坚决镇压，一定要救出管文蔚家属。刘培善迅速出动，将叛乱分子打得四散逃命，救回了张云和孩子。战争是残酷的，在那个艰难的时期，前方后方都可能出现意想不到的复杂情况。①

8月2日，海安保卫战进入第四天。七纵且战且退，55团撤到海安城西的三线阵地。敌军尾追而至，与我军在前沿厮杀。55团边打边撤，守在蔡子湾桥的一个连没得到撤退命令，被敌军包围。他们依靠地形熟悉，冲出包围圈，连续渡过几条河流，与部队会合。这天下午，国民党空军8架飞机轮番轰炸海安城。天降倾盆大雨，泥水过膝，我军阵地工事在大雨和轰炸中大部被毁，眼看无法再守下去，粟裕命令七纵主动放弃海安城。四天的防御作战，七纵杀伤国民党军3000人，而自己仅伤亡200多人，作战是成功的。更重要的是为华中我军主力赢得了宝贵的休整时间，为下次战斗的胜利创造了条件。

① 《管文蔚回忆录续编》第5章。

第6章

苏中七战七捷(二)

粟裕谈改进我军战术——撤军淮北还是坚持华中——抓住战机奇袭李堡——丁堰、林梓歼灭交警总队——邵伯保卫战——如黄路上的大胜仗——粟裕总结集中优势兵力歼敌经验——毛泽东高度评价苏中战役

1946年8月3日，我军撤出海安后，国民党军65师、49师105旅、新7旅争先拥进海安城。虽然他们得到的只是一座空城，也纷纷向南京方面报捷，吹嘘说"歼灭共军主力三万人"。李默庵没有亲自去前线视察，轻信了下级的鬼话，认为苏中共军大势已去，以后就是分散"清剿"的问题了。

国民党军进入解放区，变成了瞎子和聋子。华野的1师和6师就驻在海安东北的村庄里，天天出操，开会唱歌，休整了半个月。本地出身的侦察员庄庄有熟人，天天上公路，国民党军却一无所知。而敌人的一举一动，我们都看得清清楚楚。

休整不是睡觉。粟裕指示各部队把大批俘虏兵补充到连队，使缺编的充实到满员。伤员得到治疗护理，缴获的武器装备也进行分配，每个团都有了大炮和一定数量的机枪。休整中最重要的是进行总结，粟裕将团以上干部召到司令部，谈改进今后作战的问题。

粟裕说："我们在7月13日开始作战以来，近一个月中取得了很大胜利。

这是全体同志用头颅血肉和热汗所换来的。但是胜利中还存在一些缺点。这些缺点是由于我们部队长期处于游击战争环境中,从未曾有过这样大的兵团在一起作战。大兵团作战,是各种力量的比赛,等于一架机器一样,要全部开动,一个螺丝钉也不能有丝毫障碍,才能顺利的生产出好东西来。整个作战计划也像做一道算术题那样,一个数字错了,全盘都会错。"

前段作战存在哪些问题呢?粟裕谈了五个方面:"一是遵守时间,坚决地按时完成作战任务,在有些兵团做得不够。还有的存在爱面子的心理,以为人家都打下来了,我打不下来吗?因而拒绝友邻的帮助配合,以至把时间延迟了。"

"二是通信联络一向是差的。在如南战斗中就很严重:如7月19日,找某部队找了一晚未找到,其实相距只几里路。第二天打的时候,也因为通信联络不好,致使动作不协调,这个团打,那个团休息;这个团打疲劳了,那个团才开始动作;因而几个团的兵力只起了一个团的作用,不能解决战斗。"

"三是协同动作还不好。在完成自己任务之后,主动地机动地照顾友邻,帮助友邻完成任务,也做得不够。同时还存在着等待观望,依赖友邻,这是不好的。"

"四是炮火的组织使用上,也存在严重缺点。我在海安营以上干部会上,提出炮火要集中使用,许多同志还不重视。因此,在这几次战斗中,我们炮火没有发挥其应有作用,相反的还遭受了敌人炮火的威胁与杀伤。据卫生部统计,伤员中为炮弹炸伤的占45%以上,这是值得大家注意的。"

"五是还有个别干部对利用地形地物,隐蔽自己,减少与避免伤亡,做得很差。只凭个人勇敢,把隐蔽自己视为怕死,致在战斗中干部伤亡不少,这是不应该的。如个别营团干部站在屋顶上观察敌情,久站一地,毫不隐蔽,这样怎能不挨打呢?还有个别干部在敌人炮火射程内,集合部队讲话,以至受到不必要的伤亡。这样做,损伤了革命力量,削弱了战斗力,有什么好处呢?"

摆出了问题,粟裕提出了纠正和改进的办法。第一就是要加强通信联络,要不失时机地相互通报情况和意图,必要时野战军司令部可以直接对团布置任务。作战时指挥所一定要带电台，不能认为麻烦讨厌而把电台与伙食担子放在一起。要保证报务人员日夜值班，行军时可以让报务员在担架上休息，一到目的地就可以工作。作战时要尽量使用电话，指挥员不要全跑到第一线去，负责人要守在电话旁，掌握全盘情况。送信时重要的信可以写几封，派人分几路送，总有一路可以送到。

第二是加强协同动作。各兵团要想尽办法，坚决按时完成自己的任务。不等待观望，不依赖友邻，更不打滑头仗。不仅完成自己的任务，还要主动协助友邻。在敌情发生有利于我的变化时，应不待上级命令，不等待友邻，机断专行发起冲锋，以便促成各方之进攻。

第三是火力组织与使用，要集中大部分炮火于主攻方向，正面不要太宽，集中火力突破一个缺口，即可发动冲锋。要以一个团甚至一个旅的炮火压制敌军一个营的火力，在我们炮弹不足，技术不高的情况下，更应该这样做。

第四是集中优势兵力，在战术上以多胜少。要三个到五个打敌人一个，不要存在爱面子或怕别人来分缴获品的想法，而由一个兵团包打。集中兵力是为了迅速解决战斗，变劣势为优势，变被动为主动。不失时机地进行第二个战斗。

接着，粟裕还讲了抓紧时间休整部队，恢复战士体力；随时作好战斗准备；防空和伪装；注重搜集敌军情报等问题。为了使各级指挥员都能掌握这些经验，华中野战军把粟裕的讲话印在内部刊物上，下发给各部队。[①]

这时，徐州方面的国民党军队向我淮南根据地大举进攻，很快占领了盱眙、天长等县城。遵照中央军委南下作战的计划，陈毅、宋时轮率领山东野战军主力50000余人从鲁南进至泗县附近，准备与国民党军队展开大战。陈毅考虑面前的对手是桂系部队，战斗力较强，必须集中绝对优势的兵力才有胜利保证。8月1日陈毅向中央报告："现淮南地区丧失，敌进攻重点转趋苏中和淮北。张邓谭粟舍不得苏中，以主力在该地打仗，实际上淮南在全局

① 粟裕：《改进今后作战的几个问题》，载《粟裕军事文集》。

比苏中更重要。"因此，陈毅建议"粟部迅速西调，仍以切断津浦、陇海，开展淮上新区，夺取徐州为目的。"

毛泽东对此持谨慎态度，他在8月2日电询粟裕："主力休整及补充情形如何，一个月内在苏中再歼敌两个旅有可能否？如你们能在八月内歼敌两个旅，南线情形即将改观，那时粟可率主力转至淮南作战。"

慎重地考虑了毛泽东和陈毅的电报，8月5日粟裕回电中央和山东野战军、华中分局领导人，提出如果能将皮定均的5旅调来，在8月内再歼敌两个旅是有把握的。粟裕提出自己的忧虑：现在苏中、淮南、山东都有我军主力，形成平分兵力，这样恐怕解决任何一路敌军都有困难。但他力陈苏中的有利条件，要求在苏中再打一仗，然后再转移。"否则淮南、苏中均成僵局，于整个战局亦不利。"

毛泽东看了粟裕的电报，感到华野在苏中连打两个胜仗，士气正旺，如果急于调他们北上，未必效果就好。8月6日他给陈毅个人发了一封电报："似以同意粟裕意见在苏中再打一仗，然后主力西调为有利。因粟部西调过早一则苏中人心不顺；二则敌军亦将早日西调；如西面仗打不好，怨言必多；故不如让粟部在苏中再打一仗（不论胜负）然后西调，各方皆无话说。目前大战方在开始，粟部多少带地方性，此种情况不能不顾到。你手中有五万兵力，用每次歼敌一个旅之方法，可能在一个月左右时间内歼敌三至四个旅，即足以顿挫敌之攻势。那时，粟部主力亦可西调，叶（飞）赖（传珠）部亦已南下，可以大举向淮南出动。究应如何，仍请你按照具体情况考虑决定指示粟裕，此间对粟不直接指示，以上意见只是提供参考。"①

毛泽东的电报，反映了他在军事决策上的民主作风。在定下决心之前，他总是反复征求战略区指挥员的意见。当双方意见不统一时，他是从实际情况着眼，谁能打胜仗就让他放手去打，而不是横加干涉，把个人意见强加于人。苏中究竟能否再打胜仗，他认为粟裕手里兵力不多，把握不是很大。于是8月7日毛泽东再次电询粟裕："对苏中目前即取防御方针，而由你率主

① 《中国人民解放军第三次国内革命战争史料选编》第2辑第1册。

力与陈军长会合，集中力量打开淮北局面，或出淮南，切断蚌浦线，直接配合陈宋、刘邓之作战，这是一个方案。照你五日午电办法，八月内再在苏中打一仗，然后西移，这是又一个方案。你对以上两方案意见如何，盼告。"

就在毛泽东与陈毅、粟裕商量作战方针时，苏中形势发生了变化。粟裕于7日电告中央和陈毅："歼敌良机已到，战况完后再报。"毛泽东非常高兴，8日立即指示粟裕、陈毅和华中局："1、粟七日辰电悉，歼敌良机已至，甚好甚慰。2、如连续歼敌两个旅有便利条件，则可连续歼敌两个旅，否则可先歼其一个旅，休息数日再找机会歼其另一个旅。3、预备部队或钳制部队，如有可调者，望张邓谭尽可能满足粟之要求，集中最大兵力于主要方向。"①

粟裕所说的"歼敌良机"是什么呢？他晚年叙述说："敌人挨了宣泰和如南两次打击后，这个时候是用肩靠肩地并列前进，它50000多人的攻击正面不过20华里左右，防止被我们各个歼灭。这个时候我们确实有点不好下手。在七纵3000多人对抗敌人50000多人的进攻的情况下面，居然打了4天多，本来还可以打的，因为我们的弹药不够，在这个4天多的战斗中间，杀伤敌人3000多人，我们于8月3日主动地撤出海安，敌就进占海安。在我们撤出海安之后，敌人又发生了一个错觉，因为这个时候敌人没有发现我们的王纵和陶纵这两个主力纵队，以为我们的部队已经伤亡很大，不堪再战了，造成了错觉，就轻易地向我们出犯。当时我们估计一方面敌人可能继续北进，占领东台；另一方面也可能东进，占领李堡、角斜，这样封锁我们到通、如、海、启的通路。可是敌人这种估计错了，而且恰恰相反。敌人占领海安之后，他以为我们不能再战了，所以他就大胆地分兵东进，占领了丁家所、李堡、角斜这样几个点，这样就使敌人又背上了好几个包袱。敌人要封锁通、如、海、启，也不得不分兵把守这几个地方；这样他的整个进攻兵力，正面进攻兵力就越来越少了，便于我军各个击破敌人。其实，我们这两个主力纵队已经在那里休息了两个星期，也把俘虏兵争取过来了，补充了新兵。所以，敌人继续分兵东进，就造成了我们继续打击敌人的有

① 《苏中七战七捷》。

利条件。"①

8月8日,粟裕得到情报:李默庵命令占领海安的65师调往泰州接替25师的防务,以新7旅到李堡接替105旅的防务。国民党军队的频繁调动,给我军创造了战机。粟裕当机立断,命令陶勇率1师攻击李堡之敌,王必成率6师攻击丁家所之敌,管文蔚率七纵隐蔽于贾家巷,准备伏击海安来援之敌。10日黄昏,陶勇的1师主力悄悄包围了李堡镇。国民党军的两个旅部各带一个团正在换防。要走的刚把电话线拆除,新来的电话线还没装好。李堡的工事也比较简单,只有一道鹿砦,一道交通沟和少量地堡。1师依靠青纱帐接近敌军,侦察好地形,夜里10时从两个方向突然发起攻击。新7旅是四川军阀的杂牌部队组建,老兵多,装备差,但是还能抵抗一阵。1师3团的突击连队与敌军交火,敌军以重机枪封锁前沿。我军迅速上前,用手榴弹炸毁敌军重机枪,占领阵地。敌军连续四次反冲锋,均被我军击退。相持到天亮,到了该吃早饭的时候,我军坚持连续战斗,以小分队迂回包抄,夺取了李堡镇内的一些房屋。敌军眼看要被包围,军心动摇,开始突围向杨家庄的105旅靠拢。1师穷追猛打,将敌军歼灭在野外。105旅守在杨家庄的一个团在旅长指挥下固守尼姑庵,1师集中炮火轰击,敌军被炸得四散逃命,除旅长等少数敌军逃生,又一个团被1师消灭。

这时,新7旅旅长黄伯光正带一个团从海安前往李堡,路上听见枪炮声,以为共军正在和他的部队激战。下令部队跑步前进,想与李堡部队夹击我军。中午到达西场,正遇见6师主力刚打败丁家所之敌,在这里埋伏打援。地里的玉米长得很高,国民党军被包围夹击,陷入混乱。黄伯光命令突围,两头都被打回来。下午5时,王必成下令总攻,战士们杀声震天,黄伯光带少数随从狼狈逃窜。不到一昼夜时间,国民党军两个旅部、两个团约9000人被我军歼灭,5000多人被俘。而我军伤亡不到1000,打了一个漂亮的歼灭战。②粟裕原来打算乘胜追击,收复海安,听说敌65师回援海安,黄桥

---

① 粟裕:1978年5月16日的谈话。
② 华中野战军第1师1旅:《苏中七战七捷资料汇集》。

的99旅也向如皋增援，而我军主力作战两天，相当疲劳，决定停止行动。

李堡之战我军战术有明显提高，部队进攻时能集中兵力，以14个团打敌军3个团，迅速突破。电话联络畅通，起了很大作用。并发扬连续作战和猛追猛打的作风，在运动中消灭敌军，所以能在短时间内解决战斗。这一胜仗大大鼓舞了我军士气，粟裕向陈毅和中央报捷，13日陈毅回电："海安捷讯悉，甚慰。为贺你部继续胜利，宜就地继续开展局面，不必忙于西调。部队宜争取数日休息，再求新的机动，反较西调为更有力配合各方。"

毛泽东也为苏中的捷报感到兴奋，15日指示粟裕、谭震林："望利用苏中各种有利条件，继续在那里作战。如你们能在今后一个月内再打二三个胜仗，继续歼敌二三个旅，则对整个局势助益极大。"①

国民党军在李堡损失惨重，李默庵很受震动。他命令江北各部队采取守势，稳扎稳打，不再主动进攻。我军没有在运动中歼敌的机会，粟裕、谭震林决定主动出击，钻到敌人肚子里去打。他们致电中央，请求率主力南下，攻打南通、海门等城市。中央考虑我军目前攻打中等城市的力量不够，20日复电："同意主力南下的行动，但不必去强攻城市。"粟裕等分析了敌情，海安、如皋等地驻有国民党军主力，我军应避实就虚，设法切断如皋至南通的交通线，孤立和打击敌人。林梓和丁堰是敌人交通线上的两个重要据点，没有正规军，只有交警大队把守。粟裕决定以1师打丁堰，6师打林梓；七纵袭击海安，九分区地方武装袭扰南通，牵制国民党军主力。

林梓是南通至如皋公路上的一个镇子，南通至扬州的运河流经镇中。镇子三面环水，镇子有不少地主大院和寺庙。这里有一个交警大队和一个保安团，交警大队是由原来的"忠义救国军"改编，全部美式装备，都是轻武器，没有火炮。这些家伙名为维护交通，实际上是专门镇压老百姓的。平日为非作歹，但不会打仗。林梓有日军遗留的碉堡，加上壕堑和铁丝网，工事比较坚固。21日黄昏，6师到达林梓外围，王必成指示54团当夜发起攻击。敌军虽然没有大炮，但是短兵火力还相当猛烈。54团组织了两次进攻，只

---

① 《粟裕战争回忆录》第10章第8节。

占领了镇子北边的一个大碉堡。抓了几个俘虏来审问，才了解到镇子里的敌军比估计的要多。同时还了解到，敌军的工事是外边强，里面弱，只要突破一点，敌军就会瓦解。

王必成马上调整部署，又调来一个团和两个炮兵连，集中兵力从东南方向突击。攻击前在河上架起一座浮桥，准备好梯子等攻击器材。22日14时再次发起攻击，炮兵把大炮推到阵地前沿，抵近射击，一炮就摧毁一个碉堡。我军集中轻重机枪一齐开火，完全压制住敌军火力。第一梯队迅速突入镇中，连续夺取几个大院，向镇子里面展开兵力。这时，其他方向也在助攻。敌人成了瓮中之鳖，纷纷缴械投降，少数想逃跑的，都被打死在河里。仅用了两个小时，林梓战斗结束。①

1师前不久刚刚在丁堰痛击过王铁汉的49师，这次华野又让他们打丁堰，大家都很高兴。21日晚，3旅奉命主攻丁堰。丁堰的工事不如林梓，只有一个纱厂可以用来防御。1师两个团向丁堰发起进攻，激战一夜，敌人大多数被歼灭。少数逃往如皋，半路上被1师1旅的阻击部队截获。这样，丁堰、林梓战斗胜利结束，我军消灭国民党交警部队3000多人，缴获大量美制轻机枪、卡宾枪，第一次缴获了7辆军用卡车。意外缴获是大堆的美制脚镣、手铐，敌人原打算用来残害解放区人民，还没派上用场就成了我军的战利品。

就在华野主力进行丁堰、林梓战斗时，扬州国民党军为了配合徐州方向进攻淮北解放区，8月23日以25师向我苏中解放区的邵伯发起进攻。邵伯是扬州北面的一个大镇，西边是邵伯湖，南面是大运河与扬（州）（南）通运河交汇处，东面是水网地带。当时大运河从邵伯到淮阴一段处于我解放区的控制下，从地理形势说，邵伯是两淮的南大门。从经济上说，解放区的主要财政来源于运河的税收，失去邵伯就等于失去运河。可见邵伯对苏中和两淮解放区的重要意义。1946年6月内战爆发前，这里由华野第十纵队的4个团、华中第二军分区的2个团守卫。粟裕曾与滕代远同志一起来此视察，明

---

① 王必成：《慎重初战，旗开得胜》，载《苏中七战七捷》。

确指示要加强防御，坚守邵伯。十纵是地方部队新组建的，尚未经过大战的考验，武器装备也不如主力1、6师。驻守邵伯的十纵副司令员常玉清是一位责任心很强的干部，他是在鄂豫皖苏区参加革命的老红军，随红25军长征到陕北。抗战时期在八路军115师，后转到苏中工作，身经百战。他在邵伯积极构筑阵地，主阵地是镇子南面的运河大堤，堤上设有暗堡、纵深配备；大堤到镇南修了堡垒群，层层设防。副阵地是运河东侧邵伯镇入口处，扬州北来的公路经过这里。这里河流多，我军毁掉公路大桥，在岸边构筑了工事。邵伯镇北运河船闸也是敌军可能攻击的目标，船只可以在此靠岸，但有河滩地，不适于大部队行动。邵伯东面的乔墅镇是敌军可能迂回进攻邵伯的地点，十纵也放了一个团。在邵伯的背后，皮定均的5旅坐镇高邮，把守着解放区的第二道防线。

一个多月过去了，东边华野主力打得热闹非凡，十纵只有一些策应的小行动。严阵以待，守卫邵伯。8月23日，严峻的考验到来了。从清晨起，国民党军的大炮轰鸣，震颤邵伯的土地，25师向邵伯正面发起进攻。108旅从扬州公路、40旅从乔墅两线冲击。前沿部队因武器较差，被迫后撤，扬通运河南岸被国民党军队占领。夜间敌军用汽艇和民船发起两次强渡，均被我军打退。第二天敌军在炮火掩护下继续用船只强渡运河，我军依托运河大堤工事坚守，苏中军分区2团表现得十分勇敢，与冲上大堤的敌军拼刺刀，不怕伤亡，打退敌军一次次进攻。但是敌军占领了桥头阵地，形势更加紧张。

8月25日战斗进入第三天，敌军采取中央突破的战术，向邵伯发起总攻。40多门大炮向我军阵地不停轰击，弹如雨下。运河大堤我军阵地上烟雾弥漫，一个地堡内听不清人讲话，电话线被炸断数十处。我军碉堡大部被摧毁，钢筋水泥工事也未能幸免。我军伤亡多数是为炮火杀伤，但是4团表现极为勇敢沉着，依靠军区支援的两门加农炮向敌军准确射击，打坦克、打汽艇，一炮一个目标弹无虚发。敌军潮水般涌上大堤，我军阵地只剩下一道铁丝网。没有退路了，我军战士与国民党军展开白刃战，大堤上杀声震天。敌军到底怕死，狼狈溃退。4团坚守两天，伤亡很大，常玉清以十纵82团换下4团。天色昏暗，敌军的总攻没有成功。

25师108旅连攻三天没有进展，又调来40旅的主力团投入第四天进攻。敌人在火力组织、步炮配合等战术上显得较强，但是主官一直在重复错误。国民党军总是正面进攻，突破点又选在我军防御最强的运河大堤上。这里正面狭窄，有河流障碍，如果他们采用侧后迂回，局势可能就不同了。我军以十纵82、87团固守阵地，到黄昏时，敌军显出疲劳和信心不足，攻势已经是强弩之末。到了27日，由于华野主力在黄桥发起进攻，李默庵急调25师东援泰州。国民党军报复性地用飞机和大炮轮番轰炸邵伯，随后趁黑夜撤军。邵伯保卫战以我军的胜利结束。国民党军伤亡2000余人，我军也付出1200人伤亡的代价。①

邵伯保卫战，我军十纵和军分区部队以弱胜强，表现十分英勇，超出了粟裕的估计。粟裕晚年提到邵伯保卫战，还是赞不绝口。他说："我守卫邵伯的部队是刚由地方部队升级而成的第十纵队的三个团和两个分区的地方团，虽然训练不多，但士气旺盛。当时我们指定常玉清同志指挥。同志们知道，元末明初朱洪武有个大将叫常遇春，打过采石矶。我们在邵伯指挥作战的是十纵队的副司令常玉清，名字差不多。部队与敌人进行了多次白刃肉搏战，经四昼夜的连续激战，敌人终于被我击退，敌伤亡两千多人。"

粟裕密切注视着邵伯的局势。他知道如果邵伯失守，将会给淮南的形势造成严重后果。但如果现在出动主力前往邵伯解围，不仅路程太远，赶到那里也是疲劳不堪，难以即刻投入战斗。粟裕想起战国时代"围魏救赵"之计，来个古为今用，设计出"攻黄（桥）救邵（伯）"，用攻其必救来调动敌军，变被动为主动。他命令1、6师和5旅大踏步向敌占区前进，寻求在机动中歼灭敌军。

这个行动带有一定的冒险性。粟裕回忆："这是一着奇兵，也是一着险棋。这个地区，南是长江，东、北、西三面都有敌人许多据点连成的封锁线。封锁圈东西百余里，南北仅数十里。"如果国民党军掌握了我军动向，

---

① 华中军分区4团：《邵伯保卫战初步总结》，1946年9月16日。见《华东军区、第三野战军第三次国内革命战争战史资料选编》。

以优势兵力合围,那是对我方很不利的。由于老区封锁严密,敌人得不到情报,反应迟钝多误。我军主力行动时,他们判断我军是要攻如皋,急忙派黄桥的99旅出动增援。没想到我军的目标是黄桥,8月24日获悉99旅出动的情报,粟裕命令部队在行进中密切注意敌情,准备在半路上打遭遇战。

8月25日,从黄桥出来的99旅到达分界,与王必成的6师遭遇。6师以少数兵力正面阻击,以主力4个团从两侧和背后出击,迅速完成对99旅的合围,展开猛烈进攻。这时敌军才发觉我军的意图,派如皋的187旅、79旅的一个团向黄桥方向增援。这部分敌军也被陶勇的1师截在加力和谢家甸一带。这天夜里,分界和加力都在激战。打到天亮,由于敌军采取依托村庄固守的战术,我军未能解决战斗,形成对峙局面。

这样的形势对我方不利。当时邵伯战斗已经到了紧急关头,乔墅阵地已被敌军突破。如果我军主力与敌人僵持,邵伯一旦失守,形势就会发生剧变。粟裕当机立断,命令1师1旅张震东旅长前来受领任务。26日上午,张震东骑马赶到野战军司令部,粟裕指着地图对他说:"敌人已被我包围在加力、分界地区,如果我们两个地区同时打,兵力不足,不能迅速解决战斗。现在采取'雷公打豆腐'的办法,先集中力量打分界的99旅。因为先打加力的一个半旅,时间要延长,如皋还有两个团可能出援,这样会成为僵局。你旅立即奔赴分界,协同6师先歼灭99旅。"

张震东接受任务,马上赶回部队。1旅从加力强行军向分界前进。26日中午,1旅到达分界东北的指定地点。6师见1师前来支援,士气大振。下午1时,6师发起总攻,经过两个小时激战,99旅大部被歼。残敌1000余人向东南方向突围,又被1旅阻截。在一片开阔地上,敌军如同没头苍蝇,东边枪响向南逃,南边枪响再向东逃。我军包围圈越缩越小,敌军走投无路,只好缴枪投降。99旅旅长刘光国以下1400人被1旅俘虏,这样,分界战斗结束,99旅被全歼。

1旅和6师18旅、特务团又迅速挥师东进,去解决加力的敌人。准备26日夜里发起总攻。因1旅没能赶到,3旅先发起攻击。打到27日天亮,18旅一个团和特务团赶到谢家甸以东投入战斗。上午,敌军以营为单位向如皋方向突围，被1师、6师18旅、5旅、特务团等分割围歼。一个半旅的国民党军于黄昏时被分别歼灭于加力、谢家甸之间，零星逃回如皋的不足1000人。

我军乘胜追击，扩张战果。七纵原来担任监视海安敌人任务，见兄弟部队打得热闹，也主动出击。27日晨攻占大白米镇，晚上攻占曲塘，控制了海安到泰州的公路交通线。5旅向黄桥攻击，守敌只有5个连，听说99、187旅被歼灭，极为恐慌。5旅包围黄桥，开展政治攻势，喊话要敌军投降。敌军依托碉堡、围墙负隅顽抗，我军使用迫击炮抵近平射，打掉敌军碉堡。又用炸药包连续爆破，将敌军压缩到镇西北角。眼看大势已去，突围无望，敌军于31日晚缴械投降。黄桥被我军解放。

这一仗是苏中战役中最大的一个胜仗。我军歼灭国民党军99、187旅全部，79旅一个半团，160旅五个连，63旅两个连，总计俘虏12000多人，缴获各种炮50多门，轻重机枪600挺，步枪3500支。我军伤亡3500多人。邵伯保卫战的结束和黄桥的解放，标志着经历七次战斗的苏中战役胜利结束。

一个半月的苏中战役，我军七战七捷。共消灭国民党军6个师、2个交通警察总队，共60000多人。占国民党军在苏中南线总兵力的40%。缴获大量枪支弹药和物资。这些胜利改变了苏中的形势，战争主动权完全掌握在我军手中，敌军不仅无力进攻，连维持交通线都很困难。恐慌到1个旅不敢单独出动，1个团不敢守一个据点。当初长驱直入的骄横气焰一扫而光，变得胆战心惊。我军为什么会取得这样大的胜利呢？在华中野战军干部总结会上，粟裕司令员说："首先，是由于我们没有机械的、教条主义的运用战略指导原则，我们不轻易放弃一个战略支点，但我们也不死守一地。死守一点，同敌人拼消耗，是不合算的。但也不是一枪不打，望风而逃，而是给进犯的敌人以阻击和重大的杀伤后才弃守。海安撤出前就是这样打的。"

"其次，就是战略上采取了持久战，坚决地执行了中央的指示。我们每打一个仗，中央总是来电说，你们要好好休整部队准备再战。因此，不断积蓄与充实战斗力，便于连续作战，符合战略上以少胜多的原则。但在战术上则恰好相反，采取了以多胜少的打法。如李堡之战，敌人三个团，我们使用了十四个团，差不多是五个打他一个，而且是在运动中打他，所以能迅速干脆地消灭敌人。分界之战敌人两个团，我们用了十个团打他；加力之战敌人三个半团，我们第一线即使用了十三个团，连第二线的兵力共有十五六个团，加上还有无数的民兵与地武，敌人当然就很难跑掉了。"

"第三就是采取了战役战斗的速决战。许多同志对于上面要求限时限刻完成任务认为是不体谅下级，是主观主义，太蛮横。其实要求战役战斗的速决是应该的，是必须的，而且是可能的。因为我们五个打敌人一个，武器弹药也不比敌人差，运动中敌人又不能带着碉堡跑，当然是可以速决的。也只有速决才能减少伤亡和消耗，才能争取时间打第二仗。""战役战斗中不采取速决战就会变成僵局，就不能连续作战，也就不能歼灭敌人，更会变成劣势与被动，甚至于失败。所以要取得更大更多的胜利，必须要在战役战斗中采取速决战。要速决，就要不怕疲劳。作战时不要顾虑部队疲劳，要用一切办法鼓励部队，克服一切疲劳去争取胜利。但在战斗结束后，就要很好的照顾部队疲劳，给部队很好的休息。"

"第四，各兵团的协同动作，是取得战斗胜利的决定条件之一。""各兵种的协同也是一个重要条件，我在以前几次干部会上屡次提出要组织炮火集中使用，大家还不大相信，直到这几次战斗中受了敌人的教训，才改进了。如李堡之战，集中炮火使用，便很快地解决了战斗。打丁堰、林梓也是如此，所以都很快地取得了胜利。"

最后，粟裕总结说："我们对进攻苏中的敌人作战，所以能取得巨大的胜利，完全改变了过去的形势，除了上述政治军事原因之外，主要是消灭了敌人的有生力量。因此，大家应记住：谁保存了有生力量，谁就会胜利；谁消耗或消灭了有生力量，谁就会失败。"①

苏中七战七捷，是我军在解放战争初期的成功战例，这个胜利极大地鼓舞了各解放区军民的士气。毛泽东接到苏中的捷报，非常高兴，于8月28日起草给各战略区首长的电报，推广苏中的经验："我粟谭军从午元至未感

①《粟裕司令员关于苏中七战七捷问题在干部会上的报告》，1946年9月25日。

一个半月内，作战六次（当时如黄路战斗尚未结束——作者注），歼敌六个半旅及交通总队五千，造成辉煌战果。而我军主力只有十五个团，但这十五个团是很充实与很有战斗力的，没有采取平均主义的补充方法。每战集中绝对优势兵力打敌一部（例如未宥集中十个团打敌两个团，未感集中十五个团打三个团），故战无不胜，士气甚高；缴获甚多，故装备优良；凭借解放区作战，故补充便利；加上指挥正确，既灵活，又勇敢，故能取得伟大胜利。这一经验是很好的经验，希望各区仿照办理，并望转知所属一体注意。"①

这是对苏中战役的高度评价和褒奖。

① 《毛泽东军事文集》第3卷。

转战山东、淮北

蒋介石发动全面内战——讨逆战役扫荡伪军——淮南失守——山东野战军主力南下——朝阳集首战告捷——泗县苦战——陈毅承担责任

1946 年 5 月，蒋介石气焰嚣张，准备发动全面内战，企图将各解放区一举消灭。他派白崇禧到徐州、开封、济南等地进行战前部署，调兵遣将，对山东和淮南解放区进攻。从 1946 年 1 月停战到 5 月底，国民党抓紧时间从南方调运军队北上。此时，在徐州附近集中了 7 个整编师和 2 个旅，其中 97 军已在临城。济南王耀武掌握 12、96 军，李弥的 8 军由青岛沿胶济铁路进至高密、胶县；阙汉骞的 54 军也在青岛登陆。国民党正规军沿津浦、胶济线从三个方向向我山东解放区压过来。

王耀武心里清楚，这些军队要想占领山东解放区是不够的。而且这些军队都在解放区边缘，向里推进尚需时日。盘踞在铁路沿线城市中的伪军部队，一直没有解散，等待国民党军来接收改编。伪军虽属杂牌，但熟悉当地情况，可以对解放区进行破坏和骚扰。当时伪军分布的情况是：

德州王继祥部约 14000 人。

泰安、大汶口宁春霖部约 4000 人。

枣庄王继美部约 4000 人。

周村、张店张景月部约 9000 人。

胶县、高密、即墨赵保元部约 12000 人。

这些伪军在抗战时期投靠日本侵略者，为非作歹，罪行累累。抗战结束后，他们并未受到应有的惩罚，反而奉蒋介石的命令盘踞城市，继续与共产党和解放区军民为敌。国民党军队的北上，这些伪军摇身一变为"保安"部队，气焰更为嚣张。王耀武承认："约在 1946 年 6 月间，胶济路西段益都至淄博一带的保安团队，约有五六千人猬缩在张店、周村，地区狭小，食粮无着，纪律甚坏，人民恨之入骨。我为了整理这些保安团队和统一指挥来对共产党作战，即派第二绥靖区中将高级参谋于兆龙前往负责训练及指挥作战。我指示他到张店以后，积极整理部队和向外扩展，选解放军的薄弱之点而攻击之，扩大粮源。于兆龙至张店后，约于 6 月间派队向张店附近解放军所住村庄攻击，掠夺粮食。"①其他地区的伪军，也由济南派来的国民党军官操纵指挥，蠢蠢欲动。

伪军破坏和平的挑衅行为，激起解放区军民的极大愤恨。正如我方所指出的，这些伪军"在敌伪统治期间，作恶多端，臭名昭著。这些伪军头子或曾充任伪总司令，或曾高居伪山东省长，出卖祖国，屠杀父老，尤为人民切齿痛恨。敌寇投降时，理应立即解除武装严加惩办，不意摇身一变受国民党当局加委，继续残害人民。1 月 13 日停战令后，不但不知稍敛凶焰，反因得到国民党当局陆、空接济，而愈嚣张，几乎无日不向解放区攻击。此外如阻挠调处、枪击执行组人员、私运军火、扣留商民、摊派苛杂、囚禁人民、奸淫妇女、放水淹田、破坏工厂等等各种无法无天罪行，不一而足。最近国民党反动派在全国范围内发动大规模内战，而盘踞山东的这些伪逆遂亦大肆蠢动；张店伪军进犯历城解放区；胶县、高密伪军进攻胶济路两侧；枣庄伪军王继美部不但不遵守协议撤离枣庄，反杀伤执行组中共代表甘重斗，并进攻山东新四军，施放糜烂性毒气，致使我军民 8 人中毒，我营长胡子和牺牲。对于各该伪匪之违约行为，山东军区司令陈毅与晋冀鲁豫军区司令刘伯承将

---

① 王耀武：《蒋介石指示我在山东破坏和谈和调处的真相》。

军均曾发表声明，严予指斥，令其改悔，但彼辈执迷不悟，进攻愈烈，人民受害愈甚，纷纷请求灭此大害。"①

国民党和伪军的挑衅，使山东的局势越来越动荡。对于内战危险，陈毅是有准备的。5月23日他向中央报告：如果内战爆发，山东我军将采取"北攻南守"的战略。即以山东野战军主力进攻济南、青岛和铁路沿线伪军，对国民党重兵集结的徐州方向进行防御，保卫淮南解放区。5月30日毛泽东以军委名义复电陈毅，指示山东军区部队"似以首先消灭泰安、大汶口、兖州地区吴化文部一万二千人，张店、周村、南定地区张景月部一万二千人，德州王继祥部六千人，共三万人为有利。一则时局发展是逐渐的，不是突然的，我宜从小的打起显得有理，不宜从大的打起，显得无理；二则消灭上述三部后看顽方如何动作，然后决定我主力使用何方，方不陷于被动。"②

毛泽东一声令下，陈毅迅速调遣部队，于6月7日展开山东境内的讨逆战役。渤海军区两个团和警备8旅在友邻冀南军分区地方武装配合下，向德州伪军发起攻击。9日早晨占领城外的飞机场、汽车公司和德州城的西、南、北关，并将盘踞铁路桥的伪军击溃，完成了对德州的包围。德州伪军当晚纵火烧房，企图乘乱突围。我军一面帮助百姓救火，一面攻城。有两个团先后从南门、西门突入，与伪军展开巷战。激战至深夜，王继祥率卫队从地道逃到南堤。其余伪军全部被歼，原日伪山东"省长"杨毓洵、国民党特务头子张光第等被俘虏。10日上午，我军包围南堤，向残存伪军喊话，进行政治攻势。王继祥走投无路，只好投降。济南国民党空军出动飞机轰炸德州，也不能挽救伪军灭亡的命运。

叶飞的一纵奉命进攻泰安、大汶口之敌。7日夜里，1、3旅发起对泰安的攻击，8日下午，泰安外围被我军扫清，伪军退入城内。一纵作了充分准备，10日黄昏发起总攻。我军集中轻重机枪，以密集火力压制伪军火力点，打得他们无法还击。担任西门攻坚的3旅8团4连战士架起梯子，只用15分

①《山东军区关于讨逆战役总结》。
②《毛泽东军事文集》第3卷。

钟就登上城墙，突入城内。另一路也攻占东门，两路夹击城内敌人。当天夜里，除伪军头目宁春霖率少数人从城东北角地道逃窜突围，其余4000多伪军全被歼灭。大汶口由一纵2旅进攻，7日下午4团以近迫作业挖壕堑接近围墙，用炸药从东南角炸开缺口，很快占领了大围子和火车站。残敌退守小围子，凭借坚固攻势顽抗。我军坑道爆破效果不好，形成对峙。7月5日一纵参加胶济线作战，撤围转移，大汶口残敌向兖州逃窜，我军遂收复大汶口。

枣庄伪军王继美部4000余人盘踞煤矿公司，已被我军包围数月，全靠国民党军空投救济。国民党方面派19军副参谋长王纲为指挥官，指挥伪军与我军对抗。陈毅命令山东7、8师和新四军二纵共20个团由罗炳辉同志指挥，歼灭枣庄敌人。9日黄昏，7师和8师部队利用挖好的坑道进行爆破，迅速将伪军的铁丝网、电网、鹿砦等工事清除，并炸塌两段围墙。我军立即发起冲锋，与伪军展开厮杀。伪军几次反扑，都被击退。10日早晨，枣庄伪军被全部歼灭。王纲被俘，王继美被击毙。

周村、张店伪军盘踞在十几个据点内。鲁中军区司令员王建安指挥山东军区4、9师和鲁中部队共13个团于7日分别包围各据点，夜间发起攻击。经过一夜战斗，周村伪军先被我军消灭。张店伪军分路突围，又被我军预先设伏和追击部队两下夹攻，全部歼灭。

胶东军区司令员许世友指挥7个团的兵力，负责消灭胶县、高密、即墨等地伪军。6月8日，我军首先进攻胶县。警备5旅扫清外围后，四面围攻胶县县城。他们以爆破和架梯登城相结合，突入城内。经过一夜战斗，歼灭伪军2700人，将长期盘踞胶东的大汉奸赵保元击毙。占领胶县后，我军乘胜进攻高密、即墨。12日，警备5旅围攻高密县城。13日攻入城内，将4000多伪军歼灭。警备4旅于14日晚进攻即墨，占领四个城关。当15日向县城发起攻击时，因伪军密集火力顽抗，几次冲击没有成功。16日下午，伪军弃城向青岛突围，被我军歼灭于城南地区，仅少数逃脱。

10天的讨逆战役，在我军的奋勇攻击和广大老百姓的热烈参与帮助下，取得辉煌战绩。共俘虏伪军23000余人，毙伤9000余人，加上溃散之敌，总数超过40000人。拔除了残存的伪军据点，拆除了国民党军进攻山东解放区的跳板，为人民除了大害，也使胶东、滨海解放区联成一片。这些胜利极大鼓舞了解放区军民的士气，沉重打击了国民党在山东的进攻。①

1946年6月下旬，国民党军队已经完成了全面内战的部署，准备向我各解放区大举进攻。徐州绥靖公署主任薛岳集中50多个旅的兵力，分三个方向向我苏中、淮南、淮北和山东鲁南解放区进攻。其中以嫡系部队5师、74师、172师主力向天长、盱眙进军，向我淮南第三军分区攻击。企图将淮南我军就地消灭或赶到淮河以北，从南面威胁淮安、淮阴。淮北方向，国民党以5个师10个旅的兵力自徐州、夹沟、固镇地区分三路东进，配合苏中北上的国民党军队占领我淮安、淮阴。国民党方面的战略意图是切断华中与山东的联系，达到把我军分割消灭的目的。

国民党军队的进攻重点是淮安、淮阴，而这个地区正是我军力量相对薄弱的地区。山东野战军主力在鲁南，华中野战军主力在苏中，两淮正好是个空缺。淮南军分区仅有3个旅总共8个团的兵力，战斗力和装备不强，形势是非常严峻的。

中共中央预见到内战不可避免，在国民党军行动部署尚不清楚的情况下，决定采取"敌进我进"的战略方针。6月26日，毛泽东指示陈毅和华中分局，为粉碎国民党进攻，命令刘邓主力出陇海、豫东；陈毅主力出徐州、蚌埠间；华中主力西进与陈毅配合，调动敌人而歼灭之。陈毅接到指示，即召谭震林从淮安到鲁南商议，于28日答复中央：准备于7月15日左右率山东主力南下，对徐州至蚌埠间的津浦沿线发起进攻。

就在山东野战军主力进行南下准备时，国民党军精锐部队5师在师长邱清泉指挥下，向淮南解放区进攻。邱清泉，浙江永嘉人，黄埔二期毕业生。1934年到德国留学，对机械化部队作战和装甲兵战术有相当的研究。回国后到杜聿明的5军任师长，在1938年12月广西昆仑关血战中与日本人拼死战斗，表现勇敢，又参加了云南西部的对日作战，深得蒋介石的欣赏。抗战结束后，邱被任命为整编第5师师长，从云南调到浦口，与张灵甫的74师

① 《中国人民解放军第三野战军暨华东军区第三次国内革命战争战史资料》，1958年初稿。

担任南京卫戍任务。蒋介石发动全面内战，邱清泉又当上急先锋。他生性狂傲，脾气暴躁，打起仗来确有一股疯狂劲。

淮南军区司令员周骏鸣、政委萧望东手头的部队只有成钧的5旅、陈庆先的6旅、罗占云的淮南独立旅等8个团的部队，总数不过30000人。作为主力的5旅是刚从山东军区南下来到高邮的。华中军区交代的任务是配合当地部队牵制74师，坚持淮南根据地。获悉国民党军将对淮南发起进攻的情报时，华中军区指示周、萧以6旅在盱眙西南牵制5师的96旅，以5旅、淮南独立旅在六合东北对5师的45旅实施反突击，迫使其后退，然后消灭96旅。

这个计划是不切实际的。淮南我军的人数、装备、战斗力均弱于国民党军，淮南部队首长对5师、74师也没有什么具体了解。5旅刚到淮南，在地形不熟、准备仓促的情况下，7月17日对进占樊家集的5师发起攻击。因缺乏攻坚经验，各团动作不协调，未能得手，当即撤退到东旺庙一线。国民党军乘机推进，20日到达东旺庙。当天下午，成钧指挥5旅再次向5师实施反突击，但是独立旅没有按时到达配合作战。5旅苦战一夜，伤亡很大，只消灭敌军两个连。这时邱清泉发现共军主力在东旺庙，即调96旅从竹镇向天长的汊涧进攻，企图迂回包围我军。淮南军区首长看形势严峻，命令部队转移。一部分守天长县城，一部分在汊涧以北待机。7月25日，国民党军再次发起进攻。5师45旅自东旺庙向天长突击，96旅向盱眙县城进攻。26日，45旅在强大炮火支援下，分三路向天长县城发起总攻。5旅15团与其血战一天，连续打退多次进攻，但国民党军锐气正盛，天长位置突出，不利于防守，5旅15团只得于27日拂晓撤出战斗。5旅主力在汊涧张公铺反击，歼敌一个营，包围一个营；由于没有大量歼敌，整个战局仍未好转。5师全线逼近，华中军区政委谭震林原打算将驻高邮的皮定均旅拉上来，与国民党军再打一仗。但淮南部队已极度疲劳，没有回旋余地，不宜再战。谭震林命令留下一个团与地方武装就地打游击，其余部队自29日先后撤退到淮阴、宝应地区，淮南解放区遂为国民党军占领。①

----

① 成钧：《淮南作战的教训》，1950年4月的谈话。

淮南半个月作战，我军遭受几千人的伤亡，丢失了淮南根据地。其中的原因除了国民党军力量较强、兵力集中以外，暴露出我军不善于打正规战，作战指导思想落后的弱点。正如后来三野战史研究工作者所总结的，淮南军区领导人"在作战指导上违背了运动战、歼灭战的方针，保守地方，分散兵力，不能集中机动，各个歼敌。整个半个月过程中，都是与敌人正面对抗，敌人进一步，我们退一步，完全处于被动地位，致使自己拖得非常疲惫，最后不得不退出淮南。""其次，战争动员不充分。军队中存在着骄傲自满、游击习气和山头主义，执行命令不坚决，组织战斗不严密，各部队在战斗中不能很好的协同动作。以至有些战斗本来可以打好，结果未打好。地方党政工作同志存在着严重的和平麻痹思想，盲目地依赖军队，没有积极组织群众性的游击战争，也没有组织支援前线的工作。枪声一响，群众和地方党政人员逃避一空，使军队给养补充和伤员转运都发生困难，甚至连向导也找不到，对军队士气影响极大。"①

遵照中央关于山东野战军主力南下徐州地区作战的指示，陈毅、张云逸、黎玉在鲁南与淮安的华中分局谭震林、张鼎丞、邓子恢反复商议作战方针和相互配合的问题。按照陈毅的想法，打算集中山东、华中两个野战军主力在徐州地区与国民党军进行决战。但苏中局势紧张，粟裕、谭震林来电坚决要求先在苏中内线歼敌，不主张急于调华野主力北上。虽然中央曾有指示，华中野战军在战略行动上归陈毅指挥，但实际上华野是由华中分局领导，陈毅只能协商解决问题。为了协调好两个野战军之间的关系，陈毅总是将华野的建议先转告中央，求得指示后再行动。

毛泽东考虑粟裕、谭震林坚持苏中作战的建议有道理，也可行，7月13日复电山东、华中领导人，指示鲁南主力不要急于南下，让"苏中、苏北各部先在内线打起来，最好先打几个胜仗，看出敌人弱点，然后我鲁南豫北主力加入战斗，最为有利。"②毛泽东让粟裕在苏中打，是赋予他战略侦察的

---

① 《中国人民解放军第三野战军暨华东军区第三次国内革命战争战史资料》，1958年初稿。
② 《毛泽东军事文集》第3卷。

任务。粟裕在苏中连战连捷，华野也就暂时不能北上了。

陈毅原打算调叶飞的一纵参加南下作战。但是山东军区此时也开始了胶济线作战。一纵是鲁中地区的主力部队，张云逸、黎玉要求陈毅把一纵留在山东，也能起到保卫临沂的作用。陈毅考虑，不能为了淮北而放弃山东，同意了张、黎的意见。这样，陈毅手里又少了一支得力部队。三个方向同时开战，兵力是集中不起来了。

当时，陈毅手中的兵力有韦国清的二纵、谭希林的山东7师、何以祥的山东8师，以及先期到达淮北睢宁地区担任保卫淮北任务的华中野战军第九纵队，共50000余人。这比胶济、华中两个方向作战的兵力都多，应该是能打大仗的。7月17日，国民党军开始向苏中、淮南解放区大举进攻，华中分局向陈毅告急，电报中汇报敌情后表示："我苏中淮南只能与顽纠缠及逐步歼敌，达到击溃顽之进攻。但淮北如山东主力不南下，很难支持。如果五河、泗县、灵璧、睢宁等城失守，对将来整个战局不利。建议山东主力迅速南下，首求将进犯顽军歼灭后，乘胜西攻占领蚌徐段，以免造成华中四面楚歌之势。"

陈毅将华中电报转告中央，他考虑南下有几个敌人要打，究竟先打哪一个，要看敌军的行动和我军集中的情况而定。7月19日毛泽东回电："徐州附近之作战关系全局，如打得好，歼灭蒋军东进主力，则我军可以南打99及58等军，可以切断徐蚌路，配合刘邓大军发展新局面，杂牌军亦可能起来反内战。因此你们必须等候88师、28师出来，并进至有利于我们之地点，然后集中全力歼灭其一个师，得手后再歼第二个师。此两师解决，则全局胜利。"①接到毛泽东的指示，陈毅和参谋长宋时轮下达命令，鲁南部队连夜南下。

韦国清指挥的二纵由台儿庄越过陇海铁路，到达睢宁以北的古邳镇。韦国清是广西东兰县人，壮族。1929年参加百色起义，加入红7军。后转入中央苏区，长征中在红一方面军中任干部团团长。抗战时期任新四军9旅旅

① 《毛泽东军事文集》第3卷。

长，彭雪枫同志牺牲后，他接任4师副师长，坚持斗争。抗战胜利后新四军主力北上，他的部队组建为山东野战军第二纵队，他任司令员兼政委。指挥了打枣庄等战斗。这次二纵是最先南下的部队，所属4、9旅隐蔽于曹八集一带，寻找战机。

张震率领的华中野战军九纵被华中军区调来阻击进犯淮北的国民党军，已在睢宁地区集结。张震是湖南平江人，1930年参加红军。经历了两次攻打长沙和中央苏区五次反"围剿"作战。长征中任团参谋长，抗战中调到新四军，任4师参谋长，协助彭雪枫指挥多次打击日伪军的作战。抗战胜利后被编入华中野战军，任九纵司令员兼政委。九纵虽然是新组建的部队，但干部战士斗志旺盛。在山东主力南下之前，他们在灵璧进行了四天的运动防御作战，给进攻的桂系部队以较大的杀伤，也取得了山地守备与运动防御作战的初步经验。

从徐州方向进攻淮北解放区的国民党军队兵分三路，平行推进。先打哪一路呢？陈毅和宋时轮原来决定打击位置最突出的左路敌军——28、57师。那几天，二纵几乎每天夜里行军，来回运动寻找战机。正当我军主力向左路敌军接近时，中路敌军69师的60、92旅于25日到达朝阳集地区。26日60旅向左路靠拢，92旅显得孤立突出。陈毅、宋时轮迅速改变决心，命令二纵、九纵和20旅共13个团的兵力集中歼灭92旅，并在运动中攻击60旅一部。任务分工是：二纵4旅担任主攻，夺取九顶山、凤凰山等制高点，然后进攻朝阳集；9旅从另一路迂回进攻，切断92旅与其他部队的联系，并助攻朝阳集。九纵和20旅负责打援。

7月27日凌晨，战斗打响。4旅以密集战斗队形猛打猛冲，进占了几个小高地。国民党92旅是薛岳的老部队，抗战中参加过台儿庄、长沙等会战，属于战斗力较强的部队。但是他们从江西出发到徐州，又参加这次行动，长途奔波加上连日下雨，部队相当疲劳。而且他们对我军很少了解，进入解放区后又大胆分兵去"清剿"地方，到朝阳集后只是简单修了些工事，没想到我军来得如此之快，一时被打昏了头。9旅攻占了杨桥、唐庄，切断了朝阳集与双沟的联系。九纵攻击渔沟敌军，包围了一部分敌人。敌军凭借一所大房子抵抗，我军战士用炸药将房屋炸塌，百余名敌军全被压在房下。4 旅乘胜追击，28 日拂晓从北门、西门攻入朝阳集内。经过激战将敌军压缩在集市南部。天亮后敌军不支，抛弃重武器及辎重向西突围。我军三个团在后追赶，将 92 旅全歼于野外。经过两昼夜战斗，我军歼灭国民党军 92 旅全部，60 旅一部共 5000 余人，92 旅旅长带少数人逃跑。我军伤亡 800 人，取得了朝阳集战斗的胜利。①

南下首战告捷，大大鼓舞了山东野战军的士气。薛岳发现中路国民党军遭受打击，放慢了进军步伐，命令左路 15 个团的部队相互靠拢，谨慎前进。这样，我军若按原定计划攻敌左路，只能打击溃战，没有机会打歼灭战。陈毅、宋时轮看到右路敌军 172 师两个团占领泗县，显得较为突出，决定改变计划，调集主力部队 19 个团打泗县，尔后再向徐州方向攻击。7 月 31 日，陈、宋电告军委打泗县的计划。

当时正是雨季，泗县地区地势低洼，山东野战军部队行进艰难。陈毅亲眼所见"到处一片汪洋，每夜部队只能走 20 里至 30 里，手榴弹遭水湿即不能用，部队特别疲劳，病员增多。敌驻扎之村即沟深水满，不好突击"。但是陈毅告诉中央："现华中全境，苏中敌气已颓，淮南淮北敌气正旺，我决心在淮北打一、二好仗，即可改变局势。"

华中分局的张鼎丞、邓子恢根据以往的经验，感觉桂系部队由白崇禧经营多年，是有相当战斗力的。7 月 30 日致电陈毅，劝他改变主意去打蒋军。8 月 2 日陈、宋复电华中分局："张邓卅日电，要我们打蒋军不打桂系。我们事前经过慎重考虑，蒋军计八个整旅，紧靠在一起，离徐州不到四十里，彼此间隔不到十里、廿里不等，增援多而快，只能击溃战不能歼灭。此次打 92 师，我九个团打两天两夜始结束战斗，故无法下决心去打北线蒋军。但蒋军再向东进，则有打的机会。现桂系四个团分布在灵璧、五河、泗县三处，其增援均在七、八十里以外，打定可能全歼。历来打桂系均用相等兵力，故奏效不大，此次改变是可能奏效的，已决定 5 日夜攻泗城不再变。"

① 《中国人民解放军第 21 军解放战争战史》，1952 年初稿。

8月3日，毛泽东看到陈毅7月31日要求打泗县的电报，感到雨季作战条件不好，指示陈、宋："凡只能击溃不能歼灭之仗不要打，只要主力在手，总有机会歼敌。过于急躁之意见并不恰当。"次日再次电告陈、宋："你们手里有五万机动兵力，只要耐心不性急，总可找到各个歼敌之机会。"但是陈毅、宋时轮已在8月2日下达攻打泗县的命令：8师与九纵3个团主攻，二纵、7师负责打援、切断泗县与灵璧之敌的联系。毛泽东的电报并未使他们改变决心。①

8师师长何以祥、政委丁秋生和九纵负责人来到泗县城外，眼前的景象令他们担心。泗县有石梁河等五道大小河流环绕，县城周围原为湖泊沼泽地，平坦开阔，利于守而不利于攻。这些天连降暴雨，河水暴涨，城外壕沟水深两丈，宽达五丈，对我军形成天然障碍。泗县城门已经修筑了炮楼，城墙上每百米有一火力点，四角上也有碉堡，城外设有鹿砦。大家看过地形后，向宋时轮参谋长建议等大炮运到再动手，但是遍地大水，不知还要等几天，建议被拒绝了。

8师在山东曾有几次攻坚经验，这次是6个团打敌人2个团，大家认为没什么问题，产生了轻敌思想。8月7日夜里，二纵、8师和九纵同时对外围据点和县城发起攻击。二纵迅速消灭了鹿鸣山守敌，控制了泗县至灵璧公路的虞姬墓等要点，切断了泗县与邻近国民党军队的联系，另一部分攻占泗县西门。8师以部分兵力拔掉泗县城外据点，然后以5个营兵力攻击县城。面对宽阔积水的护城壕，战士们跳进水中，游向城门。原来准备的梯子无法带过去，部分炸药包、手榴弹也被水湿失去效用。但8师战士仍然勇猛向前，仅十几分钟就突破了北门。九纵进攻东门，这里积水最深，战士们在敌人火力封锁下，泗水强渡，占领了城墙东南角，控制了一座碉堡。

但是进城之后，意想不到的情况发生了。桂系军队不像山东伪军一打就垮，而是熟练地运用战术，向我连续反突击。8师先头部队进城后，干部高喊："一班冲，二排冲！""拿手雷，打机枪！"暴露行动意图。敌人在黑夜

① 《中国人民解放军第三次国内革命战争史料选编》第2辑第1册。

中专找有喊声的地方打，造成我军的严重伤亡。8师习惯密集冲锋，敌军一排手榴弹扔过来，我军一个排就只剩下四五个人。而且这些广西兵打起仗来特别拼命，后来陈毅在一次讲话中这样形容："两广军队是很顽强的，是蒋军中战斗力最强的，硬不缴枪，真是蛮子蛮打，非打死不缴枪。伤兵还拿枪打你，伙夫挑起担子逃跑还骂'丢那妈'。你捉他，他放下担子就用扁担打。他们不做工事，一到村子排长就用刺刀在围墙上画几个圈圈，以重机枪架起来打，通通通就成了枪眼。十多分钟就把阵地摆好，射击很准确的。他们都是老兵，有的营、连长还是大革命时代的黄埔学生。他们封建团结很厉害，他们说：'广西人打败仗就没饭吃，打胜了老蒋还要我们。'他们战术好，可是纪律很坏，打开每个碉堡都关着三四个老百姓姑娘。我们消灭他一个班，打垮一个碉堡要伤亡二三十人，消灭他一个营要伤亡四五百人，消灭他一个团要伤亡近千人，非常吃劲，要付相当代价。"这实际上就是泗县战斗的情况。①

8月8日天亮后，敌军在泗县城内发起反击，先以猛烈炮火切断城内我军与城外的联系，接着以连、排规模依托房屋向我军冲锋。8师的火炮因为洪水运不上来，火力上没有优势。敌军占了上风，夺回了西门，8师22团的三个营在城里苦战，伤亡很大。这时2营指挥员惊慌起来，竟掉头往西门外跑，2营战士也跟着突围，在敌军火力封锁下伤亡惨重。1营、3营顶着巨大压力，坚持战斗。1营2连连长在战斗中牺牲，3排长李以琴马上代替指挥。他不怕敌军炮火封锁，积极向前发展。占领一个院落，立即组织战士挖好枪眼。敌军冲锋上来，大家沉着应战，9班长钟宝鼎一人消灭17个敌人。李以琴带领机枪组成机动小组，哪边紧张就到哪里增援，专打敌军的小股冲锋。8班长要求说："咱们打了一天，叫别人来换换吧。"李以琴严肃地说："别人都有任务，换什么！有我李以琴在，就不会丢掉阵地！"在他指挥下2连一天打退敌军9次冲锋，坚持了阵地，而且伤亡不大。战后总结，他被评为"泗县战斗中最出色的指挥员"。②

① 陈毅：《一年来自卫战争总结》，1947年12月30日。
② 《8师22团泗城战斗总结》。

8日白天的战斗非常激烈。九纵77团在东门与敌军血战，1营全部军事干部都伤亡了，2连军政干部全部伤亡，7连打得只剩一个班长指挥。73团干部在攻城时留下文件书信，表示战死的决心。突击排冲上城墙后，与敌军争夺碉堡。因炸药包受潮不能用，机枪在泅渡时掉到水里，手榴弹很快打光了。但因城外水深，后续部队跟不上，全排几乎伤亡殆尽。他们抓了3个伤兵俘虏，结果战斗中没人看管，一个通信员经过，发现3个伤兵在咬我军的1个伤员。通信员一刺刀捅死一个，那两个才屈服，可见战斗之残酷。①

8日战斗最激烈时，宋时轮参谋长来到8师指挥。陈毅在睢宁葛楼山东野战军指挥部听到泗县战报，焦急不安，一再询问情况。8师在8日黄昏时再派两个营进城增援，但兵力始终不占优势。陈毅当夜指示宋时轮："今夜如已总攻，望坚决打。如今夜不能总攻应后撤。"9日上午，战斗仍然处于对峙状态，敌军向北门连续实施反突击，双方均伤亡严重。鉴于8师伤亡太大，战士们过于疲劳。九纵、二纵因大水阻隔，无法投入更多兵力增援。为避免继续消耗，山东野战军领导决定停止攻击，全部主力撤往睢宁地区休整。

泗县战斗是山东野战军一次失利的战斗。我军虽然消灭桂系172师3000余人，迫使其撤离泗县，但自己也受到重大伤亡。山野主力8师伤亡2700余人，元气大伤；二纵、九纵也各有数百人的伤亡。8师干部战士士气受挫，牢骚、埋怨话很多。有的说："上级老说要集中兵力，临到打起来却要敌人两个打我们一个！"有的说："打起来见不到炮！"有的说："上级成天说选择弱点，我们这次是选错了。"这些议论不是没有道理，我军此次集中了22个团，但攻城部队仅6个团。而这6个团在攻城时还分去一半打外围据点，优势变成了劣势。事先对桂系军队的战斗力估计不足，侦察和战前准备都不充分。指挥员对雨季、水网等自然条件对战斗行动的影响估计不足，没有准备防水设施和渡河器材，造成洪水阻碍造成炮兵上不来、弹药受潮失去作用。战斗过程表明我军的战术还很粗糙，不善于协同、巷战、防炮，部队之

①《九纵泗城战斗详报》。

89

间增援不上。这些很多是主观上造成的失误，有很多教训值得汲取。

泗县战斗没打好，陈毅和各级指挥员都心情沉重。8师政委丁秋生战斗结束后来见陈毅，请求处分。陈毅先是安慰他说："泗县之战，我不认为是什么败仗，充其量也只是一次平仗。"又针对8师的消极情绪严肃指出："我要批评你们的是，8师还不够全面，你们只会打胜仗，不会打败仗。你们要经得起各种各样的磨练，打了胜仗，骄傲了，那很危险；打了败仗，气馁了，这也很危险。那是灭自己的志气，长敌人的威风。"话虽这样说，陈毅作为首长，主动承担了失败的责任。10月4日，他在给8师领导写的信中说："三月来未打好，不是部队不好，不是师旅团不行，不是野战军参谋处不行，主要是我这个统帅犯两个错误，一是先打强，即不应打泗县；二是不坚决守淮阴。"他肯定8师是一支很好的部队，自我批评说："在艰难困苦的日子里，我从不抱怨部属，不抱怨同事，不推拒责任，因而不丧失信心。"他鼓励部下在困难的时候，要坚定必胜的信心，勉励大家"愿山野同人在不利情况应赞成撤退，在有利情况下善于勇进。"①陈毅的胸怀和气度，是促成山野和华东各方团结，扭转不利局面的一个决定性因素。

泗县战斗对淮北形势产生了不利影响，国民党军队气焰嚣张，乘势向淮北解放区大举进攻。华东我军面临最艰难的时期。

① 《陈毅年谱》。

第8章

两淮失守

国民党军部署进攻两淮——山野主力举棋不定——毛泽东打算派徐向前到山东——山野未能识破敌军企图——74师突袭泗阳——陈毅忧心如焚——华中主力北上——两淮失守——我军指挥员对战局的认识和看法

泗县之战，山东野战军没有打好，实力受损，部队的士气也受到影响。国民党军队则气焰嚣张，8月19日，参谋总长陈诚到徐州绥靖公署与薛岳召开军事会议，确定分路进军，占领我华中解放区中心城市淮安、淮阴的战略计划。国民党军的部署是兵分三路：中路以李延年集团为主攻，以4个师、12个旅的兵力向睢宁、宿迁进攻；北路以冯治安集团12个团的兵力向台儿庄、鲁南解放区方向进攻。为了加强李延年集团，国民党军统帅部特地将最精锐的74师从盱眙、天长用火车运送到徐州，然后进至古邳镇一带。另一支增援部队26师41旅则进占朝阳集。原来的主力7军则驻守灵璧、泗县地区，牵制我山东野战军主力。

泗县战斗结束后，陈毅感到压力很大。他手中的部队经过一个月作战，相当疲劳，需要一段时间的休整。山东方面张云逸、黎玉来电报说鲁南形势严峻，兵力不足，要求山野主力回山东。粟裕、谭震林建议韦国清的二纵南下高邮，配合华中野战军防守，阻止国民党军队沿运河北上。陈毅左右为难，8 月 26 日与宋时轮致电中央军委，提出他们的建议。电报分析了敌情，认为国民党军的主攻方向是睢宁。"估计敌近日克睢宁后，可能迅速东进，进占运河西岸宿迁、洋河等地，亦可延迟一周至十日再东进。"

陈毅告诉中央：他的部队在泗县战斗后伤亡较大，需要补充整顿。有的部队战斗力不强，纪律不好，也需要进行缩编和整顿。但最困难的是"淮北、淮海两区近又大雨大水成灾，为近十年所未有。部队炸药、手榴弹水湿不能用，部队走水路不能穿鞋袜烂脚。""张、黎建议山野回山东，粟、谭建议二纵南下高邮打 25 军，均各有利，建议对山野行动宜作全盘考虑。"

陈毅的设想是："山野集结泗阳及运河东，要争取一个月整训再举行出击。"这样"可南可北，亦可相机向西反攻。"①

8 月 29 日毛泽东回电，拒绝陈毅的建议，要求山野寻求机会打歼灭战。电报说："现在敌人逐步向东，企图打通陇海线并威胁淮阴、临沂，我军必须寻找机会歼敌。我军休整一个月之计划，事实上不可能，将使自己陷入被动地位。你率主力应在睢宁以东地区待机，仿粟裕办法集中主力歼敌一部，休整若干天又打，打后又休整若干天，如此常保高度士气，纪律亦可改善。九月正是作战时机，刘邓军、中原军均希望你军配合。此时不打，敌占地愈多威风愈大，我士气民气均将受损。故必须寻机作战，灭敌人威风，壮自己士气。每次歼敌一团一旅，打五六次，即可造成有利局势。"②

陈毅也想打个漂亮仗，扭转被动局面。然而天公不作美，连续的大雨和洪水使山野的部队无法行动。8 月 30 日陈毅向山东军区和军委通报情况说："我二纵、7、8 师日内集结泗阳、众兴、王集、里仁集之线，由泗阳现在北移。中间三条大河，泗阳城南大水成灾，计四个区。居民乘船，淹死人畜无数，故暂不能回鲁，仍在现地不变。近连日大雨，到处泛滥，居民言非到秋后水不能退。只能争取休整部队。"对山东军区要求主力回鲁南作战的请求，陈毅也无法应允。原因"主要由于 1500 个伤员拥挤在宿迁城内两条大路，

① 《中国人民解放军第三次国内革命战争史料选编》第 2 辑第 1 册。
② 《毛泽东年谱》。

万余民夫运了五夜，昨夜才运完。部队无法再进该地，故南移泗县。"

就在徐州国民党军准备向淮安、淮阴进攻时，山东国民党军也开始了进攻。李弥的军队沿胶济铁路向我鲁中解放区的淄博、张店、章丘等地发起攻击，由于山野主力南下，叶飞的一纵又受命保卫临沂地区，鲁中解放区兵力空虚，无法阻挡国民党军队的进攻，形势顿时严重起来。据华东局9月4日《关于敌攻胶济路情况给各区的通报》中说："敌人此次进攻胶济路济青段及淄博矿区，由于我张店、周村战役胜利后，一般干部盲目乐观太平麻痹，在形势转变之后，便惊慌失措，束手无策，使我在工作上物资上均受极大的损失。据已知者，有工商局及兵站机关的粮食损失不下三百万斤。独3团损失机枪9挺，子弹万余发；各机关在淄博的物资均全部损失。计棉花百余包、火柴百余箱、食盐五十余万斤；后方200余支枪被起去。章丘民兵枪支除拉回的一部外，其余大部损失。更严重的是鲁中区保卫部及淄博特委存在地方的文件都损失了。""干部表现悲观退后，博山地区当敌人来时，半数以上分区级干部回家隐蔽。25个干部坚持工作，13个钻石洞不敢回去，不愿再坚持下去等。经过思想动员，召开高干会议，布置坚持边沿的斗争后，正在转变中。"①

山东、两淮，都等着陈毅带主力来增援，但是陈毅要在睢宁、泗阳一带等待阻击徐州方向的国民党军，哪里也去不了，形势令人十分忧虑。我军在华东的总兵力并不少，但分成山东、两淮、华中三大块，各自为战，虽然华中野战军在苏中七战七捷，也未能减轻山东和两淮的压力。过早集中兵力，就必然要放弃其中的一两个解放区；不集中兵力，在几个方向分别作战，就无法打成大歼灭战。这就是当时的局面。毛泽东也为此十分忧虑，权衡之下，他认为山东解放区是最重要的。9月6日，他电告陈毅："请你考虑调第8师回鲁南，暂时受叶飞指挥，协同一纵及两个地方旅组成鲁南前线。我们准备派徐向前同志来鲁，负鲁南前线指挥之责。你率2、7师及九纵组成淮海前线，准备敌切断陇海时亦有一个时期留在淮海区域。如此则胶济、鲁

---

① 《中国人民解放军第三次国内革命战争史料选编》第2辑第1册。

南、淮海、苏中四个前线均有适当兵力与指挥人员，而你则负统筹各个前线之责，并直接指挥淮海。这样是否妥当，或有其他方案，望考虑见复。"

陈毅作为一名战区指挥员，当然明白中央这一考虑的全部含义。然而他一向顾全大局，不计较个人地位的升降。9月7日复电作三点表态：1."现秋天水落，部队南北机动往来，敌前敌后定有好机（会）仍可打，故仍请8师不北调。在获得一、二胜仗后，即可逐渐与一纵合并，扫荡淮北、鲁南之敌"。2."欢迎向前来鲁"。3."在全国战局均需要淮北打几个胜仗，我们协商认为集中兵力在淮北大有开展的机会。"①

此时，陈毅最盼望的是粟裕能率华中野战军主力北上，增强两淮解放区的力量。但是毛泽东对苏中的形势相当乐观，希望华野能在七战七捷的基础上扩大战果。8月29日他致电张鼎丞、邓子恢，询问华野主力能否西进攻击泰州、扬州地区，以切断津浦线，策应其他解放区的作战。粟裕、谭震林感到部队连续作战，已相当疲劳。战斗中的伤亡使老战士越打越少，新兵、俘房兵的成分越来越多。俘房兵虽然军事技术好，但纪律很成问题。尤其是干部，自开战以来已经换过三批，连队干部中老骨干也很少了。苏中地方武装多数已编入主力部队，从地方上再动员新兵入伍也很困难。如果再打下去，前景也难以预料。他们也希望部队能得到一个短暂的休整机会，待秋收后得到粮食和冬服的补充，到10月中旬再向淮南进军。8月31日，粟、谭向军委、山东、华中领导发了一封长电报，如实汇报了上述情况。但粟、谭9月2日报告中央，他们仍然准备执行西进的计划，拟定先攻占海安、如皋，稳定华中形势后，再进攻泰州、扬州之敌。

苏中的作战动员了苏中和两淮解放区的全部人力物力，战争的消耗使解放区的形势越来越艰难。两淮失守后，陈毅在11月1日给中央的报告中如实反映了9月期间华中的情况："华中方面扩大新兵和动员民夫达到空前程度，再扩新兵也很困难，目前只能以扩大地（方）武（装）的方式准备坚持现地，以便部队转入主动。三个月作战经验，每一万兵力至少要用一千余民

①《陈毅传》第7章。

夫,主要是运粮食、炮弹、伤员等。因此各地冬麦未种,豆子山芋未收,影响甚大。民夫在部队服务流泪,部分地方干部逃亡,人民躲夫和扩兵。华中粮食只要地区不再缩小可支持到明春,华野部队虽连捷,伤亡万余。"①

这时,国民党军李延年集团已经完成了进攻两淮的准备,于8月底兵分三路向运河以东进攻。南路的7军渡过濉河,31日占领洋河镇;中路的69师27日占领睢宁城,29日占领宿迁;北路的58师在朝阳集、渔沟地区与我军对峙。而担任主攻两淮任务的74师则跟在7军的后面,隐蔽自己的企图,悄悄前进。当时国民党军摆出要在泗阳与我军决战的架势,在河上架桥,派部队四处"清剿",虚张声势。由于我军在战役侦察上存在严重的失误,受敌军的佯动迷惑,没有观察到国民党军直扑淮安、淮阴的战略企图。②

根据侦察的情况,陈毅、宋时轮决定将山野主力北移到沭阳方向,打击徐州东进之敌,并照顾鲁南方向。留下九纵守泗阳。9月7日,山东野战军司令部下达命令:"本军为便于新的机动,打击可能由宿迁进犯沭阳之敌,或向南打击可能由洋河进犯淮阴之敌,决以主力转至泗(县)、沭(阳)、宿迁县属地带隐蔽待机。"部署是二纵在新集、九纵到泗县以南、7师到大兴集、8师仍在渔沟。当夜部队即开始行动。

在苏中的粟、谭得知山野的部署计划,认为这个方案虽然可以保持同鲁南的联系,但将主力集结泗阳,两淮空虚,是很危险的。9月5日,粟裕看到陈毅通报的山野行动方案后,马上通过华中分局邓子恢转告陈毅和中央:"敌占宿迁、洋河之线,有进犯两淮之极大可能。来直捣我华中之心脏,与截断华中与山东之联系。""以山野目前之布置,似乎尚让敌过运河以东再与敌决战。如决战顺利两淮当无问题,否则华中局势将受极大影响。我运河线防务之固守三面受敌,而我苏中南线亦因后顾之虑将受影响。"

9月7日,粟、谭再次电告陈毅、华中分局和中央:"我们请求山野必须在泗阳地区打几个仗以挫敌锐,否则两淮不保。如两淮失掉,不仅政治影

---

①《中国人民解放军第三次国内革命战争史料选编》第2辑第2册。
②《中国人民解放军第三野战军暨华东军区第三次国内革命战争战史资料》,1958年初稿。

响不佳，且直接影响南线作战甚大。"他们表示："如山野必须离开淮、泗而向北转移攻势，则请求将二纵留下，我们当于攻占海安后，暂时放弃苏中之较有利局面，而转移主力于淮、泗。"

8日，粟、谭以更强烈的语气电告陈、宋和张鼎丞、邓子恢："我们意见：军长将主力转至沭（阳）、宿（迁）间阻顽东进之方案，在实质上将使敌人迅速占领两淮及运河线，变成放弃华中而使山野主力被迫撤回山东。如此，苏中主力势必造成我军因无后方补给，在强敌三面包围下没法北撤，只有渡长江前进。如军长仍坚欲北开，则我们坚决要求调二纵全部留下，由韦国清统一指挥，钳制敌人。候苏中主力北转，以求阻击南下之敌。否则华中局势变化，责任难负。"

陈毅、宋时轮收到粟、谭的电报，并没有改变他们的作战计划。9日他们给粟、谭、张、邓回电，口气还是很有把握的："淮北敌情正在变化中，7军已南移灵、泗、睢、宿迁地区，由蒋军接替。现再看数日，如蒋军由宿迁东进，我军及时出击，或在宿迁、沭阳、新安之间歼敌。或西攻睢、宿地区，保证可以改变战局。如是，沭阳、两淮及鲁南均不致引起突变。"他们指示："粟、谭部队仍以打下海安，争取休整，相机转移为最好。"

山野的态度也影响了毛泽东，他看到陈毅9日的电报，复电对山野的计划表示"甚好甚慰"。同时指示粟裕部队主要任务是休整，打不打海安可按实际情况决定。①

然而，问题就出在这个"再看数日"上。9月10日，国民党7军、74师共6个旅的兵力，突然南下，避开山野主力，直扑泗阳。这里是我军九纵的阵地，虽然构筑了工事，但因时间仓促，人员有限，所以不够坚固。11日拂晓，7军以猛烈炮火向我九纵75团阵地轰击，步兵随即发起冲锋。我军防炮经验不足，干部伤亡大部，部队失去指挥。在敌军连续进攻之下，阵地被突破，我军退至二线防御。12日敌军继续猛攻，九纵与敌激战竟日，杀伤数百敌军，下午阵地又被突破，九纵被迫放弃泗阳，撤退到李口运河东岸。

① 《中国人民解放军第三次国内革命战争史料选编》第2辑第1册。

陈毅获悉国民党军发起进攻，13日下达命令：由谭震林同志统一指挥九纵、5旅、皮旅及淮南各分区部队担负保卫淮阴的战斗，命令5旅和皮旅火速从高邮、宝应一带北上增援，在南新集一线组织防御，配合山野在沭阳地区歼敌，等待华野主力北上。

9月13日，74师投入战斗，越过泗阳，占领南新集后，向淮阴以西的沭河沿岸的码头、朱家渡等渡口急速进军。15日上午，74师在飞机和炮火掩护下，向我九纵73团的码头及77团的朱家渡阵地同时发起进攻。因西岸河堤高于东岸，我军在地形上就吃亏，被74师居高临下地打。74师的攻击相当狡猾，他们先以十几只橡皮艇试探性渡河，当我军集中火力将其打退后，他们选择我军火力薄弱处，以轻重机枪一齐开火，掩护百余艘橡皮艇强渡。我军防御线过长，机动兵力太少，待我军明白敌军主攻方向，74师已经冲上朱家渡东岸。在我军反击下，形成对峙。当夜我军再次后撤，在码头以东的天地闸一带布防。

这是我军第一次与74师交锋。这个敌人确实非同寻常。据九纵战后总结说，74师的战术特点是："多采取正面佯攻，侧后迂回，或行超越攻击。该敌系蒋军五大主力之一，部队骄傲，攻击精神较旺盛。""善于集中使用兵力，先以集中炮火打我阵地一点，掩护步兵攻击，且善于使用小部队，以锥形渗入我侧背，错乱我部署。但敌不善于近战。"

国民党军开始进攻，山野指挥部才判明敌军企图。宋时轮参谋长火速赶到二纵，命令韦国清司令员指挥二纵和8师，打算乘7军过运河立足未稳，即从来安、渔沟拦腰打击敌人，以阻止敌军前进。但是7军对此早有准备，他们是助攻，而74师是主攻。所以7军采取稳扎稳打战术，以守为主。部队齐头并进，呈扇形攻势，中间不留空隙。泗阳、洋河一带战场狭小，南有洪泽湖背水作战，对我军不利。我军由于攻击准备不足，17日以6个团的兵力向来安反突击，结果因动作不协调，几次进攻未能奏效。山野主力被7军拖住，无法向淮阴方向增援。①

----

① 《中国人民解放军第21军解放战争战史》，1952年10月初稿。

驻守高邮的皮定均旅于9月13日接到华中野战军参谋长刘先胜的命令，要他们尽快赶到淮阴。为了争取时间，还为皮旅调来部分卡车。皮定均接受任务，立即上路。全旅顶着敌机的袭扰，乘了一路汽车，又跑了30里地，14日赶到码头、杨庄阵地，增援苦战的九纵。根据陈毅的指示，淮阴前线由谭震林统一指挥，张震任前线指挥部参谋长，在码头南岸的一个城隍庙里建立指挥所。

9月15日，皮旅和九纵在运河东岸的码头阵地与74师展开激烈拼杀。皮旅与敌军一天战斗九次，战士的鲜血染红了运河。皮定均在这天的日记中写道："我们没有作准备工作，到了上午，敌人不愿再等我们做工事了，开始了进攻。不断地向我们发出了猛烈的炮火。我们为了自卫，为了保卫两淮，不准他来强占我们的土地，全旅对突过运河东岸滩头之敌，进行反复地冲杀，干了九次！几次打得很英勇！敌我伤亡都是很大的，特别是我们有很多优秀的抗日战士被国民党惨无人道的屠杀了。"这一天，九纵也与敌军激战，由于九纵连续作战已达七昼夜，部队伤亡很大，弹药告罄，战士们也极度疲劳。这天夜里，74师占领杨庄、码头阵地，向淮阴城又逼近一步。

谭震林决定破釜沉舟，与国民党军决一死战。16日他电告陈毅："13旅（皮旅）昨日攻击未奏效，敌人现攻击很猛。为确保淮阴，决定把城西、城南变为水乡，部队以水设防。城北大桥是否破（坏），要看水的程度。部队下午5时左右可以转移完毕。"发出电报后，皮旅即接受任务，将运河大堤扒开，放水形成一片沼泽，迟滞74师的进攻。

陈毅接到谭震林从淮阴发来的一封封告急电报，命令二纵火速向淮阴开进，没想到国民党军队破坏了通向淮阴的王营大桥，使二纵无法过河，看着淮阴方面着急。陈毅感到忧心如焚，9月17日他给华中局的电报中说："此次出毛病，没有估计到敌迅速南下。原想避开桂军，控制主力于河北，不料蒋军又不来，未碰着它。山野9日过六塘河，14日又转回来；部署调整完毕，当面敌情未能分清楚，故丧南移时机。8师即可转移，二纵转移不及，15日桥又破坏，与桂系接触。总之此次淮北作战，由于主观指导错误，贻误全局；五内俱焚，力图挽救，当尊重兄等建议。"①

此刻，粟裕正在赶往淮阴的路上。他的心情也与陈毅一样焦急。9月8日他电告陈毅准备由苏中北上时，毛泽东还同意华野先打下海安后再北上。但11日发觉国民党军开始向淮阴发起进攻，毛泽东马上以军委名义指示陈宋、张邓、粟谭："敌六个旅南下，两淮危急。粟率苏中主力（1、6师）立即开两淮，准备配合陈宋主力彻底歼灭该敌。但陈、宋现应独立作战，务于粟、谭到达前歼灭南下之敌一至两个旅，顿挫敌之前进，争取时间，以待苏中主力到达，协力歼敌全部。"华中野战军主力没有片刻休息，即匆忙布置由海安北上淮阴的行军。粟裕将坚持苏中的任务交给管文蔚、姬鹏飞的七纵，自己先赶往淮阴。陶勇、王必成带领1、6师陆续北上。

从海安到淮阴相距500华里，一路都是水网地带，天又不断下雨，道路泥泞，大部队只能依靠船只运送。匆忙中调集不到足够的船只，给北上造成很大困难。陶勇只好先运送一个旅，然后放回船只再接一个旅。为了防空，船运只能在夜间进行，白天则无法行动。粟裕心里明白，华中主力最快也要20日左右才能到达淮阴，恐怕已经来不及了。

9月17日淮阴保卫战更为激烈。74师以猛烈的炮火和十几架次飞机轰炸配合，向皮旅、华中5旅和九纵阵地连续发起五次攻击。我军顽强抗击，击落敌机2架。皮定均集中手里的炮火向敌军阵地打了300发炮弹，遏制了敌军的进攻，阵地呈相持状态。夜里皮定均还组织了三次佯攻，又打炮又吹号，疲劳敌人。直到弹药耗尽，才退往二线阵地。②

经过几天激战，74师也打得筋疲力尽。张灵甫依靠飞机空投补充弹药，在水网地带作战，也使他的战术很受限制。张灵甫一度信心动摇，想喘一口气，等其他部队前来增援。但是南京方面来电报说，国民党中央电台将于18日广播攻占淮阴城的消息，这就把张灵甫逼得无路可退，只有孤注一掷地进攻。18日，74师使用第二梯队57旅和28师一部参战，对淮阴城西部

① 《华东军区、第三野战军第三次国内革命战争战史资料选编》。
② 《皮定均日记》。

和南部的胡庄、高兴桥、道士庄等进攻。谭震林、张震指挥皮旅守城西、5旅守城南，九纵休息一下，担任二线防御。从早上打到晚上，敌军的几次进攻又没有进展，锐气受挫。这时，谭震林接到陈毅电报，说二纵将于今夜赶到。同时，王必成的6师一个旅也到达淮阴南郊的板闸镇。谭震林非常高兴，复电陈毅："今日敌复以第二梯队加入战斗，并以大量飞机助战，曾数度猛攻。我除失王家庄半个村子，仍保持原有阵地，此刻战斗仍在进行中。但淮阴危机已过，祈释念。6师一个旅今晚可到板闸，同时军长已决定派二纵来援，因此我们明晚可转入反攻。首先歼敌一个旅，而后击其全部。"①当夜，前线指挥部决定调整部署，一面加强正面防御，一面派出部队转至74师侧后，准备19日晚协同二纵、6师向74师发起反击。不料二纵被国民党7军拖住，没能按时到达淮阴。我军的防线出现了空当。

狡猾的74师利用我军调整部署的空隙，以2个连的兵力于19日拂晓前轻装从我九纵和5旅阵地的接合部爬过阵地，捉住一个我方人员，获得口令，于是冒充我军撤下的部队，骗过城门岗哨，潜入淮阴南门。进城后马上抢占几所房屋，建立阵地。接着正面敌军开始猛攻。前线指挥部一面命令皮旅、5旅抗击正面敌军，一面命令九纵预备队围攻突入城内之敌。但是5旅在敌军前后夹攻下，已被迫放弃阵地，由东、西门退入城中抵抗。正面敌军蜂拥入城，与城内敌军会合，与我军展开巷战。皮定均在早晨7时听说敌军进了淮阴，马上派1个团向城里增援，想把敌军赶出去。但敌军攻进城内，士气上升，而我军已极度疲劳，士气下降。皮定均虽然向上级建议马上行动，但反击效果不大，只得停止进攻。

这时，粟裕已经赶到淮阴，与谭震林会合。他见情况严重，感到再打下去只能消耗我军力量，不可能改变局面。于是，粟、谭决定放弃淮阴。他们于9月19日16时电告陈毅和中央："突入淮阴城之敌已达一个团以上，其后续部队继续跟进。我军经一周激战已极度疲劳，且主力尚未赶到，故决定撤离淮阴。"根据命令，九纵撤到淮阴以东的钦工镇，皮旅撤到涟水。20日，

---

① 《华东军区、第三野战军第三次国内革命战争战史资料选编》。

我军主动放弃淮安。两淮保卫战至此结束。

两淮的失守对华东我军的形势产生了严重后果。邓子恢同志指出："我们的经济来源全部都被切断了，特别是运河的税务问题，我们的一切是靠运河来的，现在没有了。清江（淮阴）在政治上也是很重要的，是华中经济、政治上的中心，对国民党有很大威胁，失去了，我们在政治上受到很大损失。"各级指挥员们也感到极为痛心，皮定均在9月26日的日记中写道："我记得很清楚，敌人进攻泗县是很早就开始了的，敌人占领宿迁县也是很早的，敌人进攻两淮的计划我们一个月前就知道了，但是我们准备的时间很晚，如果我们要早点调兵，作出长期的战斗准备，是来得及的。有主要的原因：我们主观上有些过分地看到自己的力量，而看不到敌人的特点，看不到敌人的阴谋，主观上认识不够，有时过分地夸大自己的力量。"

"今天两淮丢失了，整个苏中、苏北解放区都失去了主动权，大块的地方都变成了游击区。因为在军事上没有重点的地方，把军事上的天然屏障全都丢光了。我们要是有洪泽湖、有高邮湖、有运河，我们就会利用这些天然地形作我们的防御，这些防御任务全部可以交给民兵来担任，而我们还可以放心地在外面作战。"

"在经济上把中心要点和来源都失去了。华中的经济收入全部依靠几条河流，如淮河、运河、盐河、黄河，还有其他的很多小河。华中的工业和商业全都在这里，这样一来，工业全部没有了，不能供前线需要了。当然这都是暂时的，但增加了战争困难。"皮定均的话，可以代表当时华东我军干部的普遍看法。

但是粟裕不这样悲观。他认为："两淮并无死守之必要，为保存有生力量，主动撤出两淮是符合我军战略方针的。若因两淮是华中首府，便以保卫这个城市为目标，同敌人进行战役决战，则是错误的。"

为什么这样看呢？粟裕指出："解放战争开始，敌强我弱的形势很明显，打歼灭战的规模必须有一个从小到大的发展过程。我一直认为，即使第1、第6师赶到淮阴，并在淮阴同敌人作战，不仅不会讨便宜，还会吃大亏。华中主力在苏中几战打得比较顺利，没有吃过什么大亏，由小到大，逐步发展作战的规模，是一条很重要的经验。记得 1946 年 9 月 25 日我曾应新华社记者之约，谈了我军主动撤出两淮后之华中战局，其中说到：'我军的撤出两淮，绝对不是我们军事上的失败，而是对蒋军大规模歼灭战的开始。'这个分析是符合战争发展的实际的。"①

---

①《粟裕战争回忆录》第 11 章。

第 *9* 章

艰难的转折

两淮失利后的艰难局面——陈毅写信一吐郁积——关键在于集中兵力——山野、华野商议合并——鲁南形势骤然紧张——毛泽东确定在淮北作战方针——张灵甫其人——涟水保卫战挫败74师

1946 年 9 月，徐州方面的国民党军李延年集团以优势兵力连续占领我华中解放区的宿迁、泗阳、淮阴、淮安、宝应等城市，将我山东野战军、华中野战军主力压缩在运河以东的沭阳、涟水、盐城、东台一条狭长地区。北线的冯治安集团则沿津浦路进犯我鲁南解放区的枣庄、峄县，企图直插山东解放区首府临沂，将我军分割在几个狭小区域内，加以消灭。暂时的得手令南京方面欣喜若狂，蒋介石特意嘉奖74师，授予张灵甫云麾勋章。李延年得意地说："有十个74师，就可以统一全国。"王耀武也为他的后任感到自豪，说："中国军队只有74师能打仗，是我亲手培养起来的。"张灵甫则对蒋介石夸口："委座，把新四军交给我张灵甫吧，有我们74师，就无新四军葬身之地。"

国民党方面总结了这个期间的作战，认为他们之所以能够取得进展，除了优势的兵力加上空军配合外，战术上也有成功之处。共军方面则有失误，比如"对海安久围不拔，战略上对苏北之攻守模棱两可，兵力过于分散"；

"居内线作战未能彻底集中兵力击破任何一点";"无炮兵、空军协助,白昼不能行军,只能利用夜间逐次增援有限兵力";"判断运河及湖沿价值过高"等等。① 从以上评价看出,国民党军统帅部确实抓住了我军的一些弱点。

10月上旬,国民党军打通运河后,暂时停止了进攻。我军也得到十天的休整机会。这些天来,陈毅和华中分局的领导人都心情沉重,两淮失守后,华东我军的局面越来越被动,部队和解放区内部也出现了动荡不安的现象。

山野南下作战两个月,华野没有休整就匆忙北上。连续的行军、战斗、伤亡、疲劳、阴雨和洪水的折磨,后勤供应跟不上。很多干部战士颇有怨言,指责上级没指挥好。有的说:"天天都说打胜仗,天天都在丢地方。""西边不亮东边亮。""宁可打死,也不要拖死。"有的部队之间互相抱怨,嫌对方没打好,不配合。这些都使部队的士气下降。更为严重的是淮南、淮北分区出现较普遍的退却逃跑现象。正如华中分局1946年11月20日《关于开展反退却逃跑斗争的决定》中指出的:

"在敌人未到或敌虽到而尚可坚持的地区彷徨的退却逃跑,如淮南区党委将路东全部地武与地方干部撤出,淮北邳睢铜地区在未恢复工作前,不仅干部武装甚至积极分子家属亦全部撤出。淮宝县委负责人在两淮失守后,违反五地委坚持斗争的指示,擅将全部武装及干部撤出。……在逃跑中有的不但自己跑,还带了许多干部大家跑。有的甚至下面干部与群众反对跑,而比较负责的干部反而下命令强迫他们跑。至于区乡级干部也不少上行下效,只要发生敌情,也逐县逐区向后跑。"

《决定》中批评一些干部"公然抗拒党的一切服从前线的号召,不愿到前线去服务,到了前线又借故推托到后方来。有的即在后方也不安心工作,打报告提理由要求上山东、去东北,甚至要求未遂自动跑向山东。心中老是盘算怎样才能暂时离开华中,时刻幻想一个最保险的地方去藏身。"

"在这一群人中间,最坏的便趁机摸鱼,只要个人舒适安逸,可以任意

① 国民党徐州绥靖公署:《徐州绥靖概要》。

拉夫拉车逃难搬家，可以浪费公款纵情吃喝，可以破坏纪律打骂地方党政干部，可以据公物为私有，私人东西多至八九小车，可以私抛公家物资购买金子、银元，准备后路。"①

战争是对人的灵魂的考验。要想扭转这些不利局面，仅靠动员和思想工作是不够的。最要紧的是要打几个胜仗，才能杀下国民党的威风，使我军从被动转为主动。

在那些日子里，陈毅和华中分局的领导人一再反思，总结教训。建国后陈毅元帅回忆："敌人对华东进攻，开始在中原进攻李先念，那里是一个战场；南京、徐州是一个战场；青岛、济南又是一个战场。当时我们分兵迎敌，华野在淮阴以南，山野在淮北，叶飞、王建安他们在胶济线。淮阴以南很顺利，指挥得也好；淮北打了一个胜仗后，泗县没有打好；胶济线也不顺利。分兵把口，三个拳头打敌人，结果打不好。以后克服了地方主义，放弃了分兵把口，合成一个拳头，就顺利了。一定要集中兵力，这条经验很重要。本来在内战中就已经有了这个教训，但到这个时候，还要重复一遍，说明接受毛主席思想不容易。"②

两淮保卫战一结束，陈毅即奔走于沭阳的山野总部和涟水西北的陈师庵华中分局所在地之间，与谭震林、张鼎丞、邓子恢等研究下一步的行动方针。当时华中分局领导对陈毅没有及时派主力救援淮阴，很有意见。陈毅作为一个战区负责人，并不推卸责任，但心里也很窝火。但他毕竟心胸开阔，面对险恶的形势，他的主要任务是促成领导班子的团结，鼓舞部队的士气，而不是互相埋怨指责。10月4日，当他回到山野总部，宋时轮参谋长向他汇报了8师的思想状况。因为时间紧张，陈毅来不及到8师视察，他提笔写了一封长信给8师干部。这封信真实地表达了他当时的内心思想，信中说：

"此次南行决定行动，并得中央批准：即集中华野、山野两部，避开桂系，突击中央系；避开两淮，突击淮北，巩固苏、鲁。避开敌正面，突击敌

① 《中国人民解放军第三次国内革命战争史料选编》第2辑第2册。
② 陈毅：1962年2月10日的谈话。

后及其弱点；先掌握陇海路，巩固自己的根本，然后渡河出击，这是胜利的打算。当我军北移沭（阳）、宿（迁）之间，使战局已变成对我有利的地位。假令敌早几天占领沭阳、宿迁，则战局对我极不利（因造成了山东震动、华中被围的局面）。假令敌人不进两淮，而进新安、沭阳，同样造成我军极大困难。主要是补给线打断，山东空虚。这证明敌人兵力不足，企图打下淮阴，造成对外的声势。而实际这一着并不足以扼我。当我军仍留在来安、渔沟之际，我十分担心这一着；现我军北移，并华野已北移，战局开始有利于我。进可以攻，退可以守，山东无虞，淮海区巩固，因而华中局面亦有保障；加上出击淮北胜利，则全局改变。"

"由于三月来战争，山野在淮北未获连续胜利，既未完成截断津浦的任务，内线亦未歼敌，而且丧失五个城。部队撤退多，前进没有，转移多疲困痛苦。与各兄弟兵团如刘邓、粟、陈赓等比较相形见绌，因而生长失望情绪，因而对领导不满，这种现象急需说明。可分两层：对悲观失望的情绪，由于没有看见全面局势，我军胜利的有利局面，两淮和承德撤退，并不足以决定战争。决定因素是有生力量的消长。蒋已被消灭廿几个师近卅余万，实难弥补，已决定了蒋军必败。今后蒋还可占领更多的城市，但蒋军必更多被歼。一到我军全面反攻之时，蒋军必陷于丧师失地的两处俱败的局面，故战争仍可在一定时期结束。这些道理讲清楚，始能提高士气战力。另外一层对领导不满和不信任，这又应分两层：一方面是好现象，这是自我批评的表现。三个月来未打好，不是部队不好，不是师旅团不行，不是野战军参谋处不行，主要是我这个统帅犯了两个错误：一个是先打强，即不应打泗县；一个是不坚决守淮阴。如不先打强，至少64师、28师已被我消灭；我8师、9旅不会损伤过重，即使损伤亦有代价。一个如坚守淮阴，74师即可能被我消灭，蒋军不会吹牛。我应以统帅身份担负一切，向指战员承认这个错误。然而三个月来，我军主力保持，敌未消灭我一个排、一个班。在长期战争中谁笑到最后，则谁笑得更好。我军将有消灭敌人的机会，有追逐兄弟兵团骥尾的机会。因而要认识到缺点和估计到胜利的基础，因而才能全军一道争取胜利，不至于发生怀疑不满和不信任的情绪。世界上有常胜的军队吗？有不后退的军队吗？如斯大林及其红军堪称常胜而无愧，曾一退莫斯科，二退斯大林格勒。因此常胜规律，在于善于撤退然后再进。我愿山野同人在不利情况应赞成撤退，在有利情况善于勇进。目前已到猛进的时候了，应该集中精力，恢复淮北，表现本领，这是战局的重点。不此之图，我们将再犯错误。"

陈毅信中最后说："同志们在艰难困苦的日子里，我从来不抱怨部属，不抱怨同事，不推担责任，因而不丧失信心。对自己也仍然相信能搞好。我从来不向敌人低头，但对自己的同志，我常常自我批评，很愿意低头。胜利时如此，不利时也如此。即失败时亦如此。过去党内同志曾有公论，认为我这个人最善于打败仗，这话很对。我愿意这次从不利转到有利，再度证实这个评价。"①

两淮的失利给山野和华野领导人敲响了警钟，要战胜强大的国民党军队，分散迎敌是不行的。必须集中兵力，攒成一个拳头，才能扭转被动局面，去争取胜利。谭震林同志建国后回忆，两淮失守后，我军的战略思想才真正的开始走向统一。他说："失掉淮阴后，我说好睡觉了。邓（子恢）政委还说：你这个人，淮阴失了，你还说好睡觉！我说：淮阴没有失守，就各坚持各的道理。淮阴失守了，就统一了。大家都是山大王刚下山来，以前各霸一方，各有各的特点；虽然总的是一致的，但遇到具体的事就不可能一下子一致起来。要统一起来，就要有个过渡时期。"②

就是这个过渡，也经历了几次曲折。两淮失守后，我军向何处行动，成为当务之急。9月20日，华野领导人致电中央、陈宋，指出淮阴失守后，"华中形势起了基本变化，沿运河线之淮安、宝应、高邮一线，因地形关系很难求得歼灭，只能取得战术上的胜利。整个运河线以东地区，成长蛇形，不利主力作战。为了改变华中局势，我们建议：以集中华中、山东两个野战军攻下宿迁，得手后再向西扩张战果。"他们设想在淮海地区打一个胜仗，插到李延年集团背后攻占津浦路，迫使李延年集团回援徐州，我军可以在运动中

① 《华东军区、第三野战军第三次国内革命战争战史资料选编》。
② 谭震林：1960年2月18日的回忆。

求得打歼灭战的机会。这也是华野首先提出与山野合并的建议。

陈毅立即表示同意。9月21日致电中央："我同意华中分局廿日夜建议，山野华野集中由淮海区向西行动的办法，并主张两个野指合成一个。"9月23日毛泽东复电："山野、华野两军集中行动，两个指挥部亦应合一。提议陈毅为司令员兼政委，粟裕为副司令员，谭震林为副政委。如同意请即公布（对内）执行。正、副参谋长以何人为宜？由你们酌定电告。"陈毅等领导人均同意毛泽东的安排，根据陈毅的建议，原山野参谋长宋时轮调渤海军区，由陈士榘同志接任参谋长的职务。10月，陈士榘由临沂来沭阳，协助陈毅进行指挥。

毛泽东非常关切山野与华野的联合作战，9月26日电令粟、谭："山野华野会合后，第一仗必须打胜。你们对于当前战役意见如何，两军何时可在何地会合，你们两人是否应当早日去陈处共同计划一切。"

在此期间，陈毅亲自来到陈师庵，与华野商量作战方案。最初商定两军集中兵力打桂系部队，即宿迁方向的7军。由于74师向涟水方向推进，陈毅又建议山野打桂系，华野打74师。粟裕认为："两军会合初战必须获全胜。华野全部经两淮月余之战斗，未得休整之前，暂不宜与桂顽进行恶战。山野部队亦应以先打较弱的，以提高士气为宜。"粟、谭把这个意见报告中央，9月28日毛泽东回电指示陈毅：

"两军会合后第一仗必须打胜。我们意见：（一）不要打桂系，先打中央系；（二）不要分兵打两个敌人，必须集中打一个敌人。"[1]

得到毛泽东的指示，陈毅又前往陈师庵华中分局驻地，大家共同商量决定：1.集中山野、华野主力于宿迁、沭阳之间和六塘河以北地区，如敌军东进即歼敌于运河东岸，敌如不进，我军就西渡运河收复淮北。2.涟水、宝应地区留下皮旅，配合坚持苏中的七纵等部队钳制敌军，掩护解放区为主力制作冬季棉衣，使部队得到补充，由谭震林主持。3.在淮海、两淮等敌占区、游击区坚持斗争，将部分兵工机器转移到山东。陈毅于10月1日向

---

① 《毛泽东军事文集》第3卷。

毛泽东汇报上述决定后表示："两次到分局会谈，他们战争方针很正确。但我至淮北战局顾虑太多，决心不够，未能发挥山野力量，有负党与人民的付托。今后集结张、邓、粟在一起，军事上由粟多下决心，定可改变局面。"陈毅对粟裕的尊重和信任，表现了他作为一个战略区首长的博大胸怀和一切以革命利益为重的品质。毛泽东对此非常赞许，10月3日复电："部署甚好，望坚决执行。"①

就在陈毅准备实施行动计划时，山东鲁南解放区的形势突然紧张起来。早在6月下旬，蒋介石为了消灭我山东解放区，将韩浚的73军空运到济南，阙汉骞的54军海运到青岛。这样，王耀武手中有了4个军、12个师的兵力。按照预定计划，山东国民党军从济南、青岛同时出击，沿胶济线对进。企图打通胶济线，分割我山东解放区。当时陈毅正率山野主力准备南下津浦线作战，二纵、7、8师作为第一梯队集结于鲁南，叶飞的一纵作为二梯队也正在南下。山东军区就没有多少主力部队了。因此国民党军乘虚而入，54军连续占领即墨、胶县，96、73军占领章丘、益都，到7月5日，国民党军东、西兵团在周村、张店会合，初步打通了胶济线。为了打击国民党军的气焰，保卫山东解放区，陈毅命令一纵停止南下，配合鲁中军区在北线作战。

但是，一纵在鲁中转战一个多月，作战情况很不理想。叶飞回忆当时的情况说："正当我们一纵队由临沂地区南下时，发现济南、青岛之敌向胶济线进犯，山东军区要求一纵队停止南下，北上到胶济线配合鲁中部队作战。陈毅同志来电同意山东军区的意见，命令我一纵到鲁中配合作战，予进犯胶济线之敌以打击，一个星期以后仍按原定部署南下，加入淮北战场。我纵到鲁中后，受鲁中军区司令员王建安同志指挥。此时，济南之敌已进占明水、淄博，青岛之敌已进占青州，构筑工事固守，不再分兵出犯。我山东部队长于攻坚，一纵队则长于野战，在讨论作战方案时，鲁中同志主张围攻淄博，我们则主张攻城打援，由鲁中部队围攻淄博，由一纵队打援，吸引敌军来援，在运动中歼灭之。经过反复研究讨论，最后大家同意采取攻城打援的方

① 《中国人民解放军第三次国内革命战争史料选编》第2辑第1册。

案。我3旅于7月7日攻击文祖镇敌96军一部，切断胶济线，占领打援阵地，部署打击来援之敌。但是鲁中部队攻击淄博一夜，未能得手，天一亮，撤出了战斗。攻城部队一撤，敌人就不来增援了，我们的打援就打不成了。这一仗没打成。7月中旬，我纵越过胶济铁路，进至临淄、金鸡岭一线，配合渤海军区部队打益都（青州）。益都驻有敌第8军一个师，我仍采取攻城打援办法，由渤海军区武装第7师围攻青州，吸引东线之敌第8军荣誉1师增援，由我纵负责在运动中歼灭援敌。18日，攻城部队未得手，拂晓后即撤出战斗，敌援兵不出，我纵又打不成了！"

"两次围城打援都没有打成，无仗可打，我们便分电陈毅同志和山东军区请示，要求继续南下，执行原来的作战部署。陈老总立即回电，要我们火速南下，加入淮北战场。8月2日我纵立即挥戈南下。不料，8月3日山东军区来电，要我纵停止南下，继续在山东内线作战。我们正在为难，陈老总催我纵南下的电报又到了，我纵即继续南下。12日到达临沂附近，山东军区又来电报，据称敌人有进攻临沂的企图，要求第一纵队留在鲁南地区作战，保卫临沂。并说已通报了陈毅同志并报告了中央军委。这样，我们只好停下来了。……从此以后，我纵就留在鲁南作战，担任保卫临沂的任务。鲁南军区只有一个师。我们在鲁南先后打了三仗，但都未能打歼灭战，打了消耗战、击溃战，很窝囊。"①

山东、两淮作战的问题是同样的。山野主力南下后，山东军区就剩下那么几个师，却兵分三路，在胶东、鲁中、鲁南分别作战。而面对的敌人是美械装备整师整军。国民党军有强大炮火支援，进可以攻，退可以守，还能依靠铁路快速增援。即使如此，国民党军也是稳扎稳打，紧靠在一起，让你没有单独歼敌的机会。而山东军区负责人又舍不得丢失地方，分兵把口，所以在敌军的进逼下，根据地越缩越小。

当时，山东军区内部也存在山头主义倾向。叶飞纵队从江南北上，当时是山东最大的一支主力部队。但是某些负责人把他们当外人，不愿意把自己

———

① 《叶飞回忆录》第24章。

的物资补充给一纵。致使一纵在山东头几个月，遇到很多困难。据一纵政委赖传珠9月3日给陈毅、黎玉和军委的报告中反映：一纵"初到山东时约两万五千人，兖（州）泰（安）之战伤亡约一千余人，复员老弱者一千余，逃亡病故者约四百余，共减员将近三千五百人以上。除泰安战后补充俘虏千人质量很坏不够巩固外，八个月来未得补充。现3团有九百余人，特务团八百余人，平均每团约一千四百人，重武器背不动，如连续战斗实有困难。因被服厂、炮弹厂、后方医院自办，留后方干部及工作人员占部队总数七分之一，各级机关编组不甚合理，头重脚轻，各作战地区无固定兵站线，及兵站线医院无组织，战后部队转移均需自己担负，拖累甚大，因此持枪作战者与实数比例大为惊人。"①

1946年9月底，依照蒋介石的命令，徐州绥靖公署主任薛岳调遣整编26师北上，与驻台儿庄的冯治安部第33军配合向鲁南发起进攻。目标是占领枣庄、峄县，打通津浦线，与王耀武部会合，进一步攻击临沂。26师师长马励武指挥全师和配属的第1快速纵队，10月5日开始向峄县进攻。叶飞奉命率一纵阻击敌军，战斗在峄县以南地区展开。我方情报不准，原以为只有26师，战斗打响后，敌33军也在助攻。国民党军还将预备队整51师投入战斗。一纵与敌军激战一昼夜，敌军越来越多，马励武出动快速纵队，用坦克冲击一纵阵地。一纵第一次与敌军坦克遭遇，缺乏反坦克武器，也没有打坦克经验，在寡不敌众的情况下被迫后撤到峄县以东。10月8日，国民党军攻占枣庄、峄县，南京方面吹嘘"鲁南大捷"。

陈毅接到山东军区告急电报，十分焦虑。山东是华东我军的根本，一旦失去，后果不堪设想。9月18日毛泽东就曾告诫他"不要只顾苏北忘记山东"，现在鲁南告急，打乱了他与华野联合作战的计划。权衡之下，陈毅决定率山野主力回援。华野领导人闻讯，也着急了。因为74师逼近涟水，粟裕、谭震林已率1、6师南下，一方面补充冬衣，并准备抗击74师。这时山野要走，华野将更加困难。10月7日张、邓、粟致电陈毅："我们始终认为，

---

① 《中国人民解放军第三次国内革命战争史料选编》第2辑第1册。

统一指挥是今后取胜的基本条件,因此建议山野、华野司政机关必须合并。"
"建议陈、粟会合一起。""如果山野、华野名合实离,陈、粟仍分开,不仅
影响指挥统一,对财粮供应我们亦无法解决,对下面影响也不会好。"

然而陈毅在山东催促之下,仍准备北上。8日复电华野:"鲁南敌7日
开始向北进攻,昨已与叶飞部激战。如鲁南紧张,则应考虑山野回固根本。
目前华中战局已到难于兼顾的时候,粟谭部南下解决冬衣问题是必要的,待
南下数日后看南北情况再定夺,但集中10万人马突击一面仍是急切的需要。
鲁南如吃紧,我便不能南来你处,只好分任南北。"

双方各执己见,都向毛泽东汇报。10日毛泽东回电:"山野以适当力量
回鲁南,配合叶飞击敌,这是必要的;但山野全部回鲁南则与华野平分兵
力,于目前形势下作战不利。……因此,山野必须留下适当力量于现地区,
待粟谭歼灭74师东进部队后,北上与该部会合向淮海攻击。"

为了劝说山野留下,张鼎丞、邓子恢前往山野,与陈毅面商。陈毅12
日致电中央,表示愿意在淮海作战,比喻为"赢棋不要家"。但考虑一夜,
又觉不妥。13日再电中央,表示要带华野主力一同回鲁南作战。"在淮北敌
有准备,工事强固,敌火下渡河有困难,战场不好。在鲁南战场好,供应
便利,易求运动战。可避开桂系,山野华野同去胜利有把握。现鲁南敌正
部署东攻,如敌先我行动,鲁南仅一纵是难抵御的,故行动宜速决。如临
沂失守,粮秣、新兵、兵工等项均陷混乱。前淮阴失守,已造成华中上述
方面极大困难,此事是由于我之部署错误。如临沂再失,山野华野两大兵
团供应均成难题。……故主力回鲁南歼敌为有利,并望粟率1、6两师迅速
北移。"

毛泽东看了陈毅的电报,颇为不满。14日回电责问陈毅:"现在因感渡
运(河)向西作战困难,而主张全军入鲁。假如入鲁后仍感作战困难,打不
好仗,而苏北各城尽失,那时结果将如何?且渡运(河)作战是你自己曾经
同意之方案,此次你与张邓曾会商,亦以渡运作战列为方案之一。何以13
日亥电又不相同?如按13日亥电实行,你与张邓粟谭诸同志间关系是否将

生影响？请对各方利害分析再告。"①

这样，陈毅决心留在沭阳不走。15日电告毛泽东"回鲁南打算已暂缓"，并要调粟裕主力来沭阳求得与国民党军决战。毛泽东当天回电："决心在淮北打仗，甚慰。南京息，蒋方计划，引我去山东，我久不去，乃决心与我在淮北决战。此种情况于我有利。望你们集中山野、华野全力（决不可分散）歼灭东进之敌，然后全军西渡收复运西，于二至三个月内务歼薛岳七至十个旅，就一定能转变局势，收复两淮，并准备将来向中原出动。为执行此神圣任务，陈、张、邓、曾、粟、谭团结协和极为必要。在陈领导下，大政方针共同决定（你们六人经常在一起以免往返电商贻误戎机），战役指挥交粟负责。"②在毛泽东的努力促成下，山野、华野的联合终于定型，对以后的形势发展起到举足轻重的作用。

10月19日，国民党军以整编74师和28师192旅共4个旅的兵力，由淮阴出动，向涟水县城发起进攻。企图切断我华中与苏中解放区的联系，迫使华野主力退向山东。当时守卫涟水城的是谢祥军的十纵、成钧的淮南军区5旅。

涟水城位于淮阴东北，淤黄河从城南流过，自涟水西南折向东南形成一个河套。盐河自城西南与淤黄河平行，至城西大岗绕至城北向东北流去。因历史上淤黄河连年水患，所以大堤越筑越高。自涟水城南至淤黄河岸边有三道堤防，内堤较低贴近河床，外堤为一大堤，高过涟水城。大堤与县城之间还有一道土埂，起到护城作用。城内房屋分散，空地和水塘较多。成钧等观察地形，认为守涟水关键在于大堤，失去大堤城内无法设防。涟水是老根据地，群众条件很好，积极支援我军构筑工事，在生活上给予很大帮助。

74师初战告捷，占领淮阴，师长张灵甫骄横异常。张灵甫本名张钟灵，字灵甫，陕西长安县人，黄埔四期。原来在胡宗南部下，在川陕甘地区与红四方面军作战。张生性残忍，在广元时曾听信传言，开枪打死新婚妻子。抗

①《中国人民解放军第三次国内革命战争史料选编》第2辑第1册。
②《毛泽东军事文集》第3卷。

战中转到王耀武的74军，先后参加过三次长沙会战，与日军作战中表现顽强，能攻能守，得到蒋介石的赏识。抗战结束后，74军整编为74师，担任南京卫戍任务。蒋介石精心培育74师，配备美国新式装备，由美军顾问严格训练，作为国民党军的"模范师"。根据我军与74师的接触，认为这个部队"官兵素质在蒋军中比较起来是很好的。老兵占极大部分，军官、射手甚至马夫都经过一定标准的训练，战术指挥及技术动作均较正规熟练。装备精良，补给充足。两淮战后，该敌伤亡重大，敢大胆缩编建制，亦不顾兵员之缺额。其官兵对蒋甚为信仰，且骄横自大"①。

张灵甫又是一个狡猾的对手，在两淮作战中，他体会到我军的厉害。虽然表面上口气很硬，声称"打下涟水再回南京"、暗地里却处处研究我军特点。孟良崮战役后，陈毅向74师俘虏了解张灵甫的情况，在后方作报告时讲了有关他的故事："张灵甫打两淮时被我杀伤数千人，他数次挨打后打电报给11师、7师等部说：'共军无论在战略、战役战斗皆优于国军，数月来共军向东则东，向西则西；本军北调援鲁，南调援两淮，伤亡过半，决战不能；再过年余死无葬身之地，吾公以为如何？'这是说出些道理，但受到蒋介石的申斥。张灵甫是研究我们的，他打两淮得我军装一套，研究我军装的好处，把军装带到南京见蒋介石说'共军军衣比我们做得好'。蒋介石说：'匪军还有军衣吗？赶快拿来看。'他拿给蒋介石说：'这军衣好处，一是长厚，很暖和，穿起来可节省大衣，又方便。我们的军衣短，遮不住屁股，又很薄，不穿大衣受冻，穿了又不方便。二是肩上扎线，背枪弹不容易坏；我们的不扎，烂得很快。三是军裤很长，我们的很短，还要用绑腿打起来。'蒋介石说：'你不要在这里宣传共产党好，赶快下去。'"②我军对74师也是高度重视，涟水之战是我军与74师的第二次交锋。

10月19日，74师在飞机掩护下从淮阴出发向涟水、茭陵一线进攻。由于华野主力尚未赶到，十纵虽节节阻击，仍未能挡住敌军进攻。22日，74

① 《中国人民解放军第25军解放战争战史》，1952年初稿。
② 陈毅：《一年来自卫战争总结》。

师51旅强渡淤黄河，打到涟水城下。5旅奋起迎击，在大堤上与敌军反复争夺。敌军在炮火掩护下乘船强渡，先头部队过河后隐蔽不动，待后续部队上来后才发起攻击。突破河防后，迅速改造阵地，半天之内即将我方阵地改造完毕。造好浮桥，并建立强大火力的滩头阵地。粟裕得知74师向涟水进攻的消息，火速调遣华野主力1、6师、皮旅、九纵连夜南下，决心集中优势兵力，消灭74师于涟水城下。23日，74师在飞机和炮火配合下，向涟水城发起几次猛攻。5旅坚决反击，战斗非常激烈。到黄昏时，74师以57旅增援51旅，冲破5旅城东南、西南防线，少数敌军冲进城内，与我军展开巷战。正在危急关头，王必成的6师一部赶到，我军士气大振，合力反击，将敌军挤出涟水城。

24日战斗继续进行。74师扩大滩头阵地，向我军阵地猛攻。淤黄河大堤阵地又被敌军占领。5旅将部队撤入城内，准备打巷战。5旅首长认为：黄河大堤高于涟水城，敌军居高临下，我军将无法防守，关键在于夺回大堤。当夜，5旅集中部队，组织反击，在涟水城南、黄河北岸长5里、宽1里的大堤之间展开激烈争夺。这时十纵、6师、1师、皮旅全部赶到指定位置，夜间从几个方向出击或迂回，当夜夺回大堤，迫使74师退回黄河南岸。

25日，74师和前来增援的28师一个团再次渡河，主攻的57旅以下级军官、老兵配备自动火器组织突击分队，在炮火支援下向涟水发起总攻。黄昏时重占大堤，攻到县城南门，约2个排爬城进入城内。5旅坚守城墙，反击突破口。危急时刻，十纵、6师先后赶到，向敌军两侧实施反击，局势得以稳定。突入城内的敌军被全部消灭。敌军伤亡千余人，当夜退回黄河南岸，仅留少数部队坚守北岸大堤阵地。这时，74师已显出疲劳相，攻击力明显减弱。

26日晚，华野主力分三路反击。6师、5旅于黄河北岸歼灭57旅一千余人，全部收复大堤阵地。1师、皮旅向涟水以东的苏嘴镇进攻，十纵由顺河集进攻，74师陷入三面被围的被动局面。30、31日，华野部队在菱陵、钦工镇消灭28师192旅一部，11月1日又歼灭57旅一部。张灵甫为避免被消灭，指挥部队撤回淮阴。第一次涟水保卫战以我军的胜利而结束。我军歼灭、俘虏敌军8000余人，使74师的51、57旅遭受沉重打击。我军也付出6000余人的伤亡。十纵司令员谢祥军同志在战斗中牺牲。这是继王麓水同志之后，华东牺牲的第二位高级指挥员。

涟水保卫战从形式上看是我军的被动防御，但对稳定华中战局有积极的意义。首先是华野与74师打了一场真正的硬仗，给不可一世的74师以沉重打击，迫使国民党军暂时停止了进攻。华中争取了一个多月的时间，保证苏中、两淮的机关、群众和后方物资向山东转移。在战斗中我军表现了英勇顽强的战斗作风，特别是5旅守城部队，以劣势装备与优势之敌在狭小正面上反复争夺大堤阵地。这次没有全歼74师，一是受地形限制，战场狭小，不易展开大部队；二是74师毕竟是战斗力很强的敌人，我军尚无绝对优势。

粟裕对涟水战斗有清醒的认识，11月2日他给中央和陈毅的报告中说："涟水之战由于部署欠妥，方针未慎，部队往返调动，不仅在战略战役上处于被动，且在战斗上也处于被动。敌兵火力均已展开，且一部已突入城内。故我伤亡较大，俘获不多。卅晚继续攻击黄河南岸之敌时，该区敌已构成据点网，逐村抵抗，节节后退，也未达大量歼灭目的。""自涟水战役迄今，共毙伤74师约6000人，28师约2000，生俘仅2000余人。指战员打红了眼，于是杀俘者颇多，特别是苏中战役中俘虏补入部队者杀俘更凶，正加紧教育制止中。"他认为："涟水战后，估计74师暂时不敢轻动，我已开始争取局部主动，如再能将桂顽本钱打塌，我即能完全转入主动，则今后对我更有利。"①

①《中国人民解放军第三次国内革命战争史料选编》第2辑第1册。

第 *10* 章

集中兵力宿北歼敌

毛泽东指示集中兵力打歼灭战——陈师庵会议——陈毅的誓言——回援鲁南未能获胜——陈毅、粟裕会合——确定宿北作战计划——九纵来龙庵阻击战——一纵插向敌后——全歼69师——陈毅向毛泽东报告胜利——华东战区局势的转折

就在山野、华野领导人酝酿在淮海区集中兵力打歼灭战，粟裕指挥涟水保卫战之际，从延安发来两份重要文件：一是毛泽东1946年9月16日的指示《集中优势兵力，各个歼灭敌人》；二是毛泽东10月1日写的《三个月总结》。

在9月16日的指示中，毛泽东指出："集中优势兵力，各个歼灭敌人的作战方法，不但必须应用于战役的部署方面，而且必须应用于战术的部署方面。""这种战法的效果是：一能全歼，二能速决。全歼，方能最有效地打击敌军，使敌军被歼一团少一团，被歼一旅少一旅。""集中兵力各个歼敌的原则，以歼灭敌军有生力量为主要目标，不以保守或夺取地方为主要目标。有些时机，为着集中兵力歼击敌军的目的，或使我军主力避免遭受敌军的严重打击以利休整再战的目的，可以允许放弃某些地方。只要我军能够将敌军有生力量大量地歼灭了，就有可能收复失地，并夺取新的地方。"

在《三个月总结》中，毛泽东号召全党坚定战胜蒋介石的信心，总结了自7月全面内战爆发以来我军歼敌的成绩和经验，再次强调了集中兵力打歼

灭战的原则。分析了国民党内部的矛盾和危机，提出了军队今后的作战任务，对土改、民兵、解放区建设等一系列与作战有关的工作作了原则性的规定。《总结》强调："不管中外反动派如何猖獗，我们是能够战胜他们的。各地领导同志，应当向党内一部分同志，即对于国内国际有利形势认识不足，因而对斗争前途怀抱悲观情绪的人们，作充分的解释。必须明白，敌人还有力量，我们自己也还有弱点，斗争的性质依然是长期的，残酷的。但是我们一定能够胜利。此项认识和信心，必须在全党巩固地建立起来。""今后数月是一个重要而困难的时期，必须实行全党紧张的动员和精心计划的作战，从根本上改变军事形势。各地必须依照上述各项方针坚决实施，力争军事形势的根本转变。"①

当时各解放区都处于艰难时刻，李先念部中原突围刚刚脱险，晋察冀解放区重要城市承德失守，东北国民党军大举进攻南满，加上华东菏泽、两淮、苏中等地相继失守，我方丢失了几十座中小城市。常人看来共产党处于明显的劣势。但是毛泽东表现了卓越的远见，从不利中看到了有利因素，确定了不争一城一地得失，集中兵力打歼灭战的战略方针，给党内军内指明了方向。后来的历史发展，证明了这些预见的正确性。文件传到陈毅那里，陈毅立即到华中分局所在地陈师庵，与张鼎丞、邓子恢等一起学习领会精神，研究行动方针。

从1946年10月中旬到下旬，山野与华中分局领导人多次在陈师庵开会，总结前段的经验教训，研究解决统一指挥问题。历史记载的"陈师庵会议"不是一两天的一次会议，而是一个过程，包括多次大会小会。期间粟裕、谭震林指挥涟水保卫战，没有全部参加。有的人说陈师庵会议是华中分局领导批评陈毅的会议，叫"七人批陈会议"，从历史记载看是片面的。两淮失利后，在追究责任时，确实有人对陈毅未能及时救援两淮有意见，陈毅自己也很痛苦，从给8师的信中可以看到这个反映。但大敌当前，谁都明白抱怨不能解决问题。在这个时候，陈毅表现了虚心接受批评的大度，和善于团结各

---

① 《毛泽东军事文集》第3卷。

方面的领导艺术。

管文蔚回忆："陈师庵会议之初，部分同志对陈毅有些意见，情绪很激动。陈毅当时说：'别人是毛主席的好学生，我陈毅也是毛主席的好学生；别人能打胜仗，我陈毅也能打胜仗！'经过学习中央文件，统一了思想，这场小小的误会才平息下去。陈毅指出我军经过三个月的艰苦奋战，以撤出苏皖边区的大部分城镇的山东边沿区的少数城镇为代价，换取了歼敌八万余人的战果，迫使敌人延长了战线，分散了兵力，减少了机动力量；而我军则缩短了战线，集中了兵力，这是符合中央指示精神的。他强调必须号召全军认真学习毛主席制定的'集中优势兵力，各个歼灭敌人'的作战原则，以统一战略思想，树立高度集中统一的思想，消除埋怨和怀疑情绪，同心协力，努力完成作战建军任务。"①

10月27日，陈毅在华中分局干部会议上讲话。他直言不讳："三个月自卫战，还只是在我解放区的大门上打的，这是初期。双方还都缺少经验。今冬明春，敌人可能登堂入室，占领主要城市，打通铁路线，并控制某些乡村，在我们腹地残酷纠缠。而双方力量也可以就在这时期起根本变化。那时敌人兵力更分散，战线更延长；而我防线更短，兵力更集中，经验更丰富。于是力量的变化由量到质，这也就是我们开始反攻，收复失地，开辟大块新解放区的时候了。所以今冬明春我们是否能够继续大量消灭其有生力量，是很重要的。"

在分析了我军内部的问题，指示了当前的主要工作后，陈毅慷慨激昂地说："三个月的战争，考验了我们华中的同志，替我们审查了干部，实行了精简，也真正给我们上了一课。因为我们的仗还要继续打下去，许多地方还要放弃，地区可能更紧缩，单位必须减少，机关必须合并，干部必须降级使用。和平时代照顾这个照顾那个的一切都要收起来。现在只有一个目的，一个方向，一个意志，一个行动。这就要求同志们服从组织，约束自己，牺牲个人的一切，直至牺牲生命。在此伟大战争中，牺牲是无上光荣的。古语

---

① 《管文蔚回忆录续编》第5章第3节。

说：'皮之不存，毛将焉附？'又说：'一夫拼命，万夫莫当。'现在正是拼命的时候了，是用斗争来考验我们干部的时候了。战争首先靠勇气，就是拼，其次才是战术。所以我们要提倡自我牺牲的革命英雄主义，敌进我进，挺进到敌人后方去，准备杀他个七进七出。我出来时就准备三条路：胜利回去开欢迎会，打败仗开斗争会，死了开追悼会！不能再有别的了。中国的和平民主是难产的，现在正是胎动的关头，胎儿是命定要出来的，这时是忍痛的时候。我们不要将困难和失败混淆，今天不是失败，而是困难。我们只要巩固团结，不怕困难，埋头苦干，困难是可以克服的。华中还可能丧失更多的地方，只要主力打胜仗，各地方坚持，党政军民密切配合，就能打开局面，恢复失地，走上胜利之路！"①陈毅的讲话，使在场的干部深受感动。直到今天，他们回忆起陈老总，耳边还回响着"打胜仗开欢迎会，打败仗开斗争会，死了开追悼会"的这句名言。

粟裕大将回忆："从十月底到十一月初，我们在涟水西北陈师庵等地先后召开了多次干部会议。陈毅同志针对当前战局和两个野战军统一作战的新情况，在会上讲解形势，总结初期作战的经验，号召全军进一步学习军委和毛泽东同志所制定的'集中优势兵力，各个歼灭敌人'的作战原则。树立高度集中统一的思想，同心协力克服暂时的困难，积极完成作战和建军等任务。这些会议，对于提高华东全军干部特别是高级干部对当前形势的认识，正确理解保存地方与歼敌有生力量的关系，以及增强军内外的团结等，都起到了极为重要的作用。"②陈师庵会议，是华东解放战争初期具有历史意义的会议。

这时，国民党南京统帅部调兵遣将，加强对华东解放区的进攻。10月，原驻淮南的整编26师调到山东峄县，原在开封的整编11师调到宿迁，加上相继调来的44、46师等部，在华东的国民党军总兵力达到25个师。就在74师向涟水进攻的同时，整26师、77师根据薛岳的命令，于10月27日由枣

---

① 南京军区司令部战史编辑室编：《解放战争时期首长报告会议文件选编》。
②《粟裕战争回忆录》第11章。

庄、峄县、台儿庄一线向鲁南解放区发起进攻。

叶飞率领一纵在兰陵、傅山口一线阻击，国民党军26、77师靠得很紧，步步为营。我军想寻找机会消灭敌军突出的部分，叶飞请示山东军区，将敌军引到向城一带。山东军区负责人认为向城到临沂都是平原，无险可守。打电话指示叶飞："如果把敌人放到向城，临沂震动，军区和省级机关就要跑反了。必须迅速出击，阻止敌人东进。"于是叶飞只好指挥1、3旅向傅山口的77师出击。77师是冯治安的部队，战斗力不强，被我军击溃，一个团被我军包围在马家楼村子里。这时，敌26师师长马励武出动8辆坦克和部队来解救77师，国民党军坦克横冲直撞，我军不得不调过头来阻击26师，而77师被包围的一个团乘机突围，我军又打了一个得不偿失的击溃战。

淮北方向，74师进攻涟水失败，7军等部在宿迁一带按兵不动，陈毅的山野主力找不到仗打。这时，山东军区一再向陈毅告急，迫使陈毅不得不再次分兵，回援鲁南。10月30日，陈毅率领8师返回鲁南。

11月初，峄县国民党军26、77师继续向东进犯，占领向城，企图直接进攻山东解放区首府临沂。陈毅与指挥员们研究了敌情，决心以一纵阻击26师，8师歼灭77师。11月10日夜，8师向南罗、北罗、马兰屯地区的77师驻地发起攻击，很快包围了两个团的敌军。但是敌军凭借工事、鹿砦，以密集火力顽强抵抗，8师是一个团包围一个村，兵力不占优势，形成对峙，只好等11日夜里再打。

11日晨，马励武命令26师附属第1快速纵队的一个坦克连共8辆坦克，在一个步兵营配合下向圈沟镇出击，为77师解围。我一纵3旅顽强阻击，但因为缺乏打坦克经验，也没有相应的爆破器材，无法阻挡敌军坦克的前进。叶飞命令2旅4团出击，坚决阻止敌军前进。这时，马励武又派出二十多辆坦克冲过来，想拦腰截断我军。2旅4团在一片开阔地上，与敌军坦克奋勇拼杀。战士们拿着手榴弹、炸药包，爬上行进中的坦克，以血肉之躯进攻装甲的敌人。不少人被坦克碾死轧伤，4团受到重大伤亡。战至黄昏，国民党军坦克撤回峄县。当时马励武曾到战场视察，看到"在峄县东20余里的圈沟镇沿铁道线附近，新四军叶飞将军所部死伤千余人，死者断臂残腿，尸体累累"。马励武都感到"目击心伤，惨不忍睹"。下令尽快掩埋尸体。①

当天夜里，叶飞到陈毅的指挥部开会。他回忆："8师领导同志提出，要求一纵派一个旅增援他们，并指名要第1旅，否则以该师三个团的兵力歼灭不了被围的两个团敌人。我也提出了意见，今天第2旅阻击敌快速纵队，伤亡很大。明天敌人肯定要拼命攻我泥沟、圈沟阵地，如果把1旅调出，就没有把握挡住敌整26师和快速纵队的冲击，1旅确实调不出来加强8师。眼巴巴地可以消灭敌人两个团，但就是缺少兵力，至少缺一个旅的兵力，结果吃不掉。陈老总一支香烟接着一支香烟地抽着，紧皱着眉，一声不吭。深夜1点钟了，该下决心了，陈老总一甩烟蒂，说了一声：'只好不打这一仗了！'眼看到手的胜利果实白白地丢掉了。"②

26、77师与我军这场恶战之后，也暂时停止了向临沂方向的进攻。这时，蒋介石在南京召开伪"国民大会"，准备加冕"总统"。为了政治上的需要，想在军事上取得胜利以鼓舞士气。徐州"绥靖公署"拟定作战计划，分四路向我鲁南、华中解放区大举进攻。其部署是：以整编11、69师共六个半旅，由徐州"绥靖公署"副主任吴奇伟指挥，由宿迁向沭阳、新安镇方向进攻；以整编74师、28师、7军共七个旅，由李延年指挥由淮阴向涟水进攻；以65、83、25师共六个旅，由李默庵指挥，由东台向盐城进攻；以26、51、59、77师共九个旅，由峄县、枣庄、台儿庄向临沂进攻。国民党军的企图是切断山东、华中解放区的联系，聚歼我华野主力于苏北地区。各路敌军的行动时间，从12月13日开始。

毛泽东关注着华中战局的变化。当陈毅率8师回援鲁南时，毛泽东于10月31日电告陈毅、粟裕等，判断"敌既不打通津浦又不切断陇海而进攻临沂，其目的是欲调动我苏北主力北援（调虎离山），以便先解决苏北，然后以苏北、苏中主军（十二个旅以上）进攻山东，我们切不可上当。"11月的战事证明毛泽东的判断是正确的，国民党军的主攻方向依然是苏北。峄县战

① 《蒋军整26师马励武部峄枣被歼记》，载《文史资料选辑》第28辑。
② 《叶飞回忆录》第24、25章。

斗之后，陈毅清醒地观察敌情，也得出了正确的判断。12月6日，他向毛泽东报告：国民党军11师将调宿迁，配合69师进攻沭阳。为了打击国民党军的气焰，他拟定了五个作战方案，"我们意见以集中力量确保沭阳，歼击11师之一路为最好。"

粟裕也看到了陈毅的作战方案，当时他正在盐城一带指挥陶勇的1师、七纵等部队进行防御作战。王必成的6师在涟水监视74师的行动。粟裕、谭震林的见解与陈毅完全一致，也认为应该先打沭阳一路敌人。粟裕、谭震林马上复电陈毅，要求山野主力迅速南下。12月9日陈毅回电，决定亲自率领山野8师和叶飞的一纵连夜南下到山东郯城以北的码头镇一带，兼顾鲁南，并随时准备进至沭阳。这样，集中兵力打宿北之敌的决心，基本定了下来。

从11月26日起，华中野战军部队进行了盐城保卫战，一方面保障苏中与淮北解放区的联系，一方面掩护苏中的机关和物资向山东转移。在十多天战斗中，消灭国民党军5000多人。虽然这种防御战是消耗战，但也起到了牵制国民党军力量，使其不能集中兵力进攻苏北、鲁南的作用。12月9日，粟裕向毛泽东报告盐城保卫战胜利的消息。12月11日毛泽东以军委名义复电，首先庆祝盐城大捷，对指战员传令嘉奖，然后指示"望粟即日北返部署沭阳作战"。接到电报，粟裕立即动身，第二天赶到沭阳与陈毅会合。

毛泽东以为粟裕还在盐城，12月13日再次电告粟、谭："整11师到达宿迁后，必配合69师及预3旅等向沭阳进攻，唯有歼灭该敌方能保持沭阳在我手中。如沭阳失守，华野主力即难在苏北继续作战，有被迫转至鲁南可能。对此点必须严重估计到。你们对此意见及部署如何，盼告。"[1]

对宿迁这一路敌人，先打哪一个？在什么地方打？陈毅、粟裕等进行了认真的研究。胡琏的整11师是陈诚的起家本钱，系国民党五大主力之一，该师在抗战中表现出较强的战斗力，装备实力不在74师之下。与11师交锋是一场恶战。而69师新任师长戴之奇是三青团中央委员，反共的死硬分子，他

---

[1]《毛泽东军事文集》第3卷。

急于进占新安镇，封锁陇海线，向蒋介石邀功。他的部队轻狂冒进，正利于我军围歼。宿迁以北的来龙庵、晓店一带，西边是骆马湖，东边是开阔地，公路两侧有几个小高地，村落小而密，房屋不坚固，利攻不利守。运河、六塘河、沭河横贯其间，不能徒涉，有利于我军分割包围。此时山野和华野主力已经到达机动位置，随时可以出动，造成战役优势，在运动中歼灭敌军一部。这一仗打好了，就能变被动为主动，改变苏北、鲁南战场的局面。

陈毅、粟裕很快定下决心，集中山野一纵、二纵、7师、8师、华野九纵共24个团的兵力，先打69师。12月13日，国民党军11、69师从宿迁出动向沭阳进攻，其中69师的60旅、92旅一个团及57师预备第3旅、26师的41旅共三个半旅为左翼，向新安镇进攻。11师为右翼向沭阳进攻。针对敌情，陈毅、粟裕命令九纵在来龙庵一带坚决阻击11师；以一纵、8师为左翼，从骆马湖方向直插峰山、晓店；以二纵、7师（各欠一个旅）为右翼，从沭阳方向直插敌后，由东向西发起攻击。毛泽东很快批准行动计划，15日回电说："决心与部署甚好，战况望随时电告。"

12月15日拂晓，一纵、8师经过两夜隐蔽行军，到达晓店、嶂山镇西北的攻击位置。二纵到达韩集、太山集一线；为69师布下一个"口袋"。当天胡琏指挥11师118旅向沭阳方向发起进攻，在来龙庵遇到九纵75团的顽强阻击。国民党军的密集炮火支援步兵向我军阵地冲来，有的新战士沉不住气，慌乱起来。6连连长喊道："不要慌，等敌人靠近打！"有的新战士忍不住开枪，连长又大声喊："听指挥，等敌人距离60米一起打！"当敌人靠近射击有效距离时，6连战士一齐开火。有的不瞄准就乱打，老战士喊："好同志，沉住气瞄准打！"在这些口号鼓励下，战士们射击逐渐准确。敌人几次冲锋被打退后，不敢以密集队形前进，改为个人滚动跃进。6连排长喊："机枪沉住气，瞄准打点射。"大家弹无虚发，又一次打退了敌人。9连的阵地上，有的新战士被炮火吓得躲在工事里不敢抬头。2排长喊："同志们，你们看，我开枪了！"胆大的新战士抬头一看，排长打倒一个敌人。排长又喊："我打倒一个了，你们看！"大家都抬起头来，排长接着喊："我打第三个了，很好打，你们快打吧！"新战士在排长鼓励下，都端起枪开火了。敌人几次进攻失败，集中炮火猛轰6连阵地，连长和战士们被炮弹掀起的土埋住五六次，班长喊道："大家隐蔽好，炮弹来，进工事；敌人来，出工事。只要准备好，没有关系。"连长被战士从土里扒出来，高喊："没有什么，注意敌人！"在干部的带领和鼓舞下，6连战士虽然被炮火震得头晕眼花，很快镇定下来，投入战斗。工事被摧毁，他们利用弹坑隐蔽。九纵57团就这样顽强抗击，使国民党军主力11师无法前进一步。自己也遭受严重伤亡，2营损失过半。[①]这天，九纵77团在邵店，81团在五花顶阵地，也顶住了11师的多次进攻。

11师被九纵拖住，使其与69师的间隔拉长，为我军创造了分割穿插的机会。按照山野指挥部的命令，8师于15日黄昏向嶂山镇与晓店之间的制高点峰山发起攻击。峰山高约100米，是敌军进攻与防御的重要依托。绕山脚修筑了几个独立的集团工事，在山顶修了小围寨，挖了壕沟，拉上铁丝网和鹿砦。由国民党预备3旅的一个加强营把守。8师23团1营于夜间发起攻击，第一次突至壕沟，因沟又宽又深无法通过，部队拥挤受敌地堡火力杀伤而失败。因指挥员不冷静，又连续组织两次硬攻，结果都因壕沟阻碍而伤亡很大。这时天将拂晓，如不能占领峰山，整个战役将受到影响。在这关键时刻，副教导员张明组织全营尚能参加突击的40余人，重新选择突击路线，在火力掩护下冒着敌人的火力封锁，冲过鹿砦、铁丝网，跳进壕沟，搭起人梯爬上沟沿，占领山顶围寨。此时从西北方向攻击的24团也冲上来，大家协同作战，将山顶敌人消灭，控制了峰山这个重要的制高点。[②]

叶飞指挥一纵奉命向井儿头、晓店、曹家集穿插，切断11师与69师的联系。15日夜一纵的三个旅同时行动，上级告诉的情况是敌人已经溃退南逃，要一纵堵住敌军退路。然而一纵到达指定位置时，发现情况不对。敌军没有溃退迹象，而是在加强工事。双方很快交火，情况不明，叶飞决定不贸然进攻，命令部队撤回原集结地区。3旅两个团穿插很快，已经深入敌军腹

①《九纵75团来龙庵守备战的宣传鼓动工作》，存《华东战史资料政工类》第13卷。
②《中国人民解放军第22军解放战争战史》，1952年初稿。

地，当时靠徒步通讯，等命令传达到，天已大亮，撤也撤不回来了。叶飞发现他的两个团深入到11师纵深内，担心被敌军包围，心里万分焦急。事情突然发生偶然性变化。3旅的两个团在穿插中俘虏敌军的电话兵，查明曹家集是敌11师师部所在地，于是不等命令，主动出击。一举突入曹家集，俘虏刚刚睡醒的敌工兵营长以下600余人。这里距离胡琏的指挥部只有几百米，11师不知来了多少共军，慌忙组织部队反击。我军与敌人混战一场，黄昏才撤出战斗，向新店一纵主力靠拢。国民党军不明情况，未敢追击。3旅的两个团就这样靠主动进攻摆脱了危险。①

8师占领峰山，一纵穿插到峰山以南的高家洼、蔡林一带，九纵逼近69师师部驻地人和圩，戴之奇发觉自己已被包围，十分惊慌，连连向胡琏求救。同时命令预3旅不惜代价夺回峰山，打通南逃的退路。16日的战斗空前残酷，预3旅、60旅约两个团兵力在飞机和炮火配合下，向我8师峰山阵地发起多次进攻。山野参谋长陈士榘坐镇8师师部指挥作战，8师打得英勇顽强，一天击退敌军多次进攻，守住了峰山。嶂山镇预3旅见势不妙，绕道退入晓店。

17日，胡琏指挥11师的两个旅向蔡林、高家洼我军一纵3旅阵地猛烈进攻，企图为预3旅、69师解围。遭到一纵的顽强阻击。双方伤亡都很大。一纵3旅7团阵地防御打得最为艰苦，最后只剩下一座小山。阵地东西不过千米，南北不到两千米，11师118旅在飞机和榴弹炮团的支援下，向我7团阵地发起集团冲锋。叶飞下了死命令，无论如何要守住山头。3旅参谋长谢忠良在山头亲自指挥，表示"人在阵地在"。在敌军重炮轰击下，高家洼我军阵地大部分被摧毁。这时，北面的敌军也拼命向南进攻，企图打通与11师的联系，夺路突围。一纵三面受敌，情况万分危急。叶飞在指挥部里用望远镜看到，敌军第一次攻击后，7团一个营的阵地丢失，只撤下来五六个人；敌军第二次攻击，中间一个营把守的阵地又失守了，只跑回来六七个人。眼看小山的山头就要落入敌手，叶飞当机立断，下令1旅、2旅全部投入战斗。

① 《叶飞回忆录》第24、25章。

以连队为方阵，战士们端起刺刀，向11师翼侧猛烈冲杀过去。11师反而猝不及防，全线溃退。一纵穷追猛打，一直追到宿迁运河边。11师遭此打击，丧失了士气，在宿迁运河边构筑工事，采取守势。

当一纵向南面11师攻击时，北面的69师之敌趁机逃窜。一纵只剩下一个营牵制，叶飞再也没有机动部队可以调遣。只见敌军乱糟糟地从他的指挥部前四散逃跑，叶飞把警卫、机关干部、勤杂人员甚至抬担架的民工都组织起来，追赶捉拿敌人。1旅、2旅把11师赶过运河后，立即调回头来，围歼69师溃散的敌人，把将近一个旅的敌军全部兜住，歼灭在野外。

这天黄昏，8师对晓店之敌发起攻击，在炮兵火力急袭后，仅用25分钟就突破敌军防御阵地，当夜全歼预备3旅。69师残存的敌人纷纷向师部所在地人和圩收缩，企图固守待援。粟裕不给敌人喘息机会，命令二纵、九纵等东线部队向人和圩、罗庄等69师据点进攻，但因没有集中兵力，当夜进展不大。粟裕感到战役已到最后关头，再使一把劲就能全歼69师，如果因为疲劳而松懈，形势也可能发生变化。17日深夜，他电令九纵，不惜一切代价，坚决拿下人和圩。野战军指挥部向二纵下达最严厉的命令："9旅配合九纵，务限18日拂晓前坚决攻下人和圩，不然受处分。旅、团、营首长不执行命令，就地枪决！"韦国清立即传达了命令，进行部署。九纵由饶守坤副司令员负责从东北及西北两个方向进攻，9旅的两个团由东南、西南方向进攻。拂晓前攻击开始，9旅的26团1营从东南角突击时，受到人和圩和邻近高庄敌军的两面射击，地形开阔，营长当场牺牲，部队失去指挥，攻击到天亮，被迫撤退。25团从西南进攻，攻到人和圩边上，占领一排房屋，但69师残敌困兽犹斗，争夺非常激烈。25团暂时巩固阵地，没有继续深入。①

12月18日，戴之奇在人和圩已经到了山穷水尽的境地，用报话机连连向胡琏求救。胡琏心急如焚，亲自指挥11师全力北援，但在我军一纵和8师的顽强防御下，进展甚微。只听见北面的枪炮声响成一片，就是伸不过手去。我军二纵、九纵、7师等部队正在分割围歼人和圩、李圩、罗庄之敌。

① 《第二纵队沭阳保卫战役要报》，1946年12月29日。

敌军阵地已经支离破碎，无法防守。为了摆脱全军覆没的命运，69师残敌开始分头突围。李圩、罗庄的60旅残部2000多人在旅长黄保德指挥下向南突围，在野外被一纵、8师包围，很快被全歼，黄保德被俘。人和圩的敌军下午也作试探性突围，被我军堵了回去。粟裕非常关注二纵、九纵在人和圩方向的战斗，这是最后解决问题的关键。黄昏时，粟裕指示韦国清："二纵继续突，今晚把它（69师师部）解决。要严密组织几道包围网，不要使敌人跑掉。不要顾及疲劳，调4旅先去一个团，马上把人和圩搞下来。"过了不多时间，粟裕再次打电话给韦国清："你们要不顾一切代价把人和圩搞下来，拖下去不好，要注意联络，决心要贯彻。如果今天不能解决，明天敌人增援，情况可能发生变化。你们组织总攻，歼灭69师后再集中兵力歼灭11师。"①韦国清统一指挥二纵、九纵做好攻击部署，当夜22时开始总攻。我军在炮火和机枪火力掩护下，很快突破，冲进去两个连。到午夜时，已经冲进去两个团。九纵也冲进去四个营，与敌军展开房屋争夺战。戴之奇与师部残敌在村东北角顽抗，用报话机向胡琏发出最后的呼叫。胡琏一再给戴打气，要他坚持到天亮。然而戴之奇知道大势已去，难逃灭亡命运。在高喊口号后，举枪自杀，向蒋介石作最后的效忠。副师长饶少伟等当了俘虏。天将破晓，胡琏准备全力进攻，听见人和圩方向枪声渐渐平息，69师的通讯也已中断，知道69师已经完结，遂取消攻击命令，就地转入防御。

19日上午，困守苗庄的敌41旅分两股突围，被一纵两个团穷追猛打，除300余人逃脱到皂河，其余全部被歼。陈毅、粟裕本打算以一纵、二纵、8师等乘胜歼灭11师，但胡琏指挥部队固守宿迁、曹家集，凭借运河、六塘河有利地形设防。紧缩部队，不给我军以分割围歼的机会。我军经过连续战斗，也需要休息，于是陈毅、粟裕命令各部队撤出战斗，宿北战役胜利结束。我军共歼灭国民党军两万一千多人，取得了山野、华野会合以来的第一个胜利。毛泽东收到捷报，非常高兴，18日就致电陈、粟，"庆祝宿沭前线大胜利，望对一切有功将士传令嘉奖"。同时指示他们："第二步作战似以集

①《华野宿北战役阵中日记》。

中主力歼灭鲁南之敌，并相机收复枣、峄、台，使鲁南获得巩固。"

就在宿北战役进行的同时，谭震林指挥华野6师正在涟水与74师苦战。这次74师做了充分准备，并有172师前来配合。12月14日，国民党军开始向涟水进攻。王必成的部队与74师展开浴血奋战，打得十分艰苦。但是由于防御部署上出现失误，防线过长，兵力单薄，在翼侧作战的19旅阵地被突破，两个团被国民党军迂回包围，伤亡很大。16日74师攻进涟水城，华野6师随即撤出。陶勇的1师奉命从盐城赶来增援6师，到达时涟水已经失守，无法再战。盐城也被国民党军乘虚而入。第二次涟水保卫战，我军与敌军各伤亡4000人，我军虽然失去了两座重要城市，但牵制了东线敌人，保证了宿北战役的胜利。毛泽东对此表示理解，12月18日给陈、粟的电报中说："此战（宿北）胜利整个苏鲁战局好转，涟水暂失，将来可以收复，也一定要收复。"①

宿北战役的胜利，大大鼓舞了我军的士气。陈毅几个月来郁闷痛苦的心情一扫而光，他会见了被俘的国民党军官，询问了敌军的作战情况。组织各部队进行了战斗总结。1947年1月1日他给中央写了一个详细报告，汇报战役的情况："宿北战斗，戴之奇（三青团中委）自杀，临死高呼口号'国民党万岁'。黄保德（60旅旅长）亦自杀，魏人鉴、黄继陶突围时被击毙，副师长饶少伟、副参谋长章秉伊均俘。合称此次失败：1、由于未判断我军南下出其侧背，以为马励武东进定可牵制鲁南部队。2、由于11师增援不积极（实际是我3旅第二晚挺袭11师师部，解决其工兵团一个营及骑兵队，击溃其炮兵团，复受二纵牵制，增援实难；又二次出援，均被我击溃）。3、称赞我炮兵射击准确，炮火猛烈。4、称赞我战士英勇。5、被俘后见我民夫担架众多，便说国民党多失人心，一定失败。"

谈了成绩谈教训，陈毅写道："由于要守涟水，6师不能参战，陶师从盐城开涟水亦未赶上，故造成盐城失守，涟水亦陷，而11师亦未能歼灭，为此役最大缺点。由于要尽量保持华东盐阜地区，我未能贯彻集中大兵的主

① 《中国人民解放军第三次国内革命战争史料选编》第2辑第1册。

张。数月来用于钳制的兵力太大，今后当可多用兵去突击（由于华中城镇沦陷，包袱放下）。"

陈毅认为，宿北战役最大的收获是山野、华野统一了思想，决定集中兵力作战。报告中说："今后问题是山东部队常不安心南下作战，华中部队亦不肯入鲁作战，数月来的矛盾由于战局演变现已解决，今后可集中，从鲁南向南打。部队番号均须统一，一面作战，一面正商讨整编办法。"为了进一步解决好华东部队的统一和集中问题，陈毅提出了"以战养战"、"以战教战"、"打一仗进一步"的思想。

陈毅的捷报是给毛泽东最好的新年礼物。毛泽东看完陈毅的报告，非常高兴，完全赞同陈毅的军队建设思想。1947年1月2日复电："以战养战，打一仗进一步口号甚好。你们应以宿东战役为例，力争打大的歼灭战，即每战全部彻底歼敌三至四个旅。"[①]

几十年后，粟裕大将谈起宿北战役，将其评价为"华东战区的一个转折"。这一战役比起华野以后的胜仗，算不得大仗，为何评价如此之高？他认为："这次作战是两支野战军会师后在战役上初次协同作战，这也是一种初战。这仗打胜了，兄弟部队之间就产生了彼此的信任，两支野战军合并后的新的领导机构和所属部队也就产生了上下之间的彼此信任。这一切，都是无价之宝。相反，如果这一仗我们被打败了，上下之间和兄弟部队之间就容易互相埋怨，就要花上一个相当长的时期和相当大的努力，才能弥补过来。'慎重初战'的道理也适合宿北战役。"[②]他还指出：由于这次战役的胜利，我军开始由被动转为主动，是集中兵力打大歼灭战的一个开端，对于以后的战局发展具有关键性的作用。

①《陈毅传》第7章第4节。
②《粟裕战争回忆录》第11章。

鲁南战役:"快速纵队"的覆灭

确定鲁南歼敌的作战方针——国民党军的"快速纵队"——马励武回后方过年——坦克陷入沼泽地——陈毅赋诗庆胜利——总结打坦克战术——峄县攻坚生擒马励武——再克枣庄——鲁南战役胜利的意义

宿北之战,国民党军遭受沉重打击。1946年12月下旬,陈诚飞到徐州,与薛岳等研究作战方案,仍坚持进攻鲁南的既定方针。他们认为:74师等组成的东线兵团连续占领盐城、涟水,华中共军已经失去根据地,只能向鲁南方向撤退。山东在国共双方的战争中具有极其重要的地位。陕北虽然是中共中央所在地,但地瘠民贫,难以持久。东北共军虽然力量强大,但地处边远,对关内局势影响不大。"只有山东军区,地当中国心脏,山东半岛深入海中,沂蒙、崂山等山脉绵亘起伏于其间,地形错综复杂共军自称前后经营达八年,根深蒂固。加以烟台、龙口与旅大仅一水之隔,易得外援,因此山东便成为共军最优良同时也可能守得最久的根据地。山东之得失,在国内战局中,也便有决定性作用。"所以,国民党统帅部判断:在苏北失守后,陈毅必然要坚守山东。而国民党军则以"攻其所必守"的战略,与我军决战。①

这时，国民党军分布的态势为：南线的两大主力11师在宿迁，74师在陈师庵，隔运河、六塘河与华野6师、九纵、山野二纵、7师对峙。国民党7军在泗阳、28师在涟水作二线部队。西线是马励武的26师附第1快速纵队突前到峄县以东，准备进攻临沂。周毓英的51师在枣庄，冯治安的77、59师在台儿庄。因宿北之战刚结束，各部都暂时停止行动，未敢轻进。

宿北战役的胜利极大鼓舞了我军的士气。陈毅、粟裕等指挥员在研究考虑下一步的作战方案。12月19日，陈毅、粟裕得到情报：徐州绥靖公署主任薛岳命令74师向沭阳进攻，企图与7军、11师夹击我军。华野在淮北与74师几次交锋，恨透了这个敌人，当时上下都有一股情绪，要与74师决一死战，报淮阴、涟水之仇。所以陈毅、粟裕当天请示中央军委，要求回师消灭74师，此后视情况回援鲁南或向西进军。毛泽东20日回电："74师向沭阳前进，先打该师，甚为必要。只要有好仗打，在内线多歼灭几部分敌人再转外线作战更为有利。"

然而并非所有的领导人都同意打74师，在临沂的黎玉、张云逸马上电告中央，请求主力回援鲁南。山野参谋长陈士榘、政治部主任唐亮于12月22日联名给中央发了一封长电，要求调山野主力一纵、8师回援鲁南，待鲁南局势稳定后，再配合华野合歼苏北之敌。陈士榘一面发报，一面打电话向陈毅汇报。陈毅对参谋长越过他这个司令员向中央发报十分不满，在电话里发脾气："你们有电台，你们能发报，你们向党中央告我的状！"陈士榘见老总发火，连忙解释他这样做是出于对全局的考虑，并不是闹个人意见。②

陈毅虽然发火，冷静下来后便与粟裕研究情况。已经等了三天，74师不见动静。而鲁南之敌又向前推进，迫近临沂、郯城，企图切断我军主力与鲁南解放区的联系。陈毅、粟裕当机立断，决定改变决心，12月24日他们请示中央："我为应付今后苏鲁敌人之南北夹击，必须先击破一面，故不再

---

① 1947年1月8日《申报》。
② 陈士榘：《天地翻覆三年间》第2章第2节。

等74师进，决即集中主力彻底歼灭鲁南之敌，攻占台、枣、峄之线。"同时电告山东的张云逸、黎玉："74师迟拔，我决放弃歼击，留部队钳制，大军回援鲁南。"陈毅、粟裕命令一纵当天夜里全部北上，陶勇的1师西进。陈毅、张鼎丞、邓子恢返回临沂，张云逸组织山东部队阻击敌人保卫临沂，陈士榘、唐亮到新安镇指挥一纵、8师进攻冯治安部。各部得到命令，立即开始分头行动。

毛泽东收到陈毅的电报，基本同意先打鲁南之敌，但觉得部署有些不妥，24日夜间指示陈、粟："主力似不宜分散，如放弃74师不打，似宜集中25个团（包括4师、9师、十纵、警旅在内）于鲁南地区歼灭26师，迫退冯治安部，然后相机出淮北较为有利。"第二天毛泽东再次指示陈、粟："鲁南战役关系全局，此战胜利即使苏北各城全失亦有办法恢复。你们必须集中第一、第六、第八、第四、第九、第十各师及一纵、警旅等部，并有必要之部署准备时间，以期打一比宿北更大的歼灭战。第一仗似以打二十六师三个旅为适宜，因该师系鲁南主力，该师被歼，全局好转，若先打冯部，则恐一时不能解决鲁南问题。究应如何，望根据具体情况处理。"①

毛泽东敏锐地抓住了战局的关键，提出先打马励武的26师，不仅要求陈毅集中山野、华野主力，而且要求将王建安的鲁中部队也调来参战。这样，我军集中的兵力比宿北战役还多，胜利就更有保障。粟裕仔细阅读了毛泽东的电报，明确地理解了毛泽东的意图。他回忆说："经过这样一个反复酝酿的过程，加深了我们对于在鲁南作战重要性的认识。我们认为，中央军委、毛泽东同志一再指示，要在鲁南作战，使鲁南获得巩固，实际上是指出了今后的一定时期，山东将是华东的主要战场。如果继宿北战役之后再在鲁南打一个大歼灭战，不仅能打破敌人的包围圈，使山东、华中两路野战军完全会合，而且能为今后在山东作战创造良好的战场条件。鲁南巩固了，以后南下、北上或西进，我军都会取得行动的自由。如果分兵进入淮北，远离后方，不仅需要作好充分准备才能行动，而且不一定能调动进攻鲁南和苏北之

①《毛泽东军事文集》第3卷。

敌回援。"①

马励武的 26 师作为国民党军进攻临沂的主力，此刻进至峄县以东的向城、尚岩、傅山口一带。26 师的师部位于马家庄，配属的第 1 快速纵队、炮 5 团作为总预备队随军前进。左路周毓英的 51 师在枣庄、郭里集一带；右路冯治安部的 77、59 师位于台儿庄以东的兰陵等地。两侧的部队显得滞后，使 26 师位置突出。薛岳的意图是想利用鲁南平坦的地形，以 26 师为主，发挥机械化兵团的突击能力，求得迅速侵占山东解放区首府临沂，配合淮北的李延年集团消灭我山野、华野主力。宿北战役结束后，马励武见自己位置突出，距离峄县约有百里，两侧没有配合的部队，感觉有危险，于是停止进攻，就地构筑防御工事。但是薛岳仍然命令 26 师继续东进，马励武只好派出部队四下袭扰，侦察共军主力行动，实际上按兵不动。

陈毅、粟裕坚决执行了中央军委的指示，12 月 23 日定下鲁南作战的决心后，即下令一纵、8 师、华野 1 师秘密兼程北上，会同由鲁中调到鲁南的 4、9 师及正在抵御国民党 26 师的 10 师、滨海警备旅等部队，准备歼灭国民党军 26 师及第 1 快速纵队。另以韦国清的二纵、华野 6 师、九纵等部队，由谭震林指挥，在沭阳地区防御 74、11 师，防止南线国民党军北上，以保证鲁南战役的进行。12 月 30 日，在北上行军途中，各部队接近集结地域前，陈毅主持召开了各师、纵队首长参加的野战军作战会议。会上介绍了敌情，传达了中央军委关于鲁南战役的指示，进行了具体的作战部署。陈毅在会上讲话，特别强调了集中统一指挥的重要性，要求山野、华野加强团结、密切协同，主动支援，打好这一仗。

为了便于指挥，陈毅、粟裕决定将参战部队编为两个纵队：右纵队以山野 8、9、10 师、滨海警备旅等组成，共 12 个团，由鲁中军区司令员王建安、鲁南军区政委傅秋涛等指挥，首先歼灭傅山口、太子堂地区的 26 师 44 旅，切断 26 师向峄县、枣庄方向的退路，阻击来援之敌。尔后攻取向城，配合左纵队消灭 26 师部及快速纵队。左纵队以叶飞的一纵和陶勇的 1 师组成，

①《粟裕战争回忆录》第 12 章。

共 15 个团，由野战军司令部直接指挥，负责歼灭卞庄之敌，然后在右纵队配合下围歼 26 师 169 旅和快速纵队。鲁南第 3 军分区武装负责监视外围敌人，保证战役顺利进行。作战命令规定，各部队于 1947 年 1 月 1 日拂晓进入指定集结地域，1 月 2 日 24 时发起攻击。

马励武不是傻瓜，从 12 月 28 日起，他的侦察分队不断向他报告有共军主力部队向鲁南方向运动的消息，获悉的共军部队番号有 11 个师（当然不一定准确）。马励武预感大战即将来临，为摆脱孤军深入的不利局面，他向薛岳报告，请求退回峄县。薛岳不信，仍然命令 26 师继续前进。马励武无奈，只好召集部下会议，部署收缩阵地，以马家庄为中心，构成一个东西25 公里的狭长防御阵地。以快速纵队的坦克往返巡逻，作机动增援部队。但是马励武内心依然是骄横自负，认为有快速纵队的优势装备，不怕共军的进攻。

第 1 快速纵队，是国民党军中少有的机械化部队。1942 年抗战中期，蒋介石号召"知识青年从军"，在昆明组建国民党第一支坦克部队。一个营的官兵被送到印度的新德里，由美军顾问开办战车训练队进行正规化训练。然后配备美式坦克，成立坦克 1 营参加滇缅公路作战。三年间他们在与日本军队的作战中勇敢冲锋，从未打过败仗，受到美军顾问的称赞和尊重。抗战结束后，蒋介石用缴获的日军轻型坦克组建两个团，与坦克 1 营合并为第 1 快速纵队，任命其次子蒋纬国指挥。蒋纬国身份特殊，并不亲临前线，此时正在徐州。随同 26 师行动的快速纵队由步兵第 80 旅、炮兵第 5 团、坦克第 1团 1 营、搜索营、工兵营、汽车团等部队组成。坦克 1 营有美式中型、轻型坦克 36 辆，士兵的军装、皮靴、用具都是完全美式装备，论技术、战斗力、速度都是国民党军中第一流的。因而快速纵队的官兵们都带着一股傲气，根本不把土里土气的共军放在眼里。

马励武预料共军会在 12 月 30、31 日左右发动进攻，命令各部摆好了架势，准备大打。谁知三天过去，到了 1947 年的元旦，一切都是静悄悄的，全无一点战争迹象。马励武松了一口气，认为几天之内可能不会有什么意外。于是元旦上午他在师部与同僚会餐，然后把部队交给副师长曹玉珩和参谋长，自己回峄县后方过年去了。1月2日，他在峄县会见了27军军长李玉堂，同他交换了情况，晚上回到26师的后方司令部，照样吃喝一通，然后观看京剧《风波亭》。看到岳飞就要被害，心里正不舒服，突然李玉堂打来紧急电话，劈头一句就是："前方打起来啦！"[1]

1947年1月2日22时，我军以绝对优势的兵力，从各个方向发起攻击。8师以主力22团进攻尚岩。这里是26师44旅一个营防守，工事比较坚固。村外有土围墙、鹿砦和突出地堡，围墙上有射击孔。村子里以独立房屋构成核心工事，可以交叉火力，节节抗击。22团3营战士从西南角连续三次爆破，炸开鹿砦，后续部队奋勇突破，占领突破口。与敌军展开巷战。敌军盘踞村东头工事顽抗，从马家庄方向开来几辆坦克增援。但是坦克在水沟边上不能前进，只能向村里打炮。我军不为所动，坚持攻击。村里的敌军终于顶不住，除少数逃跑，大部被歼。尚岩被8师占领。敌军坦克见势不妙，也调头退回马家庄。

一纵从东面向卞庄进攻。在宿北战役中缴获的国民党军大炮，此时为我军发挥了作用。当时敌军凭借一个小山丘的阵地顽强抵抗，一纵炮兵奉命射击。炮手墙龙是原69师士兵，宿北战役后刚刚被补入我军。他与观测兵配合，测得敌军阵地距离为3350米，他连放8发，发发命中敌军地堡。老战士们都为他的高超技术叫好。一纵很快拿下卞庄。其他各部队的进攻也十分猛烈，到3日清晨，鲁中10师攻占平山，9师占领石城崮，滨海警备旅占领石龙山，完全控制了北面的制高点，马家庄、傅山口之敌完全处于我军炮火控制之下。陶勇指挥1师勇猛穿插，攻克洪山、兰陵等村镇，切断了南面冯治安部与26师的联系。

马励武得知前方打起来后，马上用电话与马家庄师部联系。电话已被切断，于是他只好用报话机与曹副师长联络。3日早晨，马励武带领两个连乘上卡车，准备返回前线，路上遇见侦察部队说前方战事激烈，乘车极不安全。马励武只好返回峄县向薛岳报告，请求将26师、快速纵队撤回峄县。薛

---

[1] 《蒋军整26师马励武部峄枣被歼记》，《文史资料选辑》第28辑。

岳允许后，马励武用李玉堂的指挥系统同前方保持联络，命令26师残部在快速纵队掩护下向西撤退。

马励武原有撤退方案，万一战事不利，他让坦克在部队周围巡回作战，掩护部队乘卡车沿公路撤退。他把这种战术称为"肉泥战"，认为共军的血肉之躯总是抵挡不了钢铁的坦克，再加上天空中飞机掩护，撤退是能够成功的。

谁知4日天气骤变，雨雪交加，乌云密布。国民党空军的飞机无法出动，26师残部和快速纵队一早就开始夺路突围。我军从缴获的报话机中侦听到国民党军撤退的行动路线，粟裕命令各部队迅速出击，合围敌军。参谋人员看天气太坏，来问粟裕作战计划有无改变？粟裕说："不变！这是天老爷在帮我们的忙。雨雪交加，道路难行，会把重型装备陷在那里，敌人就更难逃脱了。"鲁中军区部队接到命令，连早饭都没来得及吃，战士们抓起两块煎饼，扛着枪边吃边赶路。出了庄子，漫天大雾像伙房刚刚揭开蒸笼盖，白茫茫的什么也看不清。雨雪融化在地面上，到处是又黏又稠的泥浆。行军的队伍里只听到呼哧呼哧的喘气声，扑喇扑喇的脚步声。不时有人摔倒，滚上一身烂泥。队伍越走越快，很快来到大路上。等雾散开大家一看，真是前所未见的壮观场面啊！

此时，陶勇的1师已与北面右纵队鲁南10师的部队会合，占领了四马寨，堵住了敌军逃向峄县的道路。北面山野8师、9师、滨海警备旅分别向马家庄、太子堂、陈家桥突击，南面华野1师主力向作字沟突击，东面一纵向马家鱼沟突击，将26师和快速纵队包围在作字沟到漏汁湖一块狭小的地域内。漏汁湖是南北八九里宽的一片洼地，水沟交叉，干旱时是平原，雨雪一泡，土地就像海绵一样泥泞松软，成了一片沼泽地。国民党军慌乱地向西突围，坦克、卡车、重炮拥挤在一起，谁都想抢先跑掉。他们等不及排成队伍沿公路开进，而是将坦克、卡车开进道路两侧的田野，成三路、四路平行开进。前边的卡车和坦克很快陷入泥沼，后边的被堵住，不断鸣着喇叭。步兵穿行卡车、坦克之间，拥挤不堪，国民党军完全陷入混乱。我军各部队如下山猛虎，呐喊着冲入敌阵。分割围歼26师和快速纵队。26师副师长曹玉珩和参谋长带领7辆坦克冲在最前面，侥幸逃出重围。后面的坦克都陷入泥沼，任凭驾驶员加大马力，坦克吼叫挣扎，越陷越深。射击手们不断转动炮塔，向四周扫射，但坦克死角很大，我军战士迅速接近，与敌军短兵相接。有的用炸药包、手榴弹炸坦克，有的奋勇爬了上去，扯断通讯天线、折射镜，有的用铁镐又砸又敲，有的找到通气口将步枪伸进去射击。有的抱来高粱秆，点火烧坦克。里面的驾驶员受不了，只好爬出来投降。

一些明智的国民党军官，眼看无法逃脱，也无法抵抗，就下令部队停止抵抗，放下武器。其中有26师的副旅长丁孑夫、团长王景星等。快速纵队239团团长陈维金下令吹集合号，率领全团放下武器。这些举动受到官兵的赞同，从而避免了无价值的牺牲。经过4个小时的战斗，到15时，国民党军26师44、169旅全部，第1快速纵队战车营、工兵营、炮5团、运输团及80旅两个步兵团共3万多人被我军全歼，缴获坦克24辆和美式重炮数十门、卡车200多辆。鲁南战役第一阶段作战胜利结束。

硝烟散去，战场上一片胜利的欢乐景象。战士、民工在收缴战利品。我军记者看到"十余辆卡车牵引着野炮和榴弹炮，炮弹堆满到车篷帆布顶。吉普车装满各种子弹，也有数辆装载着大米和美国制造的罐头、饼干、糖果之类的。再向南瞭望，原野上好像布满了无数的黑点。向前走去，在广阔的七里多路的平面上，都是敌人留下来的物资。在这些装运的卡车侧旁，有的写着汽车队的符号，有的用白漆写着'炮5团'的字样。一个刚解放过来的蒋军告诉我们：'卡车拉的重炮，这次战斗一炮也没打，就送到贵军手里了。'几个站在坦克前的八路军战士用幽默的语句议论着：'老蒋又把山炮、野炮、坦克送来了。'"干部、战士们在分拣堆积如山的炮弹、子弹、军用物品，要把这些军火马上补充到各部队，用于下个阶段的作战。战士们看着炮弹作难，上面标的都是英文，不知道做什么用。干部中有懂一点英文的，派上了用场。他们把有"H"记号的穿甲弹和有"F"记号的燃烧弹分开放，然后根据炮的型号分配。这些刚送来的炮弹，没过几天，在攻打峄县、枣庄的战斗中又都打回到国民党军的头上。这对"运输队长"蒋介石真是绝妙的讽刺。

山野10师的战士们在泥塘边拖拉坦克。原蒋军驾驶员在坦克里面加大马力，坦克发出阵阵吼声。20多个战士在后面使劲推，但由于坦克陷得太深，怎么也开不动。战士们从村里扛来门板、高粱秆垫在底下，但沉重的坦克压碎了门板，又陷下去了。大家十分焦急，连长对团长说："拉坦克比打坦克还难。"团长灵机一动，派人找来会开汽车的俘虏，开过一辆中吉普。大家把坦克上的钢绳套在吉普车的挂钩上，吉普车、坦克同时开动，战士们在后面使劲推，终于把坦克从泥塘里拉了出来。这时，大家都欢呼起来。①

粟裕带着司令部的几位参谋来到战场视察，看到干部战士们在寒风中打扫战场。有的指挥俘虏兵开汽车，有的推拉大炮，有的在搜集武器弹药。不少同志站在泥泞中用冻僵的双手比画着向粟裕讲述打坦克、捉俘虏的经过，脸上显出自豪的笑容。接着，陈毅和张鼎丞、张云逸也来到战场，一些被俘的坦克兵说："我们在印度、缅甸打了三年，一直是向前冲的，美国人对我们也看得起，想不到今天会败得这样惨。"陈毅听了哈哈大笑，乘兴赋诗一首："快速纵队走如飞，印缅归来自鼓吹。鲁南泥泞行不得，坦克都成废铁堆。"他们来到一辆被缴获的坦克前，陈毅纵身登上，在炮塔顶上坐下，与同行人员合影留念。②

经过清理，上千名被俘的蒋军快速纵队坦克、卡车驾驶员被集合起来，排列成整齐的队伍。我军一位指挥员宣布：他们被作为"解放战士"加入我军行列。这位首长拍着几个司机的肩膀说："好好地在我军干吧！"这些"解放战士"深受感动，他们迅速跑向自己的车辆，把车发动起来。百余辆卡车拖着重炮，首尾相接地向后方缓缓开去。明亮的车灯把田野照得如同白昼，喇叭声响成一片。

深夜，当坦克开到临沂城的时候，全城的人都跑到北城门来看热闹。有的人抢先爬上坦克，坐在炮筒上，有的抚摸左右两边的重机枪。想爬坦克的人争先恐后，驾驶员有点不耐烦，要大家向后退。马上有人高声喊道："过去进攻临沂的战车，现在成了保卫临沂的战车，为什么不叫好好看看它呢？"大家嬉笑着，围着坦克团团转，用手抚摸坦克的车轮和履带。一位挂

① 黄作军：《战斗在峄东前线》。
② 《陈毅传》第7章第4节。

拐杖的老人叹息道："哎，过去不相信报纸上登的消息，这次看到了事实，真是一点不错呀……"这天临沂好像在过正月十五花灯夜，到处洋溢着喜庆的气氛。我军后方兵站设宴招待加入我军的快速纵队驾驶员，领导干部亲切致辞："诸位在抗日战争的印缅战场上，曾有过光荣的功劳。可是蒋介石拉你们进行反人民反民主的内战，使你们变成牺牲品。这是一条危险与黑暗的路。但是你们今天来到人民军队中，为人民事业而奋斗，这是可喜可贺的。人民欢迎你们！"一位汽车驾驶员说："我们被俘过来，从未想到会有今天这样盛大的宴会来欢迎我们。现在知道我们过去受的毒害与欺骗太深，今后为了报答人民与长官对我们的热望，我要求长官能将快速纵队的人车组织起来，成为人民的快速纵队，让我们去服务，发挥我们的技术与能力，我们绝不推辞。"席间大家高举兰陵美酒，相互致意。①

　　鲁南战役第一阶段作战结束后，我军认真总结了歼灭国民党军快速纵队的经验。山野陈士榘参谋长在《快速纵队之歼灭》一文中写道："战斗的经过是这样的，机械摩托必须依靠步兵配合掩护，步兵又以机械摩托化为依靠。结果愈深入解放区，步兵愈增加累赘，机械摩托化愈受限制。地形、道路、油路、供应、后方补给等均遭受我军民兵地武不断破坏袭击，甚至其处境比骑兵都会更糟。我们这次采取了集中优势力量，首先包围歼灭蒋军的步兵26师两个旅，来孤立包围快速纵队，再集中全部炮火来消灭快速纵队。蒋军所自恃的快速纵队，在我军严重的打击下，像水塘被爆炸的鱼一样，昏头乱蹿，各自突围逃命，其在野外者则全部被我缴械。战斗中，该部炮兵第5团某营长当他自己的吉普车翻倒在沟里的时候，一辆牵引榴弹炮的十轮大卡车飞驶而来，路过道旁，车上装的弹药及人已满，他只得骑在炮筒上，把头缩在护板下逃命。结果同样被击伤，整车的人和炮一同被擒。美国的战车是不坏，蒋军以为我们没有可以抵击的武器，而不知蒋军早已送给我们美式火箭炮和战防炮、烧夷手榴弹等，以子之矛攻子之盾，非常有效。加上我战士们高度无敌的英勇精神，蒋军坦克亦同样无用武之地，经过了这次战斗之

① 1947年1月30日《大众日报》。

后，我们战斗经验是更加丰富了。"①另一篇题为《华东权威军事评论家评鲁南大捷》的文章说："战场事实指出：步兵乃战场皇后，步兵士气低落，战意不坚，指挥笨拙，其一切技术兵种，必转成累赘。反之，如步兵坚强，战意旺盛，技术高超，指挥巧妙，必能压倒一切，获得战场决定性之胜利。鲁南战役，更证实人民解放军与蒋家军之优劣。"②

根据中央军委的指示，陈毅、粟裕决定指挥部队继续进攻峄县、枣庄、台儿庄等地，彻底歼灭26师和冯治安的33军。但是情况不尽如人意，敌军迅速收缩，做好了防御的准备。而我军的动作迟缓了一些，据陈毅1月12日给军委的报告中说："我们在3日晚即下了追击预先号令，准备于4日夜袭占台儿庄、峄县。但我各部在4日下午结束战斗后，陶（勇）师只有三个团主力，部队因情况不熟，和受66师掩护部队的钳制及各部队均有大批俘虏、胜利品所拖累，迟迟不动。前后经严格督促，5日晚才出动，至6日晚才开始向台儿庄、峄县攻击。敌已退缩布置就绪，又加无决心打，仅派出一个营作侦察性的攻击，故均未奏效，要求停止攻击。待后商量，我们建议占台机会已过，乃转令集结主力攻峄、枣。"③为了更好地指挥作战，粟裕带领一个精干的前线指挥所，于1月9日拂晓到达峄县前线。

马励武在峄县县城里眼睁睁看着他的26师主力和快速纵队被我军消灭，用他自己的话说是"竟日废寝忘食，狼狈之情，实难笔述"。侥幸逃脱的副师长曹玉珩等带着少数残兵败将逃回峄县城里，伤兵们悲惨呼号，令守军官兵胆战心惊。城里一片混乱。马励武一面收容整理残部，一面向徐州的薛岳请示。马励武说明26师已失去战斗力，要求退往后方休整补充。但薛岳一口拒绝，命令他整理部队，坚守峄县。同时命令51师周毓英部固守枣庄，97军固守临城，形成三个孤立据点。薛岳知道，如果他同意马励武撤退，让共军再次切断津浦线，蒋介石绝对不会饶恕。马励武没有办法，只好整理残部，增强工事，部署外围防御。在军事会议上痛哭流涕地声言要为死去的官

---

① 1947年1月15日《大众日报》。

② 《鲁南战役资料选》。

③ 《中国人民解放军第三次国内革命战争史料选编》第2辑第1册。

兵报仇，要求部下战斗到最后一个人。大家面面相觑，谁也没有信心。因为当时峄县城中只有51师配属的一个团是完整的，加上26师所余人员，总共不到1万人，还有7辆坦克和30多门火炮，可以说大局已定，简直就是瓮中之鳖了。

按照陈毅、粟裕拟定的第二阶段作战部署，以山野8师、9师、4师10团和滨海警备旅进攻峄县；陶勇的1师北上进攻枣庄、齐村；叶飞的一纵摆在峄县西南的文峰山、白山一线，阻击台儿庄出援之敌；山野10师位于临城、齐村之间，阻击临城出援之敌；另外派地方武装破坏公路、铁路，切断峄县、枣庄敌军的退路。我军布下天罗地网，决心以绝对优势兵力，全歼峄县、枣庄之敌。

8师在何以祥师长、丁秋生政委带领下于1月9日到达峄县城外，担任主攻县城的任务。这是他们曾经战斗过的地方，地形是熟悉的。8师首长到前线观察敌情，看到"峄城虽小，但很坚固，且地形对敌有利。城墙由大青砖砌成，顶部较宽，城外有护城河，城东有檀山要点，城南有南关屏障，城西有河流阻隔，城北地形开阔，宜守不宜攻。抗日战争时期，日伪就有设防，后又经蒋军经营，加强了工事。"[1]突击部队看得更详细，国民党军"以原有城墙壕沟和主要巷口加修地堡，城门外设有刺马，将坦克开到城门上配合守备，城周围设有鹿砦。外围有檀山、邵家楼等皆修成独立外围据点，工事较坚强。"[2]

1月9日夜里，我军首先扫荡峄县外围据点。经过一夜战斗，檀山、邵家楼等阵地先后被攻克，守敌部分被歼，其余逃入峄县城中。10日白天，我军将前几天缴获的野炮、榴弹炮拉到城下，做好总攻前的准备。8师的主攻方向是县城南门，黄昏时指挥部一声令下，我军的数十门重炮、山炮、迫击炮向城内猛轰。一个小时的炮火准备，将1500多发炮弹射向城中，浓密而沉重的爆炸声震天动地，城内国民党军的炮火被完全压制。我军的炮手有的

① 丁秋生：《峄县突破》，载《鲁南战役资料选》。
② 《中国人民解放军第22军解放战争战史》，1952年初稿。

是刚解放过来的26师俘虏兵，在战斗中表现出高超的技术。王隆福参军只有7天，他用自己原来使用的榴弹炮向城中发射。只打了五发炮弹，就把城里的山炮打哑巴了。连长走过来问："怎么上次没有你们的炮响呢？"他说："你们运动的太快了，叫我们措手不及；你们又赶得紧，我们哪里有心开炮呢？再说我以前走错了路，是为卖国内战出力，现在是为争取和平出力啊。"他指着城里的一股火光说："那是114旅旅部，就是我这门炮打着的。"说完，他又俯下身，向城防工事猛烈开炮。马励武做梦也没想到，昔日的部属将炮弹准确地倾泻到他的头上。

炮火准备过后，18时，8师22团向峄县城南关发起突击。南门有宽阔的护城河，不能徒涉，唯一的通道是南门桥，敌军在桥上布满鹿砦和拒马等障碍物，城门两侧筑有地堡。城门紧闭，里面堵着装满泥土的麻袋。两辆轻型坦克开到城楼旁向下射击。22团3连第一爆破组在火力掩护下将桥上的障碍物炸开，第二组乘着浓烟迅速冲上前去爆破城门。因炸药包只有20斤重，只将城门炸开一个小洞。第三组再冲上去，用40斤炸药将城门炸开，突击班借烟雾掩护迅速突入。敌军在我方强大火力压制下慌乱后退，突击班冲上城墙，消灭顽抗的敌人，迫使正在射击的坦克投降。这时，城里敌军的炮火向南门轰击，突击班6人被炸伤，但在班长鼓舞下坚持战斗，掩护突击连进城。我军后续部队涌入城内，与敌军展开巷战。①

此时，马励武在位于城南天主堂的26师师部负隅顽抗。当我军扫清外围时，马励武不断向徐州的薛岳和临城的李玉堂求救，要他们火速派部队增援，派飞机空投弹药。然而徐州方向并没有派飞机来，李玉堂的参谋长在报话机里对马励武说："请老兄忍耐点守着，上边有办法的。"马励武吼道："上边有办法，必须乘我前方有办法时，办法才能用得上。如果我这里没办法了，上边纵有办法亦无法挽救了。"那边除了说空话安慰，没有一点具体行动。国民党军在危急时刻只求自保，不顾他人危亡的恶习，再次暴露无遗。这时，北门也被我军突破，南北夹击，峄县城内蒋军陷入混乱。天主堂的房

① 《中国人民解放军第22军解放战争战史》，1952年初稿。

顶被炮弹打穿几个大窟窿，马励武带着随从仓皇逃命，想从北门突围。我军战士冲进26师师部，缴获了马励武的作战地图、望远镜、照相机、与蒋介石的合影、信件、日记等。到1月11日凌晨1时，战斗已接近结束，士气低落的26师残敌纷纷投降，被押出城外。马励武早已脱掉中将军装，换上士兵的棉衣，想混杂在俘虏中出城。他悄声对身边的随从说："不要吭气，等有机会再逃出去。"天亮了，马励武再也无法隐藏，只得坦白身份，束手就擒。①至此，国民党整编26师被全部歼灭，几天前逃入峄县城中的7辆坦克也被我军缴获。

毛泽东关注鲁南战役的顺利进展，又在考虑今后作战的问题。1月11日他指示陈、粟、谭等："为着准备举行新的大歼灭战，在峄枣战役结束后，山野、华野全军须休整两三星期，将大批俘虏兵及新兵补进部队，使主力团达到二千至二千五百人，次等团到达一千五百至二千人，共补充五十个团左右，并加训练。此事对今后作战甚关重要，你们意见如何，盼告。"

峄县战斗刚刚结束，8师的战士们正押解着缴获的坦克出城，粟裕就赶到南门，现场考察，总结经验。华野部队作战使用爆破不多，所以攻坚比较吃力。8师战士中有不少是枣庄煤矿工人，擅长爆破。粟裕很有兴趣地向他们询问爆破经验。干部、战士们向粟裕介绍：选几块炸药，插上雷管用力捆好，导火索捆在一侧。将炸药包扎在木架上，对地堡、铁丝网、鹿砦、房屋等目标进行爆破。一般的炸药包重20斤，太重不便搬运。如炸坚固工事，可先用一包炸洞，再将两包塞进洞内爆破。这样就能做到无坚不摧。粟裕听了非常高兴，立即将这些经验通报陶勇和其他华野部队。

陶勇的1师攻击枣庄的战斗，进行的并不顺利。1月6日1师完成歼灭快速纵队的战斗任务后，乘胜向台儿庄方向推进。但是冯治安的部队非常滑头，迅速收缩到运河南岸，凭借防御工事固守，与我军形成对峙状态。9日下午，粟裕来到1师师部，与陶勇等研究敌情后，决定改变计划，掉头向枣庄运动，消灭国民党第51师。

①《蒋军整26师马励武部峄枣被歼记》，《文史资料选辑》第28辑。

51师原系东北军，为蒋介石收编，属杂牌部队，装备不如26师，新兵多，战斗力一般。师长周毓英得知26师和快速纵队被歼灭后，知道以51师的力量是不可能守住枣庄的，几次要求撤退，都被薛岳拒绝。周毓英没有办法，只好在枣庄加强工事，等待援兵到来。他把核心工事建在中兴公司，利用钢骨水泥的建筑物构筑工事，工事周围有宽阔的壕沟、铁丝网、鹿砦等障碍物。在核心工事外围建立独立的支撑点，支撑点周围设立若干小据点，形成火力的相互联系和策应。如果我军进攻，必须先打掉外围支撑点。不打掉外围据点，就无法展开部队进攻核心工事。打外围必然要耗费很多时间和力量，不能集中优势兵力突击歼灭敌人。

1月10日夜里下起大雪，1师连夜行军到达枣庄外围。上级要求的时间很紧，来不及准备攻城和爆破的器材。侦察干部报告的情况也很简单。他们汇报的许多地名陶勇的地图上都找不到。用1师干部的话说，是"整个的情况糊涂，地形也不清楚，真是瞎子摸泥鳅，大家碰运气"。然而大家因为几天前的胜利，不把敌人放在眼里。连队开会研究攻击战术，有的干部说：要开什么会，我们拿上去打就是了。随即仓促投入战斗，三个旅打了一夜，除1旅攻占大兵营，2旅、3旅的攻击均未得手。[1]

以后的三天中，1师发起多次进攻，但51师依靠坚固工事顽抗，我军的进攻一次又一次失利，消耗了1师的力量。陶勇在苏中以善战出名，但华野部队不善于攻坚的弱点这时暴露出来。与此同时，叶飞的一纵在14日顺利攻克枣庄附近的齐村，消灭了51师的113旅。一纵1旅在战斗中进行连续爆破，先炸开大围子的石墙，炸毁东南角的大碉堡，随后又炸毁东门楼。青年战士杨根思（抗美援朝战争中的特级战斗英雄）大显身手，每炸必成，一个人就抓了100多个俘虏。粟裕见1师进展不顺，14日下午来到陶勇的指挥部，命令暂时停止行动。

粟裕打电话征求叶飞的意见，叶飞主张坚决攻下枣庄，并表示可以调一纵部队配合1师攻坚。叶飞告诉陶勇：他们打下齐村靠的就是爆破，这是攻

①《第1师第3旅枣庄战斗总结》。

坚战斗的关键。粟裕见一纵和1师态度积极，很高兴，决定将善于攻坚的8师调一个团来，集中16个团的优势兵力，坚决拿下枣庄。①

这次我军做了充分的战前准备，观察地形，准备爆破器材，分配任务；战士们恢复了体力，士气高昂。我军两次派人送信给周毓英，敦促51师放下武器，但被置之不理。17日黄昏，我军再次发起进攻。一纵4团炸毁东南角地堡，打开缺口，占领天主堂制高点。1师攻占北大井，敌军外围工事被我军摧毁，残敌逃入中兴公司的核心工事。19日晚，我军发起最后的总攻。炮兵进行炮火准备，将中兴公司方圆十余里的蒋军阵地打得天翻地覆，一片火海。51师仅有的几门炮被完全压制，无力还击，蒋军纷纷逃进地下工事躲避。一纵部队从枣庄老市区突入，连续爆破炸开大围子，与国民党军展开巷战。8师23团爆破未成功，从一纵突破口投入战斗。1师炸开大围子西门，向中兴公司大楼冲击。51师官兵顽抗多日，已经打到筋疲力尽的地步，又不见援兵，士气低落，纷纷投降。1师的宣教股长徐一丰率先冲进大楼，挥动手枪喝令蒋军投降。他一把抓住一个军官问："你们师长在哪里？"那个军官面色苍白，领着我军战士进至51师师部的防空洞内，51师师长周毓英、副师长韩世儒、参谋长李献忠等所有师部人员都放下武器，当了俘虏。

1947年1月20日中午，随着枣庄被我军攻克，鲁南战役胜利结束。在18天的战斗中，我军共歼灭国民党军两个整编师、一个快速纵队共53000余人，其中俘虏17000余人；缴获坦克24辆、汽车470辆、各种火炮200余门；收复了峄县、枣庄及其以东地区，粉碎了敌人会攻临沂、消灭华东我军主力的计划。

战役结束后，陈毅在临沂的指挥部接见了被俘的马励武、周毓英。陈毅热情地对马说："我们从此开始是朋友了。"陈毅与马励武谈了两个小时，从国内局势谈到鲁南战役，最后勉励马今后多为中国人民和平民主事业努力。马励武感动地说："陈军长待人和气，见面才知道，若早给我一封信就更好了。"并表示今后愿意留在解放区参观学习。周毓英见到陈毅，对八路军、

① 《叶飞回忆录》第26章。

新四军不仅保障他们的生命安全，而且在生活上给予优待，表示极为感谢。陈毅诚恳地说："希望经过此次见面，诸位能明了和平民主的真谛，从蒋介石的独裁欺骗下觉悟过来。"51师参谋长请求与家庭通信报平安，陈毅当即许诺，并派车送他们到后方休息。我军优待俘虏的政策使这些国民党将领深受感动，纷纷表示今后不愿再打内战。

粟裕大将评价鲁南战役写道："这次战役，创造了解放战争以来华东我军在一次战役中歼敌五万余人的新纪录。特别是干脆、彻底、迅速歼灭了全副美械装备的敌主力师和机械化部队，对国民党反动派及其军队是个极其沉重的打击，对华东以至全国人民是个很大的鼓舞。宿北、鲁南两个战役的胜利，使我军实现了自己的战略意图，夺取了战场的主动权。""鲁南战役和宿北战役的胜利，对华东我军的建设，亦有其特殊的意义。一方面那时随着战局的发展，华中部队由苏北转到鲁南，再由鲁南转到鲁中，指战员思想问题较多。宿北、鲁南两战役全胜，使部队顺利地实现了思想转弯，进一步坚定了战胜国民党军队的信心。另一方面，我军由分散作战到集中作战，由打小仗到打大仗，既打敌人步兵又打敌机械化部队，既擅长野战又能城市攻坚，从战争中学习战争，全面提高了部队的战斗力。特别是使山东和华中两野战军在作战思想、指挥关系和组织编制等方面实现了统一，为尔后扩大胜利、进行更大规模的运动战和歼灭战奠定了基础。"[1]

① 《粟裕战争回忆录》第12章。

第 *12* 章

一面打仗，一面建设

短暂的平静——部队中存在的问题——陈毅在鲁南干部会议上作报告——组建华东军区、华东野战军——华东野战军的十三个纵队

1947年1月12日，我军攻克峄县后，陈毅打电报请示中央军委：部队打算继续留在枣庄、临城一线作战。如果南线敌军北上增援，则就地歼灭之；如敌不来，则就地整训，准备迎接新的大战。1月14日毛泽东复电："鲁南胜利，局面打开，我已夺取主动，敌已陷于被动。……如南面敌军未动，全军休整两三星期，极为必要。新兵补充是否有办法，俘虏兵可否大量补入部队，先补后训，以期迅速。"[1]我军攻克枣庄，结束鲁南战役后，南线国民党军74、11师等因受华中部队牵制，未敢贸然北上，淮北、鲁南战场出现了短时期的平静。我军抓住这个短暂时期，在统一指挥机构和军队建设方面做了重要的工作。

陈毅为什么如此重视休整，是因为形势的变化使一些重大问题亟待得到解决，否则将会给作战和根据地工作造成麻烦和困难。首先是领导机构的统一，两淮保卫战后，原华中分局机关大部分撤退到临沂，与山东分局合并。

---

[1]《毛泽东军事文集》第3卷。

原华东局书记饶漱石结束了在北平军调部的工作,回到临沂。两地机关需要合并,建立新的机构,理顺关系。

在军事指挥上,山野和华野虽然已经联合作战,但由于中央没有明确的任命和分工,在作战时仍然保持两套指挥机构,各自指挥作战。部队番号有八路军的,有新四军的,还有地方部队的,很不统一。在宿北、鲁南战役指挥中已经表现出很多不便和缺陷。

部队思想作风上也存在很多问题。大家是各个山头来的,谁也不服谁。山东八路军穿黄军装,北上的新四军穿灰军装,南方部队到北方,生活习惯与当地差别很大,难免产生隔膜和误会。叶飞率领一纵刚到山东时对此感触很多,他回忆道:山东"人民群众对待子弟兵非常热情,但对我们这支南方部队大为惊奇。地方干部归纳为:第一奇,讲话像鸟啼,好像来了一批外国兵;第二奇,个个留头发,好像来了一批学生兵;第三奇,不少人盖着五颜六色的绸面丝棉被,有人还穿着绸衬衣,好像来了一批少爷兵。他们悄悄议论起来:'这样的部队还能打仗?'年轻的战士接受新事物比较快,学了几句山东话,加上比画手势,就能交流情况。山东老大爷、老大娘弄清了这支部队来自出产丝绸的鱼米之乡,穿件绸衣,盖条绸被,并不一定是地主、资产阶级;习惯于留个小分头,也不是'腐化堕落'。""对部队来说,地区的转换毕竟是一个转变,首先是生活上的变化。部队是吃惯大米的,在有些人的头脑里,面食只是点心,高粱是酿酒的。山东人民非常照顾我们,尽量把小米供应部队,在当时当地来说这是上好细粮。但是炊事员们不会淘小米、煮小米饭,更不要说做出各式各样美味的小米食品了。小米饭里砂子很多,嚼起来满嘴嘎巴响。战士们对远离家乡本来就有情绪,于是讲怪话了:肚子吃得像砂包,打仗省得做工事。"一纵由于和地方政府关系搞不好,几个月内得不到补充,叶飞、赖传珠等曾多次向陈毅反映情况,要求去东北或回华中。

山头主义产生了在各种条件下的本位主义行为。就叶飞自己的感觉,一纵三个旅,1旅是苏中部队,2旅是苏南的,3旅是浙东的。纵队成立初期,各自为政的现象相当严重。1946年2月,叶飞派2旅去接管一个日军仓库,等待纵队后勤部来清点分配物资。当时部队有些"发洋财"的思想，在清点过程中，2旅的战士偷偷把物资往自己的部队里搬，纵队政治部的干部制止不住，连副政委谭启龙也管不了。叶飞大怒，乘吉普车赶到现场，命令把负责带队的2旅副旅长捆起来。战士们见事不好，把东西丢下跑散了。①

鲁南战役歼灭了国民党军快速纵队，缴获的装备堆积如山。陈毅考虑这是壮大我军的极好机会，下令将各部队的战利品集中上缴野战军总部，统一调配，并组建自己的特种兵纵队。但是一些部队"打埋伏"，不肯把缴获的东西全部上缴，致使陈毅不得不下命令。1947年1月7日陈毅、粟裕、陈士榘、唐亮联名下达《关于一切缴获上交统一处理的命令》："此次鲁南战役第一步伟大的胜利，彻底消灭了26师及快速纵队，俘获其全部人员资材，尤以快速纵队的人员、装甲车、汽车、炮兵及其他军用资材除少数逃窜损坏外，绝大部分被我俘获。此种人员、装具、资材如我能很好争取组织教育管理掌握，即可以组成我野战军快速纵队，成为我军现代化建设中技术上的基础，成为人民革命武装的优良资本与歼灭反动蒋军的有力工具。这对我军进入反攻及中国和平民主事业的保证是有极大意义。这种伟大珍贵的缴获是经我参战各部队两昼夜坚决战斗与我许多英勇同志的牺牲流血代价取得的，如果我们不加爱护妥为管理，使这些人员武器装具资材失散损坏，即是丢弃此次战役果实，破坏了我军装备的提高与现代化的建设，亦有负于我许多英勇牺牲同志的流血，这是极端不应该的。因此希望各兵团各级首长应该深刻认识此点，切实负责，严格管理，不得放任随意破坏、拆毁或私藏不报与不顾大体现象。兹决定所有缴获武器弹药除必要补充自己各部队外，其余物资器材统由本部统一处理。"②

《命令》具体规定了各部队可以自留的卡车、吉普车、发报机数量，指定了接收机关和地点。陈毅召集各部队政委专门开会，要他们负责落实此事。由各位政委打条子去到有关部门领取物资。不料一个单位的管理员说：

① 《叶飞回忆录》第23章。
② 参见《华东军区、第三野战军第三次国内革命战争战史资料选编》。

"没有司令员的条子我不买账。"竟把政委顶了回来。陈毅对这种本位主义发展到无组织无纪律的行为非常气愤，感到非整顿不可。

华中野战军部队北上山东后，干部战士中产生了许多思想问题。本来他们在苏中是打胜仗的，但上级却要他们离开家乡，到经济基础较差、环境艰苦的鲁南地区来。由于华野的北上，华东根据地面积缩小一半，苏中、两淮家乡大部沦于敌手，亲人遭受国民党军的残害欺压。大家对这种大踏步后退的运动战方针感到不理解，总想打回家乡去。当时华野部队中流传的顺口溜："反攻反攻，反到山东；手拿煎饼，口咬大葱；大好形势，思想不通；有啥意见，要回华中。"

纪律也是大问题。部队在激烈战斗过程中，老骨干不断伤亡，新战士和俘虏兵补充得越来越多。战斗行军没有休整，无法进行深入细致的政治思想教育，部队中出现违犯纪律、不尊重地方政府、打骂群众的问题。两淮失守后，部队、机关、后方工作人员大量向山东转移，造成了很多混乱。陈毅回顾当时的情况说："我们从华中撤退廿万人，一些必要的器材、工厂、银行、荣誉军人、家属、医院及后方机关工作干部等，要预先有组织有计划地撤退，到枪声响了再撤退是不成的。沿途设兵站、招待所，准备好粮食，这样撤到山东的成为很好的宣传者。无秩序撤退的就变成流亡政府、难民，散布失败情绪，惊慌失措。他们到山东后把金融也搞乱了，华中票子到山东买东西商店不要。他们说：'毛泽东出的票子，你们为什么不要！'后来有些伤兵就不用票子，见到合作社就乱拿东西。"[1]

1947 年 1 月下旬，陈毅、粟裕、饶漱石、张鼎丞、陈士榘等一起开会研究地方机关合并与华东全军进行统一整编等问题。1 月 23 日陈毅、粟裕、陈士榘电告中央军委："我们集议后，饶、张诸同志昨回临沂，部署苏、鲁各地方机关的合并。我们在前线部署整编部队，成立华东野战军。"陈毅委托司令部起草了华东野战军整编方案，并向军委作了详细的说明。2 月 3 日军委复电："同意丑东电十个纵队的编制。"

---

[1] 陈毅：《一年来自卫战争总结》。

　　为了保证整编的顺利进行，野战军在临沂附近召开干部会议，由饶漱石传达毛泽东和中共中央有关时局的指示，指出全党全军今后的战斗任务。随后，陈毅作了题为《一面打仗，一面建设》的报告。

　　陈毅首先肯定了山野、华野两大主力的会合和宿北、鲁南战役胜利的成绩。他说："华东野战军是山东、华中部队的汇合，（华东）是解放区兵力最大集中的地方，是解放区爱国自卫战争的主要战线之一，又是美蒋集中大军进攻的主要方向。特别是今后，山东地区的战争将成为中国人民与美蒋恶势力的决战场所之一，因此我们的任务很大，担子很重。""这一次自卫战争，要使历史上未完成的民主斗争任务在这一次最后完成。我全体同志能亲自参与这个伟大的斗争，并且在斗争中担负重大任务是最光荣的，这是至高无上的革命幸福。""在此非常时期，为了执行中央所给的任务，我想向同志们提出'一面打仗，一面建设'的双重任务，是为了能迅速纠正部队中现存的一些缺点，更能加倍提高战斗力，更能迅速地最后击败美蒋。我在此对部队的整顿问题，也就是对部队建设上带基本性质的问题提出几点，作为今后部队的中心工作。"

　　陈毅在报告中从人民军队建军路线的高度，针对部队中存在的不良倾向，号召全军加强团结，建立整体观念，实行统一集中的领导。为了保证今后的大规模作战，一定要加强党的领导，加强政治工作。打破山头主义、本位主义和游击主义，加强群众观念和群众纪律，实行"以战养战"。夺取敌人武器装备自己。要爱护装备物资，反对"破坏专家"。实行以战教战，打一仗进一步，不断总结经验，学习新技术，掌握新武器，能进行更大规模的会战。要爱护新战士，争取解放战士，加强团结去争取伟大胜利。

　　陈毅指出："统一意志，统一行动，统一组织，统一制度，建立野战军的整体观念，便是保证胜利的一个基本条件。我想以野战军今天的现状来说，各兵团具备了坚决完成任务的优点，具有丰富的战斗经验，人人有为人民利益而牺牲的高贵的革命品质。""但应当指出，由于部队不断伤亡，老骨干损伤很大，新骨干亟待培养；又加战斗频繁，训练时间腾不出来，不能不使部队的组织和制度方面大大削弱，于是便产生各种坏现象。""某些部队骄傲得很,自以为天下第一,天兵天将。……产生这些现象的原因,除骨干伤亡、战斗频繁等客观原因外,还应着重指出:在主观上一部分干部中由于连续胜利冲昏头脑,只知有己,不知有人;只知自己本事高,不懂得一切是由于党与人民的基础的强大所获得的,误认为老子天下第一。这种政治上的盲目性,妨害进步很大。因此,我们要提醒全体同志赶快猛醒,集中精力举行自我批评,走建立整体观念实行集中统一的正确道路。"

陈毅批评山头主义等错误倾向时说:"山头主义站在自己的山头上,自以为是,只知道本山头的光荣历史和特长,忘记了其他方面的光荣和特长,是自己应该学习和尊重的。本位主义只着眼本单位的需要,缺乏对整个人民事业的关怀和认识,必然犯狭隘自满、自私自利破坏团结的毛病。游击主义必然把自己束缚在分散游击作战时代,许多不适用的旧经验,必然不适合正规战时代高度协同动作的要求。总之,山头主义、本位主义、游击主义均是妨害整体健全,妨害大局发展,妨害团结进步,妨害胜利的恶劣表现,必须坚决纠正。我们今天号召全军应该以整个人民事业为出发点,大家齐心,以各单位的努力促成整个人民事业的胜利,人人具有牺牲一己以换取整个人民事业胜利的革命精神。如是便能着眼大局,照顾友邻,照顾团结、照顾地方,照顾兄弟兵团,不骄傲,不灰心,坚守岗位,争取模范,向人学习。我军人人养成这种作风,于是统一的、集中的、模范的、铁的人民武装便可以造成。"

谈到群众观念时,陈毅说:"来自人民,回到人民,为人民服务,是我们人民军队的天性。因此,一切为人民打算,为人民着想,帮助人民,体贴人民,爱护人民,成为我们军队的神圣义务。离开人民,我们军队不仅创不出什么事业,连生存的条件也就取消了。"因此,"脱离群众,压制群众是我们的耻辱和罪恶。无论行军、作战都应照顾考虑人民的利益。人民中间由于战争频繁,对帮助军队方面,如送粮、送草、出夫、招待部队准备不及或表现不能及时等等,我们应体谅,不能加以责备。而是要加以帮助,迅速动员准备起来,以应急需。"

在谈到服从党的领导,尊重政治工作制度时,陈毅指出:"现在部队中个别同志在屡胜之后，误认为自己本事高，会打仗，特别不喜欢讲道理，讲制度，总感到自己的军阀残余受到约束，这种现象是到了应该纠正的时候了。举一个简单的例子，上次打快速纵队，我们召集几个部队政委来开会，商定统一集中使用汽车和攻击坦克器材，由各政委打条子去后方机关集中器材收到上边来，不料竟有某部人员说没有司令的条子我不买账的荒谬回答。这不仅不尊重政治委员，而且是不尊重上级决定的违法行为。特别要求每一个军事指挥员要养成这种尊重政治工作，提倡政治工作，参加政治工作的良好习惯。作为我军的一个基本的政治工作制度，是经过政治工作人员来代表的人与制度是不能截然分开的，希望不了解此点的同志迅速反省。""中央决定在各级部队中成立党的领导委员会，建立党的集体的领导，党的一切决定交由部队首长执行，把过去的首长制度置于党委的领导之下，这正是为了发扬党的集体领导和民主作风。"

在谈到"以战养战"，夺取敌人装备武装自己，反对破坏专家的问题时，陈毅说："我军连续胜利，缴获极大，如医药、电料、粮食、卫生器材等，每每堆积如山，但实际上有计划保管整理分类很差。把这个兵团缴获有余的枪弹调剂到另一个兵团，则困难重重。某些同志把自己部队的缴获看成是自己个人的本领高，看成是个人的私产。当党提出有计划地分配这些战利品时，他们便嚷着侵犯了他个人的权力。他们虽不曾公开反对，但不是勉强执行便是把一些弄坏的器材交上来，自己留用最好的最新的。当他们不高兴时，甚至发展到不愿意交给上级或别人，他们宁肯痛快地加以破坏。照这些同志的办法干下去，自然造成我军缴获越多，破坏也越大。今后的办法，凡战斗中的一切缴获品应由各兵团负责保管，汇报数目。应遵守每个共产党员忠实于党的原则，凡不报确数者应受处分。同志们，我军既有本领把美蒋的进攻变为运输队，更应有本领把一切战利品加以妥善保管分配，来加强对美蒋的新的打击。这种以战争中壮大自己培养自己的以战养战的思想必须确定，就要从反对个人主义、反对破坏公物的破坏专家着手。"①

① 参见《鲁南战役资料选》。

陈毅的报告,是华东我军革命化、正规化建设的一个纲领性文件。报告贯彻了中共中央和毛泽东的一系列指示,针对性很强地指出了部队中存在的问题,提出了具体可行的改进措施,对统一部队的认识,加强部队建设,提高战斗力,具有重要意义。虽然因时间紧迫,很快又开始了新的作战,部队整训时间很短,一些问题并未得到彻底的解决。部队的作风建设和思想改造后来又经历了几次大规模学习整顿。但是鲁南会议和陈毅的报告是一个良好开端,提高了大家的认识,加强了全军的团结。

在鲁南会议召开的同时,华东部队进行了统一的整编。1月23日,陈毅委托山东野战军参谋处起草了《华东野战军整军方案》,上报中央。中央军委很快批准了这个方案,根据中央军委的命令,华东部队正式组成华东军区、华东野战军,建立中共华东野战军前敌委员会(简称华野前委)。新四军、山东军区、山东野战军、华中军区、华中野战军番号同时撤消。

华东军区领导成员:陈毅为司令员,饶漱石为政治委员。副司令员张云逸,副政委黎玉,参谋长陈士榘,政治部主任舒同。下辖鲁南、鲁中、胶东、渤海、苏中、苏北六个军区。淮北支队、东江纵队、华东军政大学等单位。共约30万人。

各军区主要领导人:

鲁南军区司令员张光中,政委傅秋涛。

鲁中军区司令员王建安,政委向明。

胶东军区司令员许世友,政委林浩。

渤海军区司令员袁也烈,政委景晓村。

苏中军区由第十一纵队兼。

苏北军区由第十二纵队兼。

华东野战军领导成员:司令员兼政委陈毅,副司令员粟裕,副政委谭震林,参谋长陈士榘,政治部主任唐亮。[1]

华东野战军统编为9个纵队,每个纵队辖3个师(旅)、9个团。总部直

---

[1]《中国人民解放军第三野战军战史》第2章第7节。

属的榴弹炮团、汽车大队、战车营等合编为特种兵纵队,作战时根据需要调拨作战部队使用。野战军指挥机关以临沂原新四军军部加上山野指挥部成立华东野战军总部,以华东野战军指挥部加华东军区司令部合并为华东野战军前线指挥部,负责陇海前线作战。根据当时作战需要在胶济线设一指挥所,以鲁中军区一部与胶东军区合并编成。

华东野战军的9个纵队,根据1949年第三野战军司令部编写的《各部队历史沿革》,简要介绍如下:

第一纵队:原为山东野战军第一纵队。1945年11月10日,中央决定黄克诚的新四军3师奔赴东北,同时再组建一个纵队跟随北上。为此,华中军区决定将从江南北上的浙东第二、第四纵队及苏中军区教导旅共22000人,在涟水组建为新四军第一纵队,奉命调往东北。进至胶济路附近时,参加津浦路阻击战,改属津浦前线指挥部领导。1946年1月改称山东野战军第一纵队,叶飞任司令员,赖传珠任政委,谭启龙为副政委,贺敏学为参谋长。先后参加过收复泰安、大汶口战斗,胶济线西段作战,保卫鲁南作战,宿北、鲁南战役。整编后辖1、2、3师及独立师,共23000余人。司令员兼政委叶飞,副司令员何克希,副政委谭启龙,参谋长张翼翔。

1师:前身为闽东坚持三年游击战争的独立师,国共合作后编入新四军北上,称挺进纵队,参加黄桥战斗。1944年底编为苏中军区教导旅,成为该部队的基础。后由苏中南下浙东天目山,改称苏浙军区四纵。北上后编为一纵1旅,是一纵中历史最久,战斗力最强的部队。师长廖政国,政委曾如清。

2师:原系新四军6师52团的基础,抗战中在江南常熟等地发展武装,北上后编为一纵2旅,历史与1师相等。师长刘飞,政委张文碧。

3师:原为浙东地区游击队,活动于四明山、会稽山区,后编入新四军,组成浙东纵队。渡江北上后编为一纵3旅。师长刘亨云,政委杨思一。

独立师:由中原突围到华东的中原第一纵队1旅改称。师长方升普,政委徐子荣。

第二纵队:原为山东野战军第二纵队和华中野战军第九纵队。1945年

10月，新四军2师的4、5旅和4师9旅在山东峄县合编，组成新四军第二纵队，参加津浦路阻击战，先后进行界河、枣庄、临城战斗。1946年改称山野第二纵队，司令员罗炳辉。罗逝世后，由韦国清任司令员。6月，5旅调归淮南军区建制。1945年11月，以新四军4师11、12旅为基础，在淮北组建华中野战军第九纵队，司令员兼政委张震。1946年7月朝阳集战役中，二纵、九纵开始联合作战。后参加两淮保卫战，涟水保卫战和宿北战役。鲁南战役后，二纵主力和九纵一部在山东郯城组建为华东野战军第二纵队，韦国清任司令员兼政委，张震为副司令，詹化雨为参谋长。下辖4、5、6师，共29000人。

4师：原为新四军2师4旅的基础，在淮南军区坚持抗战。北上山东后改编为第二纵队4旅，为二纵主力部队。师长朱绍清，政委高志荣。

5师：原为华中野战军第九纵队的73、75、79团的基础。由淮北根据地的地方武装编成。师长姚运良，政委秦贤安。

6师：原新四军4师9旅的基础，在淮北地区坚持抗战。北上后并入第二纵队，仍称9旅。师长兼政委滕海清。

第三纵队：原为山东军区8师。1945年9月，山东军区所属鲁南军区第3、5团和第2军分区主力团在峄县组建山东军区8师，辖三个团10000余人。师长兼政委王麓水。10月参加津浦路阻击战，王麓水在滕县战斗中牺牲。8师以何以祥为师长，丁秋生为政委。1946年1月改称山东野战军8师，南下淮北参加泗县战斗、两淮保卫战、宿北战役等，鲁南战役后，与滨海军区警备旅合编为华东野战军第三纵队，司令员何以祥，政委丁秋生。下辖8、9两个师。1947年3月将鲁南军区10师改编为7师，并入三纵建制。

7师：1946年8月，根据鲁南战争的需要，将鲁南军区的三个团组建为鲁南10师。其中鲁南军区特务团为主力，由三个县独立营组成；警8旅15团也由县独立营组成；警9旅18团由运河支队为基础组建。10师部队是由地方武装升级而成的，战斗经验不多。但干部多由8师派来，作风较好。全师7000余人，师长贺健，政委罗野岗。

8师：1945年8月以鲁南军区主力3、5团和二分区三个基干营编成。这些部队是长期坚持鲁南抗战的主力部队。3团前身为八路军山东纵队直属特务团，建立于1940年。5团原属八路军115师教导2旅，二分区部队是由活动于津浦路及微山湖地区的铁道支队、黄河支队等老游击队员组成。8师建立后，将部队改为22、23、24三个团。当时师里有一个山炮连，团里有炮连，装备在山东部队中是比较好的，干部素质较强。战斗作风勇猛，擅长攻坚，是山东野战军中头等主力师。整编后全师11000人，师长王吉文，政委王六生。

9师：原为滨海警备旅，属滨海军区建制。其前身是由地方游击队和部分起义伪军组成。经过在中心区整理，充实干部，扩充成完整建制的部队。但装备较差，全师只有一个炮连，团里没有炮连。编为警备旅时尚未参加过大的战斗。鲁南战役中配合8师作战，进步较快，士气高昂。全师5000余人，师长郭廷万，政委刘伟。

第四纵队：由原华中野战军第四纵队组建。1945年11月，新四军苏浙军区第三纵队从苏南宜兴北撤到淮安，改编为华中野战军第八纵队。下辖五个团，共12000人。参加高邮战役，配合津浦路阻击战。后转至苏中如皋，改编为华野1师，粟裕兼任师长。下辖1、3两个旅，共16000人。在苏中战役中担任主力。1946年10月北上，参加涟水保卫战。后从各部队中抽调人员组建2旅，完整师的建制。12月参加盐城保卫战，后入鲁南参加鲁南战役。1947年2月改称华东野战军第四纵队，陶勇任司令员，王集成任政委，梅嘉生任参谋长。下辖10、11、12师。

10师：原华野1师1旅，系新四军老部队，前身是在苏中坚持抗战的1师海防团，南下后扩编为旅，是1师主力部队。在苏中战役中几次担任主攻，作风勇猛，善于打运动战。师长张震东，政委卢胜。

11师：1946年10月华野1师由苏中北上参加涟水保卫战，以1、3旅和山野7师20旅各一部及华中军区特务团组建。师长谭知耕，副政委王敬群。

12师：原华野1师3旅改称。师长彭德清，政委伍洪祥。

第六纵队：原为新四军1师2旅的基础，后以2旅直属队与16旅合并为1师16旅。南下浙东后编为苏浙军区第一纵队，抗战胜利后北上返回苏中东台县，改编为华中野战军第六纵队，下辖五个团，共11000人。在邵伯地区扼守运河，保卫淮阴。1946年5月与苏中军区独立旅合并，组成华野6师，下辖16、18旅，共14000人。在苏中战役中为主力部队，后北上参加涟水保卫战，鲁南战役期间在苏北方向担任阻援。司令员王必成，政委江渭清。下辖16、17、18师。

16师：由原16旅改称，师长张云龙，政委宋文。

17师：1946年10月以山野7师20旅改编为17旅，归6师建制，共同进行涟水保卫战。1947年1月改为17师，师长梁金华，政委黄先。

18师：由原18旅改称，师长饶守坤，政委张闯初。

第七纵队：1945年10月，新四军7师师部率19、20、21三个旅近20000人由皖江地区开赴鲁南，参加津浦路阻击战。先后参加临城、枣庄战斗，1946年1月改称山野7师。1946年6月南下淮北，参加朝阳集、泗县战斗及淮阴保卫战。两淮失守后调整部队编组，20、21旅被并入华野1、6师。11月，7师师部及19旅与华野淮南军区部队合并，仍称山野7师，参加涟水保卫战和宿北战役。1947年2月改编为第七纵队，司令员成钧，政委赵启民。下辖19、20、21师，共25000余人。

19师：由原山野7师19旅改称，师长熊应堂，政委肖学林。

20师：由原淮南军区5旅改称，师长殷少礼，政委邓少东。

21师：1947年3月，以鲁中军区第4、6团为基础组建，师长谢锐，政委何志远。

第八纵队：由原山东军区所属鲁中军区部队组建。1946年6月胶济路作战，以鲁中军区指挥部率领4师、9师和鲁中军区警备旅共九个团参战。12月奉命到鲁南保卫临沂，警备旅留泰安。参加鲁南战役后，在临朐集结，整编为华东野战军第八纵队，司令员王建安，政委向明。下辖22、23、24三个师，共32000人。

22师：1945年8月，以鲁中军区主力4团和一分区部队、县大队武装组建山东军区 4 师，师长孙继先。参加胶济路作战，攻克张店。以后南下保卫临沂，参加鲁南战役。整编后师长李迎希，政委王文轩。

23 师：1945 年底，以鲁中军区第二、第三分区干部为骨干，将分区特务团、独立营及部分地方武装合编为 9 师，整编后改称 23 师。师长陈宏，政委李耀文。

24 师：以鲁中军区警备旅改称，师长周长胜，政委陈美藻。

第九纵队：1945 年底，山东军区胶东主力部队 5、6 师调往东北，根据形势需要，胶东军区以 13、16 团和东海独立 1 团重新组建 5 师，以东海军分区的六个县武装编为 6 师，以南海、北海军分区独立团编为警备第 3 旅，在胶东军区指挥下进行解放胶东半岛和切断胶济路作战。1946 年 6 月参加讨逆战役，并牵制胶东半岛国民党军，配合山野主力进行宿北、鲁南战役。整编时以胶东军区部队组成第九纵队，司令员许世友，政委林浩。下辖 25、26、27 师，共 31000 人。

25 师：由胶东军区 5 师改称，师长聂凤智，政委刘浩天。

26 师：由胶东军区 6 师改称，师长刘涌，政委仲曦东。

27 师：由胶东军区警备 3 旅改称，师长孙端夫，政委刘仲华。

第十纵队：1945 年底，渤海军区主力山东 7 师调东北。1946 年 7 月山东军区将渤海军区特务 1、2 团和警备 7 旅的 13 团重组 7 师，参加胶济路反击战。在济宁、邹平等地作战。11 月渤海军区以警备 6、7、8 旅中各抽一个团组建 11 师，直属渤海军区前方指挥部，成为野战部队。1947 年 2 月将渤海军区部队组建为华东野战军第十纵队，司令员宋时轮，政委景晓村。下辖 28、29 师，共 16000 余人。

28 师：以渤海军区 7 师改称，师长宋时轮（兼），政委王若杰。

29 师：以渤海军区 11 师改称，师长肖锋，政委李曼村。

以上九个纵队，是山野、华野主力部队合并后编成的，总兵力为 27 万人。其中前七个纵队归华东野战军司令部直接指挥，胶东、渤海军区的两个纵队独立作战。此外，在鲁南战役缴获快速纵队大量装备的基础上组建了特种兵纵队。当时称为第十五纵队，直属野战军司令部指挥。

特种兵纵队：由总部榴弹炮团、野炮团、鲁中炮兵团、胶东炮兵团、渤海炮兵团、工兵团、骑兵团等七个团组成。1947年3月于山东沂南县苍子坡组建。司令员陈锐霆，政委张藩。

当时苏中、苏北还有部队在坚持敌后斗争，为了统一指挥，华东野战军司令部又组建了两个纵队。

第十一纵队：1945年11月，以新四军苏中军区的55、57、59、61、63五个团组成华中野战军第七纵队，参加高邮战役。1946年5月将57、61团调出。6月，第七纵队兼苏中军区，下辖以所属三个团组建的31旅和第1、2、9军分区。参加苏中战役和东台、盐城保卫战。华中野战军主力北上后，以七纵在苏中、苏北坚持敌后斗争，1947年2月改称华东野战军第十一纵队，司令员管文蔚，政委吉洛（姬鹏飞）。下辖31、32旅和三个军分区，共31000人。

31旅：由苏中军区55、59、63团组建，旅长段焕竞，政委刘毓标。

32旅：由华中军区调来的87、89团和特务团组建，旅长吴咏湘，政委钟民。

第十二纵队：1946年3月，以华中军区第5军分区部队和盐城起义的伪军部队合编组建华中野战军第十纵队，辖六个团，并兼苏北军区。参加苏中战役和涟水保卫战，掩护华中军区后方机关转移，司令员谢祥军在战斗中牺牲。华野主力北上后，第十纵队留在苏北坚持敌后斗争。1947年2月改称华东野战军第十二纵队，司令员陈庆先，政委曹荻秋。下辖由所属部队合编的34、35旅和第5、6、11三个军分区，共50000余人。

34旅：1946年11月组建时称6旅，1947年1月兼第5军分区，5月改称34旅。旅长廖成美。

35旅：由1947年1月组建的华中军区10旅改称，旅长汪乃贵，政委谢振华。

1947年2月的这次整编，是华东野战军正规化建设迈出的第一步，也是极其重要的一步。经过这次整编，实现了山野和华野两大主力的真正合并，统一了组织、编制，进一步实现了作战指挥上的集中统一。这次整编由于时间短促，国民党军大规模的进攻马上就要开始，所以许多具体细致的工作并没来得及做，是在莱芜战役之后继续进行的。但是，这次整编是卓有成效的，在莱芜战役中显示了华东野战军集中兵力协同作战的巨大威力。

生擒郝鹏举

陈诚部署"鲁南会战"——毛泽东指示诱敌深入——郝鹏举叛变投敌——
朱克靖坚贞不屈——韦国清指挥讨郝战斗——陈毅怒斥郝鹏举

宿北、鲁南战役后，国民党军虽然遭受沉重打击，但在苏中、淮北方面，由于我华中野战军主力北上，华中分局及后方机关也主动撤离，退到临沂地区。国民党军在遇到我军顽强抵抗后，付出很大的伤亡代价，得到我军主动撤离的涟水、盐城等几座空城，占领了比较富庶的苏皖解放区。国民党统帅部认为：虽然他们损失了几个师的部队，但占领了苏北的大片土地，并把共军主力挤到山东境内，这是战略上的胜利。参谋总长陈诚当时在一个指令中说："国军部队虽略受损失，但就全盘战局而言，实属莫大之成功。"并判断"共军大势已去"，经过宿北、鲁南连续作战，共军伤亡损失一定很大。而且部队刚刚集中到鲁南，有不少是地方武装，战斗力不强。临沂是山东解放区首府，共军必然全力死守。根据这些主观判断，蒋介石、陈诚等制订了"鲁南会战计划"。集中重兵，迫使我军在临沂地区与其决战。蒋介石对薛岳的指挥不放心，派陈诚亲临徐州以北的新安镇调兵遣将。

国民党军的部署是：以整编19军军长欧震指挥第11、25、59、64、65、74、83七个整编师和7军共20个旅，组成南线突击集团，自台儿庄至城头一线，分三路北犯临沂。中路以74、83两个主力师从郯城北上为主攻，由83师师长李天霞统一指挥。左路11、59、64师由11师师长胡琏指挥，右路25、65师由25师师长黄百韬指挥，为辅助攻击部队。北线以第二绥靖区副司令长官李仙洲指挥第12、46、73三个军（未整编）共九个师，由胶济路的明水、张店一线南下，乘虚袭击我后方莱芜、新泰、蒙阴地区，实行南北夹攻。同时从陇海线抽调王敬久集团集结于鲁西南地区，阻止刘伯承、邓小平的晋冀鲁豫野战军东援。陈诚认为这个部署是十分稳妥的，他亲自督阵，声称："党国成败，全看鲁南一役；只许成功，不许失败！"[①]

陈毅、粟裕、谭震林等获悉国民党军即将大举进攻的消息，于1947年1月26日赶到鲁南前线的原华中野战军司令部，坐镇指挥。他们研究了敌情，当天电告中央军委："我们可以集结50个团在鲁南决战，……我正商决先打敌右翼25、65两师，再引诱74师、11师北进再行歼灭。"27日毛泽东复电："先打右翼较弱之敌很好。""总以多打弱敌，孤立强敌为原则。"

毛泽东发出电报，又考虑了一天，觉得目前形势尚不明朗，作战行动不必操之过急。28日指示陈粟谭："如果陈诚之进攻确将于二月上旬或中旬举行，我军似以待其进攻再打为利：一可使我军获得充分休整时间；二可打敌立足未稳；三可连续作战歼灭多数之敌。但如敌进攻时间推至二月底或三月初，则我军自不宜等候太久。"

到了31日，毛泽东对鲁南决战的战略考虑基本成熟，他打电报给陈饶粟谭："蒋介石企图于三月莫斯科三国外长会议以前击败我军。据南京息，蒋军日内即将进攻，似此甚有利于我在野战中大量歼敌。我军方针似宜诱敌深入，不但不先打陇海路，即敌进至郯（城）码（头）地区是否就打亦值得考虑，似宜待其进至郯码以北发起全力歼击，可连续打数个大歼灭战，使自己处于完全主动地位，丝毫不陷于被动（如打得太早即有打成胶着陷于被动可能）。究应如何，望按实情决定。此外，后方机关须迁至安全地点，临沂须准备万一失去。许世友、王建安野战军须立即组成，开至胶济路南待机歼

①《中国人民解放军华东军区、第三野战军第三次国内革命战争战役选编》(1962年初稿)，莱芜战役。

敌,以对付蒋方南北夹击之计。总之,此次蒋军孤注一掷,我军必须有全盘计划,准备以连续作战歼灭其十个旅左右,便可彻底打破其进攻,而这是完全有把握的。"①毛泽东制订了诱敌深入的战略方针,甚至不惜放弃临沂,显示了极大的气魄,也给了陈毅等指挥员充分的机动空间。国民党统帅部以攻城略地为胜利标志,而我军则以消灭敌军有生力量为根本目标,这是两种完全不同的观念,也是决定战争胜负的一个基本因素。

正当国民党军重兵压境,我军准备奋起迎战的时候,陈毅突然得到消息:原"华中民主联军"总司令郝鹏举叛变了。

1946年1月,当郝鹏举在面临被我军歼灭的压力下被迫投诚,他摆出一副"反对内战"的面孔,又是发表谈话,又是发出通电,斥责蒋介石的罪行,歌颂解放区的民主。我方对郝鹏举的起义表示热烈欢迎,把郝鹏举请到临沂,盛宴款待,希望他能为国民党军和被收编的伪军作出表率,脱离内战,弃暗投明。在解放区政府安排下,郝部开拔到莒县,进行整编改造。1946年3月成立"军官教导团",编有将校班、政治训练班、干部队、学生队,郝鹏举任团长。我方派朱克靖同志和一些干部到郝部做政治工作,帮助他们提高思想。陈毅曾到教导团上课,为他们讲解革命道理。解放区对郝部实行优待政策,供给大米、白面,冬天的棉衣和香烟都满足供应。这种待遇超过了山东野战军的主力部队。郝鹏举的部下也很受感动,各师团在驻地开展修路种树,为农民抢收小麦等劳动,都在《大众日报》上进行了报道。

但是郝鹏举这个反复无常、投机取巧的家伙本性没有改变。从本质上说他与共产党是完全不相容的。之所以这样做,完全是为了保存实力,这是旧军阀的惯用伎俩。虽然共产党对他是推诚相见,但他却一直存有戒心。当时为了消除郝鹏举部的疑虑,我军就宣布不拆散他的部队,仍保留其基本建制和指挥系统。只是改名为"华中民主联军"。而郝鹏举却暗中命令部下在驻地秘密修筑工事,不是为了防御国民党,而是防备新四军。他以为共产党会像军阀那样搞大鱼吃小鱼,但是大半年过去,这样的事情并没有发生。于是

① 《毛泽东军事文集》第3卷。

郝鹏举便暂且苟安一时，坐机待变。

1946 年 7 月，国民党发动全面内战后，郝鹏举认为国民党在军事上必胜无疑，暗中准备再度叛变。他要制造机会，又要掩盖意图，表面上主动请战，要求将部队迁移到竹庭县（今江苏赣榆）境内，靠近国民党军控制区。7 月 11 日，他在《大众日报》发表"对解放区的观感"一文，伪善地表示："人民要我们流汗，我们就流汗；人民要我们流血，我们就流血。""全军愿与八路军、新四军携手并肩，作神圣的自卫战争。"国民党方面加紧对郝鹏举的拉拢，8 月，国民党徐州绥靖公署先后派郝的旧部李克昌、李笠雨等前去说降，郝鹏举老奸巨猾，不急于表态，而是采取更蛊惑人心的办法，多次公开表白其革命的"决心"。9 月 5 日他发表通电，驳斥国民党中央通讯社关于他已"率部反正，与共军激战"的广播和传单，发誓"头可断，血可流；此心如冰洁，此志如玉坚。"然而在信誓旦旦表白的背后，郝鹏举却与国民党方面加紧勾结，寻找叛变的时机。

对于郝鹏举部的动向，我方已有所察觉。陈毅为此曾向中央请示处理办法，中央指示对其采取宽大和来去自由的政策，让他们自己选择前途。陈毅亲自到莒县郝部驻地，晓以大义，陈以利害，劝其坚定立场，不要做违背良心和历史潮流的事情。随后，陈毅满足郝鹏举的要求，将他的部队调到东海前方，不改变其优厚待遇，任其选择出路。在郝部做政治思想改造工作的山东军区政治部联络部部长朱克靖等也随其行动。当时陈毅和山东解放区领导对郝鹏举是仁至义尽的，新四军张云逸副军长和渤海军区代表访问民主联军总部，对其表示慰问和争取；9 月中旬，中共华东局代表舒同也到郝部出席中秋聚餐会。

9 月中旬，两淮战事激烈，国民党 74 师占领淮阴，华中分局后方机关撤至鲁南，华中野战军主力也主动北上。郝鹏举认为国民党军队连连取胜，而我军形势极为不利，于是加紧与国民党徐州方面的勾结，随时准备投降国民党。①

————————
① 《民国高级将领列传》第七集。

1947年1月9日，郝鹏举借起义一周年的纪念活动，一面致电延安的毛泽东主席和朱德总司令，伪善地表示："我们在解放区得到军民的热烈爱护与帮助，尤其他们常从一百里外给我们送给养、柴草，真正使我们万分地感激与兴奋。"另一方面，他调集军队，准备军需辎重，接走莒县中楼村的部队眷属，加紧了叛变投蒋的行动。他邀请陈毅出席纪念会，图谋不轨。陈毅提高了警惕，没有赴会。郝鹏举去见陈毅，询问对局势的看法，实际上是作最后的决定。陈毅回忆说："汉奸郝鹏举，他叛变前几天来找我，他说：'延安报纸说消灭这么多敌人，俘虏这么多军长、师长和旅长，我认为这是战役战斗上的胜利；蒋介石已占领我们二百多个城市，这是战略上的胜利。'意思是我们不行，蒋介石靠得住。我说：'我不是军事教员，但是许多军长、师长让人家捉去了，不会与战略无关，世界上没有这种战略，我们失去的二百多城市很快就可恢复的。'他不相信我的话，回去后没几天就叛变了。"①

1947年1月23日，正当陈诚到徐州前线部署向鲁南解放区大举进攻前夕，郝鹏举认为叛变的时机成熟，他暗中接受了薛岳委任的国民党"鲁南绥靖区司令兼第42集团军总司令"之职，发动叛乱。26日，他诱捕了朱克靖及中共联络人员康宁等四人，当天夜里率部投向海州城下蒋管区。1月27日，郝鹏举发表反共通电，宣布"还军于国"，公开叛变投降蒋介石。他到徐州拜见陈诚、薛岳，表示效忠。并将朱克靖等同志献给国民党当局，邀功请赏。

朱克靖是我党老资格的统战工作者，湖南醴陵人。1919年考入北京大学，1922年入党，1923年赴苏联东方大学学习，1925年回国，任国民革命军第3军党代表兼政治部主任。他先后参加北伐战争和南昌起义，南昌起义失败后与党组织失去联系，抗战爆发后回到新四军工作，任新四军联络部部长。新四军北上抗日到苏中开辟根据地，朱克靖受陈毅委托去泰州，争取国民党地方实力派李明扬等与新四军合作。电影《东进序曲》就是反映这段历史。抗战期间他一直从事统一战线和瓦解伪军工作，卓有成效。1946年策

---

① 陈毅：《一年来自卫战争总结》。

动郝鹏举起义后，他就一直留在郝部，从事统战和改造工作。郝鹏举的背信弃义，使朱克靖等落入魔掌。国民党当局将他们押往南京，让新闻记者前来采访，想从这些共产党人的口中得到他们需要的东西。朱克靖等同志面对记者的拍照与提问，除了谈自己的个人经历外，拒绝回答其他问题，表现了一个老共产党员的尊严和气节。国民党当局无计可施，于1947年10月将朱克靖等人秘密杀害。

当郝鹏举叛变时，我方的部分干部杀出重围脱险，向陈毅报告了消息。国民党当局的报纸广播大肆吹嘘，得意洋洋。我军将士义愤填膺，决心彻底消灭这个反复无常的汉奸军阀。2月4日，陈粟谭报告中央军委："郝部叛变，架走朱克靖及干部随从共七人，其余干部二十余在郝部叛变时据屋坚决抗击，叛军退去，得安全回来。故除朱等七人被架去献交国方外，余无损失。郝部后方计千人，均被我解除武装。郝部叛后，顽方委以42集团军兼鲁南绥靖分署的名义，但不让郝部进海州，驱其赴前线作战。郝部逃亡甚多，内部对郝之叛变不诚者甚众。我们拟郝部北进时予以歼灭战，但不因之妨害我们的主要的歼灭薛、陈部队的任务。"①

郝鹏举在徐州极力向国民党当局献媚，对记者发表谈话，诬蔑共产党和解放区，并发表致解放区军民的"公开信"，进行策反。他这样做的目的是为了再捞一把，从国民党方面得到武器装备的补充，扩大自己的实力。他请求薛岳让他的部队开到后方进行整补，不料国民党人可不像共产党人对他那样宽厚。蒋介石、陈诚历来是不信任叛徒的。尤其像郝鹏举这样的军阀、伪军，反复无常，说不定哪天还会再叛变。所以国民党利用郝鹏举叛变制造舆论，达到宣传目的后，就把面孔一板，命令郝鹏举部到海州以西的房山集进行点验，既没发给军装，也不给任何新式武器装备，只是补充了少数粮食（其中不少是粗粮），就将他们派往海州前线白塔埠地区，充当进攻解放区的炮灰。郝鹏举的部下在解放区养了一年，好吃好喝，没有参加过任何战斗，却被国民党毫不留情地赶上火线送死，上下一片抱怨，人无斗志。郝鹏举如

---

① 《中国人民解放军第三次国内革命战争史料选编》第2辑第1册。

同打掉牙往肚里咽，后悔也来不及了。

1月31日，国民党军各部开始行动。陈诚指挥的南线敌军兵分三路，齐头并进向临沂方向进攻。为了避免被我军歼灭，国民党军各部之间靠得很紧，每推进到一个地区，马上加强工事，不给我军以各个歼灭的机会。陈毅、粟裕分析了敌情，感到海州方向的敌军实力稍弱，可以先打掉这一路。2月3日他们向各部队下达作战预令，4日他们请示中央军委，提出三个作战方案。第一案是"以韦（国清）纵队进攻白塔埠附近之郝部，威胁海州，以吸引25师之东援，或74、83及11师等部之北进，而后集全力首先歼灭其好打的一路，再歼灭其第二路。"

当时，韦国清的第二纵队驻守在白塔埠以北40里的沙河镇一带。2月4日接到野战军总部命令，要二纵以疾进之势，歼灭郝部，造成威胁海州之敌的声势。我军干部战士对郝鹏举早已深恶痛绝，接到命令后，二纵上下士气高昂。韦国清司令员于6日下达命令：4师向白塔埠东北的上庄进攻，6师向白塔埠西北的董马庄、蔷薇村进攻，然后迂回至白塔埠南，切断郝部后路。5师则向白塔埠以西的陇海线驼峰地区进攻，阻止国民党军东援，保障4师、6师战斗的顺利进行。

6日黄昏，二纵各部分头行动。由于时间太紧，我军对敌情尚不清楚，只知道白塔埠一带有敌人，但郝鹏举的三个师驻在哪里，具体的情况都不知道。韦国清决定出奇制胜，乘郝鹏举还没做好准备，一下砸烂他。韦国清命令各师搜索前进，靠抓俘虏了解情况，组织战斗。

朱绍清师长率领4师三个团乘着夜色向南行进。他命令11团向东歼灭鸭当（今江苏东海县叶荡村）之敌，切断郝部与海州之敌的联系。10团作为主攻部队沿董马庄、蔷薇村一线南下，进攻白塔埠。12团为预备队，待敌情查明后再投入战斗。夜里21时，10团占领高庄，俘虏郝部几个士兵。从口供中得知郝部2师在马小埠，郝鹏举的司令部和4师在白塔埠。朱绍清师长命令10团带上配属的山炮连全力进攻马小埠，10团以两个营从东、西两面发起进攻，将敌军逐步压缩，加以歼灭。这时，12团5个连以急行军赶来参战，一下冲到小埠村前。敌军发起反冲锋，企图夺路而逃，我军将敌人打回去，到 7 日天亮，架起炮轰击村子。敌军溃逃，被 4 师全部消灭。

滕海清师长率领 6 师直插白塔埠。先头部队 17 团进至董马庄，敌军已经逃跑。17 团继续前进赶到蔷薇村，从东北角突入。郝部还没来得及修工事，一触即溃。一部分残敌占据村西南院落固守，因地形开阔，我军一次攻击未成，果断变换攻击点，实行爆破，敌军乘天黑逃窜。这时，4 师 11 团从鸭当向白塔埠以南迂回，与 6 师部队会合于白塔埠村南。7 日白天即向白塔埠发起攻击。我军集中炮火猛轰村子，敌军于黄昏前实施突围，我军分路围歼敌军，将其消灭于白塔埠、前后小埠之间的旷野里。

4 师战士抢先冲到郝鹏举的司令部，喝令敌军投降。当战士们冲进郝鹏举的房间时，只见郝鹏举惊慌失措，连连向我军战士说："对不起，对不起。"这样，二纵用一昼夜时间，干脆利落地全歼郝鹏举部，共歼灭、俘虏敌军 5000 余人。4 师俘虏郝鹏举以下 2700 多人，机枪、步枪 1800 余支，迫击炮 20 门，子弹 16 万发。5 师、6 师也有相当的缴获。7 日夜里，韦国清指挥二纵北撤，战斗胜利结束。①

讨郝战斗的胜利，在政治上影响很大。解放区军民拍手称快，国民党军则受到震慑。陈毅得到二纵生擒郝鹏举的战报后，感到胸中出了一口闷气，当即提笔写下《示郝鹏举》一诗，训斥郝鹏举：

> 教尔作人不作人，
>
> 教尔不苟竟狗苟。
>
> 而今俯首尔就擒，
>
> 仍自教尔分人狗。②

郝鹏举被擒后，自知罪孽深重，难逃人民的惩罚，他请求陈毅能接见他一次，表示他的悔罪。陈毅答应了他的请求，接见了郝鹏举。这是一次非同寻常的见面，是正义与邪恶的较量，是一场触及灵魂的对话。华东野战军参谋张剑在座，作了详细记录。1947 年 2 月 26 日的《大众日报》以《陈军长

① 《中国人民解放军第 21 军解放战争战史》，1952 年初稿。
② 《陈毅年谱》。

赐见郝鹏举谈话记》为题，发表了以下的报道：

"背叛人民的郝鹏举，于2月13日被押解至临沂附近某村，要求谒见新四军军长陈毅将军，陈军长仍以宽大态度赐予接谈。记者在旁参加，兹将谈话经过报道如下：

郝鹏举见着陈军长，即说：'万分对不起人民，对不起军长，今天能见军长一面，虽死无憾，不知军长能原谅我吗？'

陈军长答：'请坐下慢慢谈。'

郝此时手足无所措，感愧交集，眼泪夺眶而出。

陈军长问：'你到过徐州，见着陈诚吗？'

郝：'到过徐州，见着陈诚，只谈了两个小时。'

陈：'你见着蒋介石吗？'

郝：'没有。'

陈：'你与陈诚谈些什么？'

郝：'谈战局，薛岳也在座。'

陈：'陈、薛对战局的意见怎样？'

郝说：'陈诚说山东会战是国军成败关键，要我率部参加。'

陈：'他们有信心吗？'

郝：'我看他们信心是不够的，因为他们采取稳打稳进的办法，各路部队均怕侧翼暴露和后路被切断，且半年来失败太多，故均无信心，而且都知道即使进了临沂，仍不能解决问题。'

陈：'难道让你出任鲁南绥靖司令，你反有信心？'

郝长声叹气：'唉！陈诚向我说，42集团军番号仅系一个号召，因为国军战区及集团军番号均已取消，要我以后只用鲁南绥靖分区司令的名义指挥，我便知道上了当，不过是要我以一个孤弱部队死在鲁南。我要求后调整训，他们不答应，我不便多提。'

陈：'陈、薛对你们部队的补充如何？'

郝又长声叹气回答：'我29当天（按：系1月29日，即郝叛变后第三天）由徐州经海州返部后，一、部队不准进驻海州城；二、立即奉令接防白塔埠，并担任进剿任务；三、部队未领到经费，仅由段霖茂（按：系蒋55师师长，现率预4旅驻海州地区）暂借一部分，又不够用，且取款手续太烦，领不到款改领军米，又论包不论斤，实际每包一百三四十斤，但仍照二百斤算，所以部队吃不饱。吃烟、穿鞋更谈不到。报到一年来在解放区衣食毫无顾虑，样样满足，领款手续简便，且待遇较新四军、八路军更好，比之国民党待我真有天壤之别。所以部队将士均不满意我投蒋行为。到2月6日晚发生情况时（按：即人民解放军讨伐郝逆时），部队便迅速放下武器。诸葛亮所说攻心为上的战术，我这一回算是亲身领受.'

陈：'那么为什么你要投蒋呢？'

郝悔恨叹气：'由于我立场不稳，上了蒋介石政治诱惑的当呀.'

陈：'你说是被骗投蒋，为何又枪杀我派去的几名联络人员，为什么不完全送回？'

郝：'这完全是我受部下少数坏分子的劫持，企图以此向蒋、陈报功，这是我的罪过，我不能约束部下。当投蒋前后数日内，我受良心责备，十分痛苦，真像古人所说的到了魂不守舍的地步。总之，一切由我负责，政治上已到了无法拯救的地步。军长给我任何处分，我都接受.'

陈军长态度很温和：'你讲完了你的意思，我在这里可以告诉你数点：第一，去年6月以前，我们是想以民主自觉的原则说服你们接受八路军、新四军的建军经验，把你们这支旧式部队改造成为一支真正的为人民服务的武装，无奈百般说服劝导，你们都不能接受。到了去年6月以后，蒋介石大举进攻解放区逆谋已露，自卫战争不能避免，我知道你们部队改造已无希望，中共中央来电要我对你们的部队采取一贯的宽大政策，即不用武力强迫改造，我为了忠实执行中共中央对起义部队'来则欢迎，去则欢送'的民主自愿的政策，故把你们部队由解放区中心区调到东海边境，这你很明白，是让你自己选择自己的前途。假如要用武力解决你们或者要保留你们，是毫不困难的，让你们开到边境，且于开到边境后各种待遇不变，无非希望你们觉悟，向服务人民方面转变。这个意思很清楚，很明白，而且非常大度优容，公正无私。到今天，我看你们部队任何人不能否认这一点.'

郝频频点首说：'无论是解放区党政军民，无论是中共中央或军长个人，一贯对我们是爱护的，这是事实。'

陈：'那么为什么你投蒋后却说中共监视你们很严？又说我方无控制能力，故你们能安全投蒋，这是什么意思？'

郝：'那是中央社广播的，造谣。'

陈：'到了去年9月两淮失守前后，蒋、薛与你们的勾结我屡有所闻，且知道得很清楚。我又派人，又写信，又用电报，屡次劝你们不要丧失人格，背叛人民。我对于你们更是万分优容，不咎既往。到了今年1月中，你们擅自将部队南调，开至海州城下，我知道你们与蒋、薛的密谋又起，又立即劝告你们应站在人民方面方有出路，投蒋不过是替蒋介石增加一个独裁的殉葬品，你们仍毫不觉悟。我知道已无希望，但仍然申言只要你们不公开投蒋，我决不以一兵一卒相加。不意，你们最后竟寻死路，公开背叛人民，公开投降人民公敌蒋介石，这于解放区并无什么损失，故我们并不重视你投蒋的事。但是即使到这个时候，我仍然在最后一分钟下了一道警告给你，要你们部队迅速远离内战战场，不要向解放区进攻。但你们硬不听话，敢于在2月初即参加前线进攻，我这时才派部队迎击，一昼夜即捉你过来。我在这里明白告诉你，对于你们拖走部队是料定了的！我又可以告诉你，对于你们拖走部队时，竟捕杀我派去的联络人员，则出乎我之意料！因为我不料人之无良竟到了这种地步！'

郝俯首点头，顿足叹息作答：'对于临走捉杀军长派来之联络员一事，完全是禽兽行为，本人不知道，是部下干的。我不能控制部下，罪该万死。'

陈：'从你叛变到被俘，前后仅11日，这证明了干民主事业的需要有为人民服务的自我牺牲的革命精神，凡投机取巧必致身败名裂，最后难逃人民的惩罚。你就是一个投机取巧的示范，这是第一；又证明了一支旧式的军阀部队不经过彻底改造，绝不能担负伟大的民主斗争任务，这是第二；又从事实上证明从美帝国主义到蒋介石到陈诚、薛岳等人惨败之余，转而求之于你郝鹏举去参加，你们之间的关系太丑恶了，因而力量是更腐朽了，故不堪一击；又证明了中国人民的力量，基于正义和爱国自卫，故名正言顺，力量伟

大，一出手你们就纷纷落马，这是第三。以上这些教训，对于任何人都有用处，恐怕对美蒋及你作用最大。'

'目前你既然到了此地，一切应由人民处理。还能够保全、能够宽恕的地方，人民定可准予考虑。不过你做的事太坏，太对不起人民，太违反人情，再次背叛国家民族，罪恶实在太大，要看人民是否能宽恕你。我立刻派人送你到后方去，听候发落好了。'

陈军长谈话至此，即令退，郝俯首辞出，连呼：'一切由我负责，我太对不起人民，对不起中共，对不起军长……'"

延安的《解放日报》于2月16日发表社论《郝鹏举事件的教训》，指出像郝鹏举这样的反复无常、奸猾狡诈的军阀，其本性是不会改变的。当他宣布退出内战时，我方对他进行了仁至义尽的争取。但是一支旧军队不经过彻底的改造，仅仅换个名义或宣布"起义"，是不会变成真正的人民军队的，遇到紧急关头，他们就会叛变革命。通过郝鹏举事件，我们也可以吸取教训。

1947年5月，蒋介石向山东解放区发起重点进攻。我军为了在运动中歼灭敌人，实行有计划的撤退。鲁南机关向渤海军区转移，郝鹏举也被押解随行。这个狡猾的家伙以为时机已到，寻机逃跑。一天当部队撤至小清河边准备渡河时，突然遭遇国民党飞机轰炸。郝鹏举乘大家隐蔽时跃起逃遁，被我军战士开枪击毙。这个军阀、汉奸、叛徒，就这样结束了可耻的一生。

莱芜大战

华野北线作战方针的确立——主动放弃临沂——王耀武的疑虑——华野主力北上莱芜——王耀武几次变更部署——和庄歼灭77师——一纵拖住李仙洲集团——吐丝口攻坚战——全歼李仙洲集团——蒋介石大骂王耀武——运动战的胜利

国民党统帅部为了进行"鲁南决战"计划，进行了充分的准备。1947年1月31日，参谋总长陈诚亲自到徐州以北的新安镇指挥南线三路大军同时向北发起进攻。同时命令济南的王耀武指挥北线国民党军南下，企图南北夹击，将华东我军包围压缩，予以消灭。

面对国民党军的大兵压境，如何打击敌人，争取打几个大歼灭战，是陈毅、粟裕等指挥员昼夜思考的问题。起初，华东野战军领导人把主要作战方向放在南线，准备乘鲁南战役胜利的气势，消灭三路国民党军的一路。粟裕回忆："2月3日，我们向各部队下达了作战预备命令，拟定了在临沂及其以南地区作战的三个方案。第一方案，如果敌右路前进较快，即首先集中兵力歼灭整编25师及整编65师于郯城以东，东海（今海州）以西地区。这一路敌人的战斗力较弱，侧翼暴露，易于歼灭。第二方案，如敌左路前进较快，则首先集中兵力歼灭整编第11师于沂河以西的苍山地区。这一路敌人

侧翼虽不暴露，但比较薄弱一些，容易打。第三方案，如敌左右两路均前进
迟缓，而中路突出时，即首先集中兵力歼灭整编74师于沂河、沭河之间，郯
城以北地区，这一路敌人战斗力较强，两翼又有掩护，不易被歼。"为此，
粟裕命令第三纵队坚决抗击中路的敌军，目的是想让南线国民党军两翼突
出，使我军找到歼敌机会。

这些方案需要一个条件，就是要等待敌人一路突出。但是国民党军也
很狡猾，他们坚持齐头并进，并且越来越靠拢，不给我军可乘之机。陈诚
估计我军必定坚守临沂，他要等待北线的王耀武部队南下，时机成熟再行
决战。

敌军步步进逼，而我军没有机会，形势使我方变得被动起来。陈毅、粟
裕又在研究新的对策。2月4日毛泽东的电报指示他们诱敌深入，"准备于
必要时放弃临沂"。这就使华东我军放开了手脚，陈毅受到启发，向粟裕提
出了一个重要的设想：既然南线敌人重兵密集，战机难寻，而北线敌人孤军
深入，威胁我后方，我们不如改变原定作战方针，置南线敌重兵集团于不
顾，而以主力北上，以绝对优势兵力，歼灭北线之敌。陈毅要粟裕认真考虑
一下，拿出具体的行动计划来。①

粟裕对形势进行了全面的估价，他认为："敌在沂河以东，沭河以西宽
约三四十里的正面，即摆上了二十多个团的兵力，整个南线有五十多个团。
我亦集中五六十个团，在此情况下与敌决战，尚无把握。固然临沂不能轻易
放弃，但根据目前情况，在整个敌我力量对比及人力、物力诸条件下，还不
能采取死守方针。同时在敌人兵力未消耗到一定程度前，不应过早进行决
战。可是敌人却认为我非在临沂决战不可，因此敌人在战略指导上犯了'攻
其必争之地'的教条。"

"在南线，敌人很谨慎，不敢大踏步前进。而北线之敌却威胁到我们的
后方。我们虽无重工业，但二十多万部队如果没有一个后方，部队给养便无
处供应，伤兵医院便无处安插，因此必须毫不犹豫地大踏步北上，首先解除

---

① 《粟裕战争回忆录》第13章第3节。

敌人对我后方之威胁。"①

陈毅、谭震林同意粟裕的分析，他们拟定了三个作战方案，于2月5日上报军委："第一，即以韦（国清）纵队进攻白塔埠附近之郝部，威胁海州，以吸引25师之东援，或74、83及11师等部之北进，而后集中全力首先歼灭其好打的一路，再歼灭其第二路。第二，如执行第一方案仍未能吸引敌人前进，则除以一个纵队住于临沂以南监视敌人外，主力均集结至临沂以北地区休整，以待敌之北进，再选歼灭机会。第三，如南线敌仍不北进，或北进时不便歼灭，则除以一个纵队留临沂地区与敌纠缠外，其余主力急行北上，彻底解决北线敌人。"次日毛泽东回电："完全同意5日未电第三方案，这可使我完全立于主动地位，使蒋介石完全陷于被动。""一星期至十天内，全军在原地整训，对外装作打南面模样，待敌12军占领莱芜，73军及46师占领新泰、博山之线，然后秘密移动全军（缺一个纵队）首先歼灭73军、12军及46师，然后攻占胶济全线。"②

就在陈粟谭向军委请示时，他们向二纵下达讨郝战斗的命令。二纵以迅速勇猛的动作，一夜奔袭数十里，干脆利落地消灭了郝鹏举叛军。但是与我方预料相反，国民党军并没有前来增援，而是采取更为谨慎的动作，加强了各部的防御和配合，还是步步为营地向前推进。毛泽东看到了这一点，2月9日电告陈粟谭："解决郝鹏举部很好。但就全部战略方针来说，如你们方针是解决南面，则似乎打得早了一点，可能影响敌各部进得更谨慎。打了郝鹏举后你们似应按兵不动（要有极大忍耐心），让敌各部放手北进，然后各个歼灭之。如你们方针是先解决北面，则打郝鹏举并无妨碍。你们须在两个方针之间有所抉择。"

不必再等待了，陈粟谭下定决心集中兵力先打北线之敌。他们于2月11日电告中央军委："我们决心集中叶（飞）、王（必成）、陶（勇）、成（钧）各纵队及王建安、许世友、宋时轮等部共五十三个团，拟首先集中全力解决

① 粟裕：《关于莱芜战役初步总结报告》，1947年3月8日。
② 山东出版总社泰安分社编：全国解放战争时期山东重要战役资料丛书《莱芜战役》。

73军及南北师庄12军之一个师,而后再转移兵力解决进占新泰之46师,及向胶济线进攻,以彻底解决北线问题。"对于南线敌军,拟"稍为阻滞敌人进占临沂之行动,决由陈士榘率指挥所留临沂附近,指挥韦(国清)纵及三纵(鲁南8师及警旅六个团)于临沂附近,必要时可再抽一部参加歼灭进占新泰之46师。"

总部一声令下,华东野战军主力四个纵队开始秘密向北运动,鲁中、渤海、胶东三个纵队也向莱芜方向集结,准备在北线打仗。第二、第三纵队在陈士榘参谋长指挥下,伪装华东野战军全军,在临沂以南实行宽正面防御。为了迷惑敌人,我军公开在沂河和临沂至卞庄的公路旁大挖工事,显出决战的样子。鲁南地方武装伪装成主力部队,到处号房子,征粮草,在运河上架桥,并派一部攻打兖州。这些迹象使国民党情报部门误认为我军要死守临沂,守不住就向西转移,从而作出错误的判断。

为了迟滞南线国民党军进攻,保证主力部队赶到北线投入战斗,陈士榘认真部署保卫临沂的战斗。由鲁南军区特务团在临沂以北地区担任正面抗击任务,三纵8师、二纵5师在临蒙公路两侧作配合。2月13日,南线三路国民党军开始进犯临沂。中路的83、74师担任主攻。

与宿北、鲁南战役不同,国民党军这次进攻相当谨慎,力求扬长避短。他们特别注重侦察,情况不明决不轻易冒进,每天只前进十余里。第一批前进,第二批就在后面修工事。下午第一批又后退集结宿营,与后面梯队靠拢。就这样逐步增加兵力,逐步推进,免遭我军围歼。在攻击中,国民党军一般不作正面强攻,而是依靠强大炮火向我军阵地猛轰,其部队从两侧包抄。或是拂晓前利用沟渠隐蔽地形向前方运动,黎明时展开攻击。进攻时至少展开一个营的兵力,后面有大部队跟随,避免孤军突出。这样的作战必然推进速度很慢,正适合我军迟滞敌军,消耗时间的要求。

2月12日国民党74、83师以18辆坦克和大量炮火支援下,向我三纵8师的李家庄、八里屯一线发起进攻。我军顽强抵抗,以各团轮番作战的方式,使部队不致过于疲劳,得到适时休整,保持旺盛的斗志。原来我军只在正面修筑工事,针对敌军的迂回进攻,我军及时赶修两侧工事,并将正面工事修成有纵深的几道工事,加强了防御能力。在战斗中注意利用村前的开阔地,充分发扬火力,杀伤敌军。当敌军进行炮击时,我军就隐蔽起来,或利用交通沟退到二线,减少其炮火效用。当敌军接近时,我军用短促火力向其猛烈射击。在明显的地形上,我军做些假工事,派少数人虚张声势,吸引消耗敌军炮火,使敌人以为我军兵力众多,不敢放手进攻。12日的战斗打了整整一天,我军在给予敌军重大杀伤后,夜里主动向后转移。这样且战且退,到14日,临沂我方人员已全部转移,临沂已是一座空城。二纵、三纵完成阻击任务,撤至临沂以北的高里地区。①

2月15日上午10时,李天霞、张灵甫指挥83、74师进入空空荡荡的临沂城。国民党方面欣喜若狂,鼓吹"临沂大捷",认为其"鲁南会战"取得了决定性的胜利。国民党方面发布的消息说:"王耀武一手培养的五虎将之二的李天霞、张灵甫两师所部劲旅,于15日上午10时已正式收复临沂城。按临沂为中共第二支强大部队新四军之根据地,亦为中共华东局、山东省政府与山东军区所在地。亦即大江以北、大河以南中共之军事政治中心。其对中共之重要性,仅次于延安,而超过东北之佳木斯。亦即无异华东之延安。""陈毅率残部分三路向沂蒙山区溃逃,一路由蒙阴奔泗水,一路由梁邱投邹县,一路由费县亦趋泗水。其企图,或将在鲁南山区稍事休整,再越津浦路西窜。因沂蒙山区北麓已有王耀武兵团坚拒,北去实不可能也。陈毅所率之新四军,据官方估计,其损失总数已有16个旅,7个纵队,约当总兵力三分之二。"②

陈诚被"临沂大捷"的喜报冲昏了头脑,他一面命令南线部队继续北进,一面命令王耀武的部队从北线配合往南压,企图将陈毅的部队压缩在沂蒙山区,彻底消灭。王耀武的头脑毕竟还冷静些,他不相信共军会被如此轻易地消灭掉。早在1月份陈诚调集兵力准备进攻临沂时,就催王耀武派部队南下配合。要他迅速调集三个军的兵力,南下牵制并吸引共军,并限其2月

---

① 《中国人民解放军第22军解放战争战史》,1952年初稿。
② 《申报》,1947年2月16日。

8日以前占领新泰。王耀武很不情愿。因为他手头的部队本来不多，守济南、青岛，看住胶济线和津浦线就够困难了。他复电陈诚，表示山东军队不多，南进孤军深入，补给线长，危险性大。主力部队抽调南下，淄博和胶济线无法确保。陈诚见王耀武不肯从命，于2月1日以蒋介石的名义电告王耀武："此次鲁南战役，有关国共两党之存败。如鲁南失败，山东亦不可独存。"要他下定决心，顾全大局。①

王耀武还是犹豫不决，他让参谋拿着南京国防部的作战计划去找国民党山东省党部主任庞镜塘征求意见。庞是山东人，对山东地形比较熟悉。他指出："从山东地区的战争历史来看，自北向南作战有三条路：一是由临朐南出穆棱关遥控沂蒙山区；一是沿泰山、徂徕山一线南进兖州、沂南地区；一是取道吐丝口出泰山东侧直下新泰、莱芜。前两条道路是居高临下之势，可操胜算。后一条道路则兵出峡谷，处于被动；如果孤军深入，易于腹背受敌，等于自己投进对方口袋，首尾不能相顾。而国防部采用的正是最后这条路线，表面上看来最近便，实际是下策。在对共军情况不十分了解的情况下，万不可轻易采用。"王耀武对庞的意见表示重视，并转达给陈诚。②

刚愎自用的陈诚，根本听不进王耀武的意见，在占领临沂后，即致电王耀武说："我军在苏北和鲁南与敌作战，歼敌甚众。敌军心涣散，粮弹缺乏，已无力与我主力部队作战。陈毅已率其主力放弃临沂，向北逃窜，有过黄河避战的企图。务须增强黄河防务，勿使其窜过黄河以北，俾便在黄河以南的地区歼灭之。"陈诚求得蒋介石的同意，向王耀武下达了更明确的指令："着该司令官派一个军进驻莱芜，一个军进驻新泰诱敌来攻，勿使其继续北窜。待我守军将敌吸引住以后，再以部队迅速增援，内外夹击而歼灭之。"

王耀武根据同我军作战的体验，仍不相信陈毅的军队已被击溃。他建议不要分兵南下，而是把12军摆在博山、莱芜之间，把守既设阵地，与博山的73军相配合，等待我军来攻。但是蒋介石、陈诚都不同意王耀武这种保

① 《莱芜战役前后敌情综合介绍》，见《华东军区、第三野战军第三次国内革命战争战史资料选编》。
② 庞镜塘：《关于莱芜蒋军被歼记一稿的补充材料》，见《文史资料选辑》第23辑。

守的战术，2月13日，蒋介石以亲笔信催促王耀武派部队进驻莱芜、新泰，口气坚决，无商量余地。王耀武只能执行蒋的命令，派第2绥靖区副司令李仙洲为前线指挥官，到博山调遣部队南下。①

李仙洲，山东长清人，黄埔一期毕业。参加过北伐战争，一直打到济南。当时正值日军制造"济南惨案"，屠杀中国同胞，李仙洲激昂请战，被蒋介石阻止。蒋介石赏识其为人正直，让他去改造旧军阀的军队。李仙洲任21师师长，将这支杂牌部队改造为蒋军嫡系部队。抗战期间，他参加居庸关、忻口会战，在战斗中身负重伤，仍鼓励部下坚守阵地，受到蒋介石嘉奖，晋升为92军军长。抗战后期，李仙洲部驻军淮北、鲁南，经常寻衅与八路军、新四军摩擦，遭受我军沉重打击。抗战结束后，李仙洲的部队被整编，其28集团军番号取消，他被任命为第2绥靖区副司令，位于比他资历轻的王耀武之下。李仙洲手中没有自己的老部队，实际上被架空，挂名而已。

2月12日，李仙洲到达博山指挥部，指挥12、73、46三个军向南进攻。这三个军未经整编，实力相当于南线的国民党军整编师，从战斗力和装备说，除了韩浚的73军是王耀武的基本部队，稍强一些，其余两个军都属一般。韩浚与李仙洲同为黄埔一期生，但毕业后就再没共过事。12军军长霍守义、46军军长韩练成则根本不认识。李仙洲说："在国民党的军队中，首先讲历史的关系及个人感情，已养成一种习惯。"这些生疏的部队，他是指挥不动的，只能听王耀武遥控。

按照预定计划，12军应该走在最前面。王耀武命令12军军长霍守义进占莱芜县城，掩护南下部队的集中，并侦察情况随时报告。但霍守义老奸巨猾，不肯拿自己的部队去冒险。2月15日，12军慢吞吞地到达吐丝口镇以南、莱芜城以北的孝义集，就不敢再向前进。此时莱芜已是一座空城，连老百姓都隐蔽起来。霍守义侦察确实后，才派人进占莱芜，并向王耀武报功。李仙洲对霍守义行动迟缓十分不满，向王耀武告状。王耀武也认为霍守义不得力，16日下令驻博山的73军与12军对调，将12军的新36师留在吐丝口。

① 王耀武：《莱芜蒋军被歼记》，见《文史资料选辑》第8辑。

新36师是王耀武刚组建起来拨给12军的，不是霍守义的基本部队，所以霍也没有意见，动作迅速地撤至博山。73军军长韩浚与李仙洲的司令部一起南下。这次是韩练成的46军走在前面，16日由博山出发，当天到达颜庄。沿途所见村庄是坚壁清野，人烟罕见，没发现解放军的部队。于是46军又前进到新泰，在县城安营扎寨，构筑工事。73军则沿着46军行进的路线，于18日到达颜庄。国民党大军五六万人，在丘陵间的狭窄公路上缓慢行动，每天的给养就要200吨，需要几百辆卡车输送。12军在后边担负保障，队伍拉得老长。

这时，华东野战军主力正在向莱芜地区行进。鲁南的第一、六、四、七纵队隐蔽北上，预定16日前在莱芜西南、蒙阴东北地区集结。北线的第八、九、十纵队分别到莱芜以西、新泰东北集结。各部队的具体任务，待进一步查明敌情后再定。广大指战员在没有充分时间准备的情况下，克服种种困难，冒着雨雪严寒，昼伏夜行，翻山越岭，在道路崎岖的鲁中山区行军。各部队边走边布置、边动员、边准备，并进行政治思想教育。为了隐蔽战略意图，对下级指战员没有明确说是到莱芜打大仗。一些战士见放弃了临沂，又仓促向北走，思想又产生了误会和动荡。七纵政治部及时发布指示，对一些问题作出解释：

"为何不先在鲁南进行战斗，是因为蒋军孤注一掷，从南北二线夹击，以求歼灭我们的主力。我们不上他们的当，先以集中优势力量歼灭北线一路，打破敌人的部署，使我们无后顾之忧。"

"消除那些北上是'到东北'、'到延安'去的怀疑，说明我们是华东野战军，我们的行动，没有脱离华东的范围，现在是到了打的时候了。"

"说清在山地作战对我们是很有利的，敌人的机械化部队使用困难，我则更容易包围与歼灭敌人。因此，要克服爬山苦的种种怪话，要发扬刻苦耐劳的精神，不会爬山的迅速学会爬山，要学会迅速抢山顶、堵口子，使敌人一个逃脱不了。"

七纵政治部的指示中提出要求："由于在山东作战行军，故宿营住房常常成问题。为此要大家互相容忍，尤其与个别部队相挤时，更应有团结友爱的精神，不许吵架，不许相骂。同时更应注意群众纪律，不要丝毫损坏群众的东西，不要随便抱草烧火，群众纪律检查组应严格执行检查。"①

在大军北上过程中，山东老区人民给予大力支援，表现出高度的觉悟和革命热情。原来集中在临沂的几十万民工支前队伍，调转头来，运送大量作战物资随军北上。他们风餐露宿，跋山涉水，肩挑担子，赶着毛驴，推着独轮小车，将粮草、弹药及时输送到前线。鲁中军区的老百姓在国民党军南下时，到处坚壁清野，不给敌人留下一粮一柴；到处埋雷破路，使敌军陷于困境。当我军主力到达时，当地老百姓积极配合，为我军站岗放哨，反奸防特，封锁消息。日夜赶制煎饼，筹集粮食。人民群众的全力支持，不仅使我军北上部队的后勤供应得到保证，而且极大鼓舞了部队的士气。

2月15日，华野总部根据掌握的敌情，向各纵队下达作战预备命令：以第一、第六纵队为左路，进攻莱芜、吐丝口镇；以第四、第七纵队为中路，进攻颜庄；以第八、第九纵队为右路，进攻和庄的193师。命令十纵抢占口镇以北的锦阳关，切断李仙洲集团的北逃退路。

国民党军南线集团占领临沂后，陈诚命令王耀武催促北线部队迅速南下，对共军形成合围夹击。王耀武凭多年经验，认为共军主力并未消灭，有转移作战方向的可能。他派出飞机四处侦察，果然发现地面上有大部队移动的迹象。这时，46军发现颜庄两侧亦有共军活动。李仙洲电告王耀武，认为北上部队确系共军主力。他判断：鲁南始终未有决战之征候，鲁中是共军良好的根据地，共军绝不会放弃。

李仙洲的意见与王耀武一致，2月16日凌晨，王耀武电令46军撤出新泰回颜庄，李仙洲的指挥部和73军从颜庄撤至莱芜。命令下达后，46、73军官兵都不满意。他们相信蒋介石和陈诚的吹牛，认为在南北夹击的有利形势下，还没与共军接触就后撤，太没面子，有损士气。陈诚闻讯大为恼火，责问王耀武："为何不得命令，擅自后撤！"并说共军是"已围之师，无足顾虑。"命令北线部队恢复原来的部署。46、73军刚开始行动，王耀武的电

① 《第七纵队关于动员北线战斗的指示》。

报又来了，按照原定位置不动。国民党军官都很高兴，趾高气扬地说："除非新四军不来，如果敢来，非叫他吃苦头不可。"①

敌情的变化给我军的行动带来麻烦。粟裕回忆："在敌人突然后撤的情况下，当时很使我们许多同志担心，因为我们部队尚未到齐，有的兵团首长要求以右路军切断敌人退路，左路军向莱芜挺进，即使不能将敌人全部歼灭，也可以吃掉它的尾巴。这个意见幸亏我们没有同意，否则部队一伸出去，这五万多敌人就很难消灭。"②陈毅、粟裕等坚持既定决心，令部队继续隐蔽开进。在主力未集结前，暂不惊动敌人。

2月17日，46军返回新泰，73军主力返回颜庄。敌军的犹豫徘徊，重新南下，说明我军作战意图尚未暴露。粟裕根据各部队到达的位置，对作战任务作了调整。规定于19日发起进攻。因各部行军疲劳，准备未周，又决定延至20日攻击。

到2月19日，我军各部队已秘密接近莱芜两侧，即将完成战役包围。国民党方面发现我一纵1师已在莱芜以西等了三天，同时发现我右路军在鲁村集结，有几个逃跑的俘虏兵回去告密，王耀武、李仙洲才判明我军真实意图。国民党的战史陈述：华东野战军"主力作战略转移，经由临沂、蒙阴、新泰、莱芜东西山区小径，昼伏夜行，秘密前进。我空军既无法搜索，地面情报亦不易侦知，一时竟不知匪军主力所在。及至判明其企图与行动时，我南进兵团已被个别包围于古马陵道中。"③

王耀武判断共军有集中兵力先消灭73军，再消灭46军的企图，乃采取紧急措施，命令已经到达颜庄的46军火速撤回莱芜，与73军合力固守。同时命令73军的77师经博山南下归还建制。这样可以避免兵力分散，被各个击破。46军军长韩练成当晚就指挥部队缩回莱芜，李仙洲向两位韩军长部署防守任务。粟裕获悉敌情变化后，马上调整部署，命令一纵进攻莱芜李仙洲总部及73军，四纵进攻颜庄的46军，六纵进攻口镇的新36师，八纵主

① 李仙洲：《莱芜战役蒋军被歼始末》，见《文史资料选辑》第28辑。
② 粟裕：《关于莱芜战役初步总结报告》，1947年3月8日。
③ 转引自《中国人民解放军第三野战军战史》。

力和九纵一部在博山以南的和庄设伏消灭77师，十纵攻占锦阳关，切断国民党军的退路。战斗定于20日15时发起。

20日拂晓，八纵、九纵分别进入和庄地区隐蔽，而77师也同时由博山南下，中午到达和庄。根据这一情况，我军必须提前发起战斗，否则敌军将越出我军包围圈，接近口镇。13时，我军提前两小时发起攻击，接近敌人，九纵25师冲在前面，歼敌两个连。由于出击距离较远，山地行动不便，未能在公路上将敌分割歼灭。敌军迅速收缩到和庄、不动两个村庄内，集结固守。黄昏时，八纵、九纵25师抢占和庄、不动周围制高点，向敌人发起进攻。九纵用连续爆破突入村内，与敌军展开巷战。李仙洲接到77师的告急，命令韩浚派吐丝口镇的一个团去增援。韩浚认为黑夜不便行动，相信77师能坚持到天亮。然而在我军的猛攻下，到21日拂晓，77师大部被我军歼灭。师长田君健率领残部向博山方向突围，在青石关被九纵26师和鲁中警备5团包围，田被击毙。和庄战斗歼灭77师，为莱芜战役的胜利开了一个好头。

20日黄昏，叶飞命令一纵1师、3师分别向莱芜城西、城北国民党军外围阵地发起攻击。因四纵尚未赶到，八纵去围歼南下的77师，攻击莱芜城的战斗，由一纵独立承担。当天夜里，一纵3师7团猛攻莱芜城西的小曹村。经五次爆破，三次突击，占领部分阵地。73军193师顽强抵抗，一夜反复争夺，战斗十分激烈。用李仙洲的话说，"双方杀了个七进八出"。韩浚命令73军集中炮火轰击城西我军，并在21日晨派部队出城增援。在国民党军优势火力下，3师白天进攻没有得手，退出小曹村阵地。与此同时，1师2团向莱芜城北的矿山阵地进攻，苦战一夜，占领矿山制高点三个碉堡。73军在21日上午以密集炮火配合步兵进行反击，我军展开困难，暂时撤离矿山制高点。在城北的马家庄和小洼村，我军进攻顺利，占领了这两个阵地。

王耀武得到李仙洲共军猛攻莱芜外围的报告，颜庄附近也发现有共军大部队运动。王耀武判断我军可能先消灭突出的46军，再解决73军。为避免被各个歼灭，王耀武急令收缩兵力，要46军放弃颜庄，退入莱芜城与73军会合。当时莱芜城南是四纵的作战区域，因四纵行军受阻，未及时赶到，46军由颜庄撤入莱芜城。21日上午，一纵8团和46军先头部队遭遇，双方误会为自己人，8团抓了俘虏，叶飞亲自审问，才知道46军已经进了莱芜。叶飞心头一沉，国民党两个军聚集莱芜，原来由五个纵队担负包围莱芜的任务，现在要由一纵独立承担了。

21日早晨，李仙洲命令韩浚指挥73军向城北的小洼和矿山进攻，一定要保持莱芜北面公路的畅通，为国民党大军保留退路。韩浚派出一个团，向小洼我军阵地发起进攻。莱芜城北通向吐丝口镇有两条平行的道路，东边经过北铺镇，西边经过矿山。小洼正处在两条道路之间，是个只有几户人家的小村庄。两边是高地，后面是矿山。矿山在国民党军手里，机枪可以打到小洼。北铺镇在我军手里，1师1团在小洼放了一个连，由副营长孙洪春指挥。这天早晨，矿山方向的敌军向小洼进攻，被我军战士打了回去。团首长察觉敌军有向北突围迹象，命令小洼的1连坚决顶住，不能放跑敌人。拉上几挺重机枪和掷弹筒加强1连的火力。过了不久，国民党飞机开始轰炸扫射，把房子都烧着了。敌军开始分几路纵队出城，向小洼扑来。1连沉着应战，待敌军靠近再打。敌军受到杀伤后迅速散开，利用起伏地形与我军交火。战斗激烈进行，1连长前往村旁高地指挥时不幸牺牲，2排、3排与冲上高地的敌军混战，拼起刺刀，3排长也牺牲了，2排长负伤。高地被敌军占领。

1排长王国栋和战士们守在小洼村正面的一个小围子里，看到2排长和几个战士向这里跑来。王国栋问2排长："你是干部，为什么下来了？"2排长说："我带花了，连长、3排长牺牲了，指导员也负了重伤。"王国栋果断地说："好，你下去，我来负责。"他迅速把从山上跑下来的战士收拢，临时编成一个班，配上一挺重机枪，让他们封锁山上，不让敌人下来。王国栋仍然负责抗击正面敌人。这时，敌人从正面、侧后三个方向进攻小洼，王国栋指挥机枪猛烈开火，并高声鼓励战士："我们坚决守住小洼，决不后退。我们1连从来没打过败仗，我们不背历史包袱！"战士们边打边响应："哪个向后退，哪个是孬种！"通信员跑来喊王国栋："副营长让你指挥1连！"王说："我已经在指挥了。"在这危急时刻，北铺镇那边的1团部队用重机枪封锁小洼村旁高地，使敌军无法居高临下冲进小洼村。王国栋想起廖政国师长的话："打仗要打敌人，不要等敌人来打我们。"他带领一个班主动出击，两个班掩护，几次将公路上的敌人压回去。在战斗中，王国栋的手心被子弹打穿，仍然坚持战斗。1连坚守小洼村五个小时，挡住了国民党军十倍以上兵力的轮番进攻，到下午撤出阵地。国民党军也没敢再进攻，黄昏撤回莱芜城内。①

22日，73军的一个团又向莱芜城西北的安乐山阵地进攻。莱芜城西北有两个山头，中间呈马鞍形，安乐山是西边的山头。一纵1师的8连坚守阵地，扼住国民党军突围的通道。李仙洲怕共军居高临下，城内受到威胁，命令夺回安乐山。国民党炮兵向山头打了500多发炮弹，飞机扔下燃烧弹，将整个山头包围在烟雾之中。8连战士组成战斗小组，组织火力，轮番到前沿战斗，打退国民党军七次冲锋。国民党军虽然有强大火力支援，无奈步兵就是占领不了山头，留下一大片尸体。8连在多数伤亡的情况下，主动撤出阵地，将莱芜国民党大军又拖住一天。一纵的三天战斗，打得极为艰苦。他们拖住了莱芜城内的四万蒋军，保证华野的各主力纵队赶到预定位置，对国民党军进行围歼。粟裕在3月8日的战役总结报告中说："在各纵队配合上说，一纵最吃力，虽然缴获不大，但在整个战役中起了决定性作用，应算第一功。"

就在一纵进攻莱芜，牵制李仙洲集团时，王必成指挥六纵进攻吐丝口镇的战斗也在激烈进行。口镇处于明水、博山通向莱芜公路的交叉点，镇子长3里，宽2里，面积比莱芜城还大些。李仙洲集团的后方基地设在这里，储存了上百吨弹药和数十万斤粮食。拿下口镇，就切断了李仙洲集团的退路和济南方向的增援。陈毅、粟裕首长把这个任务交给六纵，王必成命令16、18师担任口镇攻坚，17师阻击青石桥方向之敌。战斗开始前，王必成等到前沿观察地形，发现口镇四周是石块砌成的围墙，有一人多高。西门外的铁厂是敌军突出阵地，外围设了鹿砦。镇东北角是敌军防守重心，碉堡密集。驻守此地的国民党军新36师是由伪军改编，战斗力虽不很强，但善于死守，因为他们当年曾替日本人守过许多据点，对付八路军是有些经验的。

① 王国栋：《在华东野战军模范竞选会议上的报告》，见《莱芜战役》。

2月20日夜里，六纵18师派48团一个突击连隐蔽接近口镇，以偷袭动作向里插。靠近口镇围墙外的一个小房子时，敌人尚未察觉。当敌军哨兵发现喊起来时，我军已爬过围墙，十分钟后突进一个营的兵力。敌人也转入阵地向我军射击，我军向南门方向运动，并沿小巷向镇子纵深发展。敌人在南门楼上用迫击炮轰击我后续部队，并用机枪火力阻止我军前进。我军用炮火进行压制，再派47团进入突破口，与48团突进部队会合，消灭南门敌军，巩固阵地。47团一个营在进攻西门外铁厂战斗中，遇到敌军顽强抵抗。我军用迫击炮轰击，消灭一个排敌人，但仍有部分敌人死守不退。这时天亮日出，国民党军飞机前来袭扰。六纵暂时停止战斗，进行防空和巩固阵地。

21日白天，驻青石桥的敌军出动，一方面增援口镇，也企图吸引我军分散兵力。六纵17师在阻击的同时，坚决反击，激战一天，迫使敌军缩回青石桥。王必成命令夜里解决口镇。做好战斗准备后，16、18师于夜里由西向东对口镇之敌发起攻击。敌军依靠房屋进行抵抗，在每一条巷口组织火力封锁我军前进路线。我军在墙上挖洞，与敌人争夺房屋，敌军守不住，就纵火或投掷燃烧弹把房屋点燃。熊熊大火给我军进攻造成困难，进展缓慢。在城东北角关帝庙，敌军师长曹振铎据守核心阵地，有地道与碉堡连接。依仗充足的弹药，他一面指挥用密集火力阻止我军，一面向莱芜的李仙洲求救。因口镇内地形狭窄，我军无法展开大部队，打了一夜，占领口镇大部街道房屋，只有东北角敌师部阵地攻不下来，形成对峙。[①]

王耀武接到李仙洲的告急电报，亲自乘飞机到莱芜上空观察。看到共军有大部队运动，莱芜、口镇的情况都很危险。到21日，陈诚的南线兵团仍然没有北上解围的行动。王耀武判断：莱芜城小，粮弹缺乏，靠空投支援不能解决问题，李仙洲集团是守不下去的。济南兵力空虚，无法增援口镇，拖延下去只能眼看新36师被消灭。王耀武认为固守莱芜极为不利，只能经口镇北撤。来不及请示蒋介石、陈诚，他向李仙洲下达撤退命令。同时派副参谋长带上他的信飞往南京向蒋介石报告。蒋介石认为在这种情况下撤退是不

---

① 《第六纵队鲁中战役口镇攻坚战初步总结》，1947年3月29日。

利的，但王耀武命令已下，不便更改，只得同意，要求李仙洲注意部队后面和两侧的安全。

李仙洲接到王耀武的命令，马上召集73军军长韩浚、46军军长韩练成、高参王为霖、作战处长陶富业等开会商议。李仙洲是不愿意撤退的，他知道行军途中可能会遭到共军合围。如果坚守莱芜，等待南线兵团来解围，还有保全的希望。当时有一个旅长提议："共军情况不明，可以派两个旅出击，试探一下。如果碰上共军主力，其余五个旅可以突围。"李仙洲当即反驳："老弟，你这是拿肉包子打狗哩！"陶富业是王耀武的亲信，是个骄横自负的少壮派。会议上有人指出从吐丝口方向突围有危险，他说："怕什么，我们有这么多兵力，还怕共军包围？"王为霖则竭力主张撤退，他说这是责任问题，打胜了没有功，打败了谁也担当不起。多数人认为困守莱芜粮食弹药都成问题，也同意撤。李仙洲说：大家都主张撤我也没意见，既然决心撤，就宜快不宜迟，立即开始行动。韩浚主张22日早晨行动，而韩练成则坚持要有一天准备时间，23日再撤。大家同意了韩练成的意见，研究部署撤退方案。李仙洲下令：73军为左路，46军为右路，他的指挥部随46军行动，向吐丝口方向撤退。①

22日下午，粟裕得知因四纵、七纵未能及时到达指定位置，致使46军进入莱芜城的消息，感到情况不顺利。国民党两个军的兵力聚集在一起，显然给我军增加了困难。他下令一纵暂停攻击，重新研究部署。当时他作了两种估计：一是敌人可能固守莱芜，这样我军就于23日晚集中一、二、四、七、八共五个纵队的兵力对莱芜实行总攻。莱芜城小，敌军密集，可以用炮火大量杀伤后予以歼灭。二是敌军可能向吐丝口方向突围，若如此，我军就在运动中歼敌。粟裕决心已定，向各部队下达命令：以一、二、七纵队组成左集团，由叶飞统一指挥；以四、八纵队组成右集团，由王建安统一指挥；从两面强攻莱芜城。如敌军先突围，则两集团即歼敌于莱芜与吐丝口之间。战斗定于22日夜晚开始。因二、七纵队尚未赶到，粟裕命令推迟一天行动。

① 李仙洲：《莱芜战役蒋军被歼始末》，见《文史资料选辑》第28辑。

战争中的一些偶然因素的巧合，可能是决定胜负的重要因素。六纵未能攻克吐丝口镇，反而促成了李仙洲向北突围的决心。韩练成在我地下工作者说服下，拖延一天时间，寻找机会起义，恰恰给我军提供了宝贵时间，使各纵队能赶到集结地域，张好口袋等待李仙洲集团。

23日早晨，莱芜城中国民党军开始准备撤退，到处乱糟糟的场面。6时，李仙洲准备出发，与46军军长韩练成一起从指挥部来到东门外集合场。这时，韩练成借口说某团长没得到通知，他要亲自去一下。李仙洲说派传令兵去就行，他执意要自己去，说完就转身回城里去了。谁知这一去就不见踪影，李仙洲等得着急，派人到处找，都说没看见。李仙洲本来就对46军不信任，当初让46军前进到颜庄，他就说这个部队太狡猾，让他们孤军深入解放区，不是送狼入虎口，就是放虎出囚笼，总之不可靠。这时韩练成突然失踪，更使他怀疑。韩练成不来，46军无人指挥。李仙洲当即焦躁地大骂："他妈的，46军胡闹，这是搞的什么鬼！"他怎么也不会想到，韩练成已在我地下工作者协助下，脱离国民党军队，投向解放区了。

到了8时，韩浚见部队还不出发，跑来催促李仙洲。李仙洲决定不再等待，下达出发命令。73军在左路，46军在右路，平行前进。李仙洲为保自己安全，让73军派一个团掩护指挥部随46军行动。国民党军的撤退行动非常糟糕，事先他们遣散城内老百姓，各部队联络又多用明语喊话，其行动企图早被我军掌握。

粟裕得知李仙洲集团要跑，立即下达在运动中歼敌的命令。除已到达的五个纵队外，他命令王必成的六纵抽出18师参战。这样，我军的兵力与敌军几乎相等。当国民党军缓慢出城时，有同志建议将其截断。粟裕断然拒绝，指示一定要等国民党军完全离开莱芜城，才能发起总攻。

从莱芜到吐丝口镇距离15公里，有两条间隔约3公里的平行公路相连接。两条公路之间地形低洼，泥土松软。公路以东多为断绝地，以西地形平坦，村庄较多。一条小河从公路间穿过。李仙洲集团的五万多国民党军，带着全部火炮、卡车、辎重，拥挤缓慢地在公路上行进。国民党空军司令王叔铭亲自坐镇，指挥20多架飞机为地面部队保驾。中午13时，当国民党军后卫部队完全离开莱芜城，四纵一个师迅速冲进城内，断敌归路。埋伏在沿途公路两侧芹村、张家洼、高洼、矿山的我军主力以排山倒海之势，发起围歼国民党军的进攻。

国民党军虽然陷入重围，仍作拼死争斗，想冲开一条生路。73军左侧护卫萧重光师、46军右侧护卫海竞强旅战斗力是比较强的，开始还组织部队向我军反冲击。萧重光师向高洼一纵阵地冲击，我军坚守不动，叶飞命令炮火向密集的国民党军轰击，造成萧重光师重大伤亡。敌军丧失斗志，陷入混乱。李仙洲命令少数部队保护辎重，其余均投入战斗。他呼叫王叔铭指挥飞机轰炸扫射，为地面部队开路。王叔铭用无线电话告诉李仙洲：地面上共军部队甚多，突围不易；建议李仙洲退回莱芜，占据有利地点固守待援，他愿负责空投接济。李仙洲回答部队已经出来，回去更无希望；不如一鼓作气冲出重围，到吐丝口就有希望。王叔铭答应李仙洲的要求，对吐丝口前方通道进行轰炸。粟裕命令四纵、六纵不要顾忌敌机轰炸，坚决冲上去，靠近敌人。我军从四面八方冲上前去，将五万国民党军包围在南北20里、东西五六里的狭长地带，与敌军展开近战肉搏。国民党军在我军强大突击下，行军纵队陷入混乱。辎重、车辆、人员挤成一团。46军在四纵、八纵的冲击下，2万多官兵纷纷向西边逃跑，把73军的队伍也冲乱了。韩浚找不到师长，师长找不到团长。大家在混乱中争相逃命，李仙洲与韩浚一会儿会面，一会儿被冲散。他们无话可说，相对唏嘘。许多士兵疲劳不堪地躺在地上说："老子不走了，被共军打死倒好了！"有的愤怒喊道："从来没打过这么窝囊的仗，不打了，交枪！"李仙洲、韩浚还想作最后挣扎，他们大喊着收拾起几千人的队伍，向吐丝口方向突围。途中李仙洲腿部负伤，走到距离吐丝口镇只有几里的地方，因失血过多头昏，从马上摔到沟里，被我军俘虏。韩浚与部分残兵冲到吐丝口，被我六纵阻击。他们转向青石关前进，天黑时被我九纵包围，被迫放下武器。

这时，王耀武也乘坐飞机在空中观战，只见地面上炮火连天，杀声一片。解放军占据所有制高点，居高临下扫射国民党军，并冲入国民党军队伍中，双方扭杀在一起。王耀武见情况万分危急，呼叫王叔铭增派飞机不停顿地轰炸。王叔铭回答："我指挥着飞机轰炸，一直没有中断。可是共军不怕死，阻止不住他们前进，我有什么办法！"眼看自己的精锐主力被消灭，王耀武的痛苦可想而知。得便宜的是新36师师长曹振铎，他见共军主力都向南面作战，放松了对吐丝口镇的包围，于是根本不执行坚守口镇、接应李仙洲集团的任务，调头逃向济南。

到下午17时，战斗基本结束。我军战士忙着捉俘虏，打扫战场。在博山到莱芜的公路上，九纵的一位战士邓江海老远看见一个骑马的国民党军官落荒而逃。他持枪隐蔽在路旁，待那骑马的靠近，邓江海冲上公路拦住去路。骑马者误将邓看成蒋军，问他前面的情况。邓持枪大喝："缴枪优待你！"没等骑马的军官掏枪，邓一刺刀擦过军官的胳膊，又刺倒跟随的卫兵。骑马的军官想逃，邓江海一枪打伤了军官的右脚，把他打下马来。骑马的从口袋里掏出两支钢笔，乞求道："同志，这点东西就送给你吧。"邓江海严肃地说："新四军、八路军是不搜俘虏腰包的，请你收起来吧。"当邓江海问那军官的身份姓名时，军官只得老实说："我是175师师长甘成城。"邓江海说："你负了伤，我马上送你到医院去。"于是召来一副担架，把甘成城抬往后方。①

莱芜战役全歼李仙洲集团，极大地震动了国民党当局。王耀武为了避免更大损失，保全济南，下令霍守义的12军一夜撤退百余里，放弃周村、博山等重要城市，退入济南，使我九纵、十纵追赶不及，未能进一步扩大战果。蒋介石得到王叔铭的报告，极为震惊，于24日秘密飞到济南，不敢进城，叫王耀武去见他。见到王耀武，蒋介石狠狠骂道："你们只是在莱芜这个战役里就损失了两个军、一个师，损失了这样多的轻重武器，增加了敌人的力量，这仗以后就更不好打了。这样的失败真是耻辱。莱芜既已被围，你为什么又要撤退？遇到这样大的损失，你是不能辞其咎的。这次你选派的将领也不适当，李仙洲的指挥能力差，你不知道吗？撤退时他连后卫也不派，这是什么部署！如果派个能力好的指挥，还不致失败。李仙洲已被敌人捉

① 《大众日报》，1947年3月9日。

去，你们要知道，高级人员被捉去，早晚会被共产党杀掉的。济南无论在军事、政治、地理上都是很重要的，如出意外，你要负责！"蒋介石推卸责任，委过于部下的习惯，再次暴露无遗。王耀武一肚子委屈无处诉，默然不语。蒋介石担心安全受威胁，在济南机场度过一夜，第二天一早便匆匆飞回南京。①

莱芜战役的三昼夜，我军歼灭李仙洲集团两个军、七个师（旅），毙伤10000人，俘虏46805人，其中中将2人，少将7人。缴获各种口径炮414门，轻重机枪1869挺，长短枪15700支，炮弹、子弹30多万发，汽车56辆及大批军用物资。我军牺牲1459人，负伤7007人。战后我军收复周村、博山等县城13座，控制了胶济铁路中段。这是华东解放战争中一次空前的胜利。② 2月23日陈粟谭向中央军委报告莱芜大捷的消息，次日毛泽东回电："极为欣慰。"

被俘的国民党军将领，受到我军的友好待遇。李仙洲受伤后，换上士兵服装混在队伍中，被我军认出。他被押到华东野战军司令部，炮兵司令员陈锐霆同志曾在他部下当过团长，因政见不合，脱离李仙洲时，还遭到国民党特务暗杀，身负重伤。陈锐霆听说李仙洲被俘，不计前嫌，前来探望。对李仙洲态度温和，表示关怀。李仙洲负伤后身体虚弱，问陈锐霆："能不能添点衣服？"当时战斗刚刚结束，哪里去找现成的棉衣？陈锐霆当即脱下自己穿的毛衣，双手递给李仙洲。李仙洲深受感动，眼中含泪。3月15日，陈毅司令员前来看望李仙洲。他亲切询问李仙洲的伤势，嘱咐李好好休养。谈及莱芜战役，李仙洲承认："我们此次失败，主要是国防部战略指导错误。王耀武先生干涉下面太严，他直接给军、师甚至团下命令，我在前方有时也不知道。"李仙洲感慨地说："我想打了八年抗战，打日本鬼子是应该的，现在打内战是不对的。"陈毅与李仙洲虽是初次见面，但一谈就是两个小时，李仙洲对陈毅评价很高，大有相见恨晚的感觉。陈毅还接见了与李仙洲住在

① 王耀武：《莱芜蒋军被歼记》，见《文史资料选辑》第8辑。
② 《中国人民解放军华东军区、第三野战军第三次国内革命战争战役选编》，莱芜战役。

一起的各位国民党将领，鼓励他们对解放区多作观察研究，待和平实现后，对国家有所贡献。①

莱芜战役是华东野战军继宿北、鲁南战役后，转入内线腹地进行的一次大规模运动战。敌我双方的统帅部和前线指挥员对战役都作了精心筹划，双方都投入了所能够集中的最大兵力。战役以国民党军的惨败而告终，最根本的原因是国民党方面的战略指导思想的错误。他们过分重视城市的得失，拘泥于"攻其必争之地"，以为占领了临沂就是取得了胜利。而我军则以消灭国民党军有生力量为目的，不计较一城一地之得失，毅然放弃临沂，挥师北上，取得了战役的主动权。这是毛泽东、中央军委决策的正确，也是陈毅、粟裕在战役指挥中机动灵活的表现。陈毅战后高度评价粟裕的指挥艺术，他说："这证明了我军副司令员粟裕将军的战役指导一贯保持其常胜纪录，愈出愈奇，愈打愈妙。"②在围歼李仙洲集团过程中，敌情曾发生四次重大变化。粟裕指挥若定，敌变我变，及时捕捉战机，达到全歼的目的。这是华东野战军整编后各纵队第一次协同作战，大家克服困难，坚决执行总部命令，是战役胜利的基本条件。粟裕在战役总结中对各纵队的作用给予充分肯定，他说："各兵团首长在山地作战、通信联络困难及超越敌第一线作战等条件下，能按照总的意图，机动灵活，果敢坚决地完成了任务，也是决定这次胜利的重要原因。在各纵队的配合上，第一纵队最吃力，虽然缴获不多，但在整个战役中起了决定作用，应算第一功。第八、第九纵队迅速解决敌第77师，打开战场，使我能腾出兵力，功也不小。其他各纵队都有功劳，如第10纵队及独立师在西北牵制敌之援兵，使我能安然解决莱芜之敌；第六纵队虽未全歼口镇之敌，但在口镇以南的一个师，堵击向北突围之敌，起了相当作用；第二纵队虽未打到仗，却切断了敌向西南之退路；第四、第七纵队初期虽未完成切断敌第46军退路的任务，但战役后期坚决地完成了任务；第三纵队的功劳也不能抹煞，如果没有他们在南线钳制敌人，我们也就不可能集

① 《大众日报》，1947 年 3 月 26 日。
② 《大众日报》，1947 年 3 月 10 日。

中全力来解决北线之敌。"①

莱芜战役的胜利是在山东解放区群众的大力支持下取得的。为了支援战争,各级政府组织了几十万人的民工队伍,为部队运送粮食、弹药,抢救伤员。当部队飞速北上,粮草一时赶运不及,鲁中人民提出"破家支前"的口号,在寒冷的冬天扒掉自己的草房,供给部队草料,使干部战士们深受感动。在战役过程中,地方武装和民兵密切配合作战,他们坚壁清野,袭击敌军运输队,破坏公路,侦察敌军活动,给敌军造成极大困难。部分国民党军官被俘后说:"我们的补给线太长,交通不时受到袭击,为了每天运送200吨军用品,不得不用一个军来维护交通线。"可见民兵的作用之大。

从1946年6月蒋介石发动全面内战到莱芜战役结束的八个月中,形势发生着巨大的变化。战争初期,国民党军处于主动进攻,他们凭借优势兵力和装备,占领了苏中、淮北、鲁南等部分解放区的城镇,迫使华东野战军转入山东。从表面上看是国民党军不断攻城略地,我军不断向北转移。但是我军集中兵力,艰苦奋战,在宿北、鲁南、莱芜战役中越打越好,歼灭战的规模越打越大。国民党军则损失惨重,兵力不足,士气低落,战略上逐渐失去主动地位。莱芜战役后,国民党统帅部被迫修改战略方针,将对解放区的全面进攻改为对陕北、山东解放区的重点进攻。

① 粟裕:《关于莱芜战役初步总结报告》,1947年3月8日。

第 15 章

两位韩军长的道路

韩练成与我党接上关系——舒同深入46军——陈毅向刘贯一面授机宜——杨斯德协助韩练成脱险——周恩来向李仙洲说明真相——韩浚从共产党员转变为国民党将领的经历——莱芜战役韩浚被俘——人生道路由自己选择

莱芜战役中，李仙洲集团 5 万多人马在短短三天中被我华东野战军全歼，这个结局令王耀武大为震惊。他气愤地骂道："5 万多人，不知不觉在三天就被消灭光了。老子就是放 5 万头猪在那里，叫共军抓，三天也抓不完呀！"

莱芜战役能够迅速解决李仙洲集团，除了我军正确的指挥和各纵队的英勇作战，还有一条看不见的战线——我军政治部门对国民党军的秘密争取工作。根据党中央统一战线的方针政策，我军政治工作者对国民党军中反蒋反内战的高级将领进行了多种方式的争取和瓦解工作，促使他们退出内战，站到人民一边来。莱芜战役中华东野战军政治部对国民党第46军军长韩练成将军的争取，是一次成功的范例。对战役的胜利起到了重要的作用。

地下工作是充满惊险、曲折的，从事这种工作需要长期的努力和耐心，又需要高度的灵活和智慧。我党对韩练成将军的联系，早在抗战期间就开始了。韩练成原名韩圭璋，1908年生，甘肃固原（今属宁夏）人。1925年加入冯玉祥的西北军后，参与了北伐战争，从排长很快升到团长。1930年蒋介石、冯玉祥、阎锡山三方在中原大战，冯玉祥的西北军被蒋介石分化瓦解，大部被收编。韩练成于1935年考入南京陆军大学，以其精明强干逐渐取得蒋介石的信任和重用。抗战期间，韩练成由旅长升到副军长，被蒋介石调到重庆担任侍从室高级参谋。这个身份使他有机会接触中国共产党人。他与周恩来、董必武、李克农等有过交往和联系，赞成中共团结起来一致抗战的主张。抗战结束后，蒋介石派他出任第46军军长。

46军原属李宗仁、白崇禧的桂系。抗战后期归第四战区张发奎指挥。当时张手下还有31军。1944年10月，日本侵华军在冈村宁次指挥下向湖南、广西发起进攻，意在打通湘赣铁路到越南出海口的交通，切断大后方的供应线。张发奎指挥九个军顽强抵抗，31、46军受到严重损失，以后合并为一个军。在选派46军军长时，因韩练成与蒋介石、白崇禧两方关系都不错，就被任命为军长。合并后的46军有23000人，装备有美式和日式，虽不及74师等嫡系部队，但46军是桂系的骨干，战斗力也不弱。师长以下军官大多是广西人，忠实于白崇禧。46军完成整编后，即到海南岛接受日军投降。当时韩练成想与我琼崖纵队联络，因琼崖纵队与党中央没有电台联系，韩的尝试没有成功。

1946年6月蒋介石发动全面内战，命令46军调往山东。韩练成不愿与中共打内战，想与中共南京代表团联系，寻找出路。当时形势紧张，中共中央驻南京代表团受到国民党特务严密监视，无法与韩见面。韩练成设法与董必武同志联系，要求在上海接头。此时白崇禧也心怀贰志，授意韩练成与中共达成默契，避免广西军在内战中与共军硬拼，以保存实力。这正好给韩练成提供了机会。他与董必武会面的地点，就在上海的白崇禧公馆，白崇禧夫人亲自在楼下为他们放哨。

韩练成在与董必武谈话中，明确表示了反对内战，愿意站到人民一边来的愿望。董必武反复考虑，认为目前时机不成熟。韩如果不当国民党的军长，不仅安全无保障，也不好安排出路。劝韩练成先执行蒋的命令，把部队开到山东，再见机行事，为人民立功的机会总是有的。董必武向他交代了到山东后与我方联系的方法，两人密谈了两个小时，韩练成心里踏实了一些。①

1946年秋季，韩练成带领46军由海路到达山东的胶东半岛。中共中央将这个秘密关系转告给华东局。华东军区政治部联络部部长刘贯一同志即派一位年轻的联络员前去接头。这位联络员见到韩练成后过于性急，要求韩举行起义。这不是一件轻而易举的事情，韩练成请联络员转告：希望与中共中央或华东局代表取得联系，商量重大问题。

陈毅和华东局领导人非常重视此事，派华东军区政治部主任舒同和魏文伯同志前往兰底46军军部。不巧韩练成去青岛接部队未回，舒同等在46军军部受到严密监护，如同"软禁"。在那个年代，我军一位高级干部在国民党军中活动，是要有过人胆量的。几天后韩练成回来，与舒同谈了很多问题。韩提出46军要进威海、烟台，要求我军不要坚决抵抗，放46军过去，好向蒋介石交代。舒同向他提出掩护我方在烟台、威海的地下党组织，以后双方在战场上相遇，再见机行事。双方达成协议后，舒同告辞。这样，华东军区与韩练成建立起联系，派联络部（当时又称国军工作部）部长刘贯一和胶东军区联络科长杨斯德同志化名潜入46军开展工作。

韩练成对我方工作人员表现出真诚合作的意愿，他向刘贯一谈起对胶东战局的判断，指出54军可能西进打通津浦线，由46军接防胶东。他希望我胶东军区不要破坏胶济线，这样也可以保证胶东与邻近解放区的联系畅通。如果我方决心保卫诸城，可以集中力量打击54军，以小部队牵制46军，使其不来参战。韩练成的判断事后证明符合实际情况，刘贯一向胶东军区报告后认为："从韩之口中得到他对胶东战局之观察，实系一重要情报。"②

韩练成本想驻扎胶东，与我军和平相处，避免作战。但是王耀武急需调集兵力进攻鲁南，1947年1月底命令46军调往博山。韩练成不能抗拒，只

① 陈士榘：《天翻地覆三年间》第2章第3节。
② 刘贯一：《关于争取国民党第46军军长韩练成的工作情况报告》，1948年1月3日。见《莱芜战役》。

得调动部队西进。他请刘贯一、杨斯德前去鲁中军区联络，接上关系，以便协调动作，并询问我方有何要求。刘贯一先去找鲁中军区接头，但战争期间，部队机关都已转移，也不知舒同主任是否与鲁中军区交代过此事，所以短短几天想接上头是很困难的。韩练成见刘贯一几天没有回音，心里着急，在行军到新泰途中遇见两个老头，想托他们带封信。不料两个老人警惕性很高，一问三不知，不透露我方任何情况，韩练成只得作罢，再作打算。2月8日46军进驻新泰后，韩练成委托杨斯德去蒙阴找鲁中军区联系，表示："请陈军长一心一意掌握鲁南会战，不必顾虑北线。如对北线有动作时可事先告诉，以便配合。最好先打12军和73军。"

杨斯德到了蒙阴，被当地民兵当做"国民党高级特务"，押送到华东野战军总部。陈毅亲自召见，才真相大白。杨斯德向陈毅汇报了46军的情况，大战在即，这是很重要的情报。这时刘贯一也找到这里，陈毅要他回去转告韩练成：第一，希望他努力民主事业；第二，中共中央和陈毅本人对他是信任的；第三，彼此之间的联系不便向下边讲，因而发生摸哨之类的事在所难免，希望不要见怪。这样，在莱芜战役发动之前，我军已经把46军的活动掌握在手中。

2月17日，46军转至颜庄。韩练成发现我军大部队向北运动，心里感到不安，再次派刘贯一前往华野指挥部联络。这时我军已经完成莱芜战役的部署，为了争取46军起义，20日，陈毅向刘贯一面授机宜：1. 我们的决心是将李仙洲集团全部吃掉，不过开始不打46军，先打莱芜城。待解决后，再将46军包围起来，迫其起义或放下武器。2. 估计战役打响后，李仙洲一定要韩练成增援。我们要力争他不增援，如果增援，那就没办法，46军必遭被歼之命运。

陈毅严肃地对刘贯一说："为了求得战役的彻底胜利，我们决定不撤出你们两位同志。要以你们两人战胜敌人两万人。你们应在其内部积极活动，动摇韩之军心，要防备对方在紧急情况下可能翻脸而产生的危险，要机动灵活，沉着应战。你立即返回颜庄，等到晚上10点炮响，再把我们的决心和布置大体告诉韩，但不能过早泄露秘密，否则将会给战役增加很大困难。"

最后陈毅亲切地对刘说："我代表党中央和华东局向你们二位同志表示党对你们的态度，党对同志们是非常爱护和关心的，为了完成这一光荣任务，需要你们两位同志去担当。"刘贯一当即表示："党和上级耐心教育了我好几年，我虽然质量不高，但在任何情况下决不能向敌人屈服，请上级放心。杨科长的质量比我高得多，他也决不能向敌人低头，也请首长放心！"①

刘贯一回到颜庄，韩练成便催他会面。刘贯一和杨斯德有意拖延时间，到预定的战役发起时间快到了，才向韩转达了陈毅的话。韩听后心情紧张，唯恐战斗打响我军分不清部队，把46军也打了，请求刘再去联系，请我军一位高级干部来46军掌握政策。刘和杨商量，认为战斗已经开始，他们不能离开岗位，要见机行事，争取46军脱离包围，举行起义。但是情况变化很快，21日早晨，李仙洲就命令46军向莱芜增援，韩练成想拖延时间。这时王耀武乘飞机来到颜庄上空，用无线电话命令韩练成："46军到莱芜城，限你即刻入城门！"韩练成痛苦地摔掉电话："完啦，完啦，我这个部队毁在他们手里了！"杨斯德坚决不同意进城，说这样就和李仙洲的部队混在一起，分不清楚了。但是王耀武的命令无法抗拒，21日夜里，韩练成和杨斯德一起进了莱芜城。

22日我军与46军后卫部队发生激战，黄昏时伤兵们纷纷涌进莱芜城，城里一片混乱。韩练成无法掌握部队，找杨斯德商量。杨斯德说："起义那是最好的，你说不能掌握部队，现在我只能负责保护你的安全了。我想只有一个办法，就是离开部队。否则随军突围，是很危险的。"杨斯德的意思是使46军失去指挥，便于我军歼灭。韩练成表示同意，杨斯德带他藏在城内一间民房里，李仙洲找不到韩练成，只好亲自指挥46军突围，遭到全歼的命运。李仙洲走后，韩练成带领他的卫队在杨斯德陪同下来到华东野战军前线指挥部所在地。

当时战役尚未结束，陈毅等忙于指挥，请新华社山东分社社长康矛召同志以野战军政治部秘书长的身份接待韩练成。这天黄昏，陈毅和华野政治部

① 《陈毅传》第7章第5节。

主任唐亮赶来看望韩练成，对他表示热烈欢迎。韩练成表示：今后如何为人民效力，完全听从陈毅将军安排。如果交通条件有保证的话，可以回国民党统治区。陈毅对韩的设想表示赞同，但是担心韩的安全没有保证。韩表示："只要能为人民有所贡献，个人安危非所计也。"陈毅同韩练成又谈了一会，表示战地不可久留，指示华东军区政治部主任舒同负责安排韩练成将军的行动。韩练成向舒同交代：他的卫士都是广西普通士兵，请我方给予安排照顾。只有情报科长是国民党特务，要求将其处决。舒同一口答应。韩练成在杨斯德陪同下乘车离去，舒同按照韩的要求，处决了情报科长，将韩的卫士送往两广纵队，编入我军。①

韩练成被我方送到潍县附近解放区边缘，与杨斯德等告别，经胶济线到达青岛。他向王耀武报告说是只身突围。蒋介石马上把他接到南京，当面询问莱芜战役的经过。韩练成向蒋报告：前线将领情报不准，判断失误，指挥失当，致使陷入重围。他虽经死战，仍无法挽救败局，最后化装只身逃回。蒋介石听信他的话，委任他为总统府参军长。1948年10月，国民党反动统治面临崩溃，在我地下党组织帮助下，韩练成离开南京到达香港。尔后辗转来到北平，出席中国人民政治协商会议。会后陈毅代表党中央约见他，询问他："你想当民主人士，还是当共产党？都可由我安排。"韩练成当即表示："要当共产党，从当兵开始也干。"1950年，韩练成加入中国共产党，以后历任中国人民解放军兰州市军管会副主任、兰州军区第一副司令员、甘肃省副省长、军事科学院战史部部长等职务。为表彰他在莱芜战役中的功绩，1955年他被授予中将军衔和一级解放勋章。建国后韩练成为党和国家作了许多有益的工作，直到1984年病逝。②

1960年11月，我党和政府特赦并释放了第二批国民党战犯，其中包括李仙洲。李仙洲获得特赦后，受到周恩来总理的接见。李仙洲是黄埔一期，对周恩来执弟子礼。周恩来与他交谈时，李仙洲问："当年莱芜战役，我率

① 康矛召：《忆韩练成将军》。
② 陈士榘：《天翻地覆三年间》，第2章第3节。

六万大军杀不出一条路，韩练成军长如何只身突出重围呢？"周总理含笑答道："韩练成同志就在北京，你们可以相见。"李仙洲虽然没有去见韩练成，但多年的疑问已经有了答案。直到韩练成去世后，这段详细的历史才得以公开。

在莱芜战役中被俘的国民党第73军军长韩浚，走的则是另外一条道路。韩浚，湖北黄冈人，1893年生。1924年考入黄埔一期，入学不久就加入了中国共产党。1925年参加讨伐陈炯明的东征，同年10月，被派往苏联学习军事。1926年5月回国，先后在上海、南京从事革命工作。

1926年10月北伐军攻克武昌，韩浚被调到张发奎的11军教导营当营长。1927年4月12日蒋介石背叛革命后，武汉形势顿时紧张。5月，夏斗寅叛变后，韩浚在叶挺指挥下带领部队参战，打垮了夏斗寅叛军。6月，韩浚被调到张发奎部任警卫团参谋长。警卫团团长卢德铭是个共产党员，韩浚与他关系很好。7月，汪精卫在武汉背叛革命，周恩来等到南昌组织起义。8月2日深夜，卢德铭、韩浚接到两封电报，一封是周逸群同志从南昌打来的，说"我们起义了，脱离了张发奎的部队"。一封是张发奎从九江打来的，命令警卫团速到九江待命。韩浚与卢德铭商量，决定去南昌和起义部队会合。当部队行军到武宁县时，前去联络的人回来报告：南昌起义部队已经离去。这时张发奎得知警卫团起义，派部队前来围堵。卢德铭、韩浚带领部队转移到江西修水，扩充部队，成立中国工农红军第1军第1师。为了得到党中央的指示，卢、韩等人秘密来到武汉，找湖北省委负责人向警予同志汇报了工作。向警予根据党的"八七"会议精神，指示他们回去组织起义。在返回部队途中遭遇敌人，韩浚被唐生智部抓住，关押了两个月才被保释出来。当他再回武汉时，党的机关已经找不到了。卢德铭则回到部队，在毛泽东领导下参加了秋收起义。

这个意外的变故使韩浚脱离了共产党的组织，他辗转来到广东，在陈铭枢手下找了个工作。不久，蒋介石电告陈说：韩浚是潜伏的共产党，要陈把韩押送南京。陈铭枢还有同情心，把电报给韩浚看，韩浚被迫离开广东，到了上海。当时黄埔一批反蒋的同学组织起"黄埔革命同学会"，韩浚当了组织部长。他们拥护汪精卫，反对蒋介石，搞了一些活动。1930年蒋冯阎中原大战后，蒋的地位得到巩固，汪精卫被迫出国，黄埔学生的反蒋组织也相继解散，韩浚只得另找出路。

1931年，蒋介石加紧对红军的"围剿"，笼络黄埔旧部为他服务。韩浚正在穷困潦倒之际，蒋介石派人招抚他，转达口信："黄埔学生犹如亲兄弟一样，过去一时气愤分开了。现在意见统一了，兄弟们还是一家人。只要你回南京，绝不歧视。"韩浚受了感动，向蒋介石表示效忠。蒋委任他为中央军校政治部教官，从此，韩浚从一个革命者转入了国民党反动派阵营中。

1932年，韩浚到湖北京山县参加"围剿"红军的战斗，因守卫京山县城有功，受到蒋介石的赏识。抗日战争中，韩浚先后参加了南京保卫战和武汉保卫战，虽然作战勇敢，但部队损失惨重。1941年，他调任国民党第73军77师师长。77师原是一支素质很坏的部队，被老百姓称为"害人害到底"的军队。韩浚上任后大力整顿，严肃军纪，加强训练，使部队素质发生很大变化。在长沙会战中，韩浚率部英勇作战，受到王耀武的赞赏。1944年，韩浚升任73军军长，在湘西会战中经过50天激战，打退日军进攻。抗战胜利后，73军升为国民党军嫡系部队，装备美式武器，调往南京担任卫戍部队。

1946年6月，蒋介石发动全面内战。73军作为国民党军主力调往济南，进攻山东解放区。蒋介石在徐州对韩浚说："津浦、陇海、胶济铁路是国家的动脉，现在全被共产党控制，国家的交通运输都停滞了，这成什么国家！我一定要把这几条铁路拿过来，控制在政府手中。"73军到达济南后，韩浚奉王耀武的命令打通胶济线。他指挥部队从济南向东打，与解放军多次战斗，占领淄博并在当地驻守。①

1947年1月，蒋介石、陈诚为实行"鲁南会战"计划，命令王耀武部从北线南下配合进攻。王耀武顾虑山东国民党军兵力不足，想保存实力，只派出12军前进到吐丝口镇就不动了。蒋介石写信催促王耀武，说鲁南会战关系党国安危，希望顾全大局，必须派出三个得力的军，严格执行作战计

① 《民国高级将领列传》第7集。

划，向南进攻，否则以贻误军机论处。韩浚也同时收到蒋介石的信。王耀武
无奈，只好把73军这张"王牌"打出来。他在电话中对韩浚说："我本不想
派你这个军参战，领袖的亲笔信指定了73军，你就辛苦一趟吧。"韩浚当时
根本不把共军放在眼里，很痛快地接受了任务。

然而73军南下到颜庄后，韩浚才感到形势的严峻。他回忆说："从吐丝
口到新泰这百余里的解放区内，我们不足两个军的力量，摆成一个长蛇阵，
随时都有被截断歼灭的可能。而整个山东除济南、青岛外，是解放军的老根
据地。特别是胶济路以南的广大地区，人民群众组织得非常严整，军民早已
团结一致，交通要隘、军事消息封锁很严。解放军的情报极其灵通，我们的
兵力大小、装备情况、战斗力的强弱以及全体官兵的情绪、指挥人员的性格
和部队的行动等，他们都了如指掌。相反，我们在解放区内连个人影也找不
到，侦察队形同虚设，情报人员在解放区内根本不起作用，偶尔得到点消息
也是道听途说，因此，我们的进与退和兵力的部署，全都是盲目的行动。"
直到他与李仙洲在莱芜被包围，王耀武下令突围也来不及了。

1947年2月23日是韩浚终生难忘的日子。当他指挥73军刚离开莱芜城
不远，就受到解放军大部队的四面围攻。走在右侧的46军在解放军的进攻
下发生混乱，很多士兵扔掉武器向西边逃命，拥入73军，顷刻之间把73军
的指挥系统搞乱了。韩浚回忆道："我们各级指挥人员失去了控制，军长找
不到师长，师长找不到团长，人们在混乱中争相逃命。看着那种凄惨现象，
我们的内心是极其痛苦的。当时我气急败坏地向乱兵大声呼喊：'同志们，
我们一定要突破这个包围！大家跟着我攻击前进，到了吐丝口我们就有办法
了！'我带一部分人冲到吐丝口附近，迎面一排枪从吐丝口方向射来，乱兵
中又倒下一批。我判断解放军已攻占了吐丝口。我仍不服气，继续高喊：'同
志们，向博山攻击前进！'此时跟着我的残兵败将大约有三四千人，并且人
数越走越少。突破包围圈后，随行人员为我找来一匹马，怕我自杀，把我的
手枪摘下了。我们平安走了三四个小时，天黄昏时，弃马徒步前进。虽然一
天没有吃饭，走了将近五六十华里，并不觉得疲倦。在黑夜中，我问随行人
员这是什么地方？答复是已到博山外围青石关附近，很快就可以到博山。听

说前面是青石关，我思想上发生了变化，行动上也犹豫起来，同时感到又饥饿又疲倦。正在胡思乱想的时候，黄炎勋高级参谋对我说：'军长，我是不愿意回南京的，也不想离开解放区。国民党不失败世无天理，回去有什么办法？还不是失业。这里可能有解放军，我们去找解放军，就住在解放区内，好吗？'这时我心乱如麻，许多问题浮现于脑海中：在抗日战争中，我们打败过侵华日军47师团，俘虏他二百多人，显示了我们73军的力量。今天在中国人民解放军面前为什么一败涂地？73军是10个美械装备军之一，我是这个军的军长，觉得光荣。今天全军覆没，出去何以见人？蒋介石对美械装备军很重视，今天我把美械转送给解放军，可能要受极严重的处分。思来想去，心情很不平静，对黄炎勋高参找解放军的主张也未及答复。他认为我已默认了，马上跑去高喊：'这里有解放军没有？'特务连连长也喊：'我们73军军长要找你们解放军，请派人来谈话！'解放军在黑夜派来不少的人，把我们招到他们的营部，营长对我很客气，在深夜中准备很好的饭菜招待我。第二天，解放军把我送到后方。"①

韩浚被俘后，与其他国民党高级将领一起转移到后方的"解放军官教导团"学习，建国后又在战犯管理所中度过了十几年的改造生活。1962年底他在北京获得特赦，根据本人愿望，政府安排他回武汉定居，担任湖北省政协文史专员。1977年被选为湖北省政协委员、常委。他在武汉安度晚年，直到1989年以96岁高龄去世。

人生的经历是复杂多变的，韩练成从一个旧军人转变为中国人民解放军的高级将领，韩浚则从一个大革命时代的老共产党员转变为国民党嫡系将领。两位韩军长在同一次战役中作了不同的选择，足以给后人提供借鉴。历史的发展虽然有时不以人的意志为转移，但选择什么道路，是可以由自己决定的。

① 韩浚：《莱芜战役回忆片断》。

第
16
章

"耍龙灯"寻战机

大矿地会议——蒋介石对陕北、山东的重点进攻——陈毅坦埠遇险——攻克泰安——在运动中寻求战机——毛泽东嘱咐不要分兵，不要性急——74师中央突进——陈毅、粟裕定下打74师的决心——"百万军中取上将首级"

莱芜战役结束后，我军迅速打扫完战场，主力转移到淄博地区休整。陈毅与华东军区、华东野战军指挥部成员来到淄川以东的大矿地，安顿下来。国民党军由于北线集团被歼，南线集团失去配合，不敢贸然北上。山东战场出现了一个月的平静，我军抓住这段宝贵时间，进行休整和部队建设工作。

莱芜战役前举行的鲁南会议，陈毅同志提出"一面打仗，一面建设"的号召，山东野战军和华中野战军在短时期内进行了合并整编。整编后的华东野战军虽然初具规模，但由于时间太仓促，很多工作没来得及做细，就投入了莱芜战役。为了更好地完成中央军委赋予的任务，粉碎国民党军对山东的进攻，华东野战军需要进一步加强内部团结，加强思想上、组织上的统一集中。从1947年3月8日开始，中共中央华东局、华东野战军在大矿地召开师以上高干会议，历史上称为"大矿地会议"。

在这次会议上，华东局书记、华东野战军政委饶漱石传达了中央政治局

2月1日发出的《迎接中国革命的新高潮》指示精神。毛泽东在这次政治局会议上指出：中国革命的高潮不可避免地要到来，解放区的胜利越大，这个高潮来得越快。他援引《大公报》预测中国的三种前途——政治协商的前途、南北朝的前途、十月革命的前途，说明中间派人士都不相信蒋介石能统一全中国。因而毛泽东指出："我们现在还没有提出打倒美帝国主义和蒋介石的口号，实际上是打倒他们。"毛泽东起草的这个指示中指出："蒋介石的攻势虽然还在继续，但是比较1946年秋季已经衰弱得多。""我军已在几个战场上夺取了主动，蒋军则开始失去了主动。""为着彻底粉碎蒋军的进攻，必须在今后几个月内再歼蒋军四十至五十个旅，这是决定一切的关键。"为此，要求华东野战军在山东实行诱敌深入的方针，集中兵力，抓住战机，逐批消灭进犯的敌军，为以后转入战略反攻创造条件。[①]

会上印发了陈毅司令员在鲁南会议时作的《一面打仗，一面建设》的报告，作为会议的指导思想。陈毅在会议上又作了报告，再次强调组织建设和思想建设，强调集中统一和整顿纪律。各纵队领导联系实际，自觉检查和纠正了本位主义、个人主义、绝对平均主义和骄傲自满等不良倾向，全局观念和组织纪律性明显增强。这是对鲁南会议精神的再次落实。

粟裕副司令员代表华野指挥部作了莱芜战役的总结报告。报告肯定了我军坚持集中优势兵力打运动战的成绩，同时也指出战役中通信不畅、追击不及时、不讲究战术等缺点，要求各部队本着"打一仗，进一步"的方针，在休整中认真总结经验教训。

3月13日，华东局、军区、野战军领导人联名向中央和毛泽东报告："我们在前指集议，传达和讨论中央时局和任务的指示，开了师及纵队干部会议，商定部队休整至3月底。项目是：深入中央指示的讨论，如何去完成今年作战新任务，并整顿纪律和军事操习，并续开参谋会议、政工会议。陈、粟、谭并抽出时间到各纵队去研究和帮助工作，饶、张、黎、舒抽时到渤海、胶东布置工作。同时利用此时，而把八、九、十等3个纵队的编制成立。

①《毛泽东年谱》。

另外如能休整至3月底，可从渤海补入1万新兵，4月初胶东亦有1万新兵陆续补充，从渤海运粮1亿至2亿斤到路南供应，同时从渤海、胶东、鲁中抽5个地方团把各纵队均补足9个团。以上各事办妥后，4月份即寻敌作战，执行新的作战任务。"[1]

大矿地高干会议结束后，陈毅、粟裕等即分头下部队，检查各纵队的训练和整编工作。从胶东、渤海等老区抽调的地方部队和新兵共两个旅、11个团的兵力上升为野战军，莱芜战役中俘虏的国民党军士兵经过教育，以"解放战士"的名义被分别补入各纵队。原来建制不全的八、九、十3个纵队得到很大的充实。用缴获的装备为各纵队建起炮兵营、工兵营。各连队在训练中认真搞好爆破、攻坚、小部队攻击的战术动作。一个月的休整时间紧紧张张地过去了。

莱芜战役是国民党军队在发动全面内战后最大的一次失败，对蒋介石震动极大。他回顾了八个月的作战，虽然占领了解放区105座城市，但被我军歼灭了66个正规旅（师），连同非正规军共损失71万人。为了进攻各解放区，蒋介石已经抽调了所有的战略预备队，使进攻解放区的总兵力增加到219个旅。但能用于一线作战的部队，由内战开始时的117个旅下降到85个旅。蒋介石深感到战线过长和兵力不足的矛盾，他回顾说："我们在后方和交通要点上，不但要处处设防，而且每一处设防必须布置一团以上的兵力。我们的兵力就都被分散，我们的军队都成呆兵；而'匪军'却时时可以集中主力，采取主动，在我广大正面积极活动，将我们各个破击。"结果是"占地愈多，则兵力愈分，反而处处被'匪军'牵制，成为被动。"在这种形势下，蒋介石必然要改变战略方针。从1947年3月起，国民党统帅部对晋冀鲁豫、晋察冀、东北等战场转取守势，集中兵力对山东、陕北解放区实施重点进攻。蒋介石的战略意图是："我们在全国各剿匪区域中，应先划定'匪军'主力所在的区域为主战场，集中我们部队的力量，首先加以清剿，然后再及其余战场。""凡是'匪军'的老巢及其发号施令的首脑部的所在地，必

---

[1]《陈毅传》第7章第6节。

须犁庭扫穴，切实攻占。""在主战场决战的时期，其他支战场唯有忍痛一时，缩小防区，集中兵力，以期固守。"蒋介石特别重视山东战场，强调指出："'匪军'的主力集中在山东，同时山东地当冲要，交通便利，有海口运输，我们如能消灭山东境内匪的主力，则其他战场的匪部就容易肃清了。"①

为了实施对山东的重点进攻，蒋介石采取断然措施，撤销徐州、郑州两个绥靖公署，换掉原来指挥山东作战的主将薛岳。以陆军总司令顾祝同坐镇徐州，组成"陆军总司令部徐州司令部"，统一指挥原徐州、郑州两个绥靖公署所辖部队共24个整编师、60个旅，45万人。国民党军统帅部吸取以往分路进攻易被我军分割歼灭的教训，采取密集靠拢、稳扎稳打、逐步推进的战法，组织进攻。具体部署是：第1兵团司令官汤恩伯指挥第74、25、28、57、65、83师集结于临沂、郯城、海州一线，打通临沂至兖州公路后向蒙阴进攻；第2兵团司令官王敬久指挥第5军及整编第72、75、85师集结于汶上、宁阳地区，打通津浦铁路后向莱芜、新泰方向进攻；第3兵团司令官欧震指挥第7军及整编第11、48、64、20、84师集结于兖州、邹县、滕县地区，打通兖州至临沂公路，然后与第1兵团合作向新泰、蒙阴进攻。王耀武、冯治安的两个绥靖区部队在防御各主要城市的同时，配合三个兵团的行动。为了配合军事进攻，蒋介石下令实施"黄河战略"，于3月15日堵住花园口黄河大堤，迫使黄河回归山东故道。这样不仅淹没了解放区大片土地村庄，而且切断了晋冀鲁豫和山东解放区的联系。蒋介石的战略目的是或将华东我军压迫到胶东狭窄地区加以歼灭，或将华东我军赶过黄河以北，全面占领山东解放区。

3月下旬，国民党军的三个兵团开始行动。陈毅、张鼎丞、邓子恢正在南线视察部队，他们感到形势的严重，27日致电后方指挥部的粟裕、陈士榘，要求结束部队休整，准备作战。关于作战方向，陈毅提出四点设想，最倾向于主力南下向临沂、东海、新安之间突击。粟裕、陈士榘研究了陈毅的意见，很快拟定了南下作战计划，28日报中央和陈毅、饶漱石。电报中说：

---

① 台湾"国防研究院"编：《蒋总统集》第2册，第1597—1599页。

为粉碎顽之企图，使顽防线延长，逼顽分散兵力和支援华中斗争，我们拟以三个纵队（二、七、八纵共82000人）伸入郯城、码头、新安镇。再向西扩张，占领运河线，以威胁津浦铁路之势，吸引74、83师回援。以主力第一、三、四、六、九纵队集结于蒙阴东南、临沂西北地区，待机歼灭敌74、83师。或歼灭泗水方向之11师、大汶口方向之5军。以上部署从4月1日开始行动，14日左右打响。陈毅批准了这个方案，于是粟裕、陈士榘等率野战军指挥所迅速南下，与陈毅在蒙阴县坦埠镇会合。

出乎意料的事情突然发生。华野主力南下是昼伏夜行，自带干粮，不惊扰百姓，按说是相当隐秘的。但是我军刚刚行动三天，国民党军就发现了我军的行动和企图。4月3日，国民党飞机轰炸了坦埠地区，陈毅、粟裕和华东野战军指挥所的同志经历了一次死亡的威胁。当年在司令部工作的王德同志回忆："就在我野指机关南移到坦埠附近一个村庄里，第三天就遭到敌人飞机的轰炸扫射。幸亏那时我们还注意防空，进村那天，我就嘱咐管理科长方如玉，要他给首长们准备个防空洞，要稍大一些，因为那时粟副司令的爱人楚青同志、谭副政委的爱人郭惠民同志，都跟随野指行动。张茜同志还担任了警卫排的指导员。炸弹都丢在庄子的中心点，那里住的是机关工作人员，大家早就分散到村外去了。首长和家属原先分散住在村边的零散小屋里，又有挖好的防空洞，所以没有伤亡。"①

坦埠遇险，使陈毅、粟裕感到惊讶。敌人何以这样快就掌握了我军的行动，情报又是如此准确。他们以为是保密工作出了问题，4月15日向中央报告说："我们主力南移后，原拟于12日前后开始执行28日电作战方案。但我军行动与企图，三日即为敌人发觉，对我军部署敌人均很清楚。我军指挥所移至蒙阴东之坦埠附近，仅三日，即遭轰炸（中作战室、机要科、政治部、警卫队，除警卫队伤数人外余无损失），敌方并完全知道我指挥所驻地。如依电台测向器谅不致如此准靠。恐密本电台有误，故在南移中，除北线仍留有伪装电台外，我们根本未与各纵通报，恐系内奸告密，现正追查中，并

① 王德：《华东战场参谋笔记》第4章第2节。

尽力减少通报。凡作战命令均用口头或书面传达，但部队南移，于晨昏时被敌机发觉，亦为原因之一。"①后经追查才知道，有个补充到指挥所直属队的俘虏兵，原系国民党军排长。他得知我军的行动计划后，便开小差投奔国民党军告了密。这是一个深刻的教训。

国民党方面掌握我军行动方向，一纵等主力南下作战已不可能，原作战计划需要改变。陈毅等研究了敌军的行动，感到鲁西南地区敌军力量相对薄弱一些。为了分散敌军兵力，求得在运动中歼敌主力，野战军指挥部决定以一、三、十纵组成西线兵团，由陈士榘参谋长、唐亮主任统一指挥攻击泰安。其余各纵队待机行动。

陈士榘带领一个精干的前方指挥所来到泰安郊外，部署十纵主攻泰安城。泰安是一座古城，位于雄伟的泰山之下。城墙高8尺，护城河较宽，驻守泰安的国民党军第72师是川军部队，三个旅编制，28000人。该师日式装备，老兵多，善于守备和山地作战，但战斗力不如嫡系部队。泰安的工事是日本人修筑的，城墙和城门突出部都有地堡群，外围蒿里山、娘娘庙设有独立据点，修筑了地堡、鹿砦、壕沟，火力可以交叉支援。地堡修筑得相当隐蔽，低平荫伏，状如坟丘，不仅炮火无法摧毁，在夜间近距离都很难发现。可见泰安攻坚，绝不是一件很容易的事。

陈士榘将泰安攻坚的任务交给十纵。十纵是渤海军区地方部队新组建为主力的，当时只有28、29两个师，其兵力相当于旅。一般说来，攻坚兵力应当超过或数倍于守敌，才有胜利保证。十纵与72师相比，确实敌众我寡。当时十纵指战员有些议论，宋时轮司令员说：泰安守敌虽占优势，但兵力分散，我们可以集中力量攻其一点，用山东人"吃大饼"的办法，把敌人一口一口吃掉。他们决定走一步，啃一块，每次消灭几个营，最后发动总攻。

4月22日黄昏，十纵向泰安外围据点发起攻击。经一夜战斗，拿下外围四个村庄，逼近西关。敌军怕我军"吃大饼"，23日将西关外部队全部收缩入城，城外只有蒿里山、摩天岭两处制高点。十纵29师奉命夺取这两座

---

① 《中国人民解放军第三次国内革命战争史料选编》第2辑第1册。

山头，摩天岭山势陡峭，83团战士在石壁悬崖上攀登，用绳子拖着机枪上山袭击敌军，歼灭守敌三个营，占领摩天岭。85团进攻蒿里山，战至拂晓，突破鹿砦，敌军发动反冲锋，我军被迫后撤。

陈士榘见十纵两天没有攻下泰安，发起火来，责怪十纵动作迟缓。其实他也知道，凭十纵这点兵力，又缺少炮火支援，想打下泰安确实困难。这时，泰安附近的75、85师并没有按我们的预料前来增援。5军到了大汶口也不动了。这样，我军布置的打援部队就不必再等候。华野特种兵纵队在陈锐霆司令员带领下来到泰安城外，陈士榘、唐亮与陈锐霆商量，决定将主力三纵调来参战。

三纵是以鲁南8师为骨干组建的，擅长攻坚。他们接到命令后，一夜急行军赶到泰安城外。陈士榘部署8师主攻蒿里山、西关，7师对济南、肥城方向警戒打援，9师作预备队。十纵配合从东南方向攻城。24日夜里，8师23团开始攻击蒿里山。20分钟就突破了鹿砦、壕沟和铁丝网。由于时间仓促，观察地形不细，没有发现和控制几个主要地堡，部队往上冲时遭受敌军火力杀伤，突击队伤亡百余人。敌军乘势拼命反扑，我军被迫撤回山下。有三个战士占领半山腰一座地堡，在部队后撤，失去联络的情况下独立作战，与敌军苦战一天，战后被嘉奖为"三勇士"。22团对西关外围攻击进展顺利，夺取娘娘庙据点，基本控制了西关。

25日，陈士榘重新部署，将特纵的榴弹炮团拉上来，配合8师再次进攻蒿里山。陈锐霆司令员到前方详细观察地形，配置火力，于黄昏时对敌军阵地发起炮击。陈锐霆是炮兵出身，原在商震的部队中当过炮兵团长，精通炮兵技术和指挥。我军的105毫米榴弹炮开火后，精确命中目标，摧毁敌军前沿阵地和地堡。然后延伸射击，将山顶上一个营的敌军打得四处逃窜。城内的敌72师师长杨文泉用无线电话拼命向南京呼叫，请求增援。南京回话让他"顶住，坚持！"杨文泉说："顶不住，共军有大家伙（指105榴弹炮）！"南京问："共军都是土八路，哪里来的大家伙？"杨气急败坏地说："共军的大家伙，还不是你们在鲁南送给人家的！"8师战士看到我军大炮如此厉害，士气大振，炮火一停立即冲锋，仅用30分钟就冲上山顶，占领了蒿里山。歼敌一个营，我军仅伤亡2人。

夺取蒿里山后，8师和十纵乘势攻城。泰安是座古城，古建筑多，我军决定不用炮火，采取爆破战术步步推进，与敌军展开巷战。25日21时，十纵首先突破东门、南门，8师随即发起攻击。突击连以连续四次爆破，炸毁鹿砦、城门，5分钟突入城内。敌军在我军两面夹击下节节败退，杨文泉的师部盘踞在岱庙内，依靠古建筑的高墙顽抗。到26日拂晓，8师和十纵部队会合后集中攻击岱庙，8师22团以连续七次爆破炸开高墙，突入庙内。杨文泉混在乱兵之中向西门跑，被三纵打回来。又调头向东门逃，被我十纵28师俘获。①

经过四天激烈战斗，我军攻克泰安城，全歼国民党第72师2万余人，俘虏中将师长杨文泉以下11400人，缴获105毫米榴弹炮4门，汽车40多辆。这次战斗是华东野战军步炮协同作战的成功范例，也使我军指战员深刻体会到炮兵在攻坚战斗中的巨大作用。杨文泉被俘后感叹地说："你们有这么多大炮，完全出乎我们的意料之外！你们炮兵火力组织得这样好，步炮协同这样密切，更是我们没有想到的。"②

在泰安战役期间，国民党军在附近的部队一直没有前来增援。这里面的原因一是72师非蒋军嫡系，即使被消灭也没什么了不起。二是顾祝同的战略有所改变，他不注重城镇的得失，而是一心要寻找我军主力决战。虽然泰安战事激烈，他却不为所动，命令11师、5军、64、83、74师等部队向新泰、蒙阴方向前进，命令7军和48师向莒县、沂水方向前进，企图乘我主力分散，夺取蒙阴、新泰，引诱我军出击，与我主力决战。

陈毅、粟裕识破国民党军的企图，决定以九纵固守蒙阴外围的观山、白马关一线，以八纵固守桃墟、紫荆关一线，四纵、六纵位于机动地区。自4月20日起，开始了临（沂）蒙（阴）路阻击战。

胡琏指挥的整编第11师这一路，4月中旬由曲阜出发，经泗水向沂蒙

①《中国人民解放军第22军解放战争战史》，1952年初稿。
②陈士榘：《天地翻覆三年间》第2章第4节。

山区进犯。杨伯涛指挥第11旅作为先头部队,到达平邑县东北的白马关。他举起望远镜眺望,只见突起的沂蒙山脉,由北向南逶迤绵延,白马关是进入山区通向蒙阴的隘口。杨伯涛派侦察部队向前搜索,发现共军占领了山顶阵地,不断向山下射击。杨伯涛决定集中兵力攻下白马关,天近黄昏,国民党军不善夜战,就在山下宿营。杨伯涛见宿营地四面开阔,无险可守,利用白马关西面一座南北千余米,10米高的土丘,上面配置一个加强营,修筑工事防守,土丘后面配上炮兵。半夜,解放军果然前来袭击。两军猛烈交火,天亮前解放军主动撤离。拂晓后,杨伯涛集中炮火猛轰白马关山头阵地,并组织步兵冲锋。激战一天,占领白马关。①

守卫白马关的是九纵25师77团。他们在兵力不足的情况下,顽强防御。虽然一个山头只有一个排或一个连的兵力,但敢于同五大主力之一的11师硬拼。白天国民党军用强大炮火掩护步兵占领山头,半夜我军再进行反击夺回来。白马关、黑山、天台山、九女关一线,从4月20日到27日多次易手,反复争夺。我军的长处是守备沉着顽强,待敌军进入我火力有效射程内才一齐开火,给密集队形的敌军以大量杀伤。短处是麻痹轻敌导致不应有的损失。77团2营第一天守白马关,因为没修工事,遭到敌军炮火杀伤。在反击时缺乏严密的战术,队形混乱,所以几次反击均未完成预期任务。②

临蒙路阻击战持续一周,八纵抗击国民党军第25师于紫荆关一线,也打得十分顽强。为了分散敌军注意力,陈士榘命令一纵于28日奔袭攻克宁阳,威胁敌军后方。十纵一部也攻占晏城。但是国民党军对蒙阴、新泰的进攻并未停止。粟裕想调陈士榘的西线兵团回来,因白马关失守,5军南下,陈士榘指挥的三个纵队被隔开没能与东线兵团会合。11师攻占蒙阴后,顿兵不前,等候欧震兵团来接应。欧震到达蒙阴后,胡琏向他交代情况,又进占新泰,在那里等候王敬久的部队到来。国民党军谨慎前进,始终靠得很紧,不给我军以歼敌机会。4月29日,粟裕决定以二、四、七、九3个纵队

① 《杨伯涛回忆录》第12章第5节。
② 《中国人民解放军第27军第三次国内革命战争战史》,1956年初稿。

分头攻击汤恩伯的第1兵团。打算分割敌军并歼其一部。由于我军全靠步行，迂回穿插动作较慢，国民党军迅速收缩，退守临蒙公路以西山区，构筑阵地固守。我军只在青驼寺抓住敌军一个半团，战果不理想。5月3日，粟裕指挥四个纵队围困新泰，准备打11师，因王敬久兵团迅速来援，我军不能速战取胜，即主动撤围。

在一个多月的作战中，我军始终是处于主动地位。西线兵团进攻泰安、宁阳，东线兵团在沂蒙山区与敌主力周旋，我军时南时北，有进有退，以高度机动回旋的方法调动和迷惑敌人，使其无法抓住机会与我军决战。陈毅形容为同敌人"耍龙灯"，即挥舞彩球，引诱敌军像长龙一样左右回旋，上下翻滚。这一个多月的行动，实际上是敌我双方互相试探，寻找战机的过程。华东野战军各纵队没有什么大战，但各纵队都跑了不少路，非常辛苦。一些同志对来回调动不理解，编顺口溜说："陈司令员的电报嗒嗒嗒，小兵的脚底板啪啪啪。"

建国后编写战史的同志们总结这一段的行动，感到是有教训需要汲取的："主要是军队调动大，而歼敌不多。显然，当时主客观存在的许多困难是不可能完全克服的，敌人较强大且集中，又改进了战法，行动狡猾谨慎，情况瞬息万变，不易捉摸。加以我军回旋地区较狭窄，部队机动受限制，战机难以寻找和制造。在这些情况下，某些决心不能实现，某些仗打不好也是难免的。"但我们的缺点是在连续大捷后存在着轻敌和急躁情绪，急于求战，只想打一次比一次更大的胜仗，缺乏对敌人的确切分析，就使主观愿望和客观实际产生了矛盾。面对敌军的进攻，我方决心多变，4月上旬先集中，中旬又分散，下旬再集中，使部队调动多而疲劳。"如陈兵团27日受令进迫兖（州）济（宁），29日已全部过汶河，当晚又急令东返，以致既未能乘泰安之胜进迫兖州，继续在津浦路西扩张战果，调动5军等回援；又赶不及围歼蒙阴之敌。在这里，也表现了指挥上的要求与部队实际调转的速度不相适应，要求急，而部队实际上赶不及。"①

① 《中国人民解放军第三野战军暨华东军区第三次国内革命战争战史资料》，1958年初稿。

陈毅、粟裕一直没有寻找到合适的战机，心里也很着急。5月3日他们向中央军委报告：鲁中敌人集中，不好打，准备分兵让第一、第六纵队进入鲁南敌后，第七纵队进入苏北敌后，以扯散敌人重点进攻的兵力。在这个关键时刻，毛泽东再次显示出高瞻远瞩的战略眼光。5月6日，他复电陈、粟指出："目前形势，敌方要急，我方并不要急。鉴于青驼寺教训，尤不宜分兵，不但一、六两纵不宜过早分出，即七纵亦似宜暂留滨海地区一个月左右，作为钳制之用，一个月后看情形再行南下。因此，五六两月你们除以七纵位于滨海外，其余全部似宜集中莱芜、沂水地区休整待机，待敌前进或发生别的变化，然后相机歼击。第一不要性急，第二不要分兵，只要主力在手，总有歼敌机会。"毛泽东建议："我主力距敌要远一点，不要守阵地，对敌正面侧面后面一枪不打，让敌放心前进，又使敌完全不知我主力所在，当此时机好打则打之，不好打则以主力转入敌后，局势必起变化。"①

遵照毛泽东的指示，粟裕立即调整部署，取消一纵、七纵南下的计划，命令六纵从新泰南下到平邑以南，隐蔽于鲁南敌后待命。华野主力与国民党军脱离接触，集结于莱芜、新泰、蒙阴地区待机歼敌。沂蒙山老区群众条件好，能严密封锁消息。地形复杂，道路狭窄，不利于敌军重装备行动，而利于我军隐蔽穿插。

我军的耐心等待，使敌情发生了变化。国民党军南线、西线部队在新泰、蒙阴会合后，不见我军主力去向，蒋介石和陈诚认为我军"攻势疲惫"，已向淄川、南麻、坦埠等地退却。于是命令汤恩伯的第1兵团向坦埠地区大举进攻。汤恩伯于5月10日下午发布命令：以74、25师为先头部队，由25师师长黄百韬指挥，11日开始进攻。除留一部控制孟良崮、桃墟等要点外，限于12日攻下坦埠。74师师长张灵甫遵照命令，于11日由垛庄经孟良崮西麓向坦埠以南的杨家寨、孤山我军九纵阵地进攻。

粟裕得到九纵的报告，引起高度重视。这究竟是局部的行动，还是新的全线进攻？华野的情报部门获悉了国民党军的作战部署，立即报给粟裕。粟

①《毛泽东军事文集》第4卷。

裕分析了情况，认为敌军是在向我发动全线进攻。其部署显然是以74师为主要突击力量，在两翼和后续兵团的掩护下，对我军实施中央突破。其目的是要打击在坦埠的华野指挥中枢，使我军陷于混乱和包围之中，便于其聚而歼之。粟裕认为，敌军的行动恰恰给我军带来了有利的战机。在前一个月的作战中，顾祝同的战略是密集靠拢，行动谨慎，一打就缩，让我军很难捕捉。现在74师大胆突前，我军应以反突破来对付敌人的中央突破，就近迅速调集几个纵队的兵力，切断74师与其友邻部队的联系，彻底消灭74师。

74师能不能打？有没有把握将其全歼？这是需要周密考虑的。粟裕又作了一番分析：74师是蒋介石手中的王牌，它全部美械装备，经过美国军官训练，具有相当的指挥、战术、技术水平。是蒋介石嫡系中的精锐之师。把它歼灭了，将给敌人实力上、精神上以最沉重的打击。74师是我军的死敌，解放战争以来，敌军对我华东的数次进攻，常常以74师打头阵，曾先后抢占我淮阴、涟水，我军亦多次寻歼该敌，均因未遇有利战机而未能得手。此次如能将该师歼灭，对我军指战员必是一个极大的鼓舞。

从兵力对比看，进攻鲁中山区的一线敌军在120公里的距离内，一字长蛇阵摆了8个整编师，多数部队距离74师只有一、两天路程，25、83师靠得更近。我军有9个纵队，兵力不占优势，但是74师中央突破，进入我军主力集结的正面。我军不需要大的调整，即可在局部形成五比一的绝对优势。74师虽然是强敌，但也有弱点。他们的重装备在山区受地形限制，不能发挥威力，原来强大的一面就相对削弱了。而且74师十分骄横，与其他部队矛盾很深，在我们围歼74师时只要坚决阻援，其他敌军不会奋力救援。

考虑成熟，粟裕将这些想法向陈毅司令员汇报。陈毅高兴地说："好！我们就是要有从百万军中取上将首级的气概！"并立即定下战役决心。[1]陈士榘参谋长和司令部人员拟定作战方案，粟裕特别交代说："这一次别忘了六纵，我向王必成许过愿，打74师不能少了六纵的份。"陈士榘完全理解，答道："王必成在两次涟水战役中都和74师交过手，六纵的干部战士最恨张

[1]《粟裕战争回忆录》第14章第3节。

灵甫和74师。六纵要从鲁南强行军，突然插入敌人背后，打击敌人。"陈毅说："这是奇兵！"战争年代的机关工作效率非常高，野战军首长议定的事情，参谋处很快就标出草图，拟好向中央军委的报告和向各部下达的命令。陈、粟首长一签字就可以上报、下发。战役的准备工作就是这样高速运行的。

当时胡宗南的部队进攻陕北，毛泽东决定主动放弃延安，在黄土高原上与敌军周旋。他与周恩来、任弼时等同志仅带一个精干的小分队，昼夜转移。在那种艰难时刻，他仍然十分关注山东战局。5月12日，他指示陈、粟："敌5军、11师、74师均已前进，你们须聚精会神选择比较好打之一路，不失时机发起歼击。究打何路最好，由你们当机决策，立付施行，我们不遥制。"①毛泽东的指示，表现了对华东前线指挥员的信任，使陈毅、粟裕极为鼓舞。他们立即回电，报告了打74师的决心和计划。

5月12日，在坦埠东北西王庄华野前线指挥部，陈毅、粟裕、谭震林召集各纵队首长开作战会议。粟裕宣布了打74师的决心，具体部署是：以一、四、六、八、九纵和特种兵纵队担任主攻，以二、三、七、十纵队担任阻援。以地方武装牵制各路敌人，破坏敌后方公路，进行袭扰。陈毅对各纵队负责人说：集中优势兵力，先打分散、孤立之敌，这是毛主席一贯的军事思想。在敌人强大兵力展开进攻时，通常是打击敌人的侧翼有利。但是当敌人连续遭到这种打击而防范严密，特别谨慎，同时中央之敌却比较冒尖，而我军又在其附近隐蔽了相当兵力的情况下，采取一面抗住援敌，一面集中兵力猛攻中央之敌的战术，同样可以达到战役目的。这次围攻74师，就是这种打法。

然而，74师这个敌人不会自己送上门来。要取这颗"上将首级"，就要把这个"上将"从"百万军中"剜割出来。而剜割的关键，就看我们的穿插部队能否坚决插向74师后方，把74师同附近的国民党军分割开，与正面攻击部队将74师团团包围，彻底歼灭。野战军首长原来打算让八纵打穿插，切断74师与25师的联系，后来考虑八纵路程太远，难以按时赶到，谭震林提

① 《毛泽东军事文集》第4卷。

218

出要一纵来承担这个任务。当时一纵刚从鲁西南赶回来，战士相当疲劳，粟裕打算让一纵当预备队。一纵司令员叶飞听说有仗打，马上赶到华野指挥部受领任务。粟裕向叶飞交代了穿插任务和路线，叶飞表示愿意承担任务，但部队确实太疲劳，思想准备不足。陈毅说："你们的任务很艰苦，责任重大，如果你们任务完不成，整个战役部署就完了。我们把独立师调来加强一纵，你就有四个师的兵力了。一纵战斗作风是好的，是可以信赖的。"叶飞再没二话，受领任务就返回部队。①

　　王必成的六纵当时隐蔽在百里之外的费县铜石镇，接到野战军指挥部的命令，六纵干部战士顿时兴奋起来。六纵政治部进行战斗动员时说："74师是我们的死对头，我们为了歼灭它，不知跑了多少冤枉路。去年一次已经布置好了打它，因为情况变了便宜了它。我们来到山东，它也赶来了。今天是'仇人见面，分外眼红'，它自己送上门来了，再不好好收拾它，等待何时？今天是我们报仇雪恨的机会了！"全纵连夜出发，以急行军的速度向74师的后方基地垛庄赶去。

① 《叶飞回忆录》第28章。

第
17
章

激战孟良崮

我军向74师背后穿插——独立师抢占天马山——李天霞打滑头仗——
汤恩伯要张灵甫"中心开花"——六纵飞兵占垛庄——廖政国顽强阻敌——
陈毅命令不惜代价消灭74师——孟良崮大血战——张灵甫之死——战后
双方的总结

　　1947年5月12日，华东野战军部署已定，准备组织孟良崮战役，歼灭
国民党军第74师。此时，74师师长张灵甫正按照兵团司令汤恩伯的命令，
继续向坦埠方向进攻。13日，74师经过一天猛烈进攻，占领大箭、马山等
地，距离坦埠不到10公里。我九纵部队坚决抗击，迟滞74师的前进。就在
张灵甫全力向前进攻的时候，13日夜里，我华野一、六、八纵队开始行动，
向74师背后插去。

　　一纵1师的任务占领曹庄附近的黄牛顶山、尧山等地，切断蒙阴的敌65
师与74师的联系。廖政国师长带领队伍出发时，尚不清楚敌军究竟占领着
哪些山头。他命令1团拿下尧山。1营、2营乘夜向尧山挺进。1营分路后即
与团部失去联系，14日拂晓时到达尧山下的小村庄，遭到敌军射击。1营前
进受阻，只好就地投入战斗。2营开始攻击后，摸黑走了6里地没发现敌人。
营长感觉不对，怕孤军深入不利，派副营长带5连搜索前进。天色微明，他

们摸到尧山脚下一个村庄，立即猛扑上去，活捉一名国民党军勤务兵。供称山上有敌军一个连，天明后还有一个营增援。营长立即命令5连抢占尧山，并组织重迫击炮朝山上轰。敌军措手不及，慌乱起来。5连抢占山头。但是连长有些大意，只留一个班守卫，其余下山去休息。结果敌军组织反击，尧山失守。团首长认为尧山得失关系重大，命令4连、5连坚决夺回山头，并组织炮火支援。4连1班长朱金林很有头脑，他观察地形后，与全班制定攻击计划。第一步冲过沙河，第二步占领庄子，第三步到达山下小高地，第四步攻占山间小庙，第五步迂回到山顶，第六步打掉山顶敌军地堡。在我军炮火连续轰击下，朱班长带领战士按计划行动，仅用半个小时就冲上山顶。敌军溃散，尧山再次被我军占领。①

叶飞率领一纵2师和独立师向孟良崮开进。叶飞在老鼠峪等候两个师前来会合，但从下午等到黄昏，独立师才赶到。原来他们没有向导，完全是凭着指北针从山里摸索到指定地点的。叶飞一看表，已经比规定的出发时间晚了几个小时，行动的迟缓可能会产生严重的后果。独立师没有辩解，立即跑步前进，强行军40华里，在14日拂晓赶到天马山。叶飞随2师开进时，正逢74师也在向孟良崮收缩。两军靠得很近，74师走在山岗上，我军走在山脚下。74师以为山下的部队是25师，既不问口令，也不打枪。当时暮霭浓重，视线不清。叶飞命令部队坚决前进，不能停下。如果被敌军发觉，火力向下一压，一纵的处境就十分危险。就这样，两军平行前进，我军的行动没有暴露。②

独立师急行军整整一夜，14日拂晓抢占了天马山、蛤蟆崮、黄家峪等制高点，切断了25师与74师的联系。在行军中有两个连队因疲劳过度，休息时睡在路边，干部没听到集合命令而掉了队。占领天马山后，独立师1团又向垛庄飞速前进。在半路上发现了74师的急造军用公路。团首长认为这是敌军的必经之路，命令抢占附近的285高地，切断敌人的后路。2连、9

① 《一纵孟良崮战役基本总结》。
② 《叶飞回忆录》第28章。

连战士以勇猛果敢的动作,迅速冲上山顶,迫使敌军向孟良崮方向溃退。

74师毕竟是国民党军队中战斗力很强的部队。14日中午,74师对285高地组织反冲锋,战斗进行得非常激烈。据独立师战后总结中说,74师战术运用得相当熟练:"在进攻中,善于小群之迂回动作。正面以少数兵力佯动呐喊,另使用小集团兵力,从我两侧钻隙前进。如其迂回部队得手,正面佯攻部队立即向我前沿攻击。""其班排干部指挥熟练,善于掌握部队,撒得开也收得拢。并能机动掌握情况,如发现我之弱点,立即乘隙突击。部队进出,均极迅速。不恋战,不穷追,占我一地,即行火力追击。其进攻队形疏散,善于采取分段分梯次交互前进。进攻道路之选择亦极隐蔽。""轻重机枪均能行交叉火力,善于寻找我防御前沿与纵深之轻重机枪火力点,行压制射击,往往打坏我之机枪及射手。""步兵每占一地,立即迅速改造工事,并插满小旗,标示其到达位置。其攻击部队狡猾多端,常以钢盔放于棱坎,伪装停止,部队由两翼隐蔽运动。或以少数短兵火器隐蔽与于山脚设伏,主力故意暴露退却,俟我反击,即突然以短促火力杀伤我反冲锋部队。"但是74师最大的弱点是缺乏近战的勇气,不敢拼刺刀。14日下午他们对285高地连续组织13次冲锋,均被独立师1团2连、9连战士用手榴弹和刺刀击退。黄昏时乘我军换防空隙,敌军发起第14次攻击,占领285高地。这时天色渐黑,后续部队没有到达,1团改向285高地以南公路两侧突击,截获敌军辎重车百余辆。从13日下午开始行军到这时,独立师已经连续战斗了30个小时。叶飞在战后总结中对独立师的顽强作风给予高度评价。①

第八纵队在王建安司令员指挥下,越过沂河,绕过孟良崮向万泉山、老猫窝发起攻击,准备在垛庄与一、六纵会师,完成对74师的包围。垛庄以南至青驼寺一线是83师防区,他们的任务是配合74师进攻沂水,并保护74师右侧的安全。83师师长李天霞与张灵甫矛盾较深,李天霞是王耀武的黄埔同学,曾是张灵甫的上级。张灵甫作战强于李天霞,得到蒋介石信任,李对此很是嫉妒。因而在配合74师作战时,惯打滑头仗,以保存实力为原则。

① 《第一纵队独立师孟良崮战役总结》。

不仅李天霞如此，国民党军其他部队也是如此，在战场上互相观望扯皮，谁也不愿为别人付出代价。战后据74师俘虏谈起，他们向坦埠进攻时，张灵甫曾与11师师长胡琏通话：

张："请你们一齐动！"

胡："上级叫我们等你们动才动。"

张："我们现在已经动啦。"

胡："上级要我们等到你们打了才动。"

张："那么你们将动到哪里呢？"

胡："坦埠以北约80华里的地方。"①

其实，胡琏的11师在蒙阴根本没动。张灵甫请李天霞的83师一起行动，汤恩伯也命令83师派一个旅到沂水西边。李天霞阳奉阴违，派出战斗力最弱的57团，仅用一个连的兵携带报话机一部，冒充旅的番号，同友邻部队联络，弄虚作假。57团团长罗文浪驻守在垛庄以南的老猫窝，掩护74师右后方。

5月14日拂晓，情报部门向张灵甫报告：当面共军连夜调动前进，有积极反击之企图。张灵甫不相信，维持原来的决心，命令74师向指定目标进攻。清晨，74师58旅在马牧池、王山庄的高地受到解放军攻击，被消灭一个连。58旅报告：解放军的兵力有一个师以上。张灵甫犹豫起来，下令暂停对坦埠方向的进攻。10时，各下属部队纷纷报告：74师两侧的天马山、覆伏山、万泉山都受到共军进攻，共军有向垛庄进攻迹象。张灵甫这才确信解放军要包围74师，下令74师迅速撤退到孟良崮、垛庄一带。他向汤恩伯报告了情况，并要求友邻的李天霞等给予支援。

谁知李天霞的83师不仅没有动作，在沂水西岸的阵地也很快被我军突破，致使74师的57旅被隔开。张灵甫打电话问83师57团团长罗文浪，沂水西岸有多少部队。罗不敢直说，支吾其词。张灵甫大怒道："你们搞的什么名堂？现在右翼出了毛病，我们有一个旅没有下来。共军大部过了河，形

① 《74师战俘对孟良崮战役的检讨》，1947年6月15日。

成包围。我已向国防部告了状，出了事，你们要负责。"他要罗转告李天霞，马上采取措施补救。罗文浪心里十分不满。57团在去年苏中战役中曾两度被歼，现在是由伪军改编的，装备最差，士气低落。而李天霞却总是让57团打头阵，其用意是即使57团被消灭了，于83师实力无损，他还可以向上司交代，可见李天霞的狡猾毒辣。

不一会儿，罗文浪又接到汤恩伯的电话，询问垛庄情况。罗回答垛庄还在74师手中，没有发现共军。汤嘱咐要派兵确实占领垛庄，不能让74师的后方出问题。晚上，李天霞打电话询问情况，指示罗说："夜间作战要多准备向导，特别注意来往的路，要多控制几条。"暗示如果发生战斗，就可以后撤。可是很快又接到旅长电话，说是奉师部命令，要57团坚守阵地，行动归张灵甫指挥。罗心中暗想："李天霞一面公开下令叫57团归张灵甫指挥，又暗示我后撤。很明显，这是他的花招。一旦出了问题，上边追究责任，我就是牺牲品。"国民党军内部的勾心斗角，在战斗中充分暴露出来。[1]

14日上午，74师的正面遭到我军四纵、九纵的猛烈进攻，侧后又发现一纵、六纵、八纵的穿插，张灵甫感到事态严重，遂组织74师向后撤退。他本想撤回垛庄，但撤退中得知垛庄已被我军占领，只得被迫退向孟良崮、芦山等地。企图凭借山险固守待援。他向汤恩伯报告了情况，汤恩伯虽然感到震惊，但考虑到74师战斗力强，又占据孟良崮，可以进行防御作战。附近有众多增援部队，正是与我军决战的好时机。他电告张灵甫："匪来犯我，实难得之歼匪良机。贵师为全局之枢纽，务希激励全体将士坚强沉毅，固守孟良崮，并以一部占领垛庄，协同友军予匪痛击，以收预期之伟大战绩。"汤恩伯命令74师吸引我军主力，又命令新泰之11师、蒙阴之65师、桃墟之25师、青驼寺之83师迅速向74师靠拢，并招呼较远的5军、7军、9师、20师、48师、64师向蒙阴、垛庄前进。国民党统帅部企图以74师为"磨心"，来个"中心开花"，以10个师（军）的强大兵力对我华东野战军的5个纵队进行反包围，求得决战的胜利。张灵甫自恃建制完整，外有援兵，表

---

① 罗文浪：《孟良崮战役回忆》，载《文史资料选辑》第18辑。

示能够坚守孟良崮，要求空投弹药，依托山头高地固守。但是74师的美式
榴弹炮等重装备无法拖上山，只得抛弃于山下。

孟良崮位于蒙阴东南60公里的芦山山区。芦山山区东西宽40到50公
里，南北纵深30到40公里。万泉山、雕窝、芦山、孟良崮等山峰起伏相连，
主峰孟良崮高500余米。这一带的山峰全是清一色的石头山，山峰陡峭，怪
石耸立，草木稀疏。这里本来人口就少，国民党军到来之前，当地群众早已
坚壁清野，十室九空。74师到达孟良崮后，张灵甫部署58旅防守中心区域
雕窝、芦山、孟良崮，51旅防守西北方向的540、520、285等高地，57旅
防守北面的石旺崖、大碾等地。孟良崮山上石质坚硬，无法构筑工事。74
师士兵用石头堆起围墙，在山路上设了鹿砦和障碍物，以山沟和石缝为隐
蔽处。

14日夜里，解放军向57团发起猛攻，这是王建安指挥的八纵在向74师
后方穿插。罗文浪指挥部队抵抗了一阵，便瓦解逃窜。八纵占领老猫窝，切
断了74师与83师的联系。罗文浪带领57团残兵逃到通往临沂的公路上。他
考虑了一下，自己的任务是保障74师后方的安全，现在74师还在孟良崮，
57团如果跑回去，必受军法制裁。如果向74师靠拢，还有一线生机。于是
他命令部队调头，冲向垛庄以东的高地，与74师58旅会合，防守西南阵地。

王必成的六纵是粟裕安排的一支奇兵。12日六纵接到夺取垛庄的命令，
王必成喜出望外，立即收拢部队，由百里之外飞速前进。这一路多是山区，
六纵发扬吃苦耐劳的精神，翻山越岭，徒涉河流，14日拂晓到达距离垛庄
20多里的观上、白埠，稍事休息，下午继续前进，先头部队击溃25师阻击
部队后，到达垛庄外围。黄昏时发起攻击。垛庄是74师后方基地，只留下
运输营和辎重营，在六纵猛烈攻击下，很快就被解决。大量弹药和军用物资
及上百辆卡车被六纵缴获。当夜，六纵与西北的一纵、东南的八纵取得联系。

14日夜里，我军发扬夜战特长，从几个方向向74师盘踞的山头发起连
续攻击。四纵、九纵经彻夜激战，推进到唐家峪、赵家城子一线，并一度占
领当阳、雕窝。八纵23师经过8小时连续战斗，终于占领万泉山。这样，我
军进攻孟良崮的5个纵队打通了联系，将74师合围在孟良崮的狭小山区，并

构成了阻击25、83师的坚强防线。当夜23时粟裕下达命令："一纵已占覆浮山、天马山及孟良崮两山地,四纵部队已过汶河南下,八纵部队已抵万泉山,敌已为我包围,退路基本上已截断。明日拂晓前3时发动总攻,以期尽可能于明日上午解决战斗。"①

战役到了关键时刻。对我军来说,一是能否迅速围歼74师,二是阻援的4个纵队能否挡住敌人援兵。陈毅当即发出"歼灭74师,活捉张灵甫"的战斗号召。粟裕带领指挥所由坦埠向前推移,来到前线艾山脚下张林村的一个山洞里,密切观察和指挥战斗。各级指挥员的位置也前进到第一线,准备15日发起总攻。

在汤恩伯和南京方面的督催下,15日晨国民党军25师、83师等向我军阻援部队发起攻击,企图向孟良崮靠拢,为74师解围。25师在这次行动中与74师编在同一纵队,由师长黄百韬负指挥之责。这天上午10时,黄百韬以两个团的兵力,在飞机大炮掩护下,向覆浮山、界牌、天马山发动攻击。黄百韬没有打滑头仗,25师在不间断的炮火下,以"人海战术"向我一纵1师阵地密集进攻。山坡上双方展开肉搏,杀声震天,尸横遍野。在1师阻击部队伤亡殆尽的情况下,25师以重大伤亡占领了覆浮山和界牌,虽然只前进了不到5公里,但与74师只隔一座天马山,几乎就要突破我军防线了。

此时,一纵已将主力投入总攻孟良崮的战斗,抽不出机动部队来增援1师了。15日拂晓陈毅司令员打电话给叶飞:"党中央和毛主席又来了指示,说不要贪多,首先歼灭74师,然后再寻战机。现在敌人的10个整编师已经围在我军周围,先后打响。当前你们的主要任务是协同兄弟纵队把74师这个轴心敲掉,这样,敌人就没有巴望了,我们也就免得两边作战了。如果拖延下去,情况的逆转是可以预料的。"叶飞已经感到两面作战的压力,仍下定决心将多数兵力投入孟良崮方向,把防御25师、65师的任务交给1师师长廖政国。廖政国从来没有承担过如此困难的任务:他带领1师的两个团和刚由地方部队升为主力的3团、9团,要守住60公里长的阵地,挡住国民党

---

① 《华东野战军孟良崮战役阵中日记》。

军两个整编师。但是他没说二话，接受任务就出发了。当25师攻占界牌后，黄百韬命令全力进攻天马山。下午16时，天马山阵地告急，国民党军已经攻到半山腰。廖政国已经用上所有的预备队，叶飞正在指挥攻击孟良崮的战斗，赶调部队也来不及了。正在危急时刻，忽然看到一支部队正沿山沟向孟良崮方向前进。廖政国拦住询问，原来是四纵28团的一个营。廖对营长说："我是1师师长，命令你们立即赶援天马山。"营长说："我营奉命跑步赶去攻击孟良崮，任务紧急。"廖政国指着硝烟弥漫的天马山说："天马山阵地得失，关系重大。如果敌人打通联系，全局皆输。我手里只剩几个警卫员，只有使用所有到达这个地区的部队。"那营长考虑了一下说："好，我执行你的命令。"这一营生力军赶到天马山，和1师同志一起将25师击退。黄百韬的努力在最后一步遭到挫败。①

与此同时，国民党军83师、7军在坦克和炮火支援下，连续向我二纵、八纵桃花山、留田一线发起攻击，一度接近我军包围圈，距离74师只有5公里。李天霞用上了预备队，也未能突破我军的顽强阻击。11师从新泰南下，受到我三纵的阻击。胡琏白天虽有进展，夜里又遭到三纵袭击，被阻挡在蒙阴以北。七纵在7军、48师背后积极佯动，牵制敌军不敢大胆前进。华野阻击部队3天的顽强防御，给主攻部队最后歼灭74师提供了宝贵的时间。

15日的孟良崮，战斗达到空前激烈的程度。陶勇指挥四纵向孟良崮西北麓的540高地攻击。从山脚下望去，山麓上排列着7个逐渐上升的小山头，很像阶梯。四纵先头部队一个营从黎明开始发起攻击。74师守备部队在错落的山坡上构筑工事，围上鹿砦。布置交叉火力封锁大小道路和凹地。我军先上去一个连，沿着山沟和凹地隐蔽前进。左右山坡上敌军突然开火，我军战士倒下几个。其余战士向旁边隐蔽，又遭到交叉火力的袭击。在进退两难的情况下，第一次攻击失败。营长吴可如观察地形后，认为应该集中兵力，一个山头一个山头地占领。我军集中六零炮、八二无后坐力炮向第一个山头开火，摧毁敌军工事。敌军在岩石山上无处隐蔽，只得向高处的山头逃命。

①《叶飞回忆录》第28章。

我军战士乘势占领第一个山头，炮火又向第二个山头延伸射击。就这样，我军一个一个地占领山头，向540高地山顶前进。敌军在无路可退的情况下，跳出工事进行反突击。我军迎上去与之肉搏，到下午3时，终于将七个小山头占领。后续部队和友邻的一、六纵队沿着这个"阶梯"，直扑孟良崮。①

许世友指挥九纵攻击孟良崮东南的制高点雕窝。雕窝地势险要，易守难攻，控制它就可以直接打击孟良崮阵地。九纵与74师在这里展开反复争夺。15日拂晓，九纵26师76团在炮火支援下向雕窝发起攻击。在敌军火力密集封锁下，进展十分艰难。到11时，76团才占领雕窝。立足未稳，74师一个营就来反冲锋。雕窝又被敌人夺去。到16日黎明，我军集中强大炮火猛轰雕窝，76团再次攻击，仅用两小时就再次占领雕窝。

在我军5个纵队的猛攻下，74师伤亡惨重，国民党军被困在孟良崮山上，断水断粮，饥渴难熬，战斗力和士气大大下降。张灵甫的信心动摇了，他拼命向汤恩伯和南京方面呼叫，要求附近各师前来解围，并要求空投弹药粮食。汤恩伯在15日中午致电张灵甫，还在给74师打气："目前战局，贵师处境最苦，而关系最重。黄（百韬）李（天霞）两师并王凌云师即向东出击，只要贵师站稳，则可收极大之战果，亦即贵师极大之功绩。务希转告全体将士一致坚毅奋斗，以达成此伟大任务。"②但是张灵甫坚持不下去了，他命令74师各部全力突围，争取杀开一条路，和增援部队会合。15日下午，74师在飞机轮番轰炸掩护下，先向垛庄方向突围，被六纵阻击堵回来。又改向西北方向突围，被一纵回打。后又转向东突围，一度重占雕窝，但也被九纵打回。74师官兵居高临下，依托巨石和山头阵地，不断发起反冲击。我军与敌军展开肉搏，每一处阵地都经过数次乃至十几次冲锋和反冲锋。短兵相接，刺刀见红，战斗激烈程度，为解放战争以来所罕见。孟良崮上缺少水源，74师士兵在太阳暴晒下饥渴难忍。九纵控制的野猫圩山沟中有一眼山泉，74师发起集团冲锋，与我军争夺水泉。九纵25师73团一个连固守阵

① 四纵政治部编：《战斗》第15期。
② 国民党第1兵团：《蒙阴东南地区战役战斗详报》。

地，打退敌军20多次进攻，连队干部几乎全部伤亡，仍坚持不退。敌军死尸遍地，却没有得到一滴水。战斗到黄昏，74师伤亡惨重，被我军压缩到孟良崮、芦山东西3公里，南北2公里的几个山头上，人员、马匹、辎重等密集地挤在山头上、山谷中，完全暴露在我军的炮火之下。张灵甫等转移到孟良崮600高地的一个山洞里，74师参谋长魏振钺用无线电话呼叫：全师终日战斗，伤亡极为惨重，请求空投弹药，并望援军速进解围。张灵甫亲自与25师黄百韬师长通话，要他们占领天马山，解救74师。汤恩伯则命令74师、83师共同向万泉山方向突击，求得会合。但74师回答：目前已无力攻击万泉山。

15日这天夜里，华野指挥部也无人入睡。陈毅考虑：在决定性的战斗中，要舍得拼。在关键时刻，要舍得本钱，才能保住本钱。在残酷的战争中，部队不可避免要有消耗，只有勇于承担牺牲，才能夺取胜利。现在孟良崮战役好比骑虎，不能下背，下来就会被咬死。夜里22时，陈毅打电话给叶飞说："敌11师已靠近蒙阴，5军已到新泰，64师已到青驼寺。如果明天（16日）拂晓前不能全歼74师，我军将陷入敌人包围。"陈毅沉默半晌，口气坚决地说："无论如何要在16日拂晓前拿下孟良崮，消灭74师，我们就全盘皆活了。不论付出多大代价，哪怕拼掉两个纵队，也要完成任务。"他授权叶飞统一指挥一、四、六、九纵队，总攻孟良崮。粟裕下达总攻部署：九纵以两个师攻击520高地，然后向孟良崮发展；四纵以6个团猛扑540高地，会同九纵攻击孟良崮；八纵以4个团攻芦山；六纵自宫山向北攻击；一纵以7个团向东攻击。总攻时间定在16日凌晨1时。

16日凌晨，各纵队开始向74师发起全力猛攻。我军集中全部炮火向孟良崮山上猛轰，把山上打得浓烟滚滚，血肉横飞。炮弹打到岩石上，迸溅的碎石给密集的敌军造成重大杀伤，一炮就打倒一片。74师的骡马、辎重、伤员、非战斗人员拥挤在山岗上，伤亡惨重，部队已呈混乱状态，失去控制。炮火准备后，我军几路大军杀声震天，奋勇登山。敌军困兽犹斗，与我军白刃格斗。我军攻势如潮，越战越勇。陈毅、粟裕在指挥部里，不断收到各纵报告：

3 时：九纵爬上东 540 高地。

3 时 30 分：一纵占领西 540 高地，独立师攻占 600 高地两侧。

4 时 30 分：八纵登上芦山主峰。

8 时：四纵攻上 540 高地，将敌军一个旅压向东南谷地。

10 时：一纵向 600 高地攻击。

10 时 15 分：九纵在孟良崮与雕窝之间山凹发现 2000 敌人，正在消灭中。①

就在我军主力总攻孟良崮顺利进展时，从西北方向传来隆隆炮声。这是国民党 25、65、83 等师正在向我阻援部队发起攻击。蒋介石于 16 日 8 时下达命令："山东共匪主力今晚向我军倾巢出犯，此为我军歼灭共军，完成革命之唯一良机。如有委靡犹豫、逡巡不前或赴援不力、中途停顿，定以畏匪避战，纵匪害国，贻误战局，严究论罪不贷。"黄百韬、李天霞犹如刀架在脖子上，不能不拼命了。惯于保存实力的李天霞也用上了他的预备队，但是我一、六纵担任阻击任务的部队和二、三、七纵都表现了顽强的战斗精神，与敌军死缠烂打，反复争夺，坚决不后退。迟滞了国民党援军的前进，为孟良崮战役的胜利赢得了时间。陈毅、粟裕急于解决 74 师，每隔 5 分钟就向各纵询问一次。上午，陈毅打电话问九纵司令员许世友："聚歼 74 师，成败在此一举！我们能争得的时间已经不多了，你们情况怎么样？能不能把孟良崮拿下来？"

许世友回答："现在已经打成这个样子，还能让敌人跑了！我手头还有一个师没用上，74 师不要想从我这里跑掉一个人，通通打完，把它消灭！"

陈毅大声说："好！现在要不惜一切代价，把孟良崮拿下来。你们打掉一千，我给你们补一千；打掉两千，我给你们补两千。谁打下孟良崮，谁就是英雄！"

许世友立即将陈老总的指示向各级传达，同时命令把预备队全部用上去，抽调机关人员补充到战斗部队中。他命令 25 师萧镜海师长："你们师长

① 《华东野战军孟良崮战役阵中日记》。

当团长，团长当营长，营长当连长，带头冲！"九纵打乱建制，干部战士不待命令，哪里有敌人就往哪里冲。到下午15时，我军5个纵队会师于孟良崮、芦山山顶，74师官兵纷纷就擒。战斗基本结束。①

这时山雨欲来，满山浓雾，能见度很低。各纵队忙着打扫战场，清点俘虏，收缴枪支弹药。有的战士高兴地举枪向天空射击，表达胜利的喜悦心情。但是华野指挥部监听到孟良崮地区仍有敌军电台活动，陈毅、粟裕命令各纵队立即清查上报毙伤俘虏敌军的准确数字。首长们亲自汇总核实，发现各纵队所报歼敌数字与74师编制数相差甚大。即令各部不顾疲劳，组织部队进行战场搜索。陈毅嘱咐："不要放走张灵甫一兵一卒。"经过3个小时的协力搜剿，终于发现约有7000残敌隐藏在孟良崮、雕窝之间的山谷中。这里是我军攻击孟良崮的接合部，攻击部队见他们没有开枪，以为是我军的友邻部队，没有攻击他们。当这股敌人被发现后，四、八、九纵马上组织最后的攻击，将其包围全歼。到17时战斗全部结束，粟裕向陈毅报告了全歼74师的消息，陈毅兴奋地说："我在电话里向全体将士祝酒致敬。"说完，他如释重负般地坐下来，长叹一声："嗨呀，这三昼夜总算是熬过来了！"这时，电闪雷鸣，一场暴雨倾盆而下，像是在冲洗孟良崮的战火硝烟，恢复它的平静故态。

华野首长曾计划歼灭74师后，乘胜扩张战果，再歼灭25师或83师。但因南北两个方向敌军全力向垛庄、孟良崮方向前进，已经密集靠拢，不易分割。我军经三昼夜战斗，已经极度疲劳。陈毅、粟裕于16日深夜决定不再恋战，各纵队脱离战场，后撤到坦埠、马牧池、莒县以北地区休整。国民党军占领垛庄、孟良崮后，已不见我军踪影。74师的灭亡令他们胆战心惊，遂全部转入防御态势。

战役结束后，陈毅最关心的是追查张灵甫的下落。5月16日18时30分四纵曾向野战军指挥部报告：张灵甫为30团所俘，后又失踪，刻正清查中。②第二天，得知张灵甫的尸体被抬下山来。有的说自杀，有的说在战斗中被击

① 《许世友回忆录》第16章第3节。
② 《华东野战军孟良崮战役阵中日记》。

毙。陈毅进行多方调查，才知道战斗结束前，张灵甫和副师长蔡仁杰、参谋长魏振钺等给蒋介石发出最后一封电报，将团以上军官姓名报告蒋介石，表示要"集体自杀，以报校长培育之恩。"实际上他们都不想死，正犹豫间，四纵战士冲进74师师部所在山洞，张灵甫等均被生俘。在押解途中，六纵特务团的干部见到张灵甫，旧恨新仇涌上心头，头脑一热，开枪击毙张灵甫。然后让俘虏兵抬着尸首随部队转移，掩埋在沂水县野猪旺村后的山冈上。坟前竖一木牌，上写"张灵甫之墓"。①

陈毅得知此事，非常生气。杀俘是严重违反我军政策的行为，特别是活捉张灵甫，政治上的影响多大，但是人已经死了，给胜利打了折扣。5月29日，陈毅在山东坡庄华东野战军团以上干部会议上对此进行了严厉批评。他说："此次对俘虏政策的破坏达到相当严重的程度，放下武器的自由杀害，不多责备，不追究责任。要推动全国革命高潮，主张不多杀俘虏，有些同志不相信俘虏策反成绩，甚至害怕。""重伤兵杀俘虏，不老实，公开对党进行欺骗，违反政策。张灵甫是我们杀的，报告说是自杀的，我们便欺骗了党中央、毛主席、朱总司令。"②为了向党中央如实报告事实，5月30日华东野战军陈、粟、谭、陈联名致电中央军委：

"（一）据最后调查证实：74师师长张灵甫、副师长蔡仁杰、58旅旅长卢醒，确于16日下午2时解决战斗时，被我六纵特务团副团长何风山当场所击毙。当特务团何副团长走近张灵甫等藏身之石洞，据师部副官出面介绍为张灵甫等人。现尚在俘官处可证。

（二）另查出51旅旅长陈传钧、副旅长皮宣猷、57旅旅长陈嘘云、参谋长魏振钺、副参谋长李运良、58旅副旅长贺诩章、师新闻处副处长赵建功均被俘，现在野战俘官处生活。"③

孟良崮战役，华东野战军全歼整编74师及83师一个团。其中毙伤13000人，俘虏19676人，合计歼灭32676人。缴获山野炮28门、轻重迫击炮235

①《民国高级将领列传》第5集。
②《中国人民解放军第三次国内革命战争史料选编》第2辑第2册。
③《陈毅传》第7章第6节。

门、轻重机枪987挺、长短枪9828支和大量弹药、物资。我军阵亡2043人，负伤9300人，加上其他减员，共计伤亡12189人。在这次战役中，我军的伤亡几乎与74师相等，远远超过鲁南、莱芜战役的伤亡数字，可见这次战役的激烈和残酷程度。也说明胜利来之不易。中央军委高度评价孟良崮战役的胜利，毛泽东5月22日致电华野领导人："歼灭74师，付出代价较多，但意义极大，证明在现地区作战，只要不性急，不分兵，是能够用各个歼击方法打破敌人进攻，取得决定胜利。而在现地区作战，是于我最有利，于敌最为不利。"①

粟裕副司令员在战后总结报告中指出："这次战斗确实是个硬仗，参战的各个纵队都下了最大的决心，高度地发扬了我华东部队英勇顽强，连续战斗、不怕伤亡、不怕消耗和能攻能守，攻防结合、积极主动协同配合作战，坚决歼灭敌人的光荣传统作风。全战役共毙伤俘敌三万二千余人，我军伤亡一万二千余人，敌我伤亡对比三比一。这个伤亡代价是值得的，我们换取了在敌人重点进攻的高峰、在敌人密集的进攻队形中歼灭其一个主力师的巨大胜利，砍掉了敌人一支最强的骨干力量。"

"这次战役过程中，我们几次定下决心和变更决心，而最后决心集中全部兵力捕歼位于敌军密集队形中央的王牌第74师于孟良崮地区，是很不容易的。充分体现了歼敌决心的坚定性和战术的灵活性，这要归功于中央军委、毛主席的正确领导，也是陈总创造性地运用毛泽东军事思想和积极贯彻诱敌深入、在运动中速决歼敌方针的又一杰作。从整个战役过程中，也充分体现了我华东野战军全体指战员通过解放战争以来历次战役胜利，对陈毅司令员的正确指挥无比信任，从而真正作到了上下一致、万众一心、东挡西杀、南征北战，不怕走路、不怕疲劳、服从命令听指挥、要到哪里就到哪里，几十万大军如同一个人一样，捏成一个铁拳，捶到预定歼击敌人的头上。没有这个条件，任何作战计划也是不可能实现的。"②

① 《毛泽东军事文集》第4卷。
② 王德：《华东战场参谋笔记》。

国民党统帅部那边，是一片沮丧和哀鸣。16日下午15时，汤恩伯还在向各部队绝望地叫喊："我张灵甫师连日固守孟良崮，孤军苦战，处境艰危。我奉令应援各部队，务须以果敢之行动，不顾一切，星夜进击，破匪军之包围，救袍泽于危困。其有徘徊不前，见危不救者，决非我同胞所忍为，亦恩伯所不忍言也。"①但此时孟良崮方向的枪声渐稀，增援部队知道74师大势已去，也就不再拼命进攻了。两天后，一个侥幸突围出来的74师副团长带伤逃到临沂，向汤恩伯报告74师灭亡的消息。为了掩盖失败真相，他编造了张灵甫等自杀成仁的谎话。

蒋介石获悉74师被消灭，极为震惊。他哀叹这是自发动内战以来"最可痛心，最可惋惜的一件事"，是"无可补偿的损失"。蒋介石在南京为张灵甫举行了隆重的追悼会，在玄武湖边立碑纪念（1949年第三野战军解放南京后，拆除了张灵甫的纪念碑）。蒋介石召集军事会议，追究孟良崮战役失败的责任。汤恩伯被免去兵团司令之职，黄百韬、李天霞更是主要责任者。黄百韬自知难逃惩处，索性大胆承担。他在开会之前见到汤恩伯，表示战败的责任由他完全承担，与汤无关。汤恩伯正苦于无法交代，见黄百韬如此仗义，深为感动。在会议上汤恩伯力陈张灵甫骄傲自大，不听黄百韬指挥，才导致全军覆没。顾祝同也指示黄百韬大胆报告张灵甫轻敌冒进，擅自行动的情况。黄百韬在会上侃侃而谈，汇报了孟良崮战役的经过和25师为救援74师，自己伤亡一万多人的事实。在场的人都认为黄百韬是尽了自己的努力，蒋介石只给他撤职留任的处分，黄百韬是置之死地而后生，化险为夷。李天霞则受到应有的处罚，被撤去职务，送军事法庭审判。他上下疏通，送了很多金条，才逃脱判决，一年后复出。

为总结孟良崮战役的教训，国民党军官训练团曾进行专门研究。他们承认自己有多种失误。如74师是重装备部队，在山地作战中不能发挥优势，反而被重装备所累。指挥官只看地图，不像共军亲自侦察地形，犯了主观的错误。74师修建垛庄公路，暴露攻击方向，是失败的主要原因。国民党方面

---

① 国民党第1兵团:《蒙阴东南地区战役战斗详报》。

总结的教训是："重装备部队不能离开公路，轻装备部队应在公路两侧道路行进，始不会遭敌袭击。对共军之攻防，应使360度均无弱点，始可操取胜算。""与敌作战，并进不如重叠，分进不如合进。"①蒋介石认识到这次失败不仅是战略战术问题，主要是部队作风败坏，互相拆台，协同不力。不解决内部矛盾，战争是打不赢的。他在军官训练团第三期研究班上说："我自张师长殉职以后，立刻命令前方（沂蒙山区）部队停止进攻，同时召集各将领来彻底检讨，彻底研究，彻底改正我们部队的作风和习惯，重新决定我们的战略战术。必须等到我们全军一番起死回生的改造之后，乃能作进一步的打算。"因而，国民党军对山东解放区的重点进攻，暂时停顿下来。

① 国民党军官训练团：《一年来剿匪重要战役之检讨》。

第18章

化敌为我

陈毅会见74师军官——融化俘虏补充我军——审查甄别工作——"解放战士"的思想问题——老"解放战士"现身说法——评功会上的民主气氛——诉苦启发阶级觉悟——陈毅称赞"解放战士"

1947年6月9日，陈毅接见了在孟良崮战役中被我军俘虏的74师将校级军官。当时华野政治部组织这些军官举行时事座谈会，陈毅同与会者会见，一一握手表示慰问。当74师的军官们谈到孟良崮战役失败的原因时，陈毅说："历来国民党军失败均归咎国防部，归咎陈诚，我在此替陈诚分辩几句。其实陈诚本人也很难作主，一切都由蒋介石老头子紧紧控制着。"他指出："蒋介石自北伐中期背叛人民，走上法西斯独裁专政的道路。蒋介石的这一条反人民的错误的政治路线，必然产生错误的战略路线。在蒋介石独裁媚外的政策与战略的双重错误下，国民党军队之遭受失败是必然的。例如贵军在抗战中的战功表现很好，战斗力亦堪为国民党军队之冠。可是一到内战战场，仍然逃不脱被歼的命运。各位应深深研究其中的原因。"陈毅对在座的军官表示："对于各位此来，我应负责照料大家，爱护大家。贵师长张灵甫、副师长蔡仁杰之牺牲，毫无意义，应该惋惜。各位留在解放区内好好研究问题，重新认识问题，各位应视为平生最大幸事。我们能帮助你们的地方，一定尽量帮助你们，绝不为难。"会后，陈毅与他们共进晚餐。①

陈毅对74师被俘军官坦诚、热情的态度，令他们深受感动。后来这些人被转送到渤海军区庆云县境内，与鲁南、莱芜等战役中被俘的国民党将校们集中，组成"华东解放军官教导团"，接受教育，进行改造。我军的宽大政策和深入的思想政治工作使这些国民党军官思想产生深刻变化。在反省自身的同时，他们也以自己在军事业务上的专长，向我军提出建议，帮助我军指挥员提高战术水平。华东野战军首长非常重视这些意见，将其汇集整理，通报给各纵队。

74师的军官们承认他们的失败，但也指出我军在孟良崮战役中表现出来的一些缺点。如步兵班排进攻时，以纵队队形前进，过于密集，如果中间落下炮弹，三个班都要受损失。排长指挥进攻，前进时高举帽子，后退时放下帽子，这种方式太简单，不能适应战场上迅速变化的情况。在战斗中不善于保护自己，如卧倒后应该挖个简单的卧射坑，隐蔽后进行射击。伪装应注意与周围环境一致，这次在山地进攻，有的人把花草绑在帽子和皮带上，与土色不一致，连飞机都看得出来，有时不伪装就是伪装（指黄军装与土色一致——作者注）。炮兵在孟良崮作战中发挥了威力，但山炮阵地选择不很恰当。有一门山炮设在小高地两棵树中间，这个高地低于74师阵地，如果当时被74师炮兵发现，居高临下，很容易击中。炮兵阵地最好选择在村落中，在民房墙上挖开一个洞就可以。在打扫战场时不注意收集有价值的物资。如阵地上遗弃的美制新式无线电话机，我军战士问俘虏这是什么，俘虏告诉了他，他仍把电话机丢弃在地上。74师拖大炮的骡马都经过半年以上的训练，如果放在步兵营中驮普通物资，是一种浪费，应该集中使用。②

在战争中融化俘虏，改造俘虏，补充部队，是华东野战军的一项重要工作。陈毅对此极为重视。据华野政治部统计，解放战争第一年，我军歼灭国民党军8个师、29个旅共43万人，俘虏国民党军官兵26万人。除少数军官

---

① 《陈毅传》第7章第6节。
② 华野政治部编：《战俘供述——对孟良崮战役的检讨》，1947年6月15日。

送后方学习改造，部分伤兵、身体条件差的释放外，绝大部分都补入我军各部队。因为每次战役，各纵队都会有程度不同的伤亡，把国民党军俘虏兵补充进部队，是保持我军建制完整、恢复战斗力的必要措施。陈毅在回顾解放战争初期的情况时说："每一战役后，每个团要补充一千多俘虏兵。俘来后就给发枪打仗。我们融化俘虏有一套经验：一是用老解放战士争取俘虏兵；二是用翻身农民战士教育俘虏；三是不搜他们的腰包，失掉东西给一定的赔偿；四是民工教育俘虏。我军每团都有二三百民工，他们有四五十岁的老农民。他们虽不洗面，手脚很黑，穿着便衣，但经过减租减息与土地改革，阶级觉悟很高，时事政治都了解。利用他们向俘虏兵宣传教育，使俘虏兵感觉了不起，一个老百姓知道的东西这样多，往往比指导员或高级干部的讲话作用还大。再经过评功记功，给他们挂上红布条，升为班长，他们就高兴得很：'在蒋介石那里，当兵一辈子升不了，到解放军不几天就升了班长。'我们很多指挥员愿意要解放战士，不要翻身农民。因为解放战士听指挥、有战斗经验，认为翻身农民到部队给你讲民主，有时开小差，很难侍候。但解放战士在打胜仗时没有问题，一到艰苦时候就开小差。如华中撤退，反攻转移，解放战士就大批开小差，而翻身农民很少，甚至没有。我们补兵员十分之三是翻身农民，十分之七是解放战士。有些部队则不要，以翻身农民同别人换解放战士。后来因在困难时期解放战士逃跑多，大家不愿要解放战士了。最好部队补兵比例是翻身农民十分之四，解放战士十分之六。一年来，我们补充了20万解放战士，12万翻身农民。"[1]

陈毅阐述的是华东野战军融化俘虏补充兵员的基本过程和经验，实际情况要复杂得多，也艰难得多。一个国民党军的士兵或军官，要他们在短时期内把枪口调过来，把立场转过来，为革命事业流血拼杀，谈何容易。孟良崮战役结束后，74师的俘虏被转送到后方，进行审查、集训，再分配到各纵队，就经历了一个曲折的过程。

负责这项工作的野战军政治部俘管处，在孟良崮战役结束后顿时忙碌起

① 陈毅：《一年来自卫战争总结》。

来。各纵队除留下一部分士兵以外，共送来6746人。俘管处的干部将俘虏编为27个中队。上级指示"一个不放"，严加管制不使逃跑。各级干部对74师仇恨很深，都很尽职尽责。这样就使俘虏产生恐惧感，生怕被杀掉。军官更是隐瞒身份，最初进行登记的时候，是"三少四多"。即国民党政工人员、谍报人员、部队主官少，书记、文书多，军需、司务长多，军医、看护多，士兵多。这里面的虚假是一目了然，必须要弄清俘虏的真实身份，俘管处的第一步工作，就是对俘虏进行审查。

俘管处的干部把审查工作形容为"剪头去尾"。即先把校官、政工、谍报、特务清理出来，同时也把军士、列兵清理出来，分别管理。军士和士兵尽快补充部队，军官则根据情况，另行处理。审查的方法是首先成立校官访问组。俘管处组织科的同志从已知身份的74师校官中选择10个人组成第一个访问组，其中有74师师部的人事科长、一个新闻室主任、一个副团长、一个师部副官主任、两个谍报组长、一个参谋处长等。他们都是坦白了身份，有立功表现的军官。我们的干部注意到以下几点：1. 照顾到原来的部队，74师师部和三个旅都有人参加；2. 照顾到各种职务，如特务、谍报、政工人员最害怕被揭露身份，所以要有这些部门的人参加；3. 要选在部队历史较长，熟悉人事的，如人事科长、负责主官等；4. 选择在原部队中有一定威信，有一定号召力的；5. 选择敢说敢做的，最好事先动员，自愿参加，明确要求他们把同部队的熟人部下指出来。我方干部交代政策，先觉悟比后觉悟好，早立功早得宽大处理。涉及个人利益，国民党军官还是很会抓住机会的。

访问组成立后，俘管处干部便以大队为单位，集合全体俘虏开大会。首先让74师人事科长讲话。他说："你们个个我都清楚，人家宽大相待，你们再不坦白，我就不客气了。大家不要认为我是出卖朋友，其实我是为大家的好。"俘管处的干部严肃宣布：现在坦白者不再追究，仍继续隐瞒者，表示他与共产党对抗，我们的宽大政策就要重新考虑了。说完后，访问组成员到人群中挨个指认，我方干部验明身份，记录在案。这下俘虏们沉不住气了，纷纷举手坦白。

访问组的作用,不但能促使隐瞒身份的俘虏坦白,在指认过程中也反映出访问组成员自己的表现。俘管处的干部意识到:"应当看清他们是不愿意帮助我们动员俘虏坦白的,许多人讲话是出于不得已,指认更是非其所愿。经过访问的大队,俘虏虽然有不少坦白了,但绝非万事大吉,访问组明知某些人隐瞒而不提供材料的大有人在。访问组到队访问时,要严防访问者随便和俘虏交谈。因为访问者基本上是无意助我,如使他们互吐衷肠,反而影响坦白运动的开展。"

利用访问组辨认俘虏身份,有一定作用,但不能彻底查清。俘管处的干部又想出"对照人"的办法,让老俘虏辨认新俘虏。6月14日,7中队来了54个俘虏,俘管处干部让老俘虏前去辨认。经过对照检查,认定其中38人是74师的,并查出51旅野战医院院长、151团情报主任和两个连长。然后又让新俘虏辨认老俘虏,其中140人再次被证实身份。这个方法很灵验,俘管处第二天组织7中队与8中队共400多人进行有组织的双方对认,结果300多人的身份得到证实和重新确认,只有少数新兵、后勤人员或到职不久的没有确认。俘虏们说:"这真是以毒攻毒,叫自己人认自己人,这下隐瞒不住了。"有的说:"这才好呢,我坦白了,再也不会怀疑我了。"有个上等兵,原来被我方怀疑为排长,被俘虏确认后高兴地说:"这下可好了,有人认得我了。"

最害怕被认出来的是那些国民党特务、谍报人员。他们在74师中就是监督官兵的,最招人恨,当了俘虏又怕受到惩处,因此想方设法隐瞒身份。俘管处也采用"以特制特"的办法,以前新安镇作战时,我军曾俘获74师一个谍报员。俘管处的干部通过他在俘虏中做工作,现身说法交代政策,使得谍报组长郑某主动承认了自己的身份。郑某在74师谍报队中有矛盾,受排挤,坦白后向我方提供了不少材料,指认出师部谍报队长毛某。其他隐瞒的谍报队员看到毛某被认出后并未遭到枪毙,怕死的顾虑减轻,于是有的主动交代,有的在我方审查时承认了身份。对有罪恶的特务分子,我方采取重点管制,以防逃跑的措施。并组织审讯,搞清楚国民党军中特务组织如何对我方进行策反、刺探情报、偷听电话、雇佣情报人员的方式等等,配合解放区的保卫工作。

对多数问题不大的74师官兵，俘管处一方面对其进行政策教育，一方面组织他们干些劳动。我军干部发扬艰苦奋斗的作风，白天审查教育、修公路、运粮食，晚上带岗放哨，样样干在前面，这种为人民服务的精神，引起俘虏的感动和敬佩。审查教育俘虏的工作能在短时期内取得成果，首先是俘管处干部努力的结果。①

经过俘管处的审查教育后，大批74师俘虏兵被补充到华野各纵队。从国民党士兵到解放军战士，是一个根本性的转变。要想让这些"解放战士"真心为我方打仗，单靠命令是不行的，需要一个相当长的教育改造过程。四纵某团分来一批74师的俘虏兵，2营副教导员丁耀卿通过与他们接触，发现了一些问题。

74师是国民党军队中"五大主力"之一，是蒋介石的"御林军"。在74师中，政治组织是全套的，有自己的体系。连队中有专职的指导员、宣传队员、火线喊话组织、监视士兵的特务组织、督战队等。74师士兵有学习制度，蒋介石的《剿匪手册》是必读的。粗通文化的士兵，都有一个日记本，他们记日记成了习惯，被俘后也不间断。上面写着国民党宣传的"军队国家化"、"政治民主化"一类东西，5年以上的老兵，还受过专门教育，反动思想在他们的头脑中扎根很深。由于严密的思想和组织控制，士兵想逃跑或投降是很难的。孟良崮战役最后阶段，四纵冲上山头，看到几个伤兵。他们哭喊着说自己是宿迁人，在解放区沦陷后被抓壮丁来到74师的。他们知道我军好，但开小差逃不掉，战场上投降更是办不到。并不是因为74师的兵特别顽强，而是特务和督战队监视太严密。

在物质生活上，74师是很受优待的，富裕生活过惯了，吃不惯我军的粗粮，被俘后常常摇头叹气。有的对我们战士说："你们真傻，当兵还吃这些东西！""我们打内战以来苦多了，但比你们的生活还强呢，过去的生活真好呀。"

① 华东野战军政治部俘管处：《孟良崮战役俘虏工作总结》。

因此，74师士兵补充到我军后，虽然表面上服从，心里是不服气的。有的说："胜败是兵家常事，你们在涟水不也被我们打败过吗？"有的抱着"好汉不吃眼前亏"的态度，暂时呆下来，过一天算一天，以后再作打算。有的说："到处都是打内战，你消灭我，我消灭你。虽然74师被你们打光了，可是国民党还有几百万军队，有美国的飞机大炮，共产党要消灭国民党也靠不住。"他们唯一服气的是我军的近战肉搏，他们说："我们打仗是全靠火力，只听炮声响，不见人上来。跟你们硬拼心里是害怕的，有时就不肯打了，朝天开枪。"①

针对74师"解放战士"的这些活动思想，四纵政治部进行积极的思想政治工作，帮助他们消除顾虑，了解我军。10师某团2连召开祝捷欢迎大会，各班新老同志坐在一起，举行会餐，老战士以主人之谊，招待新解放战士，建立融洽的气氛。指导员作介绍后，老解放战士纷纷起来讲话。他们来自国民党军不同的部队，以亲身经历对我军的胜利作了生动的宣讲。他们讲得非常真实，有番号、有姓名、有地点、有时间。是对新解放战士最生动有说服力的教育。例如：

原国民党26师来的夏某说："我是抽丁出来的，我哥哥有病，我替哥哥来补丁。蒋介石把当兵的不当人，训练个把月就送来打仗。我在26师工兵营，天天修工事。才过年，新四军就把我们包围了。我们炮4团、炮5团都是榴弹炮，装备比74师还好，快速纵队有坦克，有汽车，可是一天一夜统统做了俘虏。你想这不是有鬼？这次新解放过来的74师同志，我们安徽人多，不要想糊涂心思，以后你们会相信的，这个队伍比国民党强。"

原国民党51师的安某说："我们51师守枣庄，新四军消灭26师后，就包围枣庄。我那时不相信新四军能把枣庄打开，光是窑里就有5个营，院墙是水泥石灰砌的，三四丈高；外壕三四人深，又宽；外面又是电网，谁碰上谁就死。工事里面是轻重机枪，12门榴弹炮、小炮。新四军打枣庄，我看比这次打74师的孟良崮还难。才打时我听新四军的炮就不对，一炮就是两

① 丁耀卿：《谈一些74师俘虏的思想情况》，载四纵政治部编：《战斗》第15期。

响，头一天就把电网打坏了。10天工夫，枣庄和外面的郭里集、齐村、峄县都打得精光。新四军有一种炸药，你工事再好也吃不住。一个爆破队上来，带花几个还是冲。炸药一响，步兵马上就冲进来。结果51师消灭了，师长、旅长统统被俘虏过来，现在还在后方吃小米。我也俘虏过来了，我对新四军打仗也真心服。我们才过来，不像你们那样吃四个菜，那时真苦，七八天没有吃过菜，吃高粱煎饼。国民党飞机天天来炸，夜里行军一下就是八九十里，真是过不惯。心想中央军队伍大大的，吃的好，穿的好，想开小差过去。但是再想想，还是要俘虏过来，如果再看到我，脑袋瓜子不是要搬家！以后整训开大会，学习讨论思想，脑筋才想开，我才真心在这里干。"

原国民党73军的周某说："我们73军和46军在莱芜有7个师，开头打得还好，以后全部被包围了。军部决定突围，我们一个团掩护军部出城，走了20里路，前面先被新四军包围，两个团被消灭，营长、连长都被打死。12点钟我们也被包围了，三天三夜没睡觉，哪个跑得动？师长亲自指挥也没有用，结果我被俘虏过来。才来时心里非常难过，也和你们一样。那边讲过新四军抓到要开肠破肚，不知拿我怎么办。老同志和51师、26师过来的都讲不要紧，我不相信。第二天从莱芜开到博山，110里一口气赶到，脚底起了几个泡。国民党那边一天才走二三十里，吃大米，心里想不过来，跑又跑不掉，只好等机会。以后才慢慢好些，看到新四军对老百姓真是好，苦吃苦穿；国民党军队到哪里都搞得一塌糊涂，老百姓跑得精光，失败就在这上边。"

原国民党100军的林某讲得最生动："我是新四军第一批在宣家堡俘虏过来的，最早。过来没休息就参加战斗，一上去就缴了三门野炮。以后每次打仗，都缴枪抓俘虏。在那边我是上士炮手，碰巧还可以骑马，到这边来生活怎么能过得惯！想开小差，但队伍多，到处有民兵，逮到了怎么办？我心里真希望新四军打败仗，我好过去。但每次都是国民党打败仗，真是没法想。以后到山东来，26师、51师、73军、46军，这次74师都消灭了。这些部队，过去和我们100军在湖南打鬼子，战斗力都是很强的，怎么都被新四军消灭了呢？73军已经走了20多里，我想这下73军可以跑出去了，谁知又被歼灭。26师有坦克、汽车、榴弹炮，谁知天下大雪，也被消灭。真是天都帮助共产党，这是天意，你有什么法子想！跑路吃苦惯了，想想自己过去讲怪话、吵架不对。我现在在2班当班长，在新四军里，不问你是74师过来的也好，老同志也好，你有本领都可以立功劳。"①

对74师官兵的审查和改造是成功的，但也有其特殊性。当时国民党军停止了进攻，使我军得到一个多月时间的休整，政治部门可以有比较充裕的时间来进行审俘、融俘工作。但是多数时间我军都是连续战斗，没有时间休整。往往是战斗一结束，就把俘虏兵补入部队。鲁南战役中有头天被俘，第二天就随我军参加战斗的。这就提出一个大问题：如何在战斗中做好即俘即补，迅速完成由国民党士兵到解放军战士的思想转变。因为战争的需要，华野实际上很少有条件将俘虏兵集中整训一个时期后再补充部队，多数情况都是即俘即补。华野各级政工干部在实践中摸索出一套改造俘虏的经验，在我军政治思想工作中独具特色。其主要特点是：由包办式的集中训练、审查、处理俘虏，到群众性的融化改造俘虏；由空洞条文和革命大道理的灌输说教，到联系实际，以至完全群众路线的控诉运动；由孤立的思想教育到与实际行动密切结合。由一般性的改造俘虏到研究具体对象（广西军、杂牌军、74师等），对症下药；在组织领导上将党的工作、宣传教育工作、审查反特工作结合起来，由单纯的自上而下转变为机动灵活的群众运动方式。这些行之有效的措施，收到了很好的效果，也显示我军政治工作达到了一个新水平。

改造俘虏的第一步，是要让他们从组织翻身到思想翻身。补充俘虏是很简单的，只要把他们的国民党军衣脱下来，换上我军的衣服，分配到连队，就从一个国民党兵变成"解放战士"了。但是从组织上翻身入伍，不等于思想也马上转变。这些俘虏兵身份不同，受教育不同，经历不同，什么样的人都有，思想是相当复杂的。

刚被补入我军的俘虏兵，普遍对我军政策存有疑虑。他们感到被俘总是

---

① 金菊如：《孟良崮战后政治工作的经验》，载《战斗》第17期。

没好下场，有的听国民党军官说被共军俘虏要抽筋剥皮、活埋、暗杀，终日胆战心惊。有的好几夜睡不着觉，怕黑夜杀他。有的见班长拿镢头修操场，以为是要挖坑活埋他。有的身上藏着手榴弹，准备杀他时拼命或同归于尽。不少人想找机会逃跑，有的盼我军打败仗，有的要求释放回家，还有的人私藏国民党军的徽章、抗战证明书、军衔符号等物品，作为逃回国民党军的物证。一次战斗结束后民兵打扫战场，在掩埋一个牺牲的"解放战士"时，忽然发现衣袋里藏有一枚国民党军徽章。民兵愤恨地说："虽然牺牲了，还是两条心。"

由于长期受国民党的教育，俘虏兵头脑中存在不同程度的反动思想、糊涂观念。不仅前面说过的74师官兵有严重的正统观念，杂牌部队士兵也有。有的说："蒋介石吃的好，穿的好，住的好，为什么要卖国？"有的说："蒋介石人多地大有外援，共产党早晚打不过，顶多打平手。"即使不信仰蒋介石，也说："一个巴掌拍不响，两个巴掌不肯让，所以就打起来了。""蒋毛早打晚打还不是为一个地盘，大家都想当领袖。"糊涂观念是大多数："吃蒋介石饭帮蒋介石打天下，吃毛泽东饭帮毛泽东打天下。""到底打到哪一天，中国人打光了就不打了。"有的兵痞则怀念国民党军队生活，蔑视我军："干中央军可以逛大城市，坐火车，吃大米；这边就是吃小米、跑路，太辛苦了。""在那边吃喝嫖赌，还能找机会痛快一下。这边薪金太少，没烟抽没钱花。"

思想上的问题不解决，就不可能真正为革命事业战斗。刚补充的"解放战士"在战斗中往往表现消极，莱芜之战中，某部已经与敌军接触，许多新战士却隐蔽在一旁抱枪而坐。班长一再催促才勉强端枪射击。有个机枪手故意抬高枪口，把子弹打完了事。有的炮手也故意发射不准，说是打自己的同行太不讲良心。所以，转变思想是教育俘虏兵的头等大事。

又没有时间集训，又要在短时期内让他们转变思想，这个工作怎么做？有的连长没耐心，先把俘虏兵管得老实听话。他命令连里的党员、积极分子、老战士分头包干，看守新兵，结果造成新兵的猜疑隔阂。有的表面装老实，实际上想找机会逃跑。干部们看见新战士写保证书，高兴地说："我们连里的解放同志好啊，既能吃苦又不说怪话，比老同志还强。"有的说："我们连的解放战士都没有问题。"结果不久就逃亡了3人。有的虽然没跑，也表现出动摇情绪。有个战士休整时说："新四军好，不做工事，每天有肉吃。中央军每天做工事，吃的苦说不尽。"等我军开始行动了，他马上叫苦："中央军一天只走30里，还是白天。新四军一夜走80里，这个兵怎么能当。"

思想教育就是启发解放战士的觉悟。虽然没有时间集训，但解放战士与老战士朝夕相处，生活、行军、战斗都在一起，无论何时何地，都可以开展谈心，交流思想。新战士往往有三个困难：一是人地生疏，举目无亲，感到不习惯；二是被俘时丢掉的物品尚未补充，生活困难；三是怕行军走路。老战士用各种办法帮助新战士解决三个问题，让他们感到部队的亲切，尽快安心。

经过观察，发现新战士普遍存在两个问题：一是怕走路，二是不愿吃粗粮。老战士抓住新战士的活思想，边行军边教育："你看，我们要是不能跑路，能把坐汽车的快速纵队消灭掉？会跑路才能打胜仗，少伤亡，跑惯了就不觉得苦。""你觉得吃小米苦吗？看看老百姓吃的是什么，我们是老百姓的队伍啊。"听了这些话，新战士就想通了。

让新战士真正了解我军的光荣传统，是最好的教育方法。共产党员的模范作用，官兵一致的民主作风，是最能感动新战士的。战斗时营、连长带头冲锋，老战士就对新战士说："新四军打仗，当官的不怕死，冲在前面。国民党当官的打起仗来还不知在哪里呢。"我军干部吃、穿、住都和战士一样，使新战士最吃惊。他们说："我们那边一个排长就有一副挑子（私人财产），连长有两副。你们的排长和小兵一样，真是平等。"班长宿营时帮新战士烧洗脚水，铺稻草，行军时帮战士背东西。连部把好房子让给新战士住，大家感动地说："国民党的班长什么都要小兵伺候，这里的班长反而照顾我们。""我们当兵这些年，从没见过这样的好部队。当官的不住大房子，让给小兵住。"新战士被我军优良作风感化，纷纷表示："死也不离开这里。""要凭良心，饿肚子也要干下去。"

解放战士大多是穷苦人出身，很容易培养阶级感情。一次宿营，一个新战士图凉快睡在外面。连长怕他受凉，一夜起来三次劝其进屋。不但这个战士受感动，全连10个新战士都说："新四军干部真好，对我们太关心了。老中央当官的天天享乐，谁管当兵的死活。"有个新战士已经看好机会要逃跑，正巧当天生病，全班同志轮流照顾，送饭送水，使他感动得坦白了错误。新战士亲身体验到我军的纪律严明，处处帮助群众，受到群众的爱戴拥护，感到与旧军队的截然不同。他们说："八路军、新四军才是人民的军队，在这里干是有前途的。"有的说："蒋军《军人手册》上第一条是'为长官而死'，是耻辱。现在是'为人民服务'，最光荣。"有了这种觉悟，新战士的思想就实现了根本的转变。

让新解放战士与老战士一起参加战后的评功活动，对新战士也是一种具体的教育。他们看到，在解放军中，无论新老战士，只要在战斗中表现勇敢，都可以立功受奖。七纵57团在战后评功时，就有很多解放战士被评上。莱芜战役中，7连的一位"解放战士"张菊亚在追击敌人时，看到前面有两个敌人在逃跑。一个扛着机枪，一个扛着子弹箱。他大声喊道："放下武器吧，我也是放下武器的，衣服还没换。八路军优待俘虏，不杀不打。"逃跑的敌人停下了，他上去缴枪，不小心摔了一跤，结果机枪被战友拿去。张菊亚不丧气，马上打死一个敌人，又缴获一支步枪。下火线时他还背了一个伤员，扛着两支枪。评功时全连同意给他记一大功。另一个"解放战士"樊心林在追击敌人时，看敌人不肯缴枪，就喊道："你们不要怕，我是74师的，在新安镇解放的。共产党宽大政策，不杀害俘虏，你们过来没有关系。"他的喊话使对方放下了武器。连里也给他记了一大功。

在评功中，连队充分发扬了民主。每一个记功都要经过全连军人大会通过，每个战士都有发表意见的权利。有一位班长，战斗打得很勇敢，还缴获一支枪。但在冲锋时拾了一条毛毯，违反了战场纪律。记功委员会宣布他的功劳时，战士们不同意，于是将功折罪。新来的"解放战士"看到这些，感到解放军这里真是公平民主。坚定了他们在部队好好干的决心。①

① 七纵政治部编：《政工通讯》第2期。

在"解放战士"中，绝大多数人是穷苦农民出身。他们有的受了国民党多年的反动教育，对蒋介石和国民党的反动政策认识不清。为了启发这些人的阶级觉悟，华野各部队结合解放区土改运动，在连队开展诉苦等阶级教育活动。开始有些"解放战士"不接受，有反感。陈毅讲了一个例子："有的诉苦，一说就是蒋介石卖国内战罪恶，美国如何侵略中国等一套，有位俘虏兵听了起来说：'蒋介石怎么压迫人呢？我是贵州人，从贵州坐飞机到浙江，又从浙江坐飞机到南京，从南京到徐州，不是蒋介石我哪能坐到飞机？美国人帮助中国军队武器、金钱打日本，怎么是侵略？'他不参加诉苦大会就走了。一研究，他是一个兵痞，长期受统治者情感的蒙蔽，一时不容易认识与觉悟起来。但他有一个好处，就是认为自己被共产党抓住没杀，共产党是他的恩人。要报恩决定不开小差，坚决为共产党打仗。后来先从生活上团结他，与他一起吃饭、闲谈，有时顺便把他带到会场听人诉苦。起初还反感，一次他听到一个战士诉说他父亲死了，他母亲卖淫养活他长大，又被蒋军抓兵抓走，母亲饿饭等悲惨情景，全场战士听到都哭了。他也哭了，问他为什么哭，他答：'这和我的历史一样。'问他为什么不诉苦？他说：'这和蒋介石、美国人没有关系。又不是蒋介石、美国使我这样的。'后经过启发才慢慢觉悟过来。"[1]教育"解放战士"具有无产阶级的立场和觉悟，才能使他们在战斗中自觉勇敢地为人民利益而战。

通过教育、诉苦、立功等思想政治工作，"解放战士"的思想觉悟有了很大提高。他们真正明白了当兵是为谁打仗，找到了自己的奋斗方向。他们加入我军后，勇敢作战，在战斗中凭借个人良好的军事素质，表现出机智灵活、讲求实效的优长。陈毅对"解放战士"在战斗中的战术运用十分称赞，号召我军老战士向他们学习。陈毅在总结我军战术时说："我军勇敢果然好，就是一排排的集团冲锋。当把敌人冲下来时，牺牲的人也是一排排的。这种冲锋一遇到顽强的敌人，伤亡就更大，说明我军没有很好的战术是不行的。我们有一个营长指挥三个连去打一个村里的敌人，村外是开阔地，不讲

----

[1] 陈毅：《一年来自卫战争总结》。

究机炮火力掩护，敌人等我们冲到七八十米近才打枪，冲一次就死伤七八十人。一个俘虏兵是轻机枪射手，他看见营长叫'打！打！打！'说：'营长你叫打哪里呀？'营长没法答他。他说：要用机枪封锁敌人的枪眼，掩护冲锋。营长同意了他的意见。他并提出要用三挺机枪封锁五个枪眼，他先负责布置搞好标尺，实验射击目标，然后指挥三挺机关枪一齐开火，压住了敌人的火力。营长就发命令冲锋，以手榴弹打进去，没有一个伤亡，敌人就被迫投降了。这是战术的作用，我们的营长不如人家的班长，俘虏兵起了指挥作用，这是我们战术上有缺点的缘故。"

陈毅又举炮兵的例子说："现在炮兵多了，榴弹炮、山炮、六零炮、轻重迫击炮等，常常炮兵在战斗中占很重要的地位。但我们的团、营长使用炮兵是老一套的采取近战，实行抵近射击，把炮拉到距敌人二三百米处射击。因炮兵多，敌人用六零炮与机枪就可以把我们的炮打坏，炮兵伤亡很大。在抗战时期我们的炮少，敌人在孤立据点，用抵近射击有效。今天情况不同了，我们现在有三四百门炮，抵近射击妨碍步兵的战斗动作。我们一定要用间接射击，把炮拉到一定的距离，榴弹炮十里至十五里，野炮十里或七八里，山炮、迫击炮一千到二千米。我们的炮兵多是解放战士，你叫他把炮拉近射击他硬不干。"他说：'世界上没见过这种炮兵，你那套是不行的。我们按一定距离射击，射击不准，杀我的头。'我们指挥员往往枪一响，就命令打炮。但他们不知往哪里打。解放战士有经验，炮打得很好。我某部有一连榴弹炮调到石家庄作战，没有赶上。后来参加元氏战斗，指挥员也是把炮拉到二三百米来打，结果打死了九个炮兵，有一门炮的瞄准镜也被敌人打坏了。有时炮太近了，东面打到西面，西面打到东面，往往打到自己人。解放炮兵往往几炮就把敌人的工事打垮了，人家是科学的。蒋军被我俘虏的一个旅长对我们的炮兵表示钦佩，又带讽刺地说：'八路军的炮兵就是差一把刺刀。'一面说我们勇敢，一面说我们不懂炮兵战术。我们不能满足于老一套的战术。国民党的步兵操典一般的原则是对的，可以学习。我们考试一个连长关于司令部的卫兵守则，他报告半天要如何提高政治警惕，注意反革命等一套政治讲演。我又叫一个解放战士来讲，他只讲七八条，简明扼要的就说完了。"①

华东野战军在解放战争过程中，注重融化、改造国民党军俘虏，将其源源不断补充到我军部队中。保持和提高了我军的战斗力，又使国民党军队质量不断下降。力量对比的天平越来越向我军倾斜。化敌为我，让"解放战士"成为我军的战斗骨干，发挥作用，关键在于从思想上把他们转变为自觉为人民利益而战的无产阶级战士。这是我军思想政治工作的重大成绩，也是我军战无不胜的根本原因。

① 陈毅：《一年来自卫战争总结》。

第19章

七月分兵

坡庄会议——蒋介石调整重点进攻战略——陕北甚为困难——毛泽东指示外线出击——华野兵分三路——南麻、临朐战斗——粟裕承担责任——陈毅对粟裕的信任和支持——西进兵团艰苦奋战——总结经验教训

孟良崮战役结束后，蒋介石撤换了陈诚、汤恩伯，对原来的部署作了相应的调整。1947 年 5 月和 6 月期间，山东战场出现暂时的平静，华东野战军又获得了一段休整的机会。

1947 年 5 月 28 日到 6 月 2 日，华野在沂水西北的坡庄召开团以上干部会议，总结孟良崮战役的经验，传达贯彻中央军委对山东战场下一步行动的指示。

饶漱石首先在会上作了"关于准备反攻迎接胜利"的形势报告。他指出：经过几个月的自卫战争，蒋介石的军事、政治、经济遭遇严重困难，全国革命高潮快要到来。人民解放军已接近全面反攻的前夜，74 师被歼是华东战场的转折点。我们不像从前那样困难了，国民党的士气受到很大震动，我们的士气受到很大鼓舞。只要我们再歼灭敌人一两个主力师或一个主力师加上两三个次要师，则华东战场即可取得主动，并可开始转向反攻。饶漱石的语气显得非常乐观，在一定程度上迎合了部分干部的轻敌速胜情绪。

陈毅在会上作了关于山东战局和军事问题的报告。他强调山东今后的作战方针是：坚持以山东为基地彻底粉碎蒋介石的进攻，准备反攻条件，争取战局转变。不轻敌，不怕困难，不急躁，不分兵，集中主力消灭敌人主力。他提出要努力学习毛主席运动战、歼灭战的方针，反对冒险主义，反对总决战的思想，主张分批歼敌主力，逐次消灭敌人。他着重指出：敌人集重兵于山东，虽然加重了华东军民的负担，却给其他战场的反攻作战以很大的便利。目前除山东、陕北外，我军均已转入反攻。但就山东局部情况来看，我们还未取得主动，敌人正准备再次大举进攻，我们还要准备进行恶战。因此，我们必须继续巩固内部团结，坚决服从领导，执行命令，戒骄戒躁，彻底粉碎敌人的重点进攻，争取战局的转变。他指示在休整期间，各部队要加强反对本位主义、小团体主义，加强组织纪律性，爱惜民力、物力，认真执行俘虏政策，把军队建设的各项工作搞好。①

坡庄会议是一次统一思想，坚持山东根据地，集中兵力打歼灭战，粉碎蒋介石重点进攻的会议。经过莱芜、孟良崮两次战役的胜利，大家越来越清醒地认识到集中兵力的重要性。如果说以前对统一指挥和运动作战还有怀疑，通过这些胜利大家统一了认识。根据华野领导的设想，以后几个月的行动应该是继续坚持内线歼敌。但是形势又发生了重大变化，导致了华野的"七月分兵"。

蒋介石在孟良崮战役失败后，仍未放弃对山东的重点进攻。他起用日本战犯冈村宁次为顾问，在南京、徐州等地召开多次军事会议，检讨战局，研究对策。国民党军统帅部制定"并进不如重叠，分进不如合进，以三四个师重叠交互前进"的作战方针，调陆军副总司令范汉杰到鲁中前线统一指挥。国民党军集中9个整编师、22个旅，在莱芜至蒙阴不到50公里的正面摆成方阵，配备了山地作战器材和炮兵，囤积物资，准备发动新的攻势。

华东野战军主力当时集结在莱芜、蒙阴以东，坦埠、沂水以北地区。针对敌军"密集平推，步步为营"的战法，准备在6月中旬对莱芜的国民党5

① 《陈毅年谱》。

军和85师发起进攻，求得在运动中歼敌一部，调动敌军，收复新泰、莱芜产粮区，打通与鲁南的联系。但我军刚开始调动，敌军即向后收缩，严密防御。我军没有机会，只好放弃原计划，等待机会。6月22日，毛泽东指示华东野战军："山东战事仍为全局关键，你们作战方针，仍以确有胜利把握然后出击为宜。只要有胜利把握，则不论打主要敌人，或打次要敌人均可。否则宁可暂时忍耐，不要打无把握之仗。"①

此时，毛泽东在陕北的处境，比华东要困难得多。为了挫败国民党军对陕北的重点进攻，拖住胡宗南兵团，毛泽东坚持留在陕北，一面指挥全国各战场的作战，一面与胡宗南周旋。虽然彭德怀指挥西北野战军取得了青化砭、羊马河、蟠龙三次战役的胜利，给胡宗南以沉重打击，但胡宗南仍不放弃对陕北的进攻。他盘踞延安，指示手下部队对安塞、保安地区进行"清剿"，一方面寻找西北野战军决战，更重要的是企图寻找党中央的所在。毛泽东、周恩来、任弼时带领中央机关，连夜冒雨行军，在靖边、葭县、米脂一带黄土高原转移，与敌人周旋。这一带地区荒凉贫穷，毛泽东等经常以野菜、黑豆充饥，的确是非常艰苦。毛泽东感到这样下去毕竟不是办法，需要在战略上采取主动，从根本上扭转被动局面。就在那些日子里，他构思了让刘伯承、邓小平指挥中原野战军千里跃进大别山，陈毅、粟裕指挥华东野战军南下江淮地区作战的设想。邓小平对毛泽东的战略思想是心领神会，他在一次报告中这样陈述："蒋介石的反革命战略方针是要把战争扭在解放区打，这是他从长期反人民战争中得到的经验。……这次蒋介石又想用这个办法对付我们，扭在解放区打，来削弱我们的人力、物力、财力，使我们不能持久，封锁我们不能出来，好使他保持三万万人口的后方完整而不受损失，来供应他作战。这个如意算盘是高明的，但是还有更高明的毛主席，他从确定自卫战争的方针时起早就看清了这一点。他告诉我们，开始必须在内线打，打到一定时候，也就是削弱敌人到相当程度之后，就要打到外线，到蒋管区去打。这样就可以击破蒋介石反革命的毒辣的战略方针。因为在战争初期，

① 《毛泽东军事文集》第4卷。

我们的装备还不够优良，作战经验还不丰富，内线便于消灭敌人，便于组织和发展我们的力量，便于积累经验，所以先在内线打是完全必要的，也是取得了胜利的。从1946年7月到1947年6月，我们全国各个战场在第一年的自卫战争中，消灭了120万敌人。我们把分散的游击部队组成了野战军，积累了丰富的作战经验。这时时机成熟了，就应该转到外线，否则就要吃亏。拿冀鲁豫来说，经过一年的内线作战，农民的鸡、猪、牲口看见的不多了，村里的树也少了，试问，扭在解放区打，我们受得了吗？如果我们只想在内线作战要舒服一些，就中了敌人的毒计。"①

根据毛泽东1947年5月4日给刘邓、陈粟的指示，刘邓大军应在6月份南下，向长江或大别山进军。陈粟配合刘邓行动，受刘邓指挥。大约在6月20日左右，刘邓接到毛泽东从陕北发来的一封极秘密的电报，写的是陕北"甚为困难"。这样的话，毛泽东从未向其他战区的负责人说过。刘邓懂得这封电报的分量，马上复电半个月后行动。实际上不到10天，6月30日，刘邓大军就强渡黄河，开始了千里跃进大别山的行动。②

当时，华野仍按原定计划，准备在内线歼敌。由于国民党军靠得很紧，找不到歼敌一部的机会，陈毅、粟裕即改变意图，以六纵向临沂、蒙阴公路出击；以四纵奔袭费县，破坏敌军后方补给线；以七纵佯攻汤头，迫敌分兵回援，主力集结在沂水一线待机。

刚刚部署完毕，突然接到毛泽东6月29日电报。电报指示："蒋军毫无出路，被迫采取胡宗南在陕北之战术，集中六个师于不及百里之正面向我前进。此种战术除避免歼灭及骚扰居民外，毫无作用，而其缺点则是两翼及后路异常空虚，给我以放手歼击之机会。你们应以两至三个纵队出鲁南，先攻费县，再攻邹、滕、临、枣，纵横进击，完全机动，每次以歼敌一个旅为目的。以歼敌为主，不以断其接济为主，临蒙段无须控制，空费兵力。此外，你们还要准备于适当时机，以两个纵队经吐丝口攻占泰安，扫荡泰安以西、

①《跃进中原的胜利形势与今后的政策策略》，载《邓小平文选》第一卷。
②《对二野历史的回顾》，载《邓小平文选》第三卷。

以南各地，亦以往来机动歼敌有生力量为目的，正面留四个纵队监视该敌，使外出两路易于得手。以上方针是因敌正面既然绝对集中兵力，我军便不应再继续采取集中兵力方针，而应改取分路出击其远后方之方针。其外出两路之兵力，或以两个纵队出鲁南，以三个纵队出鲁西亦可。"①

这个指示完全改变了军委过去要求华野不分兵，坚持内线歼敌的方针，使华野领导人感到突然。但是他们坚决执行了中央的指示，经过紧急磋商，决定立即兵分三路：以一纵、四纵（称西进兵团）越过临蒙公路向鲁南挺进；以陈士榘、唐亮指挥三纵、八纵、十纵（称陈唐兵团）向泰安、大汶口方向挺进；陈毅、粟裕指挥二纵、六纵、七纵、九纵在沂水方向迎击正面敌人。命令下达一天之后，7月1日，各部队就开始行动。这就是华野的"七月分兵"。

"七月分兵"是在很仓促的情况下进行的，很多问题没来得及周密计划。当时正逢雨季，华野部队又经历了一个艰难曲折的过程。

华野的西进兵团和陈唐兵团向鲁南和鲁西南挺进后，国民党统帅部察觉我军意图，7月12日，蒋介石下令从鲁中地区抽回7个整编师，围追堵截我军，阻止华野部队向中原挺进。这样，国民党军在鲁中的兵力被调动、扯散，企图在鲁中决战的计划就破产了。当时留在鲁中的有4个师，其分布是：胡琏的整11师驻南麻，黄百韬的整25师在东里店，王凌云的整9师在沂水，黄国梁的整64师在东里店以西的大张庄等地。此外，王耀武属下李弥的整8师驻临朐，配合行动。

陈毅、粟裕带领华野指挥部来到南麻、临朐之间的三岔店，他们手里有4个纵队，单独对付当面国民党军任何一个师都有优势。7月10日，陈粟命令各纵队向东里店前进，消灭黄百韬的25师。当部队开始行动后，天降暴雨，山洪暴发，我军无法行动。而25师与64师迅速靠拢，东里店这一仗就打不成了。陈粟看到南麻的11师相对孤立，就命令各纵队调头，以二、六、九纵包围南麻，七纵在南边负责阻援。17日，各纵队开始行动。

① 《毛泽东军事文集》第4卷。

南麻地处鲁中山区，是一个小盆地。三面是山，东面是小丘陵，北面高地有一个隘口通向博山，沂河从南麻以南流过。这个地方利于防守而不利于大部队行动。国民党整编第11师是"五大主力"之一，师长胡琏是个工于心计的指挥官。74师的被歼给他很大震动，虽然11师战斗力也很强，但胡琏仍然处处小心，谨慎从事。6月国民党军开始行动时，11师从莱芜到达鲁村。胡琏感觉鲁村地形不利，四面是山，中间一块小盆地。只有占领四面高山，才能保住鲁村；否则四面受敌，数万军队压在村庄里无法施展。而要占领四面高山，兵力又不足。胡琏考虑再三，请示上司移驻南麻。到达南麻后，他更不急于向前推进，而是用20多天时间，大力构筑工事，力求先保全自己。

胡琏带领11师4个团驻守南麻，以另外两个旅分别驻守北麻、高庄、北刘家庄、吴家官庄等地，范围很小，各部队靠得很紧。在外围制高点历山、马头崮等设置部分兵力警戒。在村庄周围，修筑了许多以子母堡为核心的一线或集团梅花形工事。这些工事依各种地形作不规则的组成，有的依靠山坡、坟头，沿边垂直下挖成穴，然后开射击孔。堡与堡之间可以用交叉火力相互支援，并有交通沟往来。子母堡修得非常隐蔽，就是接近瞪大眼看，也不容易发觉。子母堡外有鹿砦、铁丝网，埋了地雷，还有单人掩体，弥补地堡的射击死角，防止我军突袭。国民党军在防御上确实做到完整严密，给我军的进攻增加了很大困难。①

为什么要打11师？粟裕回忆当时的指导思想是："刘邓大军在6月底前将南渡黄河，军委已经告知我们，我们必须以战斗行动来策应刘邓大军的战略行动。当然，策应刘邓大军南渡可以有另一种方式，如果我们在7月初能集中兵力打一个像孟良崮战役那样的大仗，将敌人牵制在鲁中，对刘邓大军的配合将是有力的。"②我军自孟良崮战役胜利后，华野上下士气高昂，都想找国民党军精锐主力打大仗。当时有个说法，将国民党军主力比喻为"硬

①《中国人民解放军第21军解放战争战史》，1952年初稿。
②《粟裕战争回忆录》第15章第1节。

核桃",把非主力部队比喻为"烂葡萄",吃掉一个"硬核桃"等于三个"烂葡萄"。这种愿望当然好,但在当时也存在着骄傲轻敌的情绪。

7月17日我军按照部署向南麻开进,途中遇到暴雨,行动受阻。18日晨各纵队到达指定位置后,未作充分准备便分头发起攻击。二纵进攻南麻、吴家官庄正面阵地,遭到11师的顽强抵御。子母堡防御体系给我军造成巨大困难,二纵的战史是这样记载的:"敌工事构筑上,均以子母堡为阵地之核心,外围敷设鹿砦木桩、铁丝网等副防御及照明设备,且多设置有地雷、集束手榴弹等。子堡(小的普通地堡)较简单,母堡(大的核心堡)很坚固,母堡之后大都修有坚固的隐蔽部(控制反击兵力之用)。各堡之间疏通交通,前边以少数有生兵力配以坚强的自动火器进行战斗,大部分兵力控制于后边二线隐蔽部内,如遇前沿伤亡过大,则很快派遣兵力增补。同时在各地堡两侧多有单人掩体和交通沟,以利其两侧出来投弹或进行小的反击。敌人守备特点,一般当我发起攻击时,先以外围预先构成的隐蔽阵地,用少数三五成群的小股兵力向我袭击,迫我攻击部队过早展开,待我攻击部队占领前沿子堡后,以其纵深控制之优势反击兵力向我突入之某一点,施行强烈的反击。当其反击之前,首先以猛烈的炮火(六零炮、迫击炮、枪榴弹等)反复延伸射击,以其密集火网,求得杀伤我突击部队之有生力量,结合正面反击,达成其坚守之目的。同时敌在战役中,表现了极端狡猾和诡诈,当我正在猛烈展开攻击之际,则以假投降引诱松懈我,以此结合阵地内之守备火力,突然杀伤我突击部队,致使我攻击部队遭受很大伤亡。"我军以前攻坚中,很少遇到子母堡,一时拿不出有效的办法。炮火配合也跟不上,还误伤自己人。战斗期间因连续下雨,炮弹、手榴弹、炸药因受潮失效。道路泥泞,部队冲锋运动受到阻碍。而敌军在地堡里以逸待劳,天时地利都占了便宜。二纵在进攻吴家官庄、石钱山的战斗中,与敌军逐堡争夺,战斗异常激烈。每打下一个地堡,仅能歼敌一个班,而付出的伤亡比敌人还多。敌军在战斗过程中,我军战士也表现出轻敌的缺点:"老战士不在乎,新战士爱靠近老战士,致形成猬集,遭炮击伤亡不少。干部因看地形不注意隐蔽,遭冷枪射击伤亡亦较多。筑工事各级干部抓得不紧,因天下雨工事多水,战士不愿进入工事。"二纵连续攻坚几天，进展不大。①

　　九纵从南麻西北山区进攻11师外围制高点，18日，26师开始攻击高庄西南的145高地。这个孤立高地四周开阔，不易接近。11师18旅旅长覃道善以为有险可恃，派工兵营去防守。工兵营战斗武器较少，也没什么战斗力，营长勉强接受任务，其实心无斗志。我军九纵开始攻击后，他们支撑了一天，第二天夜里我军乘夜登山，占领了一侧山头。工兵营长失魂落魄，连预备队也没有用，拔腿逃跑下山。工兵们看营长跑了，也跟随其后。145高地被我军占领，敌军18旅阵地处于我军三面俯瞰之下，形势极为严峻。胡琏听到覃道善报告，气急败坏，亲自跑到高庄督战。他杀一儆百，命令将工兵营长枪毙。覃道善胆战心惊，命令部下拼死防守，不敢再有半点疏忽。九纵连续两天猛攻高庄，都因敌军密集火力阻挡，进展缓慢。②

　　就在我军猛攻南麻的时候，胡琏向徐州方面求援。国民党统帅部急召25、64师出动四个旅，向南麻增援。19日，25师、46师到达南麻以南的于家崮、牛心崮一线，遭到我七纵的阻击。黄百韬在孟良崮战役后遭受处罚，这次也鼓足力气拼命进攻。在攻击之前，命令炮火轰击我山头阵地，步兵开始攻击后，炮火即打向我军纵深。敌军采用轮番冲锋，对一个山头使用三个营的兵力，头一批垮了，第二批马上出动。敌军不但白天进攻，夜里也派小部队袭击，使我军得不到休息。七纵在敌军的强大攻势下，打得勇敢顽强，在孟良崮补充的弹药，全部倾泻到敌军头上。但是有的部队表现出轻敌骄傲情绪，致使在战斗中出现失误。如七纵60团奉命坚守于家崮750高地，部队上山后没有马上修工事，而是堆了一些石块了事。结果在敌军炮火下遭受重大伤亡，敌军一个炮弹就打倒9人，预备队在山后来回跑，更增加了伤亡。在战斗中缺乏统一指挥，各自为战，乱打一气。有的连队指挥员看到敌人就喊"打！打！打！"究竟打哪里也不交代。有的指挥员自己抱着机枪打，也不指挥部队射击。有的战士不听命令抢着打，只图打得快活。刚缴获的加拿

①《中国人民解放军第21军解放战争战史》，1952年初稿。
②《杨伯涛回忆录》第12章第6节。

大轻机枪，又好打子弹又多。60团2营阵地上5挺机枪，一天打了4000多发子弹，也没打死几个敌人。一个排长晚上在阵地睡觉，有新战士报告山下有火光（其实是萤火虫），他不观察就命令全排开火，机枪、冲锋枪朝山下乱打一气。60团炮兵嫌炮弹太重，要牲口驮，干脆在战斗中全部打光，浪费了几百发炮弹，也没打到敌人。这样的乱打必然不能持久，21日上午，黄百韬的25师突破七纵60团的750高地，七纵转入二线阵地防御。①

七纵于家崮阵地被突破，东面李弥的整8师也向临朐进犯。我军在南麻于11师打成对峙，一时难以解决战斗。为避免两面受敌的被动局面，21日夜里粟裕下令各纵队退出战斗，转移到临朐西南地区整顿。南麻战斗结束。

南麻战斗是场恶战，华野四个纵队伤亡较大，本应休整一个时期。但8师占领临朐，阻断我军向胶济线以北的后方通路，对解放区造成威胁。粟裕得知8师刚到临朐，只有一般性防御工事，主力尚未全部到达，可以乘其立足未稳将其歼灭，以鼓舞我军士气。于是命令二、六、九纵围攻临朐城，七纵阻援，各部定于24日发起战斗。

临朐是座古城，三面环山，沂河、弥河等河流从城旁流过，平时水浅，到处可以徒涉。但遇到暴雨，山洪暴发，交通就被阻断。24日我军向临朐运动中，又遇倾盆大雨，河水暴涨，部队行动困难。25日拂晓，三个纵队才到达临朐城外，而8师主力两个旅已在此前进入临朐城。粟裕没有改变决心，仍以二纵、九纵攻城，六纵扫清外围。26日，九纵占领城外制高点粟山，守敌营长逃回城内，被李弥枪毙。二纵5师当天突入南关，对城墙多处实施爆破。因雨天潮湿，炸药包失效。一个突击连5次爆破，炸药包都没有响。在华野指挥部催促下，5师夜里再组织突击，将城墙炸开大口，14团迅速冲进去7个连。但是由于两侧火力点没有肃清，很快被敌军火力封锁。二纵突入城内部队被敌军包围，陷入困境。李弥以两个团国民党军进行反突击，我军7个连奋战3小时，因弹药用尽，大部伤亡。六纵与九纵27师配合，攻占临朐东北的龙山、寨虎山等据点。此时，国民党军增援部队9师、

① 《七纵南麻战役阻击战斗简报》，1947年9月25日。

64师开始向临朐增援，与七纵展开激战。粟裕为尽快解决战斗，命令七纵加强阻击力量，调六纵前来参加攻城。六纵渡弥河时，河水暴涨，冒险徒涉，人员装备被激流冲走淹没甚多，28日夜才到达临朐城外。29日晚，二、六、九纵全力发起总攻，与8师展开激烈战斗。因弹药受潮，攻城器材不足，协同不够密切，仍未能突破城垣。三岔店一线阻援阵地也被国民党增援部队突破，粟裕眼看战事又打成胶着，部队已极度疲劳，伤亡又大，物资粮食供应和运送伤员都十分困难，于30日下令撤出战斗。各纵队向诸城地区转移，争取休整补充。临朐战斗也没达到预期目的。①

南麻、临朐战斗，我军虽然消灭国民党军11师、8师14000余人，但自己付出伤亡21586人的代价，打了两个消耗战。四个纵队受到程度不同的损失，尤其是二纵大伤元气。当时华野政治部到二纵6师18团7连调查，战前全连131人，战后只剩39人。由于伤亡严重，环境艰苦，部队思想相当混乱。疲劳、义愤、悲观失望的情绪都来了。有的吃了睡，睡了吃；枪不擦，衣服不洗，发牢骚讲怪话。有的说："运动战运动战，南麻吃亏还不算，临朐又来搞一套，一下打成烂葡萄。"有的说："子母堡子母堡，老虎想把刺猬咬，不但没有吃得成，反而扎破满嘴皮，老革命碰到新问题。"②

为了总结经验教训，澄清部队的混乱思想，9月3日粟裕召开野战军直属机关干部大会，他在会上讲话说："七月份的作战，特别是南麻、临朐两个战役，有人认为是打了败仗，有人认为反攻会因此推迟，也有人反映：'反攻反攻，丢掉山东。'但事实是不是如此呢？不是的，七月份作战不是败仗，也不能算胜仗，只是打了个平手仗、消耗仗。"

"我们应该认识到，七月份山东战场也起了一个重要变化，敌人一贯吹嘘的重点进攻开始被打破了。我们几路分兵，迷惑了敌人，破坏了他的计划，打乱了他的部署，尤其是我西路南路兵团，能阻住敌人向西向东的增援，使刘邓大军得以迅速的渡过黄河，达到全歼敌人九个半旅的目的，这是

① 《中国人民解放军第三野战军战史》。
② 《七连如何恢复战斗力的》，载《华东前线》第1期。

我们协同作战的结果，也是我们的胜利。"

接着，粟裕总结了南麻、临朐战斗的三条教训："第一，是把整个局势的可以乐观和当面情况的仍然严重混淆起来了。由于当面情况估计不足，过分乐观，就产生了轻敌骄傲情绪，总想来个'空前的空前'。因为我们的胃口吃大了歼敌几千人的捷报已无人要看，正像吸惯雪茄再吸黄烟那样无味，所以就放松了主观的努力，过低地估计了敌人，造成了某些错误。"

"第二，有人反映11师比74师强，其实不然，主要是敌人构筑工事多。在一个小村子上就有三四百个地堡，南麻周围就有一二千个地堡，那他当然可以守一下。加上我们对攻坚战术、打地堡尚缺乏足够的经验，因而拖长了时间。如我们再有三天时间也还可以打下的。但是我们打援的部队不大得力，甚至在敌我相等的兵力下还堵不住他。一面是我们对运动防御尚不够熟练，对阻击任务未能有更大的信心；另一面也说明我们的部队一贯的纪律不严，游击习气，散漫惯了。尽管你指定了他的任务，但情况一紧，敌人从两面一插，就虚放一枪，回马就走，不顾一切了。这自然增加我们的一些困难。"

"第三，不可否认，这次天时气候对我们作战是有些妨碍的。连日大雨滂沱，部队被山水所阻，不能及时渡河作战，耽误了相当长的时间，也就耽误了作战任务。再加上炎热酷暑，部队连续夜晚行军，白天露宿，过分疲劳。有的部队20天没有干过衣服和被子，连弹药也弄潮了，这自然增加我们的一些困难。"

粟裕最后强调指出："所以我们不能因为南麻、临朐战役未打好，就忽视我们在七月份所获得的胜利，更不能得出悲观失望的结论。只要我们虚心接受实战中的经验，努力提高自己，就能为今后的胜利打下更好的基础。"①

粟裕的讲话为大家澄清了误解，总结了经验教训，提高了部队继续作战的决心，对稳定部队起到了应有的作用。但是作为一个野战军指挥员，粟裕内心也很难过，他勇敢地承担责任。8月4日，粟裕起草了关于南麻、临朐战役的初步总结的电报，报告军委，引咎自责。陈毅对此甚感不安，他与粟

① 《华东军区、第三野战军第三次国内革命战争战史资料选编》。

裕彻夜长谈，并与谭震林交换了意见。8月6日，陈毅起草了一份"指人译"（最高密级）的电报稿，发往中央军委和华东局：

"一、……最近粟、我共谈，粟态度可佩，昨夜长谈，对今后共同工作很有好处。

二、我认为我党廿多年来创造杰出军事家并不多，最近粟裕、陈赓等先后脱颖而出，前程远大，将与彭（德怀）、刘（伯承）、林（彪）并肩迈进，这是我党与人民的伟大收获。两仗未全胜，彼此共同有责，不足为病。谭、我本此观点，互相研究教训，粟亦同意。

三、我本挽三人共谈，谭因东行，故谭未参加。谭临行遗书，此书临别我看了一遍，对粟有帮助。……我们对战役指导部署历来由粟负责，过去常胜者以此。最近几仗，事前我亦无预见，事中亦无匡救，事后应共同负责，故力取教训以便再战。军事上一二次失利实难避免，虚心接受必为更大胜利之基础。"①

这份电报显示了陈毅作为华东野战军最高指挥员的气度，他信任粟裕，支持粟裕，在失利时勇于承担责任，对华东野战军领导班子的团结起了重要作用。

胜败乃兵家常事，中央军委并没有指责华野领导人。接到粟裕8月4日的电报，中央军委6日复电："粟裕同志4日午电悉，几仗未打好并不要紧，整个形势是好的，望安心工作，鼓励士气，以利再战。"同时指示：陈毅、粟裕带领华野机关、六纵、特种兵纵队速去鲁西南，统一指挥一、三、四、六、八、十纵及特纵，统称西兵团。华东局和二、七、九纵留在胶东，由饶漱石、谭震林、许世友指挥，统称东兵团，在内线坚持斗争。于是，陈毅、粟裕北渡黄河，经惠民、禹城、聊城转赴鲁西南。

华野"七月分兵"后，叶飞、陶勇的西进兵团和陈唐兵团分头作战，都经历了一段极为艰苦的过程。部队开始行动时，根据中央军委指示和刘邓的建议，由陈唐兵团攻泰安、济宁，然后越过微山湖与刘邓大军会合南下。西

①《陈毅传》第7章第7节。

进兵团则是起策应作用，收复鲁南根据地。7月8日，陈唐兵团先克泰安，又连克大汶口、平阴、肥城等地。进展顺利。

叶飞、陶勇指挥西进兵团经500里行军插入鲁南敌后，只见原来的老区已经被国民党军队祸害得残破不堪，人烟稀少，一片凄凉景象。大家满怀义愤，决心痛击国民党军，为老区人民报仇。7月7日，一、四纵攻克费县，消灭守敌一个旅。接着收复峄县、枣庄。华野两个兵团在津浦线打开局面，迫使蒋介石调兵回援。12日，国民党统帅部从鲁中调回5军、7军和57、65、48、83、85五个整编师，加上驻守鲁南的冯治安部，围堵华野两个兵团。这样，国民党军也被分散了。但是国民党军在数量上处于优势，我军则是分头作战，局势开始转变。

根据华野指示，陈唐兵团准备进攻济宁、汶上，与刘邓大军会合。由于泰安、大汶口一路顺利，部队滋长了轻敌骄傲情绪。当时没有作详细侦察，以为济宁守敌不多，也会像泰安之敌一样望风溃逃。善于攻坚的三纵承担了攻打济宁城的任务。

济宁是鲁西南的一座历史古城。有坚固的城墙，分为外廓城与内城，高8米，宽5米，城墙上还有日本人修建的大小碉堡。城外有两道壕沟，南门外为运河，水流湍急。战后才知道，城内守敌有72师全部、66师及70师各一个团，总数近20000人。三纵没有掌握确切的情报，以为城内敌人是留守部队和被我歼灭后重新组建的部队，战斗力不强。7月16日三纵包围济宁城，确定7师攻北关，9师攻东关和南关，8师当预备队，当夜发起攻击。经一夜战斗，占领外廓城的东、南、北关，但是发觉敌军比估计的要多。三纵首长把最强的8师拿上来，17日夜里开始攻击内城。

不料，三纵遭到城里敌军顽强的抵抗和反击。17日夜里，城内敌军向占领外廓城的我军猛烈炮击，由于城中街道狭窄，战士缺防炮经验，在街道中不会做工事，遭受很大伤亡。18日黄昏，8师主攻内城东门。经连续爆破，先扫清东门外的鹿砦、铁丝网、地堡，然后爆破城门。因城门堵塞坚固，城墙上火力封锁甚严，炸药包送不到城门前，多次失败，只得停止进攻。三纵首长见城门坚固难破，决定搭梯子登上城墙。部队准备一天，临时绑扎长梯。20日夜晚继续攻城，8师有的梯子太短，有的被敌军掀翻、打断，有的上人太多被压断，又没有成功。9师在城东南角架梯登城成功，连续突进去7个连。敌军猛烈反击，我军被压在城东南角城墙下，前面是一大片水泊，无回旋余地。敌军集中炮火轰击东南角，我军后续部队受到封锁不能跟进，指挥突进部队的景团长在战斗中牺牲，部队失去指挥，孤军奋战一夜，至21日上午几乎全部战死。济宁攻击失利，三纵伤亡3200多人。陈、唐决定停止对济宁、汶上的攻击，主力转移到运河以西的巨野、嘉祥地区休整。[①]

中央军委和华野给西进兵团的指示是占领邹县、滕县，切断津浦路和国民党军的补给线，迫使进攻鲁中的国民党军回援。邹县、滕县是国民党军重要后方基地，工事坚固，粮弹充足。我军原来的估计过于乐观，7月14日，一纵攻滕县，四纵攻邹县，结果因兵力分散，弹药受潮，几经强攻不见效果。18日四纵停止对邹县的进攻，南下与一纵会合攻滕县。这时国民党军察觉我方意图，三个整编师迅速赶来。为避免陷入合围，一、四纵撤出战斗，东返鲁中。国民党军穷追不舍，企图以五个师的兵力将一、四纵歼灭于峄县、枣庄以东，沂河以西地区。24日，一、四纵在枣庄以东遭到国民党7军、48师的拦截，又遇上连日暴雨，沂河水位猛涨，难以徒涉。我军的处境顿时变得十分险恶。

陈、粟首长对西进兵团的处境极为关注，几次打电报要他们东返，为他们设计了几种方案，要求叶飞、陶勇"或两个纵队集结行动，或分两路行动，一切机断处理，争取胜利转移为要"。叶飞、陶勇分析了敌情，认为向南、向北都有敌军重兵，西面津浦线上敌军正在调动，准备拦截我军。向东面回沂蒙山区，沂河水猛涨，一时难以渡过去。但是如果在现地坐等，必然会被敌军包围。他们考虑再三，只有向鲁西南突围，与陈唐兵团会合。

向鲁西南突围，需要越过津浦线，跨过独山湖，也有很大的冒险性。叶飞掌握着两部电台，一部收延安和华野提供的情报，一部监听敌军的电台。一纵电台主任秦基起了重要作用，他准确地破译了敌军的电报，使我军掌握

① 《中国人民解放军第22军解放战争战史》，1952年初稿。

了准确的情况。当时敌军估计我军要返回鲁中，集中兵力在东面堵。叶飞、陶勇准备用部分兵力向东佯攻，吸引敌军主力；一、四纵主力突然向西，跳出包围圈。要达到这个战略意图，向东佯动的部队必须是战斗力强，有牺牲精神的，在敌军重围中可能要付出重大伤亡甚至全部牺牲。在这个时刻，陶勇主动提出由四纵10师担任佯攻掩护任务。四纵顾全大局，主动挑重担的精神，令叶飞极为感动。他派一纵1师3团配合四纵10师彭德清师长的行动。

7月26日，四纵10师开始行动，向沂河前进。敌军得到情报，赶紧向东追击。叶飞、陶勇率领一、四纵主力乘夜西行，28日在滕县以南冒着倾盆大雨，越过津浦线，向独山湖方向前进，把敌人甩开了一天的路程。敌军发觉上当，扔下10师，再回头来追赶一、四纵，彭德清也率领10师安全渡过沂河，返回沂蒙山根据地。

一、四纵要想摆脱敌军的追击和围困，唯一的办法就是走。当时正逢雨季，鲁西南遍地汪洋，行军非常艰苦。叶飞回忆："那是独山湖水网地带，七八十里路汪洋一片。部队全部暴露，任由敌机疯狂扫射。连绵阴雨，被服装具全部湿透，鞋袜全无，赤脚在水荡或泥泞里行进。村庄已被国民党军队和还乡团抢掠一空，粮秣无着。到处散布着还乡团的地主反动武装，不时响起冷枪，突然飞来流弹。确是吃尽了苦头，受到了考验，部队遭到很大损失，非战斗减员不少。部队极为狼狈，空着肚子行军作战，疲劳程度是无法形容的，倒在路边的泥坑就睡着了，炮弹和炸弹的交替爆炸也唤不醒他们。女同志就更加艰苦，政治部的、后勤部的，加上野政文工团的，为数不少。徒涉滕县以西的沙河和独山湖边水荡时，矮小的女同志就遭没顶之灾了。幸得随军的胶东民工担架团的大汉们把她们挟着背着，虽然免不了喝几口水，终于到达彼岸。一个个憔悴不堪，面黄肌瘦，披头散发，令人不忍目睹。"①

就这样，一、四纵以顽强的意志，7月28日越过津浦路，强渡滕河；30日强渡战家河；31日越过水阔4公里的白马河洼地。他们战胜了国民党飞

---

① 《叶飞回忆录》第30章。

机的扫射，地上的堵截，战胜了山洪暴发，河水泛滥的艰难险阻，终于在8月1日到达济宁附近，与前来接应的陈唐兵团会师。这时，经历连续行军作战的一、四纵已是疲劳不堪，大伤元气。非战斗减员多达20000人，每个师实际上只剩下一两个团。陈士榘参谋长见到一、四纵干部战士时，只见他们"身上除了短裤、背心和枪支弹袋以外，什么都没有了。他们浑身泥水，脚板都泡烂了，许多人还流着血。在这种情况下，一、四纵队的战士们仅仅提出了这样的要求：'发一双鞋子，睡一个好觉，吃一顿猪肉。'"陈士榘满足了大家的要求。3日，华野西进的五个纵队越过运河到达郓城附近，与刘邓大军会合。① 6日，毛泽东致电刘邓、陈粟并转告陈唐、叶陶："目前整个形势对我有利，敌已分散，我已集中。……在此情况下，你们全军可以安全休整十天内外，鼓励士气，整顿队势，以利争取新胜利。此次华东各部虽有几仗未打好，但完成了集中兵力，分散敌人之巨大任务。……中央特向你们致慰问之意，并问全军将士安好。"

"七月分兵"，华东野战军兵分三路，分别进行了南麻、临朐、济宁、滕县、邹县等战斗，结果都没有达到预期目的。在战斗和行军中，华野各纵队战斗及非战斗减员总数高达50000多人，是华野组建以来前所未有的损失。事后华野领导人对此进行了深刻的反思，也有过很多争论。陈毅认为："仓促分兵反映了领导上的急躁情绪。对雨季作战没有接受泗县的教训，结果一、四纵队搞得很苦，南麻、临朐淹死很多人，在鲁西南搞得疲惫不堪。这主要是我和粟、谭决定的，当时本以为这样可以支援刘邓，结果适得其反，敌人对刘邓反而增加了压力。"②陈士榘谈鲁西南作战的教训说："首先是对敌情缺乏系统的了解，攻城作战中带有盲目性。津浦路中段虽然都是州县城市，但由于地处南北交通大动脉，是敌人最敏感的地方，一般都是城防坚固，有重兵把守。敌人在这里早有防备，一旦遭到攻击，既可顽强固守，又能互相支援。对于这些情况，我们了解不够，估计不足，仓促上阵，再加上

① 陈士榘：《天地翻覆三年间》第3章第1节。
② 陈毅：1960年2月3日的谈话。

对鲁南在雨季中严重而恶劣的自然环境也未曾料到，因而就难以集中兵力，各个歼灭敌人。"①大家比较一致的认识是：在山东解放区一再遭受国民党军进攻的情况下，打到外线去是必要的。但孟良崮战役后，华野指挥员中确实存在骄傲轻敌情绪，造成仓促分兵；分头作战中对敌情和困难估计不够，因而几次作战都打成消耗战，没有解决问题。另外，对雨季作战准备不足，战时遇到许多预料之外的问题。一仗没打好，就容易影响士气，造成非战斗减员，也是影响部队战斗力的重要原因。

但是，华野的指战员们并未因暂时的失利而丧失斗志，在陈毅、粟裕的领导下，华野主力经过休整，重整旗鼓，实行外线出击，向鲁西南和中原进军，开始了新的战斗。

---

① 陈士榘：《天地翻覆三年间》第3章第1节。

第20章

战斗在敌后

管文蔚率部返回苏中——沈灶、李堡之战打开局面——吴堡乡民兵坚持斗争——淮北安峰山事件的教训——淮南、淮北部队战斗在洪泽湖畔——中央关于敌后斗争策略的指示——在江南的秘密斗争——敌后游击战争的星星之火

1946年6月全面内战爆发后，华中野战军主力在苏中连续作战，取得"七战七捷"之后，逐步撤出苏中和淮南、淮北，向苏北、山东进行战略转移。到1946年底，两淮和苏中、苏北地区先后沦为国民党统治区。国民党军队进入解放区后，进行军事"清剿"，修筑据点、封锁线，将解放区分割为互不联贯的若干小块。逃亡的地主、恶霸纷纷还乡，建立乡镇反动政权，组织保甲，发展特务组织，捕杀共产党员和积极分子，企图彻底摧毁共产党的基层组织。在这些地区坚持斗争的党政组织和部队，经历了一段极为艰苦的时期。

华中是新四军的老根据地，管文蔚领导的部队在当地坚持斗争。1946年10月，粟裕率领华中野战军主力北上，进行涟水保卫战。管文蔚的七纵在东台、盐城方向配合主力阻击由海安北上的国民党军。战斗断断续续打了70多天，直到我军主动撤出涟水，七纵的阻击也就相应结束了。12月初，陈

粟致电七纵："你部英勇阻击敌人的任务已经完成，希即向敌后作战，以继续牵制敌人并坚持原地斗争。"

离开主力的七纵，此时的情况十分艰苦。长时间的战斗使部队减员近半，牺牲1000多，负伤2000多，短时期内无法进行大的作战。天气已到隆冬季节，可是部队还穿着单衣，粮食、给养都很困难。1947年1月初，管文蔚率部转移到盐城东南海边的一个小镇，在那里隐蔽休整。凛冽的海风冰凉刺骨，大家挤在毯子里，点着稻草烤火，依然直打哆嗦。这一带老百姓非常贫穷，根本养不起部队。这时，上级转达了中央1946年12月25日给陈粟、张邓的指示："苏中、苏北、皖东敌占区，我必须坚持游击战争。第三、四、七分区必须派遣部队和干部恢复工作。只要各分区、各县能坚持游击战争，收复失地便有希望。"管文蔚、陈丕显、姬鹏飞等领导同志商量：只有南下回苏中根据地去，才能解决生存问题。但是苏中已经沦陷，能不能回去，能不能坚持住都是问题。管文蔚决定先带一支小部队回去侦察一下，再作决定。

第二天一早，管文蔚带了一个连沿着海边大堤南下。这一带相当荒凉，人烟稀少，中午走到裕华镇（今江苏大丰县境），镇上没有敌人据点，他们在这里休息一下。镇上的人都知道管司令，今天看见他只带这些人回来，以为共产党的部队都叫国民党军消灭光了，群众表情复杂，有的交头接耳议论纷纷，有的干脆躲起来。原来靠拢民主政府的上层人士也都不见踪影，国民党的狗腿子还放出谣言说：附近大中集的国军马上就要来了。管文蔚想：既然深入敌后，就要插到底，不能畏缩，更不能退回去。他对同志们说："大家多吃点苦，我们今晚一定要赶到大桥镇宿营。"

大桥镇在裕华镇以南90里，是华中的老根据地。管文蔚一行避开了沈灶等地的敌军据点，半夜到达大桥镇。战士们敲开老乡的家门，说："管司令的队伍回来了！"饱受敌人蹂躏的群众又惊又喜，纷纷开门把子弟兵迎进去，给战士们做饭吃，并严守秘密，不让附近据点里的敌人知道。几个月来，管文蔚他们真正吃了一顿饱饭，睡了一个整觉，就像回到自己家里一样。①

当地坚持斗争的干部们听到消息,陆续来到大桥镇向管文蔚汇报情况。华中分区的钟民、梁灵光、许家屯等领导人都来了,他们告诉管文蔚:1946年11月华中野战军主力北上后,国民党军向我华中根据地进行了疯狂的"扫荡"和"清剿"。泰兴、姜堰、如皋等地是敌军重点"清剿"的对象。敌军出动多股机动部队,对我中心根据地的村庄进行逐个"扫荡",分进合击,有的村庄反复"扫荡"了几次。他们扩大点线占领,修筑了许多碉堡、据点,把解放区分割成小块,在中心地区安上钉子。逃亡的地主恶霸组织"还乡团",强迫群众参加"民团"。这些反动武装天天下乡,到处打枪,捕杀我方干部和积极分子,企图摧毁我地方政权和武装。他们提出"先求其安,后求其治"的口号,编保甲、搞连坐、抽壮丁、抢物资,无恶不作。国民党特务组织在泰兴、姜堰、如皋等地开办乡长保长训练班,建立情报系统,侦察我方行动。

敌人的报复是非常残酷的。地主"还乡团"回到村里,夺回他们在土改中被分掉的土地,强迫农民补交租粮。他们到处抓党员和土改积极分子,烧毁土改积极分子的房屋。"还乡团"虽然战斗力不强,但行动却十分猖獗。许多过去胆小怕死的地主,现在居然也能打枪作战。姜堰区一个地主媳妇受了伤还向我游击队还击,顽抗到底。他们之所以敢这样做,完全是靠国民党军给他们撑腰。

为了分化瓦解革命队伍,国民党采取"以共产党杀共产党"的策略,胁迫我地方干部和积极分子自首。他们先实行利诱,如交一支枪给多少钱,自首后仍可当干部,还发给"奖金"。通过亲属和社会关系劝说干部自首,或采用秘密自首方式,表面上允许为我方工作,实际上当国民党的特务和内线。有人自首后,国民党方面就大作宣传,请自首分子吃饭,坐黄包车游街,放鞭炮欢迎,突破一点,扩大影响。对被捕后坚持革命立场的,绑起来带路,造谣宣传说他已经自首,动摇我方的信心。

在残酷的形势下,一些干部见我军主力北撤,对前途丧失信心,遂向敌

①《管文蔚回忆录续编》第5章第4节。

人自首，以求得一时的安宁。软弱的结果是受到更多的迫害和侮辱，自首后，敌人不时来敲竹杠，要请客出"自首费"、"自新捐"；一般的乡长、支书都免不了被捕坐牢，有的被送到如皋，有的被送进苏州监狱。没有被捕的要穿上红领褂子，为地主擦背捏脚；当过民兵的自首后，同样要被抽壮丁，到远处当兵。干部自首后往往被敌人利用，带领敌人搞枪、抓自己人，逼上梁山让你变成反动派。如果不去，就送到"惩匪委员会"毒打或杀掉。许多人是被迫自首的，自首前就苦闷了许多天，痛哭流涕。自首后知道上当受骗，表示悔恨，写信告诉亲友不要重走他的路。有的自首后逃亡回来，隐藏起来或保持沉默；只有少数混入革命队伍的流氓和内奸才真心投靠国民党。①

管文蔚和大家研究了情况，感到只有在苏中打几个胜仗，才能鼓舞士气，打击敌人的嚣张气焰，把老区根据地恢复起来。大家认为，尽管国民党反动派在苏中暂时据有优势，但是存在很多空隙。国民党军兵力有限，不可能村村驻军，日日"清剿"。敌人的据点有大有小，地方兵力也强弱不均。我军的活动余地还是很大的，只要依靠人民群众，坚决开展武装斗争，局面是可以扭转的。

怎样开展武装斗争？苏中主力部队是有限的，主要依靠群众开展广泛的游击战争。钟民提出："各种武装层层结合，分区团、县团、区队、小游击队到民兵，在组织上行动上联合在一起，使农村兵营化。敌人一出动，则八面枪声，到处打击，使敌人进入我解放区处于四面受敌的境地，日有消耗，士气沮丧。从集中攻击敌人到分散进行'麻雀战'，偷岗摸哨、秘密锄奸，想尽一切办法杀伤敌人，使敌人每次下乡都要付出一定代价。""在敌人侵占一个地方或开始'清剿扫荡'，反动气焰疯狂时，打响第一枪，打好第一仗是很重要的。在第一仗中打死一个敌人，缴到一顶军帽，都是好的。县团、区队起先导作用，干部起来领导民兵的自卫活动。一个地方打起来，马上宣传，扩大影响，推动斗争。"他的话得到大家的赞同。

① 钟民：《苏中一区地委五个月敌后斗争经验总结报告》，1947年1月3日。

能不能打开局面，关键看七纵。管文蔚发电报给纵队领导，陈丕显、姬鹏飞很快带领队伍南下，集结在东台境内。东台是滨海地区，敌军主力不易前来，只有沈灶、大中集等镇驻有少量敌军，有的是一个营，有的是一个连。七纵当时有4000多人，集中兵力打任何一点都有把握取胜。七纵领导研究：沈灶有一营敌人，储存不少粮食物资，可以解决我军急需，便一致决定先打沈灶。

根据纵队首长的部署，七纵1旅段焕竞旅长率两个团进攻沈灶，另外两个团负责阻击东台方向敌人。沈灶虽然镇子不大，但敌军依靠土围子拼命抵抗，我军两面进攻协同不好，东边打西边停，西边打东边停，打了一夜没打下来。管文蔚到前线察看情况，指示段旅长："放开西面，猛攻其余三个方向，逼迫敌军逃窜。"这种"围三阙一"的战术果然灵验，敌军看到是解放军主力打回来，仓皇从西门向东台县城逃跑，我军前堵后追，将一营敌军全歼。这一仗管文蔚不是很满意，他在总结中指出：沈灶战斗虽然俘虏敌军200多人，但自己伤亡300多，弹药缴获与消耗相抵，是个亏本的小胜仗。但从政治方面来说，打开了局面，振奋了人心，影响是很大的。我军收复了东台沿海的大块根据地，部队有了回旋余地。收复沈灶后，缴获了大批粮食、布匹，组织大批人员赶制棉衣，几天之内，七纵4000多战士都换上了冬装，情绪大为高涨。俘虏兵经过教育补充进部队，又动员了一批民兵入伍，七纵很快发展到5000多人。[①]不久，根据华东野战军的整编指示，华中野战军七纵改编为华东野战军第十一纵队。

休整了一段时间，1947年2月初，十一纵会同地方武装准备打李堡。李堡位于东台与海安县交界处，地位比较重要。敌军占领李堡后，筑起一道封锁线，隔断华中根据地一、二、九分区之间的联系。当时敌军在海安县城驻有一个旅，李堡据点有一个营，相隔数十里。为了使海安之敌来不及增援，十一纵决定采用长途奔袭的战术，以四倍于敌的优势兵力，一举拿下李堡。这一仗打得很干脆，我军急行军到达李堡，将敌军团团包围，一夜解决战

① 管文蔚：《关于十一纵南下五个月苏中形势和几个战役的基本总结》，1947年6月。

斗，全歼守敌一个营。平毁敌军封锁线后，一分区的干部和地方武装乘机南下返回如皋，到当地开展斗争。第二天海安出动一个团敌人增援，途中听说李堡敌军已经被歼，便缩了回去。我军则乘势扫荡了角斜、西场镇的敌军据点，大张声势。海安敌军听说一万多共军主力南下，不敢轻举妄动，急忙向南通方面求援。

我军打下李堡后没有固守就撤走了，鉴于李堡位置重要，敌军几天后又派了一个营去守李堡。他们加固了工事，比以前警惕多了。敌军分兵守点给我军创造了集中兵力歼敌的机会，3月中旬，十一纵决定二打李堡。这一次，我军使用了山炮，把敌军的外围工事全部摧毁。突击部队冒着枪弹架起木桥，后续部队迅速通过壕沟，冲进镇内，与敌军展开巷战。我军没付出什么伤亡，就将一营守敌全歼。管文蔚高度赞扬这次战斗是一次完满的胜仗。我军收复李堡后，再次打破敌军的封锁，九分区的部队从这里南下，返回南通地区开展游击战。

十一纵集中兵力打运动战，在苏中地区越打越活。4月份先后攻克李堡、丁家所、大中集、西场等20多个据点，平毁了敌军的封锁线。5月又以十一、十二纵主力协同各分区武装向南通至赣榆公路中段发起进攻，连克十几个据点，迫使敌军从"清剿"区抽兵回援。各分区也纷纷转入进攻，如皋、海门、启东等老区大部分恢复。敌军由于兵力不足，顾此失彼，陷于被动。

1947年7月，国民党49师师长王铁汉指挥两个旅部队向东台我十一纵驻地发起进攻，企图寻找我军决战。当时十一纵为了打开启东、南通地区局面，派31旅南下插入九分区。国民党军发现31旅孤军深入，便调转头来向李堡等地集结，企图切断31旅归路，将我军逼到启东海边的狭窄地区吃掉。31旅旅长胡炳云是战斗经验丰富的老红军，乘敌军尚未形成合围，于13日抢先占领范公堤要冲王家潭，然后利用潮汐规律，由一位烧盐老人做向导，夜间徒涉海滩几十里，于14日北撤到南弶（今东台县弶港镇），将合围之敌甩在后面。①

---

① 《中国人民解放军第三野战军暨华东军区第三次国内革命战争战史资料》，1958年初稿。

十一纵避开国民党军的"围剿",跳到外线作战。苏中地区再次被国民党军占领。但此时已经不是1946年底的形势了,各分区的干部群众坚持斗争,以各种形式与敌人周旋。泰县白米镇有个吴堡乡,地处海安至泰州公路旁。敌军1947年7月"扫荡"时,这里又处于国民党反动派的控制之下。国民党军"扫荡"过后,地主恶霸又回乡来进行报复,气氛相当恐怖。乡里有40个党员,我军从姜堰向东撤退时,他们曾在一起开会商量对策。有的主张和部队一起撤走,但乡长、支书和民兵队长都不愿走。他们经过讨论,决定将妇女、小孩转移,老人看家,党员们组织游击队,分为一个战斗班,一个后勤班,靠着仅有的8条破枪(只有1支打得响)坚持斗争。

有人提出:"还乡团"回来怎么办?大家仔细筹划了一番。村里大多数群众是好的,不会帮助地主杀害乡亲。但是有几个家伙是反动的,可能会配合敌人对村里进行破坏。其中有个叫"苏大炮"的最坏,非除掉不可。民兵队长与"苏大炮"有点关系,犹豫不定,党员们怕他不坚决,有意激他说:"队长和苏大炮是好朋友,他敢去杀呀,他真不愿去的。"队长被大家一激,拍胸脯说:"我一定去。"他和几个党员半夜出动,先杀了苏大炮,又镇压了一个伪保长,一个地痞,把镇压坏人的告示贴在公路旁。"还乡团"的地主失去爪牙,内心恐慌。吴堡乡的民兵在队长领导下,从秘密锄奸发展到公开锄奸,压下了反动气焰,稳定了群众情绪。

主力自姜堰撤退时,有一个班掉了队。吴堡乡的民兵帮他们换上便衣,掩护战士们安全归队。部队领导很感激民兵,送给他们一个班的枪支弹药。吴堡乡民兵枪支多了,子弹多了,信心更强。游击队从两个班发展到50多人,天天与"还乡团"、"自卫队"周旋,战斗在泰州至海安的公路两侧。敌军和"还乡团"对吴堡乡又恨又怕,经常来掠夺破坏,吴堡乡富农的粮食和猪都被抢走。民兵配合县独立团打伏击,夺回了敌人抢去的粮食,物归原主。富农表示感激,改变过去的观望立场,积极支持民兵。

吴堡乡民兵发现,敌人几次来乡里"扫荡",都是一个伪保长带路。民兵放出风来,要惩办那个保长。吓得保长到民兵队长家里讨饶:"饶我一条狗命,我什么都照办。"党员干部商量后,对保长提出三条:1.今后带路只许走大路，不许走小路，便于游击队伏击；2. 把敌军带到地主家去，不许带到干部家；3. 事先要送情报。保长一一照办，国民党军到吴堡乡，在地主家连吃带拿，搞得一塌糊涂，把地主家的女人也强奸了。地主都开始仇恨国民党军。国民党军官问保长："为什么不带我们到干部家去？"保长说："干部都在外边，家里没吃的，饿着国军我可担待不起。"军官也无可奈何。游击队的活跃，使敌军也不敢随便到吴堡乡来。一分区把吴堡乡的经验推广开来，让吴堡乡的干部在会上介绍，各乡党员大受鼓舞，回去纷纷开展斗争。苏中地区的敌后斗争，我方采取主力部队打运动战，乡里民兵打游击战，动员群众开展合法斗争。敌人在据点中陷于孤立，越来越被动。①

淮南、淮北地区的敌后斗争，比苏中更为艰苦曲折。1946年11月国民党军大举进攻淮阴时，由于两淮地区领导人的失误，造成根据地干部和家属无组织的撤退，局势十分混乱。虽经中央军委和华东局的严厉批评，两淮地区仍然很快沦陷。干部中悲观失望的情绪较为严重，无法组织起有效的敌后斗争。1947年2月在东海县境内发生的"安峰山事件"，就是一个惨痛的教训。

1946年底宿北战役结束后，华野主力主动撤到鲁南，准备进行鲁南战役。苏北的沭阳、东海等县相继被国民党军占领。当时在东海境内滞留大批淮海区干部和家属，准备退入鲁南根据地。华中分局在东海设立一个办事处，一面安排干部和家属北撤，一面安排坚持敌后斗争的干部南下。1947年2月7日，华野二纵突然南下，一举歼灭白塔埠的郝鹏举叛军，把敌军战线撕开一条裂口。这是掩护淮海干部南下和家属北撤的最好时机，但是办事处主任正好到后方探亲去了，无人负责安排，以致错过了跨越陇海路的时机。2月10日左右，主任罗某回到办事处，得到不确切的消息，说华野有部队南下，可以掩护干部南下。罗某不加考虑，立即通知各县干部集合，14日大家会合到大乔庄，才发觉南下的不是华野部队，而是淮南区干部队。淮

---

① 《一分区吴堡乡支部是怎样领导坚持斗争的》，收录于《华东军区、第三野战军第三次国内革命战争战史资料选编》。

南干部队负责人表示他们无法承担掩护的任务,各县的干部只好在没有部队掩护的情况下继续南下。因组织不严密,行动十分缓慢,掉队的很多,也不注意保密。18日到达安峰山地区,19日接上级通知,国民党军队有向安峰山地区合围的迹象,指示他们向颜集方向行动,脱出包围圈。各县干部队伍因行军疲劳,当晚没走,再次拖延了时间。19日晚南下干部到达安峰山东南的许庄,只有东海县大队一个排的民兵护送,沿途也没有加强警戒。

20日早晨,安峰山周围发生意外情况。国民党28师一部向许庄合围,南下各县干部队猝不及防,顿时陷入混乱。在缺乏统一组织的情况下,只好分头突围。宿北干部队王树林指挥部分同志掩护突围,吸引敌军。因情况不明,在抵抗一时后,大部牺牲,部分干部突出包围。沭阳干部队在江县长带领下向青伊湖方向突围,江县长虽然身体虚弱,需要同志架着走,但他提出拼死打出去的口号,鼓舞了其他同志。他亲自指挥一个班掩护,边打边走。沭阳干部队成功地脱出重围,损失很小。东海干部队在领导带领下与敌人绕圈子,也安全突围,没受损失。但其他县干部队则显得慌乱不堪,有的干部扔下同志逃跑,遗弃枪支文件,造成许多干部被俘。一些突围后失散的干部又陆续返回鲁南。这对淮海区的敌后斗争是一个严重损失,当地干部称之为"第二个皖南事变"。事后,上级对安峰山事件的责任者进行了严肃处理,表扬了英勇突围的干部。这说明进行敌后斗争,必须有严密的组织和高度的警惕性。和平思想,麻痹轻敌必定遭受损失。①

淮北党政机关和大部武装于1946年11月东撤后,约3700人的武装、2500多干部被丢在敌后,加上伤员共7000余人。大部分党员遭敌人杀害,有的被迫自首。只有少数退入洪泽湖,与当地民兵组成400人的游击队坚持斗争,成为淮北敌后斗争的支撑点。1947年1月18日,饶子健等同志率领淮北挺进支队西渡运河,经泗阳、宿迁到洪泽湖与游击队会合,共4000余人。国民党军纠集8个团的兵力对洪泽湖地区进行"围剿",淮北支队实行"避强打弱"的方针,经过一个月艰苦作战,攻克湖边十几个据点,初步打开局

① 中共华中第六地委:《安峰山事件总结》,1947年6月。

面，在洪泽湖周围站住了脚。3月，国民党军再度以7个团的兵力向洪泽湖周边进行"围剿"和"扫荡"，由于严重的春荒，部队的粮食极为困难，主力被迫撤至运河以东。在运动转移过程中，连续遭受两次袭击，部队损失200余人。淮北局面又变得十分艰苦。淮北支队采取机动战术，将主力77团转至外线作战，吸引敌军。5月间敌军两次包围77团，77团经过激战都突围脱险。淮南地方武装则主动出击，消灭敌军据点和乡里政权，恢复部分失地。由于淮北地区党组织损失太大，一时难以恢复。群众情绪低落，不敢坚决起来斗争，致使淮北支队的处境相当困难。但是他们坚持斗争，到1947年7月刘邓大军南下，华东野战军出击鲁南，国民党军忙于应付，无力"围剿"淮北我敌后根据地。淮北支队终于度过最艰难的时期，在洪泽湖周围巩固了根据地，为华东野战军主力南下，进一步开辟淮北局面打下了基础。

在淮南地区，1947年1月中旬，原6旅政治部主任杨效椿率一个营隐蔽进入淮南，到达宝应境内。他们分散活动，四处打击敌人的乡里政权，初步打开局面。3月底他们配合淮北支队攻克高良涧，形成淮南、淮北相互呼应的局面。这时华东军区又派一支武装南下，与杨效椿部会合。他们决定向盱眙、嘉山一带发展，过去后因山区狭小，敌军控制严密，又退回宝应。5月，李世农同志又带领一支武装由山东南下到宝应，建立淮南支队，实行统一领导。他们改变策略，决定在高邮、宝应水网地区开辟根据地。7月淮南支队连续出击，攻克高邮境内几个据点，恢复了四个区的政权，建立起小块根据地，在淮南站住了脚。①

半年多的敌后斗争，情况发展很不平衡。苏中地区是老根据地，群众基础好。十一纵回到当地后，在地方党住在组织和群众支持下，打开了局面，恢复了大片根据地。淮南、淮北地区因1946年底遭受严重损失，地方党组织恢复困难，群众没有发动起来，靠两个支队的兵力与优势之敌作战，就显得十分艰苦。在这种情况下，必须根据实际条件，采取多种方式的敌后斗争。1947年，中共中央城市工作部制订了《关于夺取蒋区农村的初步意见》

---

① 《中国人民解放军第三野战军战史》。

（下面简称《意见》），分析了蒋管区的形势，阐述了开展敌后斗争的指导思想："一方面需要有高度信心与百折不挠的勇气以进行斗争，同时又须有小心谨慎的精神与巧妙的策略方法，以避免挫败。蒋管区游击战争的策略指导方针的特点，应该是联系群众，利用合法，巩固地向建立根据地的前途发展。"

《意见》指出："恢复建立和发展党的组织，乃是开展蒋管区游击战争的基本前提。办法有两条，一条办法：由大城市党组织派遣党员下乡，尤其是动员城市党员去介绍本县本镇本乡的可靠小学教员及其他农村知识分子入党，作为建立农村党组织和开展农村工作的桥梁和骨干。二十几年的经验证明这是极可靠的办法。另一条极可靠办法就是有解放区组织陆续征调、训练干部，派遣出去。"关于斗争的方式和策略，《意见》强调要善于使用合法和非法斗争的两面策略："两面政策是利用统治阶级内部矛盾的产物。我们以非法打击敌人弱点，又以合法应付敌人强点、掩护非法的发展。非法一面为目的、为内容，合法一面只是形式与手段。但不利用合法，则非法一面赤裸裸暴露在敌人面前，不但不能巩固发展，且有被消灭的危险。这是历史教训已证明了的。因此，利用合法的思想，应在一切问题中贯彻。各种社会风俗为群众所习惯者，统治阶级办法与压力为群众所不能反抗者，皆利用之，这又具体地表现于利用自首政策、利用特务政策、利用自卫组织、反共组织等。在军事上能利用合法，则隐蔽地巩固地发展问题即可以解决；军事上主动性问题，分散、集中、转移问题自然也极便利地得到解决。但基本问题是群众力量问题，利用合法是为了发展群众力量，而惟有依靠群众力量，才能有效地利用合法。因此，应在坚固的群众观点的基础之上，来广泛地运用两面政策。"

《意见》最后强调："在蒋管区开展游击战争，必须反对两种倾向：其第一种是保守主义，借口环境困难，避免牺牲或保存力量，等待时机，而落在群众之后，不敢进行群众斗争，更害怕武装斗争，或既进行斗争又缺乏坚持的信念。其另一种则是不顾主观条件，不懂得利用矛盾，也不懂结合非法与合法，而盲目地斗争。"江南地区敌后斗争的实践，证明了中央指示的正确性。①

1947年底，为了迎接大反攻的形势，华东野战军、华东军区决定成立华中指挥部兼苏北军区，下辖十一纵、十二纵和三个独立旅，任命管文蔚为苏北军区司令，陈庆先为副司令，陈丕显为政委兼华中工委书记。为了开展江南敌后斗争，指挥部决定派部队过江去苏浙边区开展游击战争。华中指挥部选派了100多人的精干武装，以丁锡山为司令，汤景延为副司令。雇了两条大海船，运载着他们从海上向上海浦东开去。两天后他们秘密登陆，丁锡山原是当地伪军军官，抗战后向我军投诚的，这里靠他家很近，于是他擅自作主，把队伍拉到他的家乡。没想到丁锡山的外甥是国民党特务，看到我军的游击队来了，就向国民党当局告密。次日天明，国民党军队将村子团团包围，丁锡山喝醉了酒，被外甥杀死。汤景延和游击队同志顽强抵抗，大部牺牲，汤被俘后不屈就义。少数同志逃回江北，向管文蔚汇报失败的经过。

这次派部队下江南的失败，固然有用人不当的失误，但也说明在国民党统治中心的南京、上海一带，武装部队的活动是很困难的，不容易站住脚。只有以少数党员为骨干，在江南乡村开展合法斗争，才能坚持下去。1946年底，华中野战军北上后，华中军区派钱敏、包厚昌等各带一支小分队，过江到苏南、浙东开展敌后工作。他们过江后，坚持隐蔽行动，以合法斗争为主，打开了局面。

包厚昌的小分队在常熟古里镇一带活动。这里曾是新四军活动的地方，群众基础较好。1945年底我军渡江北上后，国民党在这里欺压百姓，横行霸道，老百姓是盼望共产党回来的。小分队到常熟后，根据实际情况，主要领导群众开展合法斗争。敌人在当地强行征粮收租，包厚昌组织群众进行抗租斗争。首先让群众拖着不交，敌人来抓就躲避起来。躲不过就先交一部分，最后赖掉。抗租斗争并不是完全抗着不交，这样会刺激敌人，给群众带来灾难。而是根据情况，用合法斗争来维护群众利益。在抗租斗争中根据群众的要求，领导一些小规模的反抗行动。如狗腿子带国民党官员来收租，找

---

① 《中国人民解放军第三次国内革命战争史料选编》第2辑第1册。

群众把狗腿子打一顿，威胁他不许再来。晚上组织几十人到地主家敲门，在门外威胁或贴布告，用新四军名义不许收租。或让老太太、妇女到地主家中哭闹，让地主不得安宁。这些斗争使地主和狗腿子感到新四军到处活动，又抓不着人，气焰有所收敛。在组织群众斗争时，一般不以共产党名义出面，暴露身份容易受损失。而是按乡里风俗，用结拜兄弟方式，联络感情，发展群众；或争取当地有威信的人，培养为群众领袖，让他们出面号召群众。

对一些罪恶累累、群众痛恨的反动分子，抓住机会进行镇压，开展秘密的锄奸活动。古里镇镇长邵某最反动，作恶多端。包厚昌组织武工队乘国民党军换防的空隙，袭击乡公所，打死两个门卫，将邵某拖到街上当场枪决。群众拍手称快，各乡保长大为恐慌，纷纷托人来求情，愿意当两面派，暗地里为我方服务。常熟县城里有个外号叫"活神"的恶霸，既是特务又是地痞，收租收捐无恶不作。群众敢怒不敢言，他住的一条街没人敢去，他在茶馆喝茶没人敢和他同桌。对这样的坏蛋必须打击。武工队三人穿上便衣，来到"活神"常去的茶馆。"活神"家对面是"自卫队"，斜角是警察局派出所。"活神"正在喝茶，我们一个同志就在他面前坐下。"活神"见这个陌生人敢如此大胆，起身要走。我们的人叫住他说话，故意与他吵起来。群众前来围观，我们的同志便掏出短枪，把"活神"拖出门外，宣布罪状后将他一枪击毙。群众四散逃跑，我们的同志也混在人群中安全撤离。等敌人追出来，一个人影也抓不到了。当敌人到乡下进行"清剿"时，武工队在老乡家中不好隐蔽，便进入湖泊芦苇荡中，老百姓摇船送饭。就这样，他们用巧妙的斗争方式，在江南敌后坚持斗争。[①]

在其他一些地区，也都闪烁着敌后斗争的星星之火。在苏南，新四军北上后留下的部分同志在茅山、郎溪、广德、太湖等地建立游击基地。除茅山游击队遭敌"清剿"大部损失外，其余数百人在各地分散坚持。

在皖西有胡明、杨明等领导的游击队，在泾县、太平、绩溪等地开辟了多块游击基地，部队由几百人发展到两三千，在一些乡里建立了政权。

① 包厚昌：《苏南敌后坚持情况》。

浙江的四明山、天目山地区是粟裕、叶飞战斗过的地方。新四军北上时，曾留下一批同志坚持斗争。他们在深山里建立游击基地，以小部队活动四处打击敌人。

福建地区，华东局派曾镜冰等同志前往福州，组织原苏区各县坚持斗争的同志建立武装，开展游击战争。1947年间活动范围达50个县。

1947年是华东敌后斗争最艰苦的一年，也是转折的一年。坚持敌后斗争的党员和游击队员，在敌人残酷的"清剿"和"扫荡"下保存了革命力量，站住了脚。在中央敌后斗争的有关指示引导下，运用合法与非法斗争，巧妙地与国民党反动派周旋，扰乱国民党统治，保护群众利益。他们的斗争得到群众的支持，有的地方开辟了游击区，建起民主政权。从而为进一步开展敌后斗争奠定了良好的基础，也为迎接反攻创造了条件。

将战争引向蒋管区

陈毅、粟裕去鲁西南指挥——毛泽东制订解放战争第二年战略方针——西进兵团没有打开局面——叶飞报告战斗失利原因——粟裕认为只有打胜仗才能改变局面——沙土集全歼57师——土山集战斗失利——我军扭转被动局面继续南下

1947年华东野战军的"七月分兵"，连续几仗都没有打好。陈毅、粟裕感到心情沉重，致电中央表示自责。

毛泽东并没有责怪陈、粟，此时他正在酝酿一个宏伟的战略规划。从1946年全面内战爆发以来，经过一年的艰苦作战，我军粉碎了国民党军的全面进攻，基本上挫败了其对陕北、山东的重点进攻。国民党军的总兵力由战争之初的430万人下降为373万人，正规军人数由200万下降为150万。部队的质量和战斗力更是严重削弱。这些兵力大部分被用来守备交通线和重要城市，可用于战略机动的部队只有40个旅。我军经过一年的战争，通过歼灭敌人来补充自己，总兵力由127万人增加到195万人，其中野战部队由61万人发展到100万人。在机动兵力的对比上，我军已处于优势。但是由于战争已深入解放区中心地区，严酷的战争加上敌人的破坏，使解放区受到很大摧残。村庄破败，土地抛荒，人民迁徙流浪，生活十分困苦。有限的后方经

济已不适应前方日益增长的对人力、物资的需求。在这种形势下，必须寻求一条出路，变被动防御为主动进攻。毛泽东经过深思熟虑，决定实行战略出击，将战争引向蒋管区。

1947年8月4日，中央军委致电陈粟谭和华东局："山东主力（陈唐、叶陶五个纵队）现在西边，……请考虑粟裕同志带炮兵主力迅去鲁西南统一指挥该五个纵队，积极策应刘邓作战。刘邓南下作战能否胜利，一半取决于陈唐、叶陶五个纵队是否能起大作用。陈唐叶陶休整地点是否在郓（城）巨（野）地区？且宜从速休整，8月15日以后刘邓出动，陈唐叶陶亦须积极动作，勿误时机。"①

粟裕接到电报后，深感责任重大。他请求中央让陈毅司令员与他一同西去指挥，中央迅速批准粟裕的建议，8月6日复电：陈毅、粟裕率华野机关及六纵、特种兵纵队去鲁西南，统一指挥陈唐叶陶五个纵队及配合华野作战的晋冀鲁豫第十一纵队，统称西兵团。留在鲁中的二、七、九纵由谭震林、许世友等指挥，称东兵团，华东局机关随东兵团行动。9日，陈粟带领华野机关、六纵、特纵由胶济路北的桓台、广饶地区出发，经惠民、禹城、聊城赴鲁西南，与陈唐叶陶兵团会合。

8月11日，毛泽东致电陈粟："七月几仗虽减员较大，并未妨碍战略任务，目前整个形势是有利的。""刘邓南下，全局必有变动，鲁西南诸敌势必大部南去，陈粟率六纵及野直进至聊城待机与宋（时轮）王（秉璋）会合，可能开展鲁西南局面，并利于直接策应陈唐、叶陶。"毛泽东强调："总的意图是将战争引向国民党区域，使我内线获得喘息机会，以利持久。"②

就在这一天，刘邓大军越过陇海铁路，开始了向大别山进军的行动。陈赓、谢富治兵团也向豫西挺进，揭开了战略反攻的序幕。毛泽东把作战矛头指向中原，他的设想是：刘邓、陈谢、陈粟三支大军挺进中原，在中原地区以品字形阵势协同作战，机动歼敌，创建新的中原解放区，以策应内线兵团

①《中国人民解放军第三次国内革命战争史料选编》第3辑第1册。
②《毛泽东军事文集》第4卷。

作战。中原地区是历代兵家必争之地，控制中原，就可以直接威胁国民党统治的中心。毛泽东判断：我军只要能在中原地区站住脚，威慑南京、武汉和长江沿岸，必能迫使蒋介石抽调主力自山东、陕北回援，从根本上改变战局。

为了使党内和全军更明确了解中央的战略意图，9月1日，毛泽东起草了《解放战争第二年的战略方针》这个重要指示。在分析了解放战争第一年作战的形势和敌我力量对比的变化之后，毛泽东指出："我军第二年作战的基本任务是：举行全国性的反攻，即以主力打到外线去，将战争引向国民党区域，在外线大量歼敌，彻底破坏国民党将战争继续引向解放区、进一步破坏和消耗解放区的人力物力、使我不能持久的反革命战略方针。我军第二年作战的部分任务是：以一部分主力和广大地方部队继续在内线作战，歼灭内线敌人，收复失地。""到国民党区域作战争取胜利的关键：第一是在善于捕捉战机，勇敢坚决，多打胜仗；第二是在坚决执行争取群众的政策，使广大群众获得利益，站在我军方面。只要这两点做到了，我们就胜利了。"①

毛泽东的一系列指示，显示出他作为一个伟大的军事家和战略指导者的高瞻远瞩和雄伟气魄。但是具体执行这个战略意图，华东野战军需要克服许多困难，道路是曲折的。

当刘邓大军越过陇海路、黄泛区向大别山挺进时，蒋介石错误判断刘邓所部是北渡黄河不成而南窜，仅以一部分部队在后尾随。当刘邓大军越过黄泛区，抢渡淮河，蒋介石才如梦初醒，判明刘邓的意图是向华中进军。他急忙调遣罗广文、欧震、王敬久、张淦兵团的几十个旅火速南下，前堵后追，企图将刘邓大军包围消灭在淮河平原上。刘邓大军以"狭路相逢勇者胜"的气概，突破一道道封锁线，扔掉了大炮和辎重，终于在8月底进入大别山，完成了千里跃进的战略任务。

刘邓大军的跃进，打乱了国民党军的全盘部署，相当一部分国民党军主力被迫调头，停止了对中原、山东解放区的进攻。按照中央的意图，华野陈唐兵团应当迅速南下，在陇海路两侧出击，积极牵制、打击敌人，减轻刘邓

---

① 《毛泽东军事文集》第4卷。

的压力，配合战略进攻。但陈唐兵团在8月间并未南下，而是在鲁西南打转，与国民党军周旋。为了拖住国民党军五大主力之一的邱清泉的5军，陈士榘命令宋时轮的十纵北移，在梁山地区活动。邱清泉以为华东共军"溃不成军"，不堪再战，要北渡黄河退回解放区，于是伙同吴化文部南北夹击，企图将十纵消灭在黄河、运河交叉的三角地带梁山。十纵且战且走，在梁山以北的黄河沿岸构筑工事，准备迎击来犯之敌。不料邱清泉十分狡猾，8月10日5军占领梁山县城后，摆出南下打郓城，攻击陈唐兵团的姿态，仅派84师继续追击十纵。十纵认为可以歼灭84师，就停留在梁山以北的戴庙，准备迎战。没想到5军突然调头，会同84师将十纵压迫到黄河与东平湖之间的狭窄地带，十纵形势危急。陈唐来不及救援，命令十纵抢渡黄河，撤到北岸。8月12日十纵组织渡河时突然遭到5军袭击。十纵伤亡1500多人，损失骡马500多匹，还有4000多随军民工被截在黄河南岸。十纵吸引5军苦战10天，自己付出很大代价。陈唐兵团在鲁西南与敌人周旋，因部队长时间行军作战，十分疲劳，无力打大的歼灭战，也没有什么战果。[①]

陈毅、粟裕得悉十纵受损失的消息，从陈唐来电中看出他们有北上返回解放区休整的要求，于8月17日电示陈唐："你们虽已分别北返至金乡西北及曹县西北，但是否继续北返，尚应慎重考虑，免遭敌人尾击。十纵自动移至黄河边，致敌尾击损失较大（该纵只报损失骡马500余匹，人员损失迄未报，内部问题颇多）。因此，你们应克服急于转回内线的情绪，准备在陇海路南北与敌人回旋。只有在无敌人夹击危险且有十分把握时，才能转回内线。"

毛泽东接到陈粟转来电报，于8月19日致电陈粟、刘邓，指示陈唐兵团应吸引鲁西南敌人向南。电报说："我们认为陈粟15日辰、17日午两电极为正确。陈唐、叶陶必须克服部队中转回内线之情绪，学习刘邓向外线英勇奋斗精神，克服一切困难，坚决在淮河以北、黄河以南广大地域行动，绝对不可有渡黄河北返或渡运河东返老根据地长期休整之思想。宋纵自动北

① 陈士榘《天地翻覆三年间》第3章第1节。

渡，致受损失，是一极大错误。目前刘邓已过颍河，陈唐、叶陶如不准备在现地打大仗而有受优势敌人围攻之危险，则应于适当时间越过陇海线，吸引鲁西南诸敌向南。"

8月22日，刘邓亦严厉批评陈唐："你们以部队疲劳、炮弹缺、伤员无法安插为理由，在此战略紧张关头，采取打圈子的避战方针，既已放过王敬久、吴绍周南下，又要放过邱清泉南下，是绝对错误的。王张所提采取留5军并破击陇海路的意见是完全正确的。务望照前令，主要抑留并歼击5军并攻占薄弱城市。可以王张及分区部队破铁路为要。"

面对中央和陈粟、刘邓首长的批评，陈唐感到十分委屈。当时因忙于作战，他们没有申辩。10月3日他们写了详细报告给中央军委和刘邓首长，对8月作战的情况作了说明。报告中说："一、四纵由鲁南经月余转战跋涉突围，与西兵团会合时，行动已疲惫不堪，思想动荡，组织混乱，减员二万余人。武器、弹药、西药因过河、雨淋大部损失失效。多数人员赤足，已完全失去战斗力。非经短时间休整，无法马上组织战斗。敌人抓去该两纵逃亡人员，完全了解此种情况，即不顾一切跟踪追击，不让我们有停脚休息的机会，企图消灭该两纵队。"

"三、八纵虽元气无大损伤，但因初入平原一切都很生疏，又逢雨季，到处水网泥泞，又必须掩护一、四纵，减去战斗、勤务，利用转移间隙恢复疲劳，迅速恢复战斗力。如当时仅以三、八纵单独组织战斗，不仅无歼灭敌人的把握，并使主力零星消耗（无后方补给），以后虽有歼敌良机，亦将无法下手。本身愿望，是想迅速将一、四纵休整好，能一齐打个好仗，并提高士气。当时未积极给南下之王、吴顽以打击，配合掩护刘邓之南下，是为缺点，但绝非有意放过，危害刘邓。"[①]

当时陈唐的愿望是与敌人周旋于鲁西南，拖住5军，让一、四纵得到休整，等陈粟带六纵和特纵来会合后，再集中兵力打大仗。但是国民党军不让我军喘息，追在后边打。原来见到我军就龟缩不出的吴化文部57师，在师

---

① 《中国人民解放军第三次国内革命战争史料选编》第3辑第1册。

长段霖茂指挥下追赶一、四纵到曹县以西。陈唐也想打个歼灭战，摆脱被动局面，这时正是机会。8月29日，陈士榘命令一、三、八纵向曹县东北冉集集结运动，围歼57师。

但是这一仗又没打好，叶飞部负责正面堵击，憋了一肚子气。8月31日他向中央和陈粟报告战斗经过说："我们在城武东北冉集地区围歼吴顽之战，并非小攻坚，完全是运动战转入平原地区村落战性质。当时情况是我们主动由曹县东南向冉集地区转移，与三、八纵靠拢，以求寻机歼击57师。29日上午，吴顽由城武出城，此时57师在曹县西，5军在单县及其东南地区。我八纵在我西北，三纵在八纵西北、西南。我三个纵队已靠拢，实为我军歼敌良机。故我们一面诱吴顽深入至冉集附近后，即行两翼迂回，正面出击，遂将敌包围于王店、田鹿桥、秦家铺、冉集四点。当时因包围之敌有三个团之多，故建议由三纵暂时牵制57师，集中一、八纵全力追击吴顽。得手后，然后由东向西配合三纵再击57师，我们认为这是完全可能与必要的。"

包围敌军时，叶飞认为是有把握取胜的。因为敌军盘踞的三个村子"原非敌据点，仅为平原地区之村落。因居民防黄水泛滥，筑有土围，并有外壕一道。除此而外，既无鹿砦，又无碉堡、地堡。此种村落，鲁西地区到处皆是，如果此种村落仗不能打，在鲁西地区即无仗可打。"

但是战斗过程出乎叶飞意料之外："29日晚之总攻，我们因无迫击炮及六零炮弹火力之掩护，地形开阔，吴顽又善守，战斗逐渐激烈。激战至拂晓，我1师四个连突入王店，2师一个营突入秦家铺。由以往战例，本即可解决战斗。然该部手榴弹因水潮，全部打不叫，致不能向纵深发展，与敌陷于混战及反复冲杀，全部牺牲（1师四个连仅四人生还，2师一个营仅八人生还）。24师由鹿桥未突入，伤亡四十余。至此，我于30日白天仍与敌坚持，以待生力军之加入以解决战斗。我再三向王（建安）、向（明）建议，以三纵牵制57师，八纵以全力加入歼灭吴顽后，再以全力西向攻57师。不要分兵，不要打两面。但至30日午后6时，奉命停攻，退出战斗。我们全体将士遂不得不忍气收兵。"

叶飞在报告中说："此役榘、唐本决歼敌57师之大部或全部，我纵担任正面堵击，三、四、八纵担任分割包围歼敌任务。我纵虽兵员未补，弹药未补发，而在冉集、黄岗集之线，以一个破烂纵队，对敌三个旅打了一天一晚，结果又不打。此后我们接奉总部转中央27日电示，我们知道目前为战局严重关头，故一面向三、八纵靠拢，一面提议再度歼击57师。29日吴顽出犯，有此战机，故我纵再度鼓励全军，勉力奋战，以重对战局有所贡献。结果又归失败，实堪痛心。我们对党对革命已尽最大努力，但因部队自鲁南突围后，兵员弹药未补，力量有限，大不如前，心有余力不足，无可奈何。"

"我纵于攻吴顽前，实力为1师（仅有四个营兵力）、2师（六个营兵力）、3师（一个团兵力）。战后我们已实行战场整编，1师编一个团（两个营），2师两个团（内一个地方团），3师一个团。弹药已消耗殆尽，现全军上下仍团结一致，整理部队，检讨经验，绝不悲观。"①

　　陈唐兵团在鲁西南没有打开局面，不仅陈毅、粟裕着急，毛泽东也焦急万分。8月30日他电告陈粟："你们在惠民留驻时间太久，最近几天又将注意力放在胶东，其实目前中心环节是在陇海南北积极行动，歼击及抓住5军、57师，攻占一切薄弱据点，直接援助刘邓。我们对于陈唐、叶陶20多天毫无积极行动，你们亦未严令督促，十分感觉焦急。为此问题军委多次指示，未见具体答复。现在欧震、张淦、罗广文、张轸、王敬久、夏威各部均向刘邓压迫甚紧，刘邓有不能在大别山立脚之势。务望严令陈唐积极歼敌，你们立即渡河，并以全力贯注配合刘邓。"②

　　这时，陈毅、粟裕正指挥部队在山东寿张县境内渡过黄河。他们在惠民渡黄河时，因为船只太少，又赶上连日阴雨，道路泥泞，行军十分吃力。令人恼火的是特种兵纵队因为汽车没有汽油，榴弹炮团炮弹太少，无法到鲁西南参战。陈毅只好让特纵留在渤海军区休整补充物资弹药，以后再南下参战。9月2日，陈粟指挥六纵在寿张渡河，一夜渡过三个师，待机关和民工相继过后，他们即向郓城方向急进，与一、三纵队会合。粟裕命令陈唐率部从曹县过来，主力会师在一起，再商定作战计划。

①②《中国人民解放军第三次国内革命战争史料选编》第3辑第1册。

　　在渡河前，陈毅惦记着十纵。十纵北渡黄河时受到国民党军袭击，损失较大，此时正在张秋镇休整。陈毅 8 月 29 日夜里到了十纵，先后与景晓村、刘培善等领导干部谈话，对他们安慰鼓励一番。30 日下午，陈毅召集十纵营以上干部开会，他讲述了当前的形势任务，说明目前正处于由内线作战转向外线作战的过渡阶段，任重道远，但前途是光明的。他批评了十纵在关键时刻不冷静、不沉着而造成的损失，要求大家吸取教训，打好以后的仗。陈毅的到来，对十纵的士气是很大的鼓舞。因野战军指挥部等待渡河，陈毅又匆匆赶了回去。①

　　9 月 5 日，陈毅、粟裕率六纵、十纵渡过黄河到达郓城以西地区，与一、三纵队会合。陈唐率四、八纵赶到菏泽以东的沙土集地区。华野主力部队实现了会合，攥成一个拳头。陈毅、粟裕在郓城西南的王家楼设立指挥部，与西进兵团的指挥员们会见，忙着了解情况，研究作战计划。在调查了解西进兵团的情况时，粟裕感到大家憋了一肚子气。西进兵团进入鲁西南以来，一直被国民党军追逐，未能摆脱被动局面。有的干部发牢骚说："运动战，运动战，只运不战。我走弧形，敌走直线，敌人走一，我们走三（指西兵团围绕单县、曹县打圈子，走的是圆圈，敌人穿城而过，走的是捷径），昼夜不停，疲劳不堪。"有的说："这样下去，只有拖死；与其拖死，不如打死。"还有的同志说："鲁西南水多，泥鳅成了龙。吴化文过去是我们的手下败将，现在居然敢跟着我们的屁股追。"西进兵团的主要负责人顾虑太多，他们认为敌人密集靠拢，战机难寻；时值雨季，我军行动困难，没有后方，部队减员多，伤员无处安置。主张部队休整一下，进行补充后再打。

　　纵队指挥员多数求战心切。他们说："我们和敌人所处的天气、地形条件是一样的，敌人能打，我们为什么不能打？"有的说："我们在雨雪交加的鲁南消灭了 26 师和快速纵队，活捉马励武。在沂蒙山区消灭了 74 师，打死了张灵甫。现在反被我们的手下败将追得东奔西跑，真是窝囊。"

　　陈毅主持会议，让大家把心里话全说出来。粟裕感到部队是要求打的，

① 《陈毅传》第 7 章第 7 节。

应该支持干部战士的求战心情。西进兵团在鲁西南是受到很多损失,确实有困难,休整一下当然很好。但刘邓大军更困难,毛泽东一再催促华野行动,局部必须服从全局。粟裕在会上指出:我们再困难,也要自己克服,尽量争取早打。我们的困难只有在打了胜仗之后才能得到解决。我们打好一个歼灭战,就能从敌人那里得到武器、弹药、粮食和人员的补充。关于后方问题,毛主席9月2日来电指示:"从你们自己起,到全军一切将士,都应迅速建立无后方作战的思想。人员、粮食、被服、弹药,一切从敌军、敌区取给。"只有打了胜仗,当地老百姓才会有信心帮助我们,建立起新的根据地来。我军在鲁西南被国民党军追了一个月,他们以为我军是"溃不成军",骄狂失慎,很可能分兵冒进。这就给了我军打歼灭战的机会。我军各纵队虽然实力下降,但现在集中兵力,完全可以对敌军形成以多打少的战役优势。粟裕的分析得到陈毅和各纵队指挥员的赞同,一些有顾虑的同志也鼓起了信心,大家决定同心协力,打一个漂亮仗。①

这时,骄横的国民党军还跟在我军后面追赶。8月31日一、三纵退出冉集战斗后,敌军以为我军"损失巨大,向北逃窜"。根据5军军长邱清泉的报告,共军四个纵队已向郓城方向运动,估计有两个可能:一是北渡黄河休整,一是退回山东补充。9月1日,国民党飞机发现万余人的队伍在渡过黄河南下,他们根本没想到是陈毅、粟裕亲率主力南下,估计是为南岸共军送弹药的,也没当回事。9月4日,徐州绥靖公署下达命令:68师守备菏泽,控制东阿一带黄河渡口;5军占领郓城以东至巨野一带,阻止共军渡河;57师由曹县北上,与84师齐头并进,由南向北将共军压缩在黄河南岸,予以消灭。

国民党军第57师是一支杂牌部队,原系98军,1945年6月进犯浙东天目山时被粟裕指挥的新四军打得大败。以后调到苏北海州地区,在宿北战役中又被我军消灭一个旅。现在只有两个旅编制,一万余人,武器是日式装备,比较陈旧。57师没打过什么硬仗,却骄横得很。9月5日,57师奉命

①《粟裕战争回忆录》第15章。

由新兴集出发向北进犯，当日到贾敬屯、王姑庵一带宿营。夜里接到徐州命令，说共军三、八纵仍在曹县，要57师回曹县待命。57师本应取道菏泽回曹县，因连日行军过于疲劳，师长段霖茂与参谋长商量，想偷个懒，取道沙土集，走捷径回曹县，而且还准备在沙土集休息一天。这样，57师与邻近的5军拉开了40里的距离，处于相对孤立状态。

这是一个很好的战机，粟裕及时地抓住了。6日野战军指挥部定下决心：不休息，不开会，各纵立即于7日发起攻击，求得歼灭57师于沙土集地区。部署是：以三、六（欠17师）、八纵担任攻击57师的任务，以四、十纵和六纵17师在郓城方向阻击5军及68师，以一纵为预备队。各部立即开始行动。

沙土集是菏泽至巨野公路上的一个村庄，呈椭圆形，南北宽1里，东西长2里多，周围有道土墙，围墙之外有道壕沟，三面有水。北面是一片沙滩地，地势较高，壕沟无水。敌军认为这是开阔地，不易接近，在北门外放了一个班担任警戒。57师以一个团分散守备外围的马庄、精良寺等据点，其余大部都收缩于沙土集村中。6日黄昏，57师在沙土集宿营，发现放出去采购粮食的人员纷纷逃回，说是遇到了共军。段霖茂派出的谍报队报告说：共军的三、八纵正在向沙土集运动。段霖茂想保存实力，命令部队连夜修工事，只要守住一夜，第二天一走了之。因此他没有向南京方面报告。

7日晚三纵先头部队占领马庄，8日白天又将精良寺守敌一个连歼灭，扫清了沙土集北面外围。守外围的57师10团团长负重伤，仅带残敌200人逃回沙土集。57师的预4旅曾向我军进行反扑，遭到沉重打击，丢弃了大炮逃回沙土集。段霖茂向上司呼叫求援。徐州回答已经派5军增援，但一个师正在王老虎庄与共军激战，一个师去夺郓城抽不过来，要段坚守两天。段霖茂叫喊没有弹药了，徐州方面答应8日给他空投。这时八纵由南面、六纵由西北接近沙土集，完成了对57师的包围。总攻定于8日黄昏开始，这天下午，担任主攻的三纵8师向沙土集隐蔽开进。前面的22团在北门外200米处捕捉了敌军一个警戒班。经过审讯，摸清了北门守敌和工事情况。部队迅速进入攻击阵地，在沙地上做了简单的工事，挖了交通壕。57师的士兵在沙土集围墙里面修工事、筑地堡，忙忙碌碌，高声喊叫，根本没发现我军的行动。20时30分，总攻时间到，各纵队的炮火向沙土集村内射击，将村子打得浓烟滚滚。三纵8师突击队勇猛地向北门发起突击，敌军惊魂未定，北门已被我军占领。后续部队两个团紧跟着冲进村内，与敌军展开巷战。①

与此同时，六纵、八纵也从两个方向突破，3个纵队在沙土集村内对57师进行围歼。段霖茂惊慌失措，丢弃部队，换上士兵服装，带了100多人乘着黑夜向村外逃跑，没跑多远，就被我军在一片黄豆地里生擒。57师残敌人无斗志，在村子里乱跑，在我军喝令下纷纷投降。战斗只进行了5个小时，天还没亮就结束了。

段霖茂被俘后不住抱怨：打了两天，5军也不来增援。其实邱清泉接到徐州命令后就向西增援了，但是被我十纵和六纵17师阻挡在郓城以南的王老虎、八里河一线。我军以简单的野战工事抵抗着精锐国民党军的一次次进攻，打得英勇顽强。邱清泉气急败坏，一次出动3个团的兵力，在大炮和装甲车的掩护下向十纵八里河阵地冲击，我军杀伤300多敌军，坚守阵地，保证了沙土集战斗的顺利进行。听到57师被歼的消息，5军和在巨野的84师立即收缩，转入阵地防御。

沙土集战役打得干脆利落，我军歼灭57师师部及两个旅，生俘师长段霖茂以下7500人，毙伤2000余人。缴获榴弹炮、野炮、山炮20多门，轻重机枪数百挺和大量军用物资。我军伤亡2300人。这是华东野战军自外线作战以来，在不利的天候、地理条件下，调动敌人，抓住战机打的一个歼灭战。这一仗的胜利，改变了我军前一段的被动局面，鼓舞了我军的士气，打掉了敌人的威风。为什么能取得这样的胜利呢？粟裕分析说："沙土集战役前变被动为主动的关键是处理好打和走的关系。'打得赢就打，打不赢就走'，这是对我军灵活机动的战略战术的高度概括，同时又是避免被动，保持主动的一条重要原则。这个原则，运用起来颇不容易。打得赢就打，这还比较好办一些；打不赢就走，却不那么容易，因为有个走得了走不了的问

---

① 《中国人民解放军第22军解放战争战史》，1952年初稿。

题。在中国革命战争史中，敌强我弱，我军被逼到被动地位，常常有个走得了走不了的问题，在走的过程中吃了大亏，也不罕见。走，一支小游击队还好办，一个大兵团却不好办。好几个纵队，敌人天天咬住尾巴，被迫打掩护战、撤退战、遭遇战，部队得不到休息，粮食得不到供应，弹药得不到补充，伤病员得不到安置，士气也受影响。我五个纵队进入鲁西南的处境就是这样。当时我们抓住了走和打互相关联着的这一对矛盾，认为要扭转被动，关键是要打好一仗。"集中兵力坚决打掉敌人一路，一路打掉了，敌人就不敢那样轻进，我们的自由就多了，就由被动转为主动了。①

毛泽东获悉沙土集战役的捷报，非常高兴，11日致电陈粟："郓城、沙土集歼灭57师全部之大胜利，对于整个南线战局之发展有极大意义，特向西兵团全军将士致庆贺与慰问之忱。"他指出：华野下一步的任务是全军南下，"完成在黄河、淮河、运河、平汉之间创造巩固根据地，协助刘邓、陈谢创造鄂豫皖与鄂豫陕两大根据地，协助饶黎谭保卫山东根据地，协助苏中、苏北恢复根据地之伟大任务。"②

毛泽东的贺电给华野将士极大鼓励，粟裕本打算乘胜扩大战果，打击郓城的5军或济宁的75师。但邱清泉是个狡猾的对手，他救援57师无效，马上命令部队转入防御，以郓城南郊的几个村庄为据点，挖掘深沟，加固工事与我军对垒。那里地形开阔，到处是水洼，不利于我军进攻。济宁地区的战场情况也差不多，粟裕考虑胜算不大，决定停止进攻，以十纵守卫郓城一线阵地，牵制5军，其他纵队进入休整，将伤员运送到黄河北岸安全地区。几天后，主力稍向南移，占领曹县。

华东野战军在鲁西南的胜利，震动了南京国防部。他们害怕华野从陇海路南下威胁华东，急忙调动在鲁中周村一带休整的整编11师南下，填补防御的漏洞。胡琏接到南下命令后，马上集合部队乘火车经济南、兖州、徐州到达商丘。在那里补充了弹药，配备了8辆轻型战车，于9月20日向曹县

① 《粟裕战争回忆录》第15章。
② 《毛泽东军事文集》第4卷。

前进。21 日，11 师先头部队进至曹县以南的大义集、土山集地区。

鉴于 11 师远道而来，又是单独北进，粟裕认为是歼敌良机，21 日下达命令，以十纵和中原野战军十一纵负责牵制 5 军、75 师，集中五个纵队的兵力分别围歼 11 师于土山集、大义集地区。三纵和八纵担任进攻土山集的任务。

胡琏的 11 师是蒋军五大主力之一，在南麻曾与我军交手，有一定的经验。11 师的特点是善打防御战，进攻时比较谨慎，常常是进 50 里，退 30 里，选择地势有利的村庄宿营，并迅速构筑工事。这次也是如此，胡琏的主力在大义集，覃道善旅在土山集，靠得很紧，有情况可以随时救援。土山集是曹县到商丘公路上的一个村庄，周围有道不高的土墙，墙外有道无水的壕沟。11 师到土山集后，马上修筑工事。围墙上每隔几米筑一地堡，以壕堑相连；墙外 20 米修筑一道鹿砦，必须用炸药才能炸开。在村外利用树林、庙宇部署少量部队构成外围火力点，形成交叉火力网，从侧面封锁我军的进攻。在村里堵塞全部街道，凿通院落间的墙壁开辟通道，便于防御时调动部队，在大房顶上配备机枪。在村庄中心保留预备队，准备随时应付紧急情况。我军在发起进攻前，对村庄内的情况不了解，仍以为敌军是"立足未稳"，仓促发起攻击。

9 月 23 日夜里，三纵 8 师从东面，八纵 22 师、23 师的 3 个团从其他三个方向同时向土山集发起攻击。8 师 22 团 3 营冲在前面，用连续爆破炸开鹿砦和围墙，打开一个突破口。敌军早有准备，用反冲锋将我突击班顶回来。我军再次冲上去与敌军反复争夺，重新占领突破口，一个连仅剩 10 余人。跟进部队越过鹿砦到达突破口前，受到敌军密集火力的封锁，只能在突破口附近隐蔽，无法向村内发展。团长见进展不顺利，命令 1 营上去。1 营跑步向突破口前进时，受到敌军外围据点的侧面袭击和炮火杀伤，到突破口时已伤亡近半。1 营战士表现出顽强的战斗精神，不顾伤亡往里冲，他们超越 3 营，进入村内。李元斗排长带领两个班听到哪个院子里有人说话，就往里面扔手榴弹，打得敌军步步后退，他们占领了三座院子，即停止发展，等待后续部队上来。

这时，敌军预备队沿突破口两侧围墙和村内院落，从三个方向实行反击。敌军发射照明弹，并用猛烈的火力向我军扫射。我军欲架起机枪还击，被敌军的交叉火力封锁，抬不起头来。因干部伤亡，部队失去指挥，被迫从突破口退出。在院落内的战士孤军奋战，寡不敌众，也退出阵地。①

八纵的三个团从三个方向向土山集进攻，有6门山炮、24门迫击炮作火力支援。但是协同动作不好，我军向前运动时，炮兵不停地射击，压制了敌军火力。当我军到达围墙外准备突击时，炮弹却打完了，不能掩护我军向村内突击。敌军缓过劲来，组织机枪、冲锋枪等短兵火力从房顶上、围墙上、地堡里一齐猛烈射击，形成立体交叉火力，给我突击部队以很大杀伤。我军在扫清外围障碍时就使用密集队形冲锋，结果第一排上去倒下一片，第二排、第三排上去也相继遭受杀伤。这样，刚到村子围墙边上，一个连就已经伤亡得失去冲击力量。八纵打了一夜，进展不大。天将破晓，有消息说国民党军罗广文部从兰封、邱清泉部从郓城方向前来增援胡琏，为避免陷入被动，粟裕果断下令退出战斗。②

土山集战斗的形式与沙土集战斗相同，但结果不同。57师是杂牌部队，一触即溃。11师战斗力较强，又有南麻战斗的经验。所以胡琏每到一地，必先构筑好工事，配备层次交叉火力，防备我军的进攻。而我军在战斗中表现出战术粗糙，不善于合理分配兵力和火力，喜欢硬冲，所以伤亡大而战绩不佳。这两次战斗虽然是一胜一负，但我军主动出击的力量，震动了国民党军将领。胡琏在土山集战斗之后受到蒋介石嘉奖，被授予勋章。但他知道我军的厉害，更为谨慎小心，不轻举妄动。其他国民党部队也收敛攻势，改与我军对峙。我军得到了休整的时间，根据中央军委的指示，开始南下豫皖苏的行动。

① 《三纵22团土山集战斗介绍》，1948年1月3日。
② 《八纵22师土山集战斗总结》，1947年10月28日。

第
22
章

挺进豫皖苏

毛泽东鼓励华野进行无后方作战——华野主力越过陇海路南下——新
区的生存问题——开仓济贫和筹款中的偏差——陇海路破击战——粟裕汇
报新区工作问题——临颍政工会议解决土改的左倾错误——毛泽东致信粟
裕：土改不能性急——平汉路破击战——战略形势的转折点

土山集战斗我军进攻胡琏的11师没有成功，附近的国民党各部队积极
向11师靠拢，企图在曹县、城武地区与我华野西线兵团决战。为了争取主
动，避免在不利条件下与敌军过早决战，陈毅、粟裕决定放弃对11师的进
攻，按照中央军委的既定方针，兵分两路越过陇海线南下，开始了向豫皖苏
地区的进军。

豫皖苏地区，当时指陇海线以南、淮河以北、运河以西、平汉路（北京
至汉口）以东地区。这片地区面积约6万平方公里，人口2000多万。虽然
大部分城镇乡村处于国民党当局统治之下，当刘邓大军跃进大别山后，国民
党中原地区的兵力完全被调动打乱。蒋介石、白崇禧将中原主要兵力调去围
困大别山、堵截挺进豫西的陈赓、谢富治兵团，徐州方面的敌军除了进攻山
东解放区外，机动部队只能沿着津浦、陇海线运动。在豫皖苏广大地区，除
了保安团队和少量守城部队，几乎没有国民党正规军，成为辽阔的空间地

带。这给华野西进兵团远程挺进，开辟新区创造了有利条件。

毛泽东制订将战争引向蒋管区的战略时，一再要求华野克服困难，大胆南下。1947年9月3日他指示陈粟："从你们自己到全军一切将士，都应迅速建立无后方作战的思想，人员、粮食、弹药、被服，一切从敌军、敌区取给，准备在连续作战之后缩编部队，准备打得只剩下三千人、四千人一个旅，而战斗意志愈打愈强，俘虏兵即俘即补，重炮不要带去，不要怕后方被敌切断，勇敢地向淮河以北、平汉以东进军。你们各纵过去依赖后方补给心理太重，你们自己亦反映了此种心理，望你们迅速转变，适应新形势。军中要禁绝怕牺牲，怕吃苦，要带大部队，要求大休息，每日叫苦连天等等错误思想。"①

实事求是地说，华野西兵团南下之前的状况确实是很差的，是在连续行军作战之后，部队大量减员、弹药物资极度缺乏的状况下开始大行动的。作为华野指挥员的陈毅、粟裕不能不为此感到担心。9月17日他们发出一封长电给中央和邯郸分局，反映了部队的实际情况。电报中说："一、四两纵鲁南行动迄今，各此战斗减员共计9000余，另非战斗减员达13000余。主要是雨季经过滕东濒湖水洼地区，部队拉手牵绳通过，人马淹没冲走不少。而敌方前堵后追，我则且战且走，俘虏成分大批逃跑和掉队落伍。而解放区新战士和民夫担架女同志等，多未落伍，近日还有回来找部队的。另外鲁南地区土改不深入，地方党数次自由撤出，使部队缺乏人民援助，无粮食，吃以西瓜生菜度日。故减员最大，已伤元气。""三、八、十各纵每纵减员约在4000到6000人左右，不算大，战力一般保持。六纵减员亦在4000左右。故目前我们初步作战只能以三、六、八、十4个纵队作骨干，给一、四纵队以整补时间。"总计全军人数为13.2万人，连民夫在内是16万人。

电报又说："部队因7月初西靠，本拟分进敌后，掉头东西合击，故未作长期转移准备。弹药仅随身携带，卫生材料仅带一月，故已用罄。单衣被服未发齐，沿途又破坏很多，故目前部队缺乏被子，病员很多，每纵千人至

---

① 《毛泽东军事文集》第4卷。

二千人以上不等，均是疟疾、痢疾。又无药吃，秋凉夜冻，病员更增加。河南地区无法开医院休养，随队拖得更苦，这是我军最严重的威胁。""经费仅领冀南票8万，现在为止，只有两日菜金了。不得已拿携带的北海票支用，亦不能支持很久。此地河北交通不能确实保持，故难保持经常接济。……部队因西进，脱离土生土长的根据地，到此转移频繁，诸感不便，故普遍有回山东的要求。"①

沙土集一仗的胜利，使华野西兵团的士气大为高涨。部队得到一些补充，改善了困难的局面。陈毅、粟裕不失时机地鼓励部队向南挺进，开辟新的解放区。在土山集战斗结束后他们给各纵队发出指示："我军第一步，在路北全歼57师，给5军、75师、11师以沉重打击，起了配合全国反攻的巨大作用。现在我军第二步，越路南下。其任务是彻底消灭各县区保安团队，攻占能攻占的县城，初步发动群众，打开路南广大地区的局面，开辟豫皖苏鲁大解放区的初基。……第二步作战任务完成，必更使蒋匪阵线混乱，更有力配合和推进全国反攻形势。为此我军路南路北的全体指战员，应人人奋勇肩负起此一光荣的巨大任务，人人负责研究当地情形，作到学会打仗，学会做群众工作，学会筹粮筹款，我们的胜利就会更大、更多。"9月27日，华野西兵团兵分两路，越过陇海铁路南下。

陈毅、粟裕率领第三、四、六纵队经砀山、马牧集越过陇海路后，三纵向睢溪口、宿县、灵璧方向进军；四纵向夏邑、永城、蒙城方向进军；六纵向亳县、太和、阜阳方向进军。陈士榘、唐亮率领第一、八纵队和晋冀鲁豫第十二纵队经民权越过陇海路后，一纵、十二纵向内黄、杞县、尉氏、鄢陵方向进军；八纵向睢县、淮阳、西华、商水方向进军。宋时轮指挥十纵、晋冀鲁豫十一纵在成武、定陶地区牵制国民党5军、75师，掩护主力南下，尔后在鲁西南与敌军周旋。

华野各纵队在陇海路以南、淮河以北地区分散行动，划定地域，以歼灭和扫荡小股国民党地方军队和反动武装为目标，长途奔袭，往返作战，机动

①《中国人民解放军第三次国内革命战争史料选编》第3辑第1册。

歼敌。各纵队展开后，迅速占领了十几座县城，开辟了大片新区。

毛泽东获悉华野主力南下，非常高兴，9月30日指示陈粟："你们分两路前进方针很好。至少一个月内专打分散薄弱之敌，发动群众，了解情况，然后看情形再集中相当兵力，打有把握有准备的较大规模的仗。……你们与士榘所部暂时分开建立根据地，将来看情形，各留一个纵队在当地发展根据地，集中三个纵队打较大规模的仗，如此方可迫使敌人分得很散，造成好打之条件。"①

华野部队进入新区后，国民党地方部队和伪政权人员望风而逃，也引起不明真相的老百姓的逃亡。我军很快就面临生存的问题，首先是粮食供应。叶飞回忆当时的情况："进入陇海铁路以南之后，首先遇到的问题是：部队开到村庄，老百姓逃跑一空，不了解我们是什么人，以为是国民党军队，怕抓丁，怕抓夫；也有的是受了反革命宣传欺骗而逃跑的。但是这一地区究竟是有我党我军影响的，我纵连续攻下杞县、尉氏、鄢陵等城镇，摧毁了国民党政权，歼击了保安团队，扩大了政治影响，群众才安定下来。最大的困难是粮食问题，兵马未动，粮草先行。十几万人的大部队，吃饭是个大问题。没有政权，没有兵站，需要自己筹粮。部队到一个新地方，靠后勤人员去弄粮食远不够，于是一个连队起码要派出一个班去征集粮食。后来我们发现农村的粮食大部分集中在地主富农手上，这就对我们征集粮食提供了方便，比到每家每户去征集省事多了。我们宿营时，往往选择有地主的村庄，一到就开仓济贫，把地主的粮食留一半分给贫苦农民，以此发动群众。这些地方正是当年李闯王活动过的地方，我们也像李闯王一样开仓济贫，办法很灵。发展到后来，出现了群众来报信：某村某寨有某地主囤粮若干担，恳请解放大军速去驻扎，解民倒悬。因为部队去住了，他们可以分到粮食。粮食问题就是这样解决的。但这办法有副作用，缺乏调查研究，易于侵犯富裕农民的利益，易于给游手好闲的流民钻空子；而且一扫而光，第二次部队经过时就不易筹粮了。"②

① 《毛泽东军事文集》第4卷。
② 《叶飞回忆录》第31章。

　　不解决生存问题，我军在新区就站不住脚。华野首长认识到这个问题的严重性，10月1日，华野政治部下达《关于我军进入新区解决给养的指示》，指出："我军进入新区和群众接触的第一件事，就是解决给养。要粮食，要烧草、马草、马料，要买油盐菜。这些问题解决的好，不但我们可以吃上饭吃上菜，而且使群众拥护我们。否则将会把群众搞翻，反动派借此钻空子，饭也会搞不上嘴。"当时，华野政治部对筹粮、筹款的方法都作了具体的规定。例如筹粮主要靠从地主、富农家借，或没收；买菜和煤油则可以用粮食换，或用带来的解放区货币折价购买。

　　实际上这些规定基本没有执行或无法执行。我军所到之处，地主逃之夭夭，找谁借粮？再说部队是流动作战，在一个地方住不长，谁相信借粮会如数归还？华野南下时是抓住时机匆匆南下的，对一些政策问题，如城市政策、工商政策，乃至土改、锄奸等问题，没有时间对部队进行教育和动员。因而部队散开之后，就各行其是，出现了不少问题和偏差。

　　例如，一纵政治部在1947年12月16日下达《关于驻村工作的指示》，根据基层部队的反映，制订了若干政策。其中反映了一些情况，表现出在农村的过火行为。关于追缴地主武装及金银财宝问题，《指示》说："此区地主武装比较普遍，个别单位已搜出有很好的步枪，甚至轻机枪等，并搜出多年积存的金银财宝，所以各单位应注意此点。但目前一般情况是：我们部队一到，地主恶霸都已逃掉，使追索无对象。因此，当打前站或部队进入宿营地时，应指定部队首先包围地主住宅，将其全家人口扣押，追出其所藏武器及金银财宝，但不应因追财宝致用军刑而轻易处死地主。估计地主财产的大小，罪恶的轻重，而决定没收其大部分或全部。然后调查粮食浮财，进行济贫搞粮等工作。"

　　关于开仓济贫和筹粮，《指示》中说："在开仓济贫中，应尽可能留下细粮。除本单位食用外，应尽量设法搬运一部分到根据地储存。其他如布匹、棉花、黄金及贵重物品等，应通过群众方式，作为支援本军的财物。各单位伙食改善应有一定限度，不能大吃大喝，恣意浪费，使群众产生不好的影响，收获任何货币、金银器物，无论多少，一律按级缴呈，不得自私自用。"

关于征用地主的大车、耕牛问题，《指示》说："目前发现拉走地主耕牛为数不少（如有的一个伙食单位即有七、八头之多），还有在中途无法带走者，到处抛弃。因此决定：凡属地主的耕牛及大车一律应发给雇、贫农，如该庄群众不敢要时，应拉出该庄发给别庄群众。""各部队运粮食无力解决运输力的时候，可用地主粮食换取民间运输力帮助运送。""现各部队单位已拉来之地主大车、耕牛，不得沿途随便抛弃，并禁止宰杀。"

《指示》最后说："目前各单位的驻村工作一般的完成了任务，但还有个别单位不注意执行政策，不注意群众的基本要求，往往有和群众争粮争物争牲口的现象发生。有的单位自己把要的东西拿了之后，把剩下的向群众一推，'老百姓你们要东西快去拿'，也不教育，也不组织，为了纠正这些与群众对立的弱点，各单位须深入检查，配合土改学习，检查阶级思想，检查群众观念，检查执行的政策与工作，给以纠正。"

一纵发生的问题在其他部队也存在。六纵曾就1947年10月南下初期，部队分散在亳县、界首等地筹粮筹款时一些过"左"和违反政策的行为写了一份检查，总结经验教训。

《检查》说："南下陇海路时，情况紧急，注意力全部集中于战斗行动。到达亳州后始提到新区工作。当时上级交代是三大任务：第一消灭土顽；第二发动群众；第三解决部队给养及物资困难。对后者则指示不能依靠后方运来物资，冬衣要在新区解决。以后通知棉衣不筹，但夹被、棉花、袜子必须自行筹办解决。在政策方面，转来邯郸中央局关于开展新区工作政策指示。但部队已分散，不及研究，组织准备更无计划，我们是在这样情形下开始工作的。"

关于没收地主资产，《检查》中谈到他们在亳州、界首没收商业店号和作坊的事情。"大地主经营的商店作坊，如界首汪殿魁的糟坊，所谓'亳州八大家'的酱坊、绸缎店等（这同样表现在农村中，如大地主的油坊、糟坊也一律没收的）。这是没有把大地主的土地财产与其所经营的工商业区别开来，当时认为地主很大，既没收地主财产，则其工商业也就予以没收了。"

关于筹款，《检查》说："为了解决部队需要，是以筹办冬衣为名，向工商业资本家进行劝募征借。开始到亳州时，找到商会会长，以商量态度筹款。但撤离时款未交来，将人带走后交给当地县府（后来知道竟被县府打死）。后来部队要自行解决夹被棉花，因之凡到一较大城镇，布匹棉花几乎全部征借，筹款要求就大就急。如新蔡一城，在六家商号要筹款二亿四千万（旧币），几天内实征得二亿三百七十万。在方式上就发展成为直接扣人，以没收威胁，交款放人。个别同志自称为'革命绑票'，虽没有杀过一人，没有吊打捆绑，但女人小孩囚禁一起，影响很坏。"

关于开仓济贫，《检查》说："散发物资，开仓济贫是普遍进行的，这与群众性的宣传工作相结合，对发动群众、宣传群众是有作用的。如太和攻占后，缴获三大宗救济物品，大部分均散发群众。有面粉二千袋、麦子一万斤、豆粉四万磅、干汤粉七千五百磅、男女式衣服五千件等。而部队留下的仅洋面粉一百袋、土面八百袋及部分牛奶之类。界首所没收的几家大地主之粮食浮财等，几十里外都来领取。界首渡口拥挤异常，三天渡不完。在部队第二次经过时，即有自动来部队要求带路去分浮财的，群众情绪是非常高的。但散发缺点很多，所得者是否真为贫苦者无法判断，一般估计在城市流氓痞子得的多，在乡村则身强力壮得的多，大体上中农以下都能分到。"[①]

华野主力南下豫皖苏，军事上积极行动，扫荡国民党在当地的统治，开辟了新区。但在群众工作和新区政策上产生了一些问题和偏向，主要表现是"左"。对于这些教训，1948年12月华东局、华东野战军的曲阜会议上曾专门进行总结，并由政治部起草了《关于我军进入中原新区初期执行新区政策和进行新区工作的总结》。谈到1947年9月下旬越过陇海路到11月平汉路破击战这一阶段的情况时说："各级领导对新区政策及新区的情况，缺乏有系统的研究，对前委开展新区工作的号召与指示，没有认真的研究与领导所属部队全面展开。对某些机械搬用老区群众斗争经验，因而产生过左和急性病的偏向，不仅未予指示纠正，相反的加以表扬，成为以后群众工作中产生普遍过左偏向的原因之一。对城市政策和城市工作更加忽视，采取'过一

①《华东军区、第三野战军第三次国内革命战争战史资料选编》。

路，抓一把'的办法，存在只要农村不要城市的观点，缺乏建设人民城市的思想。许多领导干部，一般的认为出击外线只是军事上的任务，只是为了打破敌人对山东的重点进攻及掩护刘邓大军南下大别山，缺乏建设新区的明确思想。"

《总结》还指出："初进中原中有两件普遍严重的现象：一种是浪费民力，拉毛驴、拖牛车、使用民夫。当然为了战争使用民力是正确的，而且是必须的。不过有些单位在可能节省不用的条件下，还任意乱用。尤其在新政权尚未建立时，制度亦未规定。个别单位在爱兵不爱民的观点下，把一个连的单位几乎全部坐上了牛车。有些战士到一地，进一村，随便拉了毛驴就走，老百姓毫无准备。有些村中男子汉又躲了，于是一些妇女儿童跟在后面追赶毛驴。这样结果是在一个纵队一个师到达驻地时，增加了4条无主的毛驴。这类情况在长期作战行军中相当普遍、严重，对我军影响破坏很大。另一种是对蒋管区认识错误观点而产生了随意破坏的现象：拆毁庙宇房屋，撕毁蒋区学校图书，破坏公共建筑物，破坏工厂机件。在违反这种纪律的同志的观点，认为这是蒋匪财产，破坏了免得留给敌人再用。这种游击思想、缺乏对胜利建设的信念，因此产生这些错误现象。"

对刘邓大军和华野主力南下进行无后方作战可能遇到的困难和问题，毛泽东是作了充分的估计。在8月12日给刘邓、陈粟的指示电中，他指出："在目前几个星期内，必须避免打大仗，专打分散薄弱之敌，不打集中强大之敌，待我军习惯于无后方外线行动，养精蓄锐，又在有利于我之敌情、地形条件下，方可考虑打大仗。""不要希望短期内就能在大别山、豫西、皖西等地建立巩固的根据地，这是不可能的，这些都只能是临时立足点。必须估计到我军要有很长时间（至少半年）在江河之间东西南北地区往来机动，宣传群众，发动群众并在歼灭敌人几十个旅之后，方能建立巩固的根据地。"遵照毛泽东的指示，华野西线兵团经过一个多月的作战，到1947年11月初歼灭国民党地方武装一万多人，攻克杞县、亳县、永城、鄢陵、蒙城等24座县城，重要集镇数十处。建起25个民主县政府，在沙河以南、淮河以北地区建立了三个军分区。豫皖苏解放区东西千余里，南北百余里，成为我军实行战略进攻的主要战场之一。

刘邓、陈粟、陈谢三支大军的进攻确实打乱了国民党军的中原防御。开始国民党军实行处处设防、层层堵截的策略，被我军到处突破，防不胜防。我军进入中原后，国民党统帅部为了调整部署，转为利用平汉、陇海、津浦三条铁路机动运转兵力，争取主动。企图隔绝我三支大军的联系，防止我军会师。

为了彻底破坏敌军利用铁路的优越条件，迫使敌军守护铁路沿线要点，以便华野开展豫皖苏边区的工作，配合陈谢兵团在平汉路的行动，粟裕决定以主力纵队对陇海铁路进行破击战。从11月8日开始，在兰封至郝寨的铁路上，我军在地方民兵协助下，掀翻路轨、烧毁枕木、挖断路基、炸毁桥梁，完全破坏了商丘至郝寨、兰封至柳河段的铁路。一纵攻克砀山、萧县，三纵破坏了徐州至宿县的一段津浦路，15日华野一纵、十一纵逼近徐州九里山，国民党徐州绥靖公署大为恐慌，调集部队空运徐州，加强防御。粟裕见国民党军15个旅汇集徐州，我军与其硬拼不占优势，于17日结束破击战，华野主力一部分回鲁西南，一部分南下豫皖苏，进行短期休整。

在休整期间，华野领导人有时间回顾总结一下南下以来的情况。11月22日召开了前委扩大会议，召集各纵队首长参加，检讨前一段工作的问题和教训，研究下一步的工作方针。在此之前，陈毅为了解决华野南下部队的后勤供应问题，离开华野北上河北武安，到晋冀鲁豫中央局商议工作。这样，华野西线兵团的指挥全由粟裕负责。他考虑到部队南下以来发生的一些问题，在11月20日向中央、华东局作了汇报。

粟裕的报告说："我军进入豫皖地区，迄今将近两个月。部队虽经参加地方工作，但成绩甚微。其原因约有如下各点：1、部队长期集中，有后方作战，一进入敌后不敢大胆分兵以发动群众。对歼灭反动地主武装之重要性认识不够，不愿打小仗，更不愿打民团，以为打民团得不到补充。"

"2、长期的对分浮财、发动群众表现右倾，认为如此是破坏统战政策，或认为失去情理，不讲道德。最近又发展为乱没收，侵犯商人利益，影响城市政策及没收后纪律坏，部队取得多，群众得的少等现象。"

"3、有些纵队知道不久将去江南，另有些纵队及部队则以为野战军不会久留一地，迟早是要走的。故对地方工作不愿下大力进行。特别是不肯调出较多的和好的干部去作，如此下本钱自己部队得不到。因此过去只是进行了一些分浮财及宣传等工作。"

"4、我们对发展新区，事先毫无准备，干部实在太少，部队本位主义未克服，不愿尽力多调好干部。地方最缺的是区乡干部，而部队下级干部亦确较缺乏而且弱。"

粟裕告诉中央，他们最近准备召开前委扩大会议，讨论南下以来存在的问题；对部队进行土改教育，发动部队参加地方群众工作；将各纵队划定区域，进行新区巩固工作。最后，他希望中央和华东局能多派些干部来。①

毛泽东11月28日复电粟裕，就开展豫皖苏工作作了指示："部队中各种偏向，望在代表扩大会中明确批判。""在划定给你们之区域内，以今年9月初至明年8月底之一年时间，做到完成土改、消灭敌人两大任务。""在明年8月以前不准备派主力部队渡江，各部均要在现地安心工作与作战。"

按照中央指示，华野前委扩大会议结束后，各纵队抽出2000多干部，划分区域进行土改。当时老解放区的土改运动，由于康生等人的误导，掀起一股极"左"浪潮，打人杀人现象相当严重。华野部队从来没有搞过土改，缺乏地方工作经验，受到老区的影响，在豫皖苏新区的土改中也出现了不少偏差。1948年底华东局曲阜会议关于新区工作的《总结》中这样写道：

"第二个时期是从平汉路破击战后到临颍政工会议前为止，时间主要为12月，约一个月左右。这一时期内，环境相对稳定，各级领导及全体指战员对开辟与建设新解放区的任务有了初步认识。群众工作普遍开展，造成轰轰烈烈的热潮，但普遍地犯了过左及急性病的偏向。例如：发动群众的粗糙、不细致、不深入，流行所谓'轰起来'、'走马点火'的方法，二小时分浮财，三天分土地。组织群众建立政权，虽然提出'带头干'的口号，而实际上则多是包办代替，群众未能真正发动起来。因而群众运动的领导权常常

---

① 《中国人民解放军第三次国内革命战争史料选编》第3辑第1册。

为地富分子及其狗腿或流氓分子所篡窃。同时，没有按地区的性质不同，采取不同的组织形式与工作方法。……对地主的斗争不分大、中、小，富农也一般地受到同样的打击，中农也受到某些损失。对旧政权乡保甲长，采取'一扫光'的办法；对帮会、迷信团体及其武装，一般地采取了一律打击搜缴的政策，并因搜缴枪支，发生了捆绑吊打的现象。未能按党的政策分析具体对象，分别轻重，采取不同的对待，因而扩大了打击面，促成敌人的暂时团结，并使中间阶层发生某些恐慌畏惧现象。"

《总结》写道："普遍的、毫无限制的分粮、分浮财、开仓济贫，虽然在积极一方面救济了一部分贫苦群众，解决了他们短时间的生活问题，争取了群众一定程度的好感与拥戴，部队给养、装备也得到部分解决。但另一方面，由于实施时的无组织无纪律，人人有权，个个动手，不看对象，不顾条件，造成了粮食、物质、资财的严重损失与浪费。群众虽得到若干利益，但一般未将救济与发动群众相结合，或联系得非常粗糙，以致对群众的实际帮助不大，对部队的影响也不好。加上无限制无制度的'以粮换菜'（在特殊情形下，有限制、有制度的经过一定机关批准，实行以粮换菜是必要的），及随意取用没收物资，形成一般的大吃大喝，浪费粮食，并便利了某些贪污腐化分子的趁火打劫，助长其享乐腐化行为，相当地削弱了部队的纪律与艰苦奋斗的作风，造成以后部队给养供应上的困难，被迫向基本群众借粮，损害了一部分基本群众的切身利益。"

"综观上述各方面的具体表现，这一时期执行新区政策、进行新区工作的特点，是大做、乱做、自由做，形成普遍过左和急性病，表现了严重的无组织无纪律状态。这主要是由于领导上缺乏新区工作的领导经验，思想上的片面群众观点，机械地搬用了内战时期打土豪分田地的某些经验，对党的总政策、总路线及新区各项具体政策及某些政治口号缺乏深刻研究，对新区情况仍未能正确掌握，缺少切合当时当地情况的步骤方法上的周密部署与具体指导。因而在部队对建设新解放区有了初步认识，特别土改学习开始，阶级观念群众观念一经启发与提倡，及在老解放区农村土改左倾浪潮影响之下，便形成群众工作中的普遍过左和自由乱做。同时，当时天气渐冷，部队许多实际问题亟待解决，各地贫苦群众的生活万分痛苦，迫切要求吃粮、衣被，有些地方只要军队批准动手，群众就毫不畏缩地干起来，也是促成这种自由乱做偏向的客观因素之一。"

粟裕和华野前委的领导们意识到土改中的这些偏向，下决心予以纠正。粟裕认为，产生这些问题的原因是前一段时期频繁的作战，部队的政治思想工作削弱，一些干部头脑中个人主义、军阀主义思想抬头。要解决这些问题，必须强化党的领导，强调党的政策的重要性。1948年1月8日，华野前委在临颍五里头召开华野政工会议，集中解决前一段土改和执行各种政策中发生的问题。粟裕在会上讲话，他首先肯定了华野一年来作战的成绩，指出过去一年是伟大变化的一年，我军由内线防御转入外线进攻，由有后方作战变成无后方作战。过去一年又是巩固壮大的一年，在艰苦的流动作战中，虽然不断遭受伤亡和非战斗减员，但并未减低战斗力，部队克服了各种物质与自然条件造成的困难，仍然保持了旺盛的士气。

粟裕指出了部队存在的问题。一些干部接受任务时首先考虑个人利益，不服从组织上的分配。有的首长凌驾于党组织之上，搞家长制，一人说了算。有的干部在打土豪、筹粮筹款中有享乐腐化发洋财的思想，严重破坏了政策，脱离了群众。粟裕强调：必须强化党的领导，提高党的权力。红军时期曾经决定"一切工作经过支部"，现在部队中也要建立正常的组织生活，发扬民主，进行批评和自我批评，认真倾听群众的意见，保证党的指示和政策得到执行。

关于土改和打土豪，粟裕指出现在发生了"左"倾错误。"不分大、中、小地主或富农都打，无组织无纪律无计划乱打乱没收。号房子的、掉队的也自由没收，谁调查或谁先到谁就没收。这种乱干甚至侵犯中农利益，在界首附近，地主就利用这种事情掀起暴动，打垮我们的地方武装，杀害我们的工作干部。这种左倾错误，是农民的报复性和小资产阶级疯狂性在我军中的反映。认为左比右好，左是革命的。这是错误的，应当好好说服他们改正。"

粟裕指出：我军今年有六大任务：1.大量歼灭敌人正规军和地方军；2.普遍做群众工作，扩大和巩固新解放区；3.完成部队土改学习，彻底清查阶级，检查思想和工作，整顿组织、纪律和制度；4. 反对本位主义、山头主义、宗派主义，反对一切破坏集中统一的行为；5. 厉行精简，提倡艰苦朴素；6. 提高军事技术。这六大任务的完成，政治机关要起领导作用与示范作用。今天我军的政治水平超过红军时期，但作风不如红军时期好，这就要求我们以艰苦生活、积极工作、努力学习、深入战士的精神去工作，要克服官僚主义，深入下层解决问题，同破坏纪律、政策及一切不良倾向作不妥协的斗争。

临颍政工会议解决了土改中的一些偏向，但没有从根本上解决问题。正如曲阜会议关于新区工作的《总结》指出："政工会议对新区政策的执行步骤方法，即对新区农村与新解放城市的各种工作，作了具体研究和初步的修正。例如：规定只打大地主，地主较多的村庄只打少数几户首富，没收的东西大部要分发给群众，严格禁止杀人等等。但这些规定还只限于范围的缩小及某些权力手续的限制，还未意识到某些基本政策及口号必须改变。同时，领导思想上感觉如果不加约束，偏向将更严重发展；加以约束，又顾虑削减部队做群众工作的积极性，引起群众的失望。感到偏向要纠正，但又拿不出一套完整的正确的办法来。"

土改运动中发生"左"的倾向，不仅是豫皖苏新区的问题，在各老解放区中表现得也很严重。毛泽东在由陕北向河北转移的途中，所见所闻引起他深刻的思索。1948年1月初，陈毅到达陕北米脂县杨家沟，见到了毛泽东。陈毅向毛泽东汇报了华东野战军一年来解放战争的成绩和经验，也汇报了他在山东、河北、山西沿途经过时看到的土改运动种种"左"的过火行为。毛泽东意识到，纠正土改中"左"的倾向，坚决执行各项政策，是关系到土改能否成功，解放战争能否胜利的关键问题。他下决心纠"左"，起草了一系列党内指示。正好此时粟裕向毛泽东请示有关新区土改的问题，1948年1月22日，毛泽东给粟裕写了一封长信，阐述新解放区土改斗争策略。

毛泽东的信中说："你的布置极为适当，唯土改工作不能性急。我们去年曾告诉你们一年内彻底平分土地，你们应当灵活执行。你们应当按照消灭敌人武装力量的情况，领导土改干部的多少强弱，群众的觉悟程度与组织程度，决定土改工作的速度。大体上长江以北各区三年内积极努力，工作得法，不犯大错误，能够全部按土地法分配土地，就是极伟大的成绩。""所谓积极努力，工作得法，不犯大错误，是说依照全国土地会议的决议及其后中央及中央工委所发有关土改的指示，有步骤地启发群众的觉悟，团结全体农民，达到平分土地之目的，不犯大的'左'右倾错误，而主要是不犯'左'的冒险主义错误。"

毛泽东告诉粟裕：新区土改应当分为两个阶段，第一阶段是没收分配地主的土地，中立富农，组织以贫农为主、包括中农在内的农民协会；第二阶段才是平分一切封建阶级的土地，富农的土地此时才动。"在群众觉悟有很大区别的新区与老区，例如陇海以南与陇海以北，土地法的应用必须有所区别。这就是说，平分土地是反封建斗争的最高目标，必须经过几个阶段、几番手续，才能达到目的，不是一次可以彻底完成的，老区的经验正是如此。""为了这个原故，你们不应对于全区几十个县的一切区乡同时动手，而应选择若干条件适当的县，每县先从一至二个区做起，做出成绩，取得经验，影响其他地区，然后逐步推广。必须认识，群众工作、土改工作是极细致的工作，必须研究领导艺术。""绝大多数群众真心愿意平分土地，然后才能行动；否则，就会犯冒险主义错误，被地主、富农及坏干部利用，乱打、乱杀、乱斗，乱分阶级，乱订成份，土地分不好，又要走回头路。""因此，我们应当坚决采用逐步推广的方法，不用普遍动手的方法。逐步推广的运动，看来很慢，其实是快；普遍动手的方法，看来是快，其实是慢。"

对于新区土改，毛泽东认为应当根据实际情况，采取两种策略。一种是敌人不易再来，来也不能久占的地区，应由开仓济贫、分浮财、组织农会、游击队，逐步发展为没收分配地主土地，开展土改。另一种是敌人还能再来的地区，在开仓济贫、分发部分财物的情况下，寻找积极分子，发展秘密党组织，并组织游击队与敌人斗争。这种地区还不能进行土改，需要有所等待。①

---

① 《毛泽东文集》第五卷。

毛泽东的信为新区土改指明了方向。华野的干部们认真学习了毛泽东的指示，澄清了误区，明白了政策和策略。1949年华东地区的土改走上了正确发展的道路，为华东解放战争的胜利奠定了坚实的基础。

刘邓大军在大别山建立根据地，使国民党统帅部极为不安。1947年11月底，南京国防部部长白崇禧到九江任指挥部主任，调集33个旅的兵力，对大别山实行全面围攻，企图将刘邓大军挤出大别山，并迫使华东野战军和陈谢兵团退出中原。刘邓大军面临巨大压力，但毫不畏惧。刘邓向军委建议，他们吸引国民党军主力，"在大别山背重些，在三个月内，陈粟、陈谢能大量歼敌，江汉桐柏及鄂陕豫区，淮河以北地区，能深入工作，对全局则极有利。"

中央军委指示中原三军，密切配合，统一行动，粉碎国民党军对大别山的进攻。华野西线兵团应协同陈谢兵团大破平汉铁路，并以主力沿平汉路南下，造成直逼武汉之势，调动国民党军，减轻刘邓的压力。从12月13日起，华野西线兵团分头出击，开始了平汉路破击战役。

当时国民党军主力云集大别山，陇海线上只有5军、75师等守卫郑州、开封等大城市，在平汉路郑州以南至信阳段守备兵力薄弱。粟裕迅速作出部署，以陈士榘参谋长指挥华野一、三、四纵对许昌地区发起进攻。六纵、八纵由王建安司令员指挥，在睢县、太康地区阻挡5军、75师西援；十纵和中原野战军十一纵由宋时轮指挥破击柳河至开封段陇海路，并向民权、兰考等地进攻。

各纵队开始行动后，叶飞的一纵于13日攻占中牟，陶勇指挥四纵于14日奔袭新郑以南的官亭寨，歼灭国民党骑1旅旅部及一个团，又回头歼灭新郑守敌1200人。三纵攻击长葛，敌军望风而逃。三纵顺势南下进攻许昌。许昌是平汉路上的一个重镇，国民党军在这里囤积大量物资，但守敌不到万人，而且多数是杂牌军。三纵首长侦察地形后，决定以8师两个团、7师一个团从三个方向同时向城里发起攻击。战斗从14日夜里开始，南门、北门守敌依靠高大城墙以密集火力顽抗，使我军攻击和爆破受阻。进攻西门的8师23团以山炮轰击敌军工事和火力点，并集中轻重机枪压制敌军火力。当敌军被打得抬不起头时，我军爆破手冲向西门，连续爆破，炸开城门，23团战士一拥而入，在城内展开巷战。敌军节节后退，重炮阵地被我军占领。这时，攻击南门、北门的部队也从西门跟进，战至15日晨，攻克许昌。歼敌5000余人，缴获各种火炮20多门，汽车100余辆和大量军用物资。十纵于15日攻克兰封，歼敌2000多人。

六纵在太康东南阻击5军西援，打得非常艰苦。5军作为国民党军五大主力之一，与74师作风相似，善于进攻。战斗开始后，5军以密集炮火集中轰击我军的重点防御村庄，并以小部队迂回进攻，显示出训练有素的战术配合。六纵因防御正面过宽，兵力不足，只能在节节抗击下逐步后撤。5军连续占领柘城、鹿邑，越过杞县至太康公路。粟裕见我军战场越来越小，背靠黄泛区作战不利，命令六纵主动后撤，与5军脱离接触。这时陈士榘来电说许昌缴获物资很多，需要五天才能运完，要求粟裕支援人力。粟裕遂率六纵去许昌协助三纵、一纵搬运物资。八纵、十纵破坏了商丘段陇海路后，即在当地休整。邱清泉指挥5军到通许后，也暂时停止了前进。①

我军攻克许昌，国民党军统帅部极为震惊。白崇禧感到平汉路被切断将严重影响中原局势，于是命令第5兵团司令李铁军率整编第3师由南阳、唐河东进，整编第20师由信阳北上，第47军从郑州南下，企图南北对进，打通平汉路。12月24日，李铁军率整3师到达遂平以北的金刚寺、祝王寨地区，20师则向确山前进。鉴于李铁军部孤立突出，陈赓与陈士榘商议，由陈谢兵团和华野共同歼灭整3师。当天陈士榘向粟裕报告，决心以三纵攻击金刚寺，陈谢兵团攻击祝王寨，得到粟裕的批准。

整3师原是国民党军嫡系，1946年8月在定陶战役中被刘邓大军全歼。这是后来重新组建的，多数是新兵，装备中等，战斗力已非昔日可比。24日到达遂平以北时，天降大雪，道路泥泞。李铁军带领兵团部和3师主力驻祝王寨，20旅驻金刚寺，他们长途行军，也是疲劳不堪，作了简单工事就宿营，认为共军离他们还远，不会有什么情况。

① 华野司令部：《平汉、陇海路破击战经过概述》。

　　12月25日夜里，大雾浓重，后半夜又开始下雪。华野三纵急行军数十里，完成对金刚寺的包围。察看地形后，纵队首长决定以主力8师主攻。金刚寺是平汉铁路东一个较大的村庄，有围墙和外壕，国民党军堵塞四门，布下鹿砦等障碍物。但村外有许多深沟，便于我军运动接近。26日凌晨2时，8师开始炮火准备，一阵轰击后，22团突击队冲向金刚寺东门。爆破队员炸开第一道鹿砦，身后一个战士迅速爬到第二道鹿砦前，他发现鹿砦与敌军地堡靠得很紧，机智地将炸药包放在鹿砦与地堡之间，一声巨响，鹿砦炸开，地堡坍塌。第三名爆破手冲到围墙下，将东门炸开一个洞口。突击排长带头从这个仅容一人的洞中钻过，3分钟内一个排即全部进入村内。敌军在村里躲炮，8师22团已占领了东门和几个地堡，他们才发觉，组织部队进行反扑。22团突击队坚守突破口，后续部队源源进村，与敌军展开肉搏拼杀。这时24团也从北门突破，敌军慌乱，向西南突围，在野外被三纵7师、9师包围。到天亮时，整3师20旅在金刚寺被全歼，敌旅长被击毙。祝王寨之敌被陈谢部队包围，在我军的炮击和进攻下溃不成军。李铁军带少数卫兵突围逃跑，其余均被我军消灭。这一仗我军全歼国民党军第5兵团兵团部及整编第3师共9000余人，打了一个漂亮的歼灭战。[1]

　　行军中的国民党第20师获悉3师被歼，迅速收缩到确山城内，依托城墙和外围制高点固守。20师是川军，下辖两个旅19000人。装备不强，老兵多，内部帮会团结较好，善于防守。1947年7月华野西线兵团进攻滕县，20师在那里顽强抵抗，免遭被歼。陈士榘碰到这个老对手，决心以三纵、四纵配合陈谢兵团乘胜南下，将其消灭。12月28日，我军包围确山。战斗由陈赓统一指挥，陈谢部队负责攻占城西南各制高点，华野四纵攻打东南670高地，三纵从北门攻城。各部发起战斗后，陈谢部队因地形狭窄，部队无法展开，在城西南高地与敌军反复争夺，进展不顺利。陶勇的四纵攻击城东670高地，29日夜里几次攻击，遭受守敌密集火力封锁，未能得手。30日再组织部队冲击，终于占领了高地的两个山头。但敌军相当顽强，组织反

_____

[1]《中国人民解放军第22军解放战争战史》，1952年初稿。

扑，与四纵进行争夺。四纵两天战斗伤亡1500余人，可见战斗之激烈。三纵负责进攻北门，因主力8师金刚寺战斗过于疲劳，纵队首长命令7师、9师进攻。因部署仓促，没有看好地形，7师、9师突击部队在敌军密集火力封锁下几次进攻没有成功。陈士榘见此情况，31日命令8师投入战斗。这时，情况发生变化，白崇禧命令进攻大别山的部队北上增援，胡琏的11师已到达正阳西北的宋店，与刘邓部队交火。为避免与敌军长时间对峙，陷入被动，陈赓、陈士榘命令部队停止攻击，主动撤离确山。平汉路破击战至此结束。

华野和陈谢兵团进行平汉路破击战，有力支援了大别山刘邓大军的行动。刘伯承率中原野战军机关及一纵等部跳出国民党军包围圈，转移到淮河以北、沙河以南地区；邓小平率三个纵队坚持大别山区，分散部队与敌军机动周旋。陈谢兵团与中原野战军一部在确山会合，转至舞阳地区休整。陈士榘、唐亮率华野三、八、十纵留在鄢城区，配合陈谢兵团在中原歼敌。粟裕接到中央军委指示，要他带领华野一、四、六纵撤到黄河以北，休整一段时间后准备向江南进军。1948年2月，粟裕率部北渡黄河到达濮阳。

华野西线兵团从9月底越过陇海路南下，到1948年1月结束平汉路破击战，三个多月中转战千里，共歼灭国民党军7万人（其中正规军5万多人）。华野协同刘邓大军、陈谢兵团开辟和扩大中原解放区，华野与陈谢兵团在确山会师，标志着以大别山为中心的刘邓大军鄂豫皖根据地、华野的豫皖苏根据地和陈谢兵团的鄂豫陕根据地已连成一片，胜利完成了挺进中原的战略任务。我军在中原站稳了脚跟，开展新区工作，取得初步经验。到处主动出击，造成国民党统治区两条大动脉平汉、陇海铁路的经常中断，使国民党军忙于应付，失去了战争的主动权。以后的战争已经主要不是在解放区内进行，而是转到国民党统治区内进行了。国民党军被迫由战略进攻转入战略防御，这是一个根本性的转折。1947年12月底，毛泽东在陕北杨家沟召开的中共中央会议上作《目前形势和我们的任务》的报告。他评价我军进军中原的行动时指出："这是一个历史的转折点。这是蒋介石的二十年反革命统治

由发展到消灭的转折点。这是一百多年以来帝国主义在中国的统治由发展到
消灭的转折点。这是一个伟大的事变。"①

①《毛泽东军事文集》第4卷。

第 23 章

胶东保卫战

范汉杰奉命进攻胶东——陈粟指示东兵团集中兵力——诸城攻坚没有打好——华东局和九纵跳出包围圈——毛泽东指示坚持胶东作战——胶河战役反守为攻——追击敌人打海阳——莱阳攻防战——东兵团认真总结战术

1947 年 8 月初，华野主力结束南麻、临朐战役后，根据中央军委的指示，陈毅、粟裕率领华野机关、六纵、特纵等去鲁西南，指挥西线兵团配合刘邓大军挺进中原。华东局和二、七、九、十三共 4 个纵队前往胶东解放区，由饶漱石、谭震林、许世友指挥，统称东兵团，坚持山东的内线作战。东兵团以许世友任司令员、谭震林任政委。饶漱石、黎玉、张云逸、曾山带领华东局机关随许世友指挥的九纵先期前往胶东，8 月 4 日，谭震林与陈毅、粟裕告别，带领二纵、七纵向山东诸城地区转移。

华野主力撤离鲁中地区后，山东国民党军打通了济南至青岛的铁路线。蒋介石认为共军在山东大势已去，急于结束山东战事。8 月 18 日，他飞到青岛召集军事会议，部署"九月攻势"：以整编 8、9、25、54、64、45 师组成胶东兵团，以陆军副总司令范汉杰为兵团司令，企图一举占领胶东解放区，封锁渤海湾，断绝华野的后方接济和联系东北、华北地区的海上通道。

会议结束后，驻守昌邑、潍县和青岛地区的国民党军各部队即从事作战准备，胶东半岛笼罩在战争的阴云之中。

陈毅、粟裕获悉山东国民党军部署的情报，判断敌军即将进攻胶东解放区。8月23日，他们向华东局和谭震林、许世友通报了敌情，指出："胶东为我全军军事供应之主要基地，冀鲁豫亦部分供给。如果敌向胶东腹地进犯，对我战争供应影响甚大。因此我东兵团四个纵队及胶东、滨北之地方所有地武应立即紧急行动，齐心协力，单独负起保卫胶东基地光荣任务，以彻底粉碎敌人进攻。为此我们提议：二、七、九及十三纵队应即靠拢于铁路附近，集中力量，先求得干脆歼灭敌之薄弱一部，以打开胜利之序幕。此战关系甚大，务求必胜，以利全局。鼓励全体克服疲劳与困难，努力争取胜利。"①

当时东兵团的状况极为困难。南麻、临朐战役后，二、七、九纵伤亡很大，而且损失的多是老骨干。部队伤了元气，情绪低落，战斗力一时难以恢复。当时华野政治部在诸城二纵6师18团7连调查，战前全连131人，其中党员59人；战后全连仅剩39人，其中党员22人。加上作战环境艰苦，生活非常困难，部队思想相当混乱。二纵战史记录当时的情况说：

"部队对战役组织指导、战斗指挥不满，认为上级指挥机关歼敌计划太大，致使部队遭到损失。认为如此下去，反攻无期，表现着对新的形势因局部得失发生了怀疑悲观情绪。"

"老战士感到战争的艰苦残酷，无战斗经验的新战士产生了恐惧心理，甚至有的痛哭流泪，饭吃不下，俘虏成分则对我军力量发生了怀疑，认为还是国民党强。干部感到我们这次战役是失败了，而对及时积极的进行动员解释不够，于是情绪不高，精神不振，放松对部队的管理教育，个别发生吃吃喝喝等消极态度。"

"破坏纪律现象较多，如战后转移途中，随便打枪，与兄弟部队相遇互不让路，野蛮不讲理。因战争影响，居民群众逃难于山区，致使部队途经之

---

① 参见《全国解放战争时期山东重要战役资料丛书——胶东保卫战》。

地，犯纪律现象较以往任何时期均为严重。"①

　　七纵、九纵的情况也大体相似，在这种环境下，部队是无法承担重大作战任务的。当二纵到达诸城、九纵到达招远休整后，谭震林、许世友等非常忙碌，组织政治干部下连队做思想工作，鼓舞士气；改善部队生活，恢复体力；补充新兵，恢复建制。正常情况下，这些工作起码要一两个月，部队才能恢复战斗力。但是国民党军大兵压境，一场恶战又在眼前。华野主力纵队西去，在劣势条件下能否保住胶东根据地，谁也没有把握。当时饶漱石、许世友只有九纵一个主力，十三纵尚未组建好，只有一个旅的编制。因此他们希望谭震林赶紧率二、七纵前来会合。谭震林感到有困难，他后来回忆当时的想法说："如果三个纵队都集中到莱西平原地区，也打不到什么仗。地区只有那么大，挤多了，也并不利。也打不出什么名堂，想吃掉敌人一个旅都很困难，想切敌人也没有什么好切的。……当时四个纵队都集中到莱西平原打大歼灭战不能说无可能，但可能不大。地区狭窄，我们集中了，敌人也溜了。……当时目的是为了拖住敌人，以配合其他战场，不在于歼灭敌人。"②因此，谭震林提出分兵作战，他率二、七纵南下鲁中打28师、83师，并要九纵前来会合，以吸引国民党军兵力，减轻对胶东的压力。然而九纵因连日暴雨，无法南下，饶漱石也不同意主力部队离开胶东。为此，饶漱石与谭震林之间数次电报往来，为合与分的作战方针问题争论不休。

　　陈毅、粟裕获悉东兵团领导内部的争论后，非常焦急。他们坚定地认为：东兵团只有集中兵力，才能保卫胶东。分兵是没有出路的。8月27日他们致电谭震林、许世友："胶东为我军最主要之军工生产及物资供应地区，兵员亦多，以我们现有近代化之数十万武装，如无军工供应，对作战影响至巨。此间快纵（炮纵）因无车辆、汽油及炮弹缺乏，不仅无法参战，且亦难以移动。为支持华野之最大部分及冀鲁豫之一部分供应，故我们主张东兵团四个纵队应集中胶东作战，直接保卫胶东，较之二、七、九纵南下作战为有

① 《中国人民解放军第21军解放战争战史》，1952年初稿。
② 谭震林：1960年2月18日的谈话。

利。……你们向南之计划，因往返电商，已耗去时间四五天，甚为可惜。否则此次25师单独向高密集中，即为歼敌良机。现时机仍未过去，仍希尽力争取四个纵队迅速集中于胶东，求得运动中歼敌为宜。"①

陈毅、粟裕的见解是正确的，保卫胶东不仅关系到这个山东最大的解放区的得失，而且关系到整个华野和华北解放区的命运。胶东解放区三面环海，背靠大陆，与辽东半岛隔海相望。解放区拥有烟台市和掖县、招远、莱阳、海阳等十几个县，人口稠密，物产丰富。胶东解放区是在抗日战争中开辟建立的老区，具有良好的群众基础和革命传统。华东和东北野战军中，有四个主力纵队是胶东子弟组成的。此外胶东有十几万民兵组成的地方武装，是华野主要的后备兵源。烟台是天然良港，与苏军控制下的大连航运往来频繁，东北我军兵工厂制造的炮弹、炸药、枪支和药品、布匹等物资，源源不断海运到烟台，再由陆路转运到华野部队和冀鲁豫解放区，支持关内的解放战争。胶东有十几处我军的兵工厂和被服厂，是华野的后勤基地。山东战场上的我军伤员也被送到胶东休养，与后方机关人员合计多达50000余人。胶东的地位举足轻重，是万万丢弃不得的。

1947年9月1日，国民党军胶东兵团完成作战准备后，范汉杰指挥各部由胶济路东段兵分三路，自西向东大举进犯胶东解放区。李弥的8师由昌邑进攻掖县，王凌云的9师由潍县进攻平度；黄百韬的25师由高密进攻平度，黄国梁的64师在25师后面跟进。阙汉骞的54师由胶县向北进攻，74师的57旅由青岛向即墨进攻。范汉杰采取"锥形突进，分段攻击"的战法，企图以优势兵力和装备将我军压迫到半岛狭小地区予以消灭。胶东解放区形势骤然紧张。

谭震林率二、七纵和部分地方武装集结于诸城地区。9月9日，获悉国民党64师的157旅侵占诸城，谭震林决定乘敌军立足未稳，消灭诸城这股敌人，以配合许世友部的内线作战。当日午夜，二、七纵主力向诸城县城发起攻击。二纵5师13团分两路突击东门，经连续爆破，占领城门楼。城内

---

① 《中国人民解放军第三次国内革命战争史料选编》第3辑第1册。

守敌进行大小十余次猛烈反击，拉锯争夺。13 团三个营全部投入战斗，终于将敌击溃，向城里街道发展。10 日拂晓，谭震林下令总攻。七纵 19 师迅速占领西关，21 师占领南门外的村庄，敌军凭借城壕工事组织火力顽抗，与 21 师形成对峙。战斗到 10 日黄昏，我军控制了东、西、北三面城楼，并占领城内部分街道房屋。敌 157 旅旅长困守城内天主堂核心工事，不断向 64 师师长黄国梁呼救求援。黄国梁心急火燎，亲自率 131、156 旅由高密南下解围。由于敌军行动很快，作为预备队的二纵 6 师动作慢了，没有及时抢占道口，组织有力的阻击。致使我军有遭受夹击的危险。11 日拂晓，二、七纵在城内经一夜奋战，已经占领县城大部，接近敌军指挥部。因战斗激烈进行，来不及报告上级。谭震林、韦国清以为城内一时无法结束战斗，又见援敌迫近，认为继续打下去将陷入被动，于是放弃对诸城攻击，于 11 日晨下令撤退。

诸城战斗虽歼灭敌军 1500 多人，却是一次不成功的攻坚战。二纵后来总结教训说："此次战斗由于报告制度执行得不够及时，致敌 156 旅进至王家巴山时，本可及早获悉的情况，至 9 日上午才知道。既来不及调动部队于运动中歼灭敌人，更丧失争取时间，以一部控制该城，待敌展开攻城而全力出击以歼敌的战机。后待部队投入城内彻夜激战，各部均有进展，11 日敌已处于危急不支之境，战斗本可顺利坚持下去，但因检查了解各部战况不周，仅鉴于局部发展不顺利和过度顾虑敌援迫近，怕遭南北合击，南指和纵队轻易动摇决心，放弃了可能争取的彻底歼敌的战机。"[1]

当范汉杰指挥 8、9、25、54 师分两路向掖县、招远、平度进攻时，华东局和许世友司令员组织部队和群众积极备战，准备迎击来犯的敌军。胶东军区将所属的第 5、6、7 师改编为华野第 37、38、39 师，组建起第十三纵队，以周志坚为司令员，廖海光为政委。与九纵一起统归东兵团指挥。在全区范围内组织机关、学校、医院、仓库等单位转移到东海分区农村（即今莱阳以东昆嵛山区），暂避敌军锋芒。各乡村进行坚壁清野，将粮食、棉花、

① 《中国人民解放军第 21 军解放战争战史》，1952 年初稿。

油料、布匹、机械等或转移、或掩埋，实在无法处理的，只得忍痛烧毁，不使其落入敌军手中。各县民兵组织侦察队、爆破队，配合主力部队袭扰敌人。许世友司令员动员部队："牵着范汉杰的鼻子，一步一步把他牵到牛角尖里来，然后杀他几个回马枪，打他几个团团转；看准了，用老鹰叼小鸡的办法，狠狠揍他一下，这样一口一口地把他吃掉。"

9月8日，国民党军9师占领平度，并配合8师进攻掖县。九纵、十三纵在地方武装配合下节节阻击，迟滞国民党军行动。18日，敌25师攻占莱阳，9师进至招远以南的夏甸，8师166旅到了夏甸以北40里的道头。这里正是九纵的集结地带，华东局首长和许世友随九纵行动，看到8师敌军突出，决定突袭道头，打击敌军的气焰，并突破敌军包围，从内线跳到外线。

道头在招远县城南30里处，是个交通中继站。道头村周围是起伏的丘陵，村庄里驻扎8师的一个加强营。这里是8师与9师的接合部，防御不是很强。加上国民党军步步推进，气焰嚣张，不把我军放在眼里。九纵司令员聂凤智将指挥部设在紧靠前线的银家，指挥25、27师的五个团将道头团团包围。十三纵37师配合行动，切断道头南边敌军退路。

9月18日中午，道头战斗打响。担任主攻的27师三个团分别进攻道头西南的几个小高地。27师81团大胆分割包围，占领李家庄、郝家庄等地，敌军没有防备，大部逃入道头村内。黄昏时79团、80团从两个方向对道头村发起进攻，先后突入村内。25师73团也在夜里赶到，投入兵力支援，残存敌军终于支持不住，全部投降。附近几个村的战斗也相继结束，除敌军团部未能攻下，我军在道头战斗中共歼敌2300余人。

李弥发现我军进攻道头，急忙调遣部队增援。王凌云的9师配合堵截我军，被十三纵阻击于葛门口。九纵经10个小时战斗后，没有休息，忍耐着饥饿和疲劳掩护华东局和东兵团机关向大泽山区转移。一昼夜行军180余里，摆脱了敌军的追赶，暂时脱离了险境。

华东局机关和九纵连续行军，9月24日抵达大泽山以西、平度县以北的昌里镇。饶漱石、黎玉、许世友等电告中央军委："内线已坚持三个星期，为减少尔后作战困难，决向敌后转移。今晚敌已发觉我主力一部转出，飞机不断在上空搜索轰炸，估计敌人除有一部分迅速占领我海口城市外，另一部分将西返尾追，造成我愈集中敌愈分散，便利歼敌局面并逼敌无法深入农村，可减少我损失。逼敌无法从胶东抽兵，加重其他地区压力。在我主力转到敌后，尚留十三纵37师并配合地武四个团坚持斗争，掩护疏散。我们电谭率二、七纵到路北与我们会合，以便集中歼敌。为不使我们位置暴露，我们电台全部暂时停止工作数日。……我们在内线坚持三个星期，争取时间，稳定人心，组织抵抗，安插后方，埋藏物资，疏散近2000高级干部及家属到东海，并补充粮食。九、十三纵系补充装备。从道口歼敌后，九纵战斗情绪旺盛。我们本拟继续在内线作战一个时期，但因牙山以东伤员、家属五六万无法回旋，继而又有大批难民涌到主力与指挥机关附近，影响作战。故我乘道头胜利及敌向招、霞前进时，出其不意向敌后转移。"①

此时饶漱石、许世友最迫切的愿望是与二、七纵会合，集中兵力作战。但是二、七纵自诸城战斗失利后，部分指挥员情绪不高，向中央和华野请求离开胶东，南下作战。毛泽东认为保卫胶东意义重大，9月16日指示陈粟、饶黎、许谭："我们认为震林所率二、七两纵目前不宜离开滨海，只要该区有粮食就应留在该区打些小胜仗，即使一二个月不打胜仗，只要不打败仗就好。……胶东方面之敌至多使用十二个旅进攻，而在占领平度、掖县、莱阳、龙口、招远、蓬莱、黄县诸城，留出大量守备兵力后，其机动兵力就不多了，利于我军各个歼敌。一个月后，敌有很大可能调走一部分兵力，故该方面只要我军不打败仗，局势亦可能好转。"②

9月22日，陈毅、粟裕致电谭震林、韦国清，鼓励他们坚定信心，坚持在胶东作战。电报中说："我们认为，二、七纵队并非兵员不充实，亦非战士不能打仗，而最重要原因为干部情绪不高，特别是某些高级干部顾虑太多，致变成犹豫不能贯彻决心。到处怕敌人迂回包围，而又到处分兵钳制，于是在迫近胜利时，不能坚持集中兵力力求取胜。此次诸城战役，既缺乏坚

---

① 参见《全国解放战争时期山东重要战役资料丛书——胶东保卫战》。
② 《毛泽东军事文集》第4卷。

持亦未集中兵力。……为此我们意见：除增强对干部之教育外，对干部亦应作必要的调动、调整。并应从你们起，自上而下克服思想不安。目前时期，即回华中去打好仗的思想，正如中央所示，敌人会跟到华中，亦不见得好打。对二、七纵队不利，对胶东作战则更不利。……望遵中央指示及饶黎张曾20日电精神，依据当前敌情坚决向胶东敌侧后进军，以利配合胶东作战，并可求得在运动中歼灭敌人。"①

毛泽东和陈毅、粟裕的指示终于使二、七纵的干部打消了顾虑，9月24日，二、七纵队由诸城北上，越过胶济铁路。华东局机关与九纵也从大泽山向西行军。10月1日，三个纵队终于在高密西北的朱阳会师，攥成一个拳头。就在同一天，国民党军占领了我方主动放弃的烟台。表面上看来，范汉杰是步步前进，连续占领了胶东14个县城，战果很大。但是他不得不分兵把守这些城镇，用于机动作战的兵力大为缩减。一个月来，国民党军始终未能找到华野主力决战。范汉杰发现我军主力在昌邑、高密地区活动，错误判断我军"避战溃逃，不堪一击"，命令9师自招远向大泽山前进，64师由高密向北堵截九纵。鉴于64师行动突前孤立，许世友、谭震林决定集中兵力先打64师。

10月2日，64师先头部队进至饮马，九纵侦察部队误报为64师主力。许世友下令二、九纵全力出击。敌军发现我军大部队，惊慌失措，立即向后收缩，逃至范家集、三户山。我军紧追不舍，当晚对敌军形成包围。

范家集是胶河东岸的一个土寨子，有些土坯民房，村边有土围墙和壕沟。三户山在范家集西北，山势平缓，高109米。山上突出三个圆圆的山头，山凹呈马鞍形，地势虽不险要，但地形开阔，便于防御。64师依靠这一带的村庄和山地，很快构筑起子母堡和环形工事。

3日黄昏，九纵开始炮击范家集和附近的郭村，同时各派出两个团的兵力进攻这两个村子。敌军以密集火力拼命防守。我军一夜战斗无进展，天亮时撤出战斗。许世友改变了计划，决定先拿下三户山。命令二纵调两个师协

---

① 《中国人民解放军第三次国内革命战争史料选编》第3辑第1册。

同九纵攻三户山。4日夜间，我军又向三户山发起攻击。九纵25师75团打得勇敢顽强，于5日凌晨占领三户山东山，然后协助73团扫荡山凹间的残敌，歼敌2个营。二纵6师也攻占了西山，歼敌一部，残存的敌人向范家集溃逃。攻下三户山，使我军控制了有利的制高点，可以俯瞰范家集，组织火力居高临下地打击敌人。

64师在范家集被围，范汉杰非常震惊。在64师一再求援下，他急忙调遣9师、45师和64师156旅从三个方向增援范家集。东兵团首长得到情报后，决定一面围攻范家集，一面分兵打援。7日下午，二纵奉命出击45师211旅。韦国清司令员、张震副司令员带领全纵三个师急速向西进发。4师先头部队在侦察中抓到俘虏，明确了211旅驻在潍河岸边的三阳庄。二纵连夜行军，拂晓前包围了三阳庄，从敌军背后先发起攻击。敌军发现退路被切断，惊慌失措，陷入混乱。二纵6师勇猛突入三阳庄，与敌军展开近战。8日早晨，敌军逃出庄子，向西南方向突围。6师穷追猛打，4师、5师也分头出击，与敌军混战于三阳庄南，将敌军分割成几段。到上午10时，将211旅全歼于潍河东岸。还有一部分敌人向东南方向突围，途中碰到二纵的炊事员给部队送饭。敌军调头往回逃，我们的炊事员在后边追。跑到潍河岸边，遇到6师搜索部队，这股残敌只好投降。三阳庄之战二纵全歼211旅，俘虏旅长张忠中以下3400人，毙伤3000余人，打了一个漂亮的歼灭战。[①]

10月5日，国民党军9师从东面前来增援。许世友命令成钧的七纵前往红石山阻击，并调九纵27师归七纵指挥。红石山在范家集以东8公里处，是个60米高的小丘陵，附近地形平坦，村落密集，便于部队隐蔽和防御。6日拂晓，国民党军的炮火猛轰红石山，然后步兵发起冲锋。第一天的激战，虽然敌军一度占领红石山，27师组织反击，到黄昏时又夺回了阵地。8日的战斗更加残酷。敌军在飞机大炮掩护下向红石山猛攻，在正面防御伤亡很大的情况下，九纵27师79团大胆迂回，突入敌军第二梯队，猛冲猛打，拦腰打乱敌军队形，迫使敌军全线溃退。七纵和九纵27师坚守红石山三昼夜，以

① 《中国人民解放军第21军解放战争战史》，1952年初稿。

少胜多，使敌军未能前进一步。但是这种硬拼的阵地防御战，也使我军付出了很大伤亡。由于兵力分散打援，进攻范家集力量不足，始终未能解决战斗。为了避免分散作战，陷入被动，东兵团首长决定结束战斗。10日夜间，我军主动撤离战场，到景芝地区休整。敌军尝到我军厉害，也不敢贸然进犯。①

这10天的战斗被称为胶河战役。这是胶东我军对国民党进攻的第一次大规模反击作战，达到了打乱敌军进攻部署，迫使敌军回援的目的。我军由被动转为主动，由分兵作战转为集中兵力。在主力纵队与敌军作战的同时，十三纵攻克掖县，歼灭守敌一个团。四纵10师攻克诸城，歼敌3000人。这样，我军共歼灭国民党军12000余人。华东局对东兵团的胜利给予嘉奖，中国人民解放军总部发言人评论说："这一英勇行动，转变了胶东的战局。"

这时，刘邓大军挺进大别山和华野主力挺进豫皖苏的战略行动，使国民党军在中原地区遭受沉重打击。为了挽救中原局势，蒋介石命令范汉杰将9师、25师从胶东调往其他战区。11月6日，驻高密的9师开始行动，向西北的朱阳一带进发。这时，在安邱、景芝地区休整了一个月的二、七、九纵，正越过胶济铁路准备转入胶东内线作战。九纵在朱阳以西的丈岭与9师狭路相逢，先头部队发现敌军，因情况不明，报告聂凤智是敌军运棉衣的两个团，聂凤智命令九纵立即投入战斗，打响后才发觉是9师全部。既然遭遇了，就得死打硬拼。九纵22师攻击丈岭、27师攻尹家屯。7日上午，25师向丈岭发起总攻，但未派部队出击敌军翼侧，结果与敌军打成消耗战，两个连挤在民房周围，被敌军炮火杀伤。27师攻尹家屯，也受到敌军火力封锁，攻击受挫，伤亡较大。当天夜里，九纵以25、27师共同攻击尹家屯，因战术动作迟缓，攻击仍然没有成功。双方改为对峙，9师加固工事，困守待援。②

11月7日和9日，华东局、东兵团分别向中央军委报告胶东敌军动向，并判断9师、25师等可能调往其他战场。11月10日，毛泽东指示华东局：

①《中国人民解放军第27军第三次国内革命战争战史》。
② 聂凤智：《鏖战胶东》。

"望令许、谭尽可能以寻机歼其一部之方法,阻止该两师一个时期。"许世友将九纵、二纵和七纵在胶济线旁摆开,准备层层堵截9师。11日,敌64师和8师一部由高密出援,接应9师。13日国民党援军到朱阳,9师在其接应下登上火车,向青岛方向逃去。不久,9师由青岛上船,由海路转运上海。

九纵在丈岭与9师的恶战,伤亡1600多人。许世友、谭震林考虑高密一带战场条件不好,决定改变计划。15日电告华东局:"朱阳、高密、胶县间多水,地形条件不利于我作战。为转向敌于被动,仍按原来计划,七、九纵明日向东北移动,寻机歼灭莱阳之敌,或协助十三纵歼灭海阳敌。二纵仍监视胶、高之9师、64师。"①这时,情况发生变化。9师已经逃往青岛,范汉杰命令驻平度的64师198旅东援海阳的54师。198旅乘火车上路后,七纵、九纵即从陆路开始平行追击,行军300多里,在崂山湾以北的蜊子湾追上198旅,将其团团包围。

9师和198旅的东撤,使高密、胶县敌军力量大为削弱。二纵奉命进攻高密县城。高密守敌虽然不多,但城防坚固。韦国清、张震等到前沿观察,只见高密城高1丈2尺,厚7尺,外壕宽4米、深3米,还设有鹿砦和铁丝网。用过去的方法强攻肯定要付出重大伤亡。二纵干部开动脑筋,决定挖坑道进行爆破。在5天时间里,他们在西门和东南角挖了三条地道,通到高密城墙下。在每条地道的尽头放上500斤炸药。部队还准备了梯子等攻城用具,并用沙盘进行战术演练,战前准备工作搞得相当细致。11月26日20时,纵队首长一声令下,引爆地道内的炸药。高密东南角城墙被炸开一个大缺口。突击部队17团从地道里破土而出,冲入城内,很快控制了南门。其他三个团也发起攻击,高密城四面都被突破。我军进城后,积极向纵深发展,分割歼灭敌人。经一夜战斗,27日晨,我军包围守敌64师476团团部。经喊话交代政策,敌团长率残部投降。我军以伤亡不到500人的代价,取得高密攻坚战斗的胜利。这是二纵打得最漂亮的一个攻坚战。②

① 《中国人民解放军第三次国内革命战争史料选编》第3辑第1册。
② 《中国人民解放军第21军解放战争战史》,1952年初稿。

蚬子湾位于崂山湾北岸、灵山东北、店集以北，地势开阔，国民党军比我军先到，借助村庄构筑了工事。当时天气寒冷，下起了雪。九纵经过长途行军，相当疲劳，就马上投入战斗。26师主攻，几个团轮番冲击，但都遭到敌军猛烈火力的抵抗，伤亡很大。打了一天一夜，到27日情况发生变化，范汉杰从即墨派出两个旅前来解围。九纵调回头来，配合七纵打援，在卧牛山、南阡一线与国民党军恶战。激烈的战斗又打了两天，双方反复争夺阵地，结果打成对峙，谁也吃不掉对方。眼看无法解决战斗，兵团命令七、九纵于29日凌晨撤出战斗，转移到五龙河以东休整。

蚬子湾、卧牛山战斗没有打好，主要教训是我军没有集中兵力，战术上也是与敌硬拼，虽然战士们打得很英勇，但没有达到歼灭敌军的目的。聂凤智将军后来谈起这些教训说："蚬子湾战斗，我们意见在即墨以东、蚬子湾以西打，先控制丘陵地，居高临下，让敌人来攻，主力控制在翼侧。这样打，我们就要提前一天半出发，否则就可能把敌人赶到五龙河以西谢福庄一带，在那里打就不行。当时成钧、韦国清都有这个意见，后来兵团说来得及，敌走弓我走弦，我们可以先到。我算了账，河流多、部队疲乏，搞不好要出纰漏。结果我到时敌已先占蚬子湾，我们又提议不去攻，采取守势，以逸待劳让敌来攻。但兵团命令当晚攻，攻了两天，最后伤亡一大堆，没有办法，撤出战斗。同时我兵力也不集中，一个纵队打一个师。"但是蚬子湾、卧牛山战斗使国民党军尝到了我军的厉害，士气被打下去了，在9师、25师被调走后，范汉杰兵力不足，只得采取守势，胶东战场的大局面已经扭转，我军取得了战场的主动权。

海阳守敌是54师8旅及36旅一部。11月初范汉杰将其从莱阳东调，7日刚刚占领海阳县城，我十三纵就于8日赶到，将海阳城三面包围。敌军依据城东北的神童山制高点，向我军发起冲击，企图击退十三纵，夺路突围。十三纵以炮火截击，打退敌军一次次进攻。我军占领了另一个制高点玉皇顶，与敌军对峙。21日敌军以两个团的兵力向玉皇顶发起疯狂进攻，一度占领了我军阵地。下午十三纵三个团实施反击，到黄昏又将阵地收复。28日晚，十三纵38师集中炮火猛轰神童山，接着三个团从不同方向发起攻击。

激战至29日凌晨，我军占领了神童山。这样，海阳守敌被压缩在县城及附近的狭小区域内，时刻遭受我军炮火的威胁。眼看大势已去，12月11日，敌军从海上逃往青岛，十三纵收复海阳。

经过胶河战役和胶高追击战，胶东半岛的形势发生很大变化。国民党军依靠铁路和海上交通控制着沿海的青岛、烟台、即墨、威海、蓬莱等城市，而半岛的内地除了一个莱阳县城，全部被我军收复。莱阳处于胶东腹地，是阻碍我胶东根据地连成一片的最后一颗钉子，也是国民党军赖以牵制我军的据点。为了争取胶东保卫战的胜利，东兵团首长请示华东局，要求打莱阳。12月1日，华东局复电同意包围莱阳，并告诉许、谭："近两月来，除二纵两次歼灭战外（山阳歼灭211旅及高密歼灭战），多是打消耗战。望很好研究战术，对每次战役战斗均要有把握有准备才打。"

莱阳城内有国民党第54师106团、108团一部和地主武装近万人。城内城外修筑了许多碉堡和暗堡，易守难攻。许世友将主攻莱阳的任务交给七纵，将二纵调到莱阳西南水沟头一带，九纵调到莱阳以南左村一带，准备打援。将十三纵37师从海阳调来作预备队。

攻击莱阳的战斗从12月4日打响。七纵的三个师从四面发起进攻，当夜就突破了外围阵地。7日占领四个城关，9日发起总攻，将敌军大部歼灭。敌106团团长带领一个营的残敌步步退守，最后被压缩在城东北角的城隍庙核心阵地，负隅顽抗。城隍庙是莱阳城内最大的古建筑，地势较高，北依城墙，东临水塘，西边是开阔地。敌军组织密集火力，使我军无法靠近。七纵组织了几次攻击，都没有成功，形成了对峙的僵局。许世友见七纵连日作战已经相当疲劳，决定调十三纵37师上来，解决城隍庙的敌人。

37师曾在莱阳担任过守备，对城内地形相当熟悉。12日夜里投入战斗，以两个团轮番进攻，敌军以密集火力封锁，我军的爆破员上不去，打到13日中午进攻仍未奏效。许世友派十三纵周志坚司令员亲临前线指挥，并配给他们两个山炮连。周志坚观察情况后，指示37师重点攻击城隍庙的东北角。黄昏时十三纵集中炮火猛轰城隍庙，压制敌军火力后，从东北角进行连续爆破，终于突了进去。这时37师其他两个团也从南边和西南角突破，敌军106

团终于被全部歼灭，13日晚上，战斗结束，被敌军占领两个月的莱阳又被我军收复。

当我军进攻莱阳时，范汉杰急忙调54师、64师等八个旅的兵力向莱阳前进，企图解莱阳之围，并与我军决战。12月9日，64师师长黄国梁亲自指挥198旅推进到水沟头，与二纵展开激战。水沟头是百米宽的河滩，地形开阔，便于防御。国民党军以坦克打头，向二纵阵地猛冲。我军没有打坦克的经验，造成很大伤亡。战斗在一线阵地的干部战士表现出英勇顽强的作风，虽然阵地被坦克冲破，他们在工事里坚持不退，向跟随坦克的国民党军猛烈射击，阻止了步兵的进攻势头。坦克没有步兵跟随，不敢冒进太深，又怕掉进前沿的陷坑，因而在阵地面前徘徊。二纵打退了198旅一次次进攻，气得黄国梁暴跳如雷，亦无计可施。到13日我军攻克莱阳城，二纵完成了阻击任务，主动撤出水沟头阵地。

范汉杰不甘心失败，命令54师的两个旅继续向莱阳前进，企图夺回莱阳城。十三纵奉命在莱阳城西展开，正面阻击国民党军。战斗从12月19日开始，十三纵的37、38、39师分别把守阵地，与64师的8、198旅反复争夺。23日到25日，争夺贺家疃、将军顶的战斗达到白热化，54师以炮火和坦克支援，将贺家疃十三纵38师阵地几乎全部摧毁，38师114团与敌军展开肉搏，一个营伤亡过半。敌军刚刚占领贺家疃，37师增援部队赶到，从两翼侧击敌军，夺回了阵地。将军顶只是一个小丘陵，25日敌军集中四个团的兵力在炮火掩护下发动五次冲锋。38师113团坚守阵地，副政委荣育德等许多干部英勇牺牲。在112团的支援下终于打退敌军，保住了将军顶这个制高点。

就在十三纵浴血苦战时，许世友命令七纵插向敌军后方。七纵连夜出动，25日占领姜家集。54师眼看夺取莱阳无望，又怕被我军迂回包围，12月26日仓皇南撤，于29日退到灵山以南，与我军脱离接触。莱阳保卫战的胜利，使胶东的形势发生根本性的变化。胶东地区除烟台、福山、蓬莱、龙口等几个沿海城市和青岛附近地区为国民党军盘踞，其余广大地区均为我方控制，解放区连成一片，基本恢复了9月以前的局面。长达三个月的胶东保卫战以我军的胜利告终，总计歼灭敌军63000余人。此后，胶东我军由战略防御转入战略进攻，牢牢把握了战争的主动权。

1948年的新年是在喜庆气氛中度过的。在休整的日子里，干部战士都在总结经验，对前段作战进行反思。七纵21师师长谢锐感到：战斗中最大的问题是一些野外运动战往往打成村落攻坚战，使我军不能达到全歼敌军的目的，增加了伤亡。他再三考虑，于1948年1月9日给许世友、谭震林首长写了一封信，信中研究了敌军战术特点，并对我军战术提出相应的建议。信中说：

"自卫战争以来，蒋匪遭我整师整旅整团的歼灭，或遭到我歼灭的打击太多，迫使蒋匪在战术上改变了过去的冒险进攻，在今天冒险就不敢干，能进则进，不能进则固守待援。……蒋匪在进攻时，如发觉我优势主力企图包围他时，就能迅速改变进攻决心，退入村庄或城镇固守几点或一点，更由于其构筑工事迅速熟练，其守备信心就更加增强。我们只要几个钟头或一天不攻，其内外线子母堡群就构筑更多。以后去攻，越打越多。"

针对敌军的战术，谢锐提出我军的战术应当是："当敌运动时，或敌正向我阵地前进时，我主力亦向敌侧后运动，仅以小部队与之发生接触。估计敌本队尚未展开，此时我主力就由敌两侧勇猛攻击，使敌本队难以应付，亦无法收缩兵力。如敌收缩我则跟随猛冲猛插，使其仓惶应战，而达到我各个包围歼灭的目的。"这种战术，实际上与东北野战军常用的"一点两面"战术有相同之处。

许世友、谭震林读了谢锐师长的来信，进行了认真研究。1月14日他们写了一封长长的复信，对谢锐提出的战术给予充分肯定。信中指出："以前几次野战出击所以没有在运动中完全歼灭敌人，除了敌人的战术的诡诈而外，我们的主观上也还有原因的。例如对情况研究、战场选择、出击时机、兵力部署和使用等问题，都存在缺点的。为什么我们以前的几次战斗都打成了僵局，不能全歼敌人？这因为我们各级指挥上存在一些毛病，值得我们深刻检讨和研究。"随后，许、谭在部队出击的梯次配备、火力组织、抓住战机迅速突破、村落攻坚的近迫作业等方面，阐述了他们的体会和经验。信中最后说："今后作战，针对敌战术特点的转变，我们的对策亦应是机动灵活的。我们仍应在野战中求得在野战中歼灭敌人，然而当我出击时，在精神上及物质上都须作攻坚的充分准备。……只要我们能迅速的接受经验，改进战术，各级指挥员能虚心检讨、加强学习，不轻敌亦不惧敌，小心谨慎，大胆勇猛，我们就一定能歼灭敌人。"①他们把这两封信转发给各部队，在胶东兵团中掀起了总结经验、研究战术的热潮。

---

① 《华东军区、第三野战军第三次国内革命战争战史资料选编——胶东战役》。

第24章

战略的抉择

陈毅到陕北——毛泽东构思跃进江南——蒋介石调整中原部署——大别山局势日见艰难——毛泽东指示华野一兵团准备渡江——粟裕长电提出战略新建议——毛泽东召陈粟商议大计——决定华野在中原作战

1947年11月8日，华野主力七个纵队开始破击陇海路作战。为了解决部队南下豫皖苏作战的后勤供给问题，陈毅与粟裕告别，乘吉普车离开九女集前线指挥部，前往晋冀鲁豫中央局。沿途他受到华野后方机关和地方党政干部的热烈欢迎，听取山东同志汇报情况，并为后方同志作形势报告。他出山东，入河北，11月24日到达晋冀鲁豫中央局驻地武安县冶陶村，受到滕代远、薄一波等负责同志的欢迎。陈毅与他们具体商谈了华野部队的后勤供给问题，得到晋冀鲁豫同志的全力支持，所需物资得到了解决和落实。在平山西柏坡主持中共中央工作委员会的刘少奇、朱德听说陈毅到了邯郸，打电话要陈毅来汇报华野情况。于是陈毅又北上到了平山。听取了陈毅的汇报后，刘少奇、朱德告诉陈毅，中共中央正在陕北米脂县的杨家沟召开十二月会议，毛泽东来电报邀请他去参加。自延安一别，陈毅还没有见过毛泽东，他高高兴兴地上路，翻山越岭，过五台、代县、神池，从兴县渡过黄河，经陕西佳县到达杨家沟。由于风雪冬季和路途艰难，他见到毛泽东时已是1948

年1月7日，中共中央十二月会议已经结束了。

陈毅一到杨家沟，毛泽东就让他看十二月会议的文件。在这次会议上，毛泽东作了《目前形势和我们的任务》的报告。在这个报告中，毛泽东指出："中国人民的革命战争，现在已经达到了一个转折点。""这是一个历史的转折点。这是蒋介石的二十年反革命统治由发展到消灭的转折点。这是一百多年以来帝国主义在中国的统治由发展到消灭的转折点。这是一个伟大的事变。"他总结了人民解放军的作战经验，提出了著名的"十大军事原则"，提出了土地改革的方针政策，并提出了建立新中国人民民主政权的政治纲领。这是一个历史性的文献，显示出毛泽东无产阶级革命家、军事家的宏伟气魄和高瞻远瞩。陈毅读得心情激动，受到极大的鼓舞。

毛泽东让陈毅跋山涉水来到陕北，一方面是为了听取华东野战军情况的详细汇报，另一方面是为了和陈毅商谈1949年作战的战略问题。陈毅用了三天时间，向毛泽东、周恩来、任弼时汇报了自他到山东以来华东野战军作战、山东根据地建设各个方面的情况和问题。毛泽东对华东的情况表示满意。

1月27日，毛泽东、周恩来、任弼时和陈毅秘密商讨华野下一步作战的战略问题。会上，毛泽东提出要华野主力于1949年上半年向江南跃进。

华野主力挺进江南，是毛泽东考虑已久的一个设想。早在1947年7月10日，他给东北民主联军负责人的电报《一年作战总结及今后计划》中，最早提出了进军江南的设想："在第二年计划顺利完成的条件下，第三年，山东、太行两主力即可向长江以南发展。"7月23日他给刘邓和陈粟谭的电报中明确指示刘邓大军挺进大别山，作为战略出击的另一组成部分，是华野的一纵、四纵向江南进军。电报说："叶、陶两纵出闽浙赣，创立闽浙赣根据地。其步骤：第一步，于现地休整数日，迅速歼击泰安、大汶口、肥城、平阴、东阿、东平地区之敌，占领该区，以一个半月至两个月时间，在该区内完成休息、补充、配备干部及政治动员；第二步，出至皖西，建立临时根据地；第三步，相机渡江至皖南，建立第二临时根据地；第四步，至闽浙赣目的地。广东纵队受叶、陶指挥随同南下，并请考虑组织东南分局，子恢、鼎丞、曾山前往主持。"①

毛泽东的指示，相当具体。他把华野一、四纵的南下，作为整个战略反攻计划的一部分。他设想：刘邓大军挺进大别山，华野主力深入江南，必将打乱蒋介石的进攻部署，迫使国民党军大量回援，我军可以转守为攻，在各个战区集中兵力歼灭敌人。

陈毅、粟裕对毛泽东的指示是认真对待的，但存在很多困难。华野"七月分兵"后，一、四纵前往鲁西南外线作战，就是为南下作准备。但是一、四纵遭到国民党军围追堵截，又赶上雨季，部队减员很多，战斗力急剧下降。陈毅、粟裕8月初带六纵前往鲁西南整理部队，在沙土集打了一个胜仗，才使部队重新振作起来。9月17日，陈粟向中央军委作详细报告，如实反映了华野西兵团的减员状况和急需解决的伤员安置、后勤供应、经费保障等问题。电报最后说："如中央最近期内，准备以一、四、六纵向长江以南出动时，则拟将一、四纵开（黄）河北整补一个月，待机南下，执行新任务。如无此必要，则拟将两纵分到西南方面，执行游击任务，自行整补。"

中央军委研究了陈粟的报告，9月22日周恩来副主席以军委名义复电："半年内不拟派一、四纵去江南。同意你们提议将一、四纵调往河北休整一个月至一个半月，再行南渡作战。"②

局势发展得很快。1947年8月下旬，刘邓大军开始挺进大别山。9月下旬，陈粟指挥华野五个纵队进军豫皖苏。人民解放军由战略防御转入战略反攻，国民党军中原防御空虚，忙于应付，乱成一团。毛泽东对形势的转变感到非常高兴，在10月15日给陈粟的电报中再提南下之事。他说："战局可能发展很快，六个月内（10月至3月），你们各纵在河、淮之间作战，另准备以淮南独立旅恢复淮南。六个月后（约在明年4月），你们须准备以一个或两个纵队出皖浙赣（不是闽浙赣）边区。那时拟由刘邓方面派一个或两个纵队出湘鄂赣边区。"电报还说："我们发给你们电报中，由许多未接到你们

① 《毛泽东军事文集》第4卷。
② 《中国人民解放军第三次国内革命战争史料选编》第3辑第1册。

复电，不知你们是否收到及是否同意。嗣后，你们收到我们电报，请复电说明收到某日某时电，同时对该电内容哪些可以实行，哪些与情况不符不能实行，表示你们具体意见。"①

11 月 20 日，粟裕向中央军委报告：部队南下豫皖苏后，脱离后方，连续作战十分疲劳。部队纪律不好，缺乏干部，在开展新区工作上遇到很多困难。电报中说："有些纵队知道不久将去江南，另有些纵队及部队则以为野战军不会久留一地，迟早是要走的，故对地方工作不愿下大力进行。"如果不能巩固豫皖苏新区，进军江南就是一句空话。几天后毛泽东复电粟裕："在明年 8 月以前，不准备派主力部队渡江，各部均要在现地安心工作与作战，仅准备在明年 8 月以后，派一部分部队渡江南进，究派何部，临时决定。"

就这样，华野渡江的计划拿起来又放下。陈毅在思想上是拥护毛泽东的计划的，毛泽东提出的战略主张，他几乎没有提出过异议。在去陕北的路上，他沿途讲话，几次提到过江。12 月 30 日他给晋冀鲁豫干部介绍华野作战经验的报告中说："今年秋天能组织 100 万兵力渡过长江，今年就能结束战争。"②因而，毛泽东与他商讨华野主力过江的行动，他表示完全赞成。

1948 年初，蒋介石鉴于对陕北和山东"重点进攻"的失败，为了改变被动局面，制订了以固守东北、力争华北、集中兵力进剿中原为目的的"分区防御"战略部署。将徐州顾祝同、九江白崇禧、西安胡宗南三个集团在中原战场的 37 个整编师约 66 万人，除以一部分配属 8 个绥靖区担任防御外，其余主力部队组成 6 个机动兵团和 4 个快速纵队，集中兵力对付我军的进攻。这 6 个机动兵团是：邱清泉兵团（整编第 5 军）驻商丘，胡琏兵团（整编第 18 军）驻驻马店，孙元良兵团（整编第 47 军）驻郑州，张轸兵团驻南阳，张淦兵团驻安庆，裴昌会兵团驻潼关。从这个布局上可以看出蒋介石的用心：以陇海、平汉铁路为依托，集中兵力对付刘邓大军和华野进军中原的部队，并加强长江防线，确保南京和江南地区的安全。③

①《毛泽东军事文集》第 4 卷。
②《陈毅传》第 8 章第 2、3 节。
③《中国人民解放军第三野战军战史》第 4 章第 4 节。

完成上述部署后,蒋介石指示胡琏兵团向大别山区进攻,寻找刘邓主力决战。刘邓大军进至大别山区已有四个多月,长期无后方作战,部队的弹药、服装和粮食越来越困难。寒冬腊月,部队没有棉衣穿。刘邓首长带头,全军上下人人动手缝棉衣。1948年1月下旬,国民党军以5个师向大别山区压来,刘邓大军又面临险恶的局面。1月25日,刘邓向军委报告:"我们原拟乘粟、陈谢2月初行动,敌军略有调动,即向敌弱点进攻,打开局面,故部队已集结休整。敌发现我集结后,又部署以5个师主力寻我作战。而粟、陈谢又已改变部署,先向郑(州)潼(关)段作战,暂时不能减轻我之负担。而我在几个强师压迫下,又无法作战,故只能再行分散活动。……但这样下去,部队将继续削弱,士气将大受影响。地方工作将继续受到很大摧残。此种情况,甚为不利。请军委考虑指示。"

1月26日,刘邓继续向军委报告:"我们目前情况是部队极不充实,弹药亦渐感困难。如无友邻协助,至少将11师(胡琏)全部调走,部队集结均发生困难。近日按原战役计划,先以纵队为单位集结。敌即部署全力寻我作战,致又被迫分散。而在分散时,敌则以师为单位,寻我分散之旅作战,使我无法休息。两个月来减员不少,长此下去,士气将受很大影响,战力更加削弱,极端被动。而我不能集结作战,使三大野战军陷入跛足状态,尤属不利。改变此不利局面,则有赖于友邻协助和新兵早日到来。"①

当时刘邓大军的情况确实非常困难。多年以后邓小平同志回忆这段历史,感慨地说:"大别山的斗争不决定于消灭好多敌人,而决定于能不能站住脚。这是毛主席的战略决策。""大别山战略机动范围不大,容不下更多的部队,特别是我们习惯于在平原地区搞大开大合的作战,到这里感到很拘束。所以,把部队分开建立军区、军分区以后,主力就逐步向北面转移。中间还有些插曲,就是部队的同志着急,总想打个把歼灭战。我们开了个会,我讲的话,提出要避战。因为那时打不得败仗,一败就不可收拾。后来刘邓分开了。伯承率领一纵和野战军的司令部、直属队到淮河以北,指挥全局。

①《中国人民解放军第三次国内革命战争史料选编》第3辑第1册。

南下大别山的两个后续纵队王宏坤、张才千的十纵和十二纵，也不在大别山，向桐柏、江汉地区展开。就是我一个，先念一个，李达一个，带着几百人不到一千人的前方指挥所留在大别山，指挥其他几个纵队，方针就是避战，一切为了站稳脚。那时六纵担负的任务最多，在大别山那个丘陵地带来回穿梭，一会儿由西向东，一会儿由东向西，今天跑一趟，明天跑一趟，不知来回跑了多少趟，调动敌人，迷惑敌人。别的部队基本上不大动，适当分散，避免同敌人碰面。这样搞了两个月，我们向中央军委、毛主席报告，大别山站稳了，实现了战略任务。"①

从上述电报和回忆中，我们可以体会到刘邓当时的艰难和他们迫切需要友军支援的愿望。毛泽东认为，扭转局面的最好办法，就是派一支精锐的主力兵团由长江以南作战略跃进，迫使国民党军回援，使中原战局出现重大改变。华野过江的问题，再次提上了议事日程。而且这次毛泽东是下定了决心，并得到陈毅的同意。1948年1月27日，中央军委向粟裕发出指示："关于由你统率叶、王、陶3纵渡江南进执行宽大机动任务问题，我们与陈毅同志研究有三个方案。"在具体叙述了三个方案的渡江时间、地点之后，电报说："以上三案各有优劣，请你熟筹见复。至于你率3纵渡江以后，势将迫使敌人改变部署，可能吸引敌20至30个旅回防江南。你们以七八万人之兵力去江南，先在湖南、江西两省周旋半年至一年之久，沿途兜圈子，应使休息时间多于行军作战时间，以跃进方式分几个阶段到达闽浙赣，使敌人完全处于被动应付地位，防不胜防，疲于奔命。"电报最后说："此事只先由前委几个同志及叶、王、陶作极机密讨论，不让他人知道。"

粟裕接到电报后，马上与陈士榘、唐亮等同志进行了认真研究。1月31日，他向中央军委发了一封长长的复电。电报中将叶、王、陶三个纵队的现状作了如实汇报，说这三个纵队经过一年多的作战，减员很多，干部配备、物资装备也很不足。部队思想方面还存在许多问题，需要进行整顿和教育，所以马上出动确实有困难。粟裕提出两个方案：一是将三个纵队调到陇海路

①《对二野历史的回顾》，《邓小平文选》第三卷。

附近休整一段时间，3月下旬出动；二是三个纵队仍按目前部署南下参加一两个战役，然后休整，到5月中旬出动。粟裕告诉中央，他已派出干部前往皖南探查南下路线，另一批干部前往江北含山、和县、巢湖等地组织船只。

在电报中，粟裕谈起过江后可能出现的问题和当年他随红7军团北上失利的教训："我军渡汉水后，敌亦可能加强该段的江防；且渡江后须经较长时间，才能转至闽浙赣地区，如是恐将有半数之减员。此种减员，沿途无游击区安插，只能任其置于民家则几全部抛弃，甚为可惜。忆1934年7军团北上之失败，其主要原因是领导干部之不团结，但沿途无处安插伤员，故好仗亦不敢打。每战必须转移，士气日低，同时不打算在沿途有基础之地区停脚生根，使减员更大，元气大损，加以当时整个战局不利等原因，故此失败。"他提出自己的建议："于最近时期，将三个野战军由刘邓统一指挥，采取忽集忽分（要有突然性）的战法，于三个地区辗转寻机歼敌，是可能于短期内取得较大胜利的。如是则使敌人机动兵力大为减少，而我军在机动兵力的数量上则将逐渐走向优势。同时也可因战役的胜利，取得较多的休整与提高技术的时间。如果我军在数量上及技术上取得优势，则战局的发展可能急转直下，也将推进政治局势的迅速变化。"[①]在这封电报中，粟裕已经委婉地表达了他在战略问题上的独立思考。

毛泽东、陈毅研究了粟裕的电报，2月1日答复粟裕，并转告刘邓、饶漱石、邓子恢：同意粟裕的第一方案，叶、王、陶三个纵队组成华野第一兵团，到陇海线附近休整，补充新兵，准备渡江；华野其他纵队由刘邓指挥，采取忽集忽分战法机动歼敌。陈毅日内动身返回部队。为了调动敌军，减轻大别山的负担，毛泽东、陈毅联名致电华东局："现在南线最紧，战场仍在大别山。"指示韦国清率二纵南下苏北，与管文蔚的部队合并组建苏北兵团，配合刘邓作战。许世友的部队组建山东兵团，由华东局指挥向鲁西行动。渡江的战略方针和实施方案基本上定了下来。

遵照中央军委的指示，粟裕率华野一、四、六纵于1948年3月上旬转

---

① 《粟裕军事文集》。

移到黄河以北的濮阳进行整训,作渡江南进的准备。华野十纵和晋冀鲁豫野战军十一纵越陇海路南下,护送补充刘邓野战军的新兵。陈士榘、唐亮率华野三、八纵与陈谢兵团会合,进行洛阳战役。

4月1日,正当华野一兵团整训热烈开展时,陈毅回到濮阳的华野指挥部。他在向华野干部传达中央12月会议精神和毛主席对华野工作的指示时,4日中央军委又来了指示,要求一兵团整训到5月15日结束,然后开始南下渡江的行动。

这一段时间,粟裕每天都在思考渡江的问题。反复权衡利弊,他认为"从全局来看,为了改变中原战局,进而协同全国其他各战场彻底打败蒋介石,中原和华东我军势必还要同国民党军进行几次大的较量,打几个大歼灭战,尽可能多地把敌军主力消灭在长江以北。从当时情况看,要打大歼灭战,三个纵队渡江南进是做不到的。在山东战场,由于敌人坚固设防地域较多,我作战地区比较狭窄,暂时也难以打大的歼灭战。而在中原黄淮地区,我军打大歼灭战的条件却正在成熟。"中原地域广阔,便于我军机动作战和集中兵力;背靠山东、晋冀鲁豫老区,伤员和补给也好解决。

如果三个纵队渡江南进,当然会给敌人以相当大的威胁和牵制。但是行程几千里无后方作战,必然遇到很多困难。如果大量减员,剩下的部队也难以对敌人形成大的威胁。即使我军南下,蒋介石也不会把他在中原的主力部队调回南方,这样我军也就达不到预期目的。

从战略角度来看兵力运用,粟裕认为:"要在广阔的中原战场打大规模的歼灭战,我必须组成强大的野战兵团。在一个战役中,既要有足够数量的兵力担负突击任务,又要有相当数量的兵力担负阻援和牵制敌人的任务。当时在中原战场上,中原野战军有四个主力纵队,华东野战军有六个主力纵队,共十个主力纵队。再加上两广纵队及地方武装,是有力量打大规模歼灭战的。如果我三个纵队渡江南进,而又调不走敌人在中原的四个主力军(师),则势将分散我军兵力,增加我军在中原战场打大歼灭战的困难。这样,就难以在短期内改变敌我兵力对比,打掉敌人的优势,进一步改善中原战局;而我进入江南的部队,由于作战环境的关系,也发挥不了他们善打野战的长处。"这样想来想去，粟裕认为华野三个纵队不过江，留在中原作战更为有利。

能不能把这些意见向中央反映，粟裕是有顾虑的："主要是担心自己看问题有局限性，对中央如此重大的战略决策提出不同看法，会不会干扰统帅部的决心。但又想，作为一个战役指挥员，在即将执行上级赋予的作战任务时，应当结合战争的全局进行思考，从全局上考虑得失利弊，把局部和全局很好地联系起来。全局是由许多局部组成的，从局部看到的问题，也许会对中央观察全局、作出决策有参考价值。"①想到这里，粟裕决定把自己的看法和意见逐级报告，为了革命事业的胜利，没有什么可顾虑的。

陈毅回到华野后，立即召开前委扩大会议传达中央指示精神。在对一兵团干部进行渡江南进动员时，他特别强调毛泽东的跃进战略方针，并引用毛泽东的话："转入外线又有两个方式，一为北伐军方式，背靠后方，逐步前进；一为跃进方式的前进，超越敌人。有阵地的前进是很合理想的，但依据我军性格，应采取跃进式的。这是由于我军依靠农村，装备不如敌，攻坚条件不好，与有帝国主义援助的敌人作战等条件决定的。应承认跃进是主要办法，要避开自己短处，发挥自己长处。"陈毅兴致勃勃地说：中央的意图是"变江南为中原，变中原为华北，胜利就来了。"然而在会议间隙，粟裕却把自己的设想完整地向陈毅作了汇报。

陈毅大感意外。毛泽东制订的战略决策，陈毅是亲自参与的，也是完全赞成的。一个战略区负责人要求中央改变战略方针，在我军历史上是没有先例的。陈毅不可能出尔反尔，但是在与粟裕共同作战的日子里，他欣赏粟裕的军事才能，也很尊重粟裕的意见。他没有公开表态支持粟裕的建议，而是表示粟裕可以向中央军委和毛泽东报告。②

粟裕也是考虑问题很周密的人。在向中央报告之前，他于4月16日向刘邓发出一封长电，陈述自己的建议，征询刘邓的意见。"请钧座予指正。"

①《粟裕战争回忆录》第16章第1节。
②《陈毅传》第8章第2、3节。

4月18日，粟裕以个人名义向"中工委并请转中央军委"发出电报，全面陈述他对战略的意见。电报全文如下：

"职对目前战局，虽经月余之考虑，但不成熟，恐有不周，致未敢轻率呈述。兹特呈报如下：

一、自去年7、8两月，先后转入外线以来，粉碎了敌人的全面进攻，使我军转入了反攻，将战争拖向蒋管区，保卫了基本解放区，减少了解放区受战争的直接摧残。当时我军不依靠后方，大胆转入敌后，是完全正确的，是必要的，因此取得了极大的胜利，使敌我形势完全改变，而且前进了一大步，造成今后向前发展更有利的条件。但自去冬迄今，中原地区战局已形成疲惫而频繁的拉锯形势，我军固然于敌人以极大困难，给敌人的人力物力以极大缩减与损耗，但由于敌人尚拥有相当机动兵力，占有某些交通线和所有交通中心、战略要地及运输工具、技术条件等，在兵力转运军需补给上较我军便利，亦增加我们歼敌困难。

二、我大兵团进入新区，远离后方作战，不仅在群众与地方工作上得不到较好的配合，行动上不易保守秘密，往往丧失战机。而且由于补给困难与不及时，以及伤病员之安插，亦大大影响各级指挥员决心的贯彻和下级指战员战斗勇气的发挥。但敌人则因控有要点而可收容其伤病员，我之伤病员则大部被敌残杀或落入敌手。

三、华野现有装备在无正常补给情况下，不仅不能发挥其作战能力，且在某种情况下重装备却变成了拖累。如不要这些重武器，则在敌人筑城能力较强的现状下（敌人四小时即可完成地堡群），不仅难以速决，甚至不可能攻克。在今后战局发展趋势下，攻坚将成为今后作战的中心问题，则又不能不装备与学习使用重武器。近数月来本有许多战机，但以补给不正常，战斗不能速决与持续，在敌各路增援情况下被迫退出战斗，如是既增人员弹药之消耗，亦复影响部队之情绪，且在某种情况下予敌某种程度的鼓励。虽然我军能于运动中疲劳消耗敌人，但自己已减员不少（伤病人员无较安定后方多遭损失或不能归队），长此以往似不合算。如以兜圈子中付出的巨大减员，作为有后方依托打歼灭战的伤亡，则每一万人的减员，至少可歼灭敌人一个主力师，如是对战局较有利。

四、大兵团在新区运动，最严重的事为粮食问题。敌我往返拉锯，双方均须寻求大量粮食，形成与民争食（新区地方工作很难供给大军粮草）。如是每个连队每天都向群众要粮（因情况等关系，很难完全做到统筹），侵犯了群众利益，更影响到群众之发动。回忆我军1945年在天目山时不足两万人，控制纵横近五百里地区，仅三个月之久，已弄得民穷财尽。在战斗最紧张时（孝丰战斗）连贫雇农之粮食也取之殆尽，至今在该地区人民中尚留下极深刻之不良影响。今后以十万之众进入江南山区，渡江固为一极大困难（只要能渡江，军事上其他困难尚易克服），但粮食补给则是长期的严重问题。此番南去，固可调动敌较多部队，打乱敌人之深远后方与推进战局。但双方大军往返拉锯，直接与民争食，也同样将自己弄乱（那些新区不久将是解放区，因与民争食而障碍群众之发动），这对发动新区群众又是极大的障碍，这问题可说是我军南渡后能否完成中央所给任务之关键。

五、我们南渡后估计能调动的敌人为25、28、83、63、20师等部及留华南各地之后调旅。至于桂顽之7师、48师等部，蒋不至纵虎归山，仍可能留于大别山；5军及11师则因系美械重装备，亦可能留中原，以发挥其作用。此四个整编师战力最强，为中原敌人骨干，如我军南进仍未能调动，或未能予该四个师中之一、二个师以歼灭，则中原局势势将成为较长期僵持局面。果如是，既难减轻老解放区之负担，亦难于中原地区得到新的人力物资的补充（因不能较安定的发展新的力量），甚至会使这一地区遭到残酷的摧残而难于恢复（敌人在此区大抓壮丁，仅鲁西南一个分区即捕走数千人，拉走大批妇女，普遍抢粮，破坏生产），如是则将造成今后更大的困难。

六、根据上述理由，对今后作战特作如下建议：

1.以刘邓、陈谢及华野主力，依托后方（陇海路北）作战，以便得到足够的炮弹、炸药、手榴弹之补给（新区因情况不能生产），发挥现有装备之作用而大量歼灭敌人（现在的敌人处于交通便利的中原，如无相当炮火，难于歼灭），并求得雨季与夏收前在中原地区（主要战场应在豫皖苏及淮北路东、路西）打几个较大歼灭仗，使这一地区人民能较安定的得以夏收，才能使我军尔后有粮食等供应与得到人民积极的支援。如中原三大野战军不能于最近有效地打几个歼灭仗，则将增加其他野战军的负担，待敌后调旅及新训师完成后，则又将增加我们的困难。

2.对敌近后方（淮河以南包括淮南和苏中南线直到江边），则派出数路强有力的游击兵团（每路多则一旅，少则一个团）辗转广泛游击，配合正面主力作战，协助该区地武游击坚持。只要正面打得好，则敌有如下两个可能，即或者放弃淮河以北而退守淮河以南直至江边，或者将淮河以南之兵北调而减轻淮河南及大别山之兵力。不论敌采取何者，对我均有利，至少敌人要让出多数中小城市给我们。

3.对敌深远后方（长江南苏浙皖赣闽及湘黔），则派出多路坚强的远征游击队（每路多至三千人，少则一千人即可），配成犄角之势，采取广大范围辗转游击。军事上以歼灭敌人地方武装，摧毁其反动政权，破坏敌人兵源、粮弹及其他战争资源为任务；政治上则宣传党的政策，发动与团结广大人民并支持人民的民变运动。这样，派出的远征游击队因人数不多，不致与民争食，且可与当地人民武装融合而更大的发挥人民武装的力量（因人民武装战斗力较差，必须由主力派远征游击队加强；而主力派出之部队则因与当地人民无联系又易孤立，因此必须与当地人民结合，才能发挥威力），二者如能结合得好，是能大量的调动敌人的。现我们已派出七个加强营分路出发，侦察布置渡江，如能先行，则他们先渡，以便两岸策应。

4.以上三线武装部队（野战军主力、游击兵团及远征游击队），依战局之进展向前推移，如能密切配合，则可能使战局得到较快与较大之发展。至于炮弹的供应，依我们所知，华东军工生产足够供给华野全军。如能有阵地作战，则缴获之物资弹药亦可有秩序地搬运，达到以战养战之目的（据报前在许昌、漯河所缴获汽油三千余桶及其他物资交给军区后，因情况紧张，几已全部被敌抢回，洛阳物资亦多未搬出）。

七、如中央认为上述意见可行，则建议集中华野之大部佯攻（或真攻）济南，以吸引5军北援而歼灭之。尔后除以一部相机攻占济南外，主力则可进逼徐州，与刘邓会师，寻求第二个歼灭战。对苏浙皖赣闽地区，则由华野派两旅兵力分路前往即可。同时建议刘邓、陈谢能各抽出一个旅进入湘鄂赣和湘鄂西地区。

八、以上是职个人不成熟的意见，加以对政局方面情况了解太少，斗胆直呈，是否正确尚祈指示。我们对南渡准备仍积极进行，决不松懈。"①

就在粟裕发出这封长电的同一天，刘邓致电中央军委并转陈粟，对粟裕13日的电报表示支持。电报说："照现在的情况来看，我们担心的是过江很少把握。""如果过江与自身准备尚不充分，则以迟出几个月为好（先派多支小部队去）。如果粟部迟出，加入中原作战，争取在半后作战情况下多歼灭些敌人，而后再出，亦属稳妥，亦可打开中原战局。"刘邓的电报，对粟裕是一个强有力的支持。

4月13日，毛泽东、周恩来、任弼时一行长途跋涉，从陕北到达河北阜平县境内的城南庄。这里是晋察冀军区驻地，聂荣臻司令员热情地招待大家。毛泽东让周恩来、任弼时去西柏坡与刘少奇、朱德联系，自己则留在城南庄阅读各战区来电。当他仔细阅读了粟裕18日的电报，即陷入深深的沉思中。21日，他以军委名义发出致陈粟的电报："为商量行动问题，请陈毅、粟裕两同志于卯有（25日）至卯世（31日）数日内来平山中工委开会为盼。"②

接到电报时，陈毅正在主持华野一兵团的濮阳整训，要作反军阀主义的报告。这次整训意义重大，华野不能没有首长主持。陈毅、粟裕于22日急电中央，表示粟裕24日作完报告后即北上，陈毅不北上。但是毛泽东同日的回电催得更急，要陈粟提前于27日赶到中工委会晤。陈毅、粟裕也感到事关重大，向部队作完了报告就匆忙动身，于4月30日到达阜平城南庄，参加由毛泽东主持的中共中央书记处扩大会议。

这是粟裕自1934年离开江西中央苏区后，首次与毛泽东的重逢。1928年，粟裕随朱德、陈毅上井冈山与毛泽东会师。在毛泽东的领导下度过了一

① 《粟裕军事文集》。
② 《毛泽东年谱》。

段难忘的岁月。毛泽东的建军思想与战略战术，给粟裕留下深刻的印象。后来粟裕被分配到红7军团，参与北上抗日先遣队，离开了中央红军。在长期独立坚持斗争的生活中，粟裕饱尝了艰辛苦难。今天他又回到中央，心情格外激动。毛泽东见到粟裕，大步迎出门外，同他长时间热烈握手，口中喃喃地说："十七年，十七年了。"

城南庄会议开了7天，毛泽东、刘少奇、周恩来、朱德、任弼时同志详细听取了粟裕关于华东野战军和中原战场情况的汇报，粟裕着重汇报了三个纵队暂不渡江，集中兵力在中原地区大量歼敌的方案，并说明了提出这个方案的根据。中央领导人听完汇报后，当即进行了热烈的讨论，最后一致同意了粟裕的方案。看到中央领导这种实事求是、尊重前线指挥员意见的作风，粟裕深受感动。5月5日，毛泽东致电刘邓和华东局，通报了中央领导与陈毅、粟裕商讨的结果：

"将战争引向长江以南，使江淮河汉地区之敌容易被我军逐一解决，正如去年秋季以后将战争引向江淮河汉，使山东、苏北、豫北、晋南、陕北地区之敌容易被我军解决一样，这是正确的坚定不移的方针。唯目前渡江尚有困难。目前粟裕兵团（一、四、六纵）的任务，尚不是立即渡江，而是开辟渡江的道路，即在少则四个月多则八个月内，该兵团，加上其他三个纵队，在汴徐线南北地区，以歼灭5军等部五六个至十一二个正规旅为目标，完成准备渡江之任务。在此期内，由该兵团派出十个营，附以地方干部，陆续先遣渡江，分布广大地区，发展游击战争。以上计划，是我们与陈粟及一波、先念所商定者。粟裕兵团，待陈粟由中央回去，结束政策学习及军事训练，约于本月底渡河作战。"①

城南庄会议结束时，毛泽东对粟裕说：陈毅同志不回华野去了，今后华野就由你来搞。粟裕听了非常着急，一再表示华野离不开陈军长，要求主席让陈毅回华野指挥。毛泽东说：中央已经决定了，陈毅、邓子恢同志到中原局、中原军区工作。原来，根据刘邓的要求，中央决定陈毅担任中原局第二

---

① 《毛泽东军事文集》第4卷。

书记、中原野战军第一副司令员，协助刘邓工作。粟裕又提出：陈毅同志在华野的司令员兼政委的职务要继续保留。这与刘邓的建议不谋而合。毛泽东沉思了一下，同意了粟裕的请求。这样，粟裕以华东野战军代司令员兼代政委的身份，与朱德、陈毅一起离开城南庄返回濮阳。

第25章

豫东之战（一）攻克开封

华野一兵团濮阳整训——朱总司令指示"钓大鱼"——邱清泉不上钩——
粟裕指示陈唐兵团打开封——开封攻坚战——我军执行城市政策——迅速
转向下阶段作战

1948年5月12日，陈毅、粟裕陪同朱德总司令从河北平山西柏坡返回
濮阳城东孙王庄的华东野战军司令部。

这时，华野一兵团正在轰轰烈烈地开展整训。根据中央军委1948年1
月关于开展新式整军运动的指示和华野临颍政工会议的安排，华野部队在战
争间隙的休整时期，普遍开始了以诉苦、三查（查阶级、查工作、查斗志）、
三整（整顿思想、整顿作风、整顿组织）为中心的新式整军运动。一兵团是
华野主力，又担负着向江南进军的战略使命，中央军委对其尤为重视，朱德
总司令亲自来濮阳视察。

濮阳整训是华野部队组建以来时间最长、最彻底的一次思想、组织和军
事上的整训。在解放战争中，华野部队战功卓著，战绩辉煌。但也存在很多
问题。如"少数干部单纯军事观点和军阀残余作风有所抬头，骄傲自满、官
僚主义、厌倦战争、享乐思想也有滋长，违犯纪律、政策的现象时有发生。
由于部队的迅速发展，大量新成分包括大批解放战士涌入部队，旧思想作风

没有得到改造，少数阶级异己分子也乘机混入了部队。"因作战频繁，这些问题一直没有得到很好解决，在战略反攻阶段暴露更为突出。因此，进行整训是完全必要的，为今后执行更大的作战任务奠定了坚实的基础。

从1948年3月中旬到6月初，华野一兵团全体干部战士在华野前委领导下的濮阳整训，历史的评价是："中共华东野战军前委领导的濮阳整训，成效是显著的。首先，干部、战士阶级觉悟和政策水平普遍提高，积极支持土地改革斗争，支持贫下中农的正义要求，推动了解放区土地改革的发展，激发了广大指战员为彻底推翻国民党反动统治而战的自觉性。其次，部队不良倾向得到有力纠正，一度滋长的军阀主义、官僚主义、山头主义、本位主义、个人主义的思想作风受到严肃批判，违反政策、破坏纪律等现象得到克服。"①

5月14日，朱德、陈毅、粟裕主持召开华野前委扩大会议。陈毅传达毛泽东关于时局与方针的指示，并通报了华野领导调整的决定。下午，朱德在陈毅陪同下亲切会见了一兵团战斗英雄和战士的代表，向大家表示党中央的问候。战士们见到敬爱的朱总司令，心情非常激动。有的战士说："我看到朱总司令后，死了眼也闭了。"当天晚上，一兵团召开团以上干部会议，朱德作了重要讲话。他充分肯定了华野在解放战争中作出的巨大贡献，讲述了当前的形势和党的方针政策，强调执行政策和纪律的重要性。关于华野下一步的作战任务，他说：主要是争取消灭国民党的两大主力——邱清泉的5军和胡琏的11师。如何消灭这两大主力呢？朱德说："我替你们想了一个办法，就是用'钓大鱼'的办法。钓了一条大鱼你不要性急，不要一下就扯上来，因为你性急往上扯，大鱼初上钩，尚未疲困，拼命扯往往会把钓索弄断。可以慢慢同它摆，在水里摆来摆去，把它弄疲劳了再扯上来，这样就把这条大鱼钓到手了。对第5军就要用这个办法，要用'引'的办法。它来攻，我就退，有条件就阻击一下，没有条件就不阻击，把它拖得很疲劳，弹药也消耗得差不多时，再用大部队去奔袭歼灭它。你们一定要下决心钓到一两条

① 《中国人民解放军第三野战军战史》第4章第7节。

这样的大鱼。"①朱老总形象生动的比喻，给华野干部留下深刻印象，也成为豫东之战的指导思想。

5月21日，中央军委向陈粟、刘邓下达歼灭5军的作战指示。要点是："我一、四、六纵可于25日左右由临濮集、郓城地区南渡，先在鲁西南及陇海线上歼灭几部敌人，造成集中一、三、四、六、八及十一等六个纵队全力歼灭5军之条件，而以歼灭5军为夏季作战之中心目标。""刘邓担负钳制18军，使不能东援。""陈毅不参加此次作战，尽可能迅速地偕同邓子恢及大批干部去豫西和刘邓会面，建立中原军区及中原局经常工作。""粟裕全权指挥一、三、四、六、八及十一纵之作战，并指挥许谭在津浦线上之配合作战。"②接到指示后，陈毅于30日结束濮阳整训工作，与邓子恢率领4700名干部绕道太行前往河南宝丰，与刘邓会合。粟裕则调遣部队准备渡黄河南下，会合洛阳战役后东返的陈唐兵团与5军作战。

消灭5军，是华野全体指战员的强烈愿望。在华东和中原战场上，5军与华野部队多次较量。这个敌人既骄横，又狡猾，气焰嚣张。我军几次与其作战未能将其歼灭，恨得它咬牙切齿。中央军委指示下达后，华野一兵团上下群情振奋，大家摩拳擦掌，都想尽快投入战斗。

但是，作为指挥员的粟裕却不轻松。陈毅走后，华野部队由他指挥，担子更重了。他向中央提出不过江，在中原地区歼敌，等于是向中央立下"军令状"。对5军的作战能否打好，将对今后华野作战乃至中原战局产生重大影响。因此，濮阳整训后的第一仗是只能打好，不能打坏。5军是个强敌，必须认真对付，不能盲目应战。那些日子，粟裕的心理压力有多大，只有自己知道。

5月23日，粟裕作出了在鲁西南歼灭5军的作战部署。他指示陈唐兵团的三、八纵由许昌向淮阳方向转移，吸引驻商丘的5军南下；粟裕率一、四、六纵队和特纵、两广纵队由濮阳南下渡河，进至定陶、成武，力求歼灭5军

①《朱德选集》。
②《陈毅年谱》。

的75师一部，调动5军北返，然后华野集中兵力，南北夹击，将5军歼灭于鲁西南地区。命令下达后，各部于24日开始行动。

国民党陆军总司令顾祝同获悉粟裕部渡黄河南下的消息，大为震惊。他原打算让5军进至淮阳地区，堵截陈唐兵团东进，并寻机与我军决战。5军刚刚出动，顾祝同看到粟裕部南下，唯恐中原有失，便命令邱清泉马上率5军返回商丘集结，并从苏北地区调来四个师的兵力，企图在鲁西南与我军决战。粟裕原来设计的战场是在鲁西南的成武、曹县一带，我军先期到达，等待敌军上钩。但没想到5军动作比我军快，迅速收缩，并与鲁西南国民党军会合，抱成一团。粟裕算了一下时间，一兵团要连续行军八天才能抵达成武，陈唐兵团就需要更多时间。邱清泉比我军先到，我军长途行军之后仓促投入战斗，胜算不大。这样，原来的作战部署就需要重新考虑了。

当时粟裕反复考虑："寻歼敌整编第5军虽具有一定的条件，但不利因素较多，主要是我军主力尚未集中，打援兵力不足，地形对我不利。整编第5军是蒋介石在关内剩下的两大主力之一，辖两个整编师四个旅，并指挥一个快速纵队和一个骑兵旅，其战斗素质虽不如整编74师和整编11师，但装备并不差，人数也比该两师多，炮兵火力的运用和步炮协同动作较好，又经常猬集一团，不贸然行动。我如打它，蒋介石必极力救援。那时，华野在外线作战的六个纵队，三个远在河南的许昌、南阳、确山之间，短时间难以集中，即使把其中的第三和第八纵队调过来，再加上中野第十一纵队和华野的两广纵队，我们手中掌握的全部兵力也不足六个纵队（因当时有些部队不满员）。而要歼灭整编第5军，突击集团至少需要四至五个纵队。这样，就只剩下一两个纵队担任阻援。在平原地区无险可守的情况下，用一两个纵队是难以阻止敌人大量增援的。如果我突击集团三五天内解决不了战斗，敌人援兵赶到，我军就可能陷于被动。同时，鲁西南地区的主要点线在敌人控制下，我作战地域比较狭窄，不便于大兵团机动作战，而且战场距离黄河较近，我军处于背水作战的不利态势。基于上述考虑，我觉得在当时情况下寻歼整编第5军，并不是很有把握的。搞得不好，还会给我们自己造成不利局面。"①

想到这里，粟裕决定改变原来的部署，把主力集结在定陶一带，休息三天，观察一下再决定下一步行动。6月2日，他和副参谋长张震给中央军委发出请示电，说明情况。毛泽东3日复电："在整个中原形势下，打运动战的机会是很多的。但要有耐心，要多方调动敌人，方能创造机会。最近时间内，陈唐需要协助刘邓作战，只要刘邓能打一二个好仗，局势就会开始起变化。因此你们到达适当地区后，不是休息三天，而是休息半月左右，全军精心研究技术战术，养精蓄锐，即使有打小仗的机会，主力也不要去打。——在打5军、75师等部时，不要企图一次打得太多，而要准备一次只打一两个旅，各个歼灭该敌，因为该敌是比较强的。要说服干部不要急于求赫赫之名，急于解决大问题，而要坚忍沉着，随时保持主动。"②

6月初，陈唐兵团配合刘邓主力结束了宛西战役，遵照粟裕的命令由郾城向睢县长途行军，准备打5军。在此期间，粟裕的部队在鲁西南与国民党军进行了试探性接触，双方都在摸底。粟裕的主力在定陶、曹县一带运动，想打5军的75师。12日75师一部进入我军预定战场，与一纵接触。粟裕想打，结果发现敌军只是搜索部队，这个仗没打成。邱清泉也非常狡猾，立即命令75师向定陶靠拢，赶筑工事。5军挤在一起，令我军无从下手。敌军还选择我军战斗力较强的一纵和较弱的中野十一纵发动进攻，试探我军实力。我军也摸到5军一些特点，他们依赖炮火，进攻前往往猛轰一顿；步兵行动谨慎，我军一反击他们就跑，快得让你追不上，抓俘虏很难。敌军善于夜间袭击，曾以一连兵力摸掉一纵的前沿突出阵地；善于抓住我军接合部进攻，迫使我军层层堵击，陷于被动。这些情况表明，要想歼灭5军，不是那么容易的事。

敌我双方在定陶、成武一线对峙，可能形成僵局。6月15日，陈唐兵团已经到达睢县西南的围镇，粟裕当机立断，改变作战部署。决定以陈唐的

① 《粟裕战争回忆录》第16章第2节。
② 《毛泽东军事文集》第4卷。

三、八纵队进攻开封，自己率领一、四、六纵迅速楔入定陶、曹县、民权地区，实行运动防御，阻止邱清泉西援开封。这样，我军就由被动变为主动，先打弱小之敌，引诱敌军主力来援，再抓住敌军一路予以歼灭。这叫"先打开封，后歼援敌。"16日粟裕向军委和刘邓报告，17日晨即得到毛泽东答复："完全同意16日午电部署，这是目前情况下的正确方针。""情况紧张时独立处置，不要请示。"刘邓也表示同意，并负责牵制平汉路敌军，配合开封战役。①

开封当时是河南省省会，人口约40万。这座古城有高大坚固的城墙，周长20里，高二丈。有六门四关，驻守城内的是国民党军66师的13旅和地方部队两个保安旅，连同炮兵和后勤机关共3万余人。全城防卫名义上由国民党河南省主席刘茂恩负责，但正规军由66师师长李仲辛指挥。两人互相扯皮，刘茂恩指挥不了正规军，李仲辛指挥不动保安部队。66师5月间才由商丘调来守开封，李仲辛把师部和炮兵阵地设在城内制高点龙亭，下属三个团分别守卫东面的曹关和西关。保安部队守卫省府核心阵地和较大的南关、宋关。国民党统帅部将精锐部队集中于几个机动兵团，开封守备相当薄弱。城内只有几天存粮，弹药也不够。李仲辛找郑州要，郑州方面不理会。当时各方面都认为共军不会进攻开封，刘茂恩、李仲辛也不着急。直到6月15日，城防工事障碍物还没完成。只是拆除了城外房屋，形成百米宽的开阔地。各城关外挖了壕沟，修筑了一些地堡。6月17日陈唐兵团到达指定位置，将开封城团团包围，敌人才着急，强征大量民夫在城墙上赶修工事。国民党陆军总司令部郑州指挥所匆忙将开封机场的飞机调往郑州，并从郑州开出一列铁甲列车增援开封。同时命令胡琏的11师和孙元良的47军向开封方向前进。

陈士榘、唐亮率三、八纵于6月17日晨到达开封城外，部队没有休息即投入战斗。他们有洛阳攻坚的经验，大城市攻坚动作一定要快，稍迟疑一天敌军的工事就可能大大增强，造成我军的困难。陈唐迅速布置任务：三纵

① 《中国人民解放军第三次国内革命战争史料选编》第3辑第1册。

主攻东面，8 师攻曹门，9 师攻宋门；八纵主攻南门、西门。各部队受领任务，马上行动起来。17 日夜里发起攻击，三纵 8 师 23 团攻入东边的曹关，由于动作不迅速，未将守敌全歼。曹关地方狭窄，房子稀疏，敌军在城墙上居高临下猛烈扫射，并出动一个营兵力进行反击。我军无法隐蔽，被挤了出来。八纵 23 师进攻飞机场，停留的几架敌机仓皇逃去。八纵控制机场后，即向车站挺进。

18 日早晨八纵 69 团占领开封车站，敌军保安团狼狈向城里逃跑。69 团正在追击，突然发现西边有一列装甲列车向车站冲来。敌军用六零炮、轻重机枪向我军扫射。69 团战士立即散开，将两头铁轨破坏，装甲列车进退不得，在我军集中火力打击下，只得投降。我军缴获列车上满载的炮弹，转手倾泻到开封城内敌军头上。三纵积极攻击曹关、宋关，敌保安部队战斗力本来不强，支持不住，纵火焚烧城关向后溃退。李仲辛原来布置 66 师守内城，保安部队守城关，并堵塞城门，不让保安部队退后。保安部队求生心切，请示刘茂恩，打开城门逃入城内。李仲辛完全不知道，城关发生混乱。三纵见大批老百姓从城关逃出，乘势突入，9 师占领宋关。8 师动作慢了一些，曹关被大火吞没，完全烧毁。这样，开封城外的阵地完全被我军控制。陈士榘考虑曹关不宜作为攻城阵地，城北是开阔的沙滩地不利攻击，决定由宋关、南关实施主要突击，曹关、西关作辅助进攻。

9 师 25 团占领宋关后，立即组织火力和爆破队，准备进攻宋门。敌军在宋门前有三角地堡群、壕沟和铁丝网。指挥员观察地形后，决定先用炮火摧毁地堡群，再用爆破炸开城门。19 日凌晨 1 时，25 团发起攻击。经半小时射击，我军的炮火摧毁了宋门前的四个地堡和城门楼，乘着烟雾弥漫，爆破队冲向宋门。第一个爆破手把炸药包推进壕沟，为后边开路。接着上去两个战士，将炸药包放在一个大地堡前。没等拉火，里面的敌人一枪打响炸药，地堡摧毁，两个战士也被震昏过去。指挥员命令后面的战士绕过铁丝网直接爆破城门，一个个爆破组连续上去，四声巨响，把宋门炸开宽阔的大洞。埋伏在后面的突击队一拥而上，冲入城中。

城内大街上也有敌军的地堡和工事，我军突击队情况不明，摸索着往前走。黑暗中不辨敌我，看到前面有人就喊一声，回答不对开枪就打。混战中我突击队伤亡较多，宋门城楼没有及时控制，敌军从上往下打，把我军部队隔断。先头部队两面受到敌军火力封锁，坚守不退。后续部队迅速消灭城楼敌人，巩固突破口。到19日拂晓，9师25、27团全部投入城内，向纵深发展。①

这天夜里，八纵也突破了南门。冲进两个团向纵深发展。19日李仲辛指挥部队拼命向南门反冲锋，企图夺回阵地。八纵与敌军进行巷战，争夺十分激烈。这时，我军的炮火明显占了上风。李仲辛原以为北门外沙丘高于城墙，我军会把主攻方向定在城北，他把炮兵主阵地设在城北的龙亭。除两门榴弹炮外，其余皆为野炮。没想到我军主攻方向在城南和城东，敌军炮阵地位置太远，野炮隔着城墙朝外打，弹道低，死角大，对我军构不成多大威胁。敌军在城内制高点设置的炮兵观察哨被我军打掉，他们的火炮变成瞎子，盲目乱放。而我军炮兵指挥所和三纵指挥部就设在城外禹王台高地上，把城里观察得很清楚，我军的大炮指哪打哪，摧毁敌军在城内的一个个据点，完全压制住敌人。在我军炮火和攻城部队的双重打击下，敌军只得收缩到省府、龙亭、教养院、铁塔等核心阵地内，作最后的顽抗。国民党军郑州指挥部电令李仲辛：必要时可使用"特种手榴弹"，即含毒的黄磷手榴弹。②

在开封守敌的不断呼救下，20日国民党空军从徐州、郑州方向出动大批飞机，对开封城进行残酷轰炸。成吨的炸弹、燃烧弹倾泻在开封的街道和人口稠密的居民区，著名的相国寺、河南大学和许多建筑物、古迹、商店都在大火中燃烧，成为一片废墟。老百姓死伤遍地，开封女子师范学校700学生中有400人被炸死炸伤。冲入城内的我军战士不顾飞机轰炸，在烈火浓烟中抢救幸存的群众。有的战士从工事掩体里跳出来，让给老百姓藏身。许多群众为了逃生，前呼后拥冲向城门。各城门楼下挤满了人，秩序大乱。陈士榘、唐亮当机立断，下令打开城门放群众出城隐蔽。有的干部着急地说："这

① 《中国人民解放军第22军解放战争战史》，1952年初稿。
② 国民党陆军总司令郑州指挥部：《开封战役作战经过概要》。

城门好比华容道，开了门，敌人就要乘机逃跑了。"首长解释说："为了使人民少受残害，只有这样做了。逃掉几个敌人，以后再找他们算账。"我军干部战士在城门维持秩序，扶老携幼，引导群众朝城外比较安全的地方隐蔽疏散。老百姓感动地说："你们是救命恩人，真正的仁义之师！"国民党河南省省长刘茂恩丢弃了省府据点，化装成老百姓，与家人一起混出城外，侥幸逃脱了被俘的命运。[①]

国民党空军的轰炸一度迟滞了我军的进攻，但不能挽救开封守敌灭亡的命运。到21日晨，三纵8师攻克城北重要据点教养院，城内只剩下66师师部所在的龙亭这个最后的核心阵地。龙亭坐落在宋代故宫遗址上，雄伟的台基高13米，四周围墙环绕，潘家湖、杨家湖和西北湖从三面包围龙亭，正北是开阔的运动场，集结着国民党军的炮阵地。进攻龙亭的路线只有南边潘家湖、杨家湖之间的一条道路。敌军在龙亭台基、围墙上都部署了火力点，围墙外有地堡，形成交叉火力，真是易守难攻。20日夜和21日凌晨三纵8师和八纵一部从两个方向进攻龙亭，因敌军火力阻击和协同配合不够，没有成功。

陈士榘和三纵首长登上城内制高点——教堂钟楼，观察龙亭敌情。研究既能解决敌人，又能保护古迹的攻击方案。炮兵指挥员提出：将火炮推进到前沿，进行近距离抵近射击，虽然炮兵有生命危险，但可保证准确命中敌军堡垒工事。陈士榘批准这个方案，经过一个白天的准备，21日黄昏，我军的炮火集中轰击龙亭和运动场，完全压制了敌军炮火。担任突击任务的三纵8师24团3连在战斗英雄郭继胜营长指挥下，奋勇炸掉敌军的桥头堡，从围墙的缺口冲进去，直奔龙亭。残存的国民党军被我军炮火轰得晕头转向，丧失斗志，在66师参谋长游凌云带领下从地堡和山洞中爬出来投降。师长李仲辛带着少数人想从城北逃跑，被我军击毙在城墙上。22日白天国民党飞机在开封上空盘旋侦察，报告说"龙亭附近遗尸甚多，并有汽车向南门开。城西北汽车纵横，似已破坏。体育场附近汽车向北门开，全城已无我军符

① 丁秋生：《光荣的进去，干净的出来》，选自《中共河南党史资料丛书——豫东战役》。

号，东、南两门开放，城内沉静。"这分明是我军已在打扫战场了。

当我军进攻开封时，蒋介石曾乘飞机亲历上空视察，并督促郑州、徐州方向派部队救援。驻汝南的18军奉命北上，到达上蔡。正在舞阳地区的我华野十纵会同中野的一、三纵队不顾疲劳，一昼夜急行军180里，17日晨到达上蔡近郊，与18军展开激烈战斗。胡琏无法北上，被我军整整拖了三天。待他设法以整11师轻装急进，开封战役已近结束，他是远水不解近渴了。邱清泉的5军从金乡、成武掉头西援，被华野主力一纵等部阻击于兰封（今兰考）、民权、睢县以西地区，进展迟缓。中野、华野部队的阻援，有力支持了开封战役的顺利进行。

开封是中原地区我军解放的第一个省会城市，为了保护好这座历史古城，党中央特别强调城市政策和纪律。6月19日，毛泽东以中央军委名义起草了给华野的指示对攻克开封后的政策作了七条规定：对公私企业、银行、商店和市政机关、医院、学校、教堂等由部队加以保护，不要没收；除敌方武装和持枪抵抗人员外，其他一切敌方党政人员、警察及地主等均不要加以逮捕和俘虏，而应令他们维持城市秩序；城内公用物资除武器、弹药、公粮及其他军用品可由军队采用以外，一律保护，不要破坏。毛泽东强调指出："估计到开封此次不能巩固地占领，而在占领后不久我军即将退出，故应采取上述政策以示宽大，而使城市不遭破坏，以便将来巩固地占领时于我有利，且使此种宽大政策传播出去有利于我将来占领全国大城市。"①三纵、八纵在开封城内严格执行纪律，17日晚，我军攻入河南大学农学院，溃逃的敌军纵火焚烧房屋，我军战士冒着生命危险抢救图书、仪器。18日我军战士在农林实验场休息，他们虽已一夜未进饮食，也不摘园内成熟的水果吃。我军攻克城内一区，立即布置纠察队维持秩序。在敌机狂轰滥炸之下仍然坚守岗位。构筑工事借了老百姓的门板，都把主人的名字写在上面，战斗结束后物归原主。自由路一家盐店被贫苦市民哄抢，部队纠察立即上前阻止，商店老板极为感激，自动廉价售出部分存盐。与此同时，华野前委组成

---

① 《毛泽东军事文集》第4卷。

以钟期光为主任、张震、骆耕漠为副主任的缴获物资处理委员会，统一指导此项工作。唐亮政委住进开封城内一家银行，主抓城市政策工作。陈士榘、唐亮于21日发布安民告示后，即通过关系寻找一些开封社会人士召开会议，成立临时筹委会，组织救济工作，恢复城内秩序。我军的这些政策深得人心，居民们自动站岗，与我军共同维护秩序，解放后的开封城迅速恢复平静，没有发生任何骚乱。河南大学校长嵇文甫、教授赵俪生等几十位高级知识分子乘坐汽车，与我军一起撤离开封，到晋冀鲁豫解放区参加革命工作。许多青年学生也不愿在国统区生活，积极参军或前往解放区。①

开封战役我军毙伤敌军12122人，俘虏26113人，共计歼敌38235人。我军牺牲1546人，负伤9229人，加上其他减员共11623人。开封战役的胜利不仅在于我军攻占了一座大城市，更重要的是打乱了国民党军中原作战的部署，使我军掌握了战场的主动权。6月23日，中共中央致电华东、中原野战军全体指战员，祝贺开封大捷，希望大家继续努力，为消灭蒋军，解放中原而战。

粟裕密切注视开封战役的进展。战役一开始，他就督促陈唐尽快突破敌人的城垣防线，以取得主动。到20日夜里，开封城区之敌大部被消灭，只剩下龙亭阵地尚未攻下，但胜利已经在握。这时，粟裕马上考虑下面的战斗如何进行。作为一个优秀指挥员，在打第一仗时就要想着第二仗、第三仗的问题。他与张震副参谋长、钟期光主任赶到开封南郊陈唐兵团指挥部，督促三、八纵不要留恋开封战场，除留下足够的兵力攻击龙亭外，迅速撤出其他部队，把兵力集中起来，准备下面的作战行动。粟裕对纵队指挥员说："龙亭是要打下来的，但不要急，迟一点不要紧，有点残敌可以作为钓邱清泉兵团这条大鱼的钩子。你马上打下龙亭，他增援就不积极了。听了粟裕的指示，陈唐即组织部队和民工搬运缴获的武器物资，包括6000多支库存步枪、3000多桶汽油、30多门大炮和大批军用物资。为了把这些战利品运到黄河以北的解放区，6月24日，四纵在兰封顶住邱清泉部队的攻击，迟滞他们

① 陈士榘：《天地翻覆三年间》第3章第4节。

的西进。

6月26日，华野三、八纵完全撤离开封，向通许方向移动。27日，邱清泉率部队进入开封，表面上完成了蒋介石交代的任务。他不知道，华野又转到他的后面，去消灭区寿年兵团了。

第26章

豫东之战（二）血战睢杞

放弃开封回击区寿年兵团——总攻龙王店生擒区寿年——西线阻击邱清泉——十纵坚守桃林岗——中原野战军配合作战——帝丘店包围黄百韬——邱清泉绕道东进——华野主动撤离——豫东战役的辉煌战绩

开封战役给了国民党统治集团沉重打击，南京、上海舆论哗然，纷纷指责国民党军统帅部的无能。蒋介石为了平息内讧，决心收复开封，寻找我华野主力决战，以挽回面子。当陈唐兵团主动撤离开封后，6月26日，邱清泉率5军先头部队进入开封，向蒋介石交了账，也满足了自己的虚荣心。国民党统帅部分析：共军经过开封之战，必定疲劳不堪，消耗很大，急需休整。可以乘此机会寻求决战。据空军侦察报告，共军主力正向通许地区前进。国民党军统帅部命令：以邱清泉5军主力南下通许追击，以第四绥靖区刘汝明的部队进驻开封，接替5军；以第6绥靖区副司令区寿年指挥第72、75师组成第7兵团，由民权经睢县、杞县迂回；命令上蔡的胡琏第18军迅速北上。他们企图从三个方向包围华野主力，迫使我军与其在开封以南决战。

然而，战争的主动权此时掌握在我军手中。几天之前粟裕就看透了国民党军这步棋。6月22日他给刘邓陈的报告中说："依目前情况，敌已分成三大集团（郑州、商丘、驻马店）掎角之势，分向开封来援，以求与我决战。"华野的打算是"争取休补一短期，而以外线部队积极动作，迫敌分散，调动敌人，待机歼敌为好。"

6月25日，眼看邱清泉部队逼近开封，粟裕果断下令放弃开封，与邱清泉脱离接触。然后他报告军委："我们拟待邱兵团入汴后，以三、八纵分割邱、区之联系，以一、四、六、十、十一纵、特纵、广纵歼灭区兵团于杞县以南。如邱入汴后区又迟迟不进时，则我向北跃进，求得歼灭区兵团一部或大部于民、兰、睢、杞地区。"①

26日毛泽东以军委名义复电："蒋、白（崇禧）似判断我粟陈张南进与刘邓会合打18军等，故令邱、区从民权、兰封、开封之线向西急进，以期合击我军，邱军又以一部守开封。在此情形下粟陈张部署在睢杞、通许之线（或此线以南）歼敌一路是很适当的。如能歼灭75、72两个师当然更好，否则能歼灭75师也是很好的。敌指挥官中区寿年和我军作战较少经验。"②

毛泽东、粟裕的目标一致：打区寿年。战机也随即出现了。根据粟裕的指示，6月26日，三、八纵由开封郊区向通许方向转移，给邱清泉让开去开封的大道。一、四、六纵则向杞县以南转移待机。南京国防部认为我军经过开封之战已经疲劳不堪，"似无积极企图，必向津浦路前进"，遂令邱、区两兵团全力追堵我军。邱清泉急于立功，将开封守备交给刘汝明部，率主力南下通许，尾追我三、八纵。多疑的区寿年认为我军"有向平汉路进攻模样"，但也没有把握，在睢杞地区举棋不定。这样，两个兵团一路急进，一路踌躇不前，一下拉开了40公里的距离。粟裕抓住了这一有利战机，不待查明区寿年兵团的具体部署情况，即于27日下达围歼区寿年兵团的作战命令，豫东战役第二阶段的作战开始了。

区寿年是广东罗定人，青年时代投身北伐军，隶属蔡廷锴将军部下。曾参加过"八一"南昌起义，后因政见不同，蔡部脱离起义军回归国民党集

---

① 《华东军区、第三野战军第三次国内革命战争战史资料选编》。
② 《毛泽东军事文集》第4卷。

团，改编为十九路军。1932年区寿年任十九路军78师师长，驻守上海。在遭受日军挑衅时，区寿年率部奋起还击，参加了"一·二八"抗战，受到国内赞扬。不久，蒋介石调十九路军到江西苏区围剿红军。蔡廷锴不愿意打内战，在福建起义，宣布成立"福建人民政府"。后遭国民党军镇压，十九路军被改编，区寿年也被迫流亡欧洲。抗战爆发后他回国投奔李宗仁部下，参加徐州、武汉会战，表现勇敢。抗战胜利后任第6绥靖区副司令，驻商丘。他虽不是蒋介石嫡系，但打仗还是用得着。蒋介石任命他为兵团司令，就是希望他临危受命，发挥作用。区寿年知道共产党的厉害，不像邱清泉那样猖狂，行动比较谨慎。但他依仗部队的优势装备，不相信自己会打败仗。6月27日，他指挥72、75师进至睢县西北的龙王店、陈小楼、杨拐一带，听说我军已撤离开封，觉得没有必要急于西进。又得到情报说西面发现共军，于是命令各部就地构筑工事，准备固守，等待邱清泉前来会合。①

　　27日黄昏，根据粟裕的命令，一、四、六纵组成的突击集团由一纵叶飞司令员统一指挥，发起对区寿年兵团的围攻。一纵1师由长岗、河阳集沿睢杞公路跃进，楔入睢县西北，隔断区寿年兵团72师与75师间的联系；四纵向平店方向前进，切断75师与83师间的联系；六纵向榆厢铺、杨拐方向攻击前进。十一纵与六纵18师由民权越陇海路南下，尾追区寿年兵团。28日，我军完成了对区寿年兵团的包围。将区的兵团部及75师一部困在龙王店，将75师其余部队分割围困在杨拐、常朗屯等地；将新11旅围困于龙王店以北的陈小楼，将72师围困于铁佛寺。一场"瓮中捉鳖"的围歼战开始了。

　　一纵1师在廖政国师长指挥下，向75师与72师的接合部猛插。一夜占领了16个村子，拉开了一条十几里长、四里宽的豁口。将敌人分割开来。1师两个团背靠背修筑工事，准备应付两面敌军的冲击。敌军发现我军的行动，以猛烈炮火向我军阵地轰击，打得到处硝烟弥漫。我军阵地太窄，东面72师的炮弹从我军阵地上呼啸而过，打到对面75师阵地前沿。75师也不甘

---

① 《国民党高级将领列传》第5集。

示弱，集中炮火还击，又打到72师阵地上。就这样乱打了一夜，也不知浪费了多少炮弹。到29日拂晓，敌军看清我军阵地后，修正射程，向1师阵地开火。1师工事被炸塌，电话线被炸断。战士们坚守阵地，直到黄昏。

29日一天，我突击兵团肃清了外围，将区寿年兵团进一步压缩。夜晚，开始分头进攻常朗屯、杨拐、陈小楼之敌。激战一夜，杨拐、陈小楼打成僵局，能否拿下常朗屯就成为战役举足轻重的关键。常朗屯是睢县城西北、龙王店以南的一个几十户人家的小村庄，此时驻守着75师近5000人。村外有土围子、小河，村里还有一个内围子。四面地形开阔，敌军布置了立体火力防御，还有强大的炮火。为了歼灭这股敌人，打开歼灭区寿年兵团的突破口，叶飞调1师前来主攻。

战斗进展非常迅速，廖政国来不及侦察地形，就命令2团投入战斗。这是一场敌众我寡的进攻战，2团一个营突进村中，在敌人火力反击下被困在村内，与敌军混战，伤亡很大。廖政国手中已经没有机动部队，非常焦急。这时，叶飞打来电话，派遣纵队警卫营跑步前来助战。1师增添生力军，攻得更猛。廖政国把后勤人员和机关中一切能拿枪的人都集中起来，投入战斗。1师拼尽全力，终于在7月1日拂晓将常朗屯之敌全部歼灭。①

六纵杨拐战斗打得非常艰苦。28日早晨，16师48团1营进至杨拐，与敌军交火。当时营长以为敌军不过一个连，又是野外无工事，当即指挥部队分三路向敌军猛扑。敌军迅速退入鹿砦，以密集火力封锁开阔地，使我军遭受重大伤亡，1营营长牺牲，被迫停止进攻。下午18师首长来到前线，决定将三个团全部投入战斗。29日再次攻击，48团2营在没有侦察地形和进行战斗准备的情况下，听到号令一拥而上。冲到鹿砦前忘了带炸药，结果在敌军火力下伤亡很大，被迫撤出。47团3营从东南角进攻，也犯同样的错误，营长连长冲在前面，相继伤亡。部队失去指挥，攻击失利。抓住敌军俘虏询问，才知道杨拐驻有敌军一个团。纵队首长得知这些情况后，皮定均副司令员亲自来到杨拐前线，察看地形，重新组织各团的爆破队、突击队；调

① 廖政国：《惠济河北的日日夜夜》。

来两门山炮置于杨拐正西150米处抵近射击，并将所有迫击炮、轻重机枪集中在一线阵地。30日傍晚开始炮击，46团爆破组炸开鹿砦，突击队迅速冲上。但第二道鹿砦还没炸开，二梯队又跟上来。四个连的人挤在狭小地带，进退不得，在敌军火力封锁下伤亡很大。48团连破三道鹿砦，冲入杨拐村内，连续攻占十几个地堡。再向纵深发展，因突击队伤亡较多，其他方向部队没跟上，形成孤军奋战。敌军拼死进行反冲锋，48团突击队寡不敌众，被挤了出来，阵地得而复失。

杨拐战斗连续三天进攻未能解决敌军，48团已失去突击力，47团消耗也很大，18师处于很艰苦的境地。但皮定均和师首长不动摇决心，7月1日，他们将师侦察连调上来作第一梯队，46团3营为二梯队，抓紧时间白天发起攻击。战争就是这样残酷，我们伤亡疲劳，敌军也同样如此。在这种时刻，就看谁能咬紧牙关，坚持到底。杨拐守敌在弹尽粮绝、援兵不到的情况下，终于崩溃，夺路突围。我军见敌军溃散，士气大振，各部队冲上前去，将残敌分割歼灭。战斗结束后，六纵对杨拐战斗中表现的轻敌莽撞，深刻地总结了教训。①

7月1日这天，我军相继攻占陈小楼、邱屯、王里店、杨拐等村庄，将国民党第75师的6旅、新编21旅全部歼灭，并对区寿年兵团部所在地龙王店形成包围。龙王店地处睢县西北，是豫东平原上一个比较大的镇子。镇子周围有厚实的围墙，区寿年的兵团直属队、75师师部和所属16旅46团都集中在这里。他们拥有四辆坦克和相当数量的火炮，弹药也很充足。当6月28日区寿年兵团刚刚被我军包围时，75师师长沈澄年曾向区建议：乘共军立足未稳，自己又有一定实力之机，赶快组织突围，以免坐以待毙。区寿年犹豫不决，想凭借自己的实力固守待援，夹击共军，反败为胜。他不听沈澄年的劝告，命令部下在龙王店抢修工事。他指挥部队加固围墙，在围墙外挖了几道外壕，砍光了附近的玉米、高粱，设置了鹿砦。在土围墙内拆掉民房，用门板、装土的木箱构筑纵横交错的防御工事。区寿年自信地对部下

① 张云龙:《杨拐战斗总结》。

说："龙王店不是陈小楼，这里有一丈高的围墙，有上万人的兵力，还有上百门大炮，加上坦克，共军想吃掉我们，没那么容易。"

华野虽然包围了区寿年兵团，但形势不容乐观。在蒋介石的督促命令下，西线的邱清泉5军从开封方向压过来，虽然遭到我华野三、八、十纵的顽强阻击，仍在7月1日推进到过庄、官庄、张阁一线，距离区寿年约10公里。在东边，徐州指挥部将北援兖州的整编第25师调回，与第3快速纵队组成一个兵团，以黄百韬为司令，从商丘方向压过来，也到达距整编72师所在地铁佛寺以东10公里的帝丘店。华野一方面包围区寿年兵团，同时又受到强大援敌的两面夹击，面临严峻考验。是坚持还是改变原来的战役决心，需要刻不容缓地作出决断。粟裕和指挥员们对敌我形势作了全面分析，认为我阻援部队能够顶住敌军的攻击，为突击兵团歼灭区寿年兵团争取时间。粟裕决定：原战役决心不变，集中三个师的绝对优势兵力，一举歼灭区寿年兵团。他下达命令：1日晚间发起对龙王店总攻，一纵攻南门，四纵攻西门，六纵18师攻东门。

当日晚8时，我军开始总攻龙王店。炮火猛轰一小时后，一纵2师、四纵10师、六纵18师从三个方向对龙王店发起进攻。突击部队沿着近迫作业挖成的战壕迅速接近敌军防御阵地，爆破队大显神威，连续炸毁敌军三层鹿砦，并将围墙炸开大口子。战士们从突破口内涌入，密集的手榴弹投向敌军，很快攻破第一道防线，向村子纵深发展。当18师战士冲到敌军第二道工事前，十几具火焰喷射器突然发射，一条条火龙翻卷着烈焰凶猛扑来，燃着了街道房屋，我军战士当场被烧伤数十人。大家没见过这种武器，进攻受阻。这时两侧敌军也迂回过来，企图封锁突破口，包围我突击部队。在这紧急关头，18师51团彭光福团长命令第二梯队立即发起攻击，不惜一切代价往前冲。乘敌军火焰喷射器更换药剂的间隙，我军一排排手榴弹扔过去，将敌人炸得四处溃散。火焰喷射器丧失了作用，18师迅速向纵深推进。到晚上10时，我军三个师都突破了敌军防线，像一把把尖刀插向区寿年的兵团司令部。眼看大势已去，区寿年与兵团参谋长林曦祥慌忙爬上坦克，在其他三辆坦克的掩护下，企图突围逃跑。

六纵18师正在与敌军进行巷战,突然看到四辆坦克从街里开过来,径直向东门冲去。许多战士第一次面对坦克,不知道怎样对付。有的只得闪到一旁,有的端着枪朝坦克射击。子弹打到钢板上叮叮当当响,没有效用。第一辆坦克冲到东门,东门塞满了装土的草袋。坦克撞不开,只好退回来转向南门。后面的三辆坦克在街道里被我军战士包围,动弹不得,只有这一辆坦克沿着村边的围墙慢慢向南开去。

18师52团8连的印永鑫排长看到一辆坦克迎面开来,从围墙上飞身一跃,跳到坦克的甲板上。敌坦克驾驶员发现有人上来,急速转动炮塔。印永鑫被粗大的炮筒扫下坦克,重重摔在地上。他不顾胳膊流血,骂道:"老子非制服你不可!"让战士托举他再次爬上去。这次印永鑫骑在炮筒上,任凭炮塔旋转,也甩不下来了。印永鑫用手榴弹敲着坦克的上盖,高声喊道:"快停下来,缴枪不杀,不停我就炸死你们!"坦克缓缓停下,但是突然从射击孔里打出几发子弹,印永鑫见敌人还想顽抗,掏出手榴弹悬在射击孔前,怒喝道:"投降不投降?不投降炸死你们!"只听里面惊恐地说:"别炸,我们缴枪。"坦克上盖打开了,第一个爬出来的是个瘦高个中年人,肩上佩带着中将军衔,他就是区寿年。随后参谋长林曦祥、副官、坦克驾驶员也陆续出来,当了俘虏。区寿年怕战士们打死他,拿出美元和金戒指送给印永鑫。印永鑫严词拒绝:"我们只要武器,不搜俘虏腰包。"把区寿年的左轮手枪缴下,然后把他们押送到附近的四纵指挥部去。为了表彰印永鑫的英勇作战,华野授予他一级战斗英雄称号,颁发人民英雄奖章一枚。

7月2日拂晓,龙王店战斗胜利结束。75师师长沈澄年在突围时也被我军俘虏。3日黄昏,六纵17师和八纵23师进攻何旗屯、榆厢铺的敌人。经一夜战斗,全歼敌75师16旅的两个团。至此,区寿年的兵团部和75师被我军全歼。

区寿年兵团被包围后,蒋介石万分焦急。7月2日,他在空军司令周至柔陪同下,乘飞机亲临睢杞战场视察。当天下午6时,他在徐州写下手令,严令邱清泉迅速攻击前进,与区寿年、黄百韬会合。手令中说:"龙王店失陷,区寿年、沈澄年二同志若非阵亡,必已被俘。中原战局,严重万分。两日来连电令弟（指邱清泉）全力东进增援，而弟违令迟滞，视友军危急不援，以致遭此最大之损失。得报，五中惨烈，不知所止！故今午特飞杞县，甚望与弟空中通话，以救榆厢铺与铁佛寺友军之危。此时，唯有弟军急进，一面救援75师在榆厢铺之一旅与铁佛寺之72师，一面与西进之25师会合，方能挽坠势，亦所以保全弟军不致孤危被歼也。"①焦急之情，跃然纸上。蒋介石也不是无能之辈，他督促邱清泉全力东进，挽救了黄百韬被歼灭的命运。

邱清泉接到蒋介石的手令时，正在与华野三、八、十纵苦战。如果说邱清泉对区寿年是见死不救，确实冤枉。当邱清泉发觉开封是座空城，区寿年兵团遭受我军包围后，就调转头来尾追陈唐兵团，想与我军决战，并为区寿年兵团解围。陈唐按照华野司令部的部署，原准备在通许以北的小城集、万全砦、韩岗一带构筑工事，阻击邱清泉兵团。没想到邱清泉依靠机械化装备，动作相当快，6月27日抢在三纵前面占领了小城集、万全砦地区。三纵22团行军误入敌区，与敌军交火，我方才得知敌军动态。这时华野十纵完成阻击胡琏兵团的任务后，在宋时轮司令员指挥下从上蔡长途行军，回归华野建制，正赶上阻击。陈士榘调整部署，以三纵在陈皮岗、许岗一线，八纵在许庄、高阳集一线，十纵在桃林岗一线进行防御，准备与5军打一场硬仗。

睢杞战役的西线阻援战斗从6月28日开始。5军200旅在优势炮火支援下，首先向八纵阵地发起攻击。八纵65团坚决阻击，经两个小时战斗，敌军占领高许庄、姚庄、于庄一线，我军转至周店与敌军对峙，黄昏撤出阵地。5军83师则向杞县县城进攻，防御在城东的四纵教导团阵地被突破，我军放弃杞县，在杞县以东的村庄组织防御。邱清泉进了杞县县城，督促各部继续进攻。三纵和八纵坚守不退，从侧面牵制5军行动。

6月29日清晨，5军96旅以猛烈炮火轰击我八纵64团马砦、孙砦阵地，然后以坦克和装甲车迂回攻击，八纵猛烈反击，打退敌军多次冲锋。同时5

① 《叶飞回忆录》第33章。

军139旅向八纵高阳集阵地发起攻击，八纵64、67团和特务团与敌军苦战四个小时，部分阵地被敌军占领。下午，敌军分数路再次进攻，企图分割三纵和八纵的连续。八纵一面积极防御，一面向北出击。到黄昏时，高阳集一线阵地仍在我军掌握之下，敌军倾其全力，只前进了8到10里。

　　7月1日战斗达到空前激烈的程度。邱清泉已判明我军将对龙王店、榆厢铺的区寿年兵团发动总攻，他急于向区寿年兵团靠拢，指挥5军和83师沿睢杞公路进攻，企图从正面突破我军阵地。当时防守许岗的四纵12师被华野调走执行任务，由三纵9师接替阵地。狡猾的83师63旅发觉我军调动，马上发起攻击。9师25团接防时正赶上敌军进攻，仓促应战。与敌军混战40分钟，敌军突入村内，25团被迫撤出阵地。陈士榘得知后，认为该阵地被突破将对全局产生严重影响，命令25团乘敌人立足未稳全力反击，并派出27团一个营做预备队。25团下午进行反击，到黄昏时收复阵地。这时，5军45旅向许岗的三纵24团发起进攻。24团激战几个小时，杀伤400多人，将敌击溃。我军干部轻敌麻痹，认为敌军不会马上再来，阵地没有问题，也没有迅速整理部队，调整火力部署。谁知敌军前面的部队正往后撤，后面第二次攻击的部队就上来了。24团措手不及，战斗一小时，许岗阵地失守。当晚纵队首长命令22团组织反击许岗，由于部队连续战斗，伤亡很大，部队组织已不健全，突破后无力发展，反击没有成功。2日三纵撤出战斗，退到滕店一带继续阻击。[①]

　　最壮烈残酷的阻击战是十纵在桃林岗的战斗。桃林岗位于杞县以东7里，地处杞县至太康、睢县两条公路的要冲，是邱清泉兵团东援的必经之路。这是一个较大的圩子，村周围有土围墙，墙外有两米深的壕沟，便于我军防守。宋时轮以主力28师防守土楼至桃林岗一线，以桃林岗为重点防御阵地。从6月29日起，5军200旅分别向桃林岗两侧的程寨、张阁、权寨发起攻击，我军前沿阵地一度被突破，敌军逼近桃林岗十纵主阵地。

　　第二天的战斗更为激烈。坚守桃林岗的83团3营，在防御正面不断扩

---

① 《中国人民解放军第22军解放战争战史》，1952年初稿。

大的情况下，临危不惧，顽强阻击，上午打退敌军两次进攻。下午，敌军对桃林岗进行了半小时的炮火急袭，并以飞机配合轰炸，桃林岗被打得硝烟弥漫，房倒墙塌。敌军一个团的兵力在7辆坦克掩护下气势汹汹冲过来，3营营长朱福修一面命令仅有的两门战防炮打坦克，一面组织部队集中火力打步兵。敌军在长官严厉督促下，使用"肉弹战术"，一批被打倒，后一批又拥上来，已经接近我军阵地。在这紧急关头，我军的战防炮准确命中一辆坦克，其余坦克调头后转。看到敌人乱了阵脚，我军跃出战壕，进行反冲锋。到黄昏时，桃林岗已经没有一座完整的房子，许多树木被拦腰炸断，阵地前布满了敌军的尸体。十纵战士已经两天没有休息，仍然忍耐着疲劳和饥饿，抢修工事，准备下一次战斗。鉴于十纵打得很艰苦，伤亡也很大，当天粟裕指示十纵：张阁之敌反击不了，就不要再搞了。明天可放弃屈砦、张阁、桃林岗一线阵地，只要小河铺明天保住，就无问题，但尽量多控制一些时候。①

　　7月2日，区寿年兵团在我军总攻下土崩瓦解。邱清泉被蒋介石催命，坐卧不安，命令各部不惜一切代价，突破我军防线，坚决东援。7月2日上午，5军200旅以两个团的兵力，对桃林岗发动最猛烈的进攻。敌军显示了比较先进的战术，他们先派小部队到我前沿阵地观察，然后指挥炮兵射击。5军善于集中炮火，猛烈轰击一处，务必将我军前沿阵地完全摧毁，然后以小部队正面进攻，而以主力部队进攻我军翼侧。敌军炮火加上飞机轰炸，再次将桃林岗打成一片火海。在敌军炮火和猛烈进攻下，十纵83团伤亡很大，上午西北角阵地一度被突破。这时，粟裕亲自打电话给83团团长、政委，关切慰问，并命令部队坚决阻击敌人，不后退一步。消息传遍阵地，全团深受鼓舞。3营9连组织反击，从侧面袭击冲进村内的敌军，野外敌军支持不住，狼狈溃退，桃林岗阵地完全收复。从7月1日到5日，十纵阻击五昼夜，堵住了5军东援的道路，有力保障了东线突击集团的歼敌，表现出极顽强的斗志。有的团几乎打光了，仍然坚守阵地。在最危急时刻，他们不仅坚守自己

① 华野司令部：《睢杞战役阵中日记》。

的阵地，还抽出兵力增援许岗。与十纵交过手的国民党军，不得不佩服十纵的战斗力。据被俘的75师师长沈澄年说：5军、11师都有这样的评论，十纵防御能力强，防御精神好，作战时白天必能坚持到黑夜，且有坚持到适当时间才撤离战场的决心。他们一致认为："十纵应列入华野之头等部队。"①

从6月27日到7月6日，华野三、八、十纵在杞县以东地区顽强阻击邱清泉兵团，使国民党军五大主力之一的5军付出沉重代价，未能冲破我军防线，解救区寿年兵团。虽然距离龙王店不过20余里，也只能眼睁睁看着区寿年兵团全军覆灭。另一支国民党军主力18军在胡琏指挥下到达太康，受到刘邓中原野战军的牵制阻击，也未能再前进一步。刘邓向阻击部队下了严厉的命令：粟裕部队为了歼灭敌人，已经使用了所有的力量，再也没有预备队。我军一定要配合粟裕部队作战，绝不让胡琏增援。中原野战军一、二、三纵队在编制不满员（三个纵队总数42000人），弹药缺乏的困难条件下，尾追胡琏，紧紧咬住敌军，迫使胡琏回过头来应付中原野战军，无力北上。陈唐兵团和十纵的西线阻击，中原野战军的配合，有力保障了粟裕指挥东线突击兵团歼敌。国民党统帅部尽管调兵遣将，费尽心机，无奈该增援的来不了，该突围的出不去。在咒骂感叹之余，他们不得不承认这个事实：豫东之战是一个转折，华东野战军的作战能力已经达到了一个新阶段。南京国防部在战后的一份报告中说："在匪攻区寿年兵团之时，我即电令5军之邱军长率部星夜东进增援，65师30日由杞县向东推进，被匪三纵、八纵及十纵、四纵之一部，阻止于过庄、许岗、桃林岗之线。连日经5军猛烈攻击，因匪逐村顽强抵抗，尤以桃林岗据点匪我反复争夺，得而复失者数次。又许岗据点亦经我连日猛攻，7月2日始得攻占。唯我伤亡甚重，匪军抵抗顽强，无法进展。"在检讨国民党军本身忽视开封防务，情况判断不明，协同救援不力等失误后，他们承认："此次豫东会战，匪军所表现特异三点：1、敢集中主力作大规模之会战决战；2、敢攻袭大据点，如开封、兖州、襄樊等；

①《敌75师战俘对睢杞战役的检讨》，见《华东军区、第三野战军第三次国内革命战争战史资料选编》。

3、对战场要点敢作顽强固守，反复争夺。如桃林岗、许岗、董店等。以上诸端，在足证匪军之战力逐渐强大，吾人应作加深一层之认识与努力者也。"①

7月2日清晨，华野东线突击兵团经过一夜总攻，全歼区寿年兵团。这时，粟裕认为预期的战役目的已经达到，部队连续作战，减员较大，十分疲劳。下一步任务是如何组织部队胜利撤出战斗，转入休整。到下午东面形势突然发生变化，黄百韬的25师突破中原野战军十一纵的防线，推进到距离龙王店20多里的帝丘店。并且继续分路向我军进攻，中野十一纵因伤亡较大，被迫放弃马口、王老集一线阵地。粟裕听到报告，心头为之一震。黄百韬的到来对我军从战场东部撤出威胁较大，如果不给他以有力打击，我军携带大批伤员，难以顺利撤出战场。即使撤出，各路敌军尾随而来，也会使我军陷于被动。想到这里，粟裕下定决心，乘黄百韬长途跋涉，部队尚未全部展开，我军先声夺人，给运动中的黄兵团以歼灭性打击，为我军顺利撤出和休整创造条件。他下达紧急命令："四纵、六纵跑步向东攻击前进，与1师取得联络，坚决截断72师与25师之靠拢。"②

同日，华东野战军首长发出给全体同志的一封信。信中说："战役进行到现阶段，是全战役的重要关键。因为我们能够坚持下去，就可以全歼守敌。如果不能坚持下去，就让敌人避免了全歼的命运。我们全歼了守敌，就可以争取在雨季更安全较长时间的休整，就可以改变中原战局。""部队伤亡、消耗、疲劳是事实，但敌人伤亡更大，消耗更多，疲劳更甚，处在四面包围，随时准备就歼的恐怖中。我们必须咬紧牙关，坚持下去，不要让吃到口边的东西给溜掉了。我们对敌人要狠，要有全歼敌人的雄心，要善于打落水狗，要把一次可以消灭的敌人，不留给以后再麻烦。"信中号召全体指战员"不怕疲劳，不怕伤亡，克服困难，把全部体力智力贡献出来。坚决执行命令，服从指挥，为争取此次战役圆满胜利而战。"③

① 《南京国防部三厅中原会战战斗经过及检讨》。
② 华野司令部：《睢杞战役阵中日记》。
③ 《华东军区、第三野战军第三次国内革命战争战史资料选编》。

睢杞战役最后阶段于 7 月 3 日中午打响。叶飞指挥一纵 1 师由董店向王老集进攻，3 师负责切断帝丘店与王老集之间的联系。四纵主力进攻田花园，六纵主力进攻刘楼，两广纵队配合四纵完成对黄兵团的包围。粟裕通过叶飞指示各纵队动作一定要迅速，不得停留，力求在白天聚歼敌军于帝丘店一带，否则以放纵敌人论罪。这天黄昏，各部队按照上级部署，分头开始进攻。华野特纵的榴弹炮，配属给各进攻部队，在战斗中大发神威。4 日晨 9 时，四纵 12 师攻占田花园，歼敌 1000 多人，六纵在杨桥歼灭敌第三快速纵队一个团，残敌狼狈逃窜，收缩到帝丘店附近村庄中。黄百韬兵团北面防线动摇，有全面崩溃之势。黄百韬为挽回败局，亲自登上坦克，指挥三个营部队从帝丘店北门突出，向田花园、刘楼反攻。双方激烈战斗，弹如雨下。黄百韬的两个卫士负伤，跟随黄的 108 旅李团长也被打成重伤。但黄百韬困兽犹斗，指挥部队拼命攻击，终于将田花园、刘楼阵地夺回。这一仗打得天昏地暗，双方都付出沉重代价，疲劳不堪。①

7 月 5 日，粟裕调整部署，决心集中力量于当晚消灭帝丘店外围之敌，然后总攻帝丘店，预期于 7 日拂晓解决战斗。他命令叶飞在特纵榴弹炮连到达后，于黄昏开始炮击王老集。四纵进攻许庄、何庄。六纵进攻赵庄、王庄。刚由西线调来的八纵一部负责进攻陈冈。占领上述村庄后，就从四个方向总攻帝丘店。当夜 22 时，一纵首先发起攻击，在强大炮火支援下，一纵以近迫作业由战壕接近敌军前沿，用缴获的火箭筒射击敌军工事，将目标一一摧毁。然后步兵发起冲锋，很快突入村庄，与敌军展开近战。6 日拂晓全歼守敌一个团。四纵当晚进攻许庄，敌军溃退；继续进攻何庄没有得手。六纵攻击一夜，敌军顽抗，没有解决战斗。八纵未能赶到指定位置，当夜没有参加战斗。②

这时，黄百韬兵团已经到了穷途末路。他的部队在我军强大攻势下，收缩在帝丘店周围十里的几个村庄里。帝丘店是个方圆三里的土圩子，村内只

---

① 《第七兵团豫东战斗要报》。
② 《中国人民解放军第三野战军暨华东军区第三次国内革命战争战史》，1958 年初稿。

有一眼水井，一个小水塘。时值盛夏，天气酷热。数万人只有喝带泥浆的水解渴，粮食告尽，空投的食品药品还不够近万名伤兵使用。黄百韬依仗优良的武器，指挥拼命抵抗。7月6日中午，战斗激烈进行中，杜聿明乘飞机到上空视察，找黄百韬通话。黄对杜说："民国二十二年庐山训练时，我们是上下铺，当时我叫黄新。我自十九年剿匪以来，从未叫过苦，但是今天我不能不告急，免误全局。"他请求杜聿明转告邱清泉火速增援，并令空军加强支援。杜聿明飞走后，黄即下令焚烧文件，枪杀俘虏，准备"不成功，便成仁"了。他在电话中对前沿阵地的一个团长说："到现在为止，你不要希望我有一兵一弹之增援。黄昏后空军更是爱莫能助。共军由何处突入，你就在该处死拼到底。"他已经到了绝望的地步，不抱生还的希望了。①

到这天太阳落山，我军并没有像敌人预料的那样对帝丘店发起总攻，枪炮声反而稀疏下来。黄百韬惊魂甫定，庆幸自己又熬过了一天。原来外线的形势发生了变化。在蒋介石、杜聿明的一再督促下，邱清泉决定孤注一掷。他召集高级将领开会，问道："当面的敌人兵力雄厚，村砦坚固，我们正面攻击力不从心，而友军之围急着要解。我们如何办才好呢？"众人哑口无言，他说："我要冒一次险，由杞县北上，经柿园、华西营，折而向东，攻击敌人侧背。全军成败，在此一举。"7月5日晚，他命令200旅掩护部队从正面撤退，以45旅为前锋，向北转移。②我军阻击部队没有发觉敌军变化。到6日中午，四纵在柿园发现敌军大部队踪迹，立即报告粟裕。粟裕得到报告，是下午16时45分。这样，形势对华野就很不利了。前一天得到刘邓通报，胡琏的18军已经到了太康，刘汝明部也从开封到了商丘。我军如果再耽搁下去，有被敌军合围的危险，将陷于被动地位。粟裕看到部队连续战斗多日，确实已经疲劳不堪。为了保持主动，他于18时下达命令：停止战斗，结束睢杞战役，各纵队向陇海路以北转移。

7日，粟陈唐向军委报告说："至昨午止，18军先头已到淮阳西南之李

① 《国民党高级将领列传》第5集。
② 《国民党高级将领列传》第3集。

集，同时刘汝明部12个团前日进到陈留，似图与邱匪会合。邱匪则除以一部扼守杞县正面与我军对峙外，其主力经由兰封以南东进，图袭我侧背。74师则已到宁陵、柳河县以东，与我阻击部队接触。……根据上述情况，加以我们部队作战近月，已很疲劳，且组织尚未整理。为应付可能的敌人乘我疲劳后之进攻，故决放弃对25师（要8日午才能解决战斗）等部之作战，即现北撤民权、考城、菏、曹、定地区，争取休整。"8日毛泽东复电："在来电所述各种情况下，你们的撤退是正确的。"

但是在撤退过程中，由于行动比较仓促，邱清泉兵团乘我军极度疲劳之机，紧跟尾追，使我军遭受一些损失。粟陈唐7月9日给军委的报告说："我本已从容离开战地，因抢运伤员又被迫掩护作战；又因担架少且无战斗经验，飞机扫射全部跑光。除5000南运伤员由豫皖苏接收外，而北运5000伤员不得已动员各纵、野直指战员自抬。部队本甚疲乏，又要看俘虏、抬伤兵、抬枪炮（缴获的与自己的）、打掩护，颇为紊乱。而邱匪则乘机尾我追击，以部队将伤员抬至路北，地方担架又跑光，致先后损失伤员数百名。本日该敌已进至曹、考线与我战斗中。"①

然而邱清泉的努力并未得到国民党当局的赞赏。战斗结束后，黄百韬的25师与另一支被包围的部队72师在董店会合。他们为大难不死感到庆幸，悲喜交集。蒋介石召集高级将领召开军事检讨会议，表彰黄百韬努力前进，顽强抵抗的功绩，并亲自为他佩带青天白日勋章。黄百韬感激涕零，一再表示要以死效忠。邱清泉则因作战不力，坐视区寿年兵团被歼而受到训斥。邱清泉一气之下，请假回浙江永嘉老家"休息"，撂挑子不干了。

豫东战役是人民解放军同国民党军在中原战场上进行的一次大规模战役决战。直接参战的部队有华东野战军、中原野战军和冀鲁豫地方部队20万人，国民党军约25万人。我军经历20个昼夜的激烈战斗，攻克开封，歼灭了区寿年兵团，打击了黄百韬兵团，削弱了邱清泉兵团。我军以伤亡33000人的代价，歼敌一个兵团部、2个整编师部、4个正规旅、2个保安旅，连

---

① 《中国人民解放军第三次国内革命战争史料选编》第3辑第1册。

同阻援作战在内，歼敌94000人。粟裕精心组织了这场包括城市攻坚战和运动战在内，被他称之为"最复杂、最剧烈、最艰苦"的战役。在中原野战军的配合下，取得了辉煌的胜利。豫东战役显示了我军高度灵活的战略战术，善于集中兵力，创造战机，把握战役的主动权。在城市攻坚和阻击作战方面有了长足的进步。在运动歼敌时从兵力到炮火都占有优势。20天内连续进行三个阶段的作战，显示我军吃苦耐劳、坚韧顽强的战斗精神。豫东战役的胜利是一个转折，为我军全面转入战略进攻创造了条件。7月11日中共中央的贺电指出："这一辉煌胜利，正给蒋介石'肃清中原'的呓语以迎头痛击；同时，也正使我军更有利地进入了中国人民解放战争的第三年度。"

山东大反攻

山东兵团自胶东出击——九纵奇袭克周村——潍县攻坚战——蒋介石拒绝放弃济南——进军鲁西南配合豫东战役——攻克兖州——严格执行城市纪律——追击吴化文部——山东形势的根本转变

1947年底胶东保卫战结束后,山东战场相对平静了一个时期。1948年初,毛泽东酝酿华野主力挺进江南的战略方针。为了配合华野主力的行动,1月30日他以军委名义指示华东局:调韦国清的二纵南下,与管文蔚、陈丕显的十一、十二纵会合,成立苏北兵团,以韦国清为司令员,陈丕显为政委。苏北兵团的行动受陈粟指挥。以许世友、谭震林率七、九、十三纵组成山东兵团,担负山东战场作战任务,受华东局节制。在休整之后争取在2月下旬开始新的作战行动,"以一部监视胶东之敌,主力向胶济西段行动。"①遵照中央军委指示,二纵在2月中旬离开诸城根据地,挥师南下至苏北阜宁,与华中根据地部队会师。山东兵团的三个纵队在胶东掖县、平度地区休整,开展新式整军运动。经过两个月的整训,部队补充了人员编制,思想和战术水平得到很大的提高。部队上下士气高昂,急切地想打几个漂亮的歼灭战。

①《毛泽东军事文集》第4卷。

国民党军在胶东之战中虽然遭受我军打击,但仍占领着胶济铁路沿线的大城市。蒋介石认为山东局势基本稳定,于是将范汉杰调往锦州任东北"剿总"副司令,驻青岛的阙汉骞54师海运葫芦岛,加强东北国民党军力量。李弥的8师和王凌云的9师也先后抽调到中原。当华野二纵南下后,国民党统帅部又将兖州的72师南调应付。这样,到1948年3月初,山东境内国民党军只有13个师、27个旅的兵力,分为五个绥靖区,防守津浦、胶济铁路沿线的大城市和部分县城。除济南、青岛兵力较多外,泰安、兖州、烟台这些城市只有一个师把守,其余的县城或一个团,或一个营,兵力分散,捉襟见肘。

许世友、谭震林天天研究向胶济路西段作战方针。中央的意图很明确,就是要切断济南至青岛间国民党军的联系,将我胶东、鲁中、渤海三块解放区连成一片,有力支援陈粟主力在中原的作战。先打哪里呢? 分析了敌情,许、谭认为周村、张店一带敌军力量相对薄弱,可以作为第一阶段的攻击目标。他们向华东局作了报告,2月25日,华东局复电同意,并决定在战役期间,将王建安的鲁中军区部队和袁也烈的渤海纵队调给他们统一指挥。

第一仗究竟怎么打,有的同志提出先打外围,层层深入,这是通常的打法。九纵聂凤智司令员分析敌情认为:驻守周村的国民党整编第32师,是在去年鲁西南羊山集战役中被刘邓大军歼灭后重新组建的,战斗力不强。32师与部分国民党地方部队防御这么大一片地方,这里摆一个营,那里摆两个营,防御非常分散。就是周村的师部,战斗部队也不过5个营。与其从外围慢慢向里面打,不如采取"挖心战术",远程奔袭,直取周村。然后再四面开花,扩张战果。山东兵团批准了这个作战方案,以十三纵留在胶东监视青岛、烟台敌军,以七纵、九纵夺取周村、张店。①

3月1日,山东兵团从掖县、平度出发,向胶济路西段开进。经过7天急行军,到广饶地区隐蔽集结。然后昼伏夜行,向周村、张店运动。敌人发觉我军有大部队向西运动,以为是我军掩护物资过黄河,没有及时收缩兵

---

① 《中国人民解放军第三野战军战史》。

力，加强防守。3月10日晚，七纵19师突然包围张店，敌军猝不及防，弃城逃跑。我军在郊外围住敌军，很快解决战斗，俘虏2400人。首战告捷，给全军鼓励很大。渤海纵队同时出动，12日攻占邹平，13日占领章丘。

敌32师师长周庆祥察觉我军意图，命令附近的141、36旅放弃长山、邹平，向周村靠拢。九纵向周村前进时，正赶上暴雨，道路泥泞，行军困难。到12日凌晨才到达周村城外。这时，附近的敌军已经陆续收缩到周村，城内兵力由300人增加到15000人。这一夜究竟打不打，关系到战役全局。此时兵团部与九纵之间的联络一度中断，聂凤智考虑：敌军虽然集中，但立足未稳，部署混乱。抓紧时机打，就能使敌军措手不及。如果等待其他纵队来援，敌军摆好了阵势，加强了工事，必然增加我军的困难。聂凤智当机立断，命令各部连夜冒雨发起攻击。26师78团在开进途中，与一支队伍并肩前进。黑暗中隐隐约约看到队伍中有带大盖帽的，抓个俘虏一问，才知道是141旅的。团长低声传令准备战斗，突然插入敌军队伍，成群的敌军糊里糊涂当了俘虏。76团也追上另一支敌军队伍，他们误以为是同去周村的，76团尾随其后，直插周村城下。

九纵指挥员观察地形发现，周村防御工事相当简陋，只有一道围墙和部分地堡，街上没有构筑巷战的工事和据点。各部队没有休息，立即挖掘工事，迅速发起攻击。25师在东门、北门首先打响，75团4连把山炮推进到距城门100米处，把轻重机枪布置在距离围墙40米的近距离内，一齐开火。猛烈的火力压住了敌人，20多分钟就突入城内。九纵三个师从七个方向分头突破，沿街追击敌人，把城内敌军分割成六块围歼。25师75团直插敌32师指挥部。战斗打响后，敌军师、旅、团之间只通了一次电话，电线就被我军炸断，敌军失去指挥，陷入混乱之中。141旅刚到，连防务都没交接，就被我军的攻击打乱了建制。32师师长周庆祥见势不妙，化装逃跑。九纵经过一个白天的战斗，全歼守敌，打了一个速战速决的漂亮仗。①周庆祥逃回济南后，蒋介石以临阵逃脱罪，下令将周枪毙。

① 《中国人民解放军第27军第三次国内革命战争战史》，1956年10月稿。

　　许世友、谭震林在兵团指挥所听说九纵连夜进攻周村，非常高兴。这一打，战役全局就活了。后来进行总结时，有的人指责九纵"仗虽然打赢了，但军事上是冒险的。"许世友当场反驳："打是对的，我就怕你们不打。"谭震林严肃地说："怎么能说打赢了也是冒险呢？军事斗争本身就有一定的冒险性。兵团就是要你们打！谁要是不打，我就送他四个字——机会主义！"这是对九纵的高度评价。①

　　山东兵团迅速扩张战果，七纵 20 日攻克淄川，渤海纵队占领桓台。王耀武急派 73、75 师五个旅的兵力从济南出来增援，21 日在明水、章丘一线遭到九纵 26 师的坚决阻击。王耀武听说 32 师已被消灭，增援也没有用处，决定保存实力，收兵回城。山东兵团第一阶段作战攻克、收复 14 座城镇，歼敌 38600 人，我军伤亡仅 2000 多人。许谭向中央报告说，这次战役的主要特点是"作战时间短，消耗小，缴获大。"

　　3 月 20 日，中央军委指示华东局和许谭，祝贺山东兵团取得的胜利，指示他们下一步打昌乐、潍县。特别强调："胶济全路一切尚存路基、铁轨、车站、桥梁、水塔及其他设备通令保护，不得再破坏（过去破胶济路曾得中央批准，其实是不必要的吃大亏），津浦路津济段已在我手，注意保护。"②

　　王耀武在我军攻占周村、张店后，又作出错误的判断。他唯恐我军会西进攻打济南，一边命令加强济南防御，一面又从潍县调出整编 45 师两个团。他认为潍县城池坚固，兵力较多，共军不会去打它。然而山东兵团的目标就是潍县，4 月 2 日，渤海纵队和鲁中部队开始向潍县外围运动，完成了对潍县的包围。

　　潍县、安邱、昌乐三角地区，地处鲁中、胶东、渤海解放区之间，是国民党军楔在山东解放区腹地的顽固堡垒。潍县（今潍坊市区）城是明清修建，分东、西两城，中隔白浪河，有桥梁连接。西城亦称老城，城墙高 13 米到 16 米，外壁是石块，内壁是三合土。墙面陡立，只有四门和四角有阶

①《许世友回忆录》第 18 章第 1 节。
②《中国人民解放军第三次国内革命战争史料选编》第 3 辑第 1 册。

梯可以上下城墙。西城面积4平方公里，东城比西城城墙稍低，形似纺锤，面积比西城大些。潍县四郊为平原地带，南关外有少数丘陵，如九龙山、擂鼓山，高度与城墙相当。潍县城墙坚固，易守难攻，县志记载的战事中还没有攻破城池的记录。日伪时期就大量修筑工事，此时潍县驻有国民党整编第45师的212旅、保安6旅、8旅等部队，加上张天佐、张景月等山东地主武装，共46000人。

王耀武将45师两个团调往济南，担心潍县兵力不够，命令45师师长陈金城忍痛放弃不重要的据点，集中兵力防御潍县。不可单纯守城，要在城脚下多筑地堡，形成层次防御。陈金城煞费苦心，他以西城为防御核心，在南、北、西三面距城1400米外围修筑独立的据点群，作为第一道防线；城外400处和三个城关修筑外壕、地堡，作为第二道防线，城墙上修筑了环形阵地，每10米设一处机枪掩体，每个城墙垛上都有步枪射击孔，城墙内部挖洞防炮屯兵，以备反击。在兵力部署上，陈金城以正规军守城，以保安部队守城关，以地主武装守外围。企图在外围逐步消耗我军力量，固守待援。

山东兵团首长分析敌情，认为潍县虽然城防坚固，但它处境孤立，济南、青岛方向敌军很难前来增援。我军可以有充分的时间集中兵力攻坚。45师虽然装备好，但是新组建起来的，士兵战斗力不强，士气低落。地主武装在山东作恶多年，有许多惯匪、伪军，有作战经验，但武器装备差，各自为战，难以指挥。许世友、谭震林决定采取稳扎稳打，逐次歼敌的战法，先肃清外围，再集中兵力攻城。兵团决定以九纵、渤海纵队及鲁中军区部队共23个团的兵力攻打潍县城，七纵、十三纵等31个团的兵力分头阻击来自济南、青岛方向的敌军。特纵留在山东兵团的榴弹炮营、重迫击炮营等配合攻城作战。

扫清潍县外围的战斗从4月2日开始。九纵26师在胶东西海军分区部队配合下，猛打猛冲，势如破竹。先后占领飞龙山、飞机场和部分村庄，切断了潍县与坊子之间的联系。15日占领北关，完成扫清外围的任务。当天，九纵25、27师进入阵地，开始坑道作业，积极准备攻城。

渤海纵队新7师和鲁中军区部队负责扫清西关、南关。渤海纵队是新组建的部队，装备很差，新7师的两个团有一半战士用的是土造枪。他们缺少战斗经验，但求战心切，士气高昂。2团炮兵连很快挖好一条横沟，作为炮兵阵地。战斗开始后才发觉因为缺乏经验，把沟挖在低凹处，射击时影响视线。11日开始战斗，7师2团突击队从距离敌军阵地几百米处开始运动，遭受敌军六零炮和机枪杀伤。7师指挥员命令我军的12门迫击炮射击，压制敌军火力。我军迫击炮使用的是渤海军区自造的炮弹，质量不好，射击中炮弹的尾翅经常脱落，掉下来误伤自己人。炮兵想避免误伤，射程打得比较远。结果炮弹都落到敌军阵地后方，没有起到压制敌军火力的效用。步炮配合不上，进攻几次受挫，新7师只得暂停进攻。12日渤纵和鲁中部队又攻了一天，进展仍然不大。兵团首长看到这个情况，指示渤纵不要分散兵力，如果同时进攻西关、南关有困难，可以放弃西关，集中力量攻南关。从13日起，渤纵和鲁中部队开始进攻南关外的南大营和火车站，又遭到地主武装的拼命抵抗。南大营之敌在我军连续攻击下，伤亡日多。我军又大挖坑道，逼近敌军阵地。14日黄昏，敌军终于动摇，放弃阵地收缩回城里。渤纵攻占外围阵地后，于15日黄昏开始攻击南关。

南关附近有个敌军据点叫五道庙，盘踞着一连敌军。新7师3团2营进攻该处，遭受敌军火力封锁。连续上去三个爆破组都没有成功，伤亡很大。团政治部主任张茂珍亲自上去指挥部队进攻，中弹牺牲。后面的战士继续爆破，炸开围墙，三个战士突入庙中，搜集敌军遗弃的手榴弹压制敌军火力，坚守突破口，直到第二梯队上来，将庙内敌人全部消灭。但是他们缺乏经验，认为任务完成，没等接防部队来就撤回去了。南关敌军乘机又夺回五道庙，我军后续部队上来，与敌军再次展开战斗，连续两次反击才打垮敌人，巩固了阵地。完全占领五道庙，已是半夜12点了。

17日黄昏，鲁中部队攻击南关、渤纵新7师进攻西南关、新7师2团攻击南关外制高点擂鼓山的战斗同时打响。有了前几天战斗的经验，各级干部认真看了地形，明确了本部的任务和突击方向，并将榴弹炮、迫击炮推到前沿抵近射击。战斗打响后，我军火力很快压制住敌军。鲁中部队首先突破南关，敌军惊慌失措，纷纷逃向潍县西城。我军奋勇冲进南关，进行巷战，歼灭残敌。到第二天拂晓,南关战斗胜利结束。

战争是最好的老师。渤纵和鲁中纵队由于装备差和缺乏作战经验,扫清外围的战斗比九纵要艰苦得多。在近迫作业、步炮协同、突击爆破等方面都是经历了失利和流血后,才取得成功的。但是渤纵和鲁中部队指战员发挥勇猛作战的精神,一次失败再来二次,不怕牺牲,干部身先士卒,以大无畏的勇气压倒了敌人,也在战斗中迅速成熟起来。[1]

为了打好潍县攻坚战斗,兵团首长进行了多次研究。潍县城墙坚固,外围工事密集,我军如果硬攻,必定造成重大伤亡。他们参考华北兵团石家庄战役的经验,许世友提出一个口号:"人马均活动于地下。"号召攻城各部队大挖交通沟,隐蔽接近敌军阵地。这样,敌军的火力打不着我们,我们则可以突然出现在敌军面前,打他个措手不及。命令一下,九纵和渤纵、鲁中部队都开始挖起来。潍县城外是一片开阔的沙土地,土质疏松,掘进速度很快。有的交通壕挖了几里长,有的从10里外挖起,蜿蜒曲折,一直伸展到城下壕沟边上。在接近敌军阵地时,我军在壕沟上铺木板,成为隐蔽的盖沟,加强了攻击的突然性。战后统计,九纵两个师在发起总攻前的8天内,共挖交通沟72500米,从潍县城上一望,交叉纵横。这就叫"平时多流汗,战时少流血。"

陈金城也没有闲着,他一面加强潍县两个城的工事,一面向王耀武呼救。济南方向派出几十架次飞机,对我军阵地狂轰滥炸。我军有交通沟、隐蔽洞,大大减少了伤亡。为了迷惑敌军,4月21日,许世友命令部队向后"收缩",进行攻城前的准备。潍县敌军发现我军一夜间全部退去,以为我军连续作战疲惫不堪,放弃攻城,高兴地向王耀武报告"潍县解围"。

就在敌军盲目乐观的时候,山东兵团于23日黄昏突然接近潍县西城,许世友将突破重点定在西门,在1412米的射击正面上,兵团集中了华野特纵和自己的全部炮火,其中榴弹炮12门、野炮7门、山炮12门、重迫击炮38门。加上其他小口径火炮和火箭筒,共269门。而城内敌军只有山炮15门,

---

[1] 《中国人民解放军第33军解放战争战史》,1952年初稿。

九二步兵炮 8 门，迫击炮 40 门。我军在炮火上具有压倒优势。17 时开始炮火准备，重炮猛轰西城城垣。城墙上的碉堡和工事被一个个摧毁，敌军躲在城墙背后的藏兵洞里不敢出头。两小时炮火准备后，各爆破组抱着炸药包越过壕沟，冲到城下，进行连续爆破，将城墙炸开缺口，为突击部队登城开辟道路。

24 日凌晨 1 时，九纵 27 师 79 团率先从北面登上城墙，战士们沿着梯子迅速登城，很快上去五个连。四个连在城墙上扫清敌军工事，向两侧发展。79 团 5 连进入城内，占领房屋，与敌军展开巷战。晨 6 时，敌军从街道和藏兵洞里出动，向我军入城部队和城墙上部队发起反击。5 连退路被敌军切断，陷入包围，情况危急。但是干部战士不慌不乱，依托房屋坚持战斗，连续作战 18 个小时。79 团在城墙上的部队遭到敌军猛烈进攻，7 连一度被迫后撤，城墙突出部被敌军占领。其他几个连队情况也很危险。有的战士弹药打光了，就拣身边的石头砸向敌人。有的伤员拉响炸药，与冲上来的敌军同归于尽。如果稍有动摇，就会被敌人挤下城去。79 团首长亲自登城，指挥战斗，鼓励战士坚守突破口。27 师首长也来到城下，组织部队增援。聂凤智司令员得到报告后，当机立断，命令 25 师 73 团白天强行登城，配合 79 团夹击敌人。73 团冒着敌军火力的枪林弹雨，13 时从北门登城，一小时内上去一个营。73 团、79 团部队互相配合，不断向城内纵深发展，打得敌军节节后退。激战至下午，渤海纵队和鲁中部队也从南门突破。在我军两面夹攻下，西城敌军终于崩溃，陈金城率残部从东门徒涉白浪河，逃向东城。黄昏时我军完全控制西城，潍县最顽固的堡垒被我军拿下来了。为了表彰 79 团在攻城战斗中的突出表现，战后华东局、华东野战军授予 79 团"潍县团"的光荣称号。

攻克潍县西城后，许世友决定不给敌军喘息机会，趁热打铁拿下东城。潍县西城与东城之间是宽阔的白浪河，两岸街道原是繁华的商业区，数百家商店在战火下变成一片残破的废墟。兵团决定以九纵主力由西城进攻东城，鲁中部队与九纵一部在南北两面助攻。东门外则网开一面，虚留生路。26 日黄昏，我炮兵部队将山炮推上西城城墙，居高临下轰击东城。敌军被打得抬不起头，19 时 30 分各部队发起总攻，九纵 80 团在炮火掩护下徒涉强渡白浪河，以连续爆破首先突入东城城内。鲁中部队也突破南门，投入纵深战斗。经过一夜巷战，到 27 日拂晓我军已控制东城一半区域。敌军见大势已去，纷纷从东门夺路出逃。我军胶东西海军分区部队早已张开口袋等待他们，陈金城率 3000 残敌刚出东门，就被我军围住。陈金城束手就擒。城内盘踞三官阁的最后一部残敌在我军政治攻势下，缴械投降。东城解放，潍县攻坚战胜利结束。

潍县被我军攻克后，山东兵团又向周围扫荡，扩张战果。安邱、昌乐、田马等地敌军非逃即降，我军又解放了一大片地区。潍县战役期间，青岛方向国民党军第 11 绥靖区司令丁治磐率整编 64 师及 35 师一部西援，被十三纵和胶东军区部队节节阻击，滞留于胶县大沽河沿岸。济南方向国民党第 73、75 师曾向东增援，被七纵和渤海军区部队阻截于龙山以东地区。4 月 21 日王耀武亲自指挥整编第 84 师进至益都以西地区，也被七纵和渤海部队阻击，无法前进。潍县被我军攻克后，王耀武、丁治磐不得不停止增援行动，分别退回济南和青岛。

潍县战役是山东兵团进行的一次成功的攻坚战役。在历时一个月的战斗中，我军以伤亡 11000 人的代价，歼灭国民党整编 45 师主力及大量地主武装共 46000 人，俘虏 45 师师长陈金城以下 26500 人。解放了鲁中地区十几个县、镇，使胶东、渤海、鲁中三大解放区连成一片。缴获了大量武器装备和军用物资，使山东兵团的力量大为增强。我军解放的地区是山东重要的粮棉产区，对增强解放区经济实力，支援华野部队作战有重大意义。我军控制了 200 公里的胶济铁路，济南、青岛国民党军的联系被切断，成为两个孤立据点。最重要的是，在这次战役中，山东兵团在作战方面有了很大进步，从过去的运动战、消耗战上升为能打城市攻坚战，在集中兵力、步炮协同、攻坚战术等方面都日趋成熟，在以后的战斗中成为华野的一支主力兵团。5 月 19 日，许世友、谭震林向军委、华野详细汇报了山东兵团在胶济路中段作战的经过和取得的经验。军委领导看了非常高兴，周恩来 5 月 26 日复电，称赞这个报告"甚好，已转发各军区及各野战兵团作参考，并抄送军大作训练教材。"①

周村、潍县相继失守，使王耀武受到极大震动。不到两个月的时间，他就损失了8万多人。王耀武感到分散兵力，处处设防，早晚会被各个击破。以济南目前的处境，靠现有的部队是绝对守不住的。5月15日，王耀武飞往南京晋见蒋介石，建议放弃济南，将他的部队撤到兖州，与徐州"剿总"的部队连成一片，以利尔后的作战。蒋介石大为不满，一口拒绝。并对王说："你不从大处着眼，我们必须确保济南，不能放弃。"他指出：济南是山东省会，华东战略要地，为了不让华东、华北"匪区"打成一片，不让他们掌握铁路交通大动脉，就必须守住济南。蒋介石为王耀武打气说："济南如果被围攻，我当亲自督促主力部队迅速增援。只要你能守得住，援军必能及时到达，我有力量来解你们的围。打仗主要是打士气，鼓励士气，首先自己不要气馁。你要知道，我们的失败是失败于士气的低落，你们如不奋发努力，坚定意志，将死无葬身之地。"说到这里，蒋介石深深地叹了一口气。王耀武怀着悲观失望的心情离开南京，他明知守济南是一步死棋，却不得不服从蒋介石的命令死守下去。②

山东兵团结束潍县战役后，进行了短期休整。这时，中央军委对华野主力下一步作战行动作出重大决定，一、四、六纵队暂不过江，在中原打几个大仗，歼灭国民党军有生力量。5月7日，中央军委致电许世友、谭震林，命令山东兵团南下津浦线，配合粟裕在中原的行动。许谭考虑部队的情况，九纵在胶济线几次作战中担任主攻，伤亡8000多人，需要休整一段时间，补充兵员。十三纵在胶东牵制敌人，减员不多，可以作为主力参战。5月20日，山东兵团作出决定：以渤纵牵制济南敌军，鲁中军区部队打泰安，七纵、十三纵先在泰安南北打援，然后相机夺取兖州。九纵暂时休整，作预备队。5月下旬，许谭挥师南下，发起津浦路中段战役。

5月29日，鲁中部队四个团开始进攻泰安。这次王耀武比较聪明，他

①《中国人民解放军第三次国内革命战争史料选编》第3辑第1册。
② 王耀武：《济南战役的回忆》，载《文史资料选辑》第18辑。

命令守泰安的 84 师 155 旅采取机动防御，能守就守，不能守就走。155 旅当然不愿被困，他们先以小股部队出城打了一下，在我军发起正式攻击之前，乘火车退往济南。我军对敌军逃跑估计不足，没有在北面迂回包围。30日，十三纵占领泰安，切断了济南与兖州的联系。

兖州地处徐州与济南之间，是津浦路上的军事重镇。由于历史上兖州就是兵家必争之地，城墙坚固，外壕又宽又深。城南有泗水流过，夏季河水暴涨，只能船渡，不可徒涉。驻守此地的是国民党军整编第12师，师长霍守义。12师是东北军旧部，许多军官经历过"西安事变"，对我军的政策是很熟悉的。他们在胶济线驻防时曾与华野多次交战，特点是以保存实力、保命为主。12师老兵很多，一个将校队就有 800 人，善于防守。应该说12师的战斗力是比较强的，但是他们受制于第10绥靖区司令李玉堂，内部矛盾多，所以12师官兵士气低落，没有几个人愿意为蒋介石卖命的。在防御上他们学王耀武，让地主武装守外围，他们集中兵力守兖州。6月7日山东兵团开始扫清兖州外围，在进攻曲阜时，霍守义也命令驻守那里的一个团迅速撤回兖州，留下当地保安部队与我军作战。七纵没费多大力气，就歼灭了一个保安团，解放了曲阜。几天之内，山东兵团连续收复蒙阴、邹县、泗水等八座县城，扫清了兖州外围。6月20日，七纵和鲁中部队包围兖州。九纵、十三纵也从济南方向奉命南下，配合作战。

这时，究竟打不打兖州，还要观察形势的变化。李玉堂发觉我军有进攻兖州的迹象，急忙向徐州"剿总"告急，请求援兵。刘峙急忙将苏北的黄百韬整25师用火车北运，增援兖州。6月26日，25师全部运到滕县。山东兵团留下十三纵一个师监视济南方向，将九纵、十三纵主力调往泗水、曲阜，命令七纵撤围，从兖州南下准备打援。国民党方面察觉我军要进攻黄百韬，加上豫东战场区寿年兵团求援甚急，于是命令25师开往豫东。6月30日，25师乘火车调头南去，山东兵团没赶上，重新包围兖州。

这时，粟裕正指挥华野主力在豫东与国民党军大战。山东兵团考虑如何配合粟裕的行动。粟裕准备围歼区寿年兵团，但西有邱清泉，东有黄百韬，对华野部队构成不小的压力。他希望山东兵团能够南下威胁徐州，迫使敌军分散，减轻此间压力。许谭根据他们的实际情况，7月3日发出一封长电，说明山东兵团的现状和打算。他们指出：兖州守敌还是有战斗力的，"我们过去十天中，对兖州是佯攻，故未认真准备，故尚须十天以上时间，才能打下。""七纵、鲁中两个部队，从胶济线到现在，四个月中连续战斗，伤亡、逃亡、病员达七千余，很难单独解决兖州，必须全力才有把握。"据此，许谭提出两个方案：一是全力集中打兖州；二是全力南下威胁徐州，配合中原作战。①

7月4日，毛泽东电告粟裕等，要华野主力完成围歼25师战斗后，全军转入休整。"暂时不打邱兵团，不进行严重的作战。"在这种情形下，许谭南下威胁徐州意义不大。"似不如同意许谭刘江午意见，集中兵力攻克兖（州）济（宁），打通山东和你们间的交通，并使许谭兵团无后顾之忧，可以全力南下作战，对于雨季以后你们的作战可起大的和直接的配合作用。这是上策，不是下策。"②

攻打兖州的决心既定，许谭调遣部队，在清除外围后，积极布置攻兖州的具体行动。察看地形后发现：兖州城东、南是泗水，水深难渡。城西是开阔地，便于我军运动。但兖州城西门是最坚固的。建有两道城门，外面是椭圆形突出的瓮城。敌军在瓮城构筑了工事，火力可以居高临下。即使瓮城被攻破，里面还有一道城门，四周挖有屯兵洞，里面埋伏部队，作为反突击力量。山东兵团过去进攻即墨县城时，攻打瓮城伤亡很大。敌军估计我军不会以瓮城为主攻方向，守备不是很严。这就给我军提供了一个机会，偏偏从敌军意想不到的地方开刀，集中兵力突破瓮城。

为了保证突破的成功，兵团更注重集中兵力和火力，取得局部的压倒优势。他们改变以往将炮兵配属各师的办法，将12门榴弹炮、7门野炮、3门山炮集中在西门，实施抵近射击，专门协助步兵开辟攻城道路，重点摧毁城墙工事，打开突破口。在西门500米的正面，部署七纵、十三纵三个师的兵

---

① 《中国人民解放军第三次国内革命战争史料选编》第3辑第1册。
② 《毛泽东军事文集》第4卷。

力，展开四个团并肩突击。7月12日17时，我军开始总攻的炮火准备。所有重炮一齐开火，震天动地，瓮城城楼、城垛纷纷被炸塌，烟雾弥漫。高大的城墙被炸开10米宽的口子，突击部队不用梯子就可以冲进城中。敌军因我军连日无动作，误以为我军只是佯攻，麻痹大意，等我军的炮弹倾泻到他们头上，顿时慌乱起来。城内的制高点兴隆塔是敌军炮兵观测站，我军的重炮第一发打在塔根上，第二发打到塔顶上，又连续命中三发，将塔上打了几个窟窿。敌军观测站被摧毁，炮兵没了目标，只能朝城外四处乱打，对我军构不成威胁。七纵乘敌军混乱之机发起冲锋，越过外壕，突入城内。60团的架桥班不顾敌军火力扫射，全班战士下水用肩膀扛着木板，让9个连队从"桥"上顺利通过。有的部队干脆跳进外壕，涉水登城。仅一小时，60团就全部突进城内，与敌军展开巷战。夜间十三纵也突破城垣，与七纵合力杀敌。12日一夜敌军组织多次反击，因两个团在外围战斗中消耗，缺乏预备队，在巷战中节节败退。而我军后续部队不断涌入城中，越战越勇。13日中午，我军已经控制了兖州城西、南街区，残存在城东南的敌军人无斗志，黄昏时从东门向外突围，遭到我军炮火拦截，并被埋伏在东门外的十三纵39师包围。除李玉堂化装逃跑外，霍守义以下2万人被俘虏。原来预计要打10天的兖州战斗，一昼夜就胜利结束了。

在兖州战斗中，我军的政策发挥了极大的作用。在攻城之前，兵团政治部就规定了十分严格的城市纪律和俘虏政策，要求各部队认真执行。十三纵115团战士王文仙是潍县战斗后参军的"解放战士"，他在战斗中认真宣传我军政策。一个敌军官被俘后，最初自称是连长。这时一个战士拾到一个金手镯，找到失主——一个国民党官太太。这个"连长"受了感动，承认他是12师的旅长。王文仙让旅长命令部下停止抵抗，旅长照办了。王文仙一边集合队伍，一面宣传说："我是昌潍解放的，大家不要害怕。"有一批敌人突围时被我军围住，在我军喊话宣传下，前边一个排缴了枪，后面也都不再顽抗。我军干部叫他们去前面庄子集合，有的俘虏扛着枪就去了。十三纵廖海光政委在总结时强调："好好执行政策，可以少流血。"

在接收城市过程中，也出现了许多感人场面。十三纵参战时正值夏季，许多战士鞋走烂了就赤脚战斗。进城后打开敌军仓库缴获很多鞋子。有的干部让战士先穿上一双好打冲锋，但是战士们宁肯吃苦，磨破了脚也不拿。一个战士撤出战斗时背了很多鞋，自己却赤着脚。有人问他为什么不穿鞋？他说："背的鞋是公家的。"那人说："可以先穿一双嘛。"战士回答："不行，我们不能违反政策纪律。"廖海光政委在纵队总结报告中，对这些战士的高尚品德给予赞扬。①

七纵负责兖州解放后的军事管制工作。纵队政治部派有接收城市经验的冯平同志进城搞接收。冯平和一批同志日夜工作，清点仓库物资，接收国民党军政机关，恢复城区秩序，救济难民百姓，搜查残存敌人，组织掩埋死尸，十分忙碌。根据兵团指示，他们特别注意对外国侨民的政策。兖州天主教堂是鲁西南最大的教堂，建筑宏伟。设有学校、医院、印刷厂，里面有德国、瑞士、加拿大、澳大利亚等几国人士。李玉堂强征教堂作仓库和伤兵医院，国民党兵把教堂搞得乱七八糟。我军进攻时教堂落了几发炮弹，震碎了玻璃。战斗结束后59团把一些俘虏和伤兵关在教堂里看管。军管会干部进城后，动员我军战士马上撤出来，并且站上警卫，不许擅自进入。有几个人出于好奇，要进教堂参观，遭到警卫拒绝。有的骂道："下次攻城遇到天主堂，老子用炸药炸掉，谁也参观不成！"警卫仍然坚守岗位，绝不通融。天主堂的两头骡子在打仗时惊跑了，我军战士听教堂的人诉说后，就到处找骡子，终于在街上找回一头，教士们很高兴，对我军的态度也好转了。②

我军进攻兖州时，王耀武派吴化文率84师从济南出援。吴化文部是伪军改编的部队，一向遭王耀武排斥。分配装备物资靠后，打仗卖命让他们靠前。吴化文一肚子委屈，又不能抗命。7月初从济南出发，一路上磨磨蹭蹭，一天前进20里。7月12日84师到达大汶口，次日先头部队161旅渡过汶河，进至太平镇一带。许世友得知济南之敌南下，命令九纵从泗水出发北上，歼灭84师。13日夜，九纵从南驿地区冒雨出击，一夜急行军数十里。王耀武

---

① 廖海光：《十三纵队兖州战役中执行政策纪律的检讨》。
② 赵启民：《第七纵队兖州城市工作报告》。

在获悉兖州失守的消息后,估计我军会回头来打吴化文,就在这天命令吴化文撤回济南。吴化文前进动作缓慢,后撤却行动迅速。这天夜里,九纵26师78团先头部队2营推进到太平镇以南的莫庄,与敌161旅交火。2营猛烈进攻,突入太平镇。但后续部队没有跟上,被161旅封锁在太平镇中。战斗至14日中午,2营弹药耗尽,除少数被俘外,全营伤亡殆尽。但是他们的战斗,拖延了161旅的北撤。九纵26师的77团和27师的80团从两侧包抄,渡过汶河,断敌退路。161旅退到汶河南岸,在我军阻击下无法渡河,退缩在齐家庄内,九纵包围村子,15日激战一天,将161旅全部歼灭。九纵其他部队渡过汶河追击敌军,但吴化文跑得太快,只截到155、211旅一部。到15日21时战斗结束,九纵共歼灭84师近万人,其中俘虏161旅旅长徐曰政以下7584人。我军再度占领泰安、大汶口等地。吴化文损兵折将逃回济南,遭到王耀武严厉训斥。①

山东兵团在津浦路中段连续战斗50天,使山东局势和敌我力量对比发生了根本性的转变。我军攻克兖州、泰安等津浦路中段城市,完全切断了济南与徐州的联系,也切断了华北傅作义集团与中原国民党军的铁路交通,对解放战争我军转入战略反攻创造了有利条件。山东兵团从1948年3月到7月的作战中,歼灭国民党军正规部队和地方反动武装共14万余人,恢复了老解放区,又解放了大片新区。国民党军在山东只剩下济南、青岛、烟台、临沂几个孤立城市,处于被动挨打的局面。山东解放区则连成一片,并与华北、中原解放区打通了联系。山东大批中小城镇的解放,使解放区人口和经济实力大为增强,为支持华东野战军进行战略决战创造了可靠的后方。山东兵团在作战中表现出高昂的士气和顽强的作风,敢于攻坚,善于集中优势兵力打大歼灭战,战斗力和战术水平迅速提高,成为华野的又一支主力兵团。

---

① 《中国人民解放军第27军第三次国内革命战争战史》,1956年10月稿。

第28章

攻济打援

毛泽东催促进攻济南——粟裕提出攻济打援方案——蒋介石调整部署
组建机动兵团——王耀武加强济南防务——华野曲阜作战会议——毛泽东
指示要敢于攻坚——集中兵力于西线——王耀武求蒋介石增兵——济南战
役打响

1948年7月7日，粟裕指挥华野主力在豫东围攻黄百韬的25师过程中，因邱清泉的5军逼近，为了避免两面作战陷于被动，粟裕决定结束豫东战役，主动撤离战场。他命令华野三、六、十纵和中野十一纵撤退到陇海路以北的菏泽、定陶、曹县地区，粟裕的华野指挥部率领一、四、八纵转移到陇海路南的涡阳地区休整。粟裕的打算是：让部队休整一个时期，恢复疲劳，等待山东解放区给他们补充弹药物资，再南下打击邱清泉。

7月13日，山东兵团结束了津浦路中段作战，攻克兖州、泰安等城市。毛泽东对华野的战绩非常满意，他认为在我军节节胜利，敌军慌乱的形势下，应该不失时机地连续作战，争取更大的战果。7月14日，他指示粟裕等华野指挥员："估计敌人似将利用你们疲劳，集中力量向你们压迫，使你们不能安心休整。似须以有效行动分散敌人，你们则乘敌分散之际，歼灭几部敌人，方能实行大休整。此种分散敌人的行动，似以许谭攻击济南为最有效。……许谭攻济南，可先占领机场，以两三个星期时间完成攻城准备。然后看敌援兵情况，决定先打援或先攻城。"①

7月16日一天，毛泽东给粟裕和许谭连发四封电报，催促山东兵团乘敌军溃败之机，不顾疲劳夺取济南机场，然后完成攻城准备，争取在10天之内攻下济南。一天之内给华野发这么多的电报，是很少见的，可以看出毛泽东心情的迫切。但是华野的实际情况是部队连续作战之后，非常疲劳，急需休整和补充。再进行攻打济南的作战，是不适宜的。粟裕、陈士榘、唐亮、张震当日联名复电军委，直言陈述自己的意见："军委14日令许谭兵团担任进攻济南两电均悉。如果该部署主要为了分散敌人，以帮助我们取得时间来休息，则我们意见不必如此。因此间各纵，除四、八纵外，疲劳已大体恢复，仅弹药尚未得到补充，正争取分别补给中，半月至二十天内大致可完成。……目前如即以许谭一部抢占济南机场，恐部队本身困难，难以连续作战。……因此建议许谭与我们争取时间休整一个月，而后协力攻打济南，并同时打援。"②

许谭接到军委电报后，积极准备攻打济南。7月17日他们召开纵队首长会议，决定山东兵团各纵队18日晚开始行动，22日拂晓开始进攻济南机场和外围阵地。他们将行动计划报告军委，毛泽东看了粟裕和许谭的电报，认为粟裕的意见比较合理。这时山东雨季已到，23日，军委致电粟裕和许谭，命令华野全军休整一个月。"休整完毕后，或配合粟陈唐张各纵在陇海线南北打几仗，然后攻济南。或先攻济南并打援。"遵照中央指示，华野在陇海路南北的各纵队和山东兵团相继进入休整时期。

在休整期间，华野指挥员有充分的时间考虑下一步的作战方针。7月26日军委又来电指示，休整之后，许谭配合华野主力打5军。华野作战的重点是打5军，还是打济南，粟裕与陈士榘、唐亮、张震、钟期光等进行了反复的磋商。8月10日，他们联名给军委发出一封长电，提出三个作战方案：1.

① 《毛泽东军事文集》第4卷。
② 《粟裕军事文集》。

集中全力转到豫皖苏及淮北路东地区作战，截断徐蚌铁路，孤立徐州，将重点放在打援上，求得运动中首先歼灭5军，继而扩大战果。2.集中主力首先攻占济南，对可能北援之敌，仅以必要之兵力阻击之。"如济南于短期中攻占，则对全国战局及政局均有好的影响，将造成下一步更有利的战略形势，和解放山东兵团，使其能全力转到外线机动。但坏处是济南守敌兵力已有相当数量，且设防已久，恐非短期所能攻占（估计需20天左右），阻援部队非常吃力。如援兵阻止不了，有打成僵局可能。"3.攻占济南与打援同时进行，有重点地配合与使用兵力。电报中说："我们详细研究以上三案，认为以执行第三案为最好。"①

8月12日，毛泽东复电粟陈唐张并告许谭："你们所提三个方案我们正考虑中，待你们许王谭会商提出更接近实际的意见以后，再正式答复你们。现在我们只提出一些初步感想，作为你们会商时的参考材料。"电报中同意攻济打援，并预计了可能出现的三种结果：1.打一个极大的歼灭战，既攻克济南，又歼灭5军等大部援敌；2.打一个大的但不是极大的歼灭战，攻克济南，又歼灭部分援敌；3.济南既未攻克，援敌又不好打，形成僵局，只好另寻战机。毛泽东强调指出："你们第三方案之目的，是为了争取第一种结果。其弱点是只以两纵占领飞机场，对于济南既不真打，而集中十一个纵队打援，则援敌势必谨慎集结缓缓推进，并不真援。邱、区兵团之所以真援开封，是因为我们真打开封，敌明确知道我是阻援，不是打援，故以十天时间到达了开封。如果你们此次计划不是真打济南，而是置重点于打援，则在区兵团被歼，邱、黄两兵团重创之后，援敌必然会采取（不会不采取）这种谨慎集结缓缓推进办法。到了那时，我军势必中途改变计划，将重点放在真打济南。这种中途改变计划，虽然没有什么很大的不好，但丧失了一部分时间，并让敌人推进了一段路程，可能给予战局以影响。"②

在这封电报中，毛泽东高瞻远瞩地阐明了"攻济打援"的战略决策。对

---

① 《中国人民解放军第三次国内革命战争史料选编》第3辑第1册。
② 《毛泽东军事文集》第4卷。

于华野指挥员来说，目前最重要的是树立夺取济南的信心。我军已经具备了大城市攻坚的作战能力，但是攻坚伤亡大，消耗多，不如运动中歼敌更为划算。所以指挥员在定下决心时，总是顾虑攻坚不下，又受到援敌夹击，陷于被动不得不撤出战斗。南麻、临朐战斗的教训记忆犹新，粟裕在攻打援上采取谨慎态度，是很自然的。而毛泽东此时鼓励华野要敢于攻坚，真打济南，对华野指挥员起了很大的推动作用。

遵照毛泽东的指示，粟裕等华野指挥员于8月20日前往曲阜，与山东兵团谭震林、王建安、舒同和部分纵队首长会合，研究济南战役的作战方针。这是自1947年"七月分兵"以来，华野两大集团领导的重新会合。津浦路中段战役结束后，华东局预见到我军即将进攻济南，指示处于下姿状态的中共济南市委利用各种渠道，广泛搜集济南的军事、政治、社会情报。济南市委制订了《调查研究提纲》，发动地下党员和进步人士有目标、有计划地调查国民党军在济南的布防情况。经过一个月的努力，初步查清了济南内城、外城和外壕三道防御工事构筑的基本情况；市周围主要山头四里山、青龙山、白马山、茂岭山、千佛山等工事修筑情况；重要设防地带飞机场、残废院、黄台桥、糖厂的驻军情况；以及黄河、小清河河堤设防情况。提供了敌军防御体系的工事构筑、地形、水系、地质层的详细、完整的资料。除军事情况外，对济南市区国民党重要机关、军事仓库、工厂、公司、商店和社会各界重要人物、社团、党派的基本情况，政治态度等也作了周密调查。①山东兵团从华东局得到这些重要情报后，结合部队野外侦察，编写了《济南蒋匪部队调查》、《济南工事情况研究》、《对济南守备情况研究》和《华情字第30号情况通报》四个文件，印发给各攻城部队。这次来曲阜开会，舒同等同志带上了这些材料，供粟裕等指挥员研究。看到这些材料，济南的情况如同一副立体模型，完全展现在我军面前。

华野指挥员在曲阜开会的同时，国民党统帅部8月在南京召开军事检讨会议，鉴于1948年1月到7月国民党军在作战中损失多达70余万人，丧失了

① 《中共济南市委秘密工作总结》，载《全国解放战争时期山东重要战役资料丛书——济南战役》。

洛阳、开封、四平、潍县、兖州、临汾等一批中等城市，蒋介石感到他的"分区防御"战略是失败的。主要原因是大小城镇都要分兵设防，无法集中兵力与共军作战。在进行战役时，一个军或一个师的机动兵力经常被共军几个纵队包围，救援不及而导致被歼。这样一个接一个败仗，国民党军不仅始终处于被动，有生力量也被共军一口一口吃掉了。蒋介石决定修改防御战略，裁并"绥靖区"，扩编新的机动兵团，每个兵团配备少则五六个旅，多则十几个旅，具有独立作战的能力，使共军"吃不掉，啃不烂"。在华东，蒋介石以刘峙的徐州"剿总"为核心，组建了四个机动兵团：邱清泉的第2兵团，驻商丘；黄百韬的第7兵团，驻新安镇；李弥的第13兵团，驻蚌埠；孙元良的第16兵团，驻郑州。对四个兵团进行重点整补，完备兵员建制，调拨新武器装备，加强机动作战能力。在济南、青岛、台儿庄、海州、开封等地设绥靖区，最大的是济南第二绥靖区，由王耀武指挥11万国民党军驻守。

济南是国民党的山东省会，人口70万。它与北平、天津、青岛、太原等大城市构成蒋介石支撑华北局面的重点，济南也是华东国民党军突出的前哨，对山东解放区和华东野战军进行牵制和破坏。我军在津浦、胶济铁路沿线作战的胜利，把济南变成一座"孤岛"，但它仍然是威胁解放区安全的祸患。蒋介石意识到，共军要在中原与国民党军决战，就一定要先拔掉济南这个"钉子"。国民党军则必须死守济南，维持这个政治、军事、地理上都十分重要的据点。

1948年8月间，王耀武获悉华东野战军粟裕的主力已经由豫东北上返回鲁西南，他认为共军必有新的企图，十有八九是冲着济南来的。他召集部下开会研究分析情况，得出以下共识：1. 山东国民党军目前只剩下济南、青岛、临沂三处据点，共军为了巩固后方，必将集中力量攻取济南，以解除南下的后顾之忧，使华东、华北连成一片。2. 从潍县、兖州作战来看，共军的炮兵和工兵力量大为增强，具备了一定的攻坚能力。3. 共军在新占领区域抢修公路、铁路，并逐渐向济南延伸。将缴获的火车头和车厢也大部修好使用。这显然是为进攻济南创造有利的运输条件。4. 共军不断释放国民党军俘虏，并向老百姓宣传政策，争取民心，意在瓦解济南守军意志，为占领和接管济南做准备。

王耀武不敢大意，迅速开始了备战行动。8月中旬，他致电蒋介石，请求将苏北的整编83师空运济南，增加防务。请求南京方面向济南大量空运弹药、粮食，可供11万济南守军支持两个月。他命令各部增强工事，凡是重要据点都要挖掘外壕和陷阱，架设鹿砦和铁丝网，并演练夜间战斗动作。在千佛山脚下加紧修筑飞机跑道，以防西郊机场失守后应急使用。将城北小清河水闸加宽加高，待共军攻击时开闸放水，将城北变成泛滥区，阻挡共军攻击。将城中居民百姓编为壮丁队、纠察队、担架队、输送队等，协助国民党军守城。王耀武到处视察阵地，督促部队备战，每天忙得不亦乐乎。①

蒋介石接到王耀武的电报，8月27日电令刘峙和王耀武：将83师空运济南，限两周内全部运到。指示"济南防务应尽量缩小防御圈，守备要点；控制强大的预备队，采取机动防御；注意夜间防御，勤加演练。"为了储备充足的粮食，蒋介石于8月10日派出四架飞机，满载即将作废的法币运往济南。命令王耀武用这些钞票到济南郊区和解放区边缘农村抢购粮食。王耀武督促各部执行命令，派出部队和兵站人员持法币四处抢粮。济南周围百余里内村镇百姓的粮食几乎被抢购一空，而老百姓手里只拿到形同废纸的法币。国民党当局的倒行逆施激起百姓的极大愤怒，他们说："蒋介石不打倒，我们百姓活不了！"

虽然增援有限，王耀武还是掌握着正规军三个师九个旅，非正规军五个旅，加上特种兵和保安团队共11万人，拥有300余门火炮、迫击炮，15辆日式轻型坦克。这些兵力守一个济南城，不能算少。济南市区分为内城、外城和商埠三部分，构成基本防御地带。外围防区东起韩仓，西至长清，南至仲宫，北至齐河、泺口。王耀武将外围分为东、西两个守备区：73师师长曹振铎担任黄河铁桥至千佛山一线的东区防御，96军军长兼84师师长吴化文担任自泺口镇至马鞍山一线的西区防御，以19、57旅为预备队，以保安4旅守齐河，一个保安团守长清。具体配备是：以齐河、长清、仲宫、历城

---

① 王耀武：《济南战役的回忆》，载《文史资料选辑》第18期。

等县镇据点为警戒阵地，能守则守，不能守就退。以济南郊区制高点鹊山、白马山、茂岭山、燕翅山、四里山、千佛山、黄台山为重点防御地带，在日伪旧工事的基础上构筑碉堡，挖掘壕沟，布置铁丝网和鹿砦，形成160个支撑点，纵深近10公里的几道防御阵地。在市区沿商埠和外城挖掘宽深各6米的壕沟，为第一阵地；外城墙为第二阵地；内城墙为最后一道防线。城墙上修筑了子母堡和众多火力点，形成交叉火力，易守难攻。王耀武在9月中旬视察了泺口、机场、千佛山、燕翅山、茂岭山等多处工事，感到满意。他认为外围能坚守半个月，城区至少能坚持一个月。他对73师师长曹振铎说："这样坚固的工事，共军想攻下一个据点，都是极不容易的事。我们如果再守不住，真是太无用了。"曹振铎口气更大："我在抗战时也没做过这样好的坚固工事，我们把工事做好了，就怕共军不敢来！"王耀武与蒋介石、刘峙达成默契，如果共军进攻济南，王耀武负责坚守，刘峙指挥邱清泉、黄百韬、李弥三个兵团北上增援，以南北27万人的兵力夹击华东野战军，来一场决战。①

粟裕、谭震林主持的华野曲阜会议从8月25日到29日开了5天，主要是讨论攻济打援问题。粟裕在会议上讲话指出：我军现在的任务，是打济南并大量歼灭援敌，结束山东战局，然后以全力争夺中原。打下济南后，华北、华东解放区就连成了一片。我们占领这个70万人口的大城市并巩固它，可以对全国起到号召作用。我们有了大城市，有了工业，可以增加生产，支援战争。一辆卡车可以抵得上一千民夫，可以节省民力。

粟裕指出：去年一年山东兵团不能到外线作战，打下济南后，可以增加四五个纵队，中原战场敌我力量对比将发生重大变化。我们将占优势，如果再打一两个睢杞战役那样的大仗，将迫使敌人在中原全部转入防御，我们可以把战争推向长江沿岸，随时可以渡江。

粟裕说：济南战役将是一场严重的艰苦的战斗。济南是徐州的保障，敌人会死守济南，增援的敌人也会猛而多。我们的战役将分两个阶段进行：第

① 南京国防部报告：《济南会战》。

一阶段占领飞机场，歼敌五六个旅；第二阶段是攻济打援。

粟裕严肃指出：这次战役，最重要的是不能轻敌。济南不比潍县、兖州、开封，王耀武的能力是比较强的，济南从日寇时期以来长期设防，多次增修，有上百处工事，上千个碉堡，不能掉以轻心。我们睢杞战役的教训就是吃急酒，20天作战一个纵队伤亡多达6000人，少的也有4000多。骨干伤亡很大，现在部队新成分很多，能打进攻不能打防御，能胜不能败，这些情况都是要认真考虑的。①

为了保证战役的顺利进行，粟裕请求军委批准将韦国清的苏北兵团主力调来参加阻援战斗。毛泽东批准苏北兵团两个纵队加一个旅北上，这样，在攻济打援战场上敌我兵力对比，我军取得了优势。

毛泽东对济南战役十分重视，对可能出现的情况作了多种估计。8月26日给粟谭的电报说："必须预先估计三种可能情况：1、在援敌距离尚远时攻克济南；2、在援敌距离已近之时攻克济南；3、在援敌距离已近时尚未攻克济南。……估计到这一点，在你们将全军区分为攻城集团和阻援打援集团之后，两个集团均应留出必要的预备兵力，特别是阻援打援集团应留出强大预备兵力，准备在第三种情况下，你们手里有足够的力量歼灭援敌。"②由于许世友因病在华东局驻地休养，没有参加曲阜会议。毛泽东特别指示粟谭："此次攻济是一次严重作战，请考虑在许世友同志身体许可情况下请他回来担任攻城主要指挥员，王建安同志辅之。因王初到东兵团，不如许之熟悉情况。据饶漱石同志说许休息若干天是可以回部工作的。攻济任务完成，他仍可去休息。"③

在华野曲阜会议上，围绕如何攻济打援的问题展开了热烈的讨论。整个战役的成败，关键在于能否打下济南，多少天能够打下济南。聂凤智将军回忆："在曲阜会议上有争执，主要是攻击时间问题。我说攻济最多20天，被大家挖苦得不得了。其实我们情况摸得很熟，以后我们拼命打，发展得很

---

① 南京军区司令部战史编辑室：《解放战争时期三野首长报告、会议文件选编》。
②《毛泽东军事文集》第4卷。
③《中国人民解放军第三次国内革命战争史料选编》第3辑第1册。

快。"这说明，攻打济南这样的大城市，华野指挥员们是很谨慎的。多数人认为攻打济南将是一场非常艰苦和需要时间的战役，不可能在短短几天打下来。粟裕8月27日给军委的电报，表示了他们的这些担忧。他列举了攻打济南的一些困难：1. 敌57、19旅已空运济南，济南敌军总数已达12万人。其中有七个正规旅，数量不少。"且济南为反动巢穴，反动头子聚集济南，可能作困兽之斗。"2. "济南城防虽宽，但兵力不少，非潍县（敌指挥不统一）、兖州（敌指挥官腐朽，战术落后）可比，亦非洛阳、开封（该两城为偷袭性质）可比，有大小据点百余处（每处有堡垒数个至数十个不等），非短期能攻克（至少应准备二十天至一个月）。"3. "王耀武之指挥，经一年多了解，是蒋军中指挥较有才干者，则其在部队中颇有信仰，可能适当增加其抵抗力。"4. "有人认为济敌甚动摇，且有些内线关系，但职以为只能作研究材料，不能当力量计算。"粟裕还列举了华野主力自豫东战役后减员较多，补充的新成分尚不巩固，干部也比较缺乏。"依部队军政情况，东兵团打一个月至两个月进攻无问题，但西兵团担负一个月阻援，则很难完成任务。"基于上述情况，粟裕建议济南战役分两个阶段进行："第一阶段以足够攻占机场达到吸引援敌之力量（约二至三个纵队）使用于济南方面外，其余应全部使用于打援，以求第一阶段歼援敌六个旅，迫使援敌其余各路不敢继续猛进。然后于战役第二阶段集中主力（东兵团全部及西兵团三至四个纵队）攻占济南，仅以一部分阻援。"但是粟裕表示：与会大多数同志都拥护军委26日电报指示的作战方针，发动硬攻，以迅速夺取济南为唯一目的。鉴于济南战役事关重大，为稳妥起见，拟定这个作战方案，请军委指示。①

8月28日，毛泽东复电粟裕，强调指出："我们不是要求你们集中最大兵力，不顾一切硬攻济南，这样部署是非常危险的。我们要求你们的是以一部分兵力真攻济南（不是佯攻，也不是只占飞机场）而集中最大兵力于阻援和打援。济南是否攻克，决定于时间。而取得时间则决定于是否能阻援与打援。……因不真攻济南，则援敌必不来。攻城使用兵力太大，则打援又无力

---

① 《粟裕军事文集》。

量。在此种形势下同意你的意见，第一阶段以足够攻占机场及吸引援敌之力量用于攻城，其余全部用于打援。依情况发展，如援敌进得慢，而攻城进展顺利，又有内应条件，则可考虑增加攻城兵力，先克城，后打援；如援敌进得快，则应以全力先打援，后攻城。"①

毛泽东同意粟裕的计划，但强调一定要真攻济南，这就大大增强了华野攻打济南的信心。29日是曲阜会议最后一天，华野指挥员们共同商定战役部署，决定以攻占济南为主要目标，力争在短时期内攻克。在兵力分配上有重大调整，将华野部队分为攻坚和阻援打援两大集团。攻坚集团由许世友、谭震林指挥，分为东、西两个集团：以三纵、十纵、鲁中南纵队、两广纵队、冀鲁豫军区部队组成西线集团，由十纵宋时轮司令员统一指挥，担任主攻济南任务；以九纵、渤海纵队和渤海军区部队组成东线集团，由九纵聂凤智司令员统一指挥，担任助攻；以十三纵为总预备队，特纵炮兵和工兵分别配属两个攻城集团。攻打济南的总兵力为14万人，占华野参战总兵力的44％。阻援打援集团由粟裕统一指挥，阻援集团以四纵、八纵和冀鲁豫部队于运河以西的巨野、金乡、嘉祥等地阻击徐州北上之敌，由陈士榘参谋长指挥；打援集团以一纵、二纵、六纵、七纵、十二纵和中野十一纵于运河以东的邹县、滕县打援，歼击北上之敌，由粟裕亲自指挥。阻援打援的总兵力为18万人，占参战总兵力的56％。会议结束后，粟裕、谭震林即返回各自驻地，舒同和华东局部分干部留在曲阜组织后勤和动员地方支前工作。30日，粟裕向军委详细汇报了华野攻济打援的作战部署。31日毛泽东复电表示完全同意。

济南战役的战前准备工作紧张展开。9月1日，粟裕、谭震林、唐亮、钟期光联名发布《攻济打援政治动员令》，号召华野全军"为最后摧毁山东敌人巢穴，全歼守敌，夺取济南；大量消灭来援之敌，更进一步开展中原战局而战。"提出响亮的口号："打到济南府，活捉王耀武！"各级指挥员分赴部队层层布置任务，进行战前动员。广大指战员士气旺盛，求战心切。攻城

---

① 《毛泽东军事文集》第4卷。

部队派出侦察分队,对济南守敌的工事分布、兵力部署进行深入侦察核实,掌握确切情况。部队开展军事练兵,有针对性的进行战术演习,在沙盘上研究突破方案。打援部队进入阵地后认真加固工事,严阵以待。华东局在曲阜成立支前委员会,以傅秋涛为主任,周骏鸣为副主任,调集冀鲁豫、鲁中、胶东、渤海根据地的50多万民工,出动数万辆小车、担架,为部队运送维持三个月作战的5000多万斤粮食以及弹药、柴草、蔬菜、麻袋等物资。各级政府沿路设置运输站,将各地运到的物资有计划地分配到部队,并组织管理民工的生活。这样大规模的支前工作,在山东解放区历史上是前所未有的。

从9月9日起,担任攻城任务的东、西集团,分别从泰安、莱芜和济宁、汶上出发,向济南郊区隐蔽开进。由于许世友因病尚未返回兵团指挥部,粟裕于9日赶到十纵参加西集团作战会议。宋时轮向他提供了最新动态:济南守敌以飞机场为防御重点,已经集结了五个旅的兵力,日夜抢修工事。以三纵、十纵现有力量,攻占机场有一定困难,至少要拖长时间。粟裕认为占领机场至关重要,可以切断王耀武的援军和空中支援。他立即致电许谭,要求抽调十三纵支援西集团攻打机场,并调鲁中部队前来协助。同日许世友自华东局来电,要求将西集团调出一个纵队到铁路以东,以便集中兵力。粟裕感到许世友的意向是以东集团为主攻,西集团为助攻,与他在曲阜的部署不同。粟裕分析了敌情,感到"济南守城之敌,在王耀武统一指挥下,以泺口、马鞍山为界,分为东、西两个守备区。守备东线的是中央军,守备西线的杂牌军吴化文部。国民党军历来有正规军和杂牌军、中央军和地方军之分,界限是很明显的。济南守敌既然将中央军置于东线,显然以东线为其重点。西线守敌96军军长吴化文,在战役前曾有弃暗投明的表示,可能在战场起义,这就可使敌防线出现缺口。同时敌人的机场在城西,攻下机场,可切断敌人空中的补给线,不但断绝敌人兵力和物资的来源,而且给敌人精神上严重的打击。为此,我决定将攻城兵力重点首先用在西线。这个问题涉及集中兵力的问题,毛泽东同志说集中兵力说起来容易做起来难,我的体会,如何判断和选择重点是关键。"①

9月11日，许世友从华东局驻地来到济南前线指挥所，他致电军委表示："以现在情况打下济南是有把握的，但从部署上看，我们兵力不集中，没有重点的使用，这样很容易造成对我不利，尤其是攻济南的兵力已布置好，不能变动，第一步就这样，但第二步我一定集中使用兵力。"毛泽东当日回电强调指出："攻城部署应分两阶段，第一阶段集中优势兵力攻占西面飞机场，东面不要使用主力，此点甚为重要，并应迅即部署。第二阶段则依战况发展，将主力使用于最利发展之方向，如果东面利于发展，则应使用于东面。整个攻城指挥，由你们担负。全军指挥，由粟裕担负。"②在济南战役的作战方针上，毛泽东一锤定音，对济南战役的胜利起了决定性的作用。

华东野战军筹划攻济打援的同时，国民党方面也在紧张策划守城。8月下旬，南京国防部判断共军有攻打济南的迹象，命令王耀武加强济南防务，并指示徐州"剿总"在共军攻打济南时，派邱清泉、黄百韬、李弥三个兵团北上增援，与华东野战军决战，以解济南之围。遵照南京方面指示，徐州"剿总"副总司令杜聿明飞到济南，与王耀武等商量协同作战的问题。王耀武认为：共军力量强大，要想守住济南，必须调74师或83师来增援，否则没有把握。杜聿明不以为然，认为只要加强工事，不增派部队也能守住。他说："如若打起来，只要你们能守住十五天，我指挥的部队一定可以到达济南，为你们解围。"王耀武不相信，说："增援部队必定受到共军截击，我看十五天绝对到不了济南，所以必须增加防守部队。否则济南守不住，增援部队再多，也无济于事。"王耀武的副司令、参谋长七嘴八舌，都要求增加守城部队，杜聿明遭到众人反对，感到大丢面子，很不高兴地离开济南，向蒋介石告了一状。因为意见不合，徐州对向济南空运部队一直很不积极。

8月底蒋介石命令刘峙将83师空运济南，限十日内到达。王耀武非常高兴，天天盼着援军来。刘峙唯恐83师调走，徐州空虚，对他不利，以先

①《粟裕战争回忆录》第17章第2节。
②《毛泽东军事文集》第5卷。

运弹药、通讯器材为借口，请求缓运83师。到9月12日，仅将83师的19旅运到济南。9月10日以后，王耀武得到各地情报，说共军已向济南迫近，总兵力估计有20万。王耀武见援军迟迟不能运到，非常着急，9月15日亲自到南京向蒋介石告急。王耀武说："共军大部已迫近济南，有即攻济南模样。共军的战斗力确比过去增强得多了，以他们攻占潍县、兖州的情况来看，他们已经具有攻坚的力量和技术。如不增加一个师，济南是守不住的。请求将74师（孟良崮战役后重新组建）空运济南，固守济南才有把握。"蒋介石答应王耀武的要求，调74师增援济南，同时指示王耀武：共军的战法是猛打猛冲，只要头几天稳得住，他们的攻势就会受到挫折。已经准备了强大的部队增援济南，如果共军一旦攻济，援军会迅速前进；待援军到达兖州时，济南方面要抽出两个师出击，以南北夹击打败共军。王耀武得了指示，稍觉定心，匆匆飞回济南。他回到济南的当天夜里，华野部队就在济南外围打响，拉开了济南战役的序幕。

第
29
章

策动吴化文起义

聂凤智指示东集团猛攻——一夜攻克茂岭山、砚池山——解放战争初
期对吴化文的争取——李昌言打入吴家——华东局指示济南市委加紧地下
工作——吴化文犹豫不决——军事压力迫吴起义——穿越火线的联络——
吴化文起义的意义

1948 年 9 月 16 日，正值阴历中秋节。月明星稀，秋高气爽。根据攻城
指挥部的命令，进攻济南的战斗从午夜时分开始。

实际战斗从 15 日就打起来了，西集团的渤海纵队在开进途中首先与龙
山之敌前哨部队接触。十纵在地方武装配合下，扫荡长清西南地区的敌军保
安部队。特纵配属十纵的一个野炮连把大炮推进到距离敌军阵地几百米的近
处，抵近射击，十纵战士在炮火掩护下奋勇冲锋，仅一小时就解决了敌人，
俘虏敌军近千人。两广纵队和野战军司令部警卫团于 16 日凌晨包围了长清
县城，并占领了金牛山等一批外围据点。三纵楔入长清以东，袭占琵琶山、
孟庄等地。当时西集团的主攻方向是济南机场，力求尽快切断济南之敌与徐
州的联系。王耀武接到郊外守军的告急求援电话，判断共军的主攻方向是在
西面，17 日紧急命令 2 师师长晏子风率领总预备队第 19 旅由济南西北的无
影山、马鞍山阵地向机场以西的古城增援，并将 57 旅由张夏、崮山等地向

济南收缩，企图坚守机场。

王耀武顾西顾不了东，当他调预备队向西增援时，我军东集团也发起了猛烈进攻。指挥东集团的九纵司令员聂凤智虽然担负的是助攻任务，但他决心积极进攻，打开局面。在向师团下达作战命令时，他把"助攻"改成了"主攻"。师团指挥员纷纷打电话问聂司令是不是写错了？聂凤智坚定地说："不错！"他向大家解释说：助攻不是佯攻，是真攻而不是假打。你能先攻进济南不是更好吗？东面攻得紧，对西线部队的攻击就更有利。大家打通了思想，全力以赴地投入了战斗。[①]

济南东郊的茂岭山（今五顶茂岭山）、砚池山（今燕翅山）是国民党军守备的重点。茂岭山高300多米，山北是一片平原。国民党73师强征大量民工在山顶修筑了坚固的半永久性工事。山腰另有三个侧防地堡，周围四个小山修成触角形集团工事。73师有一个加强连把守，认为起码可以坚持一个月。聂凤智把攻击茂岭山的任务交给25师74团，并将特纵配属的一个榴弹炮团和纵队的一个山炮团集中起来，组成强大的掩护火力。战前九纵对炮兵的要求是："适时、集中、准确、短促、猛烈。"直接支援步兵进攻。25师各级干部都到山下看了地形，制订了详细的战术。9月16日24时，74团从东北、东南、西北三个方向同时发起攻击。我军的炮火压制了山上敌军的火力，东北角三次爆破，炸开一个一米多宽的缺口。东南角敌军围墙被我炮兵摧毁，也打开一个大缺口。各连用轻重机枪封锁敌军地堡，几支突击队抱着炸药包向山上奋勇冲锋。他们以连续爆破炸毁敌军地堡、工事，敌军被炮火和炸药震晕，醒来已经做了俘虏。仅用两个小时，74团就完全占领了茂岭山。

砚池山的战斗同样激烈。砚池山虽不如茂岭山高，但地形险要，只有一条小路可通山顶。山下有姚家庄、窑头两个据点互相呼应。担任攻击的75团首先攻克姚家庄，然后向砚池山发起攻击。先是炮兵进行炮火准备，主攻的8连连长张克信见敌军工事并未完全摧毁，果断向上级建议停止炮击，实

①　聂凤智：《充满活力的人民军队必胜——回忆解放济南战役》。

行爆破。张连长布置特等射手封锁敌军地堡的枪眼，指挥爆破手进行连续爆破。炸开突破口后，后续部队不顾敌军火力封锁，勇敢通过突破口，冲进敌军工事，与敌军展开肉搏。敌人丧失斗志，敌连长以下60多人放下武器投降。我军攻占砚池山只用了50分钟，战斗结束的时间是17日晨8时。①

王耀武倚为济南屏障的茂岭山、砚池山，仅一夜就被我军占领。王耀武大为震惊。驻守茂岭山后的73师一个营敌军失魂落魄，在营长朱某带领下向后溃退，被师长曹振铎派人拦截。王耀武一怒之下，命令将朱营长枪毙。17日白天，73师以19旅和预备队向茂岭山、砚池山反扑，企图夺回这两个制高点。在我军炮火和步兵火力顽强反击下，敌军一个团长被击毙，一个团长重伤。九纵不仅巩固了阵地，而且继续向东南方向的燕子山、千佛山等地推进。

王耀武在我军东集团的猛烈进攻之下，又判断我军主攻方向在东面，他紧急调遣守卫机场的预备队19、57旅增援城东，并将守卫机场的2师211旅收缩至城西的商埠区。两天之内，王耀武把预备队调得东奔西跑，表现出兵力不足和捉襟见肘的窘迫。部下也是怨气十足，参谋长罗辛理被俘后说："在外围作战上，我们处处都在顾虑机场的得失。假如我们根本没有援兵与粮弹来，把机场作为一个独立守备点也就算了，然而我们在部署上却要坚守这个不能守的地方，因此我们深感飞机场是个累赘，守它不但没有好处，反而成了我们的包袱。"他还说："我们原来预计在济南外围至少能坚持七、八天，不料解放军战斗发展太快，茂岭山与砚池山未怎样打，很快的被占领了。使得预备队过早投入战斗，从而牵制了整个兵力的布置，这是影响战局的主要关键。"②

济南战役结束后，谭震林在10月9日致毛主席和华东局的报告中，高度评价了九纵在战役初期的作用："在战役开始，九纵当晚即攻占了茂岭山及其四周，迫使王耀武改变部署，迅速将放在长清与机场之间的19旅、57

---

① 《中国人民解放军第27军第三次国内革命战争战史》，1956年初稿。
② 参见《全国解放战争时期山东重要战役资料丛书——济南战役》。

旅东调平顶山、马家庄一线，将放在机场以西之211旅调回商埠北郊火车站一带，因而便利我军迅速迫近机场、迫使吴部起义，九纵这个行动，在整个战役进程缩短是起了很大作用。"①

王耀武调动预备队，造成了西线守备的空虚。我军西集团在十纵宋时轮司令员的统一指挥下，以飞机场为攻击重点，进行扫清外围的战斗。17日，鲁中部队沿津浦线向北进攻，占领南郊的仲宫镇。十纵攻占了靠近机场的杨家庄、大刘家庄、饮马庄等村落，继续向北推进。两广纵队及野战军司令部警卫团、十纵特务团于17日黄昏向长清县城发起攻击，很快突入城内，歼灭守敌1700多人。三纵在夺取西郊琵琶山、玉皇山等制高点后，于18日开始炮击济南机场。当时徐州方向正向济南空运74师部队，刚运到7个连，机场就被我军炮火封锁。蒋介石闻讯非常焦急，命令国民党空军副总司令王叔铭亲自到济南上空侦察，设法继续运送74师增援。王叔铭乘飞机到济南机场上空低飞侦察，只见我军的炮弹在机场跑道上不断爆炸，烟雾冲天。满载74师士兵的国民党运输机只好调头飞回徐州。

我军西集团的迅速推进，使防守济南西区簸箕山、段店、辛店的国民党整编第96军吴化文部的阵地，完全孤立和暴露在我军的面前。面对我军强大的军事压力，在我军政工干部的争取之下，吴化文被迫在9月19日晚率84师155、161旅及96军独立旅举行战场起义。

"冰冻三尺，非一日之寒"。策动吴化文起义是我军对敌政治工作的一次成功的范例。在此之前，争取吴化文的工作，经历了一个相当长而曲折的过程。

吴化文，字绍周，山东掖县人。出身贫苦农民，年轻时投奔冯玉祥的西北军当兵，后来在韩复榘部下当旅长和济南警备司令。1938年1月韩被蒋介石处决后，吴化文部队被调到临沂驻守。1943年抗日战争进入最艰苦和困难的时期，吴化文经不起日伪的扫荡和诱降，率部投靠汪精卫，当了伪军。在日本人扶持下，吴化文部成了山东伪军的主力，兵力多达万人，在鲁

①《中国人民解放军第三次国内革命战争史料选编》第3辑第1册。

南抗日根据地周围对我军进行袭扰。为了打击吴伪的气焰，从 1943 年到 1945 年，鲁中军区先后发动三次讨伐吴化文部的战役，给其沉重打击。抗战胜利后，吴化文接受国民党的整编，被编为第五路军，奉命由徐州沿津浦线北上，抢夺胜利果实。国民党军嫡系李延年的部队在后面跟进。1945 年 11 月初，当吴化文部北上至邹县境内时，陈毅指挥山东 8 师和新四军二纵在界河伏击，全歼吴化文部一个军，军长于怀安被俘，吴化文逃脱幸免。遭此打击后，吴化文率残存部队退守兖州，不敢轻易出动。后来我军进攻滕县，国民党徐州指挥部命令吴化文增援，他畏缩不前。蒋介石认为吴化文靠不住，于 1946 年初密令王耀武召吴到济南开会，想除掉他。国民党山东省主席何思源向吴透露了消息，吴拒不赴济，躲过杀身之祸。

吴化文驻在兖州，处于我军的四面包围之中。部队装备差，给养不足，深感受到蒋介石对杂牌部队的排挤与歧视。跟着蒋介石，是在屈辱和危险的夹缝中求生，日子很不好过；自己单独干，没有力量，早晚会被解放军消灭；想与共产党联系，自己当过伪军，对山东解放区犯下不少罪行，害怕追究他的汉奸罪。此时的吴化文思想上矛盾重重，为了摆脱困境，保存自己的实力，他急于寻找一条出路。

1946 年 7 月，吴化文到南京参加军事会议。他秘密拜访了自己的老上司冯玉祥将军，倾诉了自己的处境和苦闷。冯玉祥对吴化文在抗战期间投靠日伪、抗战后又进攻解放区很气愤，当场斥责吴化文。他对吴说："杂牌军历来是得不到蒋介石信赖的，你看看南京的情况就知道了。蒋介石嫡系部队的待遇比杂牌部队高得多，他们还搞'五子登科'，老百姓深受其害。你们是受歧视的，当然不舒畅。"冯玉祥的夫人李德全劝吴化文说："我们要爱国，爱人民，就要反对他们，否则早晚会被他们吃掉。为了生存，要动脑筋，想办法找出路。"随后，冯玉祥介绍吴去找李济深，通过他和章伯钧先生将信息传达给驻在南京的周恩来。周恩来表示：吴先生愿意到人民方面来，我们欢迎，以后密切联系。从这以后，吴化文与我党我军开始了接触。①

① 《济南战役中吴化文起义史实综述》，载《济南战役中吴化文起义》。

吴化文的情况由中共中央驻南京代表团转告华东局，陈毅司令员十分重视，指示华东局国军工作部负责人刘贯一积极开展对吴化文的政治争取工作。在此之前，我方已经通过被俘的于怀安给吴化文写信，做说服教育工作。7月份，刘贯一和鲁南军区联络部部长胡成放曾先后到兖州秘密会见吴化文，阐明形势，晓以大义，希望他早日起义，站到人民一边。吴化文此时尚持观望态度，推托说：兄弟我倒没有意见，下边的弟兄还需要做工作，马上起义有困难。刘贯一说：只要你的部队不出来骚扰，不出来抢粮食，可以暂不起义，保存实力，我们也不会打你的。吴说：仗恐怕还要打，就是打假仗，不打真仗。通过谈判，双方决定建立电台联系，并交换了密码。其后，吴化文部的赵广兴团在大汶口被我军包围数月，弹尽粮绝，吴化文派代表到我鲁南军区请求撤围。傅秋涛政委答应了吴的请求，派胡成放进入赵广兴团，引导他们撤退。我军放开一条路，赵团装成突围的样子，边走边打枪，还要求国民党空军掩护。我军在赵团撤出大汶口后，也进行了佯攻。我军的实际行动对吴化文是一个深刻教育，为其起义打下了最初的思想基础。

但吴化文毕竟是军阀出身，狡诈多变。当蒋介石对山东解放区大举进攻后，他认为胜负未定，就从原来的立场向后收缩。原来起义的郝鹏举部与吴化文秘密联络，通过吴化文的电台与国民党方面勾结，在1947年1月底再次叛变，投回国民党方面，吴化文是起了协助作用的。此后，吴化文认为我军打不过国民党，于是中断了和鲁南军区的联系，重新投入反共反人民的内战。

1947年冬，华东战场形势开始转变，我军进入外线出击和反攻，国民党军进攻力量明显不足，开始转入守势。为了开展争取国民党军队起义的工作，刘贯一部长委派原鲁中军区副司令王道去徐州做地下工作。王道曾任山东伪军旅长，1943年率部在寿光起义参加革命。1946年国共双方未破裂前，他曾到济南做国民党军工作，一度被王耀武扣押。被营救出狱后他仍做国民党军的联络工作，因与吴化文共过事，所以他到徐州后，找到他的老师刘子衡先生，一同做吴化文的工作。吴化文此时仍然态度暧昧，口头答应而没有实际行动。吴化文采取的是"狡兔三窟"的一套，在国共双方之间保持平衡，一切以保存自己的实力为目标。所以，王道等做的工作收效不大。

堡垒是最容易从内部攻破的。1947年5月，吴化文妻子林世英家里来了一个亲戚叫李昌言。他在掖县参加革命，做情报和联络工作。组织上听说他与吴化文家有亲戚关系，便派他到济南开展工作。这时吴化文驻兖州，林世英住在徐州，李昌言在林家寄人篱下，开始谁也看不起，只是扫地做饭，陪林家兄弟打鸟而已。但是李昌言很有耐心，常借闲聊之机向林家人宣传革命道理，使林家人的态度逐渐转变。1947年底，林世英在北平上大学的弟弟林世昌受地下党派遣来做吴化文的工作，他与李昌言互不知底，只觉得有共同语言。林世昌到徐州见到林世英，讲了国内形势和许多道理。林世英是知识女性，为丈夫与共产党作战日夜不安。他委托弟弟到商丘吴化文部队驻地专程拜访，劝吴化文认清形势，脱离内战，吴化文的态度依然不明朗。林世英心里着急，也到商丘与吴化文长谈，吴化文对妻子说：“你不要怕，我将来决心不走死路。蒋介石还是有办法的，不然抗战哪能胜利？现在又有冯玉祥先生为我联系，并指定设电台联络，我现在有两条路可走，但坚决不干八路。干八路无吃无穿，几支破枪，一打就垮。”林世英说：“我听说八路以小吃大，打掉很多国军。去年和今年相比，八路力量就大多了。人家马上要由防御转入进攻，我听人家讲得有情有理的。”吴化文沉默良久，仍抱着“脚踩两只船”的主意不放。但妻子的话他是有亲身体会的，不考虑出路也不行。①

当时，吴化文的整编84师归新5军邱清泉指挥，在豫东地区与华野主力周旋。1948年夏季，华野山东兵团在胶济线大举出击，山东国民党军兵力空虚，王耀武把吴化文调回来防守兖州。我军进攻潍县时，吴化文奉命增援，他有意保存实力，行动迟缓，走在半路上潍县就已被我军攻克。他迅速率部缩回济南，7月初我军进攻兖州，吴化文奉命从济南南下增援。他一路磨蹭，到大汶口时兖州已失守。吴化文故技重演，迅速回撤。这次我军不客气了，九纵追上吴化文部的尾巴，全歼其161旅，俘其旅长徐曰政。还歼灭

---

① 李昌言：《打入吴化文部的工作报告》。

其155旅两个营。吴化文损失惨重，精神上受到沉重打击。他逃回济南后，心有余悸地对王耀武说："与共军作战要特别小心，稍不留神，就会被它吃掉。"王耀武知道吴化文是个滑头，但正用人之际，只能笼络人心。他说服蒋介石任命吴化文为整编96军军长兼84师师长，调一个保安旅补充84师，称为独立旅。王耀武还把万竹园的一套庭院送给吴家居住，以示关心。但吴化文仍然情绪低沉，无精打采。战争的现实胜于说教，吴化文领教了我军的厉害，才开始认真考虑前途问题。

当时，山东的形势已经很明朗，绝大部分地区已经解放，国民党的统治日暮途穷。吴化文的父亲和家人都看得很明白。吴化文的父亲被接来济南后，对国民党之腐败甚为痛恨。一次看戏，国民党伤兵大闹戏院。吴父抱不平，为伤兵侮辱。王耀武亲自到府上道歉，吴父愤而拒见，大骂"国民党没一个好人，都是坏蛋孬种"。他还骂吴化文与共产党作战是"不识时务"，"自己找死"。有人对吴父说："共产党来要杀要斗，你是国民党师长的老子，要快些走开。"吴父痛快答复："八路刀虽快，不杀无罪之人。"吴化文是个孝子，父亲的态度对他很有影响。①

但是要吴化文真正转到人民这边来，是相当困难的。他是军阀出身，反复无常。1948年6月间，林世英多次给他讲时局形势，他意识到妻子可能与共产党有关系。一天，他突然对林世英说："你无论如何想法给我找找出路，我要同地下工作人员谈话。"林世英没有经验，便说出了李昌言的事情。不料吴化文突然翻脸，把手枪往桌子上一扔，骂道："他妈的，推牌九两边押，你给我讲！"并将林关在房子里。林世英见情况不好，借上厕所的机会写了一张条子："我现在处境非常危险，现在已经亮枪了，我牺牲了不要紧，但我相信共产党一定会成功。等成功后希望给我报仇。"让女儿带给李昌言。吴化文的父亲得知后，出面干涉，吴化文才转变了态度，向太太赔礼。直到大汶口惨败，吴化文才不得不寻求同共产党、解放军建立联系。他于8月初邀李昌言和他见面，表示想起义，委托李昌言去找陈毅联系。李昌言拿着吴

① 王微明：《争取吴化文部起义一个半月突击工作的报告》。

化文开的通行证，于8月4日到历城找到中共济南市委，与我方接上了关系。

济南市委对李昌言的背景不了解，把这个重要信息报告给驻益都闵家庄的华东局。统战部部长胡立教向胶东区查明李昌言的身份，立刻派王徽明科长去向饶漱石汇报。饶漱石对此事很重视，指示说：吴化文在历史上是有罪恶的，特别是投降日寇，在临朐一带制造"无人区"，民愤很大。对吴化文不能估计过高，如果工作做得好，也有成功的可能。对吴应揭露他过去的罪恶，晓以大义，喻以厉害，指明前途，让他戴罪立功。饶漱石提出上、中、下三策，供吴化文选择。上策是单独起义解决济南；中策是里应外合，待解放军靠近时配合行动；下策是顽抗到底。饶漱石起草了给济南市委的指示，并派王徽明同志前去会见李昌言，开展工作。

8月13日李昌言回到济南，向吴化文当面转达了华东局领导提出的三条道路，吴化文当即表示要走上策。但对我方提出的建立电台联系则态度迟疑。24日，吴化文与他的拜把子兄弟、国民党立法委员张瑞璜喝酒，张胡吹道："我与毛泽东有联系，大战在中原，八路一时不会打济南。"吴化文又动摇起来，林世英反复劝说：如果和共产党断了线，将无路可走。吴化文经过激烈的思想斗争，才于28日会见李昌言，交出联络密码，将李昌言送出济南。

我方与吴化文的电台建立联系后，即要求吴提供城里的情况，并核实我军掌握的济南敌军部署情报。起初吴化文不答复。9月2日，到达济南前线指挥部的谭震林同志和山东兵团王建安副司令员听取了济南市委关于争取吴化文工作的报告，谭震林同志指示：1. 吴化文是军阀出身，善于应付，但在我强大军事压力下，起义是有可能的。他最后五分钟都可能动摇，我们在最后五分钟也不要放弃对他的争取；2. 要转告吴化文，济南一定要打，并且一定能够打开，不要抱什么幻想，要对其进行启发诱导，促其早日行动；3. 对吴化文的要求能大就大，如扣留王耀武、占领飞机场等，否则，让出一条路来也是好的；4. 要讲明政策，一定保证他的生命财产安全，对其所属部队，起义后按解放军的原则实行改编。根据谭的指示，济南市委决定由济南市委副书记蒋方宇、华东局统战部科长王徽明等成立领导小组，派黄志平、辛光同志潜入济南，与李昌言一起加强对吴化文的争取工作。①

吴化文与我军建立联系后，依然犹豫不决。9月初他请岳母到趵突泉的庙里求签，李昌言陪同，利用老太太不识字，代她取了一个签。吴化文看上面写的是"波涛一小舟，水尽到滩头。展开冲天翼，勋业升王侯。"吴还请了一个算命先生看相，那老头说着两面话："军长有大事犹豫不决，应当机立断，一块石头落地就好了。"这两次算命居然对吴化文起了作用，使他的情绪得到稳定，不再轻易反复。

吴化文与我军的联系，因保密较好，王耀武居然一无所知。8月底杜聿明来济南视察，对王耀武说："吴化文反复无常，表面服从而内心诡诈，靠不住，要注意他。"王耀武表示没有发现吴化文与共产党勾结，也没有理由撤换他。王耀武还专门向徐州的刘峙打听吴的情况。刘峙说："我没接到吴化文有与共产党勾结的情报。吴化文在抗战时当过伪军，常和共产党打仗，他与共产党打得很厉害，与共产党结下的仇恨很深，我看他不致有什么问题。"王耀武守济南正是用人之际，当然不能整吴化文。他认为把吴化文的部队放在城外，让吴在第一线拼命，就可以了。

9月上旬，黄志平往返三次向济南市委汇报吴化文的动态。大家分析了情况，认为吴化文既无单独起义的决心，也没有此力量，走上策已不可能。应尊重现实，力争走中策。此时，攻打济南的各纵队已经向济南郊区集结，大战在即。吴化文见局势紧张，才于12日向我方发出第一份电报，声称"一切事项已大致就绪"，请我方再缓几天，等他把家属接来再起义。这是吴化文的第一步实际行动。济南市委决定加紧工作，考虑到战斗打响后出入困难，他们向黄志平详细交代了我军攻济南的确切时间和计划，并约定了联络办法。李昌言、黄志平等积极行动，吴化文的父亲于15日乘飞机到达济南后，王耀武就带着名酒、水果登门看望。大家觉得住在城里不安全，于16日将吴父、林世英等接到商埠的亚细亚大楼，我方的秘密电台也设在这里。

16日深夜，济南战役开始。17日拂晓，吴化文的电台给我军送来一份

---

① 《济南战役中吴化文起义史实综述》，载《济南战役中吴化文起义》。

情报，说晏子风已率领预备队增援长清、古城。这个情报是准确的，西线指挥员宋时轮迅速调遣兵力，打击敌人。同时通知吴化文："如贵军前沿部队与我军接触，请即迅速后撤集结，以免误会。"但是不知什么原因，吴化文的电台没有回音。为了对吴化文部队的安全负责，宋时轮司令员深夜找来济南市委的交通员李如刚，严肃地对他说："现在电台不通，你必须想尽一切办法在明天拂晓前把我的命令传给吴化文，让他在24小时以内把他的部队转移到黄河以北地域集结，让开我军直捣商埠的通道。"李如刚受领任务，先乘车到达前线，然后在我军火力掩护下匍匐前进，穿越火线，爬到吴化文部队的前沿阵地上。他有吴化文签发的谍报证，才被送到商埠，见到李昌言，传达了宋时轮的指示。①李昌言、黄志平、辛光立即找吴化文商量，吴化文仍然坚持不撤出阵地，只让开北边的一条路让我军进攻商埠，他自己仍然控制着飞机场以南的有利阵地，以坐观胜败。我方代表坚决反对吴的做法，吴化文只得派林世英的弟弟林世勋和李如刚再过火线，带着给我军绘制的进攻路线示意图和联络信号，到我军西线指挥部联络。

18日早上，吴化文致电济南市委："1、本军在原地集结；2、请转向商埠进攻；3、此间已派人向贵军就地联络。"市委分析，吴化文是按兵不动，要我军避开他的阵地向商埠进攻。如果我军得手他就起义，如果进攻不利他就另作打算。看来吴化文又在玩见风使舵的故伎。战争不是游戏，我军在东、西两线的猛烈进攻，使国民党军遭受沉重打击。王耀武连打几次电话要吴化文来城里开会，吴化文躲不过，也想看看形势，于当天9时来到王耀武的绥靖区司令部。当他得知东郊的茂岭山、砚池山已经失守，顿时惊慌起来。说："茂岭山、砚池山的阵地那样坚固，怎么一夜就丢掉了呢？"王耀武请他吃饭，端来面条，他一口也不吃。王耀武看他惊慌失措的样子，以为是他被共军吓破了胆，就打发他回去了。

吴化文回到指挥部，左思右想，看来不起义是不行了。他手下的155旅旅长杨友柏、161旅旅长赵广兴都是他的老部下，能服从命令，但是独立旅

---

① 李如刚：《我在策动吴化文起义工作中是怎样完成交通任务的》。

是新补充的，旅长何志斌的态度不明。吴化文来到饮马庄何志斌的旅部，屏退左右，吞吞吐吐的对何志斌说："看来八路军这次决心要拿下济南了，我们不能白白牺牲呀！也要同八路军有个回旋的余地，我们总要想个办法才好呀。"何志斌原是郝鹏举的部下，1945年底起义时曾体会过共产党的政策。后来虽然复叛，总觉得心中有愧。吴化文一说，他就心领神会，对吴表示："军长的意图我明白，必要时，我绝对服从。"吴化文心中一块石头落地，脸上顿时有了笑容，说："好，好，好极了！"便登车离去。

18日下午，林世勋在李如刚陪同下穿越火线来到我军指挥部，见到宋时轮司令员。宋的态度十分明确，坚持吴化文部必须让出阵地。他要林、李立即返回，要吴化文另派他的参谋长携带一部电台，到我军西线指挥部商谈起义和撤军的有关事项。眼看吴化文一再拖延起义，已经影响了西线我军的攻击行动。鉴于吴化文过去的历史，我军干部本来就不太相信他，西线部队首长认为：不施加一定的军事压力，是难以推动吴化文部起义的。宋时轮一声令下，三纵于18日夜23时向簸箕山吴化文151旅的阵地发起攻击。短短20分钟的重炮猛轰，簸箕山上一个营的守军伤亡惨重。吴化文恼羞成怒，拍着桌子大叫："打！只有打，才有饭吃！"命令炮兵还击，死守阵地。气氛顿时紧张起来，155旅旅长杨友柏跑到军部，对吴化文大喊大叫："我的防线马上就要被突破了，我的一个营快打光了！你还跟他们搞什么和平谈判，快把他们的代表交出来，让我收拾他们。"吴化文把桌子一拍，又骂杨友柏："你懂个屁，给我滚出去！"

杨友柏骂骂咧咧地走了，在司令部里的李昌言、黄志平、辛光三位同志表情严峻。吴化文随时可能翻脸，争取起义的工作有前功尽弃的危险。黄志平轻声对辛光说："我们的处境很危险，如果他们要下毒手，咱们就开枪。打死一个够本，留下最后一颗子弹给自己，绝不让他抓活的。"李昌言表示：即使如此，也不放弃最后5分钟的机会。正商量着，吴化文请他们去。他们把手枪装在口袋里进了吴化文的指挥部，吴化文正在拿着电话喊叫："顶住，顶住！没有我的命令，谁退下来就枪毙谁！"看到黄志平等进屋，吴化文一边擦汗一边说："贵军在簸箕山消灭了我一个营，在不到一小时时间里造成如此重大伤亡。"黄志平严肃指出:"贵军不执行协议,一再拖延,致使发生这场冲突,责任全在贵军。事态已发展到这步田地,如不设法挽回,解放军必将集中兵力把军长的部队消灭。后果不堪设想,请军长三思。"吴化文冷静下来,请求黄志平等与我方联系,停止进攻。黄志平表示电台出了故障,他们愿意穿越火线,反映情况。吴化文用汽车将黄志平等三人送到段店,从任家山口463团的防区穿越火线,进入三纵阵地。黄志平要了一匹马,赶到三纵司令部,见到孙继先司令员,汇报了情况。孙继先马上报告谭震林,谭指示:对吴化文不要催得太急,要耐心等一等。西线指挥部下达命令,暂停对吴化文部的攻击。①

9月19日早晨,黄志平、辛光、李昌言回到吴化文的军部,向吴化文转述了我军为争取96军起义所作的种种努力。吴化文才真正认识到只有起义才是唯一的出路。他迅速派人架通电话,与孙继先司令员通话。他向孙继先通报了96军的阵地情况,报告96军将在当天夜间宣布起义,随即撤离阵地,等待解放军前来接收。孙继先赞扬吴化文为人民做了一件好事,并指示他将部队带到西郊机场集结。撤退时要严格约束部队,绝对不能随便放枪。吴化文表示完全同意,立即下令撤退任家山口的守军。②

这天晚上,吴化文在孔庄96军军部召集军官会议,84师副师长杨团一,杨友柏、赵广兴两个旅长和六个团长等出席会议。黄志平等三位同志佩带手枪,把住门口,防备意外。会场气氛十分紧张,吴化文态度严肃地说:"济南即将失守,徐州增援只是空喊欺骗。我和大家同生死共患难几十年,蒋介石逼得我们走投无路,说我们是杂牌,骂我们是汉奸,气也受够了。内战再打下去,将会有什么下场? 李仙洲、张灵甫就是前车之鉴。八路军、共产党宽大为怀,不计前嫌,欢迎我们退出内战,我决定走这条路。我吴某是为了全军两三万弟兄们,才选择了这条光明大道。今后有我吴化文吃的饭,也就有你们吃的饭。我已经派人和陈毅将军联系了,也讲好了条件,你们看怎么

---

① 黄志平:《在关键时刻接受党的考验》。
② 孙继先:《忆济南战役中吴化文起义的一段往事》。

办？也可以说说自己的想法。"会上没有人表示异议，都表示服从命令，跟随吴化文起义。于是吴化文命令大家各回本部，向全体官兵传达起义的命令，严禁与解放军发生冲突。大家散去后，吴化文又单独打电话通知独立旅旅长何志斌，他也表示绝对服从。

22时，吴化文的部队开始从各阵地后撤，向我军指定的飞机场以西地区集结。我三纵、十纵迅速前进，接收吴化文部的阵地。并向商埠和济南火车站发起攻击。这时，155旅一个团长王玉臣逃到济南城里向王耀武告密。王耀武既愤怒又慌张，司令部的人也慌乱起来。王耀武正在想对策，王玉臣请求把他的那个团带到商埠或城里来，随王耀武的部队作战。此时王耀武连他也不信任，心想：吴化文的花招很多，这个团长是吴的老部下，有可能是吴派来作内应的，如果让他把部队带进城里，到时候里应外合，济南马上就要完。他让王玉臣随司令部行动，部队就不要了。

20日晨，84师副师长杨团一也跑进城来见王耀武，说自己的家属在城里，他不愿随吴化文反叛。王耀武夸奖了他一番，给了些钱，让他回家去住。王耀武幻想收买吴化文的部下，他派人携带钱和亲笔信去找杨友柏，许愿让他当84师师长，要他把部队拉回来。这一次杨友柏站稳了立场，假意收下信和钱，打发走说客，仍跟随吴化文起义，没有动摇。王耀武的阴谋落空了。几天之后，济南解放，杨团一被我军俘虏，受到应有的惩罚。①

吴化文起义，对济南战役的胜利起了重要作用。谭震林同志1948年10月9日给毛主席、华东局关于济南战役情况的报告中指出："吴部起义，我即攻入商埠，十纵机动攻入车站，迅速攻至普利门以北，造成了提早攻击外城的有利条件。使整个战役中各个阶段形成连续作战，陷敌无喘息机会，迫敌处在由吴部起义所引起的部署缺陷无法调整的恶劣条件下作战，这也是迅速解决济南的重要条件之一。"②

吴化文起义是华东我军地下工作的一次重大成功，李昌言、黄志平、辛

① 王耀武：《济南战役的回忆》。
② 《中国人民解放军第三次国内革命战争史料选编》第3辑第1册。

光都被记了一大功。宋时轮接见三位同志，高度评价了他们促成吴化文部起义的功绩：一是缩短了济南解放的时间，大大加快了战役的进程。二是减少了我军几千人的伤亡。三是保护了济南的工商业区——商埠，减少了人民财产的损失。吴化文的起义对国民党军其他部队也是一个极大的震动，对以后百万国民党军的起义、投诚起到了带头作用。毛泽东于10月22日致电吴化文等，对其起义表示"极为欣慰"和"热烈欢迎"。济南战役结束后，吴化文率起义部队全部渡过黄河，在齐河地区接收改编整训。10月29日，根据中国人民解放军总部命令：吴化文部改编为中国人民解放军第35军，吴化文任军长，杨友柏、赵广兴、何志斌分别任师长。12月底，35军南下参加淮海战役最后阶段的战斗，为解放战争作出了应有的贡献。

红旗插上济南城

　　蒋介石命令王耀武死守济南——三纵激战商埠——聂凤智命令东集团
绕过历城、千佛山——坦克冲开永固门——阻援集团严阵以待徐州之敌——
73团登上济南城——109团苦战坤顺门——"边打边补"的政治工作——
攻克济南内城——寿光俘获王耀武——济南战役的伟大胜利

　　1948年9月19日深夜，当吴化文部起义的消息传到济南城里王耀武的
绥靖区司令部时，国民党军内部陷入慌乱之中。王耀武感到大势已去，紧急
向蒋介石和刘峙发报，请求突围。其方案是：1.收缩阵地，集中兵力，以
内城为主，固守城垣；以千佛山、四里山、齐鲁大学、商埠、外城为据点，
以小部队守备，拖延时间，等待援军。2.主动突围。南京方面很快回电，要
王耀武退守旧城，仿照陈明仁守四平的办法，死守济南。具体指示是：1.守
军直接配备于市区各要点；2.各点守军规定死守至一枪一弹，决不后退；3.
市区民众除丁壮强征补充伤亡外，老弱妇孺均予以疏散撤退；4.双方分界
设明显标志，以利空军面积轰炸。①
　　既然不准突围，王耀武只好部署死守。他将西线外围阵地的保安部队撤

---

① 南京国防部：《济南会战》。

至商埠、火车站，统归 2 师 211 旅指挥。将空运的 74 师七个连调到商埠的坚固据点邮电大楼和原德国领事馆，这是二马路上的两座大楼，可以控制商埠通向内城的道路。同时命令曹振铎、晏子风等内城部队清扫射界，拆除焚毁了靠近城墙的许多民房。

19 日夜里，吴化文部向我军交出阵地，我三纵、十三纵迅速前进，接近商埠。20 日上午，三纵由北大槐树突入商埠，沿经二路、经四路向东推进。十三纵占领青龙山后，由南大槐树突入商埠，沿经七路向东推进。十纵占领济南机场。粟裕在打援集团指挥部得知吴化文起义的消息，立即致电许世友、谭震林、宋时轮等，要他们抓住战机，不给敌军喘息时间。全力攻城。电报说："吴化文部既已起义，且我军已完全控制商埠以西（包括机场）、以南、西南及城东和东南全部阵地（仅千佛寺、马鞍山、四里山等地仍有敌固守），则战局可能迅速发展。望令各部就现态势，以三、十及十三纵并力，迅速向商埠攻击。得手后，则全军全力攻城。对已被分割之外围孤立敌人，肃清商埠及济城解决后，再行肃清分散孤立之敌。"[1]

21 日，三纵继续向商埠进攻，与敌军争夺一座又一座大楼。早晨，三纵 8 师占领国民党山东省党部，将敌军青年教导总队包围。敌军一面交涉投降，一面乘我军包围不严，向内城逃窜。8 师师长王吉文同志身先士卒，督促部队迅速前进。在前进中他不幸被敌军炮弹击中，身负重伤，当日 17 时光荣牺牲。这是继王麓水同志之后，8 师在解放战争中牺牲的第二位师长。王吉文是华野的一员虎将，在多次战斗中立下战功。洛阳、开封攻坚，8 师都是头号主力。在战斗最激烈的时候，他总是在前沿亲自指挥。就在他身负重伤，生命垂危之际，他还让医生把药品留给其他伤员，表现了一位共产党员的高贵品质。8 师指战员决心以更加勇猛的战斗为师长报仇，8 师先头部队分两路将 74 师残敌包围在原"绥靖区"司令部大楼。十纵、十三纵也从南北两面插至商埠与外城之间，切断了商埠敌军的退路。

22 日拂晓，三纵 9 师 27 团 2 营突击"绥靖区"司令部以西的银行大楼，

---

① 参见《全国解放战争时期山东重要战役资料丛书——济南战役》。

爆破之后就向里突。因爆破口狭窄，遭到敌军火力杀伤。后以全营投入战斗，因大楼内部队无法展开，敌军居高临下猛烈扫射，2营被迫撤回。中午27团又以1营进攻，再次爆破突入，仍然受到敌军火力封锁，无法登楼。9师首长命令25团2营上去，连续进攻，不给敌军喘息之机，25团2营不顾伤亡，把机枪连也跟进大楼突击，终于登上楼梯，消灭了残敌，占领了银行大楼。随后，9师和十纵部队从两面包围了"绥靖区"司令部大楼，守敌172团600多人盘踞在这座混凝土三层楼房内，拼死顽抗。我军从各角度用机枪封锁敌军的窗口，敌军则不断从楼里往外扔手榴弹，阻止我军爆破。在战斗中敌军不断伤亡，活着的敌军就把死尸从窗子扔出。16时，9师把大炮推到楼前进行抵近射击，突击队在炮火掩护下开始爆破，以35斤到70斤的炸药包连爆7包，将大楼里面炸开一个个缺口，后续部队勇猛冲进大楼，与敌军展开逐屋争夺。敌军惊慌失措，地下室的敌军也被迫缴枪。战斗到黄昏结束，敌172团团长受重伤，600多敌军非死即降，我军占领"绥靖区"司令部后，继续肃清周围马路的残敌。当晚，商埠被我军完全占领。①

西线我军进攻商埠的同时，东线的九纵、渤纵也在迅速推进。20日，国民党军放弃黄台山、糖厂、农林学校、全福庄、洪家楼等外围阵地，向城里收缩。我军迅速扫清外围，步步紧逼。这时，东部外围还有两大据点：一个是历城，一个是千佛山。历城据点位于王舍人庄北，守敌是保安部队1500多人。敌军装备不强，仅有2门迫击炮，但这些家伙是长年与我军为敌的伪军和土匪，凭借外壕、围墙、碉堡、鹿砦构成的坚固工事，死命顽抗。渤海纵队担任主攻的新7师，有兵团调拨的各种火炮共23门，摆在200米宽的正面上，还调来了特纵的坦克参战。大家以为有这样优势的火力，拿下历城不成问题。17日夜22时，渤纵开始攻击。猛烈的炮火完全压制了敌军火力。午夜时分，4辆坦克开始出动。我军的坦克一面向敌军射击，一面前进。炮兵怕误伤坦克，停止了射击。步兵缺乏配合坦克作战的经验，等待坦克发出灯光信号再出击。谁知黑夜间只见枪炮射击的火光，根本看不到信号。待通

① 《中国人民解放军第22军解放战争战史》，1952年初稿。

讯员上去与坦克联络，才发出攻击信号。坦克和步兵行动脱节，敌军用机枪火力封锁我突击部队，在壕沟边架桥的战士在敌人火力扫射下伤亡很大，两个连挤在壕沟之间无法行动。到18日凌晨3时，渤纵首长下令停止进攻。[1]

渤纵攻击历城的失利为我军提供新的教训：在优势炮火和坦克的参战下，应放弃我军夜战的传统打法，改在白天发动进攻。这样步兵可以紧跟坦克前进，坦克也容易寻找敌军火力点进攻。聂凤智得知历城战斗的情况后，指示渤纵留下两个团以土工作业围困历城守敌，其余部队配合九纵攻击济南城。我军主力绕过历城，直接向济南外城推进，做好攻城准备。这时，千佛山还有国民党军1个营把守。他们居高临下，九纵的主要突击方向就在其俯瞰之下。是先攻城，还是先攻千佛山？有同志担心，绕过千佛山直接攻城，可能腹背受敌，会陷于被动。聂凤智分析了情况，认为千佛山守敌孤立无援，并受到我军砚池山火力的控制，不敢贸然出击。当我军进攻外城时，如果敌军从千佛山上开炮，必然打到他们自己。据此，聂凤智向许世友报告：置千佛山之敌于不顾，抓紧时机同兄弟部队一起攻击外城。许世友完全同意东兵团的部署，22日夜间，东、西集团从两面向济南外城发起攻击。[2]

商埠北我军全部占领后，济南城外只有千佛山、齐鲁大学、花园庄等孤立据点尚有部分敌军据守，王耀武还有比较完整的15、57、77、213四个旅集结于外城和内城。王耀武判断我军可能要休整三天才能攻坚，于是命令各部队加修工事，准备顽抗到底。

为了不给济南城内敌军调整部署和加强工事的空隙，许世友、谭震林决心连续进攻。22日下午，他们电告华东局和阻援集团："我决心黄昏后7时攻击外城，以九纵由东南及东面攻击，十三纵由西南攻击，十纵由西南及西北攻击，渤纵及渤海（军区部队）由东北助攻，三纵及鲁中（军区部队）担任预备队，商埠残敌由三纵负责肃清。"[3]遵照兵团首长指示，各攻城部队

① 《中国人民解放军第33军解放战争战史》，1952年初稿。
② 聂凤智：《充满活力的人民军队必胜——回忆解放济南战役》。
③ 参见《全国解放战争时期山东重要战役资料丛书——济南战役》。

开始大挖交通沟，向济南外城迫近。

22日黄昏，东、西集团同时向济南外城发起攻击。九纵25师73团奉命进攻东面的永固门。永固门外500米有座霸王桥，敌军在这片开阔地上修筑了许多地堡和工事，如果靠步兵强行进攻，势必付出重大伤亡。聂凤智从特纵调来4辆坦克协同作战。这些15吨重的美式轻型坦克，是鲁南战役中从国民党军快速纵队缴获的，配备35毫米的平射炮，性能良好。王耀武守济南只有12辆日式坦克，还不如我军的坦克好。当我军坦克怒吼着向敌军阵地冲去，敌军目瞪口呆，有的高喊："别误会，我们是保6旅的！"有的从工事里爬出，调头往城里跑。我军坦克一面冲锋，一面向周围的敌军火力点开炮，两三发炮弹就摧毁敌军一个火力点。敌军盲目地用机枪向坦克扫射，子弹打在厚厚的钢板上毫无作用。经过一个半小时的战斗，永固门外正面敌军工事基本上被摧毁，坦克轰开永固门的城门，后面跟进的73团战士一拥而上冲进城内。由于城门太矮，坡度太大，坦克无法通过。步兵将城门打宽，让坦克能够通过。进入街道后，遇到一个很大的弹坑。第一辆坦克通过时，陷在坑内，阻塞了后面坦克前进道路。九纵首长见街道很窄，坦克没有活动余地，燃油也将耗尽，于是命令将陷入坑中的坦克拖出来，退出战斗。战后山东兵团总结中说：攻击永固门的战斗中"坦克共消耗炮弹约700发，机弹约1800发，我后随之73团步兵未行爆破，即直接架梯顺利完成登城任务，极少伤亡。……（坦克）火力命中精确，很短时间即完成任务，颇得好评。"

73团在攻击永固门的战斗中，爆破手们大显神威。3连在接近城墙时，对前面的地形和敌军工事并不了解，只知道城外有壕沟，估计会有铁丝网和小桥。爆破开始，连长对第一个爆破手冷来福交代：一面爆破，一面注意观察地形，尤其注意看小桥是否被敌军破坏。冷来福抱着炸药包匍匐前进，迅速通过140米的开阔地，钻进铁丝网。他清楚地看到小桥并未破坏，两侧有两个地堡，才转身炸毁铁丝网，回来向连长报告了准确的情况。排长表扬冷来福："好同志，你完成任务了！"然后再问他："你有没有决心再送第二包呢？"冷来福表示："完全可以，你放心，我剩一条腿也能送上去！"他与班长各抱一包炸药，分头炸毁了两个地堡，为突击队开辟了道路。①

西兵团的十纵在占领火车站和天桥后，于22日黄昏向济南外城的永镇门、普利门发起攻击。29师85团组成永镇门爆破队，下设7个小组。战士们冒着敌军密集的火力，以爆破掩护爆破，连续炸掉城门外的鹿砦、桥头堡、地堡，最后堆上300斤炸药，永镇门在一声巨响中被炸塌。后续部队随即攻入外城，友邻部队也突破了普利门。十三纵向外城的西南门永绥门进攻，112团首先从杆石桥突破登城，其他三个团从永绥门突入，将守敌213旅一个团消灭。他们乘胜前进，攻占外城西南最坚固的建筑群——红万字会（今山东省博物馆），歼灭213旅旅部。盘踞在齐鲁大学的敌人被切断退路，于23日拂晓向内城突围，被十三纵包围缴械。22日夜，九纵与十三纵在外城内会师，攻击外城的战斗仅用一天就胜利结束。②

这时，王耀武只剩下最后一道防线——济南内城。他不断向南京和徐州方面呼救，蒋介石焦急万分，一面严厉督促杜聿明率邱清泉、黄百韬兵团北上，一面命令空军司令周至柔："济南我军阵地以外，凡匪军聚集区域均可施行区域轰炸。"企图把济南城外炸成一片废墟。23日白天，国民党空军轰炸机对济南商埠、外城狂轰滥炸，许多民房建筑被炸塌起火，无辜百姓惨遭杀害。十三纵37师政委徐海珊同志也在敌机轰炸中不幸牺牲。这天上午，徐州"剿总"总司令刘峙在空军副总司令王叔铭陪同下飞临济南上空，与王耀武通话。刘峙说："你们的困难我知道，援军进展很快，几天就可以到济南。你们必须坚守待援。需要什么可以空投。"王耀武一方面要求空军轰炸外城，一面要求向内城空投粮食弹药。

国民党的援军在哪里呢？按照杜聿明的计划，他打算在济南作战开始五天后——当共军强攻济南不下，受到重大伤亡，攻势减弱之后再率军北上解围。并以声东击西的办法，扬言从津浦路北上，实际从微山湖以西北上，以

---

① 《九纵济南战役政治工作总结》。
② 《中国人民解放军第三野战军暨华东军区第三次国内革命战争战史资料》，1958年8月初稿。

邱清泉兵团为先锋，冲开我军防线。但是济南战役刚开始，蒋介石就发觉形势不妙，严令杜聿明迅速北上增援。杜聿明匆忙集结部队，命令邱清泉兵团自商丘北上，黄百韬、李弥兵团自徐州北上。偏偏又赶上阴雨天气，部队前进缓慢，一天只走20公里。

在粟裕亲自指挥下，我华野主力在兖州、邹县地区严阵以待，准备打援。粟裕在运河以西配置四纵、八纵和冀鲁豫军区两个旅，依托水洼地带，构筑多道纵深防御工事，阻击由鲁西南北上之敌；在运河以东，配置一、二、六、七、十二纵和中原野战军十一纵，准备在邹县以南集中兵力歼灭由津浦路北上之敌。邱清泉等得知我军主力集结的消息，深知北上凶多吉少，有意拖延，济南战役结束时，邱清泉兵团才到达成武、曹县一带，未与我军接触即迅速后撤。有人认为粟裕把敌情估计得过于严重，预定的阻援计划实际上没有实施，济南就解放了。但粟裕认为不能这么说，"虽然，在豫东战役中，我军一度攻克当时河南省会开封，但是，济南守城的兵力和构筑的工事，都比开封为强，打这样坚固设防的省会，我们还是第一次。毛泽东同志以攻打临汾费去72天的事实，告诫我们谨慎从事，这是正确的、必要的。尤其是战略决战即将到来的关键时刻，攻济能否成功，与战略决战关系很大。从一定意义上来说，这次是战略决战阶段的序幕，必须谨慎从事。在以往攻城失败战例中，有些是正当守敌已经精疲力竭，再经受不住最后一击之际，可是各路援敌已蜂拥而至，我军背后受敌，以致只得被迫撤围，这种'为山九仞，功亏一篑'的事情，决不允许在战略决战即将到来的时刻重演。必须谨慎从事，以最坏情况作根本的出发点。徐州地区的敌人正是慑于我军打援集团兵力强大，才不敢贸然进犯。敌人增援部队不敢前来，正说明军委、毛泽东同志攻济打援方针的正确。"[①]

我军攻占外城后，王耀武估计我军连日作战疲劳，总要休整几天才能攻击内城。许世友等研究了情况后，决定不给城内守敌以喘息之机，连续作战。兵团指示：九纵由东南角攻击，十三纵由西南角攻击。九纵担任主攻的

---

① 《粟裕战争回忆录》第17章。

是73团，担任攻击任务的各级指挥员来到城东南看地形，只见高大的城墙有14米高，约12米宽，城墙上有三层火力网，城下有地堡，形成交叉火力。东南角城墙上有一坚固建筑物——气象台，是全城的制高点。护城河宽5米，水深2米，不能徒涉，只能架桥。大家看了地形后，都感觉从这里突破是十分困难的。可是这里护城河比较窄，便于架桥。一旦登上城墙，占领气象台，就可以控制全城，便于大部队向城内攻击。为了配合73团的主攻，九纵首长命令76、79、80团各出一个连队助攻。

23日18时开始炮火准备，我军集中炮火向内城东南和西南角猛轰。一小时后，突击队开始行动。王耀武的主力部队15旅守东南角，77旅守西南角，以密集火力封锁我军行动。九纵76、79、80团的攻击都不成功。80团1连攻击新乐门，炮击后1班长林某带两个战士去炸桥头三个地堡。林某看到敌军火力很猛，心里胆怯，半路上拉弦，将炸药包隔着河扔向地堡，还拿过另一个战士小范的炸药包也扔出去，回去报告地堡炸了。结果地堡没炸掉，反而把桥炸毁了。后面上去的战士只好冒着弹雨架桥，上去一批伤亡一批，连续四次架桥没有成功，倒伤亡了70多人。[①] 19时50分，79团7连首先登城。敌军从城墙后面的藏兵洞里涌上城墙，进行反突击。7连顽强地打退敌军的五次攻击，因登城云梯被敌军炸断，后续部队上不来，7连终因孤立无援，激战1小时后全部伤亡。76团也因突破点没选好，敌军火力封锁太严，攻击失利。[②]

73团7连发起攻击后，在战斗中表现出机动灵活的作风和高度的责任感。爆破班长孙喜同志奉命去破坏东南角城墙下的大地堡。他爬到地堡前，发现地堡外有鹿砦和梅花桩。他想，如果只炸了鹿砦就回去，敌人发觉了，下次再炸地堡就要多费事。他爬过鹿砦，先把梅花桩用手拔掉，再回过来炸鹿砦。回到我方阵地，他马上请求再送一包炸药上去。他再次爬到地堡前，选了一个最有效的部位，一包炸药就摧毁了地堡。7连进入阵地时，纵队炮

① 《九纵济南战役政治工作总结》。
② 《中国人民解放军第三野战军暨华东军区第三次国内革命战争战史资料》，1958年8月初稿。

兵已经开始射击。上级要求炮击停止后步兵开始清除敌军工事和地堡。时间很紧，来不及仔细侦察。6班长孙高廷第一个上去，本应该爆破城墙，但他发现身边一个枪眼在冒火，封锁我军前进道路，便主动先将这个火力点摧毁，然后回来向下一个同志交代了前面的情况。后面的爆破员都像班长这样做，战斗结束后受到九纵政治部的高度赞扬，说他们"不但保证了后续爆破者的安全，而且也保证了将来登城突击者的安全。每一个成员的认真负责，单怕'完不成任务对不起党'的高度革命的自我牺牲精神，是成功的物质基础。这种机动灵活弥补了军事指挥上最大的一个缺点——情况了解得不透彻。"

73团7连爆破的硝烟未散，梯子队就开始行动了。7班的6个人扛着沉重的云梯，迅速通过小桥。班长被城上飞下的石头砸破了头，鲜血直流，但是他坚决不下去，仍然跑在最前面。一个战士被打伤了眼，问班长怎么办，班长说："同志，你闭着眼睛也要把梯子送上去。"全班齐心协力，把云梯靠到城墙上。当他们撤下来后，敌军从城墙上扔下集束手榴弹，毁坏了云梯，第一次攻击没有成功。

73团团长张慕韩向聂凤智汇报了情况，调整了部署。24日凌晨1时30分，聂凤智集中九纵的全部火炮向内城东南角开火。7连突击队不等我军炮火停止，就开始登城。梯子队将三丈多高的云梯靠在城墙上，第一突击组刚登上梯子，就受到敌军侧面火力的射击，大部伤亡。这时，2班长李永江奋不顾身，率领全班再次登城。云梯比城墙矮了一截，李永江扒住墙砖，飞身跃上城头。用冲锋枪打倒扑上来的敌军。2班战士相继登城，迅速占领了气象台，控制了制高点。当7连全部上去后，敌军开始反击。伤亡过半的7连与数倍的敌军殊死搏斗，伤亡越来越多。在这千钧一发之际，8连、9连也登上城墙，投入战斗。73团3营经过三小时的战斗，终于巩固了东南角突破口。他们和后续部队冲下城墙，进入内城街道，与敌军展开巷战。[①]

23日晚，十三纵攻击济南内城西南角的坤顺门。经过一个小时的炮火

① 张慕韩：《红旗插上济南城》。

准备，37师109团的7连于19时10分登城，首先突破。他们向两侧扩张突破口，策应后续部队登城。短短时间内，109团1营、3营相继登上城墙。这时，敌军实行猛烈的反击，企图封闭突破口。109团除3连、9连下城突入城内，其余大部分牺牲在城墙上。21时15分，突破口被敌军重新占领。3连、9连依托民房，与敌军激战。面对不利形势，十三纵首长决定再次发起攻击。110团在炮火支援下奋力登城，城墙突破口处到处是牺牲的我军战士和敌军的尸体，他们来不及搬运，踩着尸体向上冲。3连、9连发现敌军封锁了突破口，在巩固既得阵地后，向敌军背后冲击，接应110团登城。城墙上的敌军在我军两面夹击下，慌乱溃退。经过四个小时的搏斗，到24日拂晓，37师控制了坤顺门近100米长的城墙，实现了突破。九纵、十三纵像两把尖刀，冲开了王耀武的最后防线，插入了济南内城。①

　　九纵73团和十三纵109团的英勇战斗，为济南战役的最后胜利开辟了道路。战役结束后，73团打得仅剩三个连，109团也是"建制破坏甚大"，十三纵37师师长高锐也在战斗中负伤。谭震林1948年10月9日给毛主席、军委和华东局关于济南战役情况的报告中反映了两件事，可见战斗的激烈残酷："109团百余伤员不愿失掉时机，阻塞突破口坚决不下火线，让后续部队从自己身上踏过去而牺牲。73团首先突入城内，两个连大部阵亡。一个负伤班长被俘，在审问时坚强不屈与敌对抗。敌问：'你来做什么？'答：'毛主席命令我来打济南。'问：'你有把握么？'答：'完全有把握有信心。'问：'你已被俘怎么办？'答：'我们的人多得很。'此人已被敌枪毙，这是战后缴获的口供大意如此。"军委首长看后深受感动，周恩来副主席10月14日以军委名义指示谭震林："此次报告中所提的一些自我牺牲以求人民解放的英勇感人的战绩，应告新华社记者及政治部人员，将它写成通信或文章，说明人民军队的力量及其因军队民主所造成的高度觉悟和自我牺牲的精神是举国无敌的。"②

---

① 《中国人民解放军第三野战军战史》。
② 《中国人民解放军第三次国内革命战争史料选编》第3辑第1册。

为了表彰九纵73团和十三纵109团的功绩，山东兵团首长于1948年10月10日颁布嘉奖令，授予73团"济南第一团"，109团"济南第二团"的光荣称号。嘉奖令说："解放济南作战中，我九纵队25师73团于9月22日突破外城永固门，继即参加攻打内城。23日下午6时，我发动全线总攻，该团受命于城东南角进行攻击。城高14公尺，护城河宽15至30公尺，城头并有坚固建筑物气象台为守匪制高火力点，城下则有地堡、鹿砦、梅花桩等多重障碍。该团突击部队在我强大炮火掩护下，进行连续爆破，虽四次突击受挫，但仍百折不挠，奋勇突击，卒于24日早晨2时15分突破前沿，登上城头，击退数倍于我之敌数次拼死反扑，巩固扩大了突破口，使后续部队得以源源投入纵深，在友邻部队配合下最后扫除敌军的抵抗。在整个战役中，该团更能恪遵城市纪律及我军纪律，获得军政全胜。为此，特授予该团以'济南第一团'的光荣称号。"

嘉奖令又说："同一战役中，我十三纵队37师109团在突破商埠，打进外城的连续作战后，仍保持旺盛意志，受命于内城之西南门以北进行攻击。攻击中突击部队与团指挥所的联系被匪军烈火所隔断，但该部仍机动进行连续爆破，通过护城河，排除层层障碍，经四次以上突击，于24日拂晓前登上城头，冒城内敌制高点炽热火力瞰射及城头左右敌火的侧射，与向我反扑之敌白刃格斗，反复争夺达四小时。该团另一部则越过城垣突入城内与守匪来回冲杀，孤军奋战七小时，为后续部队开辟宽阔道路。最后我东、西两个铁拳胜利会师，乃得将王匪最后固守防线割裂，予以各个歼灭。该团此种有我无敌，不怕牺牲的苦战作风，予守匪精神上震撼极大。为此，特授予该团以'济南第二团'的光荣称号。"[1] 50年代济南进行城市改造，拆除了旧城墙。唯独保留了73团战斗过的内城东南角，并在气象台的旧址上建起一座雄伟的建筑。陈毅元帅亲笔题名"解放阁"，以纪念济南战役中的英雄们。

9月24日天明，济南城内的国民党军在我军的猛烈攻击下，陷入一片混乱之中。王耀武在大明湖的北极阁指挥部里，和各旅的通讯联络都已中

① 参见《全国解放战争时期山东重要战役资料丛书──济南战役》。

断。我九纵、十三纵和跟进入城的三纵、十纵部队与敌军展开巷战，从几个方向向大明湖畔的国民党山东省政府逼近。眼看大势已去，王耀武把指挥权交代给参谋长罗辛理，自己带领特务团一部于11时由北极阁通往城外的坑道向北突围逃跑。

在内城最后的战斗中，面对丧失斗志、慌乱逃窜的敌军，我军的政治攻势发挥了巨大作用。在战前兵团政治部就指示各纵队，对战斗中俘虏的国民党士兵，要实行"边打边补充"的政策，动员他们就地调转枪口，参加我军的战斗。这一着非常有效，十三纵政委廖海光说："当时不是认为俘虏不重要，而是部队认为俘虏能否补充到部队去不敢说。因而对失散的俘虏采取放任态度，未予很好的收容。但是济南战役就不同啦，战斗一结束大家都注意收容俘虏，轻伤的也要。所以当时补充、收容后，共得八九千人之多。"把俘虏立刻补充进部队，省去了看俘虏的人员，我军越打人越多，越打士气越旺盛。一个指导员说："当时补充了一个小伙子，经过简单的教育后，他便告诉我们敌人的警备司令部在哪里，从哪里打合适，里面的兵力布置等，给我们的指挥以很大的便利。"这种补充在战斗中进行，来不及作耐心细致的思想教育工作，多数要靠我军老战士的带动和模范作用感化。十三纵112团一个指导员碰到从城里出来的俘虏问："你从哪里来？"答："我从城里来，刚解放的。"问："怎么里边还响枪？"答："里边还打仗。"指导员说："你解放了还不行，还要解放他们。走！"俘虏就驯服地跟在后面参加战斗了。但是他们心里不安，九纵一位解放战士说："一被抓住我就寻思：完啦！我怕你们要我去送炸药，把我炸死；怕你们把我埋在防空洞里；怕你们把我送到最前面去挡子弹；这些都是因为过去听了当官的宣传。当时指导员叫我拿了两个手榴弹和你们一道去打，我寻思这真是叫我去挡子弹了，就想找机会跑掉。可是一上去老同志叫我在后面帮他压子弹，并向我讲了许多咱这边的情况，我对原来的思想有些怀疑了。敌人的飞机和炮轰得很急，同志们很和气地叫我到防空洞隐蔽。我又害怕了，这不是要把我埋在防空洞里吗？过了一会儿没有动静，我伸出头一看，老同志们都在洞口向外射击，我心里就像放下一个千斤担子似的。我什么也不顾虑了，跟着同志们一齐向前打。"

渤海纵队的战士对新解放战士边战斗边教育。某团6连2班机枪组长韩宗林22日攻入东关后，在围墙外壕捉到一个班的俘虏。这些人原是在围墙外挖战壕的，战斗打响后敌军关闭了围墙的出口，把这一班人扔在外边不管了。他们只好在散兵坑里躲避两边的炮火，渤海纵队攻上来，他们就缴了枪。6连马上把这些俘虏补充到各班参加战斗。韩宗林的机枪组补充了一个叫吕洪德的解放战士，这时炮声响得很厉害，吕洪德很害怕。韩宗林安慰他说："你不要怕，我们对俘虏是宽大政策。你看别人怎样动作，你就怎样做。"战斗间隙休息，韩宗林问起他的情况，吕洪德说他是老解放区的人，来历城走亲戚时被国民党73师抓了壮丁。他表示："你们放心，我在蒋介石队伍里干够了，我不跑，你们到哪里我跟到哪里。"后来，他跟着老战士扛门板、挖掩体，干得很积极。防炮时左手负了轻伤，仍然坚持。吃早饭时，韩宗林和同志们拿肉包子给吕洪德吃，饿了好几天的他狼吞虎咽地吃了个饱。韩宗林发现他手上的伤，劝他下去休息。吕洪德表示："这点伤不要紧，我真痛快。解放军官兵一致，打仗当官的在头里，同志们对我这样关心，我不立功对不起人民。"24日攻进内城后，国民党败兵满街乱逃。吕洪德喊话："你们往哪跑呀？不要紧，别胆小，快过来！"他对投降的国民党兵说："来到这儿就到好地方了，解放军宽大俘虏。"解放战士的战场宣传，对瓦解国民党军斗志，迅速解决战斗起到了极大作用。①

24日14时，九纵25师和十三纵五个团从四面包围了国民党山东省政府。据守在省府地下室的国民党第2绥靖区参谋长罗辛理等绝望之下，派人出来接洽投降。一群国民党将校高举双手，走出地下室缴械投降。被我军分割包围的国民党残余部队，如双龙街的73师一部、阁后街的19旅一部、南门的57旅一部，也都分别放下武器。2师师长晏子风想从东门逃跑，一颗炮弹在身边爆炸，随行的副官、卫士非死即伤，晏子风也被震晕过去。当他清醒过来，解放军已经站在他身边，他只得乖乖地站到俘虏队伍中去。黄昏时，内城战斗结束。城外马鞍山守敌一个团、千佛山守敌一个营

① 山东兵团政治部联络部：《山东兵团"边打边补充"的报告》，1948年12月29日。

在我军政治攻势下，也于25、26日放下武器。历时8天的济南战役，胜利结束。

9月22日战斗进行中，毛泽东就指示华野、华东局和山东兵团首长："为预先准备在我军攻入城内王耀武率其死党突围而出分路逃窜时全歼该敌勿使漏网起见，你们应在其主要逃路及次要逃路，近距离及远距离布置多层堵击力量。"①23日，饶漱石等命令鲁中、渤海各分区的地方部队、干部、民兵在济南外围的各交通要道进行警戒，撒下天罗地网，搜捕王耀武和外逃的国民党残兵。寿光县委根据上级指示，每天在大路上设岗，盘查来往行人。9月28日早晨，县委机关驻地屯田村武装民兵刘金光、刘玉民、张宗学三人正在值勤，从西边公路上来了两辆大车，车上坐着五男二女。民兵查问他们的来历，说是济南逃难出来的。化名乔坤的王耀武躺在车上装病，用白毛巾盖头，棉被遮身。民兵见他们说话不是济南口音，形迹可疑，便将他们扣留，送到县公安局。审讯干事王洪涛挨个盘问，各人说法不一。王洪涛掀开王耀武脸上的毛巾，看到他脸的上部皮肤很白，很像戴军帽的痕迹，估计他最低是个军官。于是王洪涛重点盘问王耀武，发现他自称开饭馆的，却说不出饭馆的字号。与其他人的关系，口径也不一致。王洪涛摸摸王耀武的脉搏，完全正常，根本不像有病，于是把王耀武关进禁闭室。到下午提审时，王耀武表情恐惧，态度失常，刚问了几句，他就说："我已经到了这个地步，干脆就说了实话吧。我是王耀武呀！那几个人是我的卫士。我要找县长谈谈。"听说捉住了王耀武，张县长马上赶来。王耀武交代：24日中午他从济南北门出城后，在外围的一道工事里隐蔽到天黑。当夜下雨，他们在村子里化装成商人，25日走到周村。在周村雇了大车，27日到益都，当夜赶路想逃往青岛，没想到28日一早就被抓住。30日，王耀武被送到华东局驻地，后转至华东军区高级军官团。②不久，外逃的第2绥靖区中将副司令牟中珩、国民党山东省党部主任庞镜塘等先后被俘，山东保安司令部中将副司令聂松

① 《毛泽东军事文集》第5卷。
② 寿光县公安局：《捕获王耀武经过情形》，1948年9月28日。

溪在济南投案自首。

济南战役，我军全歼国民党军第2绥靖区司令部及其所属2师、73师等10个旅、1个团，保安部队4个旅、1个总队。歼灭国民党军共84000人，其中毙、伤22423人，俘虏王耀武等将级军官23人。缴获各种火炮890多门，机枪5200余挺，各式枪支48000余支，坦克和装甲车20辆，汽车238辆，以及大批军用物资。并策动吴化文部20000多人起义。华东野战军在济南战役也付出了很大代价，总共伤亡26991人，其中九纵伤亡9806人，十三纵伤亡5907人，十纵伤亡4631人。济南战役后，山东境内的国民党残敌受到极大震动，驻烟台、临沂、菏泽的国民党军先后弃城逃跑，至此，山东境内除青岛和鲁南边缘少数据点外，均获得解放。

济南战役的胜利，是在山东人民的大力支援下取得的。在华东局直接领导下，冀鲁豫、胶东、渤海、鲁中各解放区都成立了支前委员会，动用前方随军民工、二线转运伤员、粮食及三线运送粮食物资的民工总计50万4千多人，小车18000多辆、担架14000多副，供应了充足的粮、草、菜、物等，为战役的进行作出了巨大的贡献。各地民兵广泛出击，为济南战役的胜利起到积极的配合作用。济南战役是我军在山东境内进行的最大战役，也是一场真正的人民战争。

济南战役是人民解放军在解放战争中第一次攻克有敌军重兵防守和坚固设防的大城市。济南战役的胜利，使华北、华东两大解放区完全连成一片，解放区后方更加巩固，增强了解放区支援革命战争的力量。蒋介石的"重点防御"受到沉重打击，动摇了国民党军企图依托大城市进行顽抗的信心。济南战役中我军连续作战，不停顿地进攻，在城市攻坚、步炮协同的战术和技术上都有了长足的进步。粟裕在1948年10月4日对新华社记者发表的谈话中指出：济南战役的胜利"证明蒋介石的任何防御，皆挡不住人民解放军的进攻，人民解放军能够攻占任何坚固设防的大城市。人民解放军不仅能够在运动战中，于很短的时间内歼灭大量敌人，而且在攻坚战中，于很短时间内亦能歼灭大量敌人。仅就此次济南战役来说，歼灭敌人的数量就比战争初期全国各战场一个月歼敌的总数还要多。"9月29日，中共中央在给华东军区、

华东野战军首长的贺电中指出：解放济南的胜利"证明人民解放军的攻坚能
力已大大提高,胜利影响已动摇了蒋介石反动军队的内部,这是两年多革命
战争发展中给予敌人的最严重的打击之一。"

第31章

从"小淮海"到"大淮海"

中共中央召开"九月会议"——粟裕建议举行淮海战役——毛泽东制订战役方针——蒋介石改变战略——华野曲阜会议——徐州国民党军摆开"一字长蛇阵"——白崇禧拆台——刘邓大军收复郑州——毛泽东指示华野精心组织战役——国民党"徐蚌会战"计划

1948年9月8日到13日，毛泽东在河北平山西柏坡主持召开了中央政治局会议，历史上称之为"九月会议"。

到1948年7月底，经过两年的解放战争，国共双方的力量对比发生了很大的变化。国民党军由战争初期的430万人下降为365万人，其中用于一线作战的正规军只有174万人，分布于东北、华北、华东、中原、西北五个战场，在战略上已处于被动地位。人民解放军则不断发展壮大，从战争初期的120万人增加到280万人，在正规化建设和技术装备方面也有很大提高，具备了进行大规模运动战、阵地战和城市攻坚的能力。华北、华东解放区已连成一片，东北除少数大城市外，绝大部分地区已获得解放。中原、西北解放区也逐渐巩固。这些变化，为解放军与国民党军进行战略决战提供了必要的条件。

"九月会议"是为加速解放战争的进程而举行的一次重要会议。毛泽东在会议上作报告，关于我军的战略方针，他指出："我们的战略方针是打倒国民党，战略任务是军队向前进，生产长一寸，加强纪律性，由游击战争过渡到正规战争，建军五百万，歼敌正规军五百个旅，五年左右根本上打倒国民党。"

如何消灭国民党军主力？毛泽东算了算账："第二年的好处是把临汾打开了，徐（向前）兵团变成有战斗力的兵团，许谭兵团加强了，陈粟的情况变了，刘邓已开始壮了，东北虽少打一个仗，但现在壮得厉害。今年还有四个月，再搞三十六个旅是有可能的。"

毛泽东高瞻远瞩，在报告中提出建立人民民主专政政权，加强经济工作，加强训练干部，准备占领全国的各方面工作干部，学习工业和做生意等方面的问题。新中国的雏形，已经在毛泽东的报告中描绘出来了。①

会议结束后，各战区的中央委员们迅速返回。华东局书记饶漱石刚刚回到华东局驻地，济南战役就打响了。济南战役的胜利是对中央指示最坚决的贯彻，也大大鼓舞了各战区的信心。

粟裕在南线指挥阻援战斗，由于徐州方向敌军的畏惧不前，阻援兵团没有仗打。利用这段时间，粟裕认真分析了敌情，于9月24日向中央军委建议：立即进行淮海战役。电报中说："为更好的改善中原战局，暴露津浦线，并迫使敌人退守江边及津浦沿线，以减少其机动兵力，与便于我恢复江边工作，为将来渡江创造有利条件，以及便于尔后华野全军进入陇海路以南作战，能得到交通运输供应的方便，和争取华中人力、物力的支持，建议即举行淮海战役。该战役可分为两个阶段：第一阶段以苏北兵团攻占两淮，并乘胜收复宝应、高邮，而以全军主力位于宿迁至运河车站沿线两岸，以歼灭可能来援之敌。如敌不援或被阻，而改经浦口、长江，自扬州北援，则我于两淮作战结束前后，即进行战役第二步，以三个纵队攻占海州、连云港，结束淮海战役，尔后全军转入休整。"②

---

① 《毛泽东军事文集》第5卷。
② 《粟裕军事文集》。

9月25日，毛泽东复电华野和中原野战军刘伯承、陈毅等领导人（邓小平出席中央九月会议正在返回途中——作者注），认为"举行淮海战役，甚为必要。"并筹划了战役的三个阶段：1. 歼灭黄百韬兵团于新安、运河之线；2. 歼灭两淮、高邮、宝安地区之敌，为第二个作战；3. 歼灭海州、连云港、灌云地区之敌，为第三个作战。毛泽东指出："进行这三个作战是一个大战役。打得好，你们可以歼敌十几个旅，可以打通山东与苏北的联系，可以迫使敌人分散一部兵力去保卫长江，而利于你们下一步进行徐州、浦口线上之作战。"电报要求华野"做好有关这一战役的充分的准备工作，"召开干部会议"统一作战意志，调整内部关系。"①

在粟裕和毛泽东的往返电报中，他们首次提出了"淮海战役"的设想。但是这个设想把战役范围定在徐州以东的苏北地区，打击对象主要是黄百韬兵团。这个计划可以称之为"小淮海"的作战计划。

9月28日，毛泽东再次致电华野、中野负责人，强调指出"新安镇地区距离徐州甚近，邱李两兵团赴援甚快。这一战役必比济南战役规模要大，比睢杞战役的规模也可能要大。"他要求华野做好充分准备，对济南战役中伤亡较大的纵队迅速完成整补，出动的时间可以推迟到10月20日左右。

毛泽东的指示已经显示出中央军委要华野打大战役的意图，他将电报同时转告中野，也有两支大军协同作战的考虑。根据毛泽东的指示精神，10月9日，当饶漱石返回山东野战军司令部驻地曲阜后，粟裕、谭震林、陈士榘、唐亮、钟期光、张震等召集各纵队首长举行作战会议，研究战役第一阶段的部署问题。根据前方侦察情报，黄百韬兵团已经回到新安镇集结，准备堵截我军南下，这样，华野24日电报提出的先夺两淮，再打海州、连云港的方案已难实现，需要制订新的作战计划。会议研究了两个方案：一是运用"围城打援"战术，以一部攻打连云港、海州，调动黄百韬东援，在运动中歼灭之；二是直接对黄兵团进行分割包围，力求全歼，并以一半以上的力量组织打援。与会者多倾向于第二方案，粟裕在会上讲话，指出这次战役的目

① 《毛泽东军事文集》第5卷。

的是"收复华中地区，开辟淮海资源，暴露津浦线南段，孤立徐州"。他说："我们歼灭黄兵团后，直取两淮，进逼长江，威胁南京。敌军现在有三个兵团，我们如果能歼灭黄兵团，再歼援敌三分之一，就能收复淮海广大地区，使敌军防线收缩到沿江一带。所以此次战役意义极大。"在决定采用第二方案的基础上，粟裕作出部署：苏北兵团移至鲁南补充棉衣，一、四、七纵主攻新安镇，六纵攻郯城，三、八纵于运河阻援，九、十三纵威胁徐州，十纵为预备队。最后饶漱石讲话，要大家在连续胜利之后切忌骄傲轻敌，要仔细研究，头脑冷静，把下一个战役打好。①

10月12日作战会议结束，粟裕将会议情况和作战方案上报中央军委。并附带说明，因华野部队需要补充棉衣，请将战役开始时间推迟到10月28日。就在报告发出当晚，华野首长收到毛泽东以军委名义于11日发出的《关于淮海战役的作战方针》这份重要指示。毛泽东对战役的设想和部署作了更明确的规定，他指出："本战役第一阶段的重心，是集中兵力消灭黄百韬兵团，完成中间突破，占领新安镇、运河车站、曹八集、峄县、枣庄、临城、韩庄、沭阳、邳县、郯城、台儿庄、临沂等地。"第二阶段"攻歼海州、新浦、连云港、灌云地区之敌，并占领各城。"第三阶段准备在淮阴、淮安方面作战。针对国民党军徐州"剿总"主力集结于徐州附近，随时可能增援的情况，毛泽东着重指出：为达成第一阶段的任务，应采取"攻济打援"那样的部署，以一半以上的兵力担任牵制和阻援，对付邱清泉、李弥两个兵团，使其不敢全力以赴东援黄兵团，这样才能达到歼灭黄兵团三个师的目的。鉴于郑州的孙元良兵团可能东进，毛泽东指示刘邓陈迅速部署攻击郑州至徐州铁路线，牵制孙兵团。毛泽东指出："淮海战役的结果，将是开辟了苏北战场，山东苏北打成一片，邱李两兵团固守徐蚌一线及其周围，使我难于歼击。此时，你们仍应分为东西两兵团。以大约五个纵队组成东兵团，在苏北苏中作战，以其余主力为西兵团，出豫皖两省，协同刘邓，攻取菏泽、开封、郑州、确山、信阳、南阳、淮河流域及大别山各城。西兵团与刘邓协力

---

① 《华野作战会议记录》，参见《华东军区、第三野战军第三次国内革命战争战史资料选编》。

作战的方法,亦是一部兵力打城,以主要兵力打援阻援,这样去各个歼敌。刘邓因为兵力不足,不能实现如像你们攻济打援及淮海战役那样的作战。你们西兵团去后,就可以实现那样的作战。六、七两月开封睢杞战役就是西兵团与刘邓协力的结果。"

毛泽东在发出上述指示后,又接到华野 12 日的电报,经过考虑,毛泽东 14 日复电华野,对战役作了更具体的部署。他强调打援部队应放在援敌的侧面,即徐州以北、西北和南面,造成围攻徐州的态势,使徐州之敌"第一个感觉是我军似乎有意夺取徐州,而不能确切断定我军并非夺取徐州,而是歼灭黄兵团。等到我军对黄兵团攻歼紧急而决定增援时,又发现如不解决南北两侧威胁,则很难赴援。这样就给我军以必要时间歼灭黄兵团。"他强调要"以一、四、六、七、十一、鲁中等六个纵队再加特纵,担任歼灭黄兵团三个师,这是全战役的中心目标。"并以刘邓主力在淮海战役发起前就进攻郑州、开封,吸引刘汝明、孙元良兵团停留于郑州、开封之间,不能东援,以配合华野作战。①

毛泽东以战略家的眼光,为淮海战役设计了更大、更稳妥的方案。这样,淮海战役不再是华野单独执行的任务,而是华东、中原两大野战军共同执行的任务。当然,谁也没有预见到淮海战役后来会打到那样大的规模,取得那样辉煌的战果,但是毛泽东提出的两大野战军协同作战的方案,不仅局限于歼灭一个黄百韬兵团,而是力求歼灭国民党军徐州"剿总"的主力。这就使原来设想的"小淮海"变成了"大淮海",开阔了华野、中野的眼光,使他们去争取更大的胜利。

10 月 14 日夜里,华野首长召开第二次作战会议,根据毛泽东的指示,进一步完善作战部署。会议决定济南只留下渤海军区地方武装看守,最大限度地集中兵力南下作战。决定华野全军于 10 月 31 日进至临沂、邹县一带集结,11 月 5 日开始攻击。10 月 15 日,粟裕、谭震林致电中央军委,详细汇报了华野各纵队目前的位置和行动方向。电报中说:"昨晚召集各纵首长研

①《毛泽东军事文集》第 5 卷。

究军委 14 日电示，均认为一面集中主力围歼黄匪，同时展开主力一部自各方进迫徐州外围要点，滞留、迟阻援敌于运河右岸、徐州间地区，以此种攻势钳制手段争取裕余时间，保证主要突击方向歼敌顺利的部署方案，布置最妥慎。大家拥护军委此种指示。"电报中补充建议：除以五个纵队围歼黄兵团外，以八纵、十纵主力袭占韩庄，控制运河桥梁，进逼冯治安部驻守的贾汪；以三纵、七纵抢占台儿庄、万年闸，迫使冯治安部起义或于运动中歼灭之。17 日毛泽东复电完全同意。①

就在我军运筹帷幄之际，蒋介石集团也没有闲着。济南在短短几天就被攻克，对国民党军是极大的震动。作为徐州国民党军机动兵团的指挥官杜聿明，更是深深自责。当初他建议蒋介石集中兵力，组建强大的机动兵团，吸引共军攻击某一城市久攻不下，待其攻击顿挫时，出动机动兵团与之决战。济南失守后，杜聿明仍然坚持这个做法。他考虑要扭转国民党军处处被动挨打的局面，必须主动出击。眼下他手中握有邱清泉、黄百韬、李弥、孙元良4 个机动兵团 12 个军，李延年、刘汝明、冯治安 3 个绥靖区 5 个军，加上中原地区的黄维兵团和徐州的特种部队、二线部队，共计 24 个军，70 万人。杜聿明认为，以国民党军的武器优势，可以集中优势兵力寻找华野主力决战。在 9 月下旬，他制订了一个作战计划：放弃郑州、开封、商丘等城市，集中机动兵团，互相靠拢，在鲁西南寻求与华野主力决战。一旦抓住战机，则快速迂回包围；如正面攻击情况不利，则在炮火和坦克掩护下，与迂回部队共同夹击共军。

杜聿明拟定作战计划后，交给徐州"剿总"总司令刘峙。刘峙原则上同意，但认为杜聿明使用的兵力过多，徐州防务空虚。尤其是对冯治安部守徐州不放心。经过讨论，他们决定将李弥的 13 兵团两个军调来守徐州，将冯治安部调往贾汪、台儿庄、万年闸前线。国民党军保存嫡系，将杂牌部队推上前线的做法，令冯治安部队极为不满，埋下了起义的导火线。

10 月 2 日，杜聿明到北平请示蒋介石，蒋批准了他的作战计划。杜再

---

① 《中国人民解放军第三次国内革命战争史料选编》第 3 辑第 2 册。

飞南京，与参谋总长顾祝同商讨实施方案。顾祝同犹豫不决地问："你们发动攻击，有没有把握？"杜说："关键在于黄维兵团是否能将刘伯承牵制住。如果能牵制住的话，徐州方面打华野的各纵队都是有胜算把握的。"顾问："万一刘伯承过来，又怎么办呢？"杜说："我们采取稳扎稳打的战法，集中主力形成圆形态势，让共军钻不了空子，吃不掉我们。一旦抓住共军一部，即迅速猛攻，将其包围消灭。万一共军主动先撤，我们采取'钓鱼'战法，诱其来攻，再行包围。万一这期间刘伯承过来，我们可以阻击华野于微山湖以东，配合黄维先击破刘伯承部，再回头击破华野。"顾祝同觉得杜聿明的计划尚属稳妥，表示同意。10月7日，杜聿明在徐州召集邱清泉、黄百韬、李弥等开会，进行部署，并决定15日开始行动。①

如果国民党军先于华野开始行动，淮海战役的历史就可能是另外一个样子。历史就是这样的巧合，10月15日早晨，杜聿明正要上车出发去前方指挥部，突然接到蒋介石的电报，叫他一同乘飞机去东北。东北野战军发动了声势浩大的辽沈战役，杜聿明奉命去指挥东北国民党军的行动。这样，徐州方面的作战计划被搁置，直到华野发起淮海战役，国民党军一直没有主动出击。这20天的时间，为华野进行战前准备提供了充分的保证。

在积极进行战役准备的同时，根据毛泽东的指示，华野于10月5日至24日在山东曲阜召开前委扩大会议。中心内容是贯彻中央九月会议精神，加强纪律教育。这是华野继濮阳整军之后，又一次提高部队政治思想觉悟、加强部队思想建设的重要会议。

华东局书记饶漱石主持会议并作报告，传达中央九月会议精神。他强调毛泽东提出的"军队向前进，生产长一寸，加强纪律性，革命无不胜"的战略任务。特别强调了加强纪律性的问题。他引用任弼时同志在九月会议上的讲话："为什么毛主席在报告中对加强纪律性提得这么重要呢？这是因为：1、今天的战争规模扩大了，在大规模战争中，需要各方面互相配合，互相协同，如果纪律性破坏了，任何一个师、一个纵队闹独立性，任何一个同志

---

① 杜聿明：《淮海战役始末》，载《淮海战役亲历记》。

闹个人主义，就要使我们军队遭受损失，使整个战役遭受损失。大规模战争要保证胜利，非加强纪律性，非统一集中不可。2、今后要集中更多的兵力进行作战，如果要弄清各个部队的一切然后才打仗，是不可能的。为了战争胜利，不问你是任何部队，只要是共产党的部队，都要坚决服从指挥，不准借口违抗。3、今天的界限已不存在了，地区上已经打成一片。过去的分裂是敌人造成，是客观事实，要求独立坚持作战。而今天客观上打成一片，便要求统一集中。不管你是哪个部队哪个地区，都要统一于中央的领导。过去过早强调集中是错误的，现在不集中就是严重的错误。……因此，在今天要求全党全军绝对的统一集中，特别是对执行党的任务、对革命工作不许讲价钱，反对无纪律、闹独立性的倾向。"

饶漱石在报告中说："这次中央政治局会议，特别是军事会议中讨论作战、编制、后勤、教育等问题时，华野受到严厉的批评和指责。中央对华野的作战特别满意，但对华野后勤没有制度，造成浪费，以及部队的骄气，提出严肃的批评。中央责成我要在华野全军展开反无纪律无政府状态的斗争，对不服从前委领导的违反纪律的各负责同志要执行纪律处分。此次打济南，我们估计这次战役将是空前的，中央对各兵团服从中央服从前委的领导有所了解，曾反复指示全军要服从粟裕同志的指挥。可是有些同志竟闹无纪律无政府的现象，不尊重前委的领导，不服从粟裕同志的指挥。中央责成华野前委要开这一次会议，展开对无纪律无政府状态的斗争，加强纪律性来保证胜利。"①

曲阜会议期间，参加会议的华野师以上干部都认真发言，开展批评与自我批评。对华野部队中存在的军阀主义、本位主义和浪费现象、无政府现象进行了深刻的检查，研究了改进措施。这是一次发扬民主的会议，参加会议的纵队首长回忆："曲阜会议，确实解决了大问题。开了20天，师长政委都参加，是华东局直接主持的。部队经过土改、三整三查后，有个别纵队也想在这个会议上民主一下，好多人提意见。这个会有三个体会：1、总的说从

① 《解放战争时期三野首长报告、会议文件选编》。

上而下是把自卫战争开始从思想上、组织上的原则问题搞通了，从上而下发扬了民主，作了自我检讨。知无不言，言无不尽。2、反对无组织、无纪律。事先不请示，事后不汇报，这问题在高级干部中的确严重，我们听了很惊奇。我们只是有些本位主义，是思想问题。粟裕提出今后一定要反对本位主义，我们保证做到。3、关系问题。个别党委关系不好，在这个会上还拍桌子，要指名检讨。总之会议收获是大的，从上而下，解决了民主问题，统一了认识，整顿纪律，整顿作风，反对本位主义，建立了党的统一领导，解决了团结问题。曲阜会议的中心很明确，反无组织无纪律，为淮海、渡江战役作了准备；批评与自我批评搞得深，每个纵队都写了决议，每个干部都写了保证书。"

　　曲阜会议是新式整军运动的继续和深入发展，通过这次会议，华野全军的组织纪律性、团结协作精神、顾全大局的观念有了明显的增强，为淮海战役的胜利创造了有利条件。一位参加曲阜会议的纵队首长这样说："曲阜会议，贯彻毛主席的四句话，强调组织性纪律性，部队整体观念更强了。在这次会议上野战军首长都作了检讨，对我们教育很大。这次会议保证了淮海战役的胜利。我们是革命军队，服从上级一向是没有问题的，但互相配合有问题。曲阜会议后，在淮海战役中打碾庄圩，四纵某师政委就主动到我们这里研究商量，如何共同歼灭敌人。打碾庄圩八纵、九纵从南门一座桥进去，互无干扰。八纵67团先打进碾庄圩，后来九纵说是他们先打进去的，也没有发生争执。及至战斗解决，八纵押运俘虏离开战场，那时天已经亮了，敌机来袭，好多俘虏纷纷逃到九纵那边去，也没发生什么问题。这些都是贯彻曲阜会议的成就。"①

　　曲阜会议期间，徐州方面国民党军的部署发生了重大变化。蒋介石鉴于济南失守的教训，认为"过去不惜任何牺牲以坚守强固据点或主要城市的老战略，必须改变。"根据蒋介石的指令，南京国防部于10月22日召开军事会议，顾祝同等根据情况判断，认为共军可能会进攻徐州，或进攻蚌埠进逼

---

① 南京军区司令部战史编辑室采访记录，1962年4月。

江淮。与会者坚持"守江必守淮"的战略方针，决定徐州"剿总"放弃陇海线上郑州、开封等大城市，集中重兵集团于徐州外围，对华东共军采取"攻势防御"。蒋介石批准了这个计划，并指定华中"剿总"总司令白崇禧统一指挥华中、徐州两个"剿总"的部队，调黄维兵团东进，策应徐州国民党军的行动。

10月下旬，南京国防部开始调整徐州方面的部署，将郑州的孙元良（第16）兵团调往涡阳、蒙城地区；邱清泉（第2）兵团调到砀山地区；黄百韬（第7）兵团在运河以东的新安镇；李弥（第13）兵团在运河以西的曹八集；台儿庄、贾汪是冯治安的第3绥靖区部队；海州是李延年的第9绥靖区部队。此外，命令驻确山的黄维（第12）兵团出周口，策应徐州方面作战。从地图上看，国民党军在徐州方面是沿陇海铁路摆了个"一字长蛇阵"，他们的意图是依托坚固据点，可以及时调动，进可攻，退可守。

当时，杜聿明正在葫芦岛指挥东北国民党军作战，没有参与徐州方面的决策。当他得知徐州方面的部署后，大为不满。他的感觉是："自徐州到蚌埠间二百多公里的铁路两侧，摆了数十万大军，既弃置徐州既设永久工事而不守（徐州那样庞大纵深的据点工事，只留一两个军，几乎等于不守），又将各兵团摆于铁路两侧毫无既设阵地的一条长形地带，形成鼠头蛇尾，到处挨打的态势。据我了解，古今中外的战史中还找不到这样一种集中会战的战略先例。"①

不仅是杜聿明，白崇禧也意识到国民党统帅部这个计划的危险性。蒋介石打算让白崇禧统一指挥徐州和华中部队与共军决战，白崇禧10月30日从汉口来南京开会，也满口答应承担指挥职责。但他与李宗仁和桂系将领研究之后，第二天开会时突然改变态度，坚决不肯指挥徐州方面的行动。只同意将黄维兵团调给徐州配合作战。与会者对白崇禧的出尔反尔感到不解，猜测白崇禧是怕蒋介石做成圈套，准备在会战失败后委过于他。也有人认为是李宗仁、白崇禧合谋拆蒋介石的台，如果战败就逼蒋下野，由李宗仁取而代

① 杜聿明：《淮海战役始末》，载《淮海战役亲历记》。

之。大战尚未开始，国民党内部的派系斗争就显现出来了。①

中央军委依靠隐蔽在国民党统治区的地下情报系统，准确地把握着国民党军的动向。10月14日，我军获悉徐州附近的敌军有所调动，估计是准备进攻鲁西南（这就是杜聿明的计划）。中央军委经过分析认为：如果敌军真的北上，对华野的淮海作战将是非常有利的。毛泽东当日电告中野、华野：刘邓主力暂缓攻击郑州，华野加紧完成淮海战役准备。后来华野发现敌军没有大规模的行动，只是加强了新安镇一带的防务。10月20日，华野召开第三次作战会议，再次调整部署。将围歼黄百韬兵团的力量由原来的五个纵队加强到八个纵队，阻援部队由原来的一个纵队增加为两个纵队，以三个纵队由台儿庄渡运河南下，吸引徐州敌军，策应阻援部队作战。23日，华野发出作战预备命令，淮海战役的时间从11月5日开始，各纵队由原驻地开始秘密南下。

10月22日，郑州国民党守军根据南京的命令，开始撤退。刘邓部队抓住时机歼敌一部，收复郑州。开封守敌也同时撤退，中野随即占领开封。25日，毛泽东指示刘邓要中野主力南下蒙城，直取蚌埠。刘邓表示他们在永城、涡阳地区集结，无论是打孙元良还是攻蚌埠都更有利。毛泽东批准刘邓的计划，同时要求华野在进军中要注意隐蔽作战意图，不要过早惊动敌人。对黄百韬的主攻和对邱清泉的佯攻最好在同一天发起，使敌军难以判断。

10月28日，华野首长根据敌情的最新变化和中央军委的指示，对战役计划又作了必要的修正并报中央军委。最后确定的作战部署是：以一、二、六、九、十二纵及鲁中纵队、中野十一纵共七个纵队主攻新安镇，消灭黄百韬兵团；四、八纵和苏北的十一纵南北对进，突击运河车站，分割黄百韬、李弥兵团的联系；七、十、十三纵出台儿庄、贾汪，歼灭或促使冯治安部队起义；三纵和两广纵队归中野指挥，向商丘、砀山出击，牵制邱清泉兵团。

10月30日毛泽东复电粟裕、谭震林，同意华野的作战部署，强调战役应在11月7日或8日"各处一起动作，使各处之敌同时受攻，同时认为自

① 郭汝瑰：《淮海战役期间国民党军统帅部的争吵和决策》。

已处于危险境地，互相不能照顾，要在两三天后才能查明我之主攻方向，但又因为我各部均已迫处他们面前，又已无法互相增援，尤其使黄兵团各部丧失收缩集结的必要时间，极为重要。"毛泽东对战役寄予厚望："此战打得好，可能歼灭黄兵团八个师，李兵团两个师，冯治安两至三个师，接着不久并可能歼灭东海及两淮之敌，则长江以北之局面便可展开。……故望你们精心组织这一伟大的战役。"①

　　这时，辽沈战役已接近尾声，廖耀湘的重兵集团已在辽西全军覆没。蒋介石惊慌失措，马上考虑到徐州的危机。11月4日，参谋总长顾祝同飞到徐州，与邱清泉、李弥、黄百韬、孙元良等商议徐州作战。邱清泉说鲁西南发现共军大部队，先头已到曹县、成武。黄百韬则说郯城以北有共军主力南下，可能要向他进攻。众将领一致认为，徐州"剿总"各部队在陇海线上的"一字长蛇阵"态势不利，必须调整。于是顾祝同拟定了一个"徐蚌会战"计划，放弃次要城市，集中兵力于徐州、蚌埠间津浦线两侧，作攻势防御。11月6日，南京国防部正式下达命令：徐州以两个军固守；黄百韬兵团撤到运河西岸，海州方面的第9绥靖区和44军撤至新安镇归黄百韬指挥；邱清泉兵团在永城、砀山集结；李弥兵团在灵璧、泗县集结；孙元良兵团在蒙城集结。这样，国民党军把原来的"一字长蛇阵"改变为沿津浦线两侧布防，各兵团相对靠拢。

　　但是，国民党方面的行动迟了一步。就在他们刚刚开始调动时，华东野战军主力大举南下，拉开了淮海战役的序幕。

---

① 《毛泽东军事文集》第5卷。

围追堵截黄百韬兵团

华野大举南下——国民党情报不灵——黄百韬在新安镇等了两天——拥挤的运河铁桥——"十人桥"的故事——毛泽东指示扩大战役规模——张克侠、何基沣战场起义——蒋介石命令在徐东决战——曹八集追歼44师——华野主力合围黄百韬兵团——一纵窑湾歼灭63军

1948年11月4日,华东野战军代司令员兼代政委粟裕、副政委谭震林、参谋长陈士榘、副参谋长张震下达淮海战役攻击命令。6日夜里,华野主力从临沂、滕县地区向陇海路东段疾进。中路突击集团一、六、九纵直扑新安镇、阿湖的黄百韬兵团,四、八纵经邳县向西南进军,目标是占领运河铁路桥。山东兵团七、十、十三纵从临城、枣庄地区向万年闸、台儿庄、韩庄进军,目标是攻击冯治安部。三纵和两广纵队配合中野从鲁西南的单县向砀山挺进,进逼徐州。战斗首先在郯城打响,鲁中纵队包围了国民党山东保安旅王洪九部,解放战争中规模最大的淮海战役拉开了序幕。

国民党军的情报工作,始终处于落后状态。战前我军对国民党军的部署和调动情况了如指掌,并根据敌军的变化几次变更部署。而国民党军对我方即将发起的战役行动几乎一无所知。济南战役后,南京国防部情报部门方面曾派遣104部电台,企图深入解放区搜集情报,由于解放区军民的

严密组织和高度警惕，使国民党特务无隙可乘。虽然有4部电台在教会掩护下从鲁北地区潜入，却发不出报。他们只能蹲在解放区的边缘，打听一些消息。大的动向，则是靠监听我方的电台信号。[1]到11月初，国民党方面得到华东野战军部队调动的消息，才判断可能是要打徐州。为此，11月4日顾祝同、刘峙在徐州召集各兵团将领开会，决定变更部署，收缩部队集中于徐州周围。黄百韬建议"以徐州为中心，集结各兵团对东南西北四个方向备战，各兵团互相衔接"的战术，声称"不是自己怕死，而是只有这样才能持久。"并建议放弃海州，将第3绥靖区部队和44军西调。刘峙批准了这个计划，5日，黄百韬回到新安镇，布置第7兵团的四个军向运河西岸的碾庄地区转移。

在国民党高级将领中，黄百韬不是黄埔出身，能够当上兵团司令，是不寻常的。内战开始时他只是整编25师师长。在孟良崮战役中，他拼命救援张灵甫，事后又能主动承担责任，替汤恩伯解脱。南麻、临朐战役中，他又为胡琏的11师解围。在睢杞战役中，他亲自登上坦克冲锋，使25师免遭歼灭。在国民党将领中，像他这样替蒋介石卖命的人实在是太少了。所以蒋介石授予他勋章，在重新组建被歼灭的第7兵团时，任命黄百韬为兵团司令。黄百韬感激不尽，发誓效忠蒋介石。在组建机动兵团时，国民党军将整编师又恢复军的番号。当黄百韬回到新安镇布置转移时，兵团所属的63军在新安镇、25军在阿湖、64军在高流、100军在瓦窑。各军相距不过二三十里。刘峙5日、6日连下两道命令：将原来准备开往海州的第100军和驻海州的44军统归第7兵团指挥，要求黄百韬带领这两个军和第9绥靖区司令部向徐州撤退。黄百韬在电话里大声问："第9绥靖区究竟何时到新安镇？本兵团究竟何时撤退？"刘峙无法具体答复，黄百韬愤怒地将电话一摔，只好在新安镇等海州的李延年和44军到来之后，一同撤往运河西岸。

11月5日晚，第9绥靖区司令李延年正在海州的官邸里会见南京总统府战地视察官李以劻，议论撤退还是固守的问题。突然一家盐店的经理唐某来

① 李以劻：《淮海战役国民党军被歼概述》。

见李延年，说刘峙总司令有电报告诉他与李延年一道回徐州。李延年惊讶地问："你怎么知道我要回徐州？"唐某说："不要海州了。"原来，刘峙私下做盐生意，唐某是他的经纪人。李延年在当日深夜，才接到徐州撤退的命令。他大为不满地对李以劻说："刘经扶（峙）看钱财比国家的事还大，这样泄漏军事机密，不败何待！"李延年连夜召集会议，部署撤退事项。海州城内顿时乱作一团，先是第9绥靖区的司令部和直属部队，然后是44军，然后是国民党地方机构、附近各县政府、保安队，最后是商人、学生等，乱哄哄地向新安镇方向撤去。

11月6日21时，华东野战军鲁中南纵队攻击郯城王洪九部，打响了淮海战役的第一枪。王洪九是临沂地区的一条地头蛇，当过土匪、汉奸，抗战结束后被国民党收编为山东保安1旅。我军撤出临沂后，他的部队在当地烧杀抢掠，无恶不作，欠下血债累累。济南战役后，他感到形势不好，10月10日带领所部4000多人放弃临沂，逃到郯城。郯城是山东与江苏交界的一个小县城，北距临沂50公里，南距新安镇25公里，是山东江苏交通的重要孔道，地理位置比较重要。王洪九盘踞郯城，为黄百韬兵团充当前哨。华野要举行淮海战役，郯城将是我军南下的主要通道和支前基地。曲阜作战会议上，粟裕把消灭郯城敌军的任务交给鲁中南纵队司令钱钧。

华野司令部下达淮海战役作战命令后，鲁中南纵队的两个师迅速由临沂出动，11月6日黄昏到达郯城外围。王洪九的部队守在城外的几个村庄，我军打响后，敌人还以为是小部队。当我军火力越来越猛，敌军才知道是我军主力南下，纷纷向郯城退却。午夜时分，鲁中南纵队已经肃清外围，包围了郯城城关。郯城只有一道土城墙，不高，但有外壕。主攻的47师139团从东门发起攻击，敌军火力封锁，几次爆破没有成功。突击部队没有在东门硬攻，迅速转到南门。发现东南角城墙较低，便于攀登。于是139团一面佯攻东门，吸引敌军火力，一个连从东南角登城，与敌军展开肉搏。东门守敌发现我军入城，慌乱起来。我军里应外合打开东门，47师全部投入巷战。这时，46师也从北门、西门突破，将敌军包围分割。7日黎明，46、47师在城内会合，王洪九部 3000 多人被歼。只有王洪九带少数人逃窜。①

6 日晚间我军进攻郯城的时候，李延年、李以劻从海州到了新安镇。黄百韬刚开完会，面对地图向二李说明形势："陈毅的部署（国民党军情报不灵，一直以为华野是由陈毅指挥——作者注）是先打 7 兵团，现在兵团的位置非常不利，在新安镇打则孤军无援，如侧敌西进，到不了徐州就会遇敌。我已命令 63 军从窑湾镇强渡，其余各军明早西行。转进太迟了，要掩护 44 军从海州西撤，不能贻误战机。否则全兵团将被包围。国防部作战计划一再变更，处处被动，正是将帅无才，累死三军。这次会战如果垮掉，就什么都输光了。"午夜，黄百韬紧急把睡着的李以劻叫醒，告诉他共军主力已经南下，先头部队已经到了郯城。由此判断，肯定是来打 7 兵团的。黄百韬要李以劻、李延年明早速行，以免路上出岔子。黄百韬情绪激动地对李以劻说："请你告诉刘总司令，要其他兵团快点集结，迟了就会误大事。如果我被包围，希望别的兵团来救。古人说：胜则举杯相庆，败则出死力相救，我们是办不到的。这次与以前的战役性质不同，是主力决战，关系到存亡。请你面报总统，我黄某受总统知遇之隆，生死早置之度外，我临难是不苟免的，请你记下来，一定要转到呀！"最后，黄百韬又沉重地说："国民党是斗不过共产党的，人家对上级指示奉行彻底，我们则阳奉阴违。"②他已经预感到末日的来临。

11 月 7 日 13 时左右，王洪九蓬头跣足，只剩一只鞋，满身泥斑地逃到新安镇黄百韬兵团司令部，大家才知道前方已甚紧急。这天，黄百韬兵团的五个军正渡运河西行。运河上只有一座铁桥，部队行列太长，拥挤不堪，如有情况必然陷于混乱。黄百韬安排工兵在铁桥以北架一座平行的浮桥，加快过河速度。命令 100 军占领炮车镇，掩护友军过河。63 军军长陈章主动请求到南边的窑湾镇渡河，避免拥挤，便指挥部队南去了。即使如此，估计也要到 10 日，兵团主力才能渡过运河。按照黄百韬的部署，7 日一整天是 64

① 钱钧：《关于鲁中南纵队参加淮海战役的回忆》，载《中国共产党历史丛书——淮海战役》第 2 册。
② 李以劻：《淮海战役国民党军被歼概述》。

军过河，到8日拂晓才过完。黄百韬率领兵团部于8日上午过河。然后是44军，在下午全部过河。当100军正在渡河时，华野四纵的先头部队已经赶到运河车站以北5公里处，与100军后卫部队交火。

11月7日，华野主力突击兵团一、四、六、八、九纵分路南下，向运河东岸的新安镇、官湖镇、运河车站等地挺进。当天四纵占领邳县，只歼灭了国民党军担任掩护的小股部队。从俘虏口中知道，7兵团已经大部渡河向徐州靠拢，有逃跑的可能。纵队首长立即将情况报告野战军司令部。九纵先头部队赶到新安镇，群众反映63军刚刚离开不到两小时。8日早晨，粟裕命令四纵："不顾一切，于今晚午夜攻占运河铁桥，向东堵击西撤之敌，如敌西南窜则跟踪之。"命令九纵："主力由新安镇以南渡河西去，至新安镇西南地区。一部攻击新安镇之敌。"①

四纵、九纵接到命令，立即展开急行军。四纵指战员不顾天气寒冷，徒涉水深及胸的河流，向炮车、运河车站之间猛插。许多战士在行军中跑掉了鞋，光着脚继续行军。8日黄昏，四纵12师36团在运河车站以北的八家杨村与敌100军44师部队遭遇，敌军正在构筑工事，我军一个排冲上去突破前沿。敌军以密集火力还击，我军伤亡较大，一个排打得只剩8人，仍然咬住敌军不放。44师师长刘声鹤命令两个团增援，企图坚守八家杨。四纵36团与敌军激战一夜，到9日天明，主力部队赶到，将44师的两个团击溃，逼近运河铁桥。

100军遭到我军打击，顿时慌乱起来。9日这天，25军在100军掩护下通过运河桥，下午100军军长周志道命令44师撤退，通过铁桥。这样多的军队涌向一座狭窄的铁桥，步兵、卡车、马车将铁桥完全堵塞，拥挤不堪。还有许多从海州逃过来的国民党官员、地主、商人也要过桥，运河两岸一片混乱。44师直属队到达桥东时，见桥上人畜拥挤，便以卡车在前冲开一条路，使后续部队得以过河。守在桥头的25军士兵怕共军逼近，想提前炸毁铁桥。这时，100军军长周志道来到桥上，跳脚大骂："老子一个师（44）没

① 华东野战军司令部：《淮海战役阵中日记》。

有过河，哪个敢炸！等仗打完了，非和黄百韬到国防部打官司不可！"44师军官也跟着骂25军："我们打了一天，掩护你们过河，现在你们过去了，就要炸桥。真是只顾自己，不顾别人。"25军工兵见军长发火，没敢炸桥。这时，44师师长刘声鹤率领一个团匆匆过河，周志道才一起离开铁桥。当44师担任掩护的部队撤下来，接近铁桥的时候，桥东的一辆弹药车突然起火爆炸。25军工兵以为共军到了，慌忙将桥炸毁。44师近3000人被隔在运河东岸，急得团团转。①

消灭44师滞留河东的两个团，是由八纵完成的。四纵抓住44师打了一阵后，没有与敌军纠缠，主力向西强渡运河，追击黄百韬兵团。八纵23师69团走在前面。得知国民党军还有一部分没有渡河，一天急行军80里，于9日黄昏赶到运河车站。200多敌军正在吃晚饭，就被我军解除了武装。69团1营直奔桥头，与滞留的敌军展开近战、夜战。敌军虽然人数众多，但非常混乱，人无斗志。我军抓住俘虏，才知道有三个团的番号。1营抓住战机，不等后续部队到达就发起攻击。敌军向南溃退，依靠桥头的大碉堡居高临下，顽强固守。1营强攻不行，就拖住敌人，等10日天明，后续部队上来，将运河东岸的敌军完全消灭。共计歼灭国民党第44师130团全部、131、132团各一部，共2700多人。占领了运河铁桥。桥虽被敌军破坏，但不十分严重。69团找来木板，铺成桥面。10日晚18时，八纵22、23师就全部渡过运河，向西追击黄百韬兵团。②

九纵从新安镇继续南下，追击国民党63军。在沂河边的埝头集，追上了63军后卫的两个团。九纵27师立即分成几路渡河，迂回包围敌人。79团1营2连走在前面，命令3班火速架设浮桥。3班找来一些木板和两架梯子，架起一座简易浮桥。由于桥桩不稳，战士们通过时容易翻转落水。这时，敌军火力已经开始封锁渡口，为了不延误时间，在副排长范学福和班长马选云带领下，全班一齐跳进冰冷的河水中，十人分两排扛起浮桥，保障全营顺利

① 谭冀平：《44师在八义集的覆灭》。
② 王一平：《华野八纵在淮海战役中的日日夜夜》。

通过，完成了战斗任务。这个模范事迹被称为"十人桥"，广泛流传，并写进了新中国的小学教科书中。堆头集战斗从8日午夜打到9日拂晓，歼灭63军两个团。63军军长陈章本来满不在乎，自己要求从窑湾渡河，撤退动作又慢。被我军抓住后，他惊慌失措，率领残部逃向窑湾，成了黄百韬兵团中唯一被丢在河东的军。①

鉴于黄百韬兵团大部渡过运河，徐州敌军有总退却迹象，11月9日16时毛泽东电令华野："粟陈张应令谭王集中七、十、十三纵及由南向北之十一纵，以全力向李弥兵团攻击，用迅速手段歼灭该兵团的全部或大部，控制并截断徐州至运河车站之间的铁路，运东主力则歼灭黄兵团。只要以上几点办到，就能破坏敌人总退却的计划，遭我全部歼灭，并占领徐州。现在不是让敌人退至淮河以南或长江以南的问题，而是第一步（即现在举行之淮海战役）歼敌主力于淮河以北，第二步（即将来举行的江淮战役）歼敌余部于长江以北的问题。"他告诉华野："敌指挥系统甚为恐慌混乱，望你们按照上述方针，坚决执行，争取全胜。此时我军愈坚决，愈大胆，就愈能胜利。"②毛泽东再次扩大淮海战役的规模，把原来以歼灭徐州右翼敌军为主的目标，扩大到歼灭徐州国民党军主力。

粟裕等研究了敌情，认为当务之急是主力兵团渡运河西进，与山东兵团会合，围歼已经到达碾庄圩的黄百韬兵团。9日，粟裕命令四、六、八、九纵迅速渡河，消灭运河东岸敌63军的任务，留给一纵。当时一纵司令员叶飞因病休息，副司令员兼参谋长张翼翔指挥战斗。他接到陈士榘参谋长的指示：63军于8日下午撤离新安镇，在堆头被九纵歼灭了一个团，一纵应立即向窑湾方向开进，追歼63军。张翼翔接受任务后，迅速传达。一纵经过一昼夜近百里的追歼，终于在10日傍晚赶到窑湾镇外围，完成对63军的包围。

黄百韬到达碾庄后，本想继续前进，向徐州靠拢。但是兵团所属各军渡

① 《中国人民解放军第27军第三次国内革命战争战史》，1956年初稿。
② 《毛泽东军事文集》第5卷。

过运河后，部队相当疲劳，建制混乱。25军和100军过河时遭到我军追击，损失惨重。黄百韬打算在碾庄住上一天，10日再行动。他召集各军军长在碾庄开会，多数人主张不要停留，兼程前进。25军军长陈士章说："西走一里好一里，豫东之战，我们25师和72师只相隔20里，炮火相接，但终于冲不开共军的隔绝。现在留在此地，万一被围困，梦想邱清泉远道来援，恐怕不可能。"黄百韬也说："相隔5里，他也不会来救我们。"但64军军长刘镇湘反对。因为64军最早过运河，没有损失，他们已经构筑好阵地，仓惶舍弃，如果在行军中遭遇共军，后果不堪设想。黄百韬考虑63军还没过来，丢掉也不好，争论没有结果，还是在碾庄停留了一天。这一天耽搁，就为我军包围黄百韬兵团创造了有利时机。①

11月8日，当华野山东兵团向台儿庄、贾汪地区行进时，驻守当地的国民党第3绥靖区冯治安部队第59、77军，在绥靖区副司令张克侠、何基沣率领下举行起义。这两个军原来是冯玉祥的西北军，冯玉祥反蒋失败后，西北军被改编为第29路军，驻守北平。1933年初，日军侵略热河，战火烧到长城脚下。29军奋起抗战，在喜峰口与日军血战。1937年"七七"事变，29军又在卢沟桥与日军激战。此后，29军被改编为33集团军，张自忠任军长。他们继续抗日，参加了徐州会战和枣宜会战。在枣宜会战中张自忠战死，冯治安继任军长。这支部队是一支有抗日传统的部队，多数官兵是爱国的。但抗战结束后，蒋介石把他们推上内战第一线，以其是杂牌部队，采取利用、消耗的政策，最终目的是把这些部队分化瓦解。第3绥靖区的部队一直是在进攻山东解放区的前线，官兵不愿打内战，但冯治安企图以效忠蒋介石来保存实力，部队越打越弱。到淮海战役前夕，第59、77军官兵急需寻找出路，摆脱内战。中共地下党员张克侠、何基沣抓住时机，策动了这次起义。

张克侠早年参加西北军，1927年到苏联中山大学学习，接受革命思想。1929年在上海入党，后奉命返回西北军做地下工作。他深受冯玉祥、张自忠的信任，曾任33集团军参谋长、副司令。抗战结束后，又任第3绥靖区

① 陈士章：《第7兵团的覆灭》。

副司令。1946年夏天，他到南京秘密会见周恩来副主席，向他汇报了情况。周恩来同志指示：要多向国民党官兵，特别是高级将领说明党的政策，指明出路，争取策动大部队起义。回到徐州，张克侠曾做过冯治安的工作，但冯治安对蒋介石抱有幻想，根本不相信共产党能够取胜。张克侠又找59军军长刘振三、副军长孟绍濂等交谈，起到了一定的作用。

何基沣是保定军官学校出身，在冯玉祥手下任副师长，参加过北伐。在29军任旅长、师长时，参加了长城抗战和卢沟桥事变。失败的教训使他重新考虑人生的道路，1938年养伤期间，他化装到延安考察，几次受到毛泽东主席的接见。毛泽东的谈话给他深刻的教育。1939年他秘密加入中国共产党，在33集团军中做地下工作。抗战胜利后他任77军军长，因不愿打内战，受到蒋介石的怀疑。蒋介石采取明升暗降的方法，任命何为第3绥靖区副司令，77军军长让顽固派王长海担任。何基沣思想进步，在77军中很得人心。

张、何二人早就想举行起义，1946年1月郝鹏举在鲁南起义时，张克侠起了穿针引线的作用。由于时机不对，张、何二人未能带领部队起义。华东局国军工作部的同志与张克侠、何基沣建立了联系，不断秘密往来。第3绥靖区的将领分为两派，冯治安总司令和刘振三、王长海两个军长是旧派，倾向蒋介石。张克侠、何基沣是新派，倾向革命。冯治安认为张、何不带兵，成不了事。随着形势的变化，共产党越打越强，国民党军不断失败，第3绥靖区的官兵们思想波动日益强烈，大家都看出国民党是腐败得没有希望，都想寻求出路。张克侠、何基沣在部队中的威信也就越来越高。

1948年10月中旬，三位客人来到徐州找张克侠、何基沣。他们是华东局国军工作部的杨斯德、孙秉超、刘连城同志。他们向张、何通报了情况，要张、何配合行动，争取部队起义。张、何认为目前条件已经成熟，是行动的时候了。他们频繁地找59、77军的军官谈话，取得多数人的支持。冯治安和他的亲信也感到末日来临，惶惶不可终日。11月4日，59军军长刘振三找到冯治安，要他在必要时刻毅然行动起来，再也不能这样不明不白地混下去。冯治安还是犹豫不决，刘振三只得先为自己找后路，请求到上海治病。冯准了假，刘振三就此脱离前线，临走时将部队交代给副军长孟绍濂。77军军长王长海也称病请假，部队由何基沣指挥。

11月1日，杨斯德、孙秉超同志再次来到贾汪何基沣的指挥部，通报了我军即将行动的消息。他们一起研究了行动方案，何基沣向59军副军长孟绍濂、师长过家芳打了招呼，他们都同意起义，希望张克侠来指挥。当时张在徐州受到冯治安的监视，脱不得身。11月7日，冯治安召集军、师长开会，传达研究"徐蚌会战"的计划。张克侠接到何基沣从贾汪打来的电话，杨斯德在电话中催促张克侠到前方指挥所来。张克侠知道我军即将开始进攻，借口作战时高级将领应在前线与部队在一起，否则部队无人指挥，会引起混乱，要冯治安同他一起到前线去。冯当然不肯去，张克侠坚持要去，冯勉强答应。8日凌晨1时，张克侠与59军副军长孟绍濂等离开徐州，前往台儿庄59军军部。①

就在张克侠前往指挥部途中，我军已经开始行动。华野七纵攻占了韩庄至台儿庄之间的万年闸，消灭守桥的59军一个营，控制了运河上这座重要的桥梁。山东兵团主力南下，向贾汪方向推进。何基沣决定抓住时机起义，他用吉普车将杨斯德送过运河，向我军通报起义消息和约定联络方式。8日下午，何基沣召集77军团以上军官开会，宣布起义。除少数坚持反动立场的军官离开部队逃往徐州外，大部分官兵都赞成起义。张克侠到达59军军部后，也集合部队宣布起义。当华野山东兵团主力到达贾汪、台儿庄后，59、77军让开大路，使我军顺利通过第3绥靖区防地，挥师南下。9日白天，起义的59军两个师、77军一个半师共23000余人在张克侠、何基沣指挥下行军北上，向鲁南解放区的兰陵镇前进，继而北上临沂，加入人民解放军的行列。②

第3绥靖区部队在运河前线的起义，是我党地下党员与华东局国军工作部里应外合的一次成功的行动。在起义部队的配合下，华野山东兵团七、十、

① 张克侠：《第3绥靖区部队起义经过》。
② 何基沣：《运河前线起义》。

十一纵顺利通过运河防线，直插陇海线的宿羊山、曹八集地区，切断了徐州"剿总"和正在西撤的黄百韬兵团的联系，为包围黄百韬兵团赢得了时间。粟裕事后曾说："只要我们在贾汪多呆四小时，我们的战机就丢失了。"这次起义，对保证淮海战役第一阶段的胜利，有不可低估的作用。①

冯治安在徐州听说张克侠、何基沣率部起义，痛哭流涕。他向刘峙请罪说："没有想到共产党的策反瓦解工作这样厉害呀，我对不起总统，请总司令把我关起来。"刘峙也无话可说，把冯治安送往南京，听候处理。冯治安请求蒋介石为没有起义的残余部队保留番号，送江南整补，幻想保存最后一点实力。蒋介石一怒之下，撤销了第59、77军的番号，将冯的剩余部队分别编入李弥和孙元良兵团。只给冯一个京沪杭警备副司令的空头衔。这样，冯治安惨淡经营多年的西北军部队彻底覆灭了。对于追随蒋介石的非嫡系将领，也是一个深刻的教训。②

11月10日这天，华野七、十、十一纵占领宿羊山，向碾庄西南插下去。运河东岸除一纵负责围歼窑湾的63军，其余各纵队纷纷渡过运河，追击黄百韬兵团。原来驻扎在碾庄以西20里曹八集（今八义集）的李弥13兵团接到徐州"剿总"的撤退命令，不等黄百韬兵团来到，即全部撤往徐州。致使黄百韬兵团被单独甩在碾庄地区。如果黄百韬这天坚决西撤，华野可能来不及形成合围。但是蒋介石在关键时刻作出错误的决策。他认为以徐州几个机动兵团的力量，完全可以和共军决战。他亲自指示徐州"剿总"："应本内线作战之原则，集中全力先求运河以西、徐州以东之匪而击灭之。黄百韬兵团应在原地位置固守待援，其余各部队不应再向后撤，应协同邱兵团夹击运河以西、徐州以东之匪。邱清泉兵团应以主力转用于徐州以东，协同黄兵团之作战。李弥兵团应抽出一个军参加攻击。"刘峙也电令各兵团："我军作战基本方针采取攻势防御，先巩固徐州，以有力部队行有限目标之机动攻击，以策应黄兵团之作战。"③蒋介石错误判断形势，企图在徐州以东和华野举行

① 谢有法：《山东兵团在淮海战役中》。
② 李以劻：《淮海战役国民党军被歼概述》。
③ 南京国防部：《华东战场作战指导检讨》。

决战。黄百韬和军长们的争论,在接到蒋介石的电令后也就结束了。黄百韬把兵团部设在碾庄,以此为中心,25军在北,64军在东,44军在南,100军在西,形成一个环形防御体系。

10日早晨粟裕得到各纵报告:运河以西的十三纵已经到达宿羊山、七纵正渡过不老河向大许家进军。运河以东的四、六、八、九纵正在分头强渡运河,向西追击。一纵已将63军包围。黄百韬的四个军仍在碾庄地区。他立即调整部署,除三纵配合中野作战,一纵在河东歼灭63军外,华野其余十一个纵队都向碾庄方向前进。"战役第一步应以完成包围黄兵团,不使其西逃为主要任务。待我包围后,则分割聚歼之。如敌西逃,各部应不受战斗地境限制,坚决追歼之。"①

国民党第100军的44师在运河东岸被我军消灭一大半,只剩下两个营和师直属队,在师长刘声鹤带领下向徐州方向撤退。本来黄百韬命令100军在碾庄以西的贺台子守备,44师认为自己在运河东掩护吃了亏,决定直接回徐州整补。他们一路西行,10日下午到了曹八集。这里原来是李弥兵团的驻地,修筑了大量的工事。围墙、外壕、鹿砦、铁丝网形成层层障碍,地堡与纵横交错的交通沟相连,形成交叉火力网。44师本来还想继续西进,但是听到北面有密集的枪声。军官们不相信共军会来得这样快,有的主张赶快走,有的主张留下据守。等侦察部队回来报告,真的是共军大部队来了,刘声鹤才指挥手下3000多人赶紧在曹八集部署防御。

十三纵在通过第3绥靖区的运河防区后,经过一昼夜急行军,38师的三个团于10日下午赶到曹八集。十三纵首长指示:"哪个团先到,哪个团发起攻击。"114团在黄昏时首先向曹八集北门外围发起攻击。在炮火掩护下,半小时内扫清敌军外围障碍,从俘虏口中了解44师的情况。深夜,1营1连经过连续爆破,将北门围墙炸开一个缺口。突击部队冲进圩子,与敌军展开巷战。刘声鹤亲自督战,组织"敢死队"与我军争夺突破口。114团指挥员不够冷静,在突入北门后,没有迅速向两侧发展,扩大突破口,控制北门楼

---

① 《中国共产党历史丛书——淮海战役》第1册。

制高点，接应后续部队上来。而是一直向纵深冲击。结果突破口被敌军封锁，1营突击部队被切断了联系，困在房屋和碉堡中坚持战斗。在弹药用尽后，30多人壮烈牺牲。114团于11日凌晨3时组织火力发起新一轮攻击，2营再次从北门突入一个排，不久又被敌军封锁突破口。到11日清晨，115团开始从南门攻击，牵制了敌军一部分兵力。38师首长见114团打得很艰苦，攻击受阻，果断将112团投入战斗。11日中午发起攻击，在炮火支援下，10分钟就突入北门两个连，分向两侧进攻。敌军炮弹已经用完，防御能力大为削弱。112团全部进入曹八集后，敌军开始溃散，向南门逃窜，被115团拦截歼灭一个营。112、115团南北夹击，敌军电台被炸毁，指挥系统完全失灵。刘声鹤见大势已去，举枪自杀。下午战斗结束，44师残部被全歼，2500多人被俘。①

曹八集战斗，华野十三纵切断了碾庄圩与徐州之间的陇海线，将黄百韬、李弥兵团分割开。11日七纵向大许家、单集等地进攻，与南面上来的十一纵打通联系。十纵占领韩庄，向徐州方向佯攻。黄百韬西去道路被华野山东兵团四个纵队切断，山东兵团占据有利地形，对徐州方面形成坚强的防线。四纵占领碾庄以北的大杜庄、太平庄，六纵占领碾庄车站西面的孔庄、曹家楼，八纵占领碾庄东南的天启庙、小古庄，九纵占领碾庄车站以南的徐井涯。黄百韬兵团被包围在碾庄方圆18平方公里的范围内，陷入华野主力布下的天罗地网。

被一纵包围在窑湾的国民党第63军原是广东部队，黄百韬组建第7兵团，要求将63军北调归他指挥。10月63军到达新安镇后，因不服水土，不适应苏北气候，部队士气低落。这时蒋介石又临阵换将，让陈章任军长，上下不熟悉，指挥也不协调。陈章原来骄傲自大，从新安镇南下时动作迟缓，被我军在埝头集追上一顿痛打，损失一个团。陈章又惊慌失措，率领部队向窑湾逃跑，连我军同他作战的是哪个部队都不清楚。窑湾位于邳县以南运河、沂河汇流处，小镇三面环水，东面有一条围墙。墙外有断续的外壕和水

① 《中国人民解放军第31军解放战争战史》，1952年初稿。

塘相连，地形开阔，外围有许多零星小村落。居民听说国民党军来了，早已躲避逃跑。63军到镇中连粮食也找不到，陈章和师长们靠从地里挖来的芋头充饥。11月9日夜晚，只听得四周枪声不断，知道已被包围。当时他们商量两条路：一是渡运河西逃，二是南下逃往宿迁。陈章派部队乘船渡河，没想到苏北十一纵33师已经占领西岸，用火力封锁运河水面。敌军看到西岸也有我军主力部队，吓得赶紧退回来。陈章只得部署各师匆忙构筑阵地，固守待援。

一纵副司令员兼参谋长张翼翔在窑湾东北的腰庄纵队指挥所进行部署，为了尽快歼敌，他命令1、2、3师分别从东、北、东南三个方向同时进攻，扫清外围后不再调整部署，直接发起总攻。他向粟裕报告后，粟裕在电话中问："你们一个纵队消灭敌人一个军，有把握吗？"张翼翔坚定地回答："有！"粟裕当即批准了一纵的作战方案。①

11月9日夜里，一纵三个师开始扫清外围的战斗。63军是仓促转入防御的，工事修得很差。各村有些零星据点，并不坚固。敌军想逐村抵抗，消耗我军。我军如果采取逐村攻击各个解决的方法，势必延长作战时间。战前我军各级干部都到前线看了地形，决定抓住敌军防御薄弱的地带，大胆突破，插入敌军纵深，迫使敌军全线动摇。为了有力地摧毁敌军工事，打开突破口，各师配备的重炮要尽量靠前，进行抵近射击。这种战术十分有效，1师2团攻击小上窑村，两个营从两面进行夹击。敌军全线动摇，向南边窑湾镇里溃退。2师6团当面之敌是一群老兵，他们在我军炮火射击时保持沉默，我军接近时也不打枪，隐蔽于道路两边的交通沟里。当我军进到面前，突然投出一排手榴弹，给我以杀伤后迅速撤退。但是总的来说，敌军的部署是混乱的，个别部队顽抗也阻止不了全线的溃退。经过一夜战斗，一纵肃清了外围，把63军残余的近万人包围在窑湾镇内。②

这时陈章才感到大事不妙，向徐州连连呼救。10日中午，国民党飞机

① 叶飞、张翼翔：《记淮海决战中的华野第一纵队》。
② 《第一纵队淮海战役总结》。

投下刘峙的手令，让陈章"固守待援"。下午来了几架运输机空投粮食，飞行员不敢低飞，粮食有的投到我军阵地上，投到窑湾镇内的被63军各部又抢又夺，乱成一团。陈章的主力师长张泽琛在黄昏时换上便衣，临阵脱逃。陈章企图顽抗到底，他下令拆掉镇上的房屋，加强工事。组织督战队，临阵退缩者枪决。

10日一纵召开作战会议，确定总攻窑湾部署。以1师主攻，配属榴弹炮6门、山炮5门，由东门突破，直插63军军部。2师3师也配置相应炮火，由南北两面突破，配合1师进攻。11日16时，我军重炮向窑湾镇内猛轰，顿时镇内硝烟弥漫，到处起火，敌军感觉有上百门炮在向他们头上倾泻炮弹。炮火之后，1师2团2连炸开围墙、鹿砦，由小东门突入镇中。敌军以一个团的兵力组织反冲锋，一批一批的连续三次反扑，想把我军挤出去。2连沉着应战，半小时内打退敌军三次进攻，巩固和扩大了突破口。战后2连获得"窑湾战斗第一大功连"的光荣称号。

敌军的反冲锋失败后，全军陷入混乱。63军虽有火炮十余门，都是零星发射，对我军形不成威胁。镇上街道到处是乱跑的敌军，我军边打边抓俘虏，团首长亲自审问，很快摸清情况，1师2团5连一直冲杀到63军军部前，在激战中全连打得只剩20多人，仍然一往无前，冲锋不止。军部守敌丧失斗志，200多人举手投降，5连战后荣获"窑湾战斗第二大功连"称号。

陈章在部队失去控制的情况下，带领卫队向运河边逃去，企图抱块木板顺流而下。当陈章通过454团阵地时，守阵地的士兵大骂："丢那妈，叫死守阵地，怕死鬼先跑了！"陈章等刚到河边不久，就遭到我军对岸密集火力扫射，陈章中弹毙命。其余残敌仍然纷纷下水逃生，被打死或淹死百余人。在镇中顽抗的152师副师长黎天荣、李友庄组织突击队向东南方向突围，被我军密集火力打回来。眼看突围无望，他们躲进房子里，等我军上来束手就擒，保住一条命。窑湾战斗到12日凌晨结束，一纵全歼国民党63军，加上前几天的战果，总共歼敌13000余人。[1] 13日一纵全部渡过运河，向

① 黎天荣、李友庄：《第63军窑湾镇被歼记》。

徐州以东的狼山地区前进,配合兄弟纵队阻击徐州方面解救黄百韬兵团的援敌。

第
33
章

徐东大血战

国民党军集结徐州准备决战——碾庄外围攻坚进展艰难——毛泽东指示坚决消灭黄百韬——邱李兵团大举东进——徐东阻击战——苏北兵团牵制敌军——中原野战军攻克宿县——成立总前委——刘邓建议统筹歼敌——总攻碾庄——黄百韬临死前的哀鸣——淮海战役第一阶段的胜利来之不易

淮海战役打响了三天，国民党徐州"剿总"总司令刘峙还没摸清我军的主攻方向。

根据中央军委的指示，中原野战军与华东野战军统一行动，在徐州以西同时发起攻击。配合中野行动的华野三纵、两广纵队在邓小平、陈毅统一指挥下，从鲁西南单县向徐州以西的砀山进逼。中野主力向陇海路商丘、砀山以南挺进，锋芒直逼徐州。驻商丘的邱清泉兵团已向徐州收缩，留下刘汝明的55军181师担任后卫，掩护从商丘撤退邱兵团的军用物资。邱清泉一贯牺牲别人保全自己，在物资基本撤完时，就命令5军工兵将砀山以西的铁路桥炸毁。181师撤离时没有火车坐，只好徒步行军。11月6日夜181师到了虞城县境内陇海线上的小站张公店（今张公房），被中野一纵抓住。一纵司令员杨勇指挥部队迅速发起攻击。181师师长米文和还不知道是怎么回事，

7日清晨派老百姓给胡庄我军送来一封信："驻地友军鉴：南面不断打枪，究系匪军捣乱，抑或与我部发生误会，望告师部。"我军根据181师的通报，当天包围张公店，经过一夜战斗，全歼181师，俘虏米文和。[①]

刘峙得知181师被歼，大惊失色。他判断我军的主攻方向是徐州，急忙调李弥、孙元良兵团向徐州靠拢，加上邱清泉兵团共三个兵团的力量保护徐州，而把黄百韬兵团放到一边。直到11月10日华野主力合围黄百韬兵团于碾庄地区，国民党统帅部才如梦初醒。蒋介石以刘峙指挥不力，紧急召回杜聿明来南京出席军事会议。

杜聿明刚指挥东北国民党军残部从葫芦岛撤退完毕，在北平只住了一天，就被召到南京，心里预感到徐州战局不妙。到南京后他先去见参谋总长顾祝同打听情况，得知黄百韬兵团被包围。他问顾祝同：为何不按原来制订的"徐蚌会战"计划将主力撤到蚌埠？顾祝同生气地说："你讲得好！时间来不及啊！李延年还没撤回来，共军就发动攻势了。"

11月10日下午蒋介石主持军事会议。国防部官员报告：根据情况判断，共军目前是以有力之一部牵制徐州国军主力，而以主力包围消灭黄百韬兵团。因此建议：以李弥兵团和72军守徐州，集中邱清泉、孙元良兵团主力东进，解黄百韬之围。蒋介石当即表示："一定要解黄百韬的围！"并指定杜聿明到徐州指挥。顾祝同还答应杜聿明在指挥时可以机宜行事，不必完全按照国防部的指令行事。当天深夜，杜聿明飞抵徐州。

当时徐州"剿总"一片混乱，刘峙被我军各方面的行动搞得晕头转向。又想解黄百韬之围，又怕丢了徐州，束手无策。杜聿明一到，立即与刘峙和参谋长李树正研究情况。杜对情况也不熟悉，但根据自己与共军作战的经验判断，他认为共军不会直接进攻徐州，而是要集中主力消灭黄百韬兵团。他们又得到情报，黄维的12兵团正向徐州方向前进，刘邓主力有南下阻击黄维的迹象。杜聿明感到必须解救黄百韬，但是黄维的援军不到，他没把握战胜华野主力。因此他提出两个作战方案：1、以黄百韬兵团坚守碾庄，李弥

① 潘焱：《淮海战役中的中原野战军第一纵队》。

兵团守徐州，集中邱清泉、孙元良兵团会合黄维先击破中野的六个纵队，再回头解黄百韬之围。2、以孙元良兵团守徐州，以邱清泉、李弥兵团为黄百韬解围，命令黄维兵团向徐州急进。

刘峙、李树正一致反对杜聿明的第一方案，认为黄百韬兵团不可能坚持很久，西进如果扑空，两头落空。执行第二方案，又怕邱清泉不听调遣。在找邱清泉前来商议后，11日下午，刘峙才下达命令：以邱清泉的第2兵团、李弥的第13兵团东进解黄百韬之围。邱兵团在南路，5军向林佟山以北攻击，70军向潘塘一线攻击。李弥兵团在北路，8军向团山方向进攻。战车团配合李弥沿陇海线进攻。徐州空军配合轰炸。同时将李延年的第9绥靖区改为第6兵团，辖39、99军和刚从葫芦岛撤下来的54军。将刘汝明的第4绥靖区改为第8兵团，辖55、68军。两个兵团在蚌埠集结后，沿津浦路北上宿县。黄维的第12兵团向阜阳进军，然后向蒙城、宿县推进。孙元良的第16兵团进至符离集地区。命令下达后，各部队于12日开始行动。①

至此，国民党军摆出了决战的架势。徐州"剿总"集中了七个兵团及其他直属部队共80万人，在人数、装备方面均占有优势。他们以为这场会战即使不能全胜，共军也吃不掉他们的重兵集团。蒋介石希望黄百韬能够坚守碾庄，配合邱、李兵团迫使我军两面作战。蒋介石派空军给黄百韬投下亲笔信："此次徐淮会战，实为我革命成败、国家存亡之最大关键。务希严督所部，切实训导，同心一德，团结苦斗，期在必胜。"12日上午，顾祝同乘飞机到碾庄上空与黄百韬通话，为他打气。国民党空军的通讯科长抱着电台跳伞降落在碾庄。黄百韬得意地说："天助我也。"他有了电台，可以随时要求空军支援，并与南京保持密切联络。

华野首长得知国民党军的部署后，仍然没有动摇先打黄百韬兵团的决心。为了阻击徐州东援之敌，华野再次调整部署：以山东兵团的七、十、十一纵在林佟山至大许家地带进行顽强防御，阻挡邱清泉、李弥兵团。以苏北兵团的二、十二纵和中野十一纵、鲁中南纵队及江淮军区两个独立旅进至徐

① 杜聿明：《淮海战役始末》。

463

州东南的潘塘,向陇海线的古山出击,切断徐州援敌的退路,会同山东兵团围歼之。以四、六、八、九、十三纵继续包围碾庄,由陈士榘参谋长统一指挥,迅速歼灭黄百韬兵团。这个部署是打援部队多于攻坚部队。能否阻挡邱、李兵团东进,是保障围歼黄百韬兵团胜利的关键。碾庄地区区域狭小,敌军密集,难以展开更多的部队。华野以五个纵队围攻碾庄黄百韬兵团四个军,兵力上没有绝对优势,这也预示碾庄攻坚必定是极为艰苦的战斗。①

碾庄位于江苏邳县境内运河西岸,陇海路北侧,地势平坦。因历年河水泛滥,居民都将村庄地基筑高(高出 2、3 米不等,居民称为“台子”)。每个村庄由几个台子组成,台子之间是水塘、洼地。大部分村庄有围墙和外壕,村庄外是开阔地。李弥兵团原来在这里驻防时修了工事,黄百韬兵团到这里后,利用村庄台地和原有工事,逐村设防,形成圆周形的野战防御阵地。以台子为依托,地堡群为核心阵地,壕堑和交通沟纵横连贯,设置大量鹿砦,将每个村子构成具备独立防守能力的支撑点。在村与村之间也构筑地堡群,控制间隙,防备我军突破分割。②

11 月 11 日晚,碾庄外围攻坚战斗打响。六纵从南面进攻陇海铁路线附近的张庄。我军是在长途追击后马上投入战斗,对地形和敌军配备并不熟悉。渡运河时攻坚器材没有带过来。有的干部以为敌军是溃退之师,有轻敌思想。17 师两个团从东、南两个方向进攻,守敌 44 军的一个团凭借地堡群拼命死守。打到半夜,49 团只攻下一个集团地堡,歼敌一个排;又打了一小时,占领村东南角两间民房。而 50 团是由地方部队新编的,缺乏战斗经验,一夜没有进展。第二天继续进攻,碾庄车站和附近村庄的敌军前来反击,援助张庄敌军。六纵英勇战斗,一天打退五次进攻,形成对峙。到黄昏时,张庄敌军怕我军夜战,向北突围。17 师 51 团迅速出击,将敌军击溃在野外。

12 日,六纵集中兵力进攻陇海线北侧的王家集。战前观察发现地图与

① 《中国人民解放军第三野战军暨华东军区第三次国内革命战争战史资料》,1958 年初稿。
② 《中国人民解放军第 23 军第三次国内革命战争战史》,1960 年初稿。

实际情况不符,指挥员重新看过地形后才发起攻击。17师51团沿铁路爆破,扫清铁路两侧的敌军地堡。16师以两个团对王家集进攻,47团攻击村西南的一个台子,20分钟占领六间民房。突破后向前发展,又攻克两个集团地堡。敌军一个团守敌集中固守村中的核心工事,我军进攻时,敌军以密集交叉火力进行封锁,使我军进展缓慢。打到天亮,我军突破前沿,但是没有迂回包抄。敌军眼看守不住,就向后面的王庄逃跑,我军占领王家集,又推进了一步。

13日六纵继续进攻王庄。纵队首长以16师两个团配合18师攻击,决心在午夜前解决战斗。原来准备6时发起攻击,因遭敌机空袭,延缓了行动。20时先炮火准备10分钟,16师47团开始向王庄西南角攻击,3小时连续攻克两个集团堡,突入村内。17师49团也在东边突破,占领了一部分房屋。敌军收缩到村西顽抗,并向49团发起反攻。49团沉着应战,敌军伤亡惨重,47团乘机大胆迂回,占领村西。残存的敌军丧失斗志,向北突围逃跑。[①]与此同时,九纵攻克碾庄车站旁的徐井涯村,并向碾庄车站进攻。国民党44军军长王泽浚在站台指挥,被我军的炮弹炸伤了腿。王泽浚被抬回碾庄兵团部裹伤,黄百韬命令他立即收容溃军,巩固阵地。并下令不许44军败兵退入碾庄。王泽浚在田野里把七零八落的散兵收拢来,集中在王庄与100军军部所在的彭庄之间的前、后黄滩,继续顽抗。

六纵是华野中攻击力很强的部队,在前三天的战斗中虽然集中了兵力,每天只能占领一个村子,这在过去是很少见的,可见战斗之艰苦激烈。其他几个纵队也打得不轻松。八纵在进攻64军唐家楼阵地的战斗中,打得十分吃力。据八纵政委王一平回忆:"我们两个团12日打进村子后,冲破敌人一层层火网和一座座堡垒。敌人的射击孔大都紧贴地皮,很难发现。就是匍匐前进,也多遭杀伤。有几处工事,敌人构成夹墙式,我们部队冲过去,敌人却从我们背后开火。我们两个团遭受重大伤亡,经过一夜激战,攻下半个村庄。第二天两个团都调整了建制和部署,65团两个营合编成一个营,由团

---

① 《中国人民解放军第24军第三次国内革命战争战史》,1955年初稿。

长亲自指挥。这个团的3连连长、指导员都牺牲了，副连长田胜美把全连还有战斗力的同志编成两个班，打退敌人九次反扑夺取敌人占的一所房子。田胜美负伤不下火线，和全连剩下的四个同志，同敌人搏斗，又占领敌人据以顽抗的一所房子。就这样以我们的顽强压倒了敌人的顽强，终于在13日消灭了敌475团大部和前来增援的七个班拿下了唐家楼。"[①]

在前三天的碾庄攻坚战斗中，华野干部战士感到黄百韬兵团相当凶恶顽强。在华野战后的总结中，对敌军的情况是这样写的："敌野战阵地以各集团家屋为基点构成支撑点，每个支撑点均采取子母堡式交通壕散兵坑，散兵壕内外连接，并将各村庄之间空地普遍修筑野堡式的阵地，形成犬牙交错、纵横贯通、蜘蛛网式的以堡垒群为骨干的野战阵地。敌人4个军8个师9万多人即依此集中守备于碾庄周围纵横10里的狭小地区，使我困难实施楔入分割、各个解决之态势。敌军在战术上以上述阵地为依托，分区固守，逐村逐屋逐堡顽抗。并组织炮火协同白天空军大量轰炸摧毁我之攻击阵地，掩护其步兵反击。尤以64军（广东军）守备比较顽强。善于避开我之炮火轰击（散兵坑多，房内均修了地堡）与小组爆破，地堡里面不放部队，主要部队放在两侧之散兵壕内隐蔽，待我爆破组接近爆破时，由两翼遂行小部队反击，捕歼我小部队。待我占领某一小村庄后，适时集中炮火，乘我初占阵地立足未稳之际，实施集中轰击，使我无法控制该点为进攻依托。其最大弱点为部队多，地面狭窄，便我集中火力毁灭杀伤。此次战役俘虏较少，毙伤数字约占三分之一以上，个别整连整营即被我全部同阵地一同毁灭。"[②]

我军攻击进展缓慢的原因，如粟裕11月15日给军委的报告中所述："当黄匪西逃时，我即分头追击。因渡河关系，迟早不一，建制紊乱拥挤（采取谁到谁先截敌向西南退路之办法急进）。直至12日始调整就绪。而辎重、炮兵均未能跟上，13日晚始先后到达。加以地形不好，每一村庄又分成几个集团家屋。以往居民为防水原因，房屋较平地高1米。故我突入后还需连续

① 王一平：《华野八纵在淮海战役中的日日夜夜》。
② 华东野战军司令部：《碾庄圩地区歼灭黄百韬兵团野战村落攻坚战术经验教训初步总结》，1948年12月。

攻击，消耗炮弹炸药甚大。至15日前已消耗三个基数，后续接济不上，影响攻击，费时甚久且增大伤亡。"由于追击敌人前进太快，后方粮食也供应不上，几个纵队已经把战区群众的红薯和麦种吃光。粟裕向军委告急，请后方火速将炮弹、炸药和粮食运到新安镇。

14日晚，粟裕等华野首长召集四、六、八、九、十三纵和特纵司令员在邳县土山开会，研究敌情，调整部署。在听取汇报后大家认为，黄兵团的25、64军较强，44、100军较弱，粟裕指示要"先打弱敌，后打强敌，攻其首脑，乱其部署"，集中兵力先消灭44、100军。针对敌人设防的特点，利用夜间搞近迫作业，隐蔽接近敌人，进而实行对壕作业，突破敌军网状阵地，大胆插入各村之间，逐个消灭。会议决定由山东兵团谭震林政委、王建安副司令指挥碾庄攻坚集团。①

毛泽东非常关注淮海前线作战。得知碾庄攻坚进展不顺利，徐州敌军开始东援的报告后，14日电告中野、华野负责人："目前数日内必须集中精力，彻底解决黄兵团全部及宿蚌段上敌人。""我们很担心寒删两日不能解决黄百韬，又担心阻击兵力不足或阻击不得力，邱李能够靠拢黄匪。希望粟裕同志照元酉计划，集中力量首先解决黄匪25军、44军、100军，留下黄之兵团部及64军，吸引邱李东进，然后以韦吉、谭王两集团向邱李东西合围，乘势猛击，歼其一部，构成徐州与邱李之间之阻绝阵地。"为了争取战役的胜利，毛泽东下了最大决心："此战役为我南线空前大战役，时间可能要打两个月左右，伤员可能在十万以上，弹药、民工需要极巨，请华东局、中原局用全力组织支援工作。"②

毛泽东的电报坚定了华野消灭黄百韬兵团的决心。粟裕在淮海战役结束后的总结报告中说："战役第一阶段中，在打64军时，有些部队发生气馁叫苦，'伤亡太大了'，'部队不充实了'，'不能再打了'。后来军委来了一个准备伤亡十万人的电报，才将这种情绪克服了。"③华野调来了重炮和坦克，配

① 《中国人民解放军第三野战军战史》。
② 《毛泽东军事文集》第5卷。
③ 粟裕：《淮海战役的伟大胜利和华野1949年六大任务》，载《粟裕军事文集》。

合各纵队向黄百韬兵团发起新一轮更猛烈的进攻。

蒋介石命令徐州"剿总"为黄百韬兵团解围，杜聿明亲自上阵，指挥邱清泉、李弥两个兵团于11月11日开始行动。李弥兵团部署于运河以南、陇海线以北，8军进攻寺山口，9军进攻团山。邱清泉兵团部署于陇海线以南，5军进攻魏集，70军进攻邓家楼。国民党军集中了最精锐的四个军，拥有几百门重炮和数十辆坦克，还有空军支援。杜聿明等认为共军不会打硬仗，也不会打持久战。只要他们猛攻几天，共军就会撤退，为黄百韬解围是有把握的。

在徐州国民党军出动之前，华野山东兵团已经做好了阻击的准备。十纵于北面防御团山、寺山一线；七纵居中防御魏集一线；十一纵在南防御邓家楼一线。三个纵队由宋时轮司令员统一指挥。徐州以东地区地形开阔，除少数丘陵小山，基本无险可守。华野这三个纵队装备不是很强，要挡住国民党军的进攻是非常困难的。在战前准备时，大家充分估计到敌强我弱的现实，提出有重点的防御，把有限的兵力和火力集中在几个核心工事，切忌单线阵地和无重点的配备。防御阵地要有纵深，使敌军突破一层，又受到后面部队的顽强阻击。要掌握机动部队实行运动防御，不断出击，将失去的阵地夺回来，将敌军死死拖住。

11月12日，国民党军发起全线攻击。李弥兵团的8军向寺山口（今孤山村）、团山（今大黄山）进攻。守卫寺山口的十纵28师83团奋起阻击，坚守在正面的2营一天打退了敌军42师两个团的十余次冲锋。坚守南山坡的一个班在班长苗树柏带领下，连续打退敌军四次进攻。在人员伤亡、弹药用尽的情况下，他们用刺刀、石头与敌人搏斗，守住了阵地。

13日天亮，国民党空军对团山、安子村十纵阵地狂轰滥炸，8军也集中重炮猛轰。团山是一座秃山，无法隐蔽，被国民党军的炮火和炸弹打成一片火海。我军为避免伤亡，主动撤出阵地。237师占领团山后，李弥让他们继续进攻，以42师接替团山守备。不料第二天夜里，十纵突然向团山发起反击。国民党军不善夜战，被我军打出团山附近的两个村庄。杜聿明亲自到李弥的兵团部督战，李弥不敢怠慢，命令8军军长周开成千方百计夺回这两个村子。8军在炮火支援下与我军反复争夺,付出重大伤亡才夺回这两个村子。杜聿明目睹了国民党军打进去,又被我军打出来的激烈战斗场面,对李弥说:"今天攻击部队虽然完成任务,但伤亡太大,以后应设法减轻伤亡。"杜聿明计算了一下,国民党军一天进展少则3公里,多则6公里。他估计共军阻击几天后,会因伤亡大或弹药不足而撤退,对解黄百韬之围表示乐观。①

13日,邱清泉的5军沿陇海线以南向十纵的大庙、姚庄、马庄发起攻击,受到28师82团的顽强阻击。大庙车站以东陇海线与房亭河交汇处有座铁桥,河东岸有姚庄、马庄、小南庄几个村子。我军把这一带称为"夹河套",由82团2营防守。2营在桥旁修筑了桥头堡,配上两门迫击炮,重点防御。在村外河岸挖了多道战壕,层层把守。13日晨,5军200师以猛烈炮火轰击82团阵地,桥头堡因目标明显,很快被炮火摧毁。5军在进攻上是有一套的,十纵战后总结敌军的作战特点说:"敌进行攻击时善于集中其炮火与兵力,多采取宽大正面的而有重点的攻击。在主攻方向集中炮火轰击一点,集中坦克与步兵攻击一点。突破一点巩固一点,再行伸展。在攻击队形上采取前接头的三角队形,并有纵深的配备。在战术上善于寻我侧背或接合部,实行迂回攻击。如正面攻击不利时即就地停止,进行近迫作业,判知我翼侧薄弱时,即以一部实行大胆的翼侧攻击。待翼侧成功后,正面即行攻击。"②

十纵与5军是老对手,豫东战役在桃林岗,十纵就曾阻击5军东进。这次冤家路窄,又会面了。十纵也有对付5军的办法,敌军炮火准备的时候,2营都藏在战壕里,地堡里不留人。当敌步兵前进到离我军阵地200米时,炮火停止,2营战士迅速起身修筑工事。当敌军渡河接近2营阵地时,战士们从两个侧面以猛烈火力封锁敌军前进路线。敌军伤亡很大,狼狈溃退。10匹骡马拉着一门炮跟在后面,我军的射手打死牲口,让这门炮停留在开阔地上失去作用。黄昏时敌军上来拉大炮,又被我军杀伤多人。

① 周开成:《淮海战役中的第8军》。
② 《淮海战役第十纵队阻击战经验》。

5军正面进攻无效，又施展迂回进攻的战术。下午从北面安子村方向开过来6辆坦克，因为是82团与88团的接合部，敌军先佯攻88团阵地，然后利用河边芦苇掩护，隐蔽接近82团阵地。他们以1个营兵力发起攻击，摧毁2营的重机枪工事。2营在接合部兵力不足，仅1个排的兵力阻挡不住敌军的进攻，被迫后撤，桥头主阵地东侧暴露，形势危急。82团首长赶紧把预备队5连派上去，5连全力反击，恢复了桥头阵地。这时已近黄昏，82团2营坚守夹河套阵地一整天，打退5军的多次进攻，伤亡很大，夜晚奉命撤出阵地。①

14日十纵阻击战斗的重点在运河南岸的解台子。正面的敌人是李弥的8军。13日夜里82团1营进入阵地，估计敌军可能把这里作为翼侧攻击。连夜修好工事后，14日凌晨3时宋时轮司令员给1营宋家烈营长打来电话："你们这个阵地十分重要，你们的任务是艰巨的，也是光荣的。你们要人在阵地在，坚决与敌人寸土必争！"宋营长立即召集各连干部进行传达，规定若无命令，各班排绝不许擅自撤退，要与阵地共存亡。

14日早晨，敌军开始进攻，他们先沿着不老河边向解台子西南的小新庄攻击，遭到1营1连的坚决阻击。1连依托小新庄村外的坟地，毙伤敌军100余人。10时，敌军以1个营的兵力分四路向解台子扑来，守卫解台子正面阵地的3连沉着应战，打退敌人两次冲锋。这时，敌军的坦克迎面扑来，3连1排的战士机智地打了几个烟雾弹，坦克怕我军爆破，后退50米。1排乘机用机枪扫射跟在坦克后的步兵，又打退敌军一次进攻。到中午时，3连1排打得只剩7人，2排也仅有8人。敌军又在坦克掩护下冲上来，宋营长一面报告团部求援，一面严令部队不许撤退。14时战斗到了最紧张时刻，1营的迫击炮、重机枪都失去作用，2连子弹也打光了。宋营长仍然要他们坚持，并要2连抽一个排向敌军侧面反击。2连在打退敌军这次进攻后，已经无力再战，于是分三路向北突围。

宋营长来到3连阵地，见到战士伤亡很多，电话线也打断了。宋营长要

① 第28军82师：《淮海战役中几个主要战斗的检讨报告》，1949年3月。

求3连长继续坚守阵地，他派通讯员去团部联络增援，还命令跟随他的三个通讯员、电话员投入战斗。这时敌军在坦克的掩护下又冲上来了，战斗英雄戴先运率领一个排坚守解台子高地，一次又一次将突入村中的敌人打出去。爆破能手盖希云率领爆破队利用交通壕接近坦克，用炸药包先后炸坏3辆坦克。战斗到黄昏，解台子三面被围，3连因伤亡过重，被迫突围。转移到后方阵地清点人数，全连只剩下不到20人。他们以伤亡70多人的代价，坚守解台子一整天，毙伤敌军600余人。纵队高度赞扬他们奋勇作战的精神，后来戴先运被华东军区授予"一级人民英雄"称号，盖希云被授予"二级人民英雄"称号。在战役总结中，纵队司令部也指出："有些部队在防御中出现了严重的死守挨打的现象，如244团1营小新庄、解台子的失守和251团常楼的失守均是由于阵地是单纯配备，并一经被敌突破又未适时组织反冲击，致丢失阵地。"引为教训。①

华野的顽强阻击令国民党将领大感意外。邱清泉兵团南路攻击部队是70军，13日96师师长邓军林亲自指挥287团向邓家楼进攻。他们出动装甲车配合步兵进攻，三次冲到村边，都被阻击的十一纵31旅42团打回来。黄昏时96师集中山炮营的全部炮火，向邓家楼村内密集射击。炮弹打了一个又一个基数，将全村打成一片火海。邱清泉在电话里还叫加强火力，他们以为如此猛烈的炮击之后，就可以轻易占领阵地。当国民党士兵接近村子的时候，又遭到我军机枪、步枪火力的封锁，尸横遍野。在坚持一天之后，我军才在夜间有序地撤退到后面的阵地。②

邱清泉、李弥兵团强攻了三天，才前进不到20里。蒋介石原来以为13日可解黄百韬之围，见援军进展甚慢，焦急不安。13日邱清泉接到蒋介石的电报："黄兵团危险万分，本晚恐难支持，尤以碾庄东北更为艰难。希倾全力东援，星夜挺进，务于本夜挺进碾庄附近解围，免误大局。"邱清泉认为自己部队已经付出了惨重代价，大发牢骚。15日顾祝同到徐州督战，一

---

① 《淮海战役第十纵队阻击战经验》。
② 胡炳云：《在淮海大战的日日夜夜》。

见杜聿明就问:"敌人不过两三个纵队,为什么我们两个兵团还打不动?"杜聿明解释说:"打仗不是纸上谈兵,敌人已先我占领阵地,兵力也在陆续增加,战斗非常顽强。每一村落据点,都要经过反复争夺,才能攻占。"照杜聿明的说法,什么时候才能打到碾庄呢?顾祝同非常着急。刘峙建议放弃徐州,以全力解黄百韬之围。杜聿明下了狠心,将总预备队74军从徐州九里山调到潘塘方向,由邱清泉指挥,企图迂回我军阻击部队后方,以求突破我军防线,为黄百韬解围。[1]

局势的发展非常巧合,毛泽东看到黄百韬兵团即将被歼灭,邱李兵团又受到我军阻击,于是设想以奇兵出击邱清泉兵团侧后,包围消灭邱兵团。14日他电令粟裕等:"黄兵团本日大约可解决。目前是继续歼灭邱兵团的良机,望令正面阻击部队向东撤退,让邱匪深入。令韦吉兵团于本夜切断邱匪退路,完成对该匪之包围。否则该匪一闻黄匪被歼,将迅速退回徐州。"[2]同日粟裕、张震命令苏北兵团司令韦国清、政委吉洛(姬鹏飞),要他们指挥华野二纵、十二纵、中野十一纵向徐州东南的侯集、赵圩方向出击,楔入邱清泉兵团后方。

韦国清、吉洛指挥的苏北兵团在北上参加淮海战役途中,在睢宁县的邢圩包围了孙良诚的107军军部及所属260师。孙良诚部是伪军改编的杂牌,战斗力不强,被包围后非常恐慌。孙良诚本人来到二纵5师师部要求起义,我军表示只能无条件投降。孙良诚无奈,只得率部6000余人于14日放下武器。

解决了107军后,苏北兵团兼程北上。15日夜,二纵在行军途中与经双沟迂回的国民党74军在房村遭遇。双方发生激战。当时都不清楚对方是谁,第二天天亮后,二纵先头部队6师16团俘虏两名74军电话兵,了解驻潘塘镇是74军,当面的王塘和李村有一个团敌军。6师首长为了开辟前进道路,下令16团带炮兵连攻王塘,17团攻李村。黄昏时16团接近王塘,立

① 杜聿明:《淮海战役始末》。
②《毛泽东军事文集》第5卷。

即开始近迫作业，半夜发起攻击。7连在炮击后开始爆破前进，因连干部在冲锋时伤亡，部队失去指挥，伤亡较大。6连紧接着发起攻击，打得勇敢坚决，很快突入村内。2营见3营突破成功，也加入攻击，到凌晨4时将王塘敌军一个营全歼。李村守敌见情况不妙，弃村逃跑。[1]

74军是在孟良崮战役中被我军全歼后重新组建的，战斗力与原74师不是一个档次。军长邱维达对执行迂回的命令信心不足，出发前就问邱清泉是不是存心让他们孤军深入。兵团参谋长李汉萍答复他："这是总统的命令，不去要军法从事。邱司令官也知道很危险，但是没有办法。"74军与我军在潘塘镇西南遭遇后，发现共军越打越多，才知道是与我军主力碰上了。邱维达赶紧收缩兵力，固守潘塘镇，并向邱清泉呼救。邱清泉得知后非常紧张，因为74军不是他的基本部队，能否顶住没把握。如果潘塘失守，74军被歼，不仅徐州保不住，连自己的退路也被切断。邱清泉一夜没合眼，亲自用电话指挥74军作战。并要求空军派飞机轰炸扫射。17日上午74军以重炮轰击李村，然后以两个团的兵力在7辆坦克掩护下，从两个方向向李村进攻。二纵6师17团顽强抵御，连续打退敌军三次进攻。为配合李村防御，16团从王塘向敌军翼侧出击，友邻十二纵以炮火袭击敌军，吸引敌军火力。大家同心协力，终于将74军打得狼狈退回潘塘。

17日苏北兵团部队与74军打得难解难分，我军的战壕已经挖到74军主阵地前100米。邱清泉对参谋长说："现在预备队都用光了，到晚上共军必然会对邱维达发动更猛烈的进攻，74军顶不住怎么办？"参谋长只好将战斗力最强的70军96师及32师从狼山主攻方向撤下来，用汽车运到潘塘镇救援74军。邓军林率96师于当日黄昏到达后立即投入战斗。鉴于敌军力量增强，苏北兵团楔入国民党军后方的任务不易实现，粟裕考虑：敌军采取修筑工事，步步推进，我军的进攻只能歼灭营、连单位的敌军，这样拼消耗的效果不理想。于是决心放弃迂回歼灭邱清泉兵团的计划，指示苏北兵团与潘塘镇敌军脱离接触，主动撤退，另寻战机。16日，正面阻击敌军的七纵、

---

[1] 《中国人民解放军第21军解放战争战史》，1952年初稿。

十纵、十一纵也撤到大许家以西，布置阻击阵地。

18日晨，96师师长邓军林发现共军有撤退迹象，立即报告邱清泉。邱清泉在电话中大喊："敌人是溃退！赶快要部队猛追，千万不要让敌人跑掉！"过了不久，邱清泉又来电话："据空军侦察，共军正在总溃退，叫部队勇猛追击，要装甲车大胆追！"邓军林派出一个团，让装甲车开路向潘塘以南的二陈集方向追击，遭到我军的火力阻截，装甲车调头向后跑，步兵自然也不敢追。邓军林愤怒地要枪毙装甲车连长，部下求情才作罢。邱清泉兴高采烈，向刘峙报告"徐东大捷"的消息。①

就在华野为围歼黄百韬兵团，阻截邱清泉、李弥兵团苦战的时候，刘伯承、邓小平、陈毅指挥中原野战军在南线为阻止黄维、李延年、刘汝明兵团北上增援，也在紧张地战斗着。11月9日毛泽东指示中野，要他们直出宿县，切断津浦铁路徐州至蚌埠间的联系。宿县是徐州、蚌埠间的重镇，是刘峙集团的补给基地之一，战略地位十分重要。攻占宿县，就孤立了徐州，堵绝了国民党军的退路。中原野战军出动四个纵队，连夜行军，13日包围宿县，15日攻克，并乘势占领了附近的固镇。中野的行动为配合华野作战、为淮海战役的胜利创造了极为有利的条件。

由于战役的规模越打越大，已经形成了长江以北国民党军重兵集团与我华野、中野两大主力的战略决战。需要华野和中野的密切配合、协同作战。早在战役发起之前，10月31日，粟裕就向军委建议："此次战役规模很大，请陈军长、邓政委统一指挥。"11月1日军委同意粟裕的要求，请陈毅、邓小平统一指挥战役。陈毅、邓小平2日向军委表示："本作战我们当负责指挥，惟因通信工具太弱，故请军委对粟谭方面多直接指挥。"当时刘邓陈随中野四纵行动，四纵的电台与华野没有沟通，所以两大野战军的电报都各自报军委，军委的指示也同时发给两大野战军。

战役开始几天后，就显示出错综复杂的局面。原来设想中野、华野互相配合，分别进行徐蚌、淮海两个区域的作战。中野的目标是牵制徐州以西的

---

① 李汉萍：《邱清泉第2兵团覆没记》。

敌军,配合华野在徐州以东的作战。战役发起后,徐州附近的国民党军纷纷向徐州靠拢,摆出决战的架势。战斗之激烈程度是前所未有的。数量巨大的弹药、粮食等后勤运输工作需要各解放区的合作统筹。这样,华野和中野的作战已经结合在一起,在兵力使用、指挥关系、相互配合上必须统一行动。11月16日,毛泽东以军委名义指示两大野战军:"中原、华东两军必须准备在现地区作战三个月至五个月(包括休整时间在内),吃饭的人数连同俘虏在内将达八十万人左右,必须由你们会同华东局、苏北工委、中原局、豫皖苏分局、冀鲁豫区党委统筹解决……望从这个观点出发,统筹一切。统筹的领导,由刘、陈、邓、粟、谭五同志组成一个总前委,可能时开五人会议讨论重要问题,经常由刘陈邓三人为常委,临机处置一切。小平同志为总前委书记。"①

总前委成立后面临的首要问题是如何集中兵力歼敌一部。战役进行到11月18日,形势相当严峻:黄百韬兵团虽然已被华野主力歼灭一半以上,但仍固守碾庄顽抗,我军等待补充弹药,才能发起新一轮攻击。原来设想以苏北兵团楔入邱、李兵团后方,切断敌军与徐州的联系,因敌军力量强大,苏北兵团难以完成任务。中野同时对付黄维等三个兵团,也感到力不从心。粟裕18日给谭震林的电报中,最担心的是碾庄战斗不能迅速解决,而李延年兵团迂回北上,"在黄百韬未全歼,对邱李出击正进行,同时兼顾,恐都成胶着状态。"刘陈邓经过反复考虑,认为同时想消灭几个强敌,不切实际。19日他们致电军委和粟裕,建议集中兵力,先解决黄百韬,再打黄维。电报分析战局和我军行动说:"徐东作战据我们观察,歼黄百韬使用了华野六个较能攻坚的纵队,历时已12昼夜尚未解决战斗。如再以其余部队,其中只有两三个较能攻坚的纵队,加以部队相当疲惫,刀锋似已略形钝挫。以之歼击较黄为强的邱、李诚非易事。我们认为徐海作战必须从三、五个月着眼,必须分作三、四个战役阶段,每阶段都需要有休息、整补俘兵才能保证必胜。因此,在目前情况下,特别是李延年、黄维北进的条件下,最好力争

---

① 《毛泽东军事文集》第5卷。

迅速歼灭黄百韬，尔后即将主力集中于徐东、徐南，监视邱李孙三个兵团，争取休息十天半月，同时以尚未使用之五个纵队或三个纵队用于南线，协同我们歼击黄维、李延年，这个步骤最为稳当。如我们不这样，过低估计本身困难，而在南线又无保障，两路大敌不断北进的情况下，我们六个纵队，除四纵均六个团，九纵只来五个团，平均每纵不到两万人，炮兵很弱，故只能用于一处。马上打邱李既无胜利把握，且可能陷入被动。"①

中央军委同意总前委的意见，于是华野放弃了诱歼邱、李兵团的计划，集中兵力部署对黄百韬兵团的总攻。中野则对黄维、李延年采取牵制，阻挡南线敌军北上，暂不主动发动进攻。

黄百韬在碾庄天天盼望援军来给他解围。国民党空军不断向碾庄投送粮食、弹药，南京和徐州方面也不断打气，总是告诉他援军马上就到。14日，六纵、十三纵猛攻彭庄，战斗力较弱的100军残敌5000多人在我军炮火和部队穿插的打击下被分割成零碎小块，军长周志道被打伤，逃往44军，副军长杨诗云以下大部被我军俘虏。黄百韬眼看阵地越缩越小，部队伤亡越来越多，援军就是迟迟不来。15日下午，他打电话给几个军长："你们必须进一步加强工事，准备独立作战，以尽军人天职。有些人看我黄百韬是青天白日勋章获得者，他们是不会全力支援的。我们也不会给别人看笑话。"但是部下除了64军军长刘镇湘比较顽固，其余都已近乎绝望，等待解放军来决定他们的命运了。

11月16日，经过重新部署后，我军再次发起攻击。六纵负责打前、后黄滩，歼灭44军。前、后黄滩是几个独立的民居聚落，相互间隔几十米远，敌军的工事比较坚固，44军军长王泽浚亲自指挥两个残缺的师负隅顽抗。六纵17师先以一个团进攻前黄滩，特纵调来坦克配合作战。黄昏时开始炮击，摧毁一部分目标后坦克出击。17师没有配合坦克攻击的经验，战士们都等着坦克给他们开路。结果坦克走错了方向，步兵开始攻击时缺乏火力支援，受到敌军的火力封锁，形成对峙。初次进攻没有成功。

① 《中国共产党历史资料丛书——淮海战役》第1册。

17日黄昏，六纵再次发起攻击。这次又有两辆坦克助战。为了摸清敌情，17师师长梁金华登上坦克，开到44军阵地前进行侦察。他们化装成国民党军主动喊话："我们是第2兵团来与黄司令官取得联络的，你们是哪一部分？兵团部在哪里？"敌人以为是援军到了，纷纷爬出战壕来打招呼。一个敌军营长很狡猾，大喊道："情况不清楚，不准和他们讲话，进入阵地！"梁师长带领坦克在前、后黄滩转了一圈，看清了敌军阵地，还打了几炮才回来。当夜24时，六纵发起总攻。这一次炮火射击十分准确，摧毁了敌军前沿的大多数工事。44军军部所在的地堡也被摧毁，军长王泽浚几乎被活埋。他从废墟中爬出来，向后面村庄逃命。六纵步兵在炮火准备后发起冲锋，53团占领前、后黄滩之间的一个小聚落，切断两村之间的联系。49、52团向纵深发展，一个小时后占领后黄滩。到18日早晨，六纵把前黄滩的敌军分割成三块，进行围歼。王泽浚逃到炮兵阵地，我军正从四面八方逼近。炮兵打不了炮，又无路可走。王泽浚带着伤，叫部下各自逃命去。一个连长来通知他："共军已经解除了我们的武器，叫我们去集合。你也同我们去吧。"我军清点俘虏时，王泽浚谎报是个排长。天渐渐亮了，王泽浚虽然外面穿的是士兵棉大衣，里面却是中将制服，无法蒙混过关。他很快被我军认出，送往六纵司令部。王必成司令员、江渭清政委会见了他，并把他送往后方。①

黄滩战斗进行得非常激烈，44军150师师长赵壁光形容当时的场面是："通讯设备全被击毁，军、师之间通信断绝，火力猛烈，炮火连天，火药气味辛辣刺鼻，房屋着火，火势熊熊，墙壁倒塌，犹如天崩地裂一般，烟尘弥漫，对面几乎不见人。已伤者再伤，死者重遭炮击，尸横遍野，目不忍睹。"150师残存的军官聚集在指挥所里，商量是打还是降。一个营长大声说："要打，叫师长、团长去打，我们是不打了。孤儿寡母哭起来可怜！"赵壁光表示："不打就投降吧，不过，这怎么对得起军长啊。"团长肖德宣说："识时务者为俊杰，军长也跑不掉。"于是赵壁光写了信，派人与六纵联系。他聚集了150师残部2500余人，向六纵的一位教导员移交阵地。到18日中午，

---

① 《中国人民解放军第24军第三次国内革命战争战史》，1955年初稿。

前、后黄滩被六纵攻占，44军被全歼。①

顾祝同于17日飞临碾庄上空，用电台与黄百韬通话。顾祝同说了许多打气的话后对黄百韬说："邱、李两兵团在陇海路两侧被阻截，无法前进，你们如能突围出去与邱、李会合也好。"黄百韬知道外援无望，就说："我总对得起总长，牺牲到底就是了。"顾祝同乘飞机走后，黄百韬对25军军长陈士章说："反正是个完，突围做什么！送狼狈样子给邱清泉看吗？不如在此地打下去，最后不过一死。叫黄埔同学看看，也好鼓励他们以后不要再勾心斗角只图私利。"25军和64军是黄百韬兵团战斗力较强的部队，黄百韬指望他们能守住碾庄，顽抗到底。

11月19日，我军已经把黄百韬兵团压缩在碾庄圩一带狭小区域内，黄百韬的兵团部、25军军部和40师在碾庄圩、尤家湖，64军的四个团据守大院上、吴庄等村内。碾庄圩是个百余户人家的村庄，有两道圩墙和水壕。水壕宽十多米，水深1米多。两道圩墙之间有近百米的开阔地，敌军修筑了地堡和工事，组成严密的火力网。碾庄圩内有黄百韬的兵团部、警卫营、工兵营、炮兵，25军和64军各一个团近万人。粟裕决定总攻碾庄，他下令八纵由东南、九纵由南面、六纵由西面、四纵由北面总攻碾庄，并调7辆坦克助战。

19日22时，总攻开始。我军集中上百门重炮，对碾庄进行猛烈轰击。几千发炮弹把碾庄圩内打得浓烟滚滚，房倒屋塌。六纵承担支援中野作战的新任务，退出战斗休整。总攻的任务就落在四、八、九纵身上。九纵负责从南面突破。前两天九纵进攻碾庄圩的战斗进展不顺利，敌军死守南门外水壕上的一座小桥。九纵25师挖的交通沟距离外壕有几十米远，我军从交通沟向外壕进攻中暴露时间过长。敌军在南门正面摆上20挺轻重机枪，严密封锁桥头。我军战士成班成排地被打倒在桥上。聂凤智司令员亲临主攻的"济南第一团"73团了解情况，1营长董万华告诉他：有个战士曾经徒涉趟过水壕，证明水不深，不一定非要从桥上突破。聂凤智弄清了情况，找到突破的

① 赵璧光：《第44军150师失败经过》。

方法，指示总攻时要通过近迫作业，把交通沟挖到水壕边上，战斗发起后以突然的动作徒涉过壕，实施突破。同时指示纵队炮兵一定要压制敌军火力，步兵突击部队要紧接着炮弹的硝烟冲进圩墙。战斗开始后，47团2连战士跳进寒冷刺骨的水壕，徒涉过去，变助攻为主攻，仅用15分钟就在西南角突破第一道圩墙，打开了突破口。73团1营在南面进行正面攻击，也涉水过壕，打掉几个地堡，冲进第一道圩墙。突破前沿后，敌军依据两道圩墙之间开阔地上的工事地堡，用火力封锁前进道路，并组织反冲锋，双方拼杀得非常激烈。这时，八纵的一支突击分队也从73团的突破口加入战斗，向73团右翼展开攻击。73团在兄弟部队支援下经过四个小时战斗，73团5连终于冲开第二道圩墙，突入碾庄圩内，与敌军展开巷战。[①]抓住俘虏审问，说黄百韬躲在东北角钟鼓楼下的一个洞中，九纵报告上级后，继续围歼碾庄圩内的残敌。

八纵从东南方向攻击，23师67团担任主攻，首先占领碾庄圩东南的小学校，随后涉水过壕，半小时内从东南角突破第一道圩墙。后续部队三个团迅速跟进，扩大突破口，向纵深发展。在第二道圩墙外的开阔地上敌军依靠阵地顽抗，并于20日凌晨2时发起一次大规模反击。我军进入圩墙内的部队人数占有优势，将敌军击溃。第二道圩墙突破后，敌军开始慌乱起来，纷纷向北逃跑。黄百韬命令25军残部由碾庄圩东口突围，但敌军已完全陷入混乱，无法组织部队，25军军长陈士章化装逃跑，100军军长周志道混在伤兵当中逃掉，是黄百韬兵团中漏网的两个军长。黄百韬本人率参谋长魏翱、25军副军长杨廷宴等1000多人逃到大院上村64军军部，他的兵团部被九纵占领，万余敌军官兵被我军俘虏。粟裕命令："攻碾庄部队即行由碾庄圩出发，继续向东直捣大、小院上、三里庄之敌。告东兵团由谭、王商决之。"

20日白天，我军调整部署，四纵主攻尤家湖村，九纵攻击大院上，八纵攻击小院上。各部队没有休息，实行近迫作业，把战壕挖到敌军工事边上。四纵主攻的尤家湖在碾庄圩正北3里处，守敌为25军40师残部约4000

---

① 聂凤智：《敢打敢拼，英勇奋战——记华野九纵参加淮海战役始末》。

人。该村地形较高，四周有 2 米高的土墙，敌军构筑了三层地堡群，交通沟纵横连贯。但是在我军连日攻击下，敌军士气低落，人无斗志。四纵则士气旺盛，在攻击开始前共挖交通沟 7 条，总长 4000 多米，迫近至敌阵地 30 米处，完全形成对村庄的包围。鉴于前一段四纵在战斗中伤亡较大，陶勇司令员交代要多抓俘虏，补充部队。21 日，四纵 3 个师集中火炮 29 门，在特纵 4 辆坦克配合下，于 16 时 30 分开始攻击。炮兵将山炮推进到敌军阵地前 300 米处进行抵近射击，30 分钟内将敌前沿地堡大多摧毁。然后坦克从西南方向出动，11 师 31 团战士跟在坦克后面冲锋。敌军在坦克面前惊慌失措，我军炸开鹿砦，涉过外壕，突破圩墙进入尤家湖村内。12 师 34 团、10 师 29 团也从东北和西北两处突破。敌军外围工事被突破后，村内工事不坚固，顿时陷入混乱。我军炸开房屋，穿墙攻击，经过短兵相接的搏斗，战斗于 19 时 30 分胜利结束。三个小时的战斗，四纵歼灭敌 40 师 4600 余人。陶勇司令员下令将 4100 名俘虏立即补充进四纵各团。[①]

21 日黄昏，九纵 26 师 76、78 团攻击大院上，八纵和九纵 77 团攻击小院上。64 军军长刘镇湘见突围无望，命令部队作困兽之斗。我军集中了所有炮火猛轰这些村子，连昨天在碾庄圩刚缴获的迫击炮都用上了。敌军利用密集相连的工事，以层层火力网封锁我军前进道路。我军在明处，敌军在暗处，夜战中伤亡很大。但是我军战士发扬勇猛作战的作风，有的班打得只剩一人，就主动加入别的班。有的连缩编成一个排，仍然坚持战斗。激战一夜，到 22 日上午 10 时，九纵攻占大院上。黄百韬、刘镇湘等逃往小费庄。八纵、九纵穷追不舍，与四纵会合进攻小费庄和吴庄。黄百韬自知气数已尽，叫刘镇湘突围。他说："我年老了，而且多病，做俘虏我走不动，而且难为情。我死之后，使别人还知道有忠心耿耿的国民党人，或可使那些醉生梦死的人醒悟过来，国民党或者还有希望。"他对杨廷宴哀鸣道："我有三不解：一、我为什么那么傻，要在新安镇等 44 军两天；二、我在新安镇等两天之久，为什么不知道在运河上架设军桥；三、李弥兵团既然以后要向东进

①《中国人民解放军第 23 军第三次国内革命战争战史》，1960 年初稿。

攻来援救我,为什么当初不在曹八集附近掩护我西撤。"①黄昏时刘镇湘、杨廷宴拉着黄百韬由小费庄向西突围,在野外遭到我军追击。国民党残部四下溃散,黄百韬跑不动,举枪自杀。杨廷宴坐在黄百韬尸体旁痛哭,一个解放军战士过来询问,杨说:"我是伙夫,死的是我哥哥。"这个战士颇有同情心,帮助杨廷宴掩埋了黄百韬。刘镇湘被俘,杨廷宴侥幸逃脱。回到南京向蒋介石报告黄百韬、刘镇湘"自杀成仁"。战斗结束后我军即撤离战场,没有找到黄百韬的下落。一个月后国民党军回到碾庄找到黄百韬的尸体,运往南京埋葬。

邱清泉向蒋介石报告"徐东大捷"的消息,谎报"消灭共军20万"。蒋介石非常高兴,19日下令授予邱清泉"青天白日"勋章一枚,奖金20万元。并发给刘峙奖金100万元,赏赐其他部队。南京派出"慰劳团"到徐州,采访杜聿明、邱清泉,慰劳伤兵,发布黄百韬与邱清泉兵团"会师"的消息,着实热闹了几天。蒋介石认为共军既已打垮,催促他们尽快为黄百韬解围。11月19日,邱清泉兵团向大许家、狼山、鼓山一线进攻,李弥兵团向团埠、麻谷子一线进攻,又遭到我军阻援兵团的顽强阻击。李弥的170师进攻麻谷子,攻击一昼夜没有进展。20日,李弥要求空军轰炸麻谷子,国民党飞机投掷500磅的炸弹和燃烧弹。李弥的炮兵又向麻谷子猛轰,把麻谷子打成一片火海。李弥认为共军肯定都被炸死了,命令部队搜索前进。他的8军42师由战车开路接近麻谷子时,不料又遭到我七纵21师的猛烈反击,仓惶败退下来。李弥感叹地说:"他们是人不是神,就是钢铁都要熔化,为什么能这样顽强呢?"8军军长周开成建议:附近的5军、9军都没有跟上,8军不宜孤军深入,应该稳住阵地才好。李弥以蒋介石有命令,救援黄百韬如有畏缩不前者军法从事,不能停止攻击。结果8军42师打了一天,付出很大伤亡,夜晚七纵主动放弃阵地转移,国民党军才又前进了一步。②邱清泉直到22日才攻占大许家,距离碾庄圩仅20里。这时碾庄圩方向枪炮声渐稀,黄

① 郭汝瑰:《淮海战役期间国民党军统帅部的争吵和决策》。
② 周开成:《淮海战役中的第8军》。

百韬兵团已经完了。23日黄百韬兵团的100军军长周志道、25军军长陈士章先后逃到李弥那里，杜聿明、邱清泉、李弥都傻了眼。继续东进已经没有意义，杜聿明下令撤回徐州。蒋介石得知黄百韬兵团覆灭的消息，11月25日发出训令，大骂徐州东进兵团："此次徐州会战，我东进各兵团行动迟缓，未能彻底奉行命令，致陷友军之覆没，有乖军人武德。刘总司令、杜副总司令、邱、李两司令官及依次各将领不能辞其咎。另据统计，此次作战共耗各种炮弹12万余发，我军每日进展尚不及1公里，如此消耗浪费，不计战效，亦我革命军人之奇耻大辱。"①

淮海战役第一阶段从11月6日至22日历时17天，华东野战军和中原野战军共歼灭国民党军1个兵团部、8个军部（含起义、投诚各1个军部）、18个整师（含起义三个半师、投诚两个师），重创了各路援军。毙伤敌军50500人，俘虏96600人，加上起义、投诚，共计歼敌178000人。其中华野歼敌14万人。缴获大量火炮、枪支弹药、汽车和军用物资。中原野战军攻占了宿县，孤立了徐州。

这个胜利来之不易，华东野战军在围歼黄百韬兵团和阻击邱清泉、李弥兵团的战斗中共伤亡49000余人，部队打得极为艰苦。据粟裕1948年12月31日给中央军委的报告中说："当碾庄圩作战一周时（11月12日到18日），参战各纵至少已伤亡5000人，原有战斗人员所剩无几，且大部为纵、师、团、营之非战斗人员及半战斗人员（如司号、通信、侦察员等人员）。虽然九纵、十纵、十三纵人员较其他各纵为多，但各该纵于济南战役中伤亡较大（九纵伤亡11000人，十三纵伤亡7000人），元气未复，亦颇有影响。因此骨干及干部在此战役中伤亡极大，不少连队只剩十余人（连部伙夫、上士、司务长在内），一般班排里每班只剩下一个至多两个老的（济南俘兵即算老兵），而这剩下的老的在即俘即补后不是班长即为班副，其余全为新俘（碾庄圩打黄百韬的俘虏）。虽然这些俘虏兵基本表现尚好（上午补，下午即打仗），但在部队实质上起了极大变化，故有进攻时拉不上去（俘兵不会打夜

---

① 南京国防部：《华东战场作战指导检讨》。

战，同时由于骨干太少，无人诱导其前进），后退时撤不下来的现象发生。各级干部由于战术素养不够，以及兵员不充实等原因，伤亡较大，尤以班、排、连级为最严重，营级伤亡亦不少。在此次战役中，班、排、连级已有因伤亡更换五、六次者。这些新提拔的干部由于无时间进行教育，指挥能力弱，因此更增加了伤亡。在某些人数原来极不充实而伤亡极大的纵队中，几乎有不能继续作战的严重情况。""为解决干部问题，各部教导团几已全部补充部队外，团、师、纵各级通信、侦察、警卫人员及参谋等几已绝大部分调充部队干部，而在侦、通人员中亦有不少新俘虏成分。野直各部门除警卫团（较老）各级之正职干部全部调到部队提升一级使用（如警卫团连长调至纵队任营副，警卫团原来副职则提升正职），并由司、政、供、卫各部门中抽出1000老的人员（包括警卫、侦察、通信及勤杂人员），分别送往各师、团充任下级干部或连队骨干人员。司、政、供、卫抽出后所缺乏之各种人员亦以新俘补充之。野直各机关之指导员则全部调往各师、团工作，其缺职或行政首长兼任，或以女干部接充。参谋人员及各部之科员、干事、文工团员亦大量调往战斗部队工作。虽然我们想尽各种办法，抽出一切可能抽出的干部前往战斗部队，但仍感不足。"[1]各纵队战后的总结和指挥员的回忆录中，也一致认为淮海战役第一阶段的作战是极为艰苦和空前残酷的。四纵的战役总结说："此一时期，经历时间之长，战斗类型之多，情况之艰苦复杂，战斗之激烈频繁均较前期为甚。"而华野各部队都坚决执行上级命令，发扬了英勇顽强、艰苦奋战的作风，贯彻"即打即补"的原则，开展深入的政治思想工作和立功运动，"因而部队经常保持了旺盛的战斗意志及坚强的战斗力，经得起伤亡，经得起连续战斗和残酷战斗的考验。"[2]

---

[1] 粟裕：《淮海战役中部队情况简报》，载《粟裕军事文集》。
[2] 《中国人民解放军第23军第三次国内革命战争战史》，1960年初稿。

第
34
章

"吃一个，挟一个，看一个"

黄维兵团向徐州增援——中野设下口袋阵——毛泽东鼓励华野继续作战——双堆集合围黄维兵团——廖运周战场起义——中野攻坚受阻——华野阻击南下北上之敌——蒋介石决心放弃徐州——杜聿明集团向西逃跑——华野全力追击——蒋介石再令杜聿明南下——华野包围杜聿明集团——壕堑作业与土造"飞雷"——总攻双堆集——李延年兵团逃回蚌埠

当华野主力在碾庄围歼黄百韬兵团时，位于宿县、固镇地区的中原野战军两面作战，堵截由河南驻马店东进的黄维兵团和由蚌埠北上增援的李延年、刘汝明兵团。

黄维兵团是1948年9月编成的国民党军第12兵团。它的前身是整编第18军，原来辖整编11、3、10三个师，军长是胡琏。整编11师是胡琏的骨干部队，国民党军"五大主力"之一。国民党军组建机动兵团，将整编师升格为军。11师为18军，3师为10军，10师为14军，后又调入85军，并配属第4快速纵队。这样，第12兵团共有4个军、一个快速纵队，总兵力达12万人，是华中"剿总"白崇禧手下最强大的兵团。

当兵团组建的时候，大家都以为司令官一定是胡琏的。但是国民党内部的派系矛盾，在用人问题上大搞任人唯亲。白崇禧不喜欢胡琏，陈诚则推荐自己的亲信黄维，得到蒋介石的批准。黄维是江西贵溪人，黄埔一期毕业，曾到德国短期留学。1938年任18军军长，是胡琏的上级。抗战结束后任武汉新制军官学校校长。当任命黄维为第12兵团司令官的命令下达后，18军上下舆论哗然。胡琏的部下愤愤不平，胡琏本人不甘心在黄维手下当副手，撂挑子不干了；18军军长杨伯涛也称病住院。黄维为了笼络人心，在驻马店上任时就表示：他与共军作战是外行，这次来当司令官是过渡，几个月就走，司令官还让胡琏当。可见12兵团组建之始，内部就是四分五裂，矛盾重重。①

国民党统帅部制订"徐蚌会战"计划后，正值我军发起淮海战役。11月8日，蒋介石命令黄维兵团向徐州进发，12兵团遂由河南驻马店出动，按照指定路线经正阳、新蔡、阜阳、蒙城、宿县向徐州东进。这一带地区没有铁路和公路干线，而且河流纵横，要渡过南汝河、洪河、颍河、西淝河、涡河、浍河等大小淮河支流。这样一个庞大的兵团，带着众多榴弹炮、战车、卡车和辎重，在坑坑洼洼的土路上行军，又要架桥渡过一道道河流，其艰难可想而知。当黄维兵团到达安徽蒙城时，已是11月18日了。

对黄维兵团的东进，中央军委和中原野战军都非常警觉。11月13日，毛泽东致中原局、刘邓陈、粟谭张的电报中，要求中野二纵、六纵"不分昼夜、不惜疲劳，兼程前进"，务必于15日前赶到黄维前头，阻止黄维向亳县、涡阳、永城前进。要求豫皖苏分局书记宋任穷动员一切力量，破坏桥梁道路，迟滞黄维兵团的行动。毛泽东并未因黄维的到来而动摇战役决心，他在15日给刘邓陈、粟谭的电报中指示华野、中野按照既定方针，先消灭黄百韬兵团，占领宿县。"总之，一切须待粟谭歼灭黄百韬，你们歼灭宿县之敌以后，依情况变化才能决定下一步作战方针。"②

11月15日中野攻占宿县后，整个战局变得复杂起来。黄维兵团继续东进，18日进至蒙城，向中野一纵发起攻击。一纵在杨勇司令员指挥下，依

① 《杨伯涛回忆录》第13、14章。
② 《毛泽东军事文集》第5卷。

托涡河、北淝河的天然屏障，顽强阻击。黄维兵团使用了火焰喷射器和重
炮，四天只前进了30公里。蚌埠南线的刘汝明兵团则于15日占领固镇，李
延年兵团也准备北上，为黄百韬兵团解围。华野主力一部分用于围歼碾庄的
黄百韬兵团，一部分用于阻击邱清泉、李弥兵团，一时抽不出部队。阻击黄
维和刘汝明、李延年兵团的重担，就压到中原野战军头上。

这时，毛泽东对战役形势相当乐观，他在18日给刘邓陈的电报中说：
"敌在防御时，虽尚有相当战斗能力，但攻击精神差到极点。我军抓住敌人
这个弱点，可以分离敌军各部，给予各个歼灭。"他指示中野"一纵在蒙城、
宿县间作正面防御，以二、六纵组成突击集团，打黄维后尾，只要能歼其二
三个师，就可停止其前进。"以九纵对付刘汝明，节节阻止他，不和他打硬
仗，着重写信派人劝告刘汝明等反蒋起义。以三、四纵加华野一纵对付李延
年。"应尽一切努力，控制徐蚌路一段与我手中，务必隔断南北两敌，使之
不能会合。"①

毛泽东的指示使刘邓陈感到为难，当年中野为了挺进大别山，在过黄泛
区时舍弃了绝大部分重武器。在转战大别山的过程中，部队始终没有得到补
充，兵员装备都不足，战斗力大受影响。现在要与拥有坦克、大炮的国民党
军机动兵团打正规战、阵地战，是非常困难的。19日9时刘邓陈复电军委：
"以我们现有六个纵队，单独对付两路大军困难颇多，如取正面防御，必须
分散兵力，不能歼敌，且仍有一路透过增援徐州之危险。如采取机动作战，
不受保障徐州作战之限制，则可逐个歼敌，但对粟陈张作战不无影响。如果
实行钳制黄维，打李延年五个军，至少须五个纵队，但以一个至两个纵队防
御黄维均无把握。"他们建议：只以中野九纵与李、刘兵团五个军周旋，集
中五个纵队先歼黄维一两个军，再协同华野对付李延年。②

当时毛泽东的注意力集中在华野方面，他要求华野在围歼黄百韬，阻击
邱、李兵团的同时，派苏北兵团楔入邱、李兵团侧后，争取围歼邱、李兵

---

① 《毛泽东军事文集》第5卷。
② 《中国共产党历史资料丛书——淮海战役》第1册。

团。由于邱、李兵团始终紧靠徐州，苏北兵团在潘塘的进攻未能达到楔入敌军后方的目的。华野主力总攻碾庄的战斗已经开始，部队打得相当艰苦。鉴于华野部队已相当疲惫，"刀锋似已略形钝挫"，刘邓陈认为想同时歼灭黄百韬、邱清泉和李弥兵团是不实际的。19日17时他们再次致电中央军委，决心先打黄维。电报中说："在目前情况下，特别是李延年、黄维北进的条件下，最好力争迅速歼灭黄百韬，尔后即将主力集中于徐东、徐南，监视邱、李、孙三个兵团，争取休息十天半月，同时以尚未使用之五个纵队或三个纵队用于南线，协同我们歼击黄维、李延年，这个步骤最为稳当。"电报陈述了中野集中兵力的原因："我们六个纵队，除四纵外均六个团，九纵只来五个团，平均每纵不到两万人，炮兵很弱，故只能用于一处。"

毛泽东采纳了刘邓陈的建议，20日指示华野："中野主力决定打黄维。对李延年兵团须由你们负完全责任，中野无法派兵。除你们已派出王张十一纵及十三纵外，应即速转移四、六、八、九诸纵之主力对付李延年。"

这时，碾庄圩战斗已接近尾声。粟裕、陈士榘、张震20日复电刘邓陈："部队因连续行动，追击、攻击，确已相当疲劳，但士气仍高。""我们完全同意刘邓陈指示，抽出四至五个纵队，必要时还可增加三个纵队，协助中野歼击黄维、李延年。"[1]他们从碾庄圩前线撤下六纵，令其急行军南下至安徽固镇以北的任桥，接替秦基伟的中野九纵阻击李延年兵团，使六纵可以西去参加对黄维的作战。并准备必要时派韦国清率华野二纵、中野十一纵西去，归刘邓陈统一指挥。

再说黄维兵团从蒙城出发后，在浍河岸边的板桥集遭到中野一纵的有力阻击。黄维命令先头部队14军发起攻击，强渡浍河；以主力18军在后策应。21日上午，14军85师在强大炮火支援下开始进攻，中野一纵的2团、7团坚守阵地，依靠浍河屏障阻击敌军。经过一个白天的战斗，我军主动撤出阵地，退到五沟集休整。黄维和各位军长预感与共军主力遭遇，随时可能遭受攻击。这时第二梯队的85军还在后面，黄维在蒙城等了几天，待85军到达

①《中国共产党历史资料丛书——淮海战役》第1册。

后才继续前进。

为了避免遭受意外的打击，黄维兵团在前进中采用了"核心机动"的战术。他以蒙城为核心，构筑坚固工事，囤积粮食弹药，把触角远远伸出去，与解放军接触。把拳头抱起来，看准目标再打下去。前进时占领前方有利地形，作为新的核心阵地，如此逐次跃进，稳扎稳打。他让12兵团抱成一团，10军在左，14军居右，18军和兵团部居中，85军殿后。12兵团滚动前进，让你抓不住空隙，无法分割歼灭。

23日，黄维兵团到达涡河南岸的南坪集。据侦察部队报告在东坪、南坪集至孙疃一线发现共军主力的阻击阵地。其配备：一部分据守突出涡河南岸的南坪集，其他部队都沿涡河北岸占领阵地。10军报告，他们的便衣侦察队在蒙城西北的酉阳集截获中原军区送往中野六纵的物资，判定他们附近有中野主力活动。黄维指示18军占领南坪集，强渡涡河，打通前往宿县的道路。18军军长杨伯涛以118师为主攻，11师为助攻，配备快速纵队的20辆战车、105榴弹炮营、重迫击炮营的强大火力支援。中午开始攻击，118师对南坪集的进攻遭到中野四纵的顽强阻击，无法前进。杨伯涛亲自指挥20辆战车分数波向四纵阵地冲击，国民党军的榴弹炮也把南坪集打成一片火海。中野四纵在陈赓司令员指挥下坚守阵地，在缺乏重武器的不利条件下，与敌军展开近战。坦克突破正面阵地，就出动小部队迂回敌军两侧，打退步兵进攻。用炸药包、集束手榴弹打坦克，或点燃预先堆好的柴草，迫使坦克退回。18军攻到黄昏，仍然无法突破四纵的阵地。11师在侧面强渡涡河，也被四纵打回来，只得隔河对峙。夜晚，杨伯涛命令工兵架桥，实行偷渡。国民党军悄悄过河，迅速展开占领滩头阵地，却发现我军早已撤走，不知去向了。①

原来，中原野战军首长为黄维设置了一个大口袋，等他钻进来。23日夜里刘邓陈致电华野粟陈张："今日敌18军从上午9时到黄昏，在坦克20余辆掩护下，向我南坪集阵地猛攻竟日。我虽伤亡较大，但未放弃一个阵

① 《杨伯涛回忆录》第13、14章。

地。另敌一个多团于午后到南坪集以东10里处突过浍河。我决心放弃南坪集，再缩到南坪集十余里处布置一个囊形阵地，吸引18军过河展开，而以四、九纵吸住该敌，并利用浍河割断其与南岸三个军之联系。同时于明夜以一、二、三、六纵及王张纵向浍河南岸之敌出击，求得先割歼其两三个师。"电报指出："歼击黄维之时机甚好。因李延年、刘汝明仍迟迟不进，因此我们意见除王张十一纵外，请粟陈张再以两三个纵队对李、刘防御，至少以四个纵队参入歼黄维作战。只要黄维全部或大部被歼，较之歼灭李、刘更属有利。"①

这时，华野主力刚刚结束碾庄圩战斗，徐东阻击战斗仍在进行中。部队经过连续十几天的战斗，非常疲劳。23日，毛泽东以中央军委名义致电中原、华东两个野战军领导人，庆祝他们歼灭黄百韬兵团的伟大胜利。同时告诫他们：徐州方面敌军尚有50个师的兵力，"这个敌人是可以消灭的。但是，必须准备给予全战役三个月至五个月时间，必须准备以几个作战阶段（你们已经完成了第一个作战阶段）去取得全战役胜利，必须准备全军部队及民夫一百三十万人左右三个月至五个月的粮食、草料、弹药，十万至二十万伤员的医治，……在战术方面，必须不是依靠急袭，而是依靠充分的侦察和技术准备（近迫作业、步炮协同等）去取得成功。""只要你们注意了和完成了这些条件，你们就有可能取得这一具有全国意义的伟大战役的胜利。"毛泽东在电报中最后说："望华野、中野全军，在刘、陈、邓、粟、谭五人总前委（邓为书记）统一领导之下，争取新的大胜利。"②

毛泽东的指示显示了与国民党军队进行最后决战的决心。也使华野指挥员放弃了打一仗歇一歇的思想，不停顿的消灭敌人。为了取得淮海战役的胜利，从准备伤亡十万到准备付出二十万人伤亡的代价。粟裕在淮海战役之后的总结中回顾："在战役第二及第三阶段中，部队有一种要歇一歇的思想，认为部队不能再打了，部队太疲劳了，伤亡太大了，恰巧军委又来了个电

---

① 《中国共产党历史资料丛书——淮海战役》第1册。
② 《毛泽东军事文集》第5卷。

报，要我们准备伤亡二十万人，这才帮助我们克服了部队中的右倾情绪。"①

11月24日，毛泽东复电刘陈邓并告粟陈张："1、完全同意先打黄维。2、望粟陈张遵刘陈邓部署，派必要兵力参加打黄维。3、情况紧急时机，一切由刘陈邓相机处置，不要请示。"军委赋予总前委指挥全权，避免因电报往来贻误战机，为淮海战役第二阶段的胜利创造了重要条件。②

华野认真执行军委和总前委的指示，在完成碾庄圩作战和徐东阻击战后，粟陈张马上调整部署，25日派六纵控制了宿县，并在固镇西北的湖沟集一带构筑阻击阵地。二纵、十三纵在攻克灵璧后迅速南下，在固镇以北的津浦线两侧布防，阻止李延年、刘汝明兵团北上增援。原来配合华野作战的中野十一纵已调往西线加入围歼黄维的作战，华野又调出七纵、十一纵行军至宿县西南支援中野，并以十纵为预备队。徐东战场的华野部队未经休整，带着一身的硝烟泥土又投入了新的战斗。

11月24日，黄维兵团的第18军渡过浍河继续向宿县方向攻击前进，逐渐进入中野预设的袋形阵地。这天，18军派出的便衣侦察人员报告：宿县公路上发现共军大部队运动，宿县已被共军占领。11师的先头部队在浍河以北的公路两侧遭到共军阻击，并发现共军的大纵深阵地。10军报告发现共军大部队由西向东直捣他们的侧后，有形成包围的态势。85军军长吴绍周刚刚到达黄维的兵团部，也告急说蒙城被共军占领，兵团的后路已被切断。黄维意识到情况严重，当天晚上召集各军军长开会。介绍了情况后，黄维说："兵团的任务是打到宿县，与徐州杜聿明会合。现在的情况，我们应该怎样打法，才能完成任务？"杨伯涛说："兵团所处境地，形势非常严重！共军大军云集，布置了天罗地网，有意识地放弃涡河、浍河。现在我们已经陷入圈套，但还没有到四面被围的绝境，还有相当的主动权。如果按照国防部和刘峙的瞎指挥，不加灵活变通地闯下去，那就是死路一条。"他建议趁东南方还没有发现情况，兵团立即向固镇西南靠拢。南坪集到固镇只有80

① 《粟裕军事文集》。
② 《毛泽东军事文集》第5卷。

里，急行军一夜就可赶到。到固镇与李延年兵团会合，就可以立于不败之地。黄维初任兵团司令，不请示国防部就自己改变行军方向，是要负重大责任的。他迟迟下不了决心。到后半夜，才下达向固镇转移的命令。

杨伯涛接到黄维的命令一看，上面说要14军由南坪集东南到浍河南岸，85军到南坪集、掩护10军和18军转移。10军和18军与共军脱离接触，10军沿浍河南岸向固镇前进，18军由双堆集向固镇西北的湖沟集前进，兵团部随18军行动。他感到这个命令对迅速甩掉共军转移战场的目的背道而驰。两个战斗力差的军上去掩护两个战斗力强的军撤退，完全是浪费时间的瞎折腾。10军和18军完全有能力自己撤下来，14军和85军原地不动，同样可以稳妥地掩护兵团转移。杨伯涛虽然不满，还是按照黄维的命令将浍河北岸的部队迅速撤回南坪集，集合好队伍准备向双堆集进发。他到兵团部请黄维下命令开始行动，黄维神态万分焦急地说："要等我的命令才能开始行动。"杨伯涛吃惊地问是什么原因使他改变了决心？黄维说："兵团转移的命令让一个参谋给吴绍周送去，结果连人带吉普车都失踪了。正派人寻找，等一等再说。"杨伯涛认为这不是什么了不得的事情，重要的是部队赶快行动，赶快离开，不要等着挨打。但是黄维在这紧要关头，既不进也不退，就在南坪集干等。整个兵团部队荷枪列队等待，心急如焚。①

就在黄维召集会议的24日夜晚，中原野战军根据刘邓陈的指示，从各个方向开始了包围12兵团的行动。在黄维兵团西边，中野一纵由五沟集、二纵由白沙集、三纵由孙疃集、六纵由曹市镇向东攻击，迂回至黄维兵团背后的双堆集。浍河北岸的中野四纵、九纵和豫皖苏独立旅对后撤的敌军进行追击，进攻南坪集。位于蕲县集的中野十一纵由东向西攻击。华野南下参战的各纵队则兼程前进，集结于蕲县集、桃园集地区，切断敌军向固镇的去路。25日凌晨，中野二纵在向双堆集以西行军中，俘获一名敌军官和几个卫兵，缴获吉普车一辆。原来这是黄维派往85军传达命令的参谋，在乘车去110师传达命令途中被我俘获。我军缴获了黄维向固镇方向转移的命令，全面了

---

① 《杨伯涛回忆录》第13、14章。

解了敌军动向，各纵队加快行动步伐，向双堆集扑过去。①

　　黄维在南坪集干等了一个白天，不见参谋的音信。到25日16时才命令各部开始行动。18军列队行军到双堆集，已是日暮黄昏。本来可以夜间继续行军，但是兵团的战车和上百辆卡车行动不便。这一带没有像样的公路，战车和卡车都是在田野中行驶。白天还可以横冲直撞，到夜间水沟洼地都成了障碍，动弹不得。于是黄维决定在双堆集宿营。这一住下来，就再也跑不掉了。

　　14军本来可以直接向双堆集转移，却奉命去浍河南岸接替10军阵地，掩护10军撤退。14军接管10军阵地后，25日下午布防尚未完成，中野四纵就以排山倒海之势，冲过浍河向14军杀来。四纵迂回14军右翼，直插14军前线指挥所。国民党士兵纷纷溃退，14军参谋长梁岱糊里糊涂地当了俘虏。10军114师在南坪集东南的一个村庄正待出动，14军的溃兵蜂拥而来。114师仓促投入战斗，不分敌我混战一场，结果自己一个团也被冲散，团长失踪。10军军长覃道善紧急调18、75师上去掩护，救援收容14军残部，退往双堆集以东的忠义集地区。85军也遭到中野部队的强大攻击，军长吴绍周指挥部队且战且退，于25日晚到达双堆集与黄维的兵团部会合。26日晨5时，刘邓陈向军委报告："迄本晨止，黄维兵团完全被我合围于南坪集、蕲县集、邵围子、双堆集、芦沟集之间地区。敌企图向邵围子、双堆集之间突围已被我堵截。我已令各纵逐步收缩，达成全歼此敌。"②

　　双堆集地处平原，稀疏地分布着十几个小村庄。双堆集南北有两个小土岗，南边的叫尖谷堆，北面的叫平谷堆，双堆集即以此为名。时值秋收过后，这里是一片毫无遮蔽的平原。村子里只有土墙茅草盖的小房，老百姓早已跑光。当地不仅找不到粮食，就连饮水、燃料和牲口饲料都极为困难。唯一对国民党军有利的是，开阔的地形便于国民党军发扬火力，易守难攻。

　　黄维虽然被包围，但他尚未惊慌失措。12兵团是国民党军的精锐部队，

① 陈再道：《为了淮海战役的胜利——记中野二纵在淮海战役中的作战行动》。
②《中国共产党历史资料丛书——淮海战役》第1册。

重武器多，18军又与我军多次交战，有一定的经验。黄维部署手下的四个军、一个快速纵队缩成一团，构筑环形集团工事，以坦克、火炮、轻重机枪和火焰喷射器组织层层火力网，使我军无法将其分割歼灭。他们自称这是"硬核桃战术"，让共军啃不动，吃不掉。黄维不想坐以待毙，经与南京方面联络，26日得到总长顾祝同指示："贵兵团应不顾一切，以全力向东攻击，击破当面之匪，与李（延年）兵团会师，俾利尔后之作战。"[①]当天下午，黄维将85军110师师长廖运周等召到兵团部，部署突围。

黄维见到廖运周就问："刚才空军侦察报告说，今天午后敌人对我兵团的包围圈已经形成，他们正在构筑工事，你有什么主张？"廖运周回答："司令官有何决策尽管下命令，我保证完成任务。"黄维说："我想乘敌立足未稳，打他个措手不及。挑四个主力师齐头并进，迅猛突围。"廖运周痛快地说："司令官的决策英明，我们师请求打头阵，我立即回去准备行动。"黄维非常高兴，着实夸奖了廖运周一番。他做梦也没想到，廖运周是一位中共地下党员。

廖运周，安徽淮南人。黄埔五期，1927年曾加入过中国共产党，参加过北伐和南昌起义。大革命失败后参加阜阳、正阳关武装暴动，后来到冯玉祥的抗日同盟军2师任团长。抗日同盟军失败后部队被蒋介石收编，纳入汤恩伯部改编为110师，在抗战中参加过台儿庄等战役。这个部队中许多军官是爱国的，思想比较进步，不愿意为蒋介石打内战。1946年起，晋冀鲁豫分局派李俊成等同志来110师开展地下工作，1947年成立了地下党组织。廖运周等早就想组织起义，回到革命队伍。李俊成传达邓小平政委的指示，要他们耐心等待，在最有利的时机起最大的作用。当85军被编入12兵团，奉命开往徐州时，廖运周等认为起义的时机到了。所以黄维要110师突围，廖运周不但痛快地答应，而且要求作为先头部队提前行动，为的是与其他三个师分开，避免影响起义的行动。

回到师部，廖运周立即与李俊成等同志商议，决定派杨振海同志马上去

---

① 南京国防部：《华东战场作战指导检讨》。

与解放军前线部队联系。110师的正面是中野六纵,王近山司令员、杜义德政委听说110师来联系起义,非常高兴。立即将这个消息和敌军准备突围的情报汇报给刘邓首长。王近山亲自为110师画了行军路线图,规定了联络信号,派司令部参谋武英担任向导,让110师从六纵16师的阵地通过。

杨振海回到110师汇报与解放军联系成功,已是27日凌晨4时,离预定的出发时间很近了。廖运周为了保证起义万无一失,又去兵团司令部找黄维。假报共军阵地有空隙可钻,请求110师提前行动。黄维见廖运周积极请战,非常高兴,拿出白兰地酒预祝突围成功。临出发前,廖运周召集一些可靠的军官宣布起义的决定,大家一致拥护。

27日6时,廖运周率领110师的两个团(另一个团被85军作为预备队留下)官兵从双堆集出发,向解放军指定的大吴庄前进。两小时后,他们顺利通过中野六纵阵地,进入我军控制地区,起义圆满成功。110师通过后,我军立即封锁通道。黄维不断用电台询问情况,回答都是"沿途畅行无阻。"跟进的国民党军第18军的11、118师,10军的18师在双堆集东南遭到中野六纵和陕南军区12旅的猛烈阻击。尽管国民党军天上有飞机支援,地下有坦克开路,还是被我军一次次打回去,突围行动以失败告终。①黄维还奇怪110师是怎样出去的,为了妥善安排好110师官兵,刘邓首长命令对起义的事保密三天。当12兵团得知110师起义的消息,士气大受打击。军长、师长们都垂头丧气,又上下猜疑,互不信任。黄维把85军军长吴绍周请到兵团部居住,名为照顾,实为监视。

廖运周师的起义极大鼓舞了中原野战军的士气。各纵队不失时机地向黄维兵团发起攻击,战斗进行得十分激烈。11月27日刘邓陈给军委的电报中乐观地估计,"全部战斗至迟明日可以解决。"但是实际情况并非想象得那么容易。黄维兵团的四个军依靠优势的火力顽强抵御,而中原野战军重武器非常缺乏,战斗力最强的一纵仅有三门山炮。在没有炮火掩护下的进攻,无法压制敌军火力,攻击不能奏效。原中野三纵司令员陈锡联回忆:"由于我部

---

① 廖运周:《第110师战场起义始末》。

队从运动战仓促转入阵地攻坚战,对大规模的平原村落攻坚战感到生疏,对敌战斗力消耗、内部混乱状态估计过高,对其防御能力估计不足,且有急躁情绪,突击时准备不够,组织不够严密,故最初几天的攻击,伤亡大,收效小。"看到这种情况,刘邓陈决定改变战法,11月28日他们给军委的电报说:中野决定"采取集中火力,先打一点,各个歼灭的战法"。但是战役的时间要延长,"须十天左右时间才能完成。原来根据敌人总突围及廖起义的情况,估计可以迅速解决战斗,此种情况业已改变。"中野六个纵队将黄维兵团压缩在双堆集东西15里、南北5里的狭小区域内,战斗进入相持阶段。①

在淮海战役中,集中优势兵力歼灭敌人的战术一方面体现在人数上,我军以超过敌军几倍的兵力围歼敌人。另一方面也体现在武器上,即以优势的炮火压制敌人的火力,为步兵的攻击提供保障。二者缺一不可。中野顺利地完成了对黄维兵团的包围,由于火力不占优势而无法达到迅速歼灭的目的。作为指挥员,粟裕是深有体会的。他在淮海战役总结中说:"有些同志认为中野打黄维兵团打了多少天未打下,这种认识是错误的。我们有些同志忘记了:中野最先担负了外线出击的最艰苦的任务,我们同志忘记了人家的装备,人家的情况。在消耗方面来说,我们打杜聿明,打手榴弹很少。中野打黄维兵团,打了很多手榴弹,每门炮只打几发炮弹。而我们打杜聿明,几乎用炮火推平村庄,一个村子打几千颗炮弹和成千成万斤炸药。中野一个纵队只有一两万人,而我们华野每个纵队至少有两万人。敌18军比5军强,不弱于74师,而10军、14军、85军也都不弱,以中野那样的装备,消灭最强的敌人,是不容易的事情。人家发挥了我军作战的长处,我们应该向人家虚心学习。"②

毛泽东关注着歼灭黄维兵团的战斗。11月30日他命令华野:"七纵炮兵已供刘陈邓使用,这里不再说了。惟炮纵应全部开去打黄维,以厚火力。"

---

① 《中国共产党历史资料丛书——淮海战役》第1册。
② 《粟裕军事文集》。

12月4日他又指示刘邓陈："打黄百韬和打黄维两次经验证明：对于战斗力顽强之敌，依靠急袭手段是不能歼灭的，必须采取割裂、侦察、近迫作业、集中兵力火力和步炮协同诸项手段，才能歼灭。"中野坚决执行了毛泽东的指示，提出"坚决持久围歼敌人"的方针，采取稳步的攻击作战，攻占一村，巩固一村，构筑坚固的攻防阵地，与敌人斗战术，斗技巧，利用敌人突围或出击予敌以重大杀伤，消耗敌人。同时等待华野的炮兵和增援部队前来参战。

黄百韬兵团覆灭后，徐州方面的国民党将领垂头丧气，怨声载道。蒋介石的"特派战地视察官"李以劻到徐东前线督战时，邱清泉对他大发牢骚："总统派你来视察督战，视什么？察什么？冯治安部队造反，事前为什么不知道？这种杂牌部队再多有什么用！妈的，害得我们好苦。总统只知道写手令，打电报，战场情况他老人家不清楚。共军围点打援，是一种消灭生力军的手段。对黄百韬我是出死力相救的，结果伤亡这样大，黄兵团不免于败，上了敌人的当。国防部是打糊涂仗，是亡国的国防部。敌人主力那么强大，我们能在徐州孤注一掷么？"李弥说得更为具体："敌军的人海战术是围点打援，这次陈毅同刘伯承集中力量来干，就是想把我们的主力打垮。如果在徐州我们不早撤出，将来就是陷入重围。那时敌人再用人海战术来打一点，任何部队都挡不住。敌人的政治最厉害的一点，就是会鼓动，把老百姓组织动员起来。我在山东三年和这次作战中，看到敌人抬担架、运粮弹、修工事，要人有人，我们这一套就不行。所以归根到底，我们的政治就是不行。"但是这些话蒋介石都不爱听，对李以劻说："当将领的不能服从，不能任劳任怨，还行么？不着眼大局还行么？见危不救还行么？"①

黄百韬兵团被歼，杜聿明集团东进失去意义，而且自身难保。11月24日，蒋介石把刘峙、杜聿明召到南京开会，国防部提出新的作战方案：以打通津浦路徐蚌段为目的，徐州方面以主力向符离集进攻，第6兵团和12兵团向宿县进攻，南北夹击共军，打通徐蚌间交通。蒋介石批准这个方案，要

---

① 李以劻：《淮海战役蒋军被歼概述》。

杜聿明回去部署进攻。杜聿明乘飞机回徐州时，特地飞经双堆集上空。见地面上炮火连天，战斗激烈。他与黄维通话，黄维说："当面敌人非常顽强，这样打不是办法。"杜聿明说："今天老头子已决定大计，马上会下命令，请你照令实施好了。"①

11月26日，杜聿明指挥孙元良兵团沿津浦线两侧向孤山集、官桥（今属安徽萧县）地区进攻，邱清泉兵团向潘塘以南的二陈集、刘塘一线进攻。孙兵团的41军奉命攻击孤山集北面的笔架山、纱帽山。当时有美国记者和南京"慰劳团"到前方观战，41军军长胡临聪格外卖力，他命令用一个团的兵力攻击纱帽山，两个山炮营的火力支援。防御的是华野两广纵队和冀鲁豫军区两个独立旅，他们原来是执行牵制徐州敌军的任务，两广纵队只有三个建制不全的团（每团两个营）和三门旧山炮，战斗力较弱。面对强敌，两广纵队表现出顽强的战斗作风。

27日41军以密集的炮火向纱帽山射击了1000多发炮弹，将山顶上的泥土掀掉一层。两广纵队1团战士坚守纱帽山，顽强抗击41军的集团冲锋，打死打伤敌军200多人。到当天下午，1团因伤亡较大，在敌军多路进攻下撤出阵地，退守卢村寨、大方山一线。冀鲁豫军区独立旅集中20门迫击炮反击敌军的进攻，部队也付出较大的伤亡。28日，孙元良兵团又向卢村寨、大方山进攻，猛烈的炮火摧毁了两广纵队的全部阵地，卢村寨、大方山又相继失守。曾生司令员见形势危急，命令2团组织反击，坚决夺回大方山。2团组织四个连的兵力，经过半小时的激烈战斗，收复了大方山阵地，稳定了防线。下午，当敌军炮火再次轰击大方山时，两广纵队的战士们也有了经验。他们躲在山脊后的死角区隐蔽起来，等敌军炮火一延伸，就冲上山头，居高临下用轻机枪、步枪向爬上来的敌军开火。国民党空军的飞机向我军阵地后方的村庄投掷炸弹，广纵的司令部也被炸毁，一度中断指挥，转移到附近的张村才恢复了与前方的联系。②

① 杜聿明：《淮海战役始末》。
② 《曾生回忆录》。

邱清泉兵团从潘塘地区南下攻击，74军在二陈集、仁和集方向遇到强大的华野一纵，打了两天，白天进展，晚上就被一纵反击回来。70军寻找华野较弱的鲁中南纵队阵地进攻，26日下午敌军在四辆坦克配合下，以四个营兵力攻占鲁中南纵队的刘塘阵地。27日70军分三路进攻，占领官庄、刘庄等六个村庄，前进了几里地。鲁中南纵队虽然装备较差，火力远不如敌军，仍以顽强的意志坚决抗击，且战且守，迟滞敌军的前进速度。74军军长邱维达回忆："各军第一线部队展开以后，大家认为这是最后一着棋，成败在此一举，必须集中一切兵力与火力。26日拂晓，战斗信号刚一发出，炮声轰鸣，全线进攻部队即与当面的解放军展开了极为激烈的战斗。双方的火力、冲击、反冲击都发挥到最高度，逐村争夺，寸土不让，甚至争夺一村庄或一据点，必须反复争夺四五次，有的六七次之多。以致使70军和74军伤亡惨重，虽然有些进展，也是很迟缓的。战斗一天，前进速度仅3公里。次日清晨又继续发起进攻，战况与昨日比较，则大有逊色，这显示进攻的锐气已经走下坡路了。28日'剿总'还是强调要继续进攻，但第一线部队已呈现精疲力竭的状态。迫于军令和'总统'视察官监督之下，只好放些枪炮装装样子，部队都在原地不动。截止到28日，第2兵团的第一线还停止于褚兰、张集之线，不能前进一步了。"①

鉴于徐州之敌倾巢南犯，守卫中心阵地的两广纵队、冀鲁豫军区部队和鲁中南纵队连日作战，过于疲劳。华野迅速调整部署，以山东兵团主力增援徐州以南的阻击作战。谭震林、王建安28日下达命令，以九纵增援两广纵队和冀鲁豫军区部队，担任津浦路西侧防御；以八纵接替鲁中南纵队，担任津浦路正面防御；以四纵增强一纵、十二纵方面的防务，担任津浦路东侧防御。三个强大的阻击集团以孤山集、后官桥、褚兰一线，构筑工事并组织反击。29日九纵接替广纵卢村寨阵地后，当夜就对孙元良兵团发起反击，收复瓦房等两个村庄。30日八纵收复严庄等地，72军两个营进攻范庄，遭八纵包围，敌军仓惶撤退。徐州"剿总"组织的打通津浦线的计划，至此完全

① 邱维达：《邱清泉第2兵团被歼记》，载《文史资料选辑》第21辑。

失败。正如华野总结中所说："敌曾企图乘我主力在徐州以东未及转移，及一部南下作战，在我薄弱的部分沿津浦线两侧南犯，妄图寻找我弱点乘机突进。但在此七天中敌前进约30里至10余里，遭我强力反击退回约10余里，实际敌人前进仅20余里至10里。故杜聿明所辖之邱、李、孙兵团倾巢南犯，图沿津浦线取捷径南下靠拢黄维，以便在李延年兵团策应下合股南撤江防之企图，遭严重打击，已使该敌由津浦南下之决心动摇。"①

淮海战役第一阶段华野正在围歼黄百韬兵团时，中央军委就提醒总前委注意防止李延年兵团北上增援。11月19日毛泽东致中野、华野负责人的电报中指示："刘陈邓以主力歼击黄维，以一个纵队对付刘汝明而无力顾及李延年。在此种情况下，粟陈张方面必须将对邱李孙之作战，在目前短期内，只限制于歼敌四五个师的范围，以便抽出必要兵力对付李延年。我谭王五个纵队除为解决黄百韬残部所必须之兵力外，余部应即速西移，担负歼灭李延年的任务。"②25日华野江淮军分区部队和十三纵37师联合攻克灵璧城，李延年感到情况不妙，命令北上的99军马上后撤。华野于27日组织主力南下追击，苏北兵团指挥二纵、六纵、十一纵，十纵指挥十三纵、江淮部队从两个方向任桥、固镇方向迂回，切断李延年兵团的退路。但是敌军于当天就放弃任桥南逃，我军就沿着铁路两侧向南猛追。六纵先头部队渡过浍河，在28日攻占固镇以南、津浦路西侧的张店子等村庄，断敌退路。敌军于当日下午全力突击，六纵的两个师在碾庄已经伤亡了1200多人，兵力不足，被敌军突破阵地，沿铁路南逃。二纵、十纵先头部队进至固镇，敌军已将浍河上的铁桥破坏，阻挡了我军前进道路。鉴于李延年兵团已经逃回蚌埠，华野决定以六纵和十三纵位于蚌埠以北的曹老集，监视蚌埠之敌。以二纵、十纵、十一纵北调朝阳集、宿县地区，作为预备队，防备徐州之敌向南逃跑。

对刘汝明，华野遵照毛泽东的指示，做工作策动其起义。考虑到刘汝明是杂牌部队，不为蒋介石信任。华野政治部门想通过孙良诚劝说刘汝明起

① 华东野战军司令部：《关于淮海战役经过概述》。
② 《毛泽东军事文集》第5卷。

义，孙良诚是被迫放下武器的，心里还想再回到国民党那边去。他给刘汝明的信中隐晦表达了这个意思，刘汝明与情报处长商量："看来孙良诚叛变后，又有后悔情绪，我们可以借这个机会把他骗出来。"于是回信要孙良诚亲自来蚌埠商量。孙良诚征得华野政治部同意，与参议周镐（周天亚）、原260师师长王清瀚一起去蚌埠。刘汝明把孙良诚回来的消息报告刘峙，刘峙与刘汝明一同去迎接孙良诚。刘峙逮捕了周镐、王清瀚，把他们交给保密局长毛人凤，让孙良诚去上海居住。不久，周、王二人被毛人凤杀害。11月25日，刘陈邓通知粟裕等："刘汝明处已有人回来，刘无起义决心。"虽然有人说孙良诚也是被刘汝明出卖，但他在蒋介石逃离大陆时被留在上海。解放后孙良诚被人民政府逮捕，病死在监狱中。①

　　蒋介石见徐州三个兵团南下受阻，蚌埠的两个兵团又不能北上，黄维兵团的形势日益危急，28日将杜聿明召到南京商量对策。杜聿明见到顾祝同说："目前挽救黄维的惟一办法，就是集中一切可以集中的兵力与共军决战。否则黄维完了，徐州不保，南京也危险。"顾祝同丧气地说："老头子也有困难，一切办法都想了，连一个军也调不动。现在决定放弃徐州，出来再打，你看能不能安全撤出？"杜聿明考虑黄维如果完了，徐州就是孤城，守也守不住。就说："从徐州撤出问题不大，可是要放弃徐州，就不能恋战。只有让黄维守着，牵制敌人，将徐州部队撤出，经永城到达蒙城、阜阳间地区，以淮河为依托，再向敌人攻击，可以解黄维兵团之围。"蒋介石来到会场，杜聿明、顾祝同向他陈述了撤出徐州的方案，蒋介石表示同意。杜聿明匆匆飞回徐州，当天晚上召集邱清泉、李弥、孙元良三个兵团司令开会，部署撤退行动。杜聿明命令：30日发动全面进攻迷惑共军，当日晚上开始向萧县、永城方向撤退。李弥兵团以一个师在前面开路，其余作为掩护部队在最后撤离。邱清泉、孙元良兵团居中，各兵团以"滚筒战术"（即以各部形成圆形态势，防备解放军包围）逐次掩护前进。为了保证撤退的安全，杜聿明下了严厉的命令：1、各部行动要严格保密，务使大军撤退做到神不知鬼

① 李诚一：《淮海战役中的刘汝明》，载《文史资料选辑》第121辑。

不觉，不能让解放军明了撤退的企图，如有泄密，军法从事；2、责成徐州"剿总"前进指挥部副参谋长文强会同李弥部队，在部队撤离徐州后，彻底破坏徐州车站的所有火车头和无法带走的弹药物资，烧毁全部军用地图和档案；3、命令徐州警备司令部征用城内的所有车辆供撤退之用，并将徐州公私银行的现金集中，随军押运。[①]

29日下午，邱清泉在徐州机场召集手下四个军长部署撤退任务。三个军长都是从徐南前线匆匆赶回来的，听说要撤退，都感到意外。他们提出众多的伤员和带不走的军用物资怎么办，邱清泉干脆地说："这些问题我没有办法处理，你们自行决定吧！"

杜聿明的"保密"纯属自欺欺人，29日黄昏，徐州城内就开始骚动起来。国民党官兵到处抢购绳索、扁担，征用车辆，搞得民怨沸腾。大家都知道国民党军队要逃跑了。文强派保密局特务爆破队与李弥的工兵营共同破坏徐州车站的火车头，原定30日晚国民党军撤离徐州后进行，李弥部下逃命心切，提前半天开始行动，隆隆的爆炸声传到数十里外。徐州"剿总"和国民党机构院内烧档案的火光冲天，浓烟滚滚。徐州警备司令谭辅烈派人到各个银行去查封拿钱，谁知一连走了几家，都是人去楼空。不但现金全部转移，连职员家属都已乘飞机逃走了。照时间计算，他们的行动比军队还快，肯定是得到了南京方面的消息。杜聿明得知后拍案大叫："老头子（蒋介石）钱就是命，连泄露军情都不顾，叫我怎么能打胜仗！"

最可笑的是国民党上海市党部组织的"慰劳团"，26日才到徐州，团长方治还与记者一起到纱帽山前线"观战"。当他们看到孙元良兵团准备撤退时，慌忙抛弃随身携带的"慰问品"，一口气跑到徐州机场。谁知国民党空军没得到"慰劳"，百般刁难，不许他们上飞机。方治急得要哭，说尽好话，又求刘峙帮忙，这些男女总算登上飞机，免了当俘虏。这些人回到上海，与人说起这番惊吓，心有余悸。记者立即询问南京国民党新闻局长邓文仪，邓仍然矢口否认放弃徐州。12月4日，南京政府才在各报上发布新闻："蚌（埠）

① 文强：《徐州"剿总"指挥部的混乱》。

宿（县）间'匪军'进退维谷，国军越北浍河追击，战局已进入决定性阶段"，厚颜无耻地将徐州国民党军的溃逃说成是出击，与黄维会师。而发布这条消息的时候，杜聿明集团已陷入我军的重围之中，插翅难逃了。

11月30日，徐州国民党军开始撤退，邱清泉、孙元良兵团在前，李弥兵团殿后，加上国民党徐州党政人员和裹胁随军的部分学生，共约30万人，由徐州沿徐（州）永（城）公路向西南方向撤退。由于各兵团撤退前切断了电话线，杜聿明对各部情况一无所知。12月1日晨，他带领徐州"剿总"前进指挥部的少数人员上路。城内所有商店住户全部关门，而西门外的公路上人马拥挤不堪。军队的卡车、大炮与马车、小轿车堵塞道路，动弹不得。各部队完全不顾秩序，争先恐后地超越穿插。有的见公路堵塞，就从田野里开路前进。从徐州到萧县数十里的公路上，一片拥挤混乱的景象。杜聿明指挥不灵，无法收拾局面，只得命令参谋指挥车队出徐州南门，绕道凤凰山向萧县前进。出城不久因道路堵塞，杜聿明的吉普车也无法前进，卫士们搀扶着杜聿明，在泥泞的田野里跌跌撞撞地步行，狼狈万分。一天只走了几十里，到萧县以西的大吴集宿营。

李弥是最狡猾的。他受命掩护全军撤退，但他只留下8军负责破坏徐州的仓库和火车头，自己在30日下午就带领兵团部和9军仓惶西逃，比杜聿明走得还早。他为了保存实力，决心不与杜聿明、邱清泉联系，以最快速度跑到涡阳、蒙城。两天中他带着部队一股劲地向西走，对部下说："不要同他们主力兵团粘在一起，兵团越大越不易行动，一有情况大家就会牵连着走不了。"还说："如果他们（杜、邱）没冲出去，我们冲出去了，那我们就成功了。"国民党军将领损人利己之心态，暴露无遗。

12月2日中午，9军军长黄淑在萧县以西的孟集附近休息，与杜聿明的总部不期而遇。杜聿明两天没与李弥联系上，见9军走在了他的前边，一肚子火。当即责问黄淑："你们为什么走到总部一起了，徐州后续部队通过萧县没有？"黄答："还有少数没有通过。"杜问："你们司令官在哪里？谁叫你们撤退的？"黄答："现在不知道他在哪里，昨晚司令官用报话机指示我们撤退的。"杜聿明怒气冲冲地说："他敢不听命令吗？你马上带部队回去占领原来的掩护阵地，直接归我指挥。等部队通过完毕后，再告诉你撤退。否则不论哪一个单位受到损失都由你负责。"黄淑老大不高兴，只得带领部队掩护了一天。①

到达孟集后，杜聿明与李弥接通了电话。杜聿明责备李弥两天来未与总部联系，以至总部对13兵团情况完全不了解。李弥支吾推托，说曾经用无线电联络，没联系上。杜又责问他为什么不按书面命令行动，李说没接到（实际上是13兵团参谋长接受的命令）。杜聿明也无可奈何，告诉他在前面宿营，等待命令。

12月2日这天，邱清泉兵团的74军也到达孟集。74军经过三昼夜行军没有休息，官兵都十分疲劳，只要停下来就呼呼大睡，掉队和迷失方向的不少。邱清泉对军长邱维达说："部队太疲劳了，这样拖下去，不要打，拖就拖垮了。我已报告杜聿明，同意收容整顿一下再走。"于是当天74军在孟集宿营，休整一天。邱维达回忆："这一停顿，如同黄百韬在新安镇的撤退，恰好弥补了解放军迟一天发起追击的缺陷。这样解放军就赢得了一夜的时间，缩短了几十公里的追击，使强大的追击纵队由平行追击超越于我军退却兵团的先头，终于到达了大回村、薛家湖附近，把退却兵团的道路完全遮断了。"②

在国民党军放弃徐州之前，华野的情况是相当困难的。粟裕说："当时华野除了参加打黄维的三个纵队外，其他部队放在徐州南面，防敌突围。要打李延年兵团恰好未打上，如果打上了李延年，一时又解决不了战斗，部队转移不过来，则杜聿明的三个兵团可能向西走掉。"③战史这样写道："当时，华东野战军要在三个方向上作战，即以一部兵力协同中原野战军直接参加歼灭黄维兵团，又在南北两个阻援战场上，阻击和钳制国民党军5个兵团的40余万人马，是淮海战役中最紧张的时刻。"④

12月1日，华野侦察部队报告：国民党军正在破坏徐州的工厂、仓库，

① 黄淑：《淮海战役第9军被歼经过》。
② 邱维达：《邱清泉第2兵团被歼记》，载《文史资料选辑》第21辑。
③ 《粟裕军事文集》。
④ 《中国人民解放军第三野战军战史》第5章第5节。

中午有600辆汽车由徐州西开砀山方向。电台监听到敌军拟向阜阳开进的消息。华野首长判断杜聿明集团已放弃徐州西逃，粟裕立即下达命令：以一、三、四、八、九、十二纵、两广、鲁中南纵队向永城、萧县急进截击。命令十纵经宿县向永城进发，渤海纵队占领徐州。中央军委得到华野报告后，毛泽东2日指示华野："敌向西逃，你们应以两个纵队侧翼兼程西进，赶至敌人先头堵住，方能围歼，不要单靠尾追。"①

一场尾追堵截杜聿明集团的行动开始了。华野九个纵队不顾敌机的扫射轰炸，不分昼夜沿着公路急进，追赶敌人。九纵原来在徐州以南的孤山集作战，位置靠西，走在最前面。12月2日晚，九纵25师到达安徽萧县以西王引河与徐永公路会合处，74团在一个叫官路口的村子宿营。3营长披着一件缴获的美式军大衣回到住处，发现一个士兵在卸门板。他问："你是哪个连的？"士兵立正回答："报告长官，我是8连的。"营长一听这种不顺耳的答话，以为是个俘虏兵，就命令他："叫你们连长跑步到这里来。"不一会儿，3营长只听一声"报告！"一个戴大盖帽的国民党军官站在面前。两个人都愣住了，幸亏营长的通信员机灵，扑上去缴了国民党军官的枪，一问才知道是邱清泉5军45师的，同我军混住在一个村子里。3营当即投入战斗，村子里枪声大作，混战一场。敌军依靠优势火力突出包围，向西逃去。聂凤智司令员听说追上了敌人，命令不许恋战，向西展开平行追击。2日夜晚的行军，九纵部队几次与国民党军走到了一起。3日拂晓前，九纵先头部队25师73团在陈官庄以西的大回村与敌军遭遇，歼敌一个营，超越了敌人。聂凤智命令后面跟上来的27师向北占领薛家湖、芒砀山，切断敌军西进的去路。27师不顾长途行军的疲劳，于3日夜里占领薛家湖，又乘敌军立足未稳，一举攻占芒砀山。②

12月4日，华野各追击纵队陆续赶到。八纵到达永城、苗桥地区，鲁中南纵队到达青龙集以南，三纵到达祖楼、王砦，四纵到达张寿楼、张新楼

① 《中国共产党历史资料丛书——淮海战役》第1册。
② 聂凤智：《敢打敢拼，英勇奋战——记华野九纵参加淮海战役始末》。

地区，一纵到达袁圩，广纵和冀鲁豫独立旅到达洪河集，十纵到达大回村以南，二纵到达永城附近，十一纵到达涡阳以北。经过三天艰苦追击，华野主力完成了对杜聿明集团的包围。①

12月3日对杜聿明集团来说是至关重要的一天。如果杜聿明坚持要走，我军追赶他们是不容易的，毕竟国民党军有汽车，四个轮子总比两条腿跑得快。3日上午，杜聿明在孟集正准备出发，突然接到飞机空投的蒋介石亲笔信。信中说："据空军报告，濉溪口之敌大部向永城流窜，弟部本日仍向永城前进，如此行动，坐视黄兵团消灭，我们将要亡国灭种。望弟迅速令各兵团停止向永城前进，转向濉溪口攻击前进，协同蚌埠北进之李延年兵团南北夹攻，以解黄维兵团之围。"杜聿明读后，感到蒋介石又改变了决心，必然导致他们全军覆没。他想：如果不听蒋的命令，继续向淮河前进，再解黄维之围，尚可将功补过。如果沿途遭共军截击，损失惨重，又不能解黄维之围，失败的责任就大了。从个人利益考虑，杜聿明不敢违抗蒋介石的命令。他命令部队停止前进，召各兵团司令来孟集开会。邱清泉忙于整顿部队，到14时才来开会。大家看了蒋的命令，多数沉默不语，只有邱清泉狂妄地说："总座，可以照命令打，今天晚上调整部署，明天起第2兵团担任攻击，13、16兵团在东、西、北三面掩护。"杜聿明说："大家再把信看看，考虑一下，我们敢于负责就走，不敢负责就打。这是全军生死之地，存亡之道，不可不慎重。"大家感到蒋介石口气严厉，谁也不敢抗命。于是杜聿明决定按照邱清泉的意见，调整部署，向南攻击。这一下，杜聿明集团就陷入华野主力的重围，再也爬不出来了。②

与此同时，蒋介石派战地视察官李以劻12月3日到蚌埠，给李延年、刘汝明下了一道手令。要他们集中力量北进，救出黄维兵团。李、刘的部队战斗力不强，根本没有信心。刘汝明说："尽人力以听天命。"李延年说："鞠躬尽瘁，死而后已，有什么可说的？我看，围是解不了的。"蒋介石唯恐他

---

① 华东野战军司令部：《关于淮海战役经过概述》。

② 杜聿明：《淮海战役始末》。

们不肯出力，特派自己的次子蒋纬国（装甲兵司令部参谋长）亲率战车2团到蚌埠以北的曹老集、鲍集前线，配合李延年兵团行动。蒋介石勉励蒋纬国，要他像当年淝水之战那样以少胜多，国民党新闻局长邓文仪也随蒋纬国到前方，为他吹嘘鼓劲。①

这样，淮海战役的大局面为之一变。华野、中野在淮北平原相距60公里的区域内包围了两个国民党重兵集团，蚌埠北上的援敌距离黄维兵团也只有40公里。如果相持日久，情况可能会变化。12月4日，中央军委指示总前委：对黄维兵团、杜聿明集团和李延年兵团分别采取攻歼、围困和阻击的不同方针。在中原野战军指挥部作战室里，刘伯承司令员随手将口杯、砚台、电报纸摆成三堆，对参谋们说："这就像我们面临的三股敌人。军委电令我们吃掉已围的黄维兵团，围住南下的杜聿明集团，阻住北上的李延年兵团，这叫吃一个，挟一个，看一个。要保证挟着的掉不了，看着的跑不了，就必须吃掉黄维兵团，腾出手来，再歼灭杜聿明、李延年。"能否迅速吃掉黄维兵团，就成了淮海战役承前启后的关键。②

从11月28日中野将黄维兵团包围在双堆集地区，到12月5日总攻之前，双方的战斗进行得相当激烈。黄维兵团困兽犹斗，依靠武器装备的优势顽强防御，缺乏重武器的中野部队虽英勇作战，但进展不如预想的顺利。缺乏火炮，能不能有效地消灭敌人？刘邓指示部队多动脑筋，扬长避短，与敌人斗战术、斗技术。双堆集地区地形开阔，最利于敌军发挥密集火力的优势。如何避开敌军火力封锁，突破敌军前沿阵地，是克敌制胜的关键。11月27日，中野九纵27旅在攻击小张庄战斗中，有三个战士冲到敌军鹿砦前，遭到敌军火力压制，上不去下不来。为了隐蔽自己，他们就地挖起坑来。先将卧射掩体挖成跪射掩体，再挖成立射掩体，再将掩体用壕沟联通，居然在前沿坚持了一天。九纵司令员秦基伟很受启发，11月29日27旅攻击小张庄，利用夜间开始了大规模的近迫作业。各连连长背着石灰口袋匍匐前进，

---

① 李以劻：《淮海战役蒋军被歼概述》。
② 《刘伯承传》第16章。

战士们顺着白线一个接一个跟在后面爬行。到达距离敌军阵地几十米处，连长发出信号，战士们先卧着挖，再跪着挖，然后站着挖，到天亮时，各连都挖成了通向敌军阵地的交通沟。攻击开始后，突击部队在山炮、迫击炮、重机枪掩护下突然跃出壕沟，出现在敌军阵地前沿，很快完成了突破。经过一天战斗，九纵攻克小张庄，歼灭守敌10军一个团。邓小平政委表扬了九纵的攻坚战术，号召全军推广。"依托壕堑前进，沿着交通沟发展，掩护连续爆破，先剥皮后挖心"的新战法在中野各纵队普遍运用起来。①

这种战法令黄维兵团受到致命打击。原18军军长杨伯涛回忆："解放军没有硬拼，而是机智地采取了掘壕前进，近迫作业的沟壕战术。一道道的交通壕如长龙似地直伸我军阵地边缘，形成无数绳索，紧紧捆缚。然后利用夜暗，调集兵力进入冲锋准备位置，在炮兵火力配合下，一声号令，发起猛烈的冲锋，当者很难幸免。这样使我军拥有火力的优势，无从发挥。在人力方面，我军是被动挨打，士气低落，而且战斗伤亡一个就少了一个，没有补充，远不如解放军拥有广大的后备力量，可以源源补充。这在第12兵团是致命的劣势。"②

为了克服火炮不足的弱点，中野部队在围歼黄维兵团战役后期，普遍使用了一种土造的"炸药发射筒"。这是依据民间烟花爆竹的原理，用空汽油桶改造成筒身，内置炸药包。筒身下用铁管制成发火装置，填入发射药。点火后如同迫击炮一样将炸药包射出，在百米外落地爆炸。在战斗中大家不断改进，用发射药量多少来控制射程，提高命中精度。一个炸药包射出去，威力可以摧毁一个地堡，并震塌附近的工事。邓小平政委在1949年1月3日致军委的《歼灭黄维兵团作战总结》中说："因我炮火较弱，我们曾大量地使用了土造的炸药抛射筒，收效极大。这种武器须要制式化起来，大量制造，携带亦极方便。"国民党军惊呼共军有了"飞雷"，被炸得魂飞魄散。(可惜，我军的资料中没有发明者的确切记录。潘焱同志的回忆说是中野一纵

① 秦基伟：《中野九纵在淮海战场上》。
② 《杨伯涛回忆录》第13、14章。

20旅的顾颜帮同志发明的，李达同志回忆说是中野11旅、22旅试制成功的，华野三纵的记载是他们在济南战役后休整期间发明的，并将其制造、使用方法详细记录在22军的战史中。——作者注）

12月5日，刘陈邓下达了对黄维兵团总攻的命令。决定组成三个攻击集团：以中野四、九、十一纵及豫皖苏独立旅、华野特纵炮兵一部组成东集团，由中野四纵陈赓司令员统一指挥，向双堆集以东地区进攻；以中野一、三纵，华野十三纵和特纵炮兵一部组成西集团，由中野三纵陈锡联司令员统一指挥，向双堆集以西地区攻击；以中野六纵、华野七纵和陕南军区12旅组成南集团，由中野六纵王近山司令员统一指挥，向双堆集以南地区攻击。12月6日16时，总攻打响了。各纵队集中优势兵力，实行有重点、多方向的突击，一个村庄一个村庄地争夺，向双堆集逼近。

黄维兵团的末日来临了。在陷入包围之初，黄维认为凭借12万大军和众多坦克大炮，一定能够突围出去。被包围10天后，黄维兵团就到了山穷水尽的地步。12万人的粮食，近2000头骡马的草料，100多门重炮、上千挺机枪、数万步枪、冲锋枪每天消耗的弹药，不下上百吨。从蒙城出发时带的物资够兵团使用5天到7天，最初战斗时不计消耗，拼命地打，几天后即弹尽粮绝，全靠南京空投接济了。黄维在双堆集修了个简易跑道，飞机还可以降落。兵团副司令胡琏从南京飞来，传达老蒋的指示，为12兵团和他的18军打气。我军开始总攻之后，12兵团阵地天天收缩，双堆集也处于我军炮火射程之内，胡琏也跑不掉了。南京方面的空投越来越少，12兵团士兵饥寒交迫，士气低落，人无斗志。

85军自110师起义后，黄维对85军失去信任，将剩余的23师分割使用。军长吴绍周寄住在18军军部，23师通往军部的电话文件都要经18军转接。23师阵地在双堆集外的小王庄，地处前沿，孤立突出。23师害怕我军掘壕作业，多次请求兵团部派坦克掩护出击，黄维派了3辆战车，绕了几圈就回去了。9日，我军猛攻大王庄，战斗进行得非常激烈。23师师长黄子华认为黄维是在整85军，23师早晚要完蛋。我军加强对23师的政治攻心，在阵地前放置食物，救护在野地中露宿的伤兵，使黄子华动了起义的念头。他与部属商量："110 师能起义，为什么我们不能？"他派副官爬过阵地与我军联络，受到诚恳接待。12 月 10 日，他又派一位团长去接洽起义事宜，华野七纵 19 师派干部到 23 师师部来联系。黄子华坚定了决心，于当晚率师部及所属两个团、216 师残部 3000 余人投诚。23 师的投诚使黄维的双堆集阵地东南失去外围，完全暴露在我军面前。一天胡琏、杨伯涛在 18 军军部刚吃完饭走开，我军一发炮弹落在饭桌上，将收拾碗筷的卫兵炸死。胡琏、杨伯涛吓得躲进掩蔽部，再也不敢出来。

11 日，东集团的中野四纵猛攻双堆集东北的杨围子。这里是 14 军的军部，军长熊绶春在我军连续打击下，惊慌失措。参谋长梁岱在 10 月 24 日南坪集战斗中曾被我军俘虏，他冒充书记，带着我军给熊绶春的劝降信被释放，又回到 14 军。当时熊的态度顽固，把信烧了。此时 14 军已危在旦夕，熊绶春又想投降了。梁岱劝他与解放军联系，但副军长不同意。熊绶春犹豫不决，拖延了时间，11 日黄昏，我军的总攻开始。密集的炮弹倾泻到杨围子村内，把 14 军残敌打得死伤惨重。熊绶春神经失常，冲出掩蔽部逃命，被炮弹炸死。14 军残敌纷纷向村外逃命，被中野四纵包围消灭在野外。仅一个小时，杨围子被我军攻占，14 军军部和两个团守敌被歼。梁岱躲在掩蔽部里不动，当了俘虏。在去后方的路上，一位戴眼镜的解放军首长骑马经过，问梁岱是哪个部队的，又问军长熊绶春在哪里。梁岱告诉他熊已阵亡，首长要梁岱留下熊的卫士，吩咐卫士说："我派人协助你去找，一定要找到，好好埋葬，立个牌，让他家人好查。"熊绶春的尸体被找到埋葬，还立了"第 14 军军长熊绶春之墓"的木牌。我军的人道主义使国民党军俘虏都很受感动，后来才知道这位解放军首长就是著名的陈赓将军。梁岱到了后方收容所，接收的干部还认识他。说："原来又是你，你怎么变成参谋长了？"梁岱说："上次不敢承认，这次算坦白了吧。"坦白从宽，梁岱受到高级战俘待遇，每天有白米饭和肉吃，还保留了一个卫士。过了几天，卫士对梁岱说："我要参军去了，不能照顾你了。"①

① 梁岱：《第 14 军被歼纪实》。

　　梁岱大难不死，提前脱离战场，是12兵团中幸运的。黄维、胡琏、杨伯涛等最顽固的将领，还在负隅顽抗。黄维见杜聿明不能为他解围，要求蒋介石派大量飞机用凝固汽油弹进行大规模轰炸，在规定的时间和区域造成火海，掩护12兵团残部突围。蒋介石回信同意。为了救助黄维兵团，南京国防部派空军投下几十箱毒气弹。胡琏将大部分毒气弹分给18军，叫杨伯涛作好突围准备。杨伯涛知道这是违反国际公法的，同时害怕放毒控制不好，难免同解放军同归于尽。但是到了穷途末路，也顾不得什么道德了。双堆集以南的大王庄和尖谷堆，是18军的主阵地。23师起义后，中野六纵和华野七纵于12月10日联合攻击大王庄。我军把条条壕堑挖到敌军阵地前，在夜间发起突击，以近战和肉搏把敌军赶出大王庄。第二天18军用猛烈炮火轰击大王庄近一小时，然后以两个团的兵力在坦克掩护下进行反扑。我军用炸药包和集束手榴弹打坦克，与敌军一个一个地堡、一条一条壕堑地进行争夺，战斗的激烈和残酷是空前的，双方伤亡都很大，杀了个三进三出。到黄昏时，七纵投入最后的预备队，与中野六纵重新组织进攻，终于攻克了大王庄。

　　从5日开始总攻到10日，中野部队连日苦战，把包围圈逐渐缩小。中野首长下了最大的决心，总攻命令中说："各部应不惜以最大牺牲保证完成任务，并须及时自动的协助友邻争取胜利。""对于临阵动摇贻误战机的分子，各兵团、各纵队首长有严格执行纪律之权，不得姑息。"邓小平政委说：只要歼灭了南线的敌军主力，中原野战军就是打光了，全国各路解放军还可以取得全中国的胜利，这代价是值得的！中野各纵队在总攻中都表现得十分英勇，不停顿地向黄维兵团攻击。但黄维兵团的抵抗相当顽强，国民党空军支援的弹药，使12兵团能够保持炮火上的优势。中野部队打得相当疲劳，一时还不能结束战斗。总前委研究了形势，决定从华野再抽调一些部队来加强南集团攻击双堆集的战斗。10日，刘陈邓打电话给粟裕、谭震林等，粟谭当天回电："我们决定抽调三纵、苏十一纵及鲁中南纵队（该三个纵队可等于两个纵队的战力），外加一部炮兵，即晚南下，参加歼灭黄维作战，统由陈士榘同志率领南来，请分配其作战任务。"①

12 月 12 日，刘伯承、陈毅发布《促黄维立即投降书》，指出黄维及其部属"再作绝望的抵抗，不但没有丝毫出路，只能在人民解放军的强烈炮火下完全毁灭。"要求黄维"应爱惜部属的生命，立即放下武器，不让你的官兵作无谓的牺牲。"但是黄维等不但拒绝放下武器，反而穷凶极恶地垂死挣扎。

大王庄后面、双堆集东南有个制高点叫尖谷堆，是座25米高的土堆子。12 兵团依托这个土堆，居高临下，多次阻遏我军的攻击。炮兵的观测所就在上边，对观察情况和步炮协同都极为有利，因此为双方必争之地。12 日黄昏，华野七纵部队推进到尖谷堆下，我军从壕沟中发起冲锋，杀声震天。18 军军长杨伯涛命令发射毒气弹，我军的攻势被迫中止，当夜没有再进攻。国民党军使用后才知道，所谓的"毒气弹"就是催泪瓦斯弹，并不能置人于死地。国民党的军工厂并没有生产剧毒瓦斯的能力，所谓的"毒气弹"是吹牛的。②邓小平政委在战后的报告中也说："敌人曾多次使用催泪性的瓦斯弹，因为我们曾事先教育部队防毒，使战士们在精神上产生了紧张状态。某部在攻击杨庄时，就因为敌人放毒发生混乱，直到明了其作用不大时才安定下来。"③

14 日，三纵到达双堆集前线，以攻坚能力最强的8师归中野六纵指挥，进入大王庄阵地。鲁中南纵队奉命担任预备队，守卫总前委指挥部所在地小李家（临涣集附近）一带的安全。陈士榘参谋长是最擅长使用炮火的，他和三纵首长将纵队炮兵团的一个野炮连、两个山炮连调给8师，会同8师山炮营和两个迫击炮连组成两个炮群，支援突击部队行动。纵队炮兵团和华野特纵的重炮团由纵队直接指挥，压制双堆集敌军火力。经过周密的战前准备，14 日黄昏中野六纵、华野三纵部队对双堆集东北的18军核心工事发起总攻。这个工事由胡琏的骨干部队114师54团守备，该团是原整11师中最强的团，

① 《中国共产党历史资料丛书——淮海战役》第1册。
② 《杨伯涛回忆录》第13、14章。
③ 《中国共产党历史资料丛书——淮海战役》第1册。

号称"威武团"。我军的攻坚部队是中野六纵49团1营（"襄阳营"）和华野三纵23团1营（"洛阳营"）两个英雄部队，来个以硬对硬。18时，我军南集团集中强大炮火对敌军阵地进行毁灭性轰击。上百门炮发射的炮弹和火药抛射筒发射的炸药包倾泻在敌军阵地上，近1小时的炮火准备，将敌军工事完全摧毁。守敌被打得逃出工事，"襄阳营"和"洛阳营"并肩突击，勇猛杀入敌军阵地。经过短兵相接的格斗，到19时40分，"威武团"大部被歼，残敌百余名狼狈逃窜。与此同时，华野七纵21师和中野六纵47团在8门榴弹炮支援下，攻占尖谷堆，歼灭敌军一个营和工兵连。18军调上了特务营、炮兵营、工兵营向尖谷堆反扑，可以说用上了一切可以使用的兵力，也被我军一一打退，尖谷堆阵地牢固地掌握在我军手中。①

尖谷堆的攻克，使黄维兵团的司令部、炮兵阵地、快速纵队的车辆和临时机场完全暴露在我军面前。胡琏和杨伯涛指挥18军的剩余部队将战车、大炮转移到兵团部附近，收缩阵地。把200辆卡车排列起来，堆上泥土，构成城墙式的防御工事。胡琏把保卫兵团部的警卫营调给18军充当战斗部队，并将逃散的14军零散官兵千余人组织起来补充18军，凡是可以拿枪的人都用上了。对于退却的团长、营长，不问理由，一律枪决。这样还是阻挡不住我军的强大攻势。我军的炮火可以直接打到黄维的兵团部，炮弹从黄维、胡琏的头上呼啸而过，落在掩蔽部附近爆炸。敌军死亡枕藉，黄维、胡琏躲在掩蔽部里一筹莫展，12兵团已经到了最后时刻。

黄维感到再也坚持不下去了，14日呼叫南京方面，表示15日要突围，要求空军配合轰炸。15日9时，空军副司令王叔铭飞到双堆集上空，对黄维说："不能照计划实施。"黄维说："你不能照计划实施，我只好断然处置了。"他和胡琏召来10军军长覃道善、18军军长杨伯涛，命令各部队破坏重武器和电台，抛弃伤员，于当日黄昏开始分路突围。黄维、胡琏求生心切，在16时就分头爬上坦克，在11师和战车营掩护下提前行动。他们从双堆集西边打开缺口冲出去后，黄维的坦克发生故障，黄维只好下来混杂在溃

---

① 杜义德：《回忆中野六纵参加围歼黄维兵团之战》。

兵中奔跑，被我军追上生俘。杨伯涛率部队冲不出去，跳入小河自杀，河水冻得他受不了，又爬上岸来，被两个解放军战士架到指挥部里烤火。10军军长覃道善也在乱军中被俘。兵团副司令兼85军军长吴绍周比较明智，黄维、胡琏乘坦克先逃，把浮桥压坏。吴绍周乘坐的坦克不能通过，他索性带着参谋长、师长和卫士坐在附近的小庙里，等着解放军来收容。只有胡琏逃到鲍集附近，被李延年兵团部队救起，送到蚌埠，算是漏网之鱼。到16日，黄维兵团4个军、1个快速纵队共10万余人全部被歼。

从12月4日起，蚌埠北上的李延年第6兵团指挥96军对曹老集发起攻击，54军从左侧迂回仁和集，39军在周家口以西牵制。刘汝明的第8兵团在后面跟进掩护。中野二纵担任固镇以西何集地区防御，华野六纵担任鲍集地区防御。敌军先企图北渡浍河，为中野二纵击退。敌军又转兵西向，重点进攻鲍集。蒋纬国率战车2团20余辆坦克向鲍集阵地轮番冲击，华野六纵依靠当地多河渠的地形，层层阻击。8日以后，豫皖苏军区张国华率地方部队5个团、渤海纵队11师相继赶到，增强何集、鲍集地区防御。我军顶着天上飞机轰炸，地上敌军火炮轰击和坦克冲锋，顽强阻击12天，三次转移阵地，付出重大伤亡，李延年兵团三个军只前进了几十里。蒋纬国无可奈何地说：“我们是尽人力以听天命。这样的大战，关系国家存亡，绝非少数人勇敢牺牲能挽回战局的。”李延年、刘汝明兵团付出13000人伤亡的代价，还是不能为黄维兵团解围。当16日获悉黄维兵团被歼灭的消息后，李、刘兵团掉头就跑，一夜就撤退到淮河以南。

淮海战役第二阶段以黄维兵团被歼，杜聿明集团被围，李延年、刘汝明兵团溃退而结束。12月18日，中共中央致电中原、华东两大野战军负责人，热烈祝贺淮海战役第二阶段的伟大胜利。指出：“凡此伟大战绩，皆我英勇将士努力奋战，前后方党政军民一致协作的结果。”“尚望团结全体军民，继续努力，为全部歼灭当面匪军而战！”

第 35 章

车轮滚滚支前忙

解放区人民支前的光荣传统——筹划淮海战役的后勤工作——条条干线上的支前队伍——组织火车、船只运粮——战局多变，粮弹不继——华中积极支前——运送猪肉慰劳部队——科学运输提高效率——山东老区的战争负担——支前民工的英雄模范——人民支援是淮海战役胜利的保证

双堆集战斗结束后，黄维、杨伯涛等12兵团的将领们被我军俘虏，从战场押送到中野后方的临涣集。杨伯涛回忆："经过几十里的行程，举目回顾，不禁有江山依旧，面目全非，换了一个世界之感。但见四面八方，熙熙攘攘，车水马龙，行人如织，呈现出千千万万的人民群众支援解放军作战的伟大场面。路上我们经过一些市集，我从前也打这些地方经过，茅屋土舍，依稀可辨，只是那时门户紧闭，死寂无人，而这时不仅家家有人，户户炊烟，而且铺面上有卖馒头、花生、烟酒的，身上有钱的俘虏都争着去买来吃。押送的解放军亦不禁阻，他们对馒头、花生是久别重逢，过屠门而大嚼。还看见一辆辆大车从面前经过，有的车上装载着宰好刮净的肥猪，想是犒劳解放军的。我以前带着部队经过这些地方时，连一撮猪毛都没看见，现在怎么有了，真是怪事。通过村庄看见解放军和老百姓住在一起，像一家人那样亲切，有的在一堆聊天欢笑，有的围着一个锅台烧饭，有的同槽喂牲

口，除了所穿的衣服，便衣与军装制式不同外，简直分不出军与民的界限。"杨伯涛感慨地写道："我们这些国民党将领，只有当了俘虏，才有机会看到这样的场面。在强烈的对照下，不能无动于衷，不能不正视铁的事实，承认共产党、解放军所在的地方，和国民党、国民党军队所在的地方，有两个世界的天壤之别。我当时就大为感慨：认为18军的最后败灭，非战之罪，应归咎于脱离人民群众，进而敌视人民群众，在人民群众的大海里淹没了。"[①]

　　杨伯涛所见的场面，只是淮海战役中广大人民群众支援解放军作战的一个缩影。淮海战役是一场规模空前的战役，人民群众支援前方作战的规模之巨大，任务之繁重，动用人力物力财力之众多，是古今中外战争史上罕见的。

　　无产阶级的革命战争离不开人民群众的支持。华东野战军在三年解放战争中取得的一系列胜利，都是与解放区广大人民群众的全力帮助分不开的。抗日战争时期，山东根据地的群众就帮助部队送粮食、当向导、照顾伤员，部队走到哪里，就吃在哪里，住在哪里。我军过去没有健全的后勤部门，战争中的后勤保障都是依靠根据地政府组织，取之于民。到解放战争时期，我军作战行动越来越频繁，战役规模越来越大，对后勤保障的需求也越来越多。陈毅1947年底在冀鲁豫分局作的报告《一年来自卫战争总结》中说："过去采取抗战时期临时就地动员的办法，这次战争证明不行了。临时就地动员无论如何不够用。在山东时，部队每天要80万斤粮食是无法供给的，临时只能动员民兵来捉俘虏。且弹药、粮食都在数百里外，运来后有时部队因情况变化又走了。运粮大车达两万辆，走起来长达二百余里，比野战军走起来还长。壮丁民工30万人，就需要组织领导。"一个战役打起来，"民工担架前方需要很大，弹药、粮食、菜蔬、伤员、鞋袜等都要运输。"陈毅高度评价山东解放区群众对华野作战的支持："把落后的农村工具条件来供应现代化大兵团作战，这是自卫战争中最伟大的一面。"

　　解放战争三年中，山东群众对解放军的支持是难以计算的。他们不仅供给了部队大量粮食和物资，而且在战争过程中逐步完善了组织体制，锻炼出

[①]《杨伯涛回忆录》第14章。

大批觉悟高、作风好的支前民工队伍。他们在战场上起的作用，不仅仅是运输队。陈毅称赞民工说："他们在火线上抢救伤员很英勇，一个俘虏参加部队三天打仗负伤了，很危急，民工救他出火线，他就哭着说：'你是我的救命恩人。'民工说：'你为我们打仗负伤，才是我们的救命恩人。'他们八个人照护一个担架，做得很好。研究抬担架的办法，使上山下山伤员始终保持平衡。到宿营地时四个人睡觉，四个人照护伤员，十余万民工起到了看护作用。""民工教育俘虏。我军每团都有二、三百民工，他们是四、五十岁的老农民。他们虽不洗面，手脚很黑，穿着便衣，但经过减租减息与土地改革，阶级觉悟很高，政治时事都了解。利用他们向俘虏兵宣传教育，使俘虏兵感觉了不起，一个老百姓知道的东西这样多，往往比指导员或高级干部讲话的作用还大。"①

依靠根据地广大人民群众的支援，我军在山东战场上才能取得一次又一次战役的胜利。济南战役期间，山东解放区共动员了民工50万人，小车18000多辆，担架14000多副，供应了充足的粮食、蔬菜、草料和其他军需物资，为战役的胜利作出巨大贡献。

济南战役刚刚结束，中央军委和华东野战军负责人又在酝酿淮海战役。兵马未动，粮草先行。1948年9月28日中央军委致华东局饶漱石、粟裕、谭震林的电报中说："这一战役必比济南战役规模要大，比睢杞战役的规模也可能要大。因此，你们必须有相当时间使攻济兵团获得休整补充，并对全军作战所需包括全部后勤工作在内有充分之准备，方能开始行动。"电报要求华野"准备两个月至两个半月的粮秣用品。"淮海战役的规模有多大，事先谁也没有准确的估计。11月16日战役开始后，毛泽东给中野、华野负责人的电报说："中原、华东两军，必须准备在现地区作战三个月至五个月（包括休整时间在内），吃饭的人数连同俘虏在内，将达八十万人。"②

根据华东局和华野的部署，淮海战役的后勤和支前工作必须做到统筹规

---

① 《陈毅军事文选》。
② 《毛泽东军事文集》第5卷。

划，严密组织，密切协同。分工是：前方由华野后勤部负责，后勤部部长刘瑞龙随华野指挥部行动，负责掌握部队的情况和需求，对送到前方的粮食弹药和各种物资进行接收、调度和分配。后方由华东局支前委员会负责，傅秋涛为主任，负责筹划、征集和调运物资，组织民工和车辆、船只向前方运输，直到把物资送到前方兵站为止。

淮海战役发起之前，山东解放区就开始了紧张的筹备工作。10月25日，华东支前委员会发布了关于转运伤员和设立民站的决定，组织了四条转运伤员的干线，每30里设一小站，60里设一大站。每个纵队配备随军担架500副，每副配民工5人。还有机动担架7500副以供急需。各县都在交通要道上设立民站，供运输粮食物资的民工编组和往来休息。民工根据任务不同分为三种：一线随军常备民工，每期三个月；二线转运民工每期一到三个月；后方临时民工每期一个月。民工以县、区、乡为单位，按军队编制为团、营、连，由各级干部带队。淮海战役发起后，随着华野主力的南下，后方七条运输干线上车轮滚滚，人流如织，像七条大血管向前方输送物资。这七条干线是：

由临朐向北转经沂城、临沂、郯城到新安镇、睢宁；

由日照、沭水、大兴庄、李埝、陈镇到新安镇；

由诸城、莒县、十字路、井家店至郯城；

由曲阜、邹县、滕县、枣庄至邳县；

由曲阜东绕泗水、平邑、向城，转向南至台儿庄、宿羊山、贾汪；

由临沂的丰程镇、磨山、铁佛寺、道河站、土山、占城至双沟；

由新安镇向西经炮车、运河站、曹八集到徐州，然后到萧县、瓦子口、大吴集（这条路线是徐州之敌西逃后开辟的）。

淮海战役第一阶段，后方支前工作进行得有条不紊。以承受任务最大的山东鲁中南分区为例，各县民工们先用小车将粮食运到泰安火车站，由火车运到兖州；再用小车运到济宁；装船经运河运到韩庄，再用小车分别送到各纵队。①随着战争规模的不断扩大，战线迅速向前推移，后方运输线延长，

---

① 《淮海战役史》第5章。

物资运输量大,转运工作日益紧张起来,许多以前没有遇到的问题和困难都发生了。

用小车、火车、船只进行联运,过去从未经历过。大批粮食运到,如何在短期内迅速装卸、转运,就成了大问题。我们的干部没有经验和专业知识,起初是"热情有余,科学不足"。从兖州运到济宁的2000万斤粮食要经运河南下,最初没有统一计划和周密安排,"开始是有船无粮运,随后是有粮无船运,最后是有粮无船拥挤不堪,卸不下车,装不上船。民工卸粮要等两天两夜,牛无草喂,人车露宿,街道阻塞,交通不便。"济宁地委及时总结经验,改进调度,从小车到兖州拉粮食就合理组织。事先经过联系和计算,确定火车的运载数量和到达时间,将任务分配给各县民工。每日火车到达兖州车站,由各县民工分头装卸指定的车皮。迅速卸粮装车,运往济宁。这样大大提高了效率,节省了不少人力物力。[①]

11月10日后,韩庄、台儿庄的解放,使运河从济宁至台儿庄一段完全通航。船只运粮载重大,损耗小,远比小车效率高。但当时运河的情况比较复杂:敌人长期的摧残压榨、土匪抢劫造成船民的逃亡失散,不易征集船只;微山湖地区土匪的活动造成湖上的封锁状态;运河台儿庄至韩庄段有几道船闸,河道复杂,水流急,需要有经验的船工指引才能通过;新区船民对运粮有顾虑,怕用船搭浮桥,怕不给运费,因而逃避征用或藏匿船只。支前委员会根据具体情况,采取有效措施打消船工的顾虑。用运粮提成的办法给船工一定的收益,一面动员他们支援战争,一面又使其有利可图,调动了船工的积极性。政府将船只组织起来,派干部和部队武装押运,保证船只的安全。船只因大风或过船闸损坏,政府根据损失轻重予以补偿。一次装载400万斤粮食的船队因严寒被冻在湖中,政府对破冻损失的船只进行了赔偿。共产党的政策深得人心,大运河上舟楫往来,一片繁忙景象。战后统计,淮海战役期间共用船2841只,运粮2000万斤。每只船用4个船工,往返12天,可运粮4000至上万斤。而小车仅载300斤,两个民工运送往返需20天。相

---

① 华东局支前办事处调研室:《淮海战役粮食供应工作总结》。

比之下，船运的高效率和优越性是非常明显的。[①]

淮海战役开始后，形势发展之快超出原来的预料。战役第一阶段，华东野战军在徐州以东同时进行围歼黄百韬兵团和阻击徐州援敌的作战，中原野战军和华中、豫皖苏地方部队也前来参战，战斗空前激烈。对弹药和粮食的需求剧增。华东局于11月18日在济南召开干部会议，饶漱石在报告中号召华东党政军民紧急动员起来，向前线运送粮食弹药，保证作战的全胜。他强调：要及时迅速地把运输搞起来，保证弹药供给；把大量的粮食运上去，使我们战场上的指战员不要饿饭。他估计前方一个月作战大约需要1亿斤粮食，六个月就需要6亿斤。如何把这样多的粮食运到前方，是党和政府需要精心筹划组织的头等大事。

把粮食运到最前线，需要大量的民工来完成。饶漱石说："要有足够的民夫，足够的担架，足够的挑子，使前面的伤员能够及时的运下来，使粮食运输到前面。过去的民夫我们临时动员的时间很短，现在必须动员更长时间的民夫。过去我们估计一个纵队500副担架，应付这样大的战役是不够用的，现在初步提出要800副。常备民夫大量增加，加上部队运动非常迅速，失去联络，军需不能及时，对部队影响很大。加上战斗很残酷，猛烈的炮火，天上的飞机，没有经过训练的民夫逃亡很多，因此按我们原有民工的数目，差不多加倍才够用。"他要求各华东解放区进行最大限度的动员，调集大量的干部、民工支援前线，后方要做好接收伤员、修复道路的工作，动员一切可能的力量支援战争。[②]

11月20日，华东局发出紧急指示，要求各地紧急动员起来，完成下列任务："1、一切后方机关十轮卡、六轮卡、道奇汽车应服从后勤司令部调动运输弹药及其他军需供给，以保证前线供给。2、抽调大批地方基干团及大批县区武装，补充主力，并保证扩军及归队任务的完成，使主力得到源源的补充。3、动员足够民工担架、小车、挑夫及民兵子弟兵团到前线服务。4、

① 华东支前总结委员会：《关于淮海战役中运河、汽车、火车运粮的总结》。
②《华东军区、第三野战军第三次国内革命战争战史资料选编》。

运输大批粮食供给前线，保证前线战士及民工不饿饭。5、抽调足够医院到前线接收伤员，予伤员尽可能的救护及照料。6、修筑铁路、公路，架电话线，保证运输及通讯及时。"晋冀鲁豫、豫皖苏、华中、华北解放区政府也进行了相应的动员，一个更大规模的支前热潮在山东、河北、河南、江苏、安徽五省广大地区开展起来。[①]

淮海战役第一阶段的战斗完成后，华野部队未经休整即投入第二阶段作战，部队调动频繁。有的在徐州以南阻击杜聿明集团南下，有的在淮北阻击李延年兵团北上，有的参加围歼黄维兵团的战斗。紧张的战斗使部队一直处于运动之中，很少在一个地点停留上几天。杜聿明集团放弃徐州后，华野主力又急行军追赶逃敌。战局瞬息万变，后方粮食、弹药运输跟不上，出现了相当严重的情况。华野后勤部后来总结说："当战役发起，我前线部队当即展开跟踪追击，后续粮库、担架一开始就跟不上了。特别是在第二阶段，部队迅速南进淮海，迎击李、刘兵团之际，即形成前、后方接不上气、找不到头的脱节现象。使前线弹药消耗、粮食补给、伤员后送上感受到了很大的限制和困难。而就战役总的进程来说，当第二阶段全期中，因战局几经变化，部队纵横转战，是后勤补给上最紧急、最忙乱的时期。"

粟陈张 12 月 4 日给军委的电报中说：杜聿明集团被华野围困于萧县以西，"战斗规模甚大。"要求华东军区"急运八二迫击炮弹 30 万发，山炮弹5 万发，炸药 30 万斤及七九步枪子弹两个基数到徐州大湖车站附近。"15 日华野给刘陈邓和军委的报告中反映："战役第一阶段之供应，因事先粮食布置均从战区在运东这一情况出发，华东粮食在临（城）沭（阳），山东粮食在临城以北。战役开始战局速移运西后，运不过来。江淮干部少，大部系新收复区及新区，又经敌人抢掠，开始就地筹措，但筹措有限，拮据万分。"当时中野、华野部队、随军转运民工共 120 万人，加上牲口和俘虏的消耗，每天需要粮食 280 万斤。华野后勤最大的转运站韩庄、窑湾兵站存粮有 5000万斤，转运到前线需要时间和运力。附近江淮存粮不多，豫皖苏地区运力不

---

① 《中国共产党历史资料丛书——淮海战役》第 3 册。

足。[1]华野后勤部的总结说："战役发展迅速，调运粮食不及，后方粮食赶不上部队。敌迅速西逃，追击中随军之民工、挑子掉队，筹粮工作队未很好开展工作，加之该区连年灾荒，敌长期盘踞勒索。部队拥挤，筹粮政策掌握得不够，个别人发生了强派硬翻，将群众窖存的地瓜干子也吃光了，和逼死人的严重现象。个别部队每天吃一顿或两顿菜煮稀饭。到围歼碾庄之敌时，后续粮食才源源运到运河、窑湾、占城、土山之线。"[2]粟陈张指出：要将战争进行下去，必须投入更大的力量，向前方运送粮食弹药。这时，后勤运输成了决定战役胜利的关键。

为了保证淮海战役第三阶段作战的胜利，华东局调动人力抢修兖州至徐州的津浦铁路，冀鲁豫军区抢修开封至徐州的陇海铁路。徐州军管会征集城里的公私车辆，为前方紧急运送粮食弹药。徐州刚刚解放，剩下的汽车主要是私营运输公司的车辆。征用汽车也不是容易的事情，华东支前委员会的干部回忆："在开始组织时，抛弃了原有公会，不分车主和工人，统统采用集中管制，结果形成了他们的对抗与恐慌。有的竟开了小差，或将车故意弄坏，造成了极大的困难。后来转为利用原有公会，组织了公司，我们派干部分别掌握与进行教育，对工人主要进行以支前为主的阶级教育，开展立功运动，扭转了其对支前的怠工态度，才顺利的完成了任务。"为了保证私营运输公司出车运粮，支前委员会付了很高的运费。"在18天的时间中，共动员汽车257辆，除破旧外，参加运粮者共169辆。自徐州至萧县路程95华里，共运粮415万斤，解决了前方的粮食困难。"但要指出："从运费上说，汽车运粮是最不经济的一种运输工具。但从前方急需用粮的情况来说，是保证了紧急情况下部队的粮食供应。除此情况，汽车运输是浪费过大。"[3]

为了解决前方弹药的燃眉之急，徐州军管会清查了国民党军未能带走的库存，将缴获的弹药迅速运往前方。当时给华野的是各种炮弹53000发，子弹520万发，炸药10万斤，防毒面具7500个。给中野子弹120万发，炮弹

---

[1]《华东军区、第三野战军第三次国内革命战争战史资料选编》。
[2] 三野后勤部：《1949年工作报告》。
[3] 华东支前总结委员会：《关于淮海战役中运河、汽车、火车运粮的总结》。

3000发，汽油1000桶。这批军火为淮海战役第三阶段的胜利起了重要作用。

在后方粮食运输不继时，最有效的办法是在战区附近就地筹粮。淮海战役第一阶段后勤供应分工是山东负责北线部队，华中负责南线部队。据11月27日华中工委向华东局的报告，淮海地区已运送粮食2000万斤，江淮地区运送3500万斤。而负担南线部队和民工用粮，尚有1600万斤的缺口，需要就地筹借。到淮海战役第二阶段，山东粮食运输一时上不来，华中解放区的压力明显增加。为了确保战争供应，华中工委于12月13日召开紧急会议，研究粮食筹措问题。会后发布的《华中工委关于筹借公粮确保战争供应的决定》指出："目前前线参战部队和民工已达一百数十万人，每月所需粮食在百万担以上；而战场又大部在新解放区，久经国民党掠夺，民穷财尽，困难就地取食，必须从数百里甚至千里以外（渤海、胶东、盐阜、苏中等产粮区）连续转运，才能满足前线供应。中间如稍有脱节，稍有疏忽，战争就会立刻直接受到影响。"

《决定》说："目前供应线以华中距离较近，而战场主要是在华中地区，毫无疑问，拿出一切力量来保证前线的给养，应该是我华中党和人民当前最紧急也是最光荣而神圣的任务！但是目前华中存粮情况，离开前方需要相差很远，现在运送到前线的粮食加上运耗已有90余万担，冻河以前仍须继续抢运加工粮50万担，运出以后，江淮和第二、五、六专区就几乎不再有存粮。"华中工委研究了形势与任务后，"认为除号召各地组织力量积极在新区征收公粮，加强老区粮食保管、运输工作，减少损失，各后方机关部队尽量节约减省开支以外，必须在全华中范围内筹借100万担粮食，才能确保前线的供给和军事发展的需要。"

江淮地区饱受国民党摧残，部分地区又遭受自然灾害，要在短时期内筹措100万担粮食，绝非易事。华中工委要求各地干部做好动员工作，同时根据实际情况合理负担，使群众的总负担率不超过30%。在动员宣传时要让老百姓了解目前形势，"把前线将士如何忍饥耐劳浴血苦战告诉他们，把战区群众如何在国民党严重掠夺之后，还在继续借出粮食供给解放军作战讲给他们听；把山东人民如何交出细粮，自己吃粗粮甚至吃山芋叶子，忍受一切物质上的痛苦来支援前线，讲给他们听。"只要把情况说清楚，群众是会踊跃借粮给部队的。华中工委发出号召："咬紧牙关忍受一时的痛苦，拿出一把力争取全华中人民的彻底解放！"①在各级组织领导下，华中解放区迅速征集了上千万斤粮食，运往永城地区前线。

在新区借粮，要比老区困难得多。在群众情绪不稳，对我军不了解的情况下，必须灵活掌握政策，采取适当的办法。起初个别部队在新区借粮，自行划分地主富农，叫民兵去起粮。结果只搞到3000斤，就引起当地群众恐慌。上级及时制止了这种搞法，指出："必须要很好地动员教育群众。尤其是因为任务急，地区生，干部少，容易忽视教育，而采取简单化的办法硬摊、硬派、硬借，或封粮扒粮，或押人、打人，因为这些办法，其结果只能引起群众的恐慌，加深群众的顾虑，破坏我党的影响。假如予群众以形势教育，打破变天思想；以政策教育打破各种顾虑，认为公平合理。对地富个别户则召开单独会议，使群众能认识我之政策，自动地踊跃交粮。"在萧县、永城地区，支前委员会调动了支前干部、民工、部队到各村宣传借粮，并利用原有的保甲长协助工作，短短五天内就借粮300万斤。②

到12月17日，淮海战役第二阶段作战胜利结束。黄维兵团被歼灭，杜聿明集团被包围。我军进入休整阶段。粟裕、陈士榘、钟期光、张震以部队连续作战，日夜不停，经常吃不到油盐，甚为疲劳。建议华东局组织慰问，让指战员每人能分到香烟5包，猪肉半斤，举行会餐，恢复体力。他们电告中央军委，周恩来代军委复电说："粟陈钟张所提，亟应照准。兹由军委决定，凡我华东、中原参战部队，前线人员，一律慰劳以每人猪肉1斤，香烟5包。凡不吸香烟者，得以其他等价的物品代替。此项款物由华东、中原两军区按所属范围分担。"③华野、中野后勤部门立即落实中央军委的指示，决定中野所需由豫皖苏分区负责，华野所需由山东购买两批。第一批猪肉39

① 《中国共产党历史资料丛书——淮海战役》第3册。
② 华东局支前办事处调研室：《淮海战役粮食供应工作总结》。
③ 《中国共产党历史资料丛书——淮海战役》第3册。

万斤很快在1949年新年时运到，发给各部队。油盐和纸烟也陆续送到，让前线战士在战壕里过了一个愉快的新年。

华东局负责调运猪肉80万斤。支前委员会决定分两批收购调运。当鲁中南分区接到第二批征调猪肉40万斤的通知，已是1949年1月中旬。为了完成任务，鲁中南分区决定动员干部统一收购，以免猪肉涨价。各县、区一面从老百姓家里直接收购，一面到集市上以4斤麦子换1斤猪肉。那些天从城镇到乡村，到处屠宰生猪，收购猪肉。群众宁愿自己春节不吃肉，也要慰劳前线将士。仅用8天时间，鲁中南就完成征购40万斤猪肉的任务，用火车、马车运送到前线。新安镇和徐州的铁路职工看到堆积如山的猪肉，都感叹老区人民的革命热情。①

淮海战役第三阶段，我军在包围杜聿明集团后，得到20天的休整。这段时间也使后勤供应得到调整，在恢复粮食、弹药正常供应的基础上提高了运输效率。12月26日，根据总前委的指示在徐州召开联合支前会议。傅秋涛、刘瑞龙同志主持，华东、中原、华中、冀鲁豫各区同志汇集一堂，研究互相协调配合，联合搞好淮海战役第三阶段支前工作的具体问题。对粮食供应、分段运输，民工分配、调换、供应等问题一一作了细致的部署。统一了计量标准，确定各地区粮票的通用。邓小平批准了会议的报告，付诸实施。

战争规模的不断扩大，也使我军的后勤保障水平在短时期内有了明显的提高。在战役第一、第二阶段粮食、弹药供应上出现的紧急和混乱状态，使支前干部感到原来的一套已经不适应现代战争的需要，必须学会用先进的交通工具和管理手段完成繁重的运输任务。以铁路运输为例，华野支前干部总结说："火车、汽车、船只运粮，在战役第二第三阶段，成为运粮之主要工具。以前没有使用过，无经验少常识。这次最初使用起来，在干部中表现出来的是热情有余，科学不足；不会运用过去原有的经验，往往把我们农村习惯了的一套办法经验机械地搬去应用。如韩庄粮站主要是收卸河运粮与装粮上火车，搬运完全是使用三百余民工，有码头车站工人，也不知使用。后使

① 高克亭：《鲁中南支援淮海战役回忆片断》。

用工人的效率比民工大三倍，还不误事。黄口车站收卸粮食使用工人，最初实行日工制，效率非常低；后改按件计薪的包工制，效率马上增加数倍。最初韩庄运一列车粮（92万斤）到徐州，用工人115人，干部100人，18个磅收粮，一天时间只收半数，效率非常低。类似此种情形，在最初都普遍的存在着，以后即不断的克服了。"①

克服低效率的方法就是科学管理。"首先是装粮工具于火车运粮之不相称，用小车、小挑运粮，大部是民工自带工具（口袋、席包、篓子等），后来虽购置不少面袋、麻袋，但都是大小不一、重量不一，每次装卸都得逐袋过秤和除皮，浪费时间，减低效率。如韩庄向徐州运粮时，5天时间还没有卸完一列车，粮食数目最后也没有查清。冀鲁豫装粮工具是适应火车运粮的科学办法，即粮食加工之后，按等量定量装袋子，划上斤数，转运起来，按袋折算，免去过秤，不管转运多少回，一劳永逸。在开始装卸火车时，一片混乱，粮食常被人偷走。用了很多干部指挥不了卸车工人，结果影响工人的装卸速度，彼此埋怨。在不断地向工人学习后改为包装包卸、按件提成后，在效率上大为提高，装卸才有了秩序。"②

掌握了火车运粮的运输、管理之后，效果是明显的。"济南至徐州750里，一列车即可运200万斤，一晚时间即到。如用小车运输则须6666辆小车（每车300斤），13332人至少需半个月（每天50里）才能到达。两相比较，其经济节约是明显而惊人的。在战役第二阶段时我们以全力突击抢修铁路，因而增强支前力量，是非常正确的措施。"③

淮海战役支前工作最动人的场面，是几百万推着小车运送粮食的民工大军。淮海战役的支前工作，在山东、江苏、河南、安徽四省东起黄海之滨，北到山东渤海，南至苏北江淮，西到豫西山区35万平方公里、9000万人口的解放区范围内展开的。从后方到前方，从乡村到城镇，男女老少齐上阵，家家户户都为支前作贡献。据战后统计：华东、中原、冀鲁豫、华中四个解

①③华东局支前办事处调研室：《淮海战役粮食供应工作总结》。
② 华东支前总结委员会：《关于淮海战役中运河、汽车、火车运粮的总结》。

放区前后共出动民工543万人。其中随军常备民工22万人，二线转运民工130万人，后方临时民工391万人。征集担架20万副，大小车88万辆，挑子30万副，牲口76万头。总共筹运粮食96000万斤，前方实际用粮43400万斤。战役第三阶段，我参战兵力与后方支前民工的比例为1：9，大大超过战役初期1：3的概算。当我军在陈官庄地区围困杜聿明集团时，前方战事一度平静，后方运输线上却是一片繁忙景象。在各解放区通往前线的十几条运输线上，车水马龙，人来人往，形成了前所未有的战争奇观。[1]

这种空前浩大的人力动员，是解放区人民克服种种困难，表现出异乎寻常的承受能力。民工支前负担最重的是鲁中南地区。根据鲁中南六分区的统计：该区人力动员为49万人（常备民工17万人，临时民工32万人，许多临时勤务尚未计算在内），占该区总人口300万的16%多。按照以往的战争统计，人民的负担能量一般不超过总人口的12%，即八个人里抽一个民工。去掉年龄和性别差距（老幼、妇女）实际上大多数青壮年的男性都参加了民工队伍。淮海战役对民力的动员，山东已经超过负担能量的最高点。

还应指出：解放战争期间，山东一直是华野的主战场。三年的战争经历多次战役，每一次都需要老百姓付出巨大的代价。莱芜战役时，贫困的沂蒙山群众就提出"破家支前"的口号。一场战役下来，不仅战区百姓饱受战火摧残，需要在废墟上重建家园，后方根据地的百姓也出粮食、出人、出牲口，消耗大量财力。淮海战役是空前大规模的动员，要完成出人出粮出车的任务，实际上是困难重重的。以莒县为例，有自1947年以来常年出民工的，一年负担二三百个工，自己家里土地荒芜，春天挨饿。一个叫杨家圈的穷村子，出了36头驴，支前时死7头，病6头。受到这些损失，上级再动员支前时就出现叫谁去谁不去的现象。出工多的嫌吃亏，出工少的耍滑头。有的家确有困难，有人无车。有的家是有车没粮食。针对这些情况，华东局认真制订政策，既要保证战争需求，又要照顾民工的切身利益。这些政策归纳起来有三条：1. 人工合理负担；2. 工具合理顶工；3. 照顾

---

[1] 刘瑞龙：《人民全力支前保证了淮海战役的胜利》。

民工家属和生产。

所谓合理负担，就是根据各家实际情况，合理摊派任务。积极分子要带头，但是不能让他们老出工。对有条件出工的，要防止他们找借口不出工。只要公平合理，干部带头轮流去，群众也会跟上出工。对于群众出的车和牲口，要折工计算，损坏要折价赔偿或给予维修，总之不让出工具牲口的群众吃亏。对出工的家庭，由村里的变工队代替耕田，由耕作到收割一包到底。如果耕作不认真，由村里评议降低工值。这样出工的就没有后顾之忧了。实行这三项政策，群众支前的积极性大为提高。莒县一个区原来计划出900辆小车，估计已经到顶。县里让再出200辆，区里召开动员会后，群众又出了500辆车、700条麻袋，超额完成任务。①

民工支前运输粮食，原来是有固定区域和路线的。随着战局发展，战线不断向前推进，民工也随着部队越走越远。华东支前英雄唐和恩的小车队是模范的典型。他用的一根竹棍，上面刻着他们支前五个月内经过的路线。从家乡山东胶东区的莱东县（今莱阳万第镇）出发，经水沟头、平度、临淄、蒙阴、临沂、徐州、萧县、宿县，直到濉溪口。包括三省境内的88个城镇和乡村，行程上千里。他们跋山涉水，日夜奔走为前线送粮。他们自己吃的是高粱米、萝卜干，车上的白面、小米一点不动，留给前线战士们吃。这支小竹棍，拉车时挂着它走路，过河、踏雪时用它探路，它不仅为支前作出了贡献，也是唐和恩和乡亲们历史功勋的见证。

苏北地区小车队支前，正是寒冬腊月。白天有国民党飞机轰炸，民工都是夜里运输。每天太阳落山，一队队的小车就行进在条条公路上。小车上的油灯在漆黑的原野上星星点点，一望无际，非常好看。华中五区的民工运送一批大米到前方，原来规定的终点是宿迁。到宿迁时部队已经西进，要他们运到睢宁。到睢宁还是没赶上部队，他们又跟到符离集。最后一直到达濉溪口，才将这批大米交到部队手中。这次运粮行程长达700里，许多民工出来时没想到走那么远，有的没带棉衣，有的鞋走烂了。他们历尽艰辛，克服了

① 华东局支前办事处调研室：《淮海战役人力支前工作中几个问题的总结》。

527

种种困难，终于完成了任务。①

支前中涌现了无数的英雄模范。沂山担架团的民工孙永海是个翻身贫农，支前积极性很高。刚出来不久，父亲去世，家里来信催他回去，他表示不完成任务绝不回去，感动了其他民工。他冬天趟过冰河抬伤员，爬山跌出了血，一声不吭。休息时照顾伤员大小便、喝水，把自己随身带的狗皮给伤员盖。一次部队急需担架运伤员，他一晚上抬了三次。孙永海被评为一等功臣，并在永城火线上入党。像孙永海这样的先进事迹在沂山担架团还很多，在萧县青龙集火线抢救伤员时，战斗进行得很激烈。一些民工被炮火吓得不敢走路，李苑典大声说："俺不怕，顺着战壕走没有关系，谁跟俺去！"在他带领下，当时就有两副担架跟了上去。在战争中考验出来的积极分子，在支前工作中起到了核心骨干的作用。

民工不仅是战斗队，还是宣传队。山东蒙山县的民工住在萧县新解放区的一个村里，房东非常害怕，每天躲在屋里窥探民工的行动。民工向他借东西，他堵在门口不让人进去。民工就向他宣传党的政策："解放军是老百姓的部队，不打人不骂人，还帮群众解决困难。你千万别信国民党说的那一套，你想想，我们都是老百姓，要是解放军那样坏，我们还来支前吗？"他们帮房东干活，有空就给房东讲解放区的事情。几天后房东态度变了，对民工说："我算看清楚啦，今后再不听国民党狗日的放屁啦。"他招呼藏在屋里的姑娘走出来，只见她穿着破烂衣服，脸上抹着黑灰，不像姑娘样子。民工们笑着说："这些日子不让进屋，咱寻思啥来，原来是房东的闺女藏在里边。"胶东民工住在褚兰镇，房东不让进屋，他们就住在牲口棚里，第二天还冒着雪为房东清理牲口圈。房东大受感动，跑出来说："对不起啦同志们，让你们在外头冻了一夜，快到屋里炕上来暖和暖和吧。"老区民工在新区的模范表现，也带动了新区支前工作的开展，许多老百姓跟着老区民工投入了支前队伍。

民工为前线部队运粮食、弹药、猪肉、油盐，抢救护送伤员，极大地鼓

① 陈国栋：《华中人民支援淮海战役》。

舞了部队的士气，战场上军爱民，民拥军的场面随处可见。三纵炮兵团与渤海民工团并肩战斗，互相关照。民工每次评奖，部队都送很多东西给功臣们。部队和民工住在一个村里，战士们总是让出房子给民工住，自己在露天搭棚子睡。前方作战很难找到饭锅，部队总是让民工先做饭。他们派专人给民工讲防空防炮知识，指导民工挖防空壕。夜里民工参加火线抢救，到天亮部队就让民工后撤，避免伤亡。民工没有棉衣穿，部队就将缴获的棉衣送给民工。民工感动地说："三纵待咱这么好，想走也不能走了。"[①]

人民的支援是淮海战役胜利的根本保证。中野司令部在《淮海战役中双堆集歼灭战初步总结》中指出："这次作战中的物质供应，是达到较完满之要求的，无论在粮食弹药的接济与医术救济诸方面，都未感受到意外的特殊困难，这是此次作战胜利的有力保障。没有这种保障，要想取得这次的完满胜利，是不能设想的。"1951年2月陈毅在南京会见苏联驻华大使尤金，谈起淮海战役的胜利时说："支前民工达500万，遍地是运粮食、运弹药、抬伤员的群众，这是我们真正的优势。人民群众用小车、扁担保证了部队作战。"淮海战役是一场真正的人民战争，正如毛泽东所说："战争的伟力之最深厚的根源，存在于民众之中。"淮海战役证实了这个真理。

① 华东局支前办事处调研室：《淮海战役支前民工政治工作总结》。

风雪陈官庄

华野追击合围杜聿明集团——杜聿明部署向南突围——孙元良兵团逃跑被歼——南阻北压缩小包围圈——华野战场休整——总前委蔡凹聚会——人间地狱陈官庄——蒋军官兵纷纷投诚——《敦促杜聿明投降书》——蒋介石元旦文告求和——毛泽东誓将革命进行到底——蒋杜密谋投毒突围——华野总攻陈官庄——杜聿明被俘——淮海战役的伟大胜利

1948年12月3日，杜聿明和他的三个兵团从徐州撤出后，行军疲劳，在萧县以西的孟集、青龙集地区休息一天。蒋介石密切关注杜聿明集团的行动，一方面怕他们只顾西逃，不救黄维；另一方面怕他们行动迟缓，落入我军重围。这天下午，他致电杜聿明，要他们立即南下向濉溪口转进，为黄维兵团解围。不要逃跑避战。他在电报中警告说："弟南下十五万众，皆集在大吴集周围地区，此最不利。应即分路前进，向敌出击。否则臃肿滞延又将坐待围矣。如欲占领永城牵制敌主力，可派一有力部队进占，切不可全部进取。据报：马庄敌之先头今晚必可先我占领永城，则我军又落后一着。此时应决心速觅敌之主力而歼灭之为惟一急务。"[1]

---

[1] 南京国防部：《华东战场作战指导检讨》。

　　蒋介石看得很明白，杜聿明却顾虑部队疲劳混乱，停顿了一天。这关键的一天为华野主力赢得了宝贵的时间。当12月4日杜聿明准备出发向濉溪口前进时，华野各路大军已云集萧县、永城、砀山三角地带，对杜聿明集团形成包围。

　　12月4日拂晓，华野九纵到达永城以北的薛家湖，并向芒砀山攻击前进；八纵到达永城苗桥地区，鲁中纵队到达青龙集以南，三纵到达祖老楼、王砦地区，四纵到达张寿楼、张新楼地区，一纵到达袁圩，两广纵队和冀鲁豫军区两个独立旅到达张新楼、洪河集地区，十纵到达大回村以南，二纵到达永城附近，十一纵到达涡阳以北地区。在追击过程中，我军抓住敌军的尾巴猛打，造成敌军的混乱，汽车和物资被遗弃的遍地皆是。①

　　粟裕、陈士榘、张震12月3日给各纵队的命令是："我决即乘敌立足未稳阵脚混乱之际，坚决堵截其向西南突窜道路，压迫其向北、向西北，并先集中主力楔入其纵深，割歼其后尾一部，尔后再分批逐次各个歼灭之。"由于华野追得太急太快，对许多突然的情况来不及应付。12月1日各纵队开始追击，道路少、部队多，也发生了拥挤堵塞的现象。部队是轻装急进，火炮都在后面，遭遇敌军的重兵集团不敢轻易发起攻击。2日拂晓时，一纵的1、3师在萧县以东和敌军接触。当时我军位于敌行军纵队的翼侧，如能大胆猛插，可能会有大的战果。但因听到汽车、坦克马达声音隆隆，又见其部队太多，如潮水般向南拥，情况把握不住，一纵未下决心投入战斗。待情况查明，敌军已退过萧县。在追击过程中，各师甚至没有时间向上级报告情况。1日晚一纵规定三个联络点，但都未接到各师的情况报告，使纵队无法确定下一步的行动。其原因就是各师没有时间架电话。4日一纵2师在朱楼对敌军发起攻击，因仓促投入战斗，只是从正面驱赶敌人，没敢大胆投入部队从两侧迂回，致使敌军从容撤退。②

　　12月3日夜，四纵先头部队10师30团前进到张寿楼，发现敌军。他们

①　华东野战军司令部：《关于淮海战役经过概述》。
②　20军司令部：《淮海战役纵队作战经过及主要经验汇集》。

以突然动作攻进村内，歼敌1个连。听说附近的郝汉楼也有敌人，10师首长命令29团和30团从两面迂回攻击。30团发扬猛打猛冲的作风，于4日晨攻占郝汉楼，俘虏李弥第8军三个营1800余人。29团乘敌军混乱大胆插入，占领了附近的阎阁。8军的一个团在坦克配合下向阎阁反扑，29团坚决抵抗。当时阎阁遭敌燃烧弹轰击，全村一片火海。29团与敌军逐屋争夺，战斗十分激烈。正在危急时刻，正在附近侦察地形的两广纵队两个连主动投入战斗，协助四纵击退敌军，守住了阎阁，歼敌800余人。李弥兵团被迫向后收缩。①

12月4、5两日，华野一纵由袁圩向西南的王白楼、孟集攻击；四纵向李石林、陈阁方向攻击；九纵向芒砀山、山城集、倪小楼方向攻击，三纵向刘楼、杨小乔方向攻击，十纵攻占大回村后，将阵地移交给二纵，转移到青龙集东南地区。各纵队努力向前压缩，收紧包围圈。

杜聿明按照蒋介石的命令向濉溪口方向行动，邱清泉兵团向南面攻击前进，李弥、孙元良兵团跟进掩护。他们陷入重围后，邱清泉兵团进展缓慢，打了两天才前进到青龙集以西的陈官庄一带。而李弥、孙元良的阵地多处被我军突破，纷纷向杜聿明告急。12月6日，杜聿明的指挥部转移到李石林，邱清泉、孙元良仓惶地来找杜聿明，请他重新考虑行动方案。他们一起来到李弥的兵团司令部开会，孙元良说："我们攻击进展迟缓，掩护阵地又处处被突破，再战下去前途不乐观，现在突围尚有可为。将在外，君命有所不受。目前只有当机立断，才能拯救大军。"

杜聿明心情沉重地说："将在外，君命有所不受。如果三天前大家按这句话办，就可以全师而归，对得起老头子了，今天做恐怕晚了。敌人重重包围，能杀出一条血路还有希望，否则重武器丢光，分头突围，既违抗命令，又不能全师，有何面目见老头子呢？"邱清泉、孙元良表情尴尬，但仍然主张突围。李弥沉默不表态。杜聿明心中无底，最后只得说："只要大家一致认为突围可以成功，我就下命令。各兵团要侦察好突破点，重武器、车辆非

① 《中国人民解放军第23军第三次国内革命战争战史》，1960年初稿。

到不得已时,不能丢掉,笨重物资可以先破坏。"下午3时散会,各兵团准备突围。[1]

李弥在兵团司令部召集军、师长开会,布置各军在黄昏时分三个方向突围,到阜阳集合。与会的各军、师长都表示时间过于仓促,部队现在都在一线,不要说突围,就是脱离阵地也不容易,最快也要在7日拂晓才能开始行动。邱清泉、孙元良要走,就让他们先走。李弥本来就对突围信心不足,见部下都这样说,表示同意。邱清泉向各军长部署时,大家情绪消沉,突围要抛弃重武器,这个兵团等于就完了。74军军长邱维达迟到,听说要突围,顿时咆哮如雷:"你们怕死,想突围逃跑,那是办法吗?为什么不集中力量硬打出去?突围有被各个消灭的危险,应该考虑这个不利的后果,我们74军包打第一线!"他这一闹,大家都没有话说了。邱清泉考虑丢了重武器,回去也无法交代,于是改变主意,与杜聿明商量暂缓行动。

坚决要跑的只有孙元良。孙元良的第16兵团在郑州组建时有41、47和99三个军,加上炮兵、工兵部队约10万人。41、47军是川军,不是蒋介石的嫡系,内部比较抱团,注意保存实力。99军是陈诚的老部队,建制完整,武器装备较好,战斗力比较强。1948年9月兵团组建,10月就奉命放弃郑州,开始游荡。刘峙将99军调到蚌埠,孙元良指挥41、47军在商丘、蒙城活动。11月初调往徐州参加会战,被我军打得损失惨重。到实施突围时,孙兵团的41、47军只剩下三四万人。

在危急关头,孙元良是打滑头仗的。6日下午他从李弥的兵团部开会回来,马上部署突围。他对各军、师长说:"指挥部已决定离心退却,邱清泉部向南突围,李弥部向东突围,16兵团向西突围。我们集结的地点:第一步到商丘的朱集,第二步到信阳,最后到武汉会合。"部署完后,他就带领参谋人员赶到黄庄的47军125师,这个师是快速纵队,配备了战车,战斗力也较强。孙元良指示125师师长陈仕俊掩护兵团部突围,同时命令将所有电话线截断,电台停止收发报,特别嘱咐指挥部来的电报一概不收,唯恐杜

[1] 杜聿明:《淮海战役始末》。

聿明变卦不准突围。①

6日晚20时，孙元良兵团开始行动。16兵团的炮兵先乱轰一通，把炮弹打光，然后开始破坏大炮和重武器。杜聿明与邱清泉都在陈官庄，密切注视动向。邱清泉的部队本来不想走，象征性地试探了一下，邱清泉就向杜聿明报告说："西面、南面敌军阵地重重，无法突围。我仔细考虑了孙元良的主张，简直是自我毁灭，如何对得起老头子！"杜聿明与李弥通话，李弥大骂孙元良破坏武器，准备逃跑，表示他也不走。杜聿明要孙元良兵团的电话，怎么也要不通，于是对邱、李指示：不管孙元良兵团情形如何，邱、李兵团不突围。迅速调邱兵团的预备队来填补孙兵团遗留的阵地空缺。如果孙元良能突出去，他们再跟着走。孙元良自作聪明，实际上被杜聿明等抛出去了。

孙兵团突围时，完全是一片混乱，根本没有侦察突围路线，也没有打开突破口。几万人分成多路纵队落荒而逃。当时月色无光，伸手不见五指。部队开始行进时还能一个接一个，互相保持联系。不久经过一道河沟，只有一座小桥，兵团部人员和直属部队走桥上，其余部队涉水而过。这时部队互相拥挤，乱作一团。过河之后，官找不到兵，兵找不到官，41军和47军混在一起，建制完全打乱了。大家都朝着人多的地方跑，无所谓方向和道路。在通过第2兵团警戒线时，突然村里枪声大作，密集的火力把16兵团的官兵都打得卧倒在地，死伤不计其数。47军军长汪匣锋派人联络，才知道是5军200师向他们开枪。交涉了半天，5军才停止射击，他们的行动早已惊动了当面的华野八纵。当敌军来到刘集、郭营八纵22、23师阵地前，我军一线部队猛烈开火，并以纵深炮火急袭射击。16兵团在前后夹击之下，全线溃乱，密集的人群在村庄之间的旷野里跑来跑去，四散逃命。孙元良跳下吉普车混入乱军中，兵团副参谋长熊顺义则带领一批人掉头往回跑。八纵全线出击，枪炮声、哨子声和"缴枪不杀"的呐喊声交汇在一起，惊天动地。经过两小时战斗，16兵团大部被八纵和友邻部队歼灭，41军军长胡临聪、47军

① 魏煜焜《第16兵团就歼记》。

军长汪匣锋等被俘，冲出包围圈的散兵也在萧县、亳县等地被我地方武装和民兵俘获。副参谋长熊顺义收容逃回来的官兵7000多人，被杜聿明编入邱清泉兵团的72军。只有孙元良化装成老百姓，与少数人侥幸漏网。12月18日，孙元良逃到信阳，被张轸部队收容。① 16兵团的灭亡，极大地动摇了杜聿明集团的军心。

首次突围没有成功，杜聿明仍然要执行蒋介石的命令，争取在南边突破与黄维兵团会合。他命令邱清泉兵团集中炮火和战车，以一个军向南进攻。李弥兵团坚守李石林、青龙集地区，以"滚筒战术"跟进。邱兵团前进一步，李兵团就接替邱兵团的阵地，巩固后方。他们把十几万部队收缩在陈官庄一带南北十余里，东西二十余里的狭小范围内，防止我军的突破和分割围歼。

华野指挥部察觉到杜聿明集团的意图，采取针锋相对的方针。以谭震林、王建安指挥一、四、九纵由北向南积极攻击；以宋时轮、刘培善指挥十、十二纵，以韦国清、吉洛指挥二、八、十一纵、广纵采取正面阻击和东西两侧夹击，坚决阻敌南逃。

激烈的战斗从12月8日起再次展开。邱清泉兵团的主攻方向是鲁楼。鲁楼村位于引河岸边，是国民党军南下的必经之路。粟裕特地向十纵交代："守住了鲁楼，就等于堵住了引河的口子。"从6日起，邱清泉就派70军139师主攻鲁楼，打了两天没进展。8日邱清泉又将70军的96师调来助攻，在8辆坦克掩护下向鲁楼猛攻。守卫鲁楼的十纵29师顽强防御，以迫击炮、火箭筒向坦克抵近射击。一天打退敌军三次进攻，毙伤敌军约2000人。邱清泉见鲁楼攻不下，命令70军32师进攻鲁楼东南的窦凹。邱清泉亲自到炮兵阵地指挥，集中火力猛轰窦凹，支援32师的进攻。

自12月10日起，南线的战斗呈现出白热化的争夺。华野战后的总结中记载："宋刘集团：十纵10日击退敌向窦凹之进攻，11日又击退犯窦凹敌两次猛攻，12日敌70军之96师及32师全部，附坦克8辆，自4时向我窦

---

① 熊顺义：《孙元良兵团被歼经过》。

凹阵地猛攻，激战一天，得失八次，卒为敌占。毙敌副师长以下2000余人，俘百余。13日晨因窦凹阵地失守，鲁楼阵地突出，决同时放弃，上午9时敌占鲁楼阵地。11时96师2个团附坦克8辆，分三路向我李楼阵地攻击，激战至14时，我前沿阵地被敌突破，反复争夺至16时，敌后续跟上，遂为敌占领。次日徐小凹亦为敌占领，我确守张庄、耿庄、后刘园之线阵地。十二纵14日攻入陈阁、王林庄、吴楼，敌四次增援，因我突击部队伤亡过大，即停止进攻，毙伤敌300余，俘20余。"①国民党军拼尽全力，只占领了几个村庄，邱清泉手下最能打的96师元气大伤，师长邓军林回忆："窦凹的战斗，是在邱清泉的顽强压力下，付出了极大的代价而宣告结束的。部队的攻击精神，已是一蹶不振，一听到攻击任务，官兵都感到惶恐不安。"②十纵六天顽强的防御，堵住了杜聿明集团南下的道路。粟裕、谭震林给十纵的嘉奖令中说："此次聚歼杜聿明、邱清泉、李弥、孙元良匪部，会战初期，你们贯彻了这种坚决顽强英勇奋战的战斗作风，给予妄图夺路南窜之杜聿明、邱清泉匪之70军以连续迎头痛击，毙伤敌数千以上，确保了鲁楼、李楼阵地，对于完成全歼杜聿明集团任务，起着重大作用。"③

　　在南线顽强阻击的同时，北线部队积极进攻，迫使李弥兵团不断向后退却。一、四、十二纵在炮火和坦克配合下，连续攻击李弥兵团8、9军阵地，几天内占领了夏砦、魏楼、高楼、伍庄、陶楼、马桥等十几个村庄，逼近李弥兵团部所在的李石林。李弥严令部队坚守阵地，激烈的战斗使李弥的骨干部队大受损伤。李弥情急之下，将丢失魏楼、马桥的两个团长当众枪毙，杀一儆百，迫使部下拼命死战。魏楼紧靠李石林，敌我双方展开激烈争夺，几度易手。

　　围歼杜聿明集团的外围战斗从12月6日到14日，华野在南线坚决地阻挡了邱清泉兵团的突围，在北线不断推进，压缩包围圈。但是部队苦战多

---

① 华东野战军司令部：《关于淮海战役经过概述》。
② 邓军林：《东打西突难逃罗网的第70军》。
③ 李曼村：《淮海战役中的华东野战军第十纵队》。

日，并未达到分割围歼敌军的目的，双方打成对峙局面。一纵叙述这段时期的作战情况说："在攻击手段上，我仍采取过去一般对村落的攻击办法，先炮击，再爆破，最后是突击，按此三步来攻。其实当时敌人已开始全部转入村落四周之野外，已经不是过去一样集中兵力固守村落的防御；而是散开四周形成蜘蛛网式的防御了。如仍采取过去的攻坚经验，即不能取胜。具体表现：一是炮火使用，过去攻坚多用曲射，集中炮火打一点，可压制敌人，掩护部队前进。但现在敌人全部散开，隐蔽地堡交通壕内，那样打法只有浪费弹药（3 师攻高楼，发炮 300 余发，只见遗尸七八具，地堡无一损伤）。二是突击与爆破分成两个部分担任，不适合当前攻击。因敌已分散各工事中，几包炸药不能解决问题，如炸后突击队再上去，敌人反会封锁爆破口。三是攻击队形，如仍采取集团队形，爆炸一响后，即将部队向内塞，企图与敌进行纵深战斗，但敌主力不在村子上，这样使用部队结果伤亡反大，到处受敌地堡火力之杀伤，而不能取得胜利。必须采取小组动作，先求肃清地堡交通壕之敌，才能取得胜利，这些经验都是从实战中碰到钉子后体验出来的。"[1]

杜聿明集团一时吃不掉，总前委又要华野抽调部分兵力协助消灭黄维，粟裕不免心里焦急。12 月 14 日粟陈张给总前委和军委的电报中说："三日来杜匪对我战法，采取东西北坚守，以主力一部配合第二等部队与我纠缠，而集中其主力向五户张集、固上之间突击。在战术上采取绝对优势兵力（三个团至五个团），在战车（5 辆至 15 辆）与空军和炮火掩护下，用密集队形反复猛扑我一个村落（如窦凹、李楼均经过四次以上之争夺）。在敌人此种攻击手段下，敌虽付出很大代价，我也伤亡消耗颇大，且不便集中更多兵力反击。因此，敌集中攻我一点时，我亦很难守住。我曾对北线采取攻势，因敌均坚工固守，每晚仅能歼敌一个团左右。而每个村守备均成敌之据点，分割不易。"为了歼灭敌人，粟裕建议在南边设一袋形阵地，引诱敌军突围而歼灭之。[2]

① 20 军司令部：《淮海战役纵队作战经过及主要经验汇集》。
② 《华东军区、第三野战军第三次国内革命战争战史资料选编》。

这时，毛泽东的注意力集中在平津战役上。为了不使蒋介石迅速决策海运傅作义集团南下，将其留在华北战场，12月11日毛泽东在《关于平津战役的作战方针》中提出："于歼灭黄维兵团之后，留下杜聿明指挥之邱清泉、李弥、孙元良诸兵团（已歼约一半左右）之余部，两星期内不作最后歼灭之部署。"接到粟陈张14日电报后，毛泽东当即复电："你们围歼杜邱李各纵，提议整个就现阵地态势休息若干天，只作防御，不作攻击。待黄维歼灭后，集中较多兵力，再举行攻击。"①接到命令后，华野各纵于16日进入休整，战场出现一段沉寂状态。

休整期间的首要任务是整理、补充部队。自淮海战役开始以来，华野各纵队已连续作战40天，部队普遍出现极度疲劳和因伤亡严重减员的现象。以四纵为例，战役开始时全纵队为18704人，第一阶段他们伤亡5306人（伤3974人，亡1332人），第二阶段伤亡4056人（伤2707人，亡1349人）。也就是说，一个月内拼掉了半个纵队。有的纵队伤亡甚至超过了半数，据华野12月18日给军委的报告中说："基层干部伤亡最大的是一、三、四、六、八、九、十等纵队，其次便是十三、十一、冀十一、十二、七等纵队。"在战斗中随时调整编制，不断地合并连、排。为了保持部队的战斗力，在战役过程中一直实行以俘虏补充部队的措施。对不带伤的俘虏基本上是一个不放，"随俘随补"。上午俘虏，下午就补充到连队参战。各纵队还通过"边打边提"、"随缺随补"和"火线提拔"等办法，解决了基层干部的缺额，保证了作战的急需。济南战役的"解放战士"已经是班里的骨干，从黄百韬兵团补充来的俘虏到战役第三阶段时已经有当班长或副排长的了。据四纵统计，到第三阶段时，"我纵连队解放成分已占80%"。开始华野政治部有指示，各纵队根据伤亡情况，缺一补一。到后来各纵队抓住俘虏都不放，几乎全部补充到连队，所以各纵队人数是越打越多。到战役结束时，四纵已达到43072人，为战役开始时的两倍多。缴获的火炮也

①《毛泽东军事文集》第5卷。

由原来的160门增加到296门。①华野全军从战役开始时的36万人发展到46万人。

在休整期间，华东支前部门和华野后勤部门集中大量民工和运输车辆，将徐州缴获的物资和解放区支前物资源源不断运到前线，改善了部队生活。使部队战士"穿暖、吃热、吃饱、吃好"。部队实行轮番休息，在前线的部队大力改造战壕，把战壕和阵地变成能休息、能做饭、能活动的场所，真正做到"以阵地为家"。在冰天雪地的日子里，战士们吃着解放区人民慰劳的猪肉，抽着送来的香烟，送走了1948年，迎来了1949年。

淮海战役第二阶段即将结束时，毛泽东高瞻远瞩，已经开始酝酿辽沈、淮海、平津三大战役结束后，人民解放军进军江南，彻底摧毁国民党反动统治，夺取全国胜利的总体规划。12月12日，毛泽东给总前委领导人发出指示："黄维歼灭后，请刘陈邓粟谭五同志开一次总前委会议，商好在邱李歼灭后的休整计划，下一步作战计划及将来渡江作战计划，以总前委意见带来中央。如粟谭不能分身到总前委开会，则请伯承至粟谭指挥所，与粟谭见一面，了解华野情况，征询粟谭意见，即来中央。"为了保守机密，这份电报只发给了刘邓陈。②

当时中原野战军司令部在永城南临涣集的小李庄，华东野战军司令部在萧县西的蔡凹村，两地相距近百里。刘邓陈研究了毛的指示，决定前往华野司令部开会。12月17日早上，他们乘车来到蔡凹华野指挥部，与粟裕见面。粟裕激动地对刘伯承说："我们有十七年没见面了！"在北线山东兵团指挥部的谭震林也赶到蔡凹，淮海战役总前委五位领导人第一次共聚一堂。这次会议，是淮海战役中总前委唯一的一次全体会议。会议开了一天，鉴于杜聿明集团歼灭在即，未成为会议的主要议题。他们主要研究了渡江战役的计划和部队整编方案。当天晚上，刘伯承、陈毅驱车北上，前往西柏坡向党中央汇报。邓小平回到小李庄，谭震林回到山东兵团指挥部。

① 《中国人民解放军第23军第三次国内革命战争战史》，1960年初稿。
② 《毛泽东军事文集》第5卷。

被围困的杜聿明集团，此时处境悲惨。近20万人的粮食弹药，都要依靠空投补给。刚被包围时，蒋介石为了抢救这支"王牌部队"，命令空军不惜一切代价维持杜聿明集团的生存。根据需要，每日要出动120架次，空投粮食肉类食品240吨、弹药和其他物资160吨，才能满足需要。从12月16日起，南京方面以空军两个空运大队为主，并租用了中国、中央和陈纳德三个民用航空公司的运输机，开始昼夜不停地大规模空运。开始空投大米，被围困的部队缺柴禾，烧不了饭。杜聿明来电要大饼、饼干、罐头等熟食，除药品外其他不要。一声令下，南京城里城外各食品厂和作坊都日夜赶制大饼和饼干，忙得不亦乐乎。开始的时候天气正常，空军也比较卖力，基本上能满足需求。12月18日以后陈官庄地区雨雪交加，天气恶劣，民航飞机都撤出了，只有靠空军负担。包围圈越来越小，国民党飞行员怕我军射击不敢低飞，在1000米高空就顺风投下去，结果这样少的物资，还有相当一部分落在我军阵地上。雨雪天气持续了近10天，杜聿明集团饥寒交迫，到了崩溃的地步。①

杜聿明终日冥思苦想，寻求突围之计。蒋介石、刘峙都催他尽快突围，与黄维会合。杜聿明心里明白，靠他们的力量是冲不出去的。16日黄维兵团覆灭的消息传来，杜聿明的心更凉了。现在共军可以全力来对付他们，还有什么办法呢？只有死守待援了。17日蒋介石要他派人到南京商议，他派参谋长舒适存乘小飞机从陈官庄起飞去南京。19日下午，舒适存和空军官员董明德乘飞机降落到陈官庄，带来蒋介石的亲笔信。信中说：现在华北、华中、西北所有部队都被共军牵制，无法抽调；目前唯一办法就是在空军掩护下集中力量突围。这次突围，将由空军投掷毒气弹掩护，具体方法与董明德商量。杜聿明同意使用毒气弹，但对突围信心不足。他与邱清泉等商量了三个方案，写信请蒋介石决定：1. 必要时放弃武汉、西安，集中力量与共军决战，这是上策；2. 各兵团持久固守，争取和谈，这是中策；3. 如果突围，绝对达不到希望，是下策。当他将信写好，请舒适存再次飞往南京时，

---

① 程藩斌：《陈官庄地区空投记》。

不料连日风雪大作，飞机无法起飞，一耽搁就到了28日。①

寒冷恶劣的天气把陈官庄变成了人间地狱。国民党军互相抢夺空投的粮食，空投场变成了厮杀的战场。74军利用电台指示空投，抢到一些粮食。其他各军纷纷告状，杜聿明要收回74军的电台，军长邱维达坚决不肯。杜派官员监督空投场，依然不能制止乱抢的混乱局面。为抢粮而打死人的事时有发生。没有粮食吃，国民党军杀光了牲口。为了烧火做饭取暖，国民党士兵先拆了房子，又扒出地里埋的棺材，最后将阵地的鹿砦也偷来烧了。有人描述当时的情景："在包围圈中，除了编入建制的官兵外，尚有不少的闲散国民党军人员、机关公务人员以及由徐州盲目随军而逃的男女学生、市民、地主之类的难民队伍，他们既不在建制之内，连最少量的口粮也没有。邱清泉乘机强迫将他们编入部队，在快饿死的情况下，只要有点吃的，没有不顺从的。最可怜的是那批盲目而逃的女学生和其他妇女们，便被迫作了'临时太太'。在空投场的周围田地上挖了一个个的洞穴，上面将降落伞张开，远远望去，好像一朵朵鲜菌长在冰雪之中，内中便是国民党军官和他们的'临时太太'，准备化装逃跑的假夫妻，也是逼良为娼的淫窟所在。"

"四马路是旧社会形容上海一条最污秽的马路，在包围圈中竟也出现了。几乎一切日用品，以及手表、戒指、手枪、银元、衣着和柴米等物，都可交换，俨然成了一个闹市。在交换中充分暴露出弱肉强食的活地狱情况。凡是有物去交换的人，都是为了活命，惟有少数豪强——当然是有权有势的军官们——则利用贪污、巧取来的食物、大饼、罐头之类的空投品，信口开河地去换取人家贵重之物。"②

在此期间，华野前线部队不失时机地展开政治攻势，瓦解敌军。有的向敌军阵地喊话，宣传政策。如果让投诚人员现身说法，对国民党士兵的说服力更大。有的将传单、宣传品用六零炮打到敌军阵地上去，有的乘夜间将食品、香烟送到敌军阵地前沿，让他们来拿。74军58师官兵收到我军送的一

① 杜聿明：《淮海战役始末》。
② 文强：《徐州"剿总"指挥部的混乱》。

口宰好的大肥猪,肚子里装满了给国民党军官兵的劝降信和宣传品。邱维达不能禁止部下吃肉,也就无法禁止大家看宣传品。只能哀叹共军"攻心为上"的厉害。

我军的政治攻势起到很大的作用。饥饿的国民党官兵不断越过阵地向我军投诚。开始是零星的,以后越来越多。据四纵12月26日报告:"昨晚收容8军、9军87人,均零星散出,枪械没前几天多了。据供:特务和当官的较过去监视更严,晚上除放哨者外,把当兵的枪支收起,实行集体睡觉。步枪由排长看管,机枪由连长看管。发现士兵向我阵地方向跑即打枪,昨晚就打死好几个。跑出者均借口大小便,或利用放哨时偷跑。很多人是偷人家的枪过来,说:'不带枪来恐怕不大好。'敌军除营长以上还有大米吃外,连、排长均与士兵一样吃榆树叶、山芋藤,士兵都不愿意再打。想过来,没办法,我送去的饭都收到,吃了,但不敢作声。如向我阵地讲句话,甚至笑一下都杀头。"27日报告:"昨晚来之108人中,有10多人途中跌倒,头昏眼花,四肢无力,实在饿坏了。"①李弥得知这些情况,无可奈何地对9军军长黄淑说:"要秘密地向师、团、营长说明,士兵愿意到共军那里,就随他去吧,吃饱了回来也好,不回来也好,惟一的要求是不准带武器去。"

那些日子,我军每天统计的战果就是有多少敌军投诚。从12月16日到1949年1月5日,相继投诚的国民党军官兵有14000余人,相当于两个师的兵力。这些人投诚后,先要求吃顿饱饭,然后讲述内部的情况。杜聿明集团的一举一动,都被我方详细掌握。这些投诚的官兵大部被编入我军,调转枪口立功赎罪。

为了体现我军的人道主义政策,四纵、十纵在包围圈东面的青龙集地区开了一个放人的口子。他们选择一条便于控制的隘路,设上几层火力网,然后就大张旗鼓地号召包围圈内的难民和散兵出来。听说解放军网开一面,难民和散兵蜂拥而来。敌军为了减轻包袱,少些没有用的人吃饭,也睁眼闭眼地随他们走。这些人中有从徐州逃难的老百姓,也有国民党政府官员和地

---

① 华野司令部:《淮海战役阵中日记》。

主。一些国民党军官兵也化装成老百姓，拖着枪想混出包围圈。有几次大队人流向口子拥来，搞得警戒部队十分紧张，轻重机枪一齐开火。这也挡不住人们求生的渴望。到了路口，人群好像受过训练，逐渐排成一队，一个个放下武器，举着双手，接受我军的检查和收容。据华野司令部阵中日记的记录：12月27日十纵报告："鲁老家跑出敌四五百人，内大部是民众学生，仅十分之三是当兵的，现我全部收容。"1949年1月3日四纵报告："由青龙集放出老百姓、学生、伤员、太太等1000多人，正在政治部审查。"一些国民党军官也想乘机脱身，徐州"剿总"办公厅主任郭某等组织了一个"难民还乡团"，其中有徐州国民党机关人员、从海州撤退的国民党军家属，也有军官。他们与杜聿明打了招呼，被批准从李弥兵团处放行。他们大队人群向解放军的路口拥来，解放军认为其中有诈，便开始射击。人群调头向回跑，国民党军又开枪阻止。郭某等人没跑成，只好退回来。直到我军最后总攻陈官庄，郭某等才当了俘虏。

包围杜聿明集团后，我方积极进行政策宣传，希望杜聿明等高级将领能放下武器。12月8日，陈毅、粟裕、谭震林联名写信给杜聿明等，希望他们"命令部下停止抵抗，切实保护武器弹药资财，实行有组织的缴械投降。只要能如此做，我军当可保证汝等及全体官兵的生命安全。"这封信书写多份，由俘虏分别带进包围圈。邱清泉把信烧了，李弥把信转交杜聿明。杜聿明看完信后，去试探邱清泉的态度。邱清泉依然态度顽固，看了一半，一句话不说就把信烧了。杜聿明从心里还是忠实于蒋介石的，怕邱清泉抓住把柄，也不敢提投降的事。其实邱清泉是色厉内荏，他私下对参谋长李汉萍说："只有欧洲人打仗最好，打得赢就打，打不赢就降。不像我们中国，明知道不能打，也非打下去不可。"国民党内部的勾心斗角，使他们都戴上了假面具，到生死关头也不肯面对现实。

12月17日，毛泽东为中野、华野司令部写了《敦促杜聿明等投降书》的广播稿。义正辞严地指出："你们现在已经到了山穷水尽的地步。""你们的兵士和很多干部，大家很不想打了。你们当副总司令的，当兵团司令的，当军长师长团长的，应当体惜你们的部下和家属的心情，爱惜他们的生命，早一点替他们找一条生路，别再叫他们作无谓的牺牲了。""黄百韬兵团、黄维兵团和孙元良兵团的下场，你们已经亲眼看到了。你们应当学习长春郑洞国将军的榜样，学习这次孙良诚军长、赵壁光师长、黄子华师长的榜样，立即下令全军放下武器，停止抵抗，本军可以保证你们高级将领和全体官兵的生命安全。只有这样，才是你们的惟一生路。你们想一想吧！如果你们觉得这样好，就这样办。如果你们还想打一下，那就再打一下，总归你们是要被解决的。"①但是杜聿明、邱清泉等仍然执迷不悟，负隅顽抗。杜聿明回忆："当时解放军的《敦促杜聿明等投降书》我未看到，就是看到，令'全军放下武器'，仅保证'高级将领和全体官兵的生命安全'，我也不会投降的。国民党军官对个人生命固然看得重要，但更重要的是部队实力，因为他是靠这个升官发财的。"

12月29日，陈官庄地区天气转晴。杜聿明立即打发舒适存、董明德上飞机，带上他的建议去见蒋介石。次日蒋介石来电说："听说吾弟身体有病，如果属实，日内派机接弟回京治疗。"邱清泉力劝杜聿明回南京。杜聿明心里很明白，他的本钱就是这些部队，丢了部队逃生，他个人绝没有好下场。他拒绝了邱清泉的建议，复电蒋介石说："生虽有痼疾在身，行动维艰，但不忍抛弃数十万忠勇将士而只身撤走。请钧座决定上策，生一息尚存，誓为钧座效忠到底。"其实蒋介石是无计可施，黄维兵团被消灭后，蒋介石于12月18日密令刘峙将蚌埠的主力转移到长江以南："54军、66军、39军即开南京集结，归汤（恩伯）司令指挥，从速完成江防准备。28军即控制滁县、浦口间地区，立即完成桥头阵地。52军之两个师着即日开武进、镇江间归建。"②这说明蒋介石自顾不暇，根本不会出兵来救杜聿明集团，只能看着他们被消灭了。

29日南京方面恢复了对陈官庄地区的空投。国民党官兵如同饿狼一样到处奔跑抢粮。有的跟着空投伞一直跑到解放军阵地前，不顾死活地抢大饼

① 《毛泽东军事文集》第5卷。
② 南京国防部：《华东战场作战指导检讨》。

和生米吃。有的互相冲突，械斗残杀，秩序大乱。杜聿明的电台坏了，由74军电台联络，空投的粮食大多落在74军防区内。李弥兵团得不到粮食，大骂邱清泉兵团。杜聿明命令邱清泉调出若干包大米，分给李弥的一线部队，矛盾仍无法平息。华野抓住天气晴好和敌军混乱的机会，于17时集中特纵和各纵队的火炮200余门，向敌军前沿工事进行了全面炮击。猛烈的炮火持续了一个小时，由于我军已经全面掌握了敌军工事的分布情况，炮弹打得又猛又准，敌军的地堡大部被炮火摧毁。这是总攻前的一次试射，也是我军结合政治攻势向敌军施加军事压力。这一顿炮击进一步摧毁了敌军的信心，使其士气低落，人无斗志。

在阴暗低沉的气氛中，蒋介石度过了1949年的元旦。这是他一生中最痛苦的时刻，战场上连续失败，国统区人心动荡，经济形势急剧恶化。12月30日，他将各地军政首脑阎锡山、张治中、胡宗南等召到南京，商议对策。他们有的主战，有的主和，莫衷一是。而白崇禧则于12月24日在汉口发出电报，要求与中共和谈，并逼迫蒋介石下野。桂系的强硬背后有美国人的支持。蒋介石派宋美龄赴美寻求军事援助，美国政府反应冷淡，拒绝了蒋介石的请求。没有美国的飞机大炮，蒋介石是无法坚持打下去的。美国驻华大使司徒雷登也表明立场，他通过秘书转告新任行政院长孙科："蒋总统下野，为进行和谈所必需。"[1]

在四面楚歌，众叛亲离的处境下，蒋介石发表了元旦文告，表示愿意下野以谋求和平。文告说："只要和议无害于国家的独立完整，中华民国的国体能够确保，中华民国的法统不至中断，军队有确切的保障，人民能够维持其自由生活方式与目前最低生活水准，则我个人更无他求。中正毕生革命，早置生死于度外，只望和平果能实现，则个人进退出处，决不萦怀，而一唯国民的公意是从。"

在西柏坡，毛泽东发表了气壮山河的新年献词——《将革命进行到底》。文章指出："敌人是不会自行消灭的。无论是中国的反动派，或是美

---

[1] 鸿鸣：《蒋家王朝》。

国帝国主义在中国的侵略势力，都不会自行退出历史舞台。"他引用了古希腊《伊索寓言》中"农夫和蛇"的故事，尖锐指出："中国人民决不怜惜蛇一样的恶人"。他向世界宣告："1949年中国人民解放军将向长江以南进军，将要获得比1948年更伟大的胜利。""1949年将要召集没有反动分子参加的以完成人民革命任务为目标的政治协商会议，宣告中华人民共和国的成立，并组成共和国的中央政府。"①这也是对蒋介石"和谈"阴谋的有力回击。

　　事实正如毛泽东所预见的那样，蒋介石表面上高喊"和平"，背地里却丧心病狂。他命令空军向杜聿明集团加紧空投粮食弹药，并运送大量毒气弹，帮助杜聿明集团突围。1949年1月3日，苏北兵团向华野司令部报告："昨中午12时，八纵方面拾到敌空投之毒瓦斯弹，其名为'催泪性37式化学抛射弹'，联勤总部64军工厂造。弹色灰，弹体长15公分，式样同88式掷弹筒。中间有一道箍，箍下有六个蓝点。今天下午八纵张参谋试验，第一弹离发射地170米处爆炸，他即向爆炸处跑去，感到口辣、喉痒，淌了一些眼泪。第二弹打出去未爆，拿回后在家拆开，内是气体，闻到硫磺味，嘴辣、喉痒、流眼泪，三分钟后即平安无事，效力并不大。"②国民党毒气弹的秘密被我军掌握，原来不过如此。华野将徐州缴获的防毒面具发给前线部队，并指示了防毒知识。国民党军赖以突围的"王牌"也就不起什么作用了。杜聿明等对此严守秘密，电文中都化名"甲种弹"。实际上敌军投诚者多人已向我方交代了国民党军准备放毒突围的计划，我方已有了充分准备。杜聿明对此抱有极大希望，董明德向他介绍毒气弹的性能时，杜聿明问："用的什么毒气？"董答："催泪性的。"杜聿明不满地说："这有什么用？为什么不用窒息性的呢？"董答："窒息性的太严重，还不敢用。"③在垂死挣扎之际，杜聿明已经完全不顾国际公法了。后来的事实证明，毒气弹也没能挽

---

① 《毛泽东军事文集》第5卷。
② 华野司令部：《淮海战役阵中日记》。
③ 杜聿明：《淮海战役始末》。

救杜聿明集团灭亡的命运。

1月3日，杜聿明接到蒋介石的电令："照第三案实行，自5日起投足三日粮弹。"这是杜聿明建议的下策——突围。杜聿明感到突围是毫无希望，但又不能违抗蒋介石的命令。他复电陈述粮弹不足，将士饥饿，无法执行命令，请继续大量空投。5日蒋介石复电，也是最后的命令："准再投三日，务必遵照实施。"杜聿明不走也得走了，他与邱清泉、李弥在陈官庄召集军师长会议，部署突围行动。会议商定：1.要求南京派飞机投毒气弹，掩护地面部队突围；2.由5军、74军戴防毒面具打开两个缺口，随后扩张战果，后续部队跟着突围；3.每人带三天干粮；4.突围时间定在1月9日。各部队根据命令，开始了准备。

国民党军的行动比我军慢了一步。自12月29日敌军恢复空投以来，华野就密切注视敌军动向。据投诚士兵说：他们29日开始吃马肉，还让吃饱。向我方投诚的人数也逐渐减少。电台监听不断收到敌军相互联络的讯息，部队集结和汽车、坦克调动的噪音也明显增加。种种迹象表明，杜聿明集团准备突围。华野经过20天休整，部队已经完成整补，战士体力充沛，士气高昂。特纵炮兵和后方补充的弹药也已经到位。三纵在双堆集战斗结束后也回到陈官庄前线。华野首长认为：总攻的条件已经成熟。经中央军委批准，1949年1月2日，粟裕、谭震林、陈士榘、张震联名发出了全歼杜聿明集团的命令。命令指出："近日敌复积极调整部署，似图待空投补充粮弹后，寻隙夺路向南、向东南、向西南分途突围。""为贯彻战役决心，乘敌人还未能得到充足粮食、弹药补给，且疲惫动摇恐慌之际，争取迅速解决该敌，全歼杜邱李匪部，以获淮海战役全胜，决首先分割攻歼13兵团残部，压缩对敌之包围圈，尔后乘胜扩张战果，攻歼邱兵团残部。"具体部署是：以三、四、十、渤海纵队和冀鲁豫军区两个独立旅为东集团，由宋时轮、刘培善指挥，向敌东部阵地突击；以二、八、十二纵为北集团，由谭震林、王建安指挥，由北向西南攻击；以二、八、十一纵为南集团，由西南向东北攻击。另以六、七、十三纵、鲁中南纵队、两广纵队、由济南调来的吴化文部队以及豫皖苏、冀鲁豫军区部队为战役预备队，拦截围歼溃逃之敌。①各部队接到命令后，立即开始近迫作业，以壕对壕，以堡对堡，一条条战壕挖到距敌军阵地的前沿仅30米处，有的楔入敌军阵地侧后，对敌前沿阵地形成三面包围。敌军眼看我军的战壕挖到面前，也饿得没有力气抗拒了。

1月6日15时30分，华野的总攻打响了。各纵队和特纵集中绝对优势的炮火，将敌军阵地打成一片火海。在突破敌军前沿阵地时，我军没有像以往那样采取集团冲锋，而是以灵活的战术，以班为单位，实施小组突破。战士们利用交通壕的掩护，接近敌军地堡，一边爆破一边消灭敌人，以最小的代价达到歼灭敌人的目的。一个班就可以解决敌军一个排的集团地堡。敌军士气极为低落，已经不能组织有效的抵抗。一纵仅用两个小时就攻占了夏庄，继续向纵深突破。据华野司令部当天统计：三纵攻占窦凹，四纵攻占阎庄，八纵攻占魏小窑，九纵攻占郭营，十一纵攻占李楼、徐小凹，都是在两三个小时内解决战斗。这天共歼敌万余人，占领13个村庄，李弥兵团受到沉重打击。邱清泉兵团的70军军长高吉人被我军的炮弹炸成重伤，杜聿明任命96师师长邓军林为70军军长，组织抵抗。

李弥在我军强大攻势下感到末日来临，7日命令兵团各部放弃陈阁、马庄等阵地，向邱清泉兵团靠拢。8军转移到罗庄，9军和兵团部转移到空投场和李庄。上午我军还没有完成攻击准备，李弥兵团各部就从青龙集等11个村庄不战而逃。当天晚上，我东集团各纵队占领了这些村子，杜聿明集团的整体防御被打破了。

我军的强大炮火把邱清泉打得失魂落魄。三年来他与我军作战，从来都是以优势炮火而骄横不可一世的。今天我军的炮火完全压制了邱兵团的火力，使他真正尝到了挨打的滋味。邱清泉自言自语地说："真正崩溃了，真正崩溃了！"7日晚上战况发展到最激烈的时候，他喝得醉醺醺蒙头大睡。参谋长李汉萍来请示行动，邱清泉怒气冲天地说："让它崩溃好了。"

7日我军的全面攻击又歼敌三个团，俘3000余人，占领23个村庄。8

①《中国人民解放军第三野战军战史》第5章第6节。

日因东线部队拥挤，敌军有收缩向西突围迹象，西线攻击进展不大，阵地也比较宽。为了防止敌军突围，华野在8日夜里调整部署，加强西线力量。这天歼敌两个团，占领5个村庄。杜聿明集团已被压缩在陈官庄附近十几个村庄的狭小范围内，我军的大炮可以直接打到陈官庄内。

杜聿明连续向南京方面呼叫，要求空军支援他们在9日突围。空军副总司令王叔铭答应9日早晨出动上百架飞机投掷毒气弹，掩护杜聿明部突围。杜、邱商量后，决定以5军打头阵，在空军掩护下杀开一个缺口冲出去。5军是邱清泉的王牌，在陈官庄地区被困后，尽管战斗激烈，邱清泉始终没有把5军派上第一线，就是为了保留这支力量在最后关头使用。9日早晨，5军军长熊笑三来到担任突击的200师，等待空军支援。上午，王叔铭果然指挥大批轰炸机飞临陈官庄上空。熊笑三只等空军投下毒气弹，就指挥部队突围。谁知投下的毒气弹只有少数几个爆炸，根本没有用。5军分头向郭营、刘楼、王花园、左砦等村进攻，企图向西突围。华野九纵、八纵坚守阵地，迎头痛击，5军仅占领了华野两个纵队接合部的左砦，其余都被打回来。邱清泉气得暴跳如雷，大骂空军内部有共产党，使毒气弹失去作用。熊笑三也垂头丧气地通知后续部队取消突围行动。杜聿明、邱清泉策划多日的阴谋落空了。

9日下午，我军再次发起强大攻击，在炮火和坦克的协助下，各纵队纷纷突破敌军阵地，向陈官庄和空投场所在地陈庄压过来。眼看大势已去，杜聿明和邱清泉于当日下午离开陈官庄总部，来到陈庄的5军军部躲避。他们情绪颓丧，面对各部队的告急，他们既不表示坚决突围，也不表示顽抗到底，眼睁睁看着部队溃散瓦解而束手无策。

到黄昏时，邱清泉、熊笑三催促杜聿明赶快下决心突围。邱清泉说："趁早突围总可以突出去，还可再干。如果迟疑不决，那就整个完蛋，一网打尽。"杜聿明仍坚持按蒋介石的指示10日上午突围。大家都认为白天突围没有希望，杜聿明说："如果你们要走的话，你们先走，我一个人在这里守到底，以免耽误了大家。"熊笑三对杜聿明极为不满，天黑时不辞而别，自己先逃跑了。这时李弥也来到杜聿明的掩蔽部，请示下一步行动，杜聿明也无话可说。看到各位兵团司令、军长都不愿坚持，杜聿明只好说："既然都是这样主张，只有分头突围好了。"邱清泉见杜聿明表态，立即打电话通知各军。李弥还想和杜聿明等一道走，杜聿明说："这不是让敌人一网打尽吗？我们就这样走，如何对得起部下？赶快通知他们自找出路。"李弥走出掩蔽部，见阵地周围炮火映红了夜空，轻重机枪和手榴弹声一阵紧似一阵。各种颜色的曳光弹像无数流星，在阵地上空飞来飞去。李弥伤心地说："炒豆子的时候到了，我早就知道有今天。"①

9日这一夜，被华野司令部称之为"迅速、惊人、巨大的发展，是全战役最重要、最紧张、最精彩的一个阶段，也是接近最后一幕最生动的场面。"敌军全面崩溃，四纵尾追朱楼、邓楼等地的逃敌，直扑陈庄的飞机场。十纵解决陆菜园之敌后与四纵并肩向西追击，胡庄敌72军军部向十纵投降。到半夜时，十纵又与四纵一起攻占13兵团部所在的黄庄户。这时，三、四、十纵三支强大箭头都指向陈官庄及附近的陈庄。其余各纵队在原地监视敌人。10日拂晓，华野司令部见东线我军猛烈发展，敌军已呈总崩溃之势，命令全线各部队立即实施总攻击和总追击。"全线战场于10日拂晓前后战斗的气氛更活跃起来，战斗的情绪更高涨沸腾，达于极高的高度。陈官庄及陈庄分别为十纵及四纵的勇士们插上了红旗，解决了敌人，于是全战场的敌军各部失却了指挥的中心，而四面八方强大的解放军又排山倒海压境而来，匪军的官兵们见大势已去，到处慌作一团，纷纷整师整团的放下武器要求投降。"②

9日夜22时，邱清泉分别打电话给70军军长邓军林、74军军长邱维达等，大喊大叫："我没有办法了！你们自己打定主意突围吧！我放弃指挥权，马上离开指挥部。"挂了电话，邱清泉对杜聿明和掩蔽部中的其他官员们说："现在陈庄三面被包围，只有西南方一个缺口可走，大家突出重围后，谁能到达南京，谁就向总统报告这次全败经过及今晚的情况。"说完，杜聿明、邱清泉等在副官、卫士的掩护下，在茫茫黑夜中四散逃命。他们出陈庄后，因人马拥挤，很快失去联络。邱清泉这时神经失常，到处乱跑，高声大

① 李汉萍：《邱清泉第2兵团覆没记》。
② 华东野战军司令部：《关于淮海战役经过概述》。

叫:"共产党来了!"他被子弹击中,倒地毙命。72军军长余锦源率残部向十纵投降。邓军林、邱维达等在突围中被我军俘虏。原70军军长高吉人重伤在身,被部下抛弃。我军将他收容,送往后方医院治疗。高吉人隐瞒了身份,伤愈后逃跑了。

李弥离开杜聿明的掩蔽部后,不敢回兵团指挥部,随着溃散的部队东跑西跑,到处挨冷枪。他拿着指北针看方向,半夜才摸到9军3师师部所在地张庙堂。师长周藩希望李弥能领着大家冲出去,李弥疲劳不堪,躺倒就睡,对周藩等说:"你们都当过参谋长,还想不出办法吗?"周藩看到外面解放军已经突破他们的阵地,就要打到师部来,他与部下商量,大家都想投降。10日天亮,周藩写了请求投降的信,派人送给当面的解放军部队。中午得到我军答复:要3师立即投降,主官出来报到,部队放下武器集合,不得延误。李弥说:"他们要主官出去报到,你们哪一个愿意去?"他放声大哭起来,边哭边说:"我不能死呀!我若能回去,一定照顾你们的家属,你们都可以放心。"周藩见他这样怕死,心想解放军知道他们的部队番号,他身为师长是跑不了的,索性自己去报到,给李弥逃脱的机会。他越过阵地向九纵的一位团长投降,整理自己残存的部下离开战场。李弥换上伤兵的衣服,混在人群中,乘天黑人乱逃跑。后来他竟辗转到达青岛,在那里上船逃脱,实在是万分侥幸。①

8军军长周开成就没那么走运。10日拂晓他带领军部的人向张庙堂以西逃跑,撞上了十纵29师87团。他以为是邱兵团72军的阵地,派卫士排长上前联络。那排长一到我军战士面前就当了俘虏,在战士命令下,回头向周开成等招手。周便在随从簇拥下走过来,卫士排长介绍:"这是我们军长。"我军战士说:"军长来了,欢迎。"周开成只得束手就擒。走了不远,解放军就给他找来马骑,一直把他送到纵队司令部。在那里周开成受到良好待遇,还吃了一顿面条。

再说9日夜里杜聿明与邱清泉失散后,带着副官和卫士十来人仓惶向北

---

① 周藩:《掩护李弥化装潜逃概述》。

逃跑。跑到夏砦，躲进一条战壕。副官给他剃掉胡子，化装一番。他们看着解放军大部队从路上经过后，又向北跑。大约走了20里路，天色大亮。副官看到附近村庄都有解放军，问杜聿明是跑还是投降。杜聿明还想继续逃，正商量时，迎面来了两个解放军战士问："你们是哪一部分的？"副官瞎编说："送俘虏的。"解放军看他手里都有武器，端枪大喝。杜聿明等只好放下武器，被解放军战士带进村庄。

吃了一顿饱饭，杜聿明等被带到政治部门分别接受审查。负责审查的干部是四纵一位姓陈的政治部主任。询问杜聿明的身份，他自称是13兵团军需高文明。陈主任很有经验，笑着问道："13兵团有几大处？请把处长的名字写出来。"杜聿明顿时傻了眼，手里拿着派克金笔写不出字来。陈主任看他使用的高级金笔和手表，就猜测他不是低级军官。向他交代政策说："你们只要坦白交代，我们一律宽大，除了战犯杜聿明以外。"说完就命令战士把他们带到广场上，与大批13兵团的俘虏们一起听候处理。杜聿明看到许多熟悉的老部下，又羞愧，又恼火。羞愧的是打了败仗，无颜见部下；恼火的是落到俘虏群里，早晚会被揭发出来，与其被枪毙，还不如自己了结。乘我军战士不在身边，杜聿明捡起一块石头朝脑袋上砸，砸得皮破血流，自己也晕过去。

四纵的干部见俘虏们骚动不安，传说"总司令死了"。从俘虏中找到这位"高军需"，见他只是头上破了口子，还死不了，就为他包扎了伤口，单独关押起来。第二天陈主任再来问："你叫什么名字？"杜聿明说："你们已经知道了，何必再问呢？"他被送到四纵指挥部，陶勇司令员等对他以礼相待，但杜聿明态度消极，不愿谈任何问题。① 1月11日，粟裕、陈士榘电告军委："匪首杜聿明确已被我四纵俘虏，邱、李正继续搜查中。"②

淮海战役第三阶段的作战，到1949年1月10日下午胜利结束。华野经过四昼夜激战，全歼杜聿明集团1个"剿总"前进指挥部、2个兵团部、8

---

① 杜聿明。《淮海战役始末》。
②《中国人民解放军第三次国内革命战争史料选编》第3辑第2册。

个军部、22个师、1个骑兵旅，共176000人。华野仅伤亡17870人。对比一下，第一阶段围歼黄百韬兵团，敌我双方伤亡比例为2.8∶1；第三阶段敌我伤亡对比为9.8∶1。所以华野司令部称：淮海战役第三阶段"是收获最大与消耗较小的一个阶段。"

1月9日，蒋介石与杜聿明的电台失去联络后，他在日记上沉重地写道："杜聿明部今晨已大半被匪消灭，闻尚有三万人自陈官庄西南突围，未知能否安全脱险，忧念无已。我前之所以不能为他人强逼下野者，为此杜部待援，我责未尽耳。"当杜聿明部被彻底消灭的信息传到南京，国民党上下人心震动。杜聿明的夫人曹秀清从上海到南京求见蒋介石、宋美龄，蒋介石不敢见，只批示"杜已被俘，着速厚慰其家属"。曹秀清大为不满，便到总统府找蒋介石的原侍卫长、军务局局长俞济时，又哭又闹地说："我丈夫身体有病，还要他率部突围，他走不动，突什么围呀！不是明明要他的命么？"在场的国民党官员看到家属的悲伤，个个感到寒心。①

新中国成立后，杜聿明作为重要战犯关押，"自被俘之日起，他一直是单独监禁的，不仅与外界极少接触，而且与其他著名战犯不通往来。1956年初，公安部设立战犯管理所，将全国重要战犯都集中到北京，进行学习改造，杜聿明也来到这里。"在管理所医务人员精心治疗和护理下，杜所患的胃溃疡、肺结核和肾结核等长年痼疾，终于逐渐好转、康复直至痊愈。在思想上，杜聿明逐渐地能够在再生之路上自觉迈进。1959年9月17日，中华人民共和国主席刘少奇发布特赦令，特赦一批确实已经改恶从善的罪犯，包括杜聿明在内的10名重要战犯被特赦，杜还作为代表在特赦大会上发言。1961年，杜聿明等7人到全国政协文史资料研究委员会任专员。以后杜聿明曾任第四届全国政协委员、第五届全国政协常委，1981年5月7日，病逝于北京。②

1955—1956年，杜聿明托人转信给在美国的女儿杜致礼、女婿杨振宁。

---

① 李以劻：《淮海战役国民党军被歼概述》。
② 中国文史出版社：《杜聿明将军》。

这时，杜家的人才知道杜聿明仍活在人间。1957年杨振宁获诺贝尔奖的消息传到北京，周恩来总理派张文裕（杨振宁的老师）和夫人王承书作为中国科学家代表团前往祝贺。张文裕启程前，在功德林与杜聿明会晤，杜欣然给女婿写了一封言简意赅的信："亲爱的宁婿，我祝贺你获得诺贝尔奖金。这是中华民族的光荣。"1963年，杜聿明夫人曹秀清谢辞女儿、女婿，离开美国。到北京与丈夫团聚，开始了新的生活（曹秀清是在最困难的时候，女儿、女婿将她从台湾接到美国去的）。①

淮海战役是解放战争三大战役中规模最大的战役。自1948年11月6日到1949年1月10日，历时66天。人民解放军参战的有华东野战军16个纵队，中原野战军7个纵队，以及鲁中南、苏北、冀鲁豫等军区部队共60余万人。国民党参战的有徐州"剿总"的7个兵团、2个绥靖区、34个军约80万人。解放军以伤亡136000人的代价，歼灭了国民党军在长江以北的主要战略集团，共歼灭5个兵团部、22个军部、56个师，共555000多人。在兵力和武器装备都不占优势，战场情况复杂多变的条件下，我军能取得如此辉煌的胜利，是中央军委、总前委的英明决策，华野、中野密切配合，各部队首长卓越指挥，广大人民群众全力支援的结果。而国民党方面统帅部一再改变决心，各兵团之间互不配合，见死不救，在陷入重围后人无斗志，乃至整师整团放下武器。这说明决定战争胜负的关键不是武器和兵力多少，而是蒋介石的内战彻底失去人心的结果。

淮海战役的胜利，使国民党军队在中原和华东战区的精锐部队损失殆尽，我军基本上解放了长江以北的华东、中原地区，使蒋介石的统治中心南京、上海、武汉等地处于解放军的直接威胁之下，国民党政权摇摇欲坠。淮海战役连同辽沈、平津三大战役的胜利，歼灭了蒋介石的骨干军事力量，使国共双方军事力量的对比发生根本性的变化，大大加速了解放战争胜利的进程。

---

① 复旦大学出版社：《杨振宁传》。

向江南进军

华野贾汪会议——三野整编——蒋介石下野，李宗仁求和——毛泽东重申把战争打到底——长江天堑——渡江的各项准备工作——江南的政策问题——中共中央召开七届二中全会——国民党的长江防线——总前委制订《京沪杭战役实施纲要》

1948 年 12 月中旬，淮海战役正在激烈进行中，毛泽东已经在构思进军江南的战略计划了。12 日他致电总前委，要他们开一次全体会议，"商好在邱李歼灭后的休整计划，下一步作战计划及将来的渡江计划"，然后请刘伯承将总前委意见带来中央。毛泽东在电报中谈了他的初步设想：淮海战役结束后，中野、华野休整两个月，然后完成渡江准备工作，约在 1949 年 5 月或 6 月举行渡江作战。华野、中野协力经营东南，夺取并控制南京、上海、杭州、福州等大城市。①根据毛泽东的指示，17 日总前委在萧县蔡凹开会后，刘伯承、陈毅立即北上向中央军委汇报。12 月底刘、陈到达西柏坡后，参加了 1949 年 1 月 6 日到 8 日的中央政治局会议。

毛泽东在 1949 年的新年献词《将革命进行到底》中就已经明确宣告：

①《毛泽东军事文集》第 5 卷。

"1949年中国人民解放军将向长江以南进军"。这次会议上，中央领导同志和各野战军负责人在一起研究1949年面临的形势和任务。会议研究了中国人民解放军的整编和正规化、整顿纪律、解放区建设和经济工作、召开政治协商会议、组成共和国的中央政府等一系列重大问题。会议决定：北平解放后，即召开中共中央七届二中全会。

淮海战役结束后，华野全军开始休整。当中央政治局1月会议的指示电《目前形势和党在1949年的任务》传到华野后，华野前委于1月19日至26日在徐州东北的贾汪举行扩大会议。贾汪会议是总结淮海战役和部署1949年华野任务的一次重要会议。20日，粟裕代表华野前委作了题为《淮海战役的伟大胜利和华野1949年六大任务》的总结报告。在报告中，粟裕充分肯定了华野在淮海战役中取得的辉煌战绩和指战员们不辞艰苦英勇作战的优良作风。强调指出这次会议的唯一目的，"是为了打过长江去，解放全中国"。

过江不是一件容易的事。粟裕在报告中特别强调了政策和纪律问题。他长期在江南作战，对江南的情况非常熟悉。他告诉大家：到江南首先要尊重群众风俗习惯，爱护人民利益，正确执行党的政策，严肃群众纪律。他说："今后过江去执行政策很要紧。京沪杭是国民党反动派的经济、政治、文化中心，对国际上影响很大，如果执行政策不好，我们在政治上就会孤立。"

怎样执行政策呢？粟裕指出，首先要熟悉江南的民情。他举例说："上海、南京生活程度高，吃大饼油条是很普遍的，这在许多山东人看来是最好的了。如果认为上海、南京吃大饼油条的都是地主，就很糟糕。南方有些事情是山东人所想不到的，例如：南方有些人吃了早饭不知夜饭在哪里，但他们却穿得很好。很多穷苦的人虽然没有吃的，还穿得好，还烫发。中农有时也吃几个菜，我们不能把两三个菜上桌子的人家都看成地主。总之，我们到了经济生活状况不同的地方，我们的政策纪律也应该有所不同。"

粟裕说："过了江，外界的繁华奢侈也会引诱部队。所谓'上有天堂，下有苏杭'。苏北有句俗话，'到了兴化心就花'。估计我军到了苏杭、南京、上海，心跳眼花的人一定有。中央特别要我们加强教育，我们的政治工作要有预见性、顽强性，不间断地进行。我们的军事工作干部也要做政治工作，不仅要用枪杆子去消灭敌人，而且要用政治工作去消灭敌人。"

粟裕指出："打破家乡观念，是一件艰巨的工作。我们部队绝大部分是北方人，如今家乡解放了，有的不愿意远离家乡。俘虏兵过了江，巩固便是大问题。不仅北方人到南方会开小差，南方人回到南方也会开小差。因此，对部队要进行教育工作，消除家乡观念，强调天下穷人是一家，将革命进行到底。"

粟裕特别强调了纪律问题："要尊重政府，服从政府法令。特别是部队打下城市以后，认为'我们打天下，别人坐天下'，见到政府人员住洋房，点电灯，放暖气，坐沙发而不满，产生平均主义思想。甚至有的把沙发、皮箱割坏，将电灯泡及玻璃打烂，这就不仅是农民意识，而是一种流寇行为。""有些部队不遵守交通规则，不听军管会管制，不遵守城市治安秩序，强拉车子，强占房屋、车厢，抢购物资，争先入城搞东西，不服从军管会，甚至打骂政府人员等等，都是军阀残余的行为。特别是交通运输问题，最近部队拦车、打车、扣车的事情很多。我们要求从今天起在二十天内禁绝这些事情继续发生，五天内要查明向前委报告。"[①]

贾汪会议认真研究贯彻中央军委关于部队整编的指示。这是中国人民解放军正规化建设的一件大事。关于部队整编和统一组织编制的问题，中央在1948年9月政治局会议上就已经考虑了。会议《通知》指出："由于我党我军在过去长时期内是处于被敌人分割的、游击战争的并且是在农村的环境之下，我们曾经允许各地方党的和军事的领导机关保持着很大的自治权，这一种情况，曾经使得各地方的党组织和军队发挥了他们的自动性和积极性，度过了长期的严重的困难局面，但在同时，也产生了某些无纪律状态和无政府状态，地方主义和游击主义，损害了革命事业。目前的形势，要求我党用最大的努力克服这些无纪律状态和无政府状态，克服地方主义和游击主义，将一切可能和必须集中的权力集中于中央和中央代表机关手里，使战争由游击

①《粟裕军事文集》。

战争的形式过渡到正规战争的形式。"①经过认真研究,军委1948年11月
1日发布了《关于统一全军组织及部队番号的规定》。在贾汪会议上粟裕传
达中央关于编制的规定说:"中央要求首先在全国范围内统一编制,统一番
号。野战军各纵队一律改为军,军下为师,三三制,一直到团,团以上全国
统一番号。"华东野战军改称第三野战军,编成四个兵团。粟裕说:"中央军
委决定,三万人左右一个军(炮兵团除外),但目前全国统一困难,暂时可
以按一个野战军为单位统一编制。我们每个军编九个步兵团,另一个炮兵
团,共35000人左右。除编制、番号统一外,内务、装备、纪律等都要统一,
一切按制度、条例行事。以后到差要报到,调动工作要办交代,对部队人
员、马匹、武器都要弄清楚,多了要交,缺的要发,按一定手续来处理,一
切要求高度的集中,提高正规化程度。"

　　1949年1月22日,陈毅回到华野参加贾汪会议。26日他在会议上传达
了中央政治局1月会议精神,并就形势、任务部署、政策等问题作了总结报
告。在陈毅、粟裕主持下,华野部队进行整编,对高级干部进行人事调整。
在报请军委批准后,华野于2月9日发布整编命令,改称第三野战军。野战
军的编制和负责人是:

　　第三野战军司令员兼政委:陈毅

　　副司令员兼第二副政委:粟裕

　　第一副政委:谭震林

　　参谋长:张震

　　政治部主任:唐亮

　　第三野战军下辖4个兵团、15个军,两个纵队,共581000余人。

　　第7兵团:司令员王建安,政委谭启龙。辖第21、22、23、35军。

　　21军(原第二纵队):军长滕海清,政委康志强。

　　22军(原第三纵队):军长孙继先,政委丁秋生。

　　23军(原第四纵队):军长陶勇,政委卢胜。

① 《毛泽东军事文集》第5卷。

35军（原鲁中南纵队与吴化文起义部队合编）：军长吴化文，政委何克希。

第8兵团：司令员陈士榘，政委袁仲贤。辖第24、25、26、34军。

24军（原第六纵队）：军长王必成，政委廖海光。

25军（原第七纵队）：军长成钧，政委黄火星。

26军（原第八纵队）：军长张仁初，政委王一平。

34军（原江淮军区部队与何基沣起义部队合编）：军长何基沣，政委赵启民。

第9兵团：司令员宋时轮，政委郭化若。辖第20、27、30、33军。

20军（原第一纵队）：军长刘飞，政委陈时夫。

27军（原第九纵队）：军长聂凤智，政委刘浩天。

30军（原第十二纵队）：军长谢振华，政委李干辉。

33军（原渤海纵队与张克侠起义部队合编）：军长张克侠，政委韩念龙。

第10兵团：司令员叶飞，政委韦国清。辖第28、29、31、32军和两广纵队。

28军（原第十纵队）：军长朱绍清，政委陈美藻。

29军（原第十一纵队）：军长胡炳云，政委张藩。

31军（原第十三纵队）：军长周志坚，政委陈华堂。

32军（原胶东纵队）：军长谭希林，政委彭林（1949年2月15日改编，两广纵队调出后归10兵团建制）。

两广纵队：司令员曾生，政委雷经天（1949年3月调归第四野战军建制）。

特种兵纵队司令员陈锐霆，政委张凯。

后勤司令员兼政委刘瑞龙。①

三野整编过程基本上是顺利的，但也有不少风波，尤其是35军的组建。吴化文部队济南起义后，为了体现政策，基本保持了原部队建制，主官也没动。淮海战役初期一直在后方整训。第三阶段粟裕命令吴化文部南下参战，

① 《中国人民解放军第三野战军战史》。

在宿县集结作预备队，实际上没有参加战斗。淮海战役结束后到曹八集休整，正逢全军整编。上级把鲁中南纵队与吴化文部合编。吴部缩编为三个团，35军每个师里有吴部一个团，鲁中南纵队两个团。但军长仍然让吴化文当。鲁中南纵队在解放战争初期与吴部是死对头，听说与吴部合编，鲁纵指战员表示强烈反对。说这是"包办婚姻"、"强迫婚姻"。陈毅出面做工作，在贾汪会议总结时说："华野编16个军，4个兵团。鲁中、渤海、江淮三个纵队不编，充实三个起义部队。这样合编对起义部队的进步是有帮助的，向他们说清楚我们没有把他们当杂牌看待，也没有当客人看待，而当自家人一样。"鲁纵的人还是不服，后来召开全军干部大会，吴化文痛哭流涕检讨自己历史上的罪恶，矛盾才慢慢缓和下来，完成了整编任务。[①]

老纵队改编主要是编制和人事安排的问题。有的纵队在淮海战役中缴获很多，兵强马壮，舍不得把多余的人枪补充给其他部队。有的对干部任命不满，闹情绪，发牢骚。这时又要陈毅来做工作。陈毅在贾汪会议总结中严厉批评了这些本位主义、个人主义倾向。他谈到干部任命时说："第一要反对攀比，不要比股票，不要比军龄、党龄，不要比本事。第二不要提不信任案，不要认为党不信任你，认为你受了委屈。第三不要抱小资产阶级立场，怀疑什么个人作用。第四，干部的安排可能是有缺点的，不会百分之百是完满的；但这个名单是正确的，经过反复研究的，是比较妥当，很谨慎的。希望同志们拥护，不准说长道短。"

谈到部队编制，陈毅说："编制表主要是为了限制人员装备，比较充裕的纵队不能超过。凡是人数超过的纵队，一定要老老实实拿出来补充不足的纵队，不得打埋伏。但是不能拿编制表作为武器向前委要，也不能因为一时没法补充就认为编制表是不必要的。编制表是为了不使部队穷富两极分化，所以我们要反对本位主义和平均主义。我们前委一致同意拨两万俘虏给中野，充实中野，以便在一起并肩作战。两广纵队名义仍然保持到两广，有号召作用。可以归兵团指挥，也可以直接指挥。可以补充一个师打回两广去。"

---

① 石惠南：《35军与南京解放》，载《渡江战役史事新探》。

"在编制上不准同志们去比，几十万军队是不能去比的。为了满足这一方面，一定要牺牲另一方面。五个指头不能一般齐，有长有短好做事。有马的就骑，没马的就走路，不能大小事都说理由。"①陈老总的话说到这个份上，谁也不能不听。制度一旦定下来，以后的事情就好办了。到1949年3月底，三野整编工作基本完成。与此同时，华东军区也对下属军区和部队作了相应的调整，包括重建山东军区，军区部队统一编为警备部队，配备充实了各军区的领导干部。

淮海战役结束时，平津战役也大局已定。辽沈、淮海、平津战役之后，蒋介石的精锐主力已大部丧失。总兵力只剩下204万人，其中能用于机动作战的兵力有146万人。当时国民党军主力有京沪杭地区的汤恩伯集团、华中地区的白崇禧集团、陕西地区的胡宗南集团和西北的马步芳、马鸿逵等。汤恩伯集团虽然兵力最多，但许多部队都是被我军歼灭后重新组建，或是遭受我军沉重打击后到江南整补的，战斗力不强。长期的战争和国民党政府的腐败使国民党统治区的经济已经陷入总崩溃的局面，物价飞涨，工商凋敝，财政枯竭。军事上的失败和经济形势的恶化，使蒋介石焦头烂额，心力交瘁。不仅国民党内，就是美国人也对蒋介石丧失了信心。淮海战役刚开始的时候，美国军事顾问团的巴大维将军就看透了国民党军失败的原因。他在1948年11月16日致美国政府的报告中说："自从我到职以来，没有一次战役是因为缺乏弹药或装备而失败的。据我看来，他们的军事崩溃，完全可以归因于世界上最拙劣的领导，以及其他许多足以破坏士气的因素，这些因素引起了战斗意志的完全丧失。"巴大维明确地告诉美国政府："蒋委员长已经丧失了他在政治上的和他的群众的支持，——无论政府迁到哪里去，共军终究将压倒政府。"鉴于美国的军事援助得不到应有的效果，巴大维建议停止对蒋介石军队的援助并撤回美国顾问团。美国驻华大使司徒雷登也是这个态度。蒋介石发布求和的元旦文告后，曾指派其外交部长吴铁城于1949年1月8日致函美、英、法、苏四国大使，请

① 南京军区司令部战史编辑室编：《三野首长报告会议文件选编》第3册。

求他们充当国共和谈的调停者。1月12日美国政府的答复是："美国政府殊难相信在目前情势下，按中国政府的建议，试图充当调停人，能达到任何有益的效果。"①

司徒雷登在幕后频繁活动，支持桂系李宗仁、白崇禧取代蒋介石。司徒雷登委托他的私人秘书傅泾波转告行政院长孙科：南京政府的唯一出路是与共产党和谈，而蒋介石的下野又为进行和谈所必需。孙科当面去问司徒雷登："傅泾波关于蒋介石下野的建议是否出自大使本人的意见？"司徒雷登回答："作为美国大使，不便干涉中国内政，但就个人来说，确实衷心赞助议和。"得到美国的支持，白崇禧在武汉连续发出议和电报，逼迫蒋介石下野。他甚至威胁蒋介石，如果蒋坚持不下野，桂系军队将退出华中，将长江开放给共军，实现局部和平。这一来蒋介石真坐不住了，如果白崇禧这样干，整个局面将不可收拾。1月19日，蒋介石约见张群、张治中、孙科等人，当众宣布："我是决定下野的了，现在有两个方案请大家研究：一是请李德邻（宗仁）出来谈和，谈妥了我再下野；一是我现在就下野，一切由李德邻主持。"大家都不表态，实际上都盼望蒋介石下野。蒋介石愤怒地说："我现在不是被共产党打倒的，而是被国民党人打倒的。"②

1949年1月21日，蒋介石发布"引退"文告。李宗仁以"代总统"身份接替南京政府的权力。下午，蒋介石乘飞机离开南京去杭州，回他的奉化老家。国民党新闻这样报道："总统今着长袍马褂，临行前对此紫金山之革命都城，颇示恋恋，而送行人员亦多神色黯然。"③

李宗仁上台后，摆出一副革新面目，23日发表文告，决心"以最大努力谋求和平"，并宣布"不合民主原则之法令悉将迅速撤销"。24日他颁布八项命令：将全国各"剿总"改为军政长官公署，取消全国戒严令，释放政治犯，解除报章杂志禁令，停止特务活动等。27日李宗仁致电毛泽东，希望尽快举行国共和谈。电报中说："贵方所提八项条件（指1月14日毛泽东

① 参见美国国务院：《美国与中国的关系》白皮书，载《中美关系资料汇编》第1辑。
② 程思远：《白崇禧传》第18章。
③ 《申报》，1949年1月22日。

声明中提出的惩办战争罪犯、废除伪宪法、废除伪法统、改编反动军队、没收官僚资本、改革土地制度、废除卖国条约、召开政治协商会议成立联合政府等进行谈判的八项条件。——作者注），政府方面已承认可以此作为谈判基础，进行和谈。”

国民党一面高喊和平，同时又不肯放下武器。1月24日国民党“军事观察家”声称：“政府方面系谋取和平，并非投降。长江为国军之最后防线，如共军仍继续近迫，则战争殆仍难免。”

毛泽东在新年献词中指出：“敌人是不会自行消灭的。”这是中国共产党人同国民党多年斗争总结的经验。无论国民党当局高喊和平还是积极备战，都不能改变共产党人将革命进行到底的决心。1月15日毛泽东给各中央局的指示中明确地说：“我方提出的八个和平条件是针对蒋方五个条件的。蒋方有宪法、法统、军队三条，我方亦有此三条。蒋提保持国家独立，我提废除卖国条约。蒋提保持自由生活方式及维持最低生活为一条，我则分提没收官僚资本、改革土地制度两条。此外，我方的第一条（惩办战犯）与第八条（政协、联府、接收）是严正战争责任与不承认南京政府继续存在。双方的条件都是对方不能接受的，战争必须打到底。”①

1月12日毛泽东指示华野、中野：部队休整到3月底为止，在此期间“完成渡江作战诸项准备工作，待命出动”。遵照中央指示，华野一面进行整编，一面开始了渡江的准备工作。2月4日，粟裕指示各兵团派出侦察部队，到长江边进行实地侦察，任务包括江边地形和船只情况、渡江地点的选择、敌军江防部署、沿江两岸道路情况等。2月9日，总前委在河南商丘开会，研究渡江作战问题。会后给军委的报告说：“关于渡江时间，我们一致认为以在3月半出动，3月底开始渡江为最好。”“如推迟到4月出动，4月底5月初渡江，则敌在政治上军事上有更多准备。特别在季节上已届春雨桃汛时间，困难增多。仅在准备方面略较充分。”11日军委复电，同意3月底渡江的计划。指示“总前委照旧行使领导军事及作战的职权，华东局和总前委均

①《毛泽东年谱》。

直属中央"①。

　　渡江不是一件轻而易举的事情。渡江的成败关系到中国革命是取得全国
胜利还是半途而废的关键，需要克服种种困难，考虑到多方面的问题。因而
渡江的准备工作比以往的任何战役都要复杂得多。

　　首先要熟悉长江的水情。长江是我国最大的河流，中下游江面由西向东
逐渐放宽。湖口至芜湖间宽1000—1500米，南京段宽2000—2500米，镇
江至江阴段宽约3000米，江阴以东宽达万米。江身弯曲，其中芜湖至江阴
段形成一个大弧形，水流受潮汐影响较大。枯水季节，江中有许多沙洲露出
水面，为渡江提供了一定方便。每年4月春雨桃汛之后，水量渐涨。进入梅
雨季节后，降水的增多导致江水水位上涨，道路泥泞，对作战就很不利了。
在交通方面江南与江北条件也不一样。江南公路、铁路发达，便于部队运
动。江北的公路、铁路条件要差得多。由于这些地理条件，使长江真正如同
一条"天堑"，横在我军面前。

　　在中国古代战争史上，有过几次渡江的战例。东汉末年曹操在赤壁之战
中，因北方士兵不服水土，流行疾病，又不习水战，被孙权、刘备的联军击
败。北魏初年，太武帝拓跋焘率大军南下，在陆战中连续击败南朝军队，进
至瓜步（今江苏六合县南）。眼望波涛汹涌的长江，这位擅长骑马的少数民
族君主丧失了勇气，叹道："嗟乎，天之所以隔南北也！"调头回中原去了。
金军在完颜亮指挥下大举攻南宋，南宋文臣虞允文指挥精干的水师舰队，在
采石大败金军，保全了南宋的半壁江山。而几次大规模的统一战争，如西晋
灭吴，隋灭陈，北宋灭南唐渡江作战的成功，都是在双方实力对比悬殊的条
件下，北方军队在充分准备后，从长江中下游多点突破，并以水师顺江而下
协同作战取胜的。历史上的渡江作战有成功的经验，也有失败的教训。现实
情况是，我军既无空军，也无舰艇，渡江主要依靠木帆船，和曹操的时代差
不多。以木帆船冲破国民党军舰、飞机、大炮构成的长江防线，其难度是可
想而知的。

①《中国人民解放军第三野战军战史》。

三野部队到江边进行实地侦察后，产生了许多活思想。少数人麻痹轻敌，看到长江说："长江最宽五里，爬也爬得过去。"有的说："准备什么呀，敌人在长江边上那些破烂的部队，还经得住我们打吗？长江那么长，敌人哪里守得住！"但多数干部战士思想上顾虑很大。27军的山东干部说："打济南打潍县，不管城墙多高，咱都能打过去。山地平原都不怕，到了水上就没办法。"战士们反映："遍地是水，怎么进行土工作业？"炮兵担心水网地带炮拖不上去，电话兵顾虑没处架电线，通讯员顾虑村庄零散容易迷路，侦察员顾虑不好隐蔽。总之，原来平原作战的一套都要改变。许多战士对南方水土不服，很不习惯。主要反映是南方水多、雨多、饭吃不来，生活不习惯。有的编成顺口溜："南方好，南方好，说话不懂，吃饭不饱，走小路，睡稻草，泥泞路滑走不了。整天没太阳，天气真不好。""吃大米，长脚气，光见水，不见地。"山东、苏中许多干部，对过江思想上存有疑虑。有的想回家，不愿南下。[①]

针对这些情况，3月初三野部队南下到达渡江作战准备位置。宋时轮兵团在无为、和县地区，陈士榘兵团在浦口外围，叶飞兵团在江都、泰兴、靖江间，开始渡江准备和水上演习。历史经验证明，要想渡过长江，首先要使北方士兵熟悉水性和水面作战的技术。各部队利用湖泊、内河天天练习上下船只、乘船、划船、游泳、救护、堵漏、救生器材使用。水上作战动作演练水上射击、打敌舰、登陆、滩头阵地防御。这些技术训练完成后，部队开始训练渡江队形、指挥联络、步炮协同的战术训练。陈毅曾对《大公报》记者杨刚讲述我军水上练兵的故事：3月中旬，巢湖沿岸的老百姓天天看见成群成队的解放军围在湖边，专门上船、下船、下船、上船。走走跳板又下来，下来又上去。把船摇出去，没多远又摇回来。不但战士们是如此，连武器也如此。天天把枪炮搬上各式各样的木船，搬上又搬下。上帆下帆，摇船撑船，日日夜夜地干。解放军如同疯了一样，专做这些老百姓看来毫无道理的事。就这样，几十万北方人学会了跑跳板，在船上坐得住，站得稳。他们学

[①] 第9兵团政治部：《目前部队思想情况简报》，1949年4月1日。

会在一百吨的木船上放些什么武器,在二百吨的船上又放些什么样的武器。以后他们练渡湖,使用了一个师在一点钟内乘顺风渡过了巢湖。巢湖湖面比长江宽好几倍,北方人因此知道了过长江无非是几分钟的事。他们用找"诸葛亮"方法,找了几百个船老大,讲驾船、风向、水性的道理。老百姓都自愿替解放军驾船渡江。每个军在一个月内使每只船培养了两三个水手,这样飞渡长江的翅膀就完成了。陈毅强调:"这次坚韧卓绝的渡江准备,把北方人变成了南方人,把陆军变成了水军,把浩荡长江变成了平阳大道,这是奇迹。这些都是广大指战员与人民群众共同研究的结果,是他们智慧与血汗的结晶。"①

在渡江时,我军面临的是国民党军的立体防御。国民党军拥有空军、海军和相当数量的火炮。敌军企图在我军渡江时依托既设阵地,在海军、空军配合下,在江面上大量杀伤我军,阻止我军登上南岸。所以在渡江准备中,要考虑到一旦船被击毁,我军战士能够自救和泅渡过江。林彪在3月18日给军委写了个报告:"关于渡江的技术问题,去年7月我在松花江边休养时略为注意研究。我曾用三块长方形的小木板钉成一个三角形,人在三角木板中可在江中自由浮走,而不致倾斜沉没,然当时系徒手。但估计如以全副武装亦必照样浮,至多再将木板略加宽长一点即可。……在不能使用船只(目标大易击沉)或无船只的条件下,在敌前渡江,估计使用此法甚有效。"②军委将电报转给二野、三野,各部队都准备了三角板。有的用草绳扎成"救生圈"。尽管后来渡江时我军很少有船沉没,这些简陋的泅渡工具对稳定战士渡江的信心起了积极的作用。

渡江要有船。国民党军撤退时,已将长江北岸的船只全部拖到江南或就地毁坏,我军筹集船只需要从内河、湖泊的老百姓手中征集。这不仅是战争的需要,还是一项政策性很强的群众工作。船是渔民、水手的命根子,征集的地区多数是新解放区。要老百姓连船带人支援渡江,不是一件容易的事。

---

① 《大公报》,1949年6月5日。
② 《中国人民解放军第三次国内革命战争史料选编》第3辑第3册。

27军3月份到达安徽无为县后，即开始调查，征集船只。地方同志说能找到上千只船，水手也能保证配齐。实际情况根本不是那么回事。许多船民都把船藏了起来，27军在附近三个县才征集到400多只船，与需求差距很大。于是27军决定"以县为单位，组织调查组，沿河巡检漏报船只。有的从小河岔找出来，有的从水底捞出来，有的从部队演习船中查出来"。这样，27军集中了515只能用于渡江的船只，基本保证了一梯队两个师的需要。在地方政府的帮助和各部队努力下，到4月渡江前三野共筹集各类木船20977只，其中用于渡江作战的有8302只，同时动员了19000多名船工随船参战。

随船的船工、水手多数加入了封建帮会。以地域分为"淮帮"、"芦江帮"、"无为帮"等。帮头有很大的权力，帮与帮之间也经常打架。船上的风俗习惯完全是封建迷信的一套，如在船上不准说"翻、沉、滚"三个字，我军送的锦旗上写着"一帆风顺"，他们嫌"帆""翻"同音不吉利，都不肯要。我军宣传"翻身"他们不愿意听，要说"解放"才行。还不能在船上大小便，筷子不能平放在碗上。船老大和水手都重义气，好出风头，喜欢人家奉承夸奖，愿意见"大官"，愿意听"大官"讲话。对这些习俗，不是几天就能教育过来的。我军干部在政治教育上采取灵活的政策，以团结为主，通过控诉国民党对船民的压迫摧残，启发他们的阶级觉悟。宣传我军的伟大胜利，开展立功活动，在船民中培养积极分子。解决船民的家庭困难，进行救济，使其安心服务。对船只情况进行登记，损坏赔偿，保证船主利益不受损失。通过多种艰苦细致的思想政治工作，把工作做到实处，调动了广大船民的积极性。他们纷纷写了决心书，按上手印，保证在任何情况下送解放军过江，不畏缩不逃跑。不但不破坏船只，而且尽量保护与自己修补。①

渡江的木船是从江北各地千辛万苦征集来的，为了保护好它们，实现战役的隐蔽性和突然性，不可能过早把船只摆在江岸边。如果把几千条船摆在江边，必定会遭到国民党军飞机和军舰的轰炸。在战役开始前，我军的船只都隐蔽在长江北岸的河湖港汊里。内河的出口则被敌军严密监视，因此我军

①《中国人民解放军第27军第三次国内革命战争战史》，1956年初稿。

的船只在战役开始时不能从内河进入长江。怎样解决这个难题呢？邓小平政
委在新政协会议上作报告时这样讲："我们渡江需要船，原有的船被国民党
全部拉到江南去了，我们的船停靠在长江以北的内湖和内河里（每船可载八
至十二人，大者五十人，最大者一百人），但是内河的出口当时被敌人封锁
了，因此船不能从内河入江。对这样的困难，有些所谓军事家认为不可克
服，然而我们克服了。渡江的时候，敌人不知道我们的船是从什么地方来
的。其实，我们的船不是从水路出去的，而是从旱路出去的。我们的办法
叫做掘渠。我们是把船拖出去的。有时为疏通一条渠道使船出去，要掘几
十里（最长的有六十里）的小河沟。为了掘渠翻坝，曾使用了两千一百万
个人工。这样巨大的工程是在一个半月的准备时间中完成的，是我们几十
万士兵、指挥员包括师长、团长亲自参加这个劳作，以及几十万民工的劳
作才完成的。"①

25军集结在无为东南的姚王庙地区，他们掘渠翻坝，苦干加巧干。221
团负责疏通汤浦到贾家桥的河道，开始没经验，上来就挖。结果前挖后塌，
四天的工程干了七天。后来总结经验，挖出的淤泥要翻到远处，如果把淤泥
翻在岸边，很快就会塌陷到河床内。对于容易坍塌的淤泥地段要事先打上木
桩，防止坍塌。河床内有积水，要先筑坝将水车干。如果贪图省事，在水中
挖泥，效率极低。翻坝也要讲技巧，原来是人海战术，前拉后推，蛮干而无
功，一个连一夜只能翻六条船。后来研究了办法，在坝上开一丈多宽的口
子，坝口略高于江面水位。将船从渠道中拖出来，地上铺竹片作"轨道"，
减轻阻力。推船时两边力量平均，组织若干人在船尾用力推，使船头抬高，
速度快而省力。翻坝时先过小船，将坝口翻滑，大船就容易过去。到战役发
起前，一个连一夜能翻上百条船。②

在二野、三野抓紧进行渡江战役的准备工作时，毛泽东考虑到更多的问
题。人民解放军横渡长江，不仅是一个军事战役，更重要的是渡江之后如何

① 《邓小平文选》第一卷。
② 《中国人民解放军第25军解放战争战史》，1952年初稿。

有效地占领和接管江南的诸多城市,把战争破坏减少到最低程度,保持江南地区的繁荣和稳定,为新中国奠定一个良好的经济基础。2月8日他给邓小平、陈毅发出一封电报,提出"把军队变为工作队"的重要指示。他指出:"3月仍需整训,并须着重学习政策,准备接收并管理大城市。""军队不但是一个战斗队,而且主要地是一个工作队。军队干部应当全体学会接收城市和管理城市,懂得在城市中善于对付帝国主义和国民党反动派,善于对付资产阶级,善于领导工人和组织工会,善于动员和组织青年,善于团结和训练新区的干部,善于管理工业和商业,善于管理学校、报纸、通讯社和广播电台,善于处理外交事务,善于处理各民主党派、人民团体的问题,善于调剂城市和乡村的关系,解决粮食、煤炭和其他必需品的问题,善于处理金融和财政问题。总之,过去军队干部和战士们所不熟悉的一切城市问题,今后均应全部负担在自己身上。"毛泽东强调指出:"现在已经要求我们这样提出任务了,如果我们现在还不提出此种任务,我们就会犯极大的错误。"①

过江的准备工作不仅是二野、三野部队的事,还牵涉到解放区的方方面面。中央决定,我军渡江后,在江南新区统一使用人民币,取代国民党的"金元券"和其他伪币。赶印大量的人民币交给渡江部队,就是一项艰巨的任务。周恩来副主席派中共中央财政经济部秘书长薛暮桥和人民银行行长南汉宸到刚刚解放的北平调查国民党留下的印钞机和印钞纸张,计算钞票印刷能力。调查的结果是以现有能力,无法满足需要。2月9日总前委会议后刘邓陈给中央的报告,要求"现洋及人民钞票3月初就要用,应携带数亦应赶运"。在前方催促下,北平和东北的印钞厂日夜忙碌,赶印人民币送往前方。②

东北、华北的解放,切断了江南国统区煤炭等资源的供应渠道。国民党反动派的倒行逆施,导致上海等城市的经济状况和市场供应日趋恶化。粮食、煤炭、汽油储量日减,奸商囤积居奇,物价飞涨,民不聊生。这些问题也引起中共中央的高度重视,如果让国统区经济完全崩溃,老百姓没有粮食

① 《毛泽东选集》第四卷。
② 《周恩来年谱》。

吃，没有煤烧，我军接管这样一个烂摊子，不利于稳定局面。2月7日，国民党当局委托杜月笙、魏文瀚致电毛泽东、周恩来，请求允许上海轮船到北方港口，以面粉换煤炭。13日毛、周复电杜、魏："恢复华北、上海间航运，以利生产之发展，极为必要。大上海、唐山两轮北驶，并派员至华北接洽，极表欢迎。"中央指示华北局和有关城市负责人认真办好这件事。在双方共同努力下，上海轮船运送30万吨面粉到秦皇岛港，换取10万吨开滦煤，于4月16日回到上海。毛泽东进一步指示彭真、叶剑英等：不仅要恢复南北通航，而且要恢复电讯、邮政和银行汇兑的正常往来。"你们对于南北通船、通航、通邮、通电、通汇诸事，应当看作一件大事去做，而不应当采取消极态度。"①后来的事实证明，这些措施对我军顺利接管江南城市，维持江南新解放区的稳定，起到了举足轻重的作用。

二野、三野落实中央指示，开始进行政策教育。2月11日，毛泽东通知各大区和野战军负责人来平山开会。粟裕因病在济南住院，刘伯承在商丘主持渡江准备工作，邓小平、饶漱石、陈毅、谭震林等匆匆上路。3月5日，中共中央七届二中全会在平山西柏坡开幕。毛泽东在全会上作了报告，这是一部新中国的建国大纲。中国共产党的工作重心将由农村转移到城市，中国革命将由新民主主义革命转变为社会主义革命。与会的中央委员个个心情激动，同时也在思考自己担负的使命和任务。会议闭幕后，中央召集座谈会，酝酿了华东的人事安排。中央决定以邓小平、刘伯承、饶漱石、陈毅、康生、谭震林、粟裕等17名委员组成中共中央华东局，邓小平为第一书记，饶漱石为第二书记，陈毅为第三书记。以饶漱石等11人组成中共上海市委，饶漱石为书记。任命陈毅为上海市市长。毛泽东与邓小平、陈毅、谭震林等研究了渡江作战的问题，定下4月10日为渡江战役发起时间。3月21日，总前委、华东局负责人陆续到达蚌埠南郊的孙家圩子，研究渡江战役的详细方案。②

① 《毛泽东年谱》。
② 《陈毅传》第8章第6节。

　　在长江的那一边，国民党也在日夜忙碌。李宗仁"代总统"的南京政府在前台，鼓吹与中共"和平谈判"，改组政府，发布新政策，以示"革新"。蒋介石在奉化老家遥控国民党军队，指示汤恩伯等在长江布防，企图阻止我军渡江。1月25日，蒋介石刚"下野"4天，就在奉化溪口召见何应钦、顾祝同、汤恩伯等，部署长江防线。他指示将长江防线分为两大战区：江西湖口以西至武汉归华中军政长官白崇禧指挥，总兵力40个师，约25万人；湖口以东至上海归京沪杭警备总司令汤恩伯指挥，总兵力75个师，约45万人。京沪杭战区的作战方针是：以长江防线为外围，以沪杭三角地带为重点，以上海为核心，采取持久防御，与台湾相呼应。具体部署是：以刘汝明的第8兵团指挥第55、68、96军防守湖口至铜陵段；以张世希的第7"绥靖区"指挥第20、66、88军防守铜陵至马鞍山段；以侯镜如的第17兵团之106军在徽州地区为预备队；以李延年的第6兵团及张耀明的"首都卫戍司令部"指挥第28、45、99军防守南京、浦口地区；以丁治磐的第1"绥靖区"指挥第4、21、51、123军防守镇江至江阴段，54军在丹阳为预备队；以陈大庆的淞沪警备司令部指挥第37、52、75军防守苏州至上海段。还有20几个师分布于浙赣铁路沿线和浙东地区为二线部队。海军林遵的第2舰队分驻镇江、上海、安庆等港口，沿江巡弋；空军飞机约300余架分置于南京、上海、武汉机场，支援陆军作战。国民党军在长江上筑起了一道"立体防线"，按照通常的看法，共军想以木船突破长江防线，确实难度很大。但此一时非彼一时，国民党军在江北的连续失败，上下士气低落，人无斗志。汤恩伯一面对下级说："毛泽东的声明把我们都列为战犯，我们除了坚决死战之外，没有别的出路。"一面又对心腹说："从湖口到上海790公里，光靠18个军防守是不够的。"他的副司令万建藩也抱怨："如果不打徐蚌会战，今天我们守长江的兵力要雄厚得多。可见战略上决策的错误，影响太大了。"①

　　尽管信心不足，国民党军还是在江南大兴土木，修建工事。江阴要塞是长江下游第一军事重镇，国民党军在这里大修工事，搞得民不聊生。《申报》

①　侯镜如等：《蒋介石王朝在京沪杭最后的挣扎》，载《文史资料选辑》第32辑。

记者李天行曾随第1绥靖区督察团到江阴视察，只见"要塞以外，沿江一带，西起武进交界的桃花港，至东乡常熟境的金鸡港，迤逦曲折，沿江120华里长的沿江工事，战壕、碉堡、沿江公路、路基、桥梁、涵洞，都次第完成。'一切为前线'，'第一是军事'。江阴75万民众，声嘶力竭，已扛起了这副沉重的担子。县长对大军云集的治下，也喊出了'不得了'的呼吁。"就连江阴县的"议长"也对督察团诉苦说："江阴民众担负江防和供应，已经到了无以为继的地步，实在吃不消了。只求在不得已的情况下，要求政府体恤人民，尽力减除一切不必要的痛苦。例如贪污、诬陷、栽赃、吊打……，一切无谓的节外生枝，都应解除。"国民党地方官员的诉苦，令督察团十分尴尬。①第1绥靖区司令丁治磐对此十分恼火，决心杀鸡给猴看。苏州西区有个刑警探长万斌，是个地头蛇，人称"万阿大"。在地方上为非作歹，没人能管。一次他因倒卖西药分赃不均，被人告发，关在监狱里。万阿大满不在乎，认为凭他的关系，几天就能出狱。偏偏赶上丁治磐前来视察，听人汇报此事，大发雷霆，当即命令："明天把万斌枪毙了吧！"临上火车前，丁治磐又命令把万斌拉到火车站来枪毙。万阿大被押出来时，还以为要出狱，一路说笑。当宣布他的死刑时，万阿大才知道不妙，高呼"长官救命"。行刑士兵连开三枪，这个当了10年探长的恶棍，当了主子的枪下鬼。《申报》记者以"丁治磐怒杀万阿大"为题报道此事，但是国民党的贪污腐败已是病入膏肓，什么重刑也治不住了。

最离奇的是，国民党军的江防部署，李宗仁竟然不知情。一切军事都由蒋介石牢牢控制，就是白崇禧也只知道蒋介石对华中江防的指示，汤恩伯对白也保密。所以在研究长江防御时，南京国防部与汤恩伯发生激烈争吵。汤恩伯根据蒋介石保存实力的指示，要将主力放在镇江以东。国防部三厅厅长蔡文治坚决反对，他根据全盘作战考虑，主张防守重点应在芜湖一段，以保证南京的安全。汤恩伯明知国防部的人有道理，也不予理会。相反他还悄悄调走江阴要塞的重炮，来加强上海的防御。到了这样的时刻，国民党内部还

①《申报》1949年4月15日。

在尔虞我诈，真是不打败仗才怪。

邓小平、陈毅等出席完七届二中全会后，与刘伯承、粟裕在总前委驻地蚌埠孙家圩子连日开会，根据渡江的准备情况和获得的敌军情报，研究渡江战役的方针和部署。3月31日，由邓小平亲自修改制订了《京沪杭战役实施纲要》，上报中央军委。4月3日军委批准了这个《纲要》。《纲要》分析了敌情和敌军可能采取的各种行动，预定渡江战役分三个阶段："第一阶段，达成渡江任务，并依据下一阶段之要求，实行战役的展开；第二阶段，达成割裂和包围敌人之任务，并确实控制浙赣线一段，断敌退路；第三阶段，分别歼灭包围之敌，完成全战役。"

渡江战役的兵力部署是：以三野第8兵团指挥20、26、34、35军，第10兵团指挥23、28、29、31军和苏北军区三个独立旅，共35万人组成东集团，由三野代司令员粟裕、参谋长张震指挥。其中34、35军由仪征、扬州攻占瓜洲、浦口，吸引和牵制南京、镇江的国民党军；主力六个军由扬中县的三江营至镇江以东的张黄港段渡江，切断沪宁铁路、公路，阻止南京敌军东逃和上海敌军西援。以三野第7兵团指挥21、22、24军，第9兵团指挥25、27、30、33军，共30万人组成中集团，由谭震林指挥，在裕溪口至枞阳段渡江。主力迅速东进，与东集团会合完成对京沪杭地区国民党军的包围。二野部队九个军35万人组成西集团，由刘伯承指挥，从枞阳至望江段渡江，切断白崇禧集团与汤恩伯集团的联系，主力沿江东进，夺取芜湖、南京。邓小平、陈毅在合肥的瑶岗，代表总前委统一指挥渡江作战。①《纲要》向各部队下达后，粟裕、张震率三野机关自蚌埠出发，于4月5日到达江苏泰州以南的白马庙，指挥渡江作战。

① 《中国人民解放军第三野战军战史》。

第38章

百万雄师过大江

毛泽东指示推迟渡江——国共开始和平谈判——李宗仁幻想"划江而治"——蒋介石秘密转移资金——美国拒绝给国民党贷款——27军渡江侦察记——南京政府拒绝《和平协定》——毛泽东、朱德发布进军命令——百万雄师强渡长江——江阴要塞和海军起义——人民解放军占领南京——郎溪、广德围歼战——解放杭州

1949年4月6日，粟裕、张震在泰州白马庙三野司令部召集第8、第10兵团军以上干部会，听取各军渡江准备工作的汇报，并部署渡江作战行动。4月8日，粟裕、张震向军委、总前委报告了东集团的准备情况。

"报告"说：渡江的船只都已准备好，配齐了船工、水手，进行了战斗编组，并进行了渡江演习。试验的结果，第一梯队用小船渡江，在无月光或有雾的夜晚渡江最为适宜。"故渡江时应尽量采用偷渡，不成功时则强渡。"现有的50多只汽船集中于主攻方向的10兵团使用，以便尽快输送部队，并作通讯联络之用。

"报告"说："各军经过教育及实演之后，结合政治教育，解决了渡江作战，减少顾虑（如江无底、无风三尺浪、怕江猪、怕受敌火射沉船只等）。部队中在战术技术上开展了群众性的教育，特别是技术上创造很多。各级干

部，尤其各突击部队干部、军师级干部均反复实地侦察观察，研究地形情况，亲自江边实演。各军侦察部队均已过江展开侦察，并在南岸建立隐蔽点线关系。京沪间南岸地形大部经过实地侦察，故渡江作战情况部队一般较有基础，并已实地勘察组织准备炮兵火力，协助突击战斗及封锁敌舰。至此目前部队情绪很高涨，有的部队咬破手指写血书宣誓过江，死也要死在江南，故从开始的右倾不敢、不愿渡江变为积极勇敢渡江。"

"报告"还陈述了渡江作战中几个重大问题的解决办法。首先是如何对付敌人军舰，除以炮兵封锁外，敌舰夜航必须依靠江心的航标灯塔。我军在渡江前先破坏一部分灯塔，或以黑布遮蔽灯光。这样敌舰就不敢行驶，有利于我军渡江。第二是编制部分木排，用汽船拖引，输送火炮渡江，协助渡江部队登岸后坚持阵地。第三是渡江时用红绿色手电筒、报话机、敲钟等多种方式解决联络问题，加强南北岸部队的联系。渡江后采取锥形战术，集中兵力突破，巩固阵地，然后向两翼和纵深发展。①看来，渡江已是万事俱备，只待4月15日中央军委一声令下了。

然而情况突然发生了变化。4月10日毛泽东致电总前委："我们和南京代表团的谈判已有进展，可能签订一个全面的和平协定，签字时间大约在卯删（4月15日）左右。如果此项协定签订成功，则原先准备的战斗渡江即改变为和平渡江，因此渡江时间势必推迟半个月或一个月。关于江水情形究竟如何，推迟渡江时间有何不利，望即告，以便决策。"②

总前委、二野、三野负责人接到电报，都着了急。10日这天分别电告中央军委，表示推迟渡江对我极为不利。邓小平、陈毅汇集各方反应，10日下午电告军委："（长江）每年阳历5月初开始大水，而且5月的水比7、8月还大，两岸湖区均被淹，长江水面极宽，届时渡江作战将发生极大困难。同时现我百万大军拥挤江边，粮食、柴草均极困难，如过久推迟，则必须将部队后撤就粮、就柴草。"总前委建议："按目前部队情况，立即渡江，准备

①《中国人民解放军第三次国内革命战争史料选编》第3辑第3册。
②《中共中央文件选集》。

渡江把握颇大。先打过江，然后争取和平接收为更有利。"①

　　尽管如此，毛泽东仍然认为，军事必须服从政治上的需要。4月11日他指示总前委："依谈判情况我军须决定推迟一星期渡江，即由15日渡江推迟至22日渡江，此点请即下达命令。"

　　毛泽东解释推迟渡江的理由是：现在南京的主和派正准备和我们签订和平协定，"此种协定，实际上是投降性质"。"公布后，对于主战派及江南敌军，估计必起大的瓦解作用。"我军在协定公布后渡江，"对于南京政府及江南军民表示仁至义尽。对方如有反悔，曲在彼方，我则理直气壮。"他强调："我立脚点，必须放在对方反悔上面，必须假定对方签字后不公布，或公布后不执行。那时我方的损失只是推迟了七天渡江时间，此外并无损失。"因此，毛泽东告诉总前委："总之，4月下旬必须渡江，你们必须精确地准备一切。"②

　　渡江行动暂时推迟，全国上下的眼睛都在关注着北平的国共双方和平谈判。

　　李宗仁上台后，通过各方面的关系寻求与共产党谈判，目的是为了阻止解放军渡江。1949年2月初，南京政府委托邵力子、颜惠庆、章士钊、江庸组织一个"上海和平代表团"赴北平，《申报》形容他们的使命是"为和谈敲门"。毛泽东指示叶剑英、林彪等在北平接待，"招待要周到，谈话要恳切"。考虑到李宗仁、白崇禧的桂系与蒋介石多年的矛盾，毛泽东决定利用谈判，分化瓦解国民党上层。2月18日他指示叶剑英、林彪说："我们的政策是要拉拢李、白、张（治中）、邵（力子）及上海资产阶级，打击国民党死硬派，便利我们向南进军。""最近时期李、白的态度好了一点，我们亦可以考虑对他们缓和一点。"为了表示共产党的和平诚意，毛泽东在西柏坡会见了邵力子一行，并与他们达成八点秘密协定。希望南京政府抛开蒋介石，在中共1月14日所提八条的基础上进行秘密谈判。如能达成协议，便组织

①《中国人民解放军第三次国内革命战争史料选编》第3辑第3册。
②《中共中央文件选集》。

国共合作的民主联合政府。①

上海代表团毕竟只能起到"敲门"的作用,许多具体问题不好深谈。毛泽东托人捎去口信,让李、白的参议刘仲容来谈谈。刘仲容既是李、白的亲信,又与毛泽东、周恩来等有很深的关系。刘仲容传递的信息是有实质意义的。刘仲容动身前,白崇禧向他交代:现在和平气氛有了,下一步要看中共方面的实际行动,希望早日进行和平谈判,今后可以有一个"划江而治"的局面。希望中共军队不要过江,国民党还有飞机军舰,如果中共硬要过江,他们是会吃亏的。打乱了摊子,那就不好谈了。白崇禧说:"见到毛先生时,你务必向他们陈明利害。"

1949年3月23日,北方阳光灿烂。毛泽东、朱德、刘少奇、周恩来、任弼时兴致勃勃地登上汽车,离开西柏坡前往北平。毛泽东对周恩来说:"今天是进京的日子,进京赶考去!"周恩来笑着说:"我们应当都能考及格,不要退回来。"毛泽东说:"退回来就失败了,我们决不当李自成,我们都希望考个好成绩。"

刚到北平不久,毛泽东就在香山双清别墅秘密会见了刘仲容。当听到白崇禧"划江而治"的建议时,毛泽东严正指出:"白先生要我们不要过江,这是办不到的。"如果白崇禧接受中共的和平条件,李、白可以保持其政治地位,参加联合政府。桂系的军队也可以暂时不动,将来协商解决。毛泽东要刘仲容回南京去,向李、白当面转达中共中央的态度。②

3月26日中共中央正式通知南京政府:4月1日将在北平举行和平谈判。中共方面以周恩来、林伯渠、林彪、叶剑英、李维汉为代表,以中共1月14日所提八条为谈判基础。

李宗仁在南京听取了邵力子等人的汇报后,准备派张治中、邵力子、章士钊、刘斐等组成"南京政府和平商谈代表团",赴北平与中共谈判。刘斐本来不愿意担当这个使命,李宗仁找他密谈,和盘托出他的"底牌"。

① 《毛泽东年谱》。
② 刘仲容:《回忆我在桂系工作时的几件事》,载《文史资料选辑》第73辑。

刘斐说："仗是打不得了，全国人民要和，这是实在的。你想和到什么样子呢？"

李宗仁说："我想做到划江而治，共产党总满意了吧。只要东南半壁得以保全，我们就有办法了。"

刘斐说："划江而治是你的如意算盘。我估计目前情况下是很难做到的。你是以主和上台的，因此，在有利条件下要和，在不利条件下也只有和。所以首先要你有决心。"

李宗仁说："我有决心。和谈如果成功，我一定签字。共产党已取得这么多地方，我想他一时也不能消化。如能确保东南半壁，至少是可以在平分秋色的基础上来组织联合政府的。"①

李宗仁、白崇禧还在幻想"划江而治"，蒋介石比他们要清醒得多。积20多年反革命的经验，蒋介石深知毛泽东绝对不会半途而废，共产党是一定要过江的。他在溪口与国民党军将领保持密切联系，遥控指挥，并为逃往台湾做准备。3月24日，他在溪口接见宋希濂、关麟征，对他们大发感慨："我们自黄埔建军以来20多年中，遭受过许多挫折，但从未失败到今天这样的严重。抗战胜利后，我们的军事力量较以往任何一个时期都要强大得多，为什么在短短三年时间里，会弄到今天这个地步呢？军事上失败最主要的原因，就是我们军队的战斗意志太薄弱了！一个师甚至一个军，一被共军包围，只有几个小时或顶多一天工夫，就被共军完全消灭了。我们过去北伐时期，能以少击众，以一当十，是因为官兵具有不贪财、不怕死的革命精神。但抗战胜利后，很多部队完全丧失了这种精神，许多中上级军官利用到各大城市接收的机会，大发横财，做生意、买房产，贪女色，腐败堕落，弄得上下离心，军无斗志。这是我们军事上失败的根本所在。"他指示宋希濂："如果和谈不成，共军必然渡江。今后西南地区极关重要，你指挥的部队，可转移到鄂西山地去，以巩固川东门户。"②

① 刘斐：《1949年北平和谈的片断》，载《文史资料选辑》第32辑。
② 宋希濂：《和谈前夕蒋介石的幕后操纵和李宗仁的备战部署》，载《文史资料选辑》第32辑。

蒋介石在绝密的情况下，命令汤恩伯为他转移上海的银行资金。1948年8月，蒋介石发行"金元券"，强行收兑民间金银。连妇女的首饰也不能私藏，一律兑给中央银行。此时在上海中央银行的金库里储备着价值几亿银元的黄金、白银，汤恩伯征集轮船，将金银全部抢运台湾。开始装载超重，一艘"太平"号货轮在舟山触礁沉没，损失了部分财产。据李宗仁估计，汤恩伯运到台湾的金银约有黄金390万盎司、价值7000万美元的白银和7000万美元的外汇，总价值约在5亿美元左右。除了金银之外，国民党还抢运了大批机械、纱锭、纸张、布匹等物资。这些金银物资成为蒋介石盘踞台湾的经济基础。①

李宗仁在南京，既没有兵又没有钱，两手空空，什么事也做不成。他积极地与美国大使司徒雷登接触，希望美国政府给他提供10亿美元的援助，至少也要5亿美元。李宗仁认为："此时美援是惟一能使气息奄奄的病人活过来的药物。南京政权从蒋转到我这一事实给有效用药创造了条件。……如美国国会和白宫领导人目光远大，立即更改对华政策以适应中国之局势，并提供贷款给我们以制止通货膨胀，整个局势恐已大变了。与此同时，由于有了公众对政府的重新支持，加之武装部队士气的重新高涨，我们也可能成功地保卫长江，并在政府中有效地实行民主改革，这样我们才能与共产党在谈判中最终求得和平解决，至少可使半个中国得以自由。"②

这只是李宗仁天真的想法，美国人没有那么傻，他们早已对国民党的腐败政府丧失了兴趣。4月20日李宗仁派教育部长杭立武前往拜访司徒雷登，询问："假如国民党军队对长江进行坚强的、有生气的防御，阻止共产党渡江，从而重获一般人民的支持，以抵抗共产党的南进，那么美国采取什么态度？"杭立武又明确地问："在这种情况下，美国是否可能给予财政援助，以稳定地方货币，或者是否可能给予现金贷款，以应防守国民党统治下领土的军队所需？"司徒雷登非常明白，国民党的钱都在蒋介石手里，再给李宗

① 郭旭：《上海解放前夕国民党反动派的大劫掠和大屠杀》。
② 《李宗仁回忆录》第66章。

仁输血是没有意义的。他以外交辞令油滑地答复："中国有相当数量的黄金、白银和外币的库存，现政府如何控制这一切财富，乃是中国内部的问题。"①李宗仁得知后感到极度失望，大骂："我从未料到华盛顿的最高决策人竟会是一群目光短浅的政治家。"

4月1日，张治中率南京政府代表团到达北平，国共双方开始和平谈判。在这期间，长江北岸我军保持静默，敌军向我方打炮，也不还击。但是渡江的准备工作，一天也没有停止。

中集团第9兵团的27军担负从铜陵、芜湖之间的荻港、黑沙洲地段渡江的任务。为了查明敌军江防部署和敌后纵深的情况，27军首长决定派遣一个"先遣渡江大队"过江进行侦察。大队由242团参谋长亚冰（章尘）、军侦察科长慕思荣指挥，以侦察营的两个连和各师抽调的三个侦察班组成。在过江之前，先组织部分偷渡，2连3班乘一只小船两次夜间到达对岸，抓了三个俘虏回来，其中一个是排长。俘虏供称：江岸一线守备比较薄弱，纵深也无兵力，并交代了登陆地点的工事和地形情况。几次渡江偷摸，积累了经验，鼓舞了信心。宋时轮司令员、聂凤智军长先后听取了先遣队的汇报，作了详细的指示，要求他们一定要把预定渡江地段的敌情、地形搞清楚，用电台向兵团报告。

4月6日夜晚，先遣队带着充足的枪支弹药、给养、电台、银元，分乘15只小船从北岸出发。国民党军舰的巡逻通常在20时以后结束，在夜色掩护下，亚冰率领一部于21时30分开始渡江，20分钟后到达十里厂、皇公庙登陆点。3班的一条船在南岸碰到敌军的木桩，遭敌火力杀伤，损失较大。亚冰决定迅速上岸，摆脱敌人。他们抢占堤埂后，即沿着内河搜索前进。一路上没发现敌人，部队直奔狮子山。慕思荣带领另一部分以夹江口为登陆点，20时起渡，25分钟后到达南岸。5班的一条船被敌军发现，遭炮火击沉，9人掉进江里牺牲。其余顺利登陆后直插杨山。8日拂晓，两个分队在戴公山以北的牧家亭会师，渡江行动取得成功。

①《美国与中国的关系（白皮书）》第6章第10节。

由于渡江时有船只被发觉，亚冰判断我们的意图已经暴露，需要深入山区隐蔽，躲避敌军搜捕，与江南游击队取得联系。他们潜入铜陵、繁昌、南陵三县接合部的张家山，隐蔽休息了两天，恢复体力。然后他们研究了情况，把部队分成三组分散活动，有的去找游击队接头，有的侦察江边敌情，有的外出寻找粮食蔬菜。12 日他们转移到泾县的陈担冲，这里比较偏僻，没有敌人，有粮草可以依靠，于是部队在这里隐蔽，等待上级指示。

18 日接到军首长来电，说是 20 日发起渡江战斗。先遣队当夜冒雨出发，在崎岖山路中行进，一夜行军 90 里，返回张家山宿营地。19 日他们又行军 90 里到黄莲山，与杨鹏同志的游击队会合。军首长指示：先遣队的任务是接应配合 80 师攻占龙门山、马鞍山，并对繁昌、荻港间敌军进行袭扰，破坏电线，错乱敌之部署。亚冰、慕思荣把伤员、电台留在杨鹏处，先遣队兵分四路，分头破坏敌军在交通要道上的电线。20 日 18 时当江北攻击开始时，先遣队在山顶燃起火堆，为渡江部队导向。江边的敌军看到后方山上起火，惊慌失措。夜里先遣队由黄莲山出发，向龙门山搜索前进。他们一路上割断敌军电话线，但是没有与敌军主力遭遇。估计是我军渡江时敌已向南逃窜。21 日拂晓，先遣队一部在龙门山与 80 师先头部队会合，一部在江边鸡头山与 79 师会合。他们报告了纵深敌情，聂军长、刘政委在江边接见了他们，表彰他们完成了先遣渡江的任务，为人民立了大功。建国后文艺工作者根据 27 军渡江的素材，加上其他军的事迹，拍成电影《渡江侦察记》。①

国民党军在江北枞阳至南通段设置桥头据点 28 处，最大的是浦口，驻有两个师。其余分布在大大小小的江心洲上，给我军渡江造成障碍。根据总前委命令，在不暴露我军意图的情况下，对敌军据点发起攻击。能拔掉的就拔掉，暂时不能消灭的就包围起来。从 3 月 29 日到渡江前，22 军攻占枞阳镇，30 军包围了西梁山、裕溪口，26 军攻占仪征、南老洲，20 军先后攻占新老洲、永安洲等地。除长江中几个大江心洲如长生、黑沙、鲤鱼、紫沙洲外，国民党军在长江北岸和江心阵地均被我军扫清。我军歼敌 6000 多人，

---

① 《中国人民解放军第 27 军第三次国内革命战争战史》，1956 年初稿。

为渡江开辟了前进阵地。

1949年4月的国共北平和谈，与1945年的重庆谈判相比，真是此一时彼一时。国共两党从来就没有在平等的地位上谈判过，但这一次，国民党是打着白旗来乞和的。4月1日国民党代表团离开南京时，正值西方的"愚人节"，新闻界颇为揶揄地说："和谈代表团终于在这个说谎的日子里，不扯谎的走了。"形容代表团成员是"满面笑容，心思沉重"。毛泽东、周恩来对张治中等以礼相待，但在原则问题上是寸步不让。经过一段私下磋商和非正式会谈后，13日中共方面拿出了《国内和平协定草案》，作为正式谈判的基础，交国民党代表团研究。毛泽东给周恩来的信中，对谈判程序作了不容更改的规定：正式谈判时间为13日到17日，"4月17日必须决定问题，18日以后，不论谈判成败，人民解放军必须渡江。他们派回南京的人，14日上午去，15日下午必须回来"①。

张治中一口气看完了《草案》，不禁大为失望："第一个感觉是全篇充满了降书和罪状的语气。第二个感觉是：完了，和平是不可能的！实在说，这个草案在国民党顽固分子看来，不啻是'招降书'、'判决状'，和他们那种'划江而治'、'平等的和平'的主观幻想固然是相差十万八千里，即就我想象中的条款来说，也实在觉得'苛刻'些。"②

13日晚上在中南海勤政殿的首次会谈，周恩来详细阐述了中共立场，强调必须首先分清是非，发动内战的责任在国民党政府方面。包括惩办战犯在内的八项条件，必须不折不扣地实行。他强调国民党反动军队是战乱的祸根，必须消灭。方式有两种：一是以武力消灭，一是以和平方法改编。

张治中代表国民党方面发言，原则上同意这个草案，但希望修改其中过于"激烈"和"刺激"的词句。他心情沉重地说："国民党政权领导的失败，我们希望能作大家的前车之鉴。今后任何一党来执政，应该不再走国民党的道路。""我今天在中共代表团诸位先生面前，不想说什么恭维的话，但我愿

①《毛泽东年谱》。
②《张治中回忆录》第6章第4节。

唤起各位先生的注意，今后国家的责任，是落到了你们的肩膀上。国民党的政权当然是完了，今后的国民党或者再经过一番改造，作中共一个友党。目前则我们以至诚至敬之心，希望中共能从此领导国家，达到独立、自由和民主的目标，并建设国家，臻于富强康乐之境。"

毛泽东的原则就是一条，无论和谈成功与否，解放军都要如期渡江。14日他致电总前委："我方协定草案已交张治中代表团，并由双方代表团开了一次正式会议。张治中等表示原则上接受我方草案，仅在个别问题上有意见。唯南京李、何、白、顾等是否能拒绝美蒋干涉，愿意接受，则尚无把握。""如南京根本拒绝不愿签字，则争取张治中代表团签字，然后由我军渡江，威迫南京批准。""万一连张治中也不敢签字，则其曲在彼，我方可将协定草案公布，争取人民及国民党中主和分子及爱国分子的同情，对我军南进，甚为有利。"①

中共代表团研究了国民党代表团提出的修改意见，于4月15日晚将《国内和平协定（最后修正案）》送交国民党代表团。在双方举行的第二次正式会议上，周恩来再三强调：这是不可变动的定稿，限定南京政府在20日前答复。如不接受，我军就要渡江。张治中问："所谓最后的文件，是不是解释为最后通牒？是不是只许我们说一个对或者不对？"周恩来表示这是最后的态度。张治中无可奈何地说："也好，干脆！"没有什么可商量的了，张治中委托黄绍、屈武携带文件回南京请示。②

李宗仁、白崇禧、何应钦等看到《和平协定》的最后文本，众人面面相觑，情绪极为低沉。后来还是白崇禧打破沉默，说："这样苛刻的条件能接受吗？"李宗仁不发一言，让何应钦17日到溪口去见蒋介石。蒋介石气得拍案大骂张治中："文白无能，丧权辱国！"完全拒绝了这个文件。在最后关头，李宗仁违背了签字的诺言，在19日上午召集的"和谈指导委员会"会议上，否决了《和平协定》。会后，白崇禧飞回汉口布防，南京方面的将领

①《中共中央文件选集》。
②《张治中回忆录》第6章第4节。

则认为南京无法再守，纷纷为自己安排后路。

遵照毛泽东14日电报的指示，邓小平、陈毅请中集团指挥员谭震林、王建安、宋时轮来总前委研究渡江战役的细节。考虑到长江战线长，水情复杂，全军不宜强求同时渡江。决定以中间突破的方式，由中集团在20日开始渡江，东、西集团则于21日开始渡江。总攻开始后，即不再停顿，一气打到底。完成渡江后，再略加整顿，东进追歼敌人。17日总前委把上述部署报告军委，18日9时毛泽东复电："完全同意总前委的整个部署，即二野、三野各兵团于20日开始攻击，22日实行总攻，一气打到底，完成渡江任务以后，在考虑略作停顿，采取第二步行动。请你们即按此总计划坚决地彻底地执行之。此种计划不但为军事上所必需，而且为政治上所必需，不得有任何的改变。""此次我百万大军渡江南进，关系全局胜利极大，希望我二野、三野全军将士同心同德，在总前委及二野三野两前委领导下完成伟大任务。"①

20日深夜，张治中等才收到南京李宗仁、何应钦来电，拒绝在《和平协定》上签字。然而这已经无济于事，21日，毛泽东、朱德发出《向全国进军的命令》，命令各野战军全体指战员"奋勇前进，坚决、彻底、干净、全部地歼灭中国境内一切敢于抵抗的国民党反动派，解放全国人民，保卫中国领土主权的独立和完整。"声势浩大的渡江战役正式展开。

中集团首先实施渡江。从裕溪口至枞阳镇100公里的长江段水道九曲蜿蜒，江心洲珠串连环，江面较窄，水流也相对平缓，利于我军突破。一旦强渡成功，即可控制南京至芜湖的铁路，抄捷径直取南京。担任第一梯队的是第8、第9兵团指挥的24、25、27军。为了确保突破的成功，谭震林于20日中午来到24军，亲自坐镇指挥。当日天气晴朗，江面上风平浪静，对岸绿树成荫，完全没有大战即将开始的紧张迹象。

20日17时，我军各炮群开始试射。24军的炮火首先向江心的闻新洲、紫沙洲轰击，打掉敌军前沿阵地的地堡。同时掩护我军渡江船只翻坝入江。

---

① 《毛泽东军事文集》第5卷。

在渡江作战中，我军的炮兵显示出高超的技术水平。榴弹炮、山炮循环射击，摧毁独立的地堡，迫击炮则专打逃窜的敌人。当榴弹炮、山炮修正距离时，迫击炮连续射击填补空隙。对岸敌军炮兵反击，我军立即抓住目标进行压制射击。只见江对岸浓烟滚滚，敌军陷入混乱之中。

在炮兵掩护下，我军突击部队打开大堤的出口，将隐蔽在河道里的船只翻坝入江。黄昏时，空旷的江边已经排满了众多木船，战士们在临时码头上有秩序地迅速登船。尽管要求肃静，也不免嘈杂之声。原定20时开始渡江，但各部队翻坝情况不一样。27军79师19时20分才开始拖船，一小时后235团拖出大部，237团只拖出少部。这时对岸敌军发觉，开始射击。军首长命令已经入江的船立即开始渡江，不必等齐。235团在近21时率先开始了渡江行动。21时24军统一开始渡江，有些翻坝慢的部队则在22时开始渡江。

夜幕降临，江上刮起了风。中集团三个军上千船只扬帆起航，船工用力摇桨，战士们纷纷用铁锹、钢盔帮助划水，加快船速。先头船刚过中流，距离对岸300米时，敌军开始炮火拦截。有的船被打穿，战士们用棉絮、身体堵漏，有的船工负伤，仍然摇橹不停。我军炮群再次齐射，掩护部队渡江。江心里波涛汹涌，水柱冲天；江南岸是一片火海，映红夜空。27军先遣队在山顶点燃火堆，为我军导向。21时，27军79师235团1营3连5班的木船在夏家湖登上南岸，成为"渡江第一船"。各部队也陆续到达南岸，平均渡江时间为15—20分钟。27军在荻港至旧县之间突破。24军先攻占闻新洲、紫沙洲两个大江心洲，然后继续渡过夹江，在铜陵至荻港段突破。25军在大套沟至鲁港段突破。21军占领贵池以北的长生洲。渡江部队纷纷在南岸点燃火堆，向北岸传递胜利的信息。船工们运完第一梯队，马上返回再运送第二梯队。21日凌晨2时，聂凤智率27军军部过江。到21日晨，中集团已渡过10个师28个团，建立了东西长120公里，纵深20公里的江南阵地。渡江战役首战告捷。①

邓小平、陈毅在瑶岗总前委指挥部彻夜未眠，紧张地等候前方消息。当

① 《中国人民解放军第三野战军战史》。

听到中集团各军顺利渡江，正在追歼逃敌的消息后，非常高兴，马上电告中央军委。21日晨，张治中等把南京拒绝签字的电报交给中共代表团后，正在六国饭店里苦闷之时，街头报贩已经叫卖起"号外"。周恩来兴高采烈地来到六国饭店，告诉张治中等我军渡江的消息。并希望国民党代表团留在北平，不要再回南京。张治中对国民党当局极为失望，采取了顺应潮流的举动，脱离南京政府，站到人民一边。

21日汤恩伯匆忙飞到芜湖部署堵击，然而国民党第20、88、55军等部早已放弃阵地，仓惶南逃。二线的99军开到宣城，见势不妙也掉头就跑。就在汤恩伯手忙脚乱的时候，我军东集团、西集团开始了更大规模的渡江行动。

东集团第10兵团的23、28、29军在强大炮火掩护下，从七圩港到张黄港一带渡江，直指南岸的江阴。这里是长江下游最窄的地方，江面仅宽1500米。虽然敌军重兵防御，也阻挡不住我军的强渡。兵团司令叶飞在江边亲自指挥，并随28军第一梯队过江。原定启渡所得时间是21日17时30分，可是白天江上风平浪静。叶飞心里着急，有如天助，到16时左右，江上起风了，而且是顺风。指战员们都高兴极了。一声令下，上千条船扬帆向对岸驶去，最快的仅用10分钟就到达南岸。敌军的火力拦截比预计要弱，可见士气之低落。突击部队上岸后迅速消灭敌军火力点，扩张滩头阵地，向纵深发展。23军69师207团2营5连1排乘坐一条机帆船渡江，到天生港附近遭敌军火力拦截，船上伤亡20多人，排长也牺牲了。1班长挺身而出接替指挥，继续奋勇前进，突破封锁，强行登陆。他们歼敌一个连，站稳了滩头阵地，保障后续部队上岸。战后荣获"渡江英雄排"的光荣称号。当天夜里，后续部队一批接一批渡江，有的船一夜往返八次。叶飞上了岸才发现，由于渡江心切，忘了带电台。他只好带着人往前赶路，寻找28军军部。[1]

第10兵团渡江的最大障碍，是国民党江阴要塞。江阴要塞是国民党经营多年的江防重镇，山顶有炮台，山腰有壕堑，山脚有地堡群，总兵力7000

---

① 《叶飞回忆录》第35章。

余人，新式重炮30余门，火力可以控制附近30公里的一段江面。要塞司令戴戎光是国民党顽固分子。应该说，正面攻击江阴要塞，是相当困难的。

但是在我军渡江过程中，江阴要塞一炮未发，使第10兵团得以顺利渡江。这是我党地下工作的又一杰作——策动江阴要塞起义。

1946年夏，盐阜地委组织部长唐君照接到在国民党军任职的弟弟唐秉琳来信，表示想离开国民党到解放区工作。地委书记曹荻秋同志指示要利用这个关系，建立秘密联系。1947年唐秉琳调到江阴要塞，华中工委将其作为策反工作的重点。要求唐君照"多做上层的工作，要抓实力"。唐君照逐渐发展了唐秉琳、唐秉煜兄弟和吴广文三名地下党员，并要他们设法先后调到要塞。唐秉琳当了炮台台长、唐秉煜当了守备总队长、吴广文当了工兵营长。他们层层发展，在要塞里建立了组织基础，并联络了一批中间人士。

1949年1月，唐秉煜获得了国民党军的长江布防图和作战方案，亲自送到江北。陈丕显、管文蔚听取他的汇报后，对要塞工作非常重视。三野开始渡江准备后，江阴要塞工作由三野10兵团直接掌握。粟裕派华东局社会部情报科长王徵明携带电台，到靖江与唐秉琳等保持密切联系。4月渡江前，王徵明带领29军的四名干部潜入要塞。王徵明当了游击炮团团长的"卫士"，控制炮团，其余的人也分别潜入各部门，控制了要害部位。韦国清政委交代给王徵明等的任务是"保持60里防区，迎接部队登陆。所谓'迎接'就是炮不打，枪不响"。

4月21日夜，三野10兵团开始渡江。当我军炮击南岸敌21军阵地时，21军要求炮台火力支援。唐秉琳命令炮台缩减射程400米，打了十几发炮弹，结果全打到21军头上。我军开始渡江后，戴戎光命令炮台射击。唐秉琳执行命令，但炮弹都没有装引信，只听炮响不见爆炸。戴戎光正骂："妈的，这打的是什么炮，是打的欢迎炮嘛！"唐秉煜和我军干部冲到指挥所，宣布起义，俘虏了戴戎光。22日晨，江阴要塞召开全体官兵会议，宣布起义，并由三野特纵接管。粟裕来到要塞，亲切接见唐秉琳，说："你们为大军顺利渡江做出了重要贡献，为党为人民立了功，党和人民是不会忘记你们的。"江阴要塞调转炮口，封锁了国民党海军退回上海的航道。10兵团迅速通过要塞防区，切断了南京至上海的铁路。①

当我军炮火封锁长江航道后，国民党海军海防第二舰队司令林遵率大小舰艇25艘在南京长江下游的笆斗山江面起义。这次起义也是在中共地下党的策动下举行的。林遵是福州人，英国皇家海军学院毕业。中国海军最初是在福建发展起来的，所以海军军官中福建人最多。1948年底，海防第二舰队被调入长江，官兵们对打内战都表示厌恶。这时，林遵的同学、国民党海军司令部官员郭寿生受地下党委托来镇江基地找林遵，要他率领舰队起义。林遵认清了形势，知道国民党大势已去，就联系了几位思想进步的舰长，等待时机。我军发起渡江战役前夕，林遵派人通知我党联系人舰队将要起义，并告知适宜渡江的地域，避免冲突。20日夜我军开始渡江后，海军总司令桂永清命令林遵率舰队马上去芜湖，阻止我军渡江。林遵拖延时间，没有执行。22日我军已全面渡江，桂永清又在下关召集南京江面的舰长们开会，要他们当晚冲出长江，逃往上海。"永绥"舰舰长邵仑是起义组织者之一，借故拖延，使各舰未动。桂永清命令林遵马上去南京，带领舰队下行。23日晨，林遵乘"永嘉"舰到达笆斗山，召集舰长们开会。大家听说桂永清已经乘飞机逃走，南京国防部官员也已逃往广州，都大骂起来，谁也不愿意再为国民党卖命作战。林遵向大家说明了形势和起义的意向，征求各位意见，结果主张走和留下的各占一半。林遵宣布起义，派人起草文告。几个顽固的舰长密谋后于傍晚起锚，有的舰不明真相也跟着开走。林遵用报话机呼叫，四舰返回，七舰逃跑。林遵派参谋到浦口与35军接洽起义，24日凌晨，第二舰队起义成功。停泊在镇江的江防舰队23艘舰艇也随即投降。这些舰艇，后来成为新中国海军的基础。②

在10兵团渡江时，第8兵团也开始了渡江作战。21日20时，20军自三江营渡江，进攻扬中。因遇逆风，内河大部分船只不能按时起航，只有两个营登岸。他们与扬中守敌三个团展开战斗，击退敌军多次进攻，守住了登

① 刘瑞年：《江阴要塞起义》，载《百万国民党军起义投诚纪实》。
② 金洵：《国民党海军舰艇起义》，载《百万国民党军起义投诚纪实》。

陆点。22日凌晨，20军有四个团过江，发起全面进攻，守敌仓惶溃逃。34军22日由仪征至扬州段渡江，在炮火掩护下占领北新洲、瓜洲，直插镇江。35军于21日夜间向江浦和浦口之敌发起攻击，经过一天激战，攻取敌军主要阵地。22日晨，敌军获悉我军主力已经过江，害怕被歼，逃往南京，江浦、浦口随即解放。

22日的南京已是一片混乱。京杭国道上拥挤着国民党的溃军，向上海、杭州方向争先逃命。南京政府的官员都纷纷登上飞机逃往广州。各航空公司的三十多架飞机紧张空运，据说六小时内就将政府部门疏散一空。李宗仁、何应钦束手无策，只得紧急飞到杭州，与蒋介石商讨对策。蒋介石在机场会见他们，李宗仁对蒋说："你当初要我出来，为的是和谈。现在和谈已经破裂，南京马上就要失守，你看怎么办？"蒋介石说："你继续领导下去，我总归支持你。"除了空洞的许诺，没有任何实质内容。李宗仁依然无法指挥军队，只好在傍晚回到南京。汤恩伯紧急求见，说共军已迫近城郊，请他务必马上撤离。这一夜，南京四郊炮声隆隆，李宗仁彻夜失眠。23日早晨，他带领少数随从乘最后一架专机起飞，先在上空盘旋两周，似恋恋不舍，然后向桂林方向飞去。而美国大使司徒雷登和各国外交人员都拒绝与国民党政府南逃，留在南京不走，以窥测动向。①

23日上午，35军接到粟裕、张震22日24时的电报："如南京之敌逃窜，则35军应即渡江进占南京，维持秩序，保护敌人遗弃之一切公私财产，该军应特别注意遵守政策，严肃城市纪律。"35军本来没有渡江任务，手里一条船也没有。接到命令后，全军上下顿时忙碌起来，到处寻找船只。下午103师侦察连在浦口的小河汊里找到一只小划子，经再三动员，船主表示愿意送他们过江。请示军部同意后，103师侦察班长魏继善带着四个侦察兵，在火力掩护下渡江。17时左右到达下关码头，见江边无敌踪影，连忙用旗语制止射击。他们找到下关发电厂，在工人帮助下找到一条小火轮，回到浦口，35军开始渡江。后来找到了火车轮渡船，一夜之间35军就全部到达下

① 《李宗仁回忆录》第66章。

关。整顿军容后，开始入城接管。①

1949 年 4 月 24 日是一个有历史意义的日子。据外电报道："共军于今晨3时45分接收南京。军队系由西北门开入，由军官乘吉普车一辆开路，士兵沿中山路向焚烧之司法院大厦开进。共军进城后，迅速占据各要点，并接收各政府机关、银行与公用事业。共军入城未遇抵抗，早起之市民均在街头，用好奇眼光观看共军。共军散布城内后，即分组排齐坐定，唱歌并听官长训话。"②

35 军 104 师 312 团首先进入"总统府"，将红旗插在"总统府"门楼上。三个师划分了防区，张贴我军城市政策的"约法八章"布告。以吴贻芳等民主人士组成的南京市民"维持会"协助维护城内秩序，并与我军接洽接收。守卫中山陵的国民党军一个营护陵部队向我军投诚，将中山陵完好地转交到我军手中。

在北平香山的"双清别墅"，毛泽东阅读"人民解放军解放南京"的号外，心情激动。挥笔写下《七律·人民解放军占领南京》：

钟山风雨起苍黄，

百万雄师过大江。

虎踞龙盘今胜昔，

天翻地覆慨而慷。

宜将剩勇追穷寇，

不可沽名学霸王。

天若有情天亦老，

人间正道是沧桑。

4 月 22 日下午汤恩伯下令国民党军全线撤退后，在江阴、镇江段的国民党 51、54 军绕过太湖向上海逃跑。南陵、芜湖、铜陵段的国民党六个军向郎溪、广德、杭州方向逃跑。在混乱状态下，国民党军狼奔豕突，完全丧

① 石惠南：《35 军与南京解放》。
② 《申报》，1949 年 4 月 25 日。

失抵抗力。第7绥靖区司令张世希带少数随从逃到徽州时，因带的银元太多，行动不便，只得忍痛分给17兵团侯镜如一部分，可见这时命比钱重要了。有的部队满载弹药的卡车，走到半路上司机却逃了。国民党军连炸毁都来不及，夺路逃命。

总前委原来估计渡江是一场艰苦残酷的战斗，没想到敌军如此不堪一击。过江后我军没有喘口气，就立即转入追歼敌军的行军作战中。粟裕判断敌军主力将向杭州撤退，22日17时命令中集团的第7、第9兵团以急行军向郎溪、溧阳前进，不为小股敌人迷惑。务必切断南京至杭州的国道，不使敌军主力退到杭州。24日，东集团占领南京、镇江、无锡等城市，切断了南京至上海的水陆交通。粟裕在地图上反复测算敌我双方的距离和行程，从南京到长兴、广德约140公里，其中部分是山区，敌军撤退中遭受我军追赶拦截，估计要四五天才能到达。我东集团从江边直插太湖，仅用两三天时间就可占领宜兴。再南下一两天就可到达长兴，切断南京至杭州的道路。只要我中集团和东集团加速对进，完全可以在郎溪、广德地区围歼国民党军主力。粟裕、张震在23、24日连续发布命令，要各军向指定的合围地区加速前进。10兵团除以29军进占苏州外，28、31军沿太湖西侧向长兴、吴兴猛进；20、26军归10兵团指挥，与23军沿丹阳、溧阳之线南下，尾追南京、镇江逃敌；9兵团各军只留30军监视芜湖之敌，中集团各军沿南陵、宣城、广德之线急进。几大箭头都指向郎溪、广德地区。①

各部队接到命令后，干部战士发扬"猛打、猛冲、猛追"和"打得、跑得、饿得"的战斗精神，不顾疲劳和饥饿，顶风冒雨，日夜兼程追赶敌人。有的部队连续四五天急行军，一天只能吃上一两顿饭，非常疲劳。有的边行军边打瞌睡，以至撞在树上、跌到水田里、掉到河里的事时有发生。加上连日阴雨，战士们衣服湿透，感冒的、腹泻的也越来越多。这些困难都不能阻挡部队的行军，大家都想早一点包围全歼敌人。

25军24日凌晨到达芜湖附近的湾，74师的两个团在渡河时发现有一个

---

① 《粟裕战争回忆录》第18章。

师的敌人。师首长立即改变决心，停止前进。命令两个团后退，布置阻击。敌军见我军后退，立刻冲上来，企图夺路逃跑。74师与敌军反复拉锯，坚守到下午，25军后续部队赶到，从侧面杀入。敌军立即溃乱起来，在山洼里东逃西窜，国民党第20军军长杨干才死于乱军之中，副军长以下万余人被俘。

23军在25日夜里占领溧阳县城，得知南京方面的国民党溃军正沿宁杭公路向这里逃跑。23军连夜布阵，第二天拂晓，逃敌便蜂拥而至。23军在溧阳城北与敌军展开拼杀。激战一天，俘虏敌军9000余人。

20军于25日夜到达溧阳以北地区，当天夜里听到公路上有汽车声，但是没发现敌人。其实敌军正在附近宿营，第二天早晨20军准备南下，在老河口突然与数万敌军遭遇。军首长立即决定先消灭敌军再向广德前进，命令58师向南渡、胡桥方向出击，59师向施家桥方向出击。58师174团急行军20公里，下午到达胡桥。只见公路上敌军密密麻麻，一眼望不到尽头，正拥挤着向南逃窜。174团不顾众我寡，多路突击，杀向敌群，把敌军冲得七零八落。敌军不知道我军来了多少部队，人无斗志，纷纷投降。经过两个小时战斗，就俘虏敌军12000多人。20军结束战斗后，来不及清理战场，又匆匆南下了。

在我军快速追击下，南逃的国民党第4、28、45、66军和51军一部不敢再沿京杭国道撤退，转向郎溪、广德的山区逃窜。为了协调部队行动，围歼逃敌并解放杭州，粟裕决定以第9兵团司令员宋时轮统一指挥9、10兵团部队全歼被围之敌，第7兵团迅速向杭州进军。24军接管南京，23、35军归还7兵团建制。①

形势发展非常快。26日中集团先头部队已经到达郎溪、广德地区，同日东集团的28军占领长兴，27日中集团的27军在吴兴与28军接上联系，封住了"口袋"。我军的23、24、25、31、33五个军围住了国民党五个军，各部队猛冲猛打，"枪声就是命令，敌军就是目标"，开始分割围歼敌人。前

---

① 《中国人民解放军第三野战军战史》。

线记者刘亮随24军行动，目睹了这场围歼战，并写了如下报道：

"从南京、镇江、芜湖等地狼狈逃窜的蒋军先头部队刚到广德城郊，就被从数百里外赶来的我军拦头截住，并且迅速陷入各路我军的严密包围圈中。这个大包围圈的中心是广德城北25华里的山区，该地山岭重叠，林木蔽天，敌军陷入这个进退维谷的绝境后，建制混乱，首尾不能相顾，各自漫山遍野地逃窜，我军略加攻击，即交枪投降。我军某部三个骑兵与敌军四百余人遭遇，打了一排枪，该部敌人立即全部投降。28日战斗开始不久，数以万计的俘虏已从前线分头押解下来。29日我各路大军冒着寒风阴雨，翻山越岭，穿过丛林，四面八方向被围之敌奋勇攻击，当我突击部队插入敌阵后，敌人不敢迎战，回头就跑，但却无法逃出我军合围的铜墙铁壁，只好纷纷投降。至下午5时许，我各路攻击部队已在包围圈中心胜利会合。战士们密布在山谷及丛林中，捕捉溃兵及收集敌军丢弃的武器弹药和物资。疲惫不堪的敌军散兵，在山坡上淋着雨等候我军收容，只要一名解放军战士领着几个俘虏走过，他们便纷纷自动跟上，刹时便成为一长列的俘虏群。记者在一个不满200人的俘虏队伍里，发现其番号竟达十一个之多。此次战斗为时仅两天，八万余敌人全部就歼。"①

与此同时，7兵团的21、22军在谭震林、王建安指挥下，日夜兼程向杭州挺进。28日21军占领孝丰，进入天目山区。山高岭陡，道路崎岖，又下着连绵阴雨。部队的后勤辎重都没赶上来，许多战士的鞋子走烂了，只好赤脚行军。虽然十分艰苦，但战士们士气旺盛，5月2日到达余杭。这时，国民党军仓惶向宁波、温州方向撤退，阴谋炸毁钱塘江大桥，阻止我军南下。21军62师在余杭稍事休息，就向杭州方向强行军。3日拂晓，62师越过五云山，突然出现在钱塘江大桥旁。仅半小时战斗，就打垮了敌军守桥部队。敌军慌忙炸桥，只造成轻度损伤，大桥保住了。3日下午，我军侦察部队进入杭州，发现敌军已经撤走，城内比较平静。随后，21军部队迈着整齐的步伐入城，受到市民群众的热烈欢迎。谭震林等领导人也陆续到达，开

① 刘亮：《历史大进军的轨迹》，载《陈粟大军征战记》。

始了紧张的接管工作。杭州的解放，标志着渡江战役第一阶段作战的胜利结束。

渡江后形势发展之快，出乎意料之外。陈毅5月10日在丹阳三野干部会议上谈到渡江后的情况时说："这次部队过江准备两个半月，4月20日晚上开始渡江作战，4月23日占领南京，5月3日晚上占领杭州，5月4日占领上饶，并且解放了镇江、丹阳、常州、无锡、苏州等地，整个渡江作战任务便完成了。任务完成得很快，当天晚上渡过长江，三天解放南京，不到两个星期或仅仅两个星期，占领了整个苏南、皖南（上海除外）和浙江大部，历史上从来没有这样的进军。百万大军（三野60万，二野30万加上直属队）携带重武器骡马辎重等，十天内外进军千里，横渡长江天险，粉碎敌人反抗，平均一天进军100里，普通老百姓空身走路，也没有这样快。敌人在江南设防共有二十一个军，其中十个军被全歼，七个军大部被歼，最多的只逃掉一个团，仅在上海防守的几个军比较完整。这是历史上一个空前伟大创造，完全出乎我们意料之外。我们原先认为渡过长江需要经过三四天甚至于一个星期的恶战，或者渡过去了站不住脚又被打回来；或者只能占领滩头阵地逐步发展，不能像秋风扫落叶一样横扫千里。原来准备在无锡、南京要打一下，一个半月打下南京，结果三天就实现了计划，半个月解放苏南、皖南，进入浙江、赣东北，证明了人民解放军的强大，敌人的腐朽，军无斗志，亡魂丧胆，不敢抵抗，缴械投降。解放军的威力发展到最高峰，敌人的战斗意志降到零点，标志着全中国民主革命的胜利，而南京的解放又代表着一个全中国的胜利。"①

---

① 《入城纪律是给新区城市人民的见面礼》，载《陈毅军事文选》。

第
39
章

"紫石英"号事件

不速之客"紫石英"号闯入三野战区——陶勇下令炮击前来救援的英舰——"紫石英"号在镇江被扣留——丘吉尔扬言"报复"——毛泽东起草抗议英舰暴行的声明——中央军委对英舰处理的灵活策略——"紫石英"号逃出长江口——毛泽东透露当年内幕

在三野东兵团渡江前夕,发生了轰动中外的与英国军舰"紫石英"号冲突事件。

1949年4月20日早晨,长江北岸的三江营(今江苏泰兴县口岸镇西)第8兵团阵地上,配属20军的特纵炮3团战士们正在进行渡江作战前的准备工作。三江营对岸的扬中县原是江中的一个大沙洲,由于泥沙的淤积在南岸形成一个小江岔子。北岸有一条小河也在这里汇入长江。长江在这里拐了一个弯,江面不宽,水流不急。兵团首长认为三江营是一个很好的出发阵地,对岸也是理想的登陆场。兵团主力20军就要从这里渡江,此时,兵团司令员陈士榘正在扬州城里召集军师干部开会,作渡江前的最后部署。

9时30分,炮3团7连观察所突然发现东边江面上驶来一艘军舰,溯江而上,闯入我军防区之内。从望远镜里可以看到舰上悬挂的英国国旗。团部接到报告后，立即命令各连实弹待命射击。并指示：如果英舰不向我军射击，我们也不打它；如果英舰敢向我方挑衅，就坚决还击。

这个"不速之客"是英国海军护航舰"紫石英"号（Amethyst，又译"紫水晶"），排水量1700吨，有炮6门，水手120名，舰长史基纳（Skinner）中尉。据说他们的任务是到南京"保护"英国侨民的，英国军舰根本没有把北岸的人民解放军放在眼里。当"紫石英"号通过炮3团阵地时，一场冲突发生了。

据炮3团事后的报告说："该舰于通过我7连第三炮位后，发现北岸我炮兵阵地，并首先向我开炮射击。我炮兵立予还击，当即将英舰甲板及炮台、司令台、机轮仓击中数处。该舰当即折向南岸，企图依托对岸国民党军，借陆上火力的援助，此时龟山敌炮兵阵地亦闻讯予英舰以援助，合力向我阵地攻击。英舰于驶近南岸时，因水浅被搁，行动失灵。我右翼1连炮阵地亦协同7连作战，前后计命中英舰30余弹。因缺少破甲弹及延期信管，未能将该舰击沉。有一弹射中该舰吃水线下，亦因搁浅未沉。该舰炮手大部于此时伤亡，乃悬白旗告饶；我们即令停火，少顷英舰又将白旗降下，复悬英国国旗。我团乃命令继续射击，迫使该舰再度悬白旗。英舰恐我不见，连挂三白旗，我即停止射击。"

"13时半又有英舰Consort（伙伴号）一艘由南京驶来，增援'紫石英'号。该舰加快速度顺流急驶，企图冲出我火制区。我1连、7连立即射击，当时命中弹5发。惜破甲弹用完，未予重创。'伙伴'号于驶过我军阵地后，转头西来，靠近江北岸，于我火炮死角地带开始轰击。我7连阵地全毁，两炮受伤，炮手亡1、伤1，步兵亦有伤亡。旋该舰即驶往上海，'紫石英'号仍搁浅于三江营对岸。当晚9时，英舰又驶至三江营向我炮击，并将'紫石英'号拖出搁浅地区，停泊于三江营西之夹江口，对我步兵登舟南渡威胁极大。我们正计划派人持信令英舰来人接洽，突来一海军巨型飞机，降落'紫石英'号舰侧，我当即射击，敌机旋即飞去。我续轰敌舰，又命中8发，该舰乃徐徐驶入三江营南岸之夹江口，至22日晨，该舰行踪不明。"①

自1840年鸦片战争以来，英国军舰在中国沿海、内河横行霸道，这次"紫石英"号和"伙伴"号挨打，实在是大出意料之外。英国人是不肯吃亏的，21日，英国海军的重巡洋舰"伦敦"号(London)和驱逐舰"黑天鹅"号(Black Swan)在英国远东舰队副司令梅登中将指挥下，从上海溯流而上，援救"紫石英"号。这天上午两舰到达泰兴南的七圩港江面。这里是10兵团23军的阵地，陶勇军长正在江边指挥部队准备渡江。他见两艘军舰在江面上游弋不去，恐怕影响我军渡江。时间紧急，他立即请示兵团司令员叶飞，是否将其驱逐。

叶飞接到电话后，开始以为是将要起义的国民党舰队。他已经得到通报，林遵将率国民党海军舰队起义，并规定了联络信号。他问陶勇："这些军舰是不是挂的规定起义的联络信号旗？"陶勇说："挂的是花花绿绿的旗。这些军舰老在我们正面长江上不走，妨碍我们渡江，有点不怀好意，是否把它打掉？"叶飞考虑兵团马上就要渡江，事不宜迟，命令前沿观察所挂起警告信号，要江上的军舰马上离开。

前沿的特纵炮6团挂起信号后，英舰没有反应。从望远镜中看到舰上有人活动，并将炮口对准我方。陶勇不再忍耐了，命令炮兵开火。炮6团的榴弹炮和23军炮兵一齐开火，打得长江上水柱冲天。英舰也向我军开炮，造成我军人员的伤亡。我军炮弹命中了英舰，英军亡15人，伤25人，梅登中将制服被弹片划破。眼看占不到便宜，英舰决定放弃救援"紫石英"号，调头返回上海。

当"伦敦"号和"黑天鹅"号进入23军渡江区域后，叶飞、陶勇曾向粟裕、张震请示。粟、张于21日8时20分紧急请示总前委和中央军委："我23军七圩港外今晨到兵舰两只，一大一小，上部一文'英'字旗号。据望远镜观察，舰上除有中国人外，并有外国人。因我已实施渡江，均已下令封

---

① 康矛召：《1949年4月26日致8兵团的报告——我与英舰"紫石英"号作战经过及对该舰处理意见》，载《华东军区、第三野战军第三次国内革命战争战史资料选编——渡江战役》。

锁江面，而请示对该舰如何处理，是否给予轰击？"①

当日18时毛泽东以军委名义答复粟、张："你们所说的外舰可能是国民党伪装的，亦可能是真的。不管真假，凡擅自进入战区，妨碍我渡江作战的兵舰，均可轰击，并应一律当作国民党兵舰去对付，装作不知道是外舰。新华社亦不要发广播去劝告，看其反应如何再说。但如该外舰对我渡江在实际上无妨碍，则可置之不理，暂时不去打它。"②

毛泽东的电报还没到，23军已经同英舰交火了。三野司令部打电话向叶飞询问："你们怎么同英国军舰打起来，谁先开的炮？"叶飞打电话告诉陶勇："江面上的军舰是英国军舰，我们把英国军舰打伤了，上面来查情况哩。"陶勇怒气冲冲地说："有什么好查的！我最好的团长邓若波都给他们打死了！"叶飞与陶勇商定，上边来问，就说英国人先开炮。③

这两次冲突，实际上是在双方都不了解的情况下打起来的。我军渡江在即，没有预料会遭遇外国军舰。英军也不知道我军就要渡江，更没想到会挨打。"紫石英"号搁浅后，即向上海英国海军远东舰队求救。"伦敦"号、"黑天鹅"号向上游进发时，英国大使通过驻北平总领事包士敦送信给朱德总司令，说明英舰营救"紫石英"事，请求我方提供方便。毛泽东这才知道我军打的是英国军舰。他于22日3时电告总前委和粟裕、张震："英国人要求我军对于英舰两艘营救被击损之英舰（紫石英号）船员一事予以便利，我们意见在英舰不妨碍我军渡江作战的条件下，可予以营救之便利。对于英国人要求该二舰于营救事务完毕后，仍须开往南京护侨一事不能同意，应令二英舰向下游开去。但如二英舰不听劝告，仍开南京，只要不向我军开炮及不妨碍我军渡江，你们也不要攻击他们。"④

但是毛泽东的电报来晚了，23军已经把"伦敦"号和"黑天鹅"号打回上海去了。粟裕、张震调查了事情经过，于23日中午向总前委、军委报

①《中国人民解放军第三次国内革命战争史料选编》第3辑第3册。
②《毛泽东年谱》。
③《叶飞回忆录》第35章。
④《毛泽东年谱》。

告："21日上午在七圩港（泰兴南我出港口）江面驶来悬英国旗舰二只，先向我开炮（亦说我战防炮先打）。我即还击，命中9炮，并击毁炮2门。该两舰旋即取下英旗西去，驶至口岸港附近，为我各炮兵轰击后，东驶经七圩港时，舰上用广播器向岸上高喊：'我们不是你们的敌人'。当时我未予炮击，该舰已驶沪，然番号无法查清。"①

再说"紫石英"号被我军击中后，舰长史基纳和舵手丧命，部分水手仓惶跳入江中，游到南岸，在国民党军救护下步行到常州，然后登上火车，于21日逃回上海。新闻报道说这些英军"多被黄布棉军服，各人均极疲惫。有御绷带者，有负伤用担架抬下火车者，有跣足者，有穿拖鞋者，极为狼狈"。谈起共军的炮火，他们依然心有余悸。②

21日夜里，驻南京的英国大使馆派一等秘书爱德华过江，到浦口与我方联系，请求停战并营救"紫石英"号的英军伤兵。军委指示粟张："加强江阴方面之炮火封锁，一使敌海军不能东逃，二不使英舰再西犯，来犯则打击之。""对营救紫石英之伤员，如爱德华来不要拒绝，可予以营救。唯须英方承认错误，未经允许不得入我防区。且与国民党兵舰及南岸敌军勾结一起，向我攻击，致使我军遭受重大损失（伤亡252人），此种与我为敌的行为，绝不容许。英方必须承认错误并赔偿损失。你们占领镇江后，应即将紫石英号俘获，解除武装，逮捕其人员。但需要给以适当的待遇，不要侮辱他们。对其伤员予以治疗，但不要释放。必须英方派出正式代表和我方代表举行谈判，英方承认错误，方予释放。"③

21日我军渡江后，忙于追击国民党溃军，没顾得上寻找"紫石英"号。26日特纵炮3团渡江后，沿岸搜索，发现"紫石英"号停泊在镇江东谏壁镇附近江面上。炮团张参谋向舰上打招呼，一名英军中尉和翻译上岸来与我方联系。炮3团政委康矛召奉军首长命令赶到现场，与英方交涉。他向英方发表三项口头声明：1. 英舰未经人民解放军许可，擅自侵入解放军防区且

① 《华东军区、第三野战军第三次国内革命战争战史资料选编——渡江战役》。

② 《申报》1949年4月22日。

③ 《华东军区、第三野战军第三次国内革命战争战史资料选编——渡江战役》。

首先炮击解放军阵地，致使解放军官兵252人遭受伤亡，房屋村庄惨遭破坏。英政府及海军当事人应对此暴行负完全责任。2. 英舰应向中国人民及人民解放军道歉，并保证以后不进行与中国人民及人民解放军相敌对的行为。3. 中国人民及解放军保留对英国当局要求赔偿损失、严惩凶手的一切权利。英方代表表示已死的舰长应对此事件负主要责任。但对首先炮击我军表示抵赖。说是在演习。康矛召反驳说："当时不是演习的时间和地点。中国人民不应再受帝国主义压迫了，为什么人家打了我们嘴巴还说是摸脸呢？"他要求除留下必要的人员外，英方人员应大部离舰，等候处理。①

"紫石英"号被我军扣留，英国当局恼羞成怒。21日英国外交部发言人声称：英舰获得中国政府许可，有权驻入中国内河。一如中国兵舰获得英国政府许可，可驶入泰晤士河。25日英国海军部增派几艘军舰前往远东，并发表声明：英舰在南京、上海"完全系为于政权更易时治安紊乱之际，从事援助英联邦人民之责。一俟环境许可，即拟撤回英舰"。26日英国首相艾德礼在下院报告"紫石英"事件时，前首相丘吉尔发言说："长江事件实为一种暴行，政府以全部责任交由驻华海军司令担负，早应派遣航空母舰作有效之反击。"但是艾德礼对此持谨慎态度，他表示：由于中国局势动荡不定，英国政府对炮击英舰的事件持保留态度。②

4月30日，毛泽东起草了《中国人民解放军总部发言人为英国军舰暴行发表的声明》，严厉驳斥丘吉尔的战争威胁。《声明》说："英国人跑进中国境内做出这样大的犯罪行为，中国人民解放军有理由要求英国政府承认错误，并执行道歉和赔偿。""长江是中国的内河，你们英国人有什么权利将军舰开进来？没有这种权利。中国的领土主权，中国人民必须保卫，绝对不允许外国政府来侵犯。"《声明》表示："中国人民革命军事委员会和人民政府愿意考虑同各国建立外交关系，这种关系必须建立在平等、互利、互相尊重

---

① 康矛召：《1949年4月26日致8兵团的报告——我与英舰"紫石英"号作战经过及对该舰处理意见》，载《华东军区、第三野战军第三次国内革命战争战史资料选编——渡江战役》。
② 见《申报》。

主权和领土完整的基础上,首先是不能帮助国民党反动派。中国人民革命军事委员会和人民政府不愿意接受任何外国政府所给予的带威胁性的行动。外国政府如果愿意考虑同我们建立外交关系,它就必须断绝同国民党残余力量的关系,并且把它在中国的武装力量撤回去。"①

毛泽东的声明表明了中国共产党人的立场,绝不承认帝国主义在中国的特权,绝不容许帝国主义对中国的侵略。但是"紫石英"事件的发生,使中共中央警觉起来。在全局上要有反抗帝国主义的气魄和勇气,在具体问题上又要谨慎从事,避免帝国主义对中国革命的武装干涉。4月28日毛泽东给总前委的指示中说:"英军紫石英号事件,似乎是一个偶然事件,英国连抗议也没有提。因此我们除借此作宣传教育人民外,实际上我们亦不必扩大这件事。"②5月6日,在三野举行上海战役前夕,毛泽东指示粟裕、张震:"预先告诫部队,在占领吴淞时极力注意避免和外国兵舰发生冲突。"20日粟裕、张震报告:"在高桥以西至林家宅沿江之线有敌舰五艘(其中两舰有外国旗,三舰无旗),对我269团及262团阵地作猛烈的炮击,我之守备阵地大部被其摧毁。我因怕打错,已严令不准打。为此,对我威迫与阵地坚守增加极大困难。此事如何处理,请示。"毛泽东复电:"黄浦江是中国内河,任何外国军舰不许进入,有敢进入并自由行动者,均得攻击之;有向我发炮者,必须还击,直至击沉击伤或驱逐出境为止。但如有外国军舰在上海停泊未动,并未向我军开炮者,则不要射击。"他告诫粟、张:"为了对付外国军舰的干涉,你们应有充分的精神准备与实力准备,即要将外国干涉者的武装力量歼灭或驱逐之。"③

三野部队保持了克制,在上海战役中没有与外国军舰发生冲突。中共中央担心帝国主义会对中国进行武装干涉,毛泽东于5月28日电告四大野战军负责人,要大家"预筹对策,以期有备无患"。措施是加强沿海港口的守

---

① 《毛泽东选集》第四卷。
② 《毛泽东文集》第五卷。
③ 《毛泽东军事文集》第5卷。

卫,保留一部分兵力应付突然事件。在这种形势下,对"紫石英"号的处理就成了一个很微妙的问题。

"紫石英"号在镇江停留期间,修复了被炮弹打坏的船舱。对英军究竟是作为俘虏还是作为客人看待,上级没有明确指示。看管部队每天供给船上必要的燃料,没有派人上舰监视或缴下武器。英国远东舰队司令布朗特两次致电"紫石英"号舰长克仁斯,要他与我方交涉放行。我方要求英方首先承认错误,道歉后才能考虑放行的问题。谈判陷入僵局。第8兵团政委袁仲贤将这些情况报告总前委,总前委转报中央。6月10日,周恩来以军委名义起草了《对英国军舰紫石英号的处理办法》的复电,指示总前委:"你们可令前线司令部康矛召以公函通知"紫石英"号舰长克仁斯定期至我司令部与袁仲贤将军会谈。届时,袁仲贤可根据英舰四艘武装侵入中国内河及炮轰我军阵地的基本事实,将英远东舰队司令布朗特两次函电及克仁斯几次备忘录的无理和威胁词句给以口头驳斥。在会谈中应注意劝导其承认英国军舰闯入未得解放军许可的中国领水和战区为基本错误,至少应劝导其承认无法取得我军同意即行开入亦为冒失行为,然后,才能允予考虑将谈判英国海军的责任及认错、道歉、赔偿等问题,与容许紫石英号军舰开走修理问题分开解决。"

在电报中,周恩来还对"紫石英"号可能逃走的问题指示了对策:"你们估计'紫石英'号一般地不会偷走,但应准备该舰如采取偷走办法时的对策。我们认为,如果'紫石英'号采取偷走办法,我方军舰及江岸炮兵应装作不知道是'紫石英'号,而让其逃去(此点应事先秘密通知有关方面)不要攻击,然后迅即发表声明加以申斥。……我们应严密戒备吴淞、江阴两要塞,如果'紫石英'号经过江阴偷走,可不予炮击。"当时上海已经解放,有大量的工作要做。中央希望能尽快解决"紫石英"号的问题,避免牵扯过多的精力,避免国际冲突。①

然而几次谈判,没有取得进展。英方坚持是我方先打的他们,拒绝承认

---

① 《周恩来军事文选》第三卷。

错误和道歉。南京市委将情况报告中央，6月23日毛泽东复电："对'紫石英'号的方针，必须英方承认不得人民解放军同意擅自侵入中国内河是错误的这一点（不着重谁先开枪，因为这是没有多大关系的，重要的是擅自侵入内河，只要是擅自侵入，我军就必须打它和扣留它；也不要着重正当渡江的时机，重要的是擅自侵入人民解放军控制的内河，不管什么时机，都是不能许可的），才能释放，否则决不能释放。"①我方代表根据中央指示的立场再次与英方谈判，双方又陷入僵局。

眼看释放无望，英方准备秘密逃跑。随着时间的推移，我军渐渐放松了对"紫石英"号的戒备。英国人把我方每天提供的燃料积攒起来，达到了可以逃出长江的用量。7月30日夜里，"紫石英"号偷偷起航。当时一艘顺流而下的"江陵"号商轮正好驶过镇江，"紫石英"号贴上去，与"江陵"轮并行，借其掩护，躲避我军炮火。21时大港炮台的25军山炮团发现"紫石英"号逃跑，立即开炮拦截。因为没有探照灯等照明设备，黑夜中辨不清目标，结果炮弹多数打到"江陵"号商轮上，导致"江陵"轮不幸沉没。25军山炮团用电话通知下游的江阴要塞，特纵守备部队立即派出步兵沿江巡逻，要塞副司令李安邦赶到黄山炮台指挥。到午夜时分，没听见江上有轮船的机器声，也没有看到步兵发出的搜索信号。突然，黄山炮台山脚下出现一个庞然大物，开足马力向东驶去。原来狡猾的"紫石英"号在接近江阴要塞时，关闭轮机，不出动静地顺流而下。通过黄山炮台时，军舰紧靠南岸石壁，我军炮火居高临下，死角太大。等炮兵们移动炮架调整射击角度时，"紫石英"号已迅速通过炮台，消失在黑暗之中。

逃过江阴之后，江面骤然开阔。拦截"紫石英"号更加困难，只有吴淞口这最后一关了。江阴要塞派出部队，带战防炮2门、机枪4挺，乘汽艇追赶。沿途询问过往商船，说是曾看见一艘军舰向下游行驶，舰上关闭灯光，速度很快。江阴要塞估计"紫石英"号到达吴淞口的时间，通知吴淞要塞的炮18团作好战斗准备。18团等到31日下午，江阴追赶的汽艇都到了，也

———
① 《毛泽东年谱》。

没看到"紫石英"号的踪迹。根据情况分析,"紫石英"号一定是避开了吴淞口,从崇明岛北面的航道逃出了长江口。[①]

"紫石英"号逃跑后,粟裕召集担任江防的 25 军、特纵首长及 25 军山炮团、江阴、吴淞要塞副司令、外交事务处等有关部门开会,就此事进行检讨。8 月 27 日粟裕和三野副参谋长周骏鸣联名向军委写了报告,总结了一些教训:

"领导上没有明确对英舰'紫石英'号的态度。究竟以俘虏看待还是以客人看待,有些模糊。没有予该舰以必要的限制,如限制燃料或派人上舰监视,或缴下武器。"

"英帝为了照顾其在远东的面子和威信,不肯承认其错误,又不愿该舰长期陷于我手,其唯一办法则为偷跑。而我在对关于执行军委防止该舰逃窜部署动作上缺乏明确具体的指示,只是照样转令各江防部队对该舰'不以击沉为目的',而对如何达到不使该舰击沉,且又可以有效阻止该舰逃窜之目的,却未予各江防部队以具体指示。致江阴要塞机械改变原来(以击沉为目的)部署,变换了有效阻击的炮兵阵地,怕击沉了要犯错误(当时山下江岸大水亦是一客观原因)。"

"对英舰的熟悉航道地形乘夜晚偷跑及其逃跑时可能运用麻痹掩护狡诈想到的估计准备不足。因此在防御配备上存在各种弱点,如江阴要塞南岸炮位放在山上,不得遂行低伸水平射击,崇明岛未设炮火,没有估计到该舰由崇明岛以北逃窜,江阴没有照明设备和江面巡逻等。"

"缺乏照明设备,炮兵射击技术不高,对水上活动目标射击无经验。事前守备部队在干部、战士中普遍进行兵舰、商轮夜间识别教育不够,致该夜敌舰利用江陵号商轮掩护前进,而我 25 军炮兵反误击商轮。"[②]

报告送上去后,中央并没有责怪什么。直到八年后,毛泽东才讲述了其中的原因。1957 年 11 月 8 日,毛泽东在莫斯科出席会议期间,会见了英国

① 三野特纵、25 军山炮团:《为呈报紫石英舰逃窜事件的报告》,1949 年 8 月 1 日。
②《中国人民解放军第三次国内革命战争史料选编》第 3 辑第 3 册。

共产党领导人波立特和高兰。毛泽东告诉他们：蒋介石快要灭亡的时候，要求美国出兵。美国说可以出钱，供给军火，但是不能派兵。当时美国有少数部队在上海。南京、北平、青岛，陆海军都有。英国也有一些，为数更少。我们的军队所到之处，他们就赶快撤走。美国人员走得快，英国要慢一些。英国曾派"紫石英"号兵舰到南京去接部队，被我们打中了一炮。后来它说是跑了，实际上是我们让它走的。它当时的燃料不足，我们给了一点油。当时的形势是：如果"紫石英"号不走，就使人下不了台，我们同英国的关系就会尖锐起来。我们主要是对付美国，不是以英国为攻击对象。

第40章

别了，司徒雷登

司徒雷登留在南京不走——毛泽东要"打扫干净房子再请客"——35军战士闯入司徒雷登住宅——中共中央强调外交政策——司徒雷登看到我军纪律严明——黄华与司徒雷登的接触——美国政府拒不承认新中国——白皮书提供反面教材——司徒雷登晚景凄凉

1949年4月24日，中国人民解放军进入南京城时，在上海路一座白色楼房内，一位美国老人在密切注视着时局的发展。他就是美国驻华大使司徒雷登。

司徒雷登（J. L. Stuart），1876年出生于一个在中国传教的美国人家庭，1905年又被美国教会派往中国传教。1919年在北京创办燕京大学，长期担任校长，培养了许多中国学生，并有广泛的社会联系。由于他在中国的资历，马歇尔推荐他于1946年7月出任美国驻南京国民党政府的最后一任大使。尽管司徒雷登表面上是一个"民主派"，但在政治上是支持蒋介石，维护美国在华利益的。他一方面劝告蒋介石停止内战，一方面又积极为蒋介石寻求经济和军事援助。1948年底，国民党的腐败已到无可挽救的地步，司徒雷登终于对蒋介石失望了，他暗中支持李宗仁，积极推动"和谈"，希望能保持"划江而治"的局面。1949年3月，我军渡江的形势已经明朗，司徒雷登知道国民党大势已去，他认为自己既是美国官方代表，又是中国"友好人士"，有一定的影响，希望能通过个人的努力，保护美国在华利益。3月10日他致电美国国务院，请求留在南京，与共产党接触，以"建立新的关系"。美国国务卿艾奇逊复电授权他与中共领导人会谈，要他注意保密，以免引起美国右派人士的反对。4月22日我军渡江后，南京政府外交部长叶公超亲自到司徒雷登住处劝他南下广州，遭到司徒雷登的婉言谢绝。当天在南京的外国使团开会讨论去留问题，大家都看美国人的态度，司徒雷登表示不走，英、法、印度等国大使也都留在了南京。具有特殊意味的是，苏联驻南京政府的大使罗申反而随李宗仁政府南下广州了。主持南京接管工作的柯庆施在南京解放后招待民主人士的宴会上不无幽默地说："一向支持我们的苏联驻华大使在我军渡江前，随着国民党政府搬到广州去了；而一向支持国民党政权的美国大使司徒雷登却留在了南京。"①

新中国将实行什么样的外交政策，是毛泽东长时间思考的重大问题。1946年马歇尔到延安访问时，毛泽东对美国是存有一些希望的。但是美国援助国民党的事实，迫使毛泽东与美国划清了界线。在建国前夕中共中央确定的外交政策是：不承认外国政府现在派驻中国的代表为正式的外交人员，不承认国民党政府与各国建立的旧的外交关系，也不急于取得帝国主义国家对我们的外交承认。毛泽东概括地比喻说，这是"另起炉灶"，"打扫干净房子再请客"。②

1949年1月，斯大林委托苏共中央委员米高扬秘密访华，在西柏坡会见了毛泽东，详细了解中国革命的情况和中共中央的政策。这次会谈对今后中苏关系的发展起了重要的推动作用，使毛泽东确定了向以苏联为首的社会主义阵营"一边倒"的外交政策。3月毛泽东在中共中央七届二中全会的报告上说："关于帝国主义对我国的承认问题，不但现在不应急于去解决，而且就是在全国胜利以后的一个相当时期内也不必急于去解决。我们是愿意按

① 钱辛波：《我认识的司徒雷登》，载《燕大文史资料》第9辑。
② 《胡乔木回忆毛泽东》第2部分第18节。

照平等原则同一切国家建立外交关系的，但是从来敌视中国人民的帝国主义，决不能很快地就以平等的态度对待我们，只要它一天不改变敌视的态度，我们就一天不给帝国主义国家在中国以合法的地位。"①在全会的总结中他又说："中苏关系是密切的兄弟关系，我们和苏联应该站在一条战线上，是盟友，只要一有机会就要公开发表文告说明这一点，也要做这种宣传。"②

这些情况，司徒雷登当然不知道。一个戏剧性的事件，使他与共产党方面开始了接触。4月25日早晨，35军某营的营长和教导员带着几个战士，出于好奇，进入了司徒雷登的大使馆。司徒雷登回忆："在六点半钟，我因听见我卧室的门被推开而觉醒，看见有好几个武装的兵士进来。我大声问他们想要作什么，他们就退出去了。其中有一两个带着怒气喃喃自语。我从床上迅速起身，看看有什么事情发生。那时候，就有十个至十二个武装士兵回到我的卧室来。他们的发言人颇有礼貌地解释说：他们只是在逛着玩，并没有什么恶意。又问我懂不懂他的话。当我回答说我完全懂他的话时，他又重申他的保证。但见到我不十分热诚欢迎他们，就领着其余的人走了出去。"③

但是美国国务院把这件事看得甚为严重，借新闻报道大做文章。4月27日的《申报》以"共军检视美使住宅"为题引用美国新闻处的报导说："荷枪之共产党兵士十二人，曾于上午六时四十五分侵入司徒雷登之住宅，彼等询问仆人住于该处者有多少中国人与多少外国人以及大使在何处。彼等走入司徒雷登之房间，第一个走入者高声怒气说话，唯其他之人则较有礼貌。兵士在卧室中徘徊，检视物件，并谓室中器皿最后将归人民，因此等器具系应属于人民者。"美国国务院指示司徒雷登"向共产党当局提出有力之抗议"。

虽然美国政府坚持反共立场，但司徒雷登留在南京没走的消息引起中共中央的高度重视。4月24日南京刚刚解放，毛泽东就催促总前委"小平、陈毅二同志应即率华东局机关入城主持一切，刘伯承同志率领之机关亦望早日

① 《毛泽东选集》第四卷。
② 《毛泽东文集》第五卷。
③ 司徒雷登：《在中国五十年》第12章。

去南京"。他们尚在途中，就发生了进入司徒雷登住宅的事情。26日，毛泽东从广播中得知这件事，立即给总前委发出一封措辞严厉的电报："据美国广播称，我人民解放军曾进入南京美大使馆施行室内检查，并宣称，该室器具不久将为人民所有云云。不管此事是否确实，你们均应立即传令全军，凡对外国大使、公使、领事和一切外交机关人员及外国侨民施行室内检查，采取任何行动必须事先报告上级，至少须得到中央局及野战军前委一级的批准，方得实施；凡上述行动未经中央规定者，更须电告中央请求批准。对待各国驻华大使馆、公使馆、领事馆及其他外交机关，早经规定一律予以保护，非经特许不得施行室内检查。此次南京检查如果属实，应认为为违反纪律行为，迅予查究。""南京现为各国大、公使馆驻在地区，我卫戍部队必须特别注意，望刘陈邓饶立即注意此事，亲自掌握外交问题的处理，并督促陈士榘、袁仲贤加强对南京卫戍部队的训练和管理。"①

刘邓陈到达南京后，即严格检查违反外交政策的事件。5月5日华东局、总前委通报了几起事件：

35军某营长、教导员率士兵6人进入美大使馆，并直入美大使司徒雷登卧室。美方以大使馆不受检查为理由，该营长以此系检查地方，有权进入为理由，引起争吵。

我军在奥国大使馆门口的卫兵不准人进出。恰有两个奥国人驾驶汽车出来，该卫兵令其停止，该两奥人不停止，仍开车外出。该卫兵即连放两枪，两奥国人见事不妙，即返车进入大使馆内。

我军在法国大使馆的卫兵遇法大使由私宅到馆内办公，被阻止不准进去，进去又不准出来。

35军政治部秘书率一管理科员到某国使馆去打房子，引起争吵，群众围观。经军政委何克希路过瞧见，阻止作罢。

35军有几个同志走到某国大使馆外高呼"打倒帝国主义"口号。

《通报》指出："我军未奉命令，毫无事故，仅因为好奇随意闯入私人住

① 《中共中央文件选集》。

宅，任何时候均属错误。就是对本国人住宅亦是错误的。特别闯入外侨住宅，因语言不通，更易招致误会。对外国领事馆驻地，依国际外交公法是不受检查的，故更不应擅自闯入。""我军对各大使馆、领事馆派岗哨，其目的是为了保护外侨，不是去妨碍其进出自由。把保护了解为看犯人样的看管或监视是错误的。故今后决定对各国使领馆无必要时不派岗哨，只派部队在附近警戒巡逻，防止特务暗害。在我军指定范围内，一般不妨碍其行动自由。"①

这些事件，是35军缺乏城市接管和处理外交事务的经验所致。公正地说，35军进入南京后纪律是相当好的。第8兵团的总结中说："35军进入南京，在保护工厂、看管物资方面真正做到原封不动。该部某机炮连在小北门看管仓库，战士宁可吸着自己的黄烟，对于仓库里满藏着的香烟、罐头食物、葡萄干等均丝毫未动。"②总前委在30日给军委的电报中也说明了这一点："35军因非主力兵团，骄气较少，故该军在南京虽然出了不少乱子，但纪律还算比较好的。其他主力军如不训练，不会比35军的情况更好。"③4月29日，粟裕命令24军前往南京接防，35军调往杭州归还第7兵团建制。

24军进入南京前，专门进行了三天城市政策教育。兵团首长亲自作报告，首先对营以上干部交代政策，如保护外侨、看管物资、巩固团结等问题，然后在连排干部战士中进行教育，制订措施。在进城前先派部分同志了解情况，有针对性地深入教育，接受35军的教训。在开进南京途中，部队筹粮、筹草，宁可忍饥挨饿到远处筹，不向驻地群众借粮，避免引起恐慌。72师担任后卫，一路上替兄弟部队清理欠款，用华东粮票换回不少空白条子和山东粮票，赢得群众赞扬。71师在南京市区担任警备，纪律严明。④

司徒雷登亲身感受到共产党人给南京带来的新气象。自从入宅事件过去

①《几个违反外交政策的突出事件和应接受的教训》，载《华东军区、第三野战军第三次国内革命战争战史资料选编——渡江战役》。
②《第8兵团渡江以来关于部队执行政策纪律的总结》。
③《中国人民解放军第三次国内革命战争史料选编》第3辑第3册。
④《第8兵团渡江以来关于部队执行政策纪律的总结》。

后，南京市军管会加强了对外国使馆的保护。司徒雷登回忆："所有的外国人总是被阻止离开他们的住处，据说这纯粹是一种谨慎的措施。共产党特别关心我，所以我完全不离开我的住宅。"他在楼上可以看到外边的活动，共产党军队严明的纪律使他很受感动，相比之下，对国民党的失败也有了更深刻的认识。他写道："共产党是一个使人痛心的对照。他们完全没有个人的贪污，军官和士兵全有密切的共同生活，简朴而勤劳，受了严格的纪律训练。当他们进入南京时，这一切都很明显。差不多对于民众完全没有不应有的举动，他们向老百姓借用了许多东西，但十之八九把这些东西完全还清，或赔偿。……他们的士气甚为旺盛，操练和训话每天都在我们大使馆周围的空地上不断举行。所以我们对于这一层得到了看得见的证据，和许多听得见的证据。"①所以，他希望能与共产党接触，建立关系。

　　4月下旬，黄华从北平调任南京市军管会外侨事务处处长。他是原燕京大学学生，抗战时期赴延安参加革命。解放战争初期在北平军调部工作，与司徒雷登有过接触。离开北平时，周恩来交代给他的任务是接管南京外交部和处理有关对外事务，并以私人身份与司徒雷登接触。他到南京不久，司徒雷登就派秘书傅泾波来联系。5月7日，黄华会见了傅泾波。傅转达司徒雷登的话说：美国已经停止了对蒋介石的援助，这次国民党撤退，他决定留在南京不走，就是希望同中国共产党接触，这点已获艾奇逊的同意。傅泾波说：司徒雷登盼望与黄华会见，现在是美国对华政策改变时期，能在老校长手中完成这一转变，比调换个人好些。黄华表示：会见的事考虑后再说，美国援助蒋介石的政策给中国人民造成重大损失，创痛极深。空言于事无补，需要美国首先做更多有益于中国人民的事，才能逐步取得中国人民的谅解。②

　　黄华将上述情况报告中央，5月10日，毛泽东复电作了七条指示：

　　"1.黄华可以与司徒雷登见面，以侦察美国政府之意向为目的。

① 司徒雷登：《在中国五十年》第12章。
② 黄华：《司徒雷登离华真相》，载《燕大文史资料》第9辑。

2.见面时多听司徒雷登讲话，少说自己意见，在说自己意见时应根据李涛声明（即4月30日毛泽东起草的《中国人民解放军总部发言人为英国军舰暴行发表的声明》。——作者注）。

3.来电说'空言无补，需要美首先做更多有益于中国人民的事'，这样说法有毛病。应根据李涛声明表示任何外国不得干涉中国内政，过去美国用帮助国民党打内战的方法干涉中国内政，此项政策必须停止。如果美国政府愿意考虑和我方建立外交关系的话，美国政府就应当停止一切援助国民党的行动，并断绝和国民党反动残余势力的联系，而不是笼统地要求美国做更多有益于中国人民的事。你们这样说可能给美国人一种印象，似乎中共也是希望美国援助的。现在是要求美国停止援助国民党，割断和国民党残余力量的联系，并永远不要干涉中国内政的问题，而不是要求美国做什么'有益于中国人民的事'，更不是要求美国做什么'更多有益于中国人民的事'。照此语的文字来说，似乎美国政府已经做了若干有益于中国人民的事，只是数量上做得少了一点，有要求他'更多'地做一些的必要，故不妥当。

4.与司徒雷登的谈话应申明是非正式的，因为双方尚未建立外交关系。

5.在谈话之前，市委应与黄华一起商量一次。

6.谈话时如果司徒雷登态度是友善的，黄华亦应采取适当的友善态度，但不要表示过分热情，应取庄重而和气的态度。

7.对于傅泾波所提司徒雷登愿意继续当大使和我们办交涉并修改商约一点，不要表示拒绝的态度。"①

毛泽东的指示详尽明确，表现出中共中央愿意与美国政府接触的诚意。5月13日，黄华以私人身份前往司徒雷登住处与他会晤。黄华问起解放军进入他住宅的事情，司徒雷登反应平静。但黄华没有向他道歉，而是告诉他：在军管期间，解放军有权进入一切可疑的中外居民住宅进行检查。在未同新中国建交前，原外国使节不再享有外交豁免权。但作为外侨，自将保护其安全。司徒雷登表示，愿意同新中国建立新关系，希望中国政府能广泛吸

① 《毛泽东文集》第五卷。

收民主人士参加。黄华要求美国政府不干涉中国内政，撤走驻青岛等地的军舰和陆战队。司徒雷登答应转告有关方面。美方确实有了实际行动。5月20日总前委在上海战役开始前电告粟裕、张震："司徒雷登已向我南京外事处黄华同志作个人的负责表示，吴淞口内已无美舰。"①这个通报打消了三野部队的顾虑，以猛烈炮火封锁了黄浦江。

上海解放后，司徒雷登申请去上海处理美国侨民的事务。南京市委请示中央，6月3日中央答复："司徒二周后去沪，可许其以外侨身份乘火车前往，但我应予以保护。""黄华与司徒会面时，可向司徒提出，我方久已宣告不承认国民党反动政府有代表中国人民的资格，现在国民党政府已经逃亡，不久即可完全消灭，各外国不应再与该逃亡政府发生关系，更不应和该逃亡政府讨论对日和约问题。否则，我们及全国人民将坚决反对。"②

6月6日黄华再次约见司徒雷登。谈了赴沪的手续问题后，双方谈到了相互承认的问题。司徒雷登站在美国政府的立场上表示："当一个显然地获得中国民众支持，或至少赢得民众承认的新政府出现时，而那个政府又拿出证据来，证明愿意、而且也有能力依照国际标准与其他国家保持外交关系时，那么大家自然会讨论此项问题。但在那阶段之前，我们这些局外人只能够坐着等候。"司徒显然对中共不承认他的外交身份和特权耿耿于怀，也表示美国当局对新中国的敌视和观望态度。③

6月8日傅泾波来见黄华，转达司徒雷登的口信：美国现在（对新中国的关系）很难作出正式表示，需要司徒雷登返美后努力。但他需要了解中共高层的意见，回去讲话才有力量。司徒希望在返美前能到北平会见周恩来，希望得到同意。黄华汇报中央后，中央考虑通过非官方联系较好。于是由燕京大学校长陆志韦出面，邀请司徒雷登访问燕京大学。司徒雷登得知后非常高兴，将此事报告美国国务卿艾奇逊，等候批准成行。

中美建立关系的机会被美国政府破坏了。国民党政府垮台后，美国国会

---

① 《中国人民解放军第三次国内革命战争史料选编》第3辑第3册。

② 《中共中央文件选集》。

③ 司徒雷登：《在中国五十年》第12章。

中掀起一股反共、反华浪潮。右翼势力追究美国政府的责任，美国政府中原来对中共态度友好的官员都受到不同程度的指责和迫害。在此情况下，艾奇逊不敢批准司徒雷登赴北平的请求，而是在7月2日来电要司徒雷登尽快回国。这无疑给司徒雷登当头泼了一盆冷水，使司徒雷登极为失望。8月2日，司徒雷登和傅泾波等登上专机，从南京取道东京回国。①

司徒雷登回国途中，美国政府发表了中美关系的白皮书。在这份长长的报告中，叙述了自1844年美国与清朝签订《望厦条约》以来，直至1949年国民党政府垮台时的中美关系。白皮书中公布了大量机密文件，来证明国民党政府的贪污腐败，为美国政府扶植国民党政策的失败推卸责任。司徒雷登在夏威夷看到白皮书后，大为震惊。他在回忆录中写道："白皮书昭告世界，美国政府认为国民党在内战中已经失败了。一方面不肯承认美国政策有任何错误，一方面又尽力把所有的过失全部归咎于中国国民政府。白皮书指出美国的政策在任何地方都不需要为那不祥的结局负任何责任，并且用暗示方式宣布：美国对国民政府的支持和美国为国民政府的生存所作的各种努力，均将结束了。"②

司徒雷登与中共中央接触的失败和美国政府白皮书的发表，使司徒雷登陷入一个极为尴尬的地步，他成了中美双方攻击的目标。白皮书为中国人民提供了一份反面教材，告诉大家美国在内战的幕后都干了些什么。毛泽东抓住这个"教材"，连续写了四篇评论，批判美国政府在中国推行的侵略政策，宣布了中国共产党人与美国政府的决裂。最精彩的一篇题为"别了，司徒雷登"。"多少一点困难怕什么。封锁吧，封锁十年八年，中国的一切问题都解决了。中国人死都不怕，还怕困难吗？"这豪迈自信的语言，曾经鼓舞了几代中国人的民族自尊心。

司徒雷登带着一颗破碎的心离开中国。回到美国后，他又受到美国右翼势力的攻击。在双重打击下，他心力交瘁，四个月后突发中风，从此瘫痪在

① 黄华：《司徒雷登离华真相》，载《燕大文史资料》第9辑。
② 司徒雷登：《在中国五十年》第12章。

床。他从美国政界消失了，也很快被美国人遗忘了。他在病床上始终怀念着中国，把中国当成第二故乡。临终前的遗嘱，就是把他的骨灰埋葬在燕京大学的校园里。但是这个愿望至今也未能实现。①

---

① 钱辛波：《我认识的司徒雷登》，载《燕大文史资料》第9辑。

战上海

解放上海是艰巨复杂的任务——部队入城发生的问题——陈毅强调入城纪律——国民党军的上海防线——三野决策先打吴淞——外围战斗进展不顺利——粟张指示改变战术——浦东、高桥激战——毛泽东指示先攻市区——刘昌义率部起义——国民党军大溃逃——我军在上海露宿街头——华东解放战争的胜利

第三野战军渡江之后，以摧枯拉朽之势迅速解放了南京、杭州、镇江、无锡、苏州等江南城市。渡江战役第三阶段的任务，是解放和接管上海。

上海是亚洲最大的城市，有600万人口，也是中国工业、商业中心。能否完好无损地占领这个大城市，是一项艰巨、复杂的任务。陈毅曾对三野干部说："进入上海是中国革命的最后一个难关，是一个伟大的考验。"①

解放上海难在哪里？第一，上海是帝国主义利益最集中的地方，美国、英国的军舰还停在黄浦江中不走。如果我军进攻上海，会不会引起帝国主义武装干涉，使国际局势复杂化？第二，在上海作战，犹如"瓷器店里打老鼠"。如果打烂了上海，新中国的经济建设就要蒙受重大损失。第三，如果

---

① 《入城纪律是给新区城市人民的见面礼》，载《陈毅军事文选》。

我军接管工作做不好，导致上海停工停电，发生混乱，变成一座"死城"，我军就可能在上海站不住脚。

这些问题，是中共中央和总前委时刻考虑的大事。因此在部署渡江战役时，中央就提出对上海要"慎重、缓进"。要充分做好一切接管的准备工作。4月27日毛泽东指示总前委和粟裕、张震："你们不但要部署攻击杭州，而且要准备接收上海，以便在上海敌人假如迅速退走，上海人民要求你们进驻的时候，不致毫无准备，仓猝进去，陷于被动。""为着多有一些准备时间，不使国民党过早退出上海，我军仓猝进入上海，请粟张注意不要使我军过于迫近上海。同时，争取在数日内完成进驻上海的准备工作，以便在国民党迅速退出上海时，我军亦不至毫无准备地仓猝进去。"毛泽东强调："何时进驻上海，须得我们批准。"①

刘邓陈来到南京后，耳闻目睹我军进入大城市后发生的一些事情，感到最紧迫的是对部队进行城市政策教育。尽管过江前各部队都进行了不同程度的城市政策教育，但绝大部分干部战士是第一次进大城市，新鲜好奇，闹了不少笑话。陈毅和邓小平到南京后，住在蒋介石的"总统府"里。4月28日早晨他们在东园散步，发现地上漫着水，走廊上的地毯也泡在水里。一问才知道是战士不会用自来水龙头，把它扳坏了，到处跑水，好容易才堵住。陈毅很生气，命令住在这里的警卫部队马上打扫干净，除站岗值勤人员外全部撤出"总统府"。陈邓也随即迁移到原国民党"行政院"办公。②

23军68师进入杭州后，因不习惯城市生活，也出了一些问题。有些同志看了电灯、自来水就好奇，浪费水电现象很普遍，几天就损坏了40个灯泡。203团战士在蒋介石公馆里搞坏了三个抽水马桶，用抽水马桶的水洗碗。站岗的哨兵站在马路中央，看到汽车经过就阻拦询问，妨碍了交通。有的对城市看不惯，看见城市女人穿得漂亮，背地里就骂不是好人；有的见商人生活讲究，背地里就骂他是寄生虫。军师领导对纪律抓得很紧，68师政委陈

① 《毛泽东军事文集》第5卷。
② 《陈毅年谱》。

茂辉在武康县城发现卫生队的骡马拴在一间小洋房里拉屎,在行军路上就对该团政委指出;入杭州后发现一个排长在街上买香烟,陈政委当场阻止,并让排长回去作检查。入城那天军长、师长仅吃到一顿饭,宁可饿肚子也不去街上买食物和香烟。有的同志对城市纪律很不习惯,有的说:"城市里真难,动不动就犯错误。"有的说:"当兵不抵老百姓三分之一好。"有个营从城里撤到乡下住,大家都高兴地说:"这下可到解放区了!"①

看到部队的报告,总前委感觉到城市接管确实是很复杂的问题。由于战线推进太快,许多准备工作来不及或不细致。后方的物资和接管干部尚未到达,部队入城纪律和政策教育还不深入,如果这样稀里哗啦开进上海,非乱套不可。4月30日总前委报告军委,要求推迟进占上海。电报说:"根据南京经验,在我党我军未作适当准备,仓猝进入大城市,必然陷于非常被动的地位。就军事上说,杭州、上海很快即可拿下;就政治上说,我们许多重要准备都未作好。加以上海、杭州干部尚在长江北岸,人民币因火车拥挤(据说薛暮桥处很难交涉到车厢)不能及时运到,煤的问题因缺运输工具,则更难克服。粮食在南京无大问题,估计杭州多无大问题,上海还不知道有无存粮。而在部队本身困难亦多,政策及入城守则尚未深入教育,连续行军作战尚未整理,大批俘房尚未处置。如不经过十天左右的整训,进城之后一定会发生许多问题。35军因非主力兵团,骄气较少,故该军在南京虽然出了不少乱子,但纪律还算比较好的。其他主力军如不训练,不会比35军的情况更好。我们考虑,以尽可能推迟半月到一月入上海为好。"②

5月3日,毛泽东批准了总前委的请求,复电说:"上海在辰灰(5月10日)以前确定不要去占,以便有十天时间作准备工作。在辰灰以后,则应作两方面的计划:甲、即去占领上海。这是假定汤恩伯在十天内由海上退走,上海成了无政府状态,迫使你们不得不去占领。你们的准备主要地应放在这点上。否则,你们将陷入被动。过去,你们在三个月准备渡江期间,没有抽

① 《23军入杭州后部队思想及城市纪律执行情况报告》,1949年5月15日。
② 《中国人民解放军第三次国内革命战争史料选编》第3辑第3册。

出一个月时间令军队学习政策和接管城市事项,没有作很快占领诸城的精神准备和组织准备,吃了亏。现在只好在十天内补足此种缺点。乙、拖长时间至半个月或二十天或一个月再去占领。只要汤恩伯不走,就应如此。占领浏河的时间亦可推迟。"①

5月初,小小的丹阳县城突然热闹起来。陈毅、饶漱石于3日到达这里,主持解放上海的准备工作。数千名干部从各解放区、北平、香港日夜兼程赶来,投入接管上海的集中整训。他们当中有许多人是著名的"上海通",如上海地下党负责人刘晓、从事文化工作的夏衍、从事秘密工作的潘汉年、从事经济工作的许涤新。各路精英汇集一堂,分头进行调查研究和准备工作。有关上海的政治、经济、社会、文化等多方面的资料,有从敌人那里缴获的、有上海地下党调查的、有上海来人报告的,整理成200多本小册子。大家根据这些材料和中共中央的有关政策,研究接管上海的具体方针措施。如上海的官僚资产阶级和民族资产阶级如何区别对待,外国人的企业如何接管,国民党政府机构如何处理,金融如何稳定,流氓帮会怎么办,市民的粮、煤等生活必需品如何保证供应,等等。事无巨细,都要考虑周全才行。陈毅、饶漱石不分昼夜地与分管各方面的干部研究情况,听取汇报。单是财政接管纵队的汇报陈毅就听了两天两夜,对于如何紧急调运粮食、棉花、煤炭保证上海市民的需要,作了周密部署和应急准备。②

5月10日,陈毅在丹阳一座大庙里,对数百名接管干部作入城纪律的报告。一开口他就声色俱厉地批判两件违犯纪律的事:"8号下午我和饶政委到街上散步,走到戏院门口,有几个穿黄军服的同志,没拿票硬要进去。老百姓拿着票子反而进不去了。那时逼得我不得不亲自出马干涉,他们才走了。如果没有我们去干涉,那天戏院一定要被打烂。为什么无票非要进去看戏?是不是老子革命几十年,进戏院还没有资格?这就是违反纪律!"

"第二件,今天早晨我到丹阳师范学校,问校长、教员有没有解放军进

① 《毛泽东军事文集》第5卷。
② 《陈毅传》第9章第1节。

来破坏纪律。他们说：'一般地很好。前天有位解放军来摘去一个电灯泡，昨天又有两个同志带着摘灯泡的同志来还灯泡。'这是人家不满意中的满意，这是很严重的破坏纪律。"

陈毅从这两件小事，谈到接管上海的大事。他说："上海很复杂，我们都不大懂。我们不能自大、吹牛。上海一个月要烧20万吨煤，600万人这张大口又要饭吃，要解决几百万人的粮、煤及生活问题。单是每天大小便问题不解决就不得了。每天的垃圾不解决，几天就堆成一座山。我们会演戏唱歌，人家佩服。我们管理不好上海，就无法向老百姓说话。上海是最现代化的城市，是帝国主义反动派的窝巢，是百年来发展起来的各式各样、奇形怪状的复杂的城市，我们没有经验是很难进行工作的。因此除了具有信心以外，必须要有谨慎小心'临事而惧'的态度，这样才能多考虑问题。否则是低级的幼稚的，就一定会栽筋斗。进入上海是中国革命的最后一个难关，是一个伟大的考验。上海搞得好不好，全中国全世界都很关心。我们搞得好，世界民主力量就会为我们高呼、庆祝、干杯；搞不好就会使他们失望。"

怎样才能接管好上海，陈毅强调："必须强调入城纪律，入城纪律是入城政策的开始，是和市民的见面礼。纪律搞得好，政策就可以搞得好，搞不好就会影响政策的推行。上海人民对我们的希望很大，把我们看成'圣人'，如果一进去就搞乱了，他们就会大失所望，再去挽回影响就要费很大的劲。"① 20天的丹阳整训，为接管上海的各项工作打下了坚实的基础。

我军渡江后，国民党军兵败如山倒。汤恩伯奉蒋介石的指示，在上海集结了8个军25个师的正规军。加上空军和海军第1舰队及炮兵、装甲兵、工兵、保安部队，总共20万人。4月26日，蒋介石从奉化老家来到上海，亲自策划部署上海防御。他在复兴岛连续召见团以上军官，训话打气。表示自己留在上海不走，"要和官兵共艰苦，和上海共存亡"。他分析的国际形势是不出三个月，就会爆发第三次世界大战，到时候美国就会恢复援助。上海战略和经济地位重要，守备上海的兵力是雄厚的，军用物资是充足的，阵地也

① 《入城纪律是给新区城市人民的见面礼》，载《陈毅军事文选》。

是坚固的。只要守上三个月到半年，形势一定会朝有利的方向转化。他终日忙碌不停，不断对军官们重复这些话。蒋介石是最善于欺骗的，他向汤恩伯交的底是：尽可能坚守一个时期，待上海的资金和物资全部转运台湾后，就可以放弃上海。当时顾祝同在上海召开作战会议，国防部三厅厅长蔡文治认为几十万大军守上海是死路一条，前无出路，后有大海，守不住大家只好跳海，与汤恩伯大吵大闹。汤恩伯镇不住场，只好宣读蒋介石的密令，说："总裁无意久守上海牺牲实力，只要金银运完就了事，这责任由我来负。你们这些长官、同事们请到广东去吧，免得在这里碍手碍脚，必要时我还要保护你们。"顾祝同等面红耳赤，只好登上飞机走路。①

国民党军在上海的防御阵地分为三层：以南翔、华漕、七宝、华泾之线为浦西外围阵地，以川沙至北蔡为浦东外围阵地。以吴淞以西的狮子林向南经月浦、杨行、刘行、大场、真如、虹桥、龙华至黄浦江为浦西主阵地，以高桥向南经高行、洋泾、塘桥之线为浦东主阵地。在市区以国际饭店、四行仓库、海关大楼、百老汇大厦（今上海大厦）等高大建筑物为坚固防守据点。其兵力部署是以6个军20个师防守黄浦江以西地区；以2个军5个师防守浦东。海空军实施机动支援。

上海外围在抗战前就修筑了不少坚固的碉堡，侵华日军也修筑过永久性工事。1948年以来，国民党军在上海加紧构筑新的工事和配套设施，到1949年5月前，上海外围有4000多座碉堡，1万多野战工事。配上地雷、铁丝网、鹿砦等，形成了严密的防线。但是部队进入阵地时，发现许多碉堡和居民的房屋建在一起或距离很近，严重影响射击和视线。上海地区人口稠密，这是难免的事。汤恩伯接到报告，命令将阵地周围1000米以内的民间建筑物一律拆除，以扫清射界。对阻拦的群众格杀勿论。对这些无家可归的百姓，汤恩伯还不许进入市区，而是朝远郊驱逐疏散。第一期疏散的人口为80万，可以想象有多少民居被拆。上海外围顿时怨声载道，哭声震天。国民党官兵本来就人无斗志，面对群众的悲惨景象，有的不忍心下手。但在汤

---

① 唐文：《国民党统帅部关于京沪杭作战的决策和争吵》，载《文史资料选辑》第32辑。

恩伯的严厉督令下，还是执行了。①

粟裕、张震率三野前委机关渡江后，进驻苏州，筹划上海战役。5月2日，粟裕返回丹阳，与陈毅、饶漱石等研究作战方案。粟裕提出了三种设想：第一是长围久困。这样可以以逸待劳，减少部队伤亡。但上海有600万居民，粮食和煤全靠外地输入。长期围困，人民的生活将陷入绝境。而敌军有海上通道，我们围不死，所以长期围困的办法不可取。第二是选择敌人防御薄弱的苏州河以南实施突击。这样虽然避开了敌军设防的重点地区，伤亡也可能减少，但主战场将放在市区，城市会被打烂，也不可取。第三是把攻击重点放在吴淞，暂不攻击市区。这样可以封锁敌军的海上退路，阻止敌人抢运上海物资。敌军为了保护其海上退路，必将与我军决战。这种战法将是硬碰硬的攻坚战，我军要付出较大的代价。但是为了保全上海这座大城市，第三方案应该是最佳方案。②

当时三野负责人有这样的想法：我军渡江之后，国民党军溃不成军，士气低落，上海有和平解放的可能。因而在"文进"还是"武进"的选择上，他们认为"文进"的可能性大。5月5日毛泽东致电陈粟："据上海吴文义几次报告，敌人正在搬走上海物资。我们判断，搬运物资是确定的，在短期内似难搬走很多物资，但如时间拖长则搬走的物资可能较多。在此种情况下，请你们考虑是否可以在5月10日以后数天内先行占领吴淞、嘉兴两点，切断敌从吴淞及乍浦两处逃路，然后从容布置，待你们准备好了的时候，再去占领上海。"当天陈、饶回电："5月5日电奉悉。对于10日后先行派部队占领吴淞、嘉兴两点，切断敌人两处逃路，我们认为这样做是有利的，并不妨碍我们的接收准备工作。而兵临城下，反可争取和平接收与撑主和者的腰，并使破坏者不敢放肆。请军委决定下令实施。"③

5月6日军委指示三野："请粟张即行部署于5月10日以后，5月15日以前数日内，先行占领吴淞、嘉兴两点，封锁吴淞口及乍浦海口，断绝上海

---

① 施有仁：《蒋军长江败退和淞沪溃逃的狼狈情形》，载《文史资料选辑》第32辑。
② 《粟裕战争回忆录》第18章第5节。
③ 《中国人民解放军第三次国内革命战争史料选编》第3辑第3册。

敌人逃路，使上海物资不致大批从海上逃走，并迫使用和平方法解决上海问题成为可能，请粟张以具体部署电告。""占领吴淞、嘉兴并不放弃推迟占领上海的计划。何时占领上海，仍须依照我方准备工作完成的程度来作决定。最好再有一个月左右的时间，充分完成准备工作。但是你们仍须准备在不可避免的情况下，早日去占领上海。你们的准备工作愈快愈好。"①

粟裕、张震在苏州作进攻上海的军事部署。7日上报了作战方案：以29军配属两个炮兵团攻占吴淞、宝山，以28军控制太仓、嘉定，由第10兵团司令叶飞指挥。以30军攻占嘉兴、乍浦、金山，进入浦东。预定于12、13日发起攻击。经军委批准后，10日粟裕正式下达了淞沪作战命令。

叶飞对作战计划有异议。他回忆："解放上海各方面的准备工作，特别是如何接管好这个城市的准备工作都很充分，却疏忽了军事上的准备以及作战部署很不周密。战前，既未规定各部队的作战任务，使各部队能作充分准备；临战，又没有召集参战部队首长参加的作战会议，研讨作战方案，就下达了作战部署和作战命令。"当时10兵团部队驻在常熟一带，距离吴淞120多公里。就是不打仗，强行军一天也只能走六七十公里。为什么会下这样的命令呢？"就是因为轻信了情报，说是敌军准备起义，因而认为从常熟到吴淞口，不会有什么仗打。"②

当时叶飞也有轻敌思想，匆匆召集军师干部开了会，28、29军就分头出发了。当时三野自上而下都没把敌人放在眼里，认为不费劲就能拿下上海。28军在淮海战役后发展壮大到7万人，每个团就有五六千人，武器装备是三野最好的。渡江之后，部队在追击过程中普遍滋长了骄傲情绪，认为敌人"一切不行了"，"过江过江，没放一枪；追击追击，不堪一击"。有的同志抱怨打不上仗，带的弹药多，负担太重，愿意打仗不愿意行军。③所以接到命令后，各部队都情绪高昂，但谁也没有做细致的战前准备。兵团政治

---

① 《毛泽东军事文集》第5卷。
② 《叶飞回忆录》第36章。
③ 《中国人民解放军第28军军史》，1951年初稿。

部主任刘培善在总结上海战役初期受挫的教训时说："本质的问题是突破长江后战役指导思想上重视不够，有轻敌思想。有人说：上海不是打的问题，而是接收的问题。攻上海时三野命令，我们一天走100里也走不到。我当时不知道上海是否有工事。"①

5月12日，淞沪战役发起。28、29军一路急进，在几乎没有遇到抵抗的情况下占领浏河、太仓、嘉定。当天晚上，叶飞率兵团部进驻嘉定，进展之顺利出乎意料。叶飞想："国民党军队再不能打，也是有作战经验的部队，浏河这个地方总该守啊。为什么不在浏河设防？这是上海的第一道防线嘛！如果真是驻守上海的敌军要起义，为什么又没有人来联系呢？如果真没有仗打，如果当面的敌军真的起义了，该多好！"可是第二天形势就变了，战斗之激烈使我军受到重大挫折。

13日29军向月浦发起攻击，86、87师沿着公路并排前进。月浦、刘行的守敌国民党第52军，是辽沈战役中从营口撤退的一个主力军，建制完整。军长刘玉章曾与我东北野战军多次作战，对付我军比较有经验。52军凭借严密的地堡、工事防御系统，顽强阻击，给29军造成重大伤亡。据29军战斗总结说："13日上午，87师253团抵月浦西边公路上，沿公路两侧向月浦攻击。260团抵月浦北开始攻击。259团向狮子林、月浦间插入，261团于259团左侧向月（浦）宝（山）公路楔入。各团均与敌军接触，因地形情况不了解，同时敌人碉堡伪装成坟包，既隐蔽又低。在上级号令下不顾一切坚决地、迅速地向指定地域插入与攻击，253团对月浦西头地堡攻击二次未成，伤亡近300人。第三次接受教训，组织火力，连克碉堡三座，歼敌100余人。其余各团均以几次大代价之穿插、硬攻，仅夺下几座。260团在月浦北边攻击两次，遭敌密集炮火压制，伤亡近700人。"当天86师的攻击也几次受挫，干部经过前线观察，发现敌军工事坚固，守备沉着，我军不宜使用猛插的战术，因而停止了进攻。②

① 南京军区司令部战史编辑室：《采访意见选录》，1962年4月。
②《第10兵团淞沪战役战斗要报》，载《华东军区、第三野战军第三次国内革命战争战史资料选
　编——渡江战役》。

29军的干部回忆:"上海战役,我们29军先打的,去两个师(86、87),第一仗打月浦很大程度是轻敌。上面一轻敌,造成下面更轻敌。上海有多少敌人,我们知道的。月浦敌人是一个团,上级要求12时打下来,掩护86师攻吴淞口。浦东用30军攻高桥,企图把上海围起来喊话。上面讲没有什么工事,就是几个土地堡。我们讲要注意注意,脑子里还是轻敌的。中午出发到浏河,捉到几个俘虏说有工事,我们不相信,上边也不相信。后来摸掉敌人一个排哨,了解工事是坚固的,但上面不相信,下死命令几个小时打下来。段(焕竞)副军长跟我们师行动,听到宝山公路上汽车响,说:'快啊,你们听,敌人跑了!'结果攻不下,一天一夜伤亡2000多。"①

28军进攻刘行、杨行战斗同样受挫。据28军战史记载:14日83师244团、247团由东西两面分别包围攻击刘行,248团由左翼包围国际无线电台,经一夜激战,部队伤亡较大。247团1营只夺取一个地堡,伤亡百余人;248团伤亡200余人,未彻底完成任务。244团了解了敌情,采取小群战术,接连夺取了十几个地堡,攻入刘行村内。15日中午全部占领刘行,歼敌52军一个营。"泰安连"2排在敌人火力封锁下通过两道水沟、三道铁丝网,首先突破敌军阵地,表现出高度的英勇机智。

同日,84师也向刘行方向进攻。252团攻占杨行西边的朱家宅后,15日越过公路,占领了几个村庄,切断了杨行和大场、江湾间的联系。52军调集一个师的兵力,在炮火和坦克支援下向252团阵地反扑。由于该团过于突出,立足未稳,阵地被突破。252团陷于混乱,在太仓新补充的俘虏兵乘机倒戈向国民党军投降。252团在撤退中损失600余人。敌军得手后,下午又向248团阵地发起两次反击,均被248团战士击退。15日以后,杨行、刘行、月浦一线,双方进入相持阶段。②

14、15日两天战斗,28、29军伤亡较大,战斗处于胶着状态,部队前进困难。这时叶飞才冷静下来,明白敌人不但没有投降的征候,而且要凭借

---

① 南京军区司令部战史编辑室:《采访意见选录》,1962年4月。
② 《中国人民解放军第28军军史》,1951年初稿。

永久性工事顽抗到底。这样，猛进穿插战术就不适宜了，想迅速攻克吴淞口也是不可能的。叶飞决定改变战术，采取淮海战役中的近迫作业攻坚战术，逐段、逐点攻击。他把情况和想法报告野战军司令部，粟裕表示同意。16日，粟裕、张震指示各兵团并报总前委、军委，要求改变战术。

指示说：敌守备特点，"吴淞、月浦、杨行、刘行、大场线，均为既设阵地、碉堡林立之永久性筑垒地带。部队为沪敌守备之精华，战斗力为蒋军之最强者"。"敌图以地堡群为核心，配以炮兵火力网，实行阵地前面积射击。故我在攻击前与突入后伤亡大，两天来，我歼敌一个营，要付出1000人代价。"

粟裕、张震指出："目前我作战不同于野战，亦不同于一般攻坚战，已为我济南战役后再次之攻坚战。因此，对永久设防阵地攻击，应慎重周密组织。"其战术是"对主阵地攻击，应周密侦察，选择敌突出部或接合部与较弱的敌攻击，楔入敌之纵深。尔后由敌侧背，或由内向外打来，撕破敌之防御体系"。"集中兵力（应是小群动作），尤应集中火力与发射筒，轰击一点，以炸药来软化敌钢骨水泥工事，轮番不停的攻击。""交通壕作业迫近敌人。可采用淮海战役歼灭杜聿明时钳形作业，交替攻击，力求歼敌于阵地内。""发挥孤胆攻击与守备精神，发挥爆破威力，以炸药开辟冲锋道路。"①

根据野战军的指示，10兵团接受了教训，改变了战术，稳扎稳打。他们调整了部署，以28军主攻杨行，29军主攻月浦。调33军上来配合作战。当时连日阴雨，战士们日以继夜地挖交通沟。上海郊区水田多，挖下去1米就见水，近迫作业比淮海战场要困难得多。大家不顾雨水和泥泞，在敌军炮火下挖出一条条纵横交叉的交通沟，接近敌军阵地。17日以后，部队以单人爆破，先打孤堡，后打群堡的方法，逐步推进。大大减少了伤亡，增强了部队的信心。19日，28军攻克国际无线电台，俘敌1500人。

第9兵团奉命进攻浦东。兵团政治部在动员时说："蒋匪帮决心将上海打烂搬空，破坏完才走。我们有攻占上海及接收淞沪警备之任务。我各军均

① 《粟裕军事文集》。

曾创造出许多光荣的战绩，此次必须协同兄弟兵团，在国际观瞻所在的上海，演一出有声有色的全武行来，给国内外朋友和敌人看。必须充分表现出我军军事上的威力与艺术，表现出人民军队执行政策与纪律的本色，使朋友鼓舞，使敌人胆寒。"5月12日，9兵团的20军首先由浙江北上，先后占领了金山、奉贤，进至松江地区集结。27军占领松江、青浦后，在泗泾地区集结。30军在20军之后迅速推进到川沙境内，矛头指向敌军海上通道和防御重点的高桥。汤恩伯急忙抽调市区的51军到川沙白龙港，阻止我军北上。敌51军是东北军，南逃后只有两个师编制，在渡江战役中被我军消灭了两个团，败退到上海的残部仅6000多人。军长王秉钺怕汤恩伯治罪，虚报有1万人，汤恩伯就拿51军当主力使用了。13日51军到达川沙，只见当地秩序混乱，根本没有什么像样的工事。王秉钺估计共军的主攻方向在西边，浦东不会有大的战斗。再说共军离得还远，最快也要三天后才能到达。所以他不着急，14日部队才进入阵地，开始修筑工事。①

　　谁知30军动作非常迅速，他们14日占领奉贤旧城后，连夜北上，15日中午以急行军速度到达川沙，消灭了留守的保安部队，占领了川沙县城。30军仍然没有休息，继续大胆北上，切断敌51军与高桥方面的联系。王秉钺接到报告，说共军大部队正当面压来，他胆战心惊，16日急忙找手下两个师长商量对策。一个师长说："共军大部队已经超越我军阵地向北急进，要把我们包围在海滨，我部弹药不多，粮食只够吃两天，就是战斗也不能持久，还是想法躲一躲吧。"另一个师长说："我们的阵地都在水田里，并不坚固，还是早想办法好。"王秉钺同意他们的意见，说："最怕共军把我们包围在白龙港海滨狭小地区，一举歼灭。我们苦战也没用，还是先向高桥撤退。"于是他下达命令，当天夜里沿公路向高桥撤退。不料天不作美，傍晚下起雨来。敌51军士兵在泥泞中艰难行进，速度很慢。半夜时他们到了顾家宅东北的高桥公路上，突然四下枪声大作，30军向敌军发起了攻击。敌51军顿时陷于混乱，四散逃命。30军大胆穿插，仅用两个小时就将敌51军击溃，

① 金钺：《蒋军51军上海被歼记》，载《文史资料选辑》第32辑。

军长王秉钺也当了俘虏。逃回去的残部仅千余人，被收容重编为两个团，在市区苏州河驻守，以刘昌义为代军长。

同日，31军也从金山向北进军，16日攻占周浦后，与30军并行北上，夺取高桥。18日拂晓，我军占领高桥外围尹家桥、王家码头、顾家宅一线，切断了高桥守敌12军与浦东市区守敌37军的联系。上海防区司令石觉对高桥格外重视。为保障出海的通路，石觉紧急调遣75军的95师增援高桥。从19日起，国民党军依靠三面环水的有利地形，在海空军配合下，与我30、31军展开激烈的争夺战。国民党军以优势炮火轰击我军阵地，并组织多次反冲锋。我军就地坚守，予敌军重大杀伤。因为高桥地形狭窄，河流纵横交错，桥梁多被破坏。我军部队展不开，特纵炮兵上不来，在敌军火力压制下伤亡较大。30、31军白天击溃敌军进攻，加固工事，晚上组织进攻，与敌军争夺地堡。这样你来我往，形成相持状态。[①]

在10天的外围作战中，我军的主攻方向是吴淞和高桥，从两面钳击国民党军出海口。汤恩伯被迫拆了东墙补西墙，从市区调出三个军增援浦东和吴淞方向，造成市区兵力空虚。这正符合我军争取在市郊与敌军决战，保全上海市区的作战意图。总前委鉴于接管上海的准备工作业已就绪和吴淞、高桥战斗进展缓慢，17日指示粟裕、张震："在敌固守上海的情况下，在部署上似应由南向北实行攻击，因苏州河南为敌防御守备较弱部分。且多面攻击，才能分敌之势，使我易于奏效。"18日粟裕、张震报告总前委："如对沪攻击不受时间、地区限制，我们意见如四面八方向市区发起攻击，北线力求楔入吴淞，而以9兵团主力先解决苏州河南与南市之敌，尔后会攻苏州河北。如此实施则我楔入敌之纵深不致被动。""我们完全同意对淞沪全面攻击，唯不知接管准备与其他方面是否已准备完毕？"当日总前委复电："我们进入上海的政治准备业已初步完成，你们攻占上海的时间不受限制。"[②]

毛泽东密切关注上海战役的进展，他接到总前委的报告后，20日指示

---

① 《第9兵团淞沪战役总结》。
② 《中国人民解放军第三次国内革命战争史料选编》第3辑第3册。

总前委和粟裕、张震："据邓陈饶电，接收上海的准备工作业已大体就绪，似此只要军事条件许可，你们即可总攻上海。""攻击步骤以先解决上海，后解决吴淞为适宜。如吴淞阵地不利攻击，亦可采取攻其可歼之部分，放弃一部分不攻，让其从海上逃去。"先攻市区和允许吴淞之敌逃跑的决策，使三野放开了手脚，采取灵活战法，加速了解放上海的进度。①

三野前委根据中央指示和当面敌情，决定抽调第7兵团的23军、第8兵团的25军和特纵主力参战，配属和加强第9、第10兵团力量。上海战役我军参战部队达到10个军、30个师和特纵炮兵，近40万人。5月21日，三野下达《淞沪战役攻击命令》，决定23日发起总攻。以25、29军攻占吴淞、宝山；以29、33、26军楔入江湾、大场、真如地区，并向纵深发展；以20、23、27军进攻苏州河以南市区；以30、31军牵制高桥之敌。为了使上海市区少受损失，规定部队在市区作战时力争不使用炮火、炸药。总攻时间定在5月23日。

这时，汤恩伯已经对坚守上海失去信心，22日登上军舰退到吴淞口外遥控指挥。指挥淞沪防御和警备的石觉、陈大庆也撤到吴淞要塞，做好了随时逃跑的准备。陈大庆找来赋闲的第1绥靖区副司令刘昌义，提升他为淞沪警备副司令兼51军军长，要他指挥51、21、123军和四个交警总队，组成北兵团，撤退到苏州河北岸坚守。刘昌义心里非常明白：51军从川沙逃回市区的残部只有两个团，21军是川军，123军是苏北民团改编的杂牌。留下这些不能打仗的部队守市区，不过是当替死鬼，掩护汤恩伯和国民党军嫡系部队逃跑罢了。

5月23日夜里，三野发起总攻。20、27、23、26军分别从东、南、西三个方向攻击市区。24日，20军攻占浦东市区，国民党第37军渡过黄浦江向北市区逃窜。27军先后占领虹桥、龙华，控制了龙华机场。然后越过徐家汇铁路，进入市区。当天夜里，27军79、81师分别沿中正路（今延安路）、林森路（今淮海路）、徐家汇路、南京路突击前进。打得敌军节节败退。淞

①《毛泽东军事文集》第5卷。

沪警备司令部的一个传令军官竟开着吉普车把命令送到27军阵地上。25日凌晨，27军已攻取了苏州河以南的主要街区。在苏州河北岸，国民党军凭借百老汇大厦、邮电大楼等高层建筑，以密集火力封锁苏州河各桥梁。27军多次组织攻击，均遭受敌军居高临下的火力杀伤。对峙到中午，27军战士焦急万分，强烈要求军部允许使用炮火攻击。聂凤智军长亲临前线观察，召开紧急会议。强调尽力保护市区人民生命和建筑物，不准使用重武器；改变战术，在夜间实施迂回进攻。就在相持不下的时候，刘昌义派人前来联系起义。

刘昌义早年出身冯玉祥的西北军，抗战中被编入汤恩伯的部队。汤恩伯中原战场溃逃时，刘昌义与日本人打了几个硬仗，受到蒋介石的表彰。但他毕竟是杂牌，抗战胜利后就被解除军长职务，挂个空头副职，长期赋闲。他对国民党当局是极为不满的。1948年底国民党政权崩溃的迹象越来越明朗，刘昌义与李济深的"国民党革命委员会"成员王葆桢接上关系，准备相机起义。因条件不成熟，一时没有机会。24日，刘昌义得知汤恩伯、陈大庆等已登上军舰逃跑，知道自己的命运已经决定。如果不想当俘虏，就只有起义投诚这一条路了。24日夜里，他召集21、51、123军的军官开会，主张起义。大家虽然同意，但苦于没有可靠的关系，解放军未必相信。这时，军部的一位军官刘凤德，与我地下党接上了联系。见刘昌义有心起义，便乘机进言说他与解放军有联系，可以保证军长的安全。刘昌义非常高兴，派他过苏州河与我军联系。25日早晨我军答复刘昌义，要他放下武器。刘昌义同意停火，要求与解放军直接谈判。25日中午，刘昌义等来到苏州河南岸的27军81师师部，会见了师政委罗维道和地下党代表田云樵。罗政委向他交代了政策，要国民党军先放下武器，停止抵抗。刘昌义表示同意，并介绍了他手下部队的情况。罗政委迅速报告了聂凤智军长，聂凤智听到这个消息非常高兴，立刻查到刘昌义的电话，晓以大义，指明出路。根据聂军长的要求，黄昏时刘昌义被27军用车接到虹桥路27军指挥部，与聂凤智军长、仲曦东主任谈判。他们共同研究了起义和接收的具体事项，双方达成了协议。①

当夜24时，粟裕向军委和总前委邓小平同志汇报："黄昏时，沪敌殿后部队指挥官派员与我前线部队接洽投降。据悉：彼称汤恩伯、陈大庆其主力均已撤离吴淞，彼为殿后部队，约四万人，向我接洽联络投降，我正接洽中。""陈、饶刻乘火车至苏州，原本拟在此宿营，因得悉上情，即继续东去，拟进至南翔宿营。明晚即进至沪西圣约翰大学或交通大学暂住。我们率三野轻便机关，决明（26日）晚直赴上海与陈、饶会合。"②

26日凌晨，刘昌义率领51军等部队根据协议向江湾方向开进，将苏州河北岸的阵地移交给27军。国民党37军和交警总队的部分残余人员拒绝放下武器，在外白渡桥一带顽抗，很快就被我军消灭。刘昌义的部队开到江湾时，还遭到嫡系54军围攻。起义部队和赶到的我26军坚决反击，将54军击退。

25日汤恩伯得知我军已经攻入市区的消息，下达总撤退的命令。在江湾防守的54军中午接到命令，顿时混乱起来，官兵们争相逃命。蒋介石在4月初曾在上海准备了大量船只，打算随时撤退。但是解放军并没有马上对上海发起攻击，而青岛的刘安祺部困守一隅，随时有被消灭的危险。他连电蒋介石求救，蒋介石只得抽调上海的船只去接青岛的国民党军。青岛的部队还没运到台湾，上海就守不住了。因船只短缺，只好能装多少装多少，上不了船的部队就丢弃不管了。54军8师师长施有仁回忆当时的情况："当天下午下完命令，我就乘吉普车开往虹江码头。开行不久，就被路上的车辆堵塞，无法通行。我尚以为少数汽车抛锚，乃下车徒步到前面观看情况，见到马路上停满了各式车辆，一直走到码头上，也都是这样的。才知道由于解放军的炮弹已经打到码头附近，开车的司机和押车人员都把车辆丢了，赶着上船逃命去了。我到船边一看，我们的部队没上多少，而船被乱七八糟的人挤满了。栈桥上都无法挤上去，我还是由人从舷旁边扶上去的。分配我们乘坐

① 邹能斌等：《淞沪义举——刘昌义率部接受和平改编纪实》，载《百万国民党军起义投诚纪实》。
② 《中国人民解放军第三次国内革命战争史料选编》第3辑第3册。

的船是个排水3000吨的货船，事前就装了2000多吨的面粉。结果我们的部队仅上了1000多人，而第6师仅上了140人。情况特别紧急，在我们船的左边已经落下了不少炮弹。船上人员一再要求开船，同时船上也载得像人山人海无法再挤了。我同6师师长商量，无可奈何地只得下令开船。到达基隆港上岸，清查当时撤退到台湾的番号有52军、54军、69军的一个师，每军实际撤退到台湾的一般多在5000人上下，且以勤杂人员占多数。此外有一部分如75军、21军、123军均由上海直接撤往舟山群岛。还有一大部分如交警部队、37军、51军等在撤退中没得到命令而丢在上海了。"①从海上逃跑的国民党军约有50000多人。

国民党军的撤退引起全线的崩溃。高桥是敌军防御最顽强的地区，30、31军与其激战一周，相持不下。汤恩伯为了确保海上退路，从市区抽调75军等部队接替被打得残破不堪的12军守备高桥。22日，三野特纵的重炮团到达高桥前线，首先集中火力打击黄浦江上的国民党军舰，击伤敌舰7艘，迫使其逃出吴淞口。25日晚，31军军长周志坚统一指挥30、31军总攻高桥。炮火准备后，敌军已呈瓦解之势。我军从三面发起攻击，15分钟就突破前沿。到20时30分，我军攻入高桥镇，守敌纷纷溃逃。我军乘胜追击，26日晨全歼高桥守敌，俘虏5000多人，从吴淞口东岸封锁了黄浦江。至此，浦东完全解放。

黄浦江以西的我军各部队也是穷追猛打，27军接收刘昌义部的阵地后，迅速向北发展，26日下午攻克火车站，占领了苏州河以北的大片市区。20军配合27军作战，包围了盘踞铁路管理局的37军残敌，迫使其投降。23、26军向江湾、真如攻击前进，占领江湾、大场、国民党淞沪警备司令部等重要地点。25、28、29、33军分头猛攻吴淞、杨行、宝山等地，26日上午，我军潮水般扑向吴淞码头，正在准备上船逃跑的国民党军8000多人都当了俘虏。

在追歼逃敌的过程中，我军开展强大的政治攻势，迫使敌军不战而降。

---

① 施有仁：《蒋军长江败退和淞沪溃逃的狼狈情形》，载《文史资料选辑》第32辑。

27军235团沿着中正路向前发展时，有个内线关系在路边等候，说国际饭店内的交警第3大队准备投降。我军迅速包围了国际饭店和周围的高层建筑，团首长派人送信给国际饭店内的敌军，要他们放下武器。敌大队副来联络，说自己看守大楼有功，不愿放下武器当俘虏。经再三交代政策，大楼内1552名敌军官兵才走了出来。上海最高的建筑物就这样被27军占领了。

26军78师232团2营的副营长带着一个班追击到江湾镇，发现一座大楼上有敌人。副营长找好地形就喊话："你们已经被包围了，再打下去是死路一条！宽大政策保证你们的生命和财产安全！"一会出来一个军官同他接洽，约有一团人出来缴枪。副营长派半个班看管，带着半个班前进了400米，又发现一股敌人。他又喊话："你们的师长团长都交了枪，就剩下你们啦！"楼里边有人喊："等我们吃完饭再说。"副营长立即高喊："通讯员，叫后边山炮射击！"敌人一听着了慌，马上派人出来联系，又一个营的敌人放下了武器。

26军234团的2连长在通往吴淞的公路上截住了54军的五辆卡车，发现其中有54军的副军长。连长对他进行个别安慰，并了解敌军情况。得知前面有一个师失去指挥，连长劝敌副军长立功赎罪，要那个师放下武器。敌副军长答应后，与连长和几个战士乘汽车前去。一路上到处是溃散的国民党官兵，散乱地坐在公路上。敌副军长向他们喊话："吴淞已经解放，大家赶快把武器放在原处，到后边去集合。"于是7000多敌人排好队，等待我军收容。①

27日上午，27军攻至上海市区东北角的杨树浦地区，据守发电厂和自来水厂的国民党21军230师约8000人还在负隅顽抗。这是上海地区最后一股残敌，已经无路可逃。但是如果硬攻，势必损坏发电厂和自来水厂，造成上海停电停水的严重后果。聂凤智指示暂时停止战斗，争取政治解决。他向已经到达上海的陈毅请示，陈毅问明这个师是川军，指挥官是副师长许照。他指示聂凤智："你查一查蒋子英的下落，他在陆军大学当教官时，许照曾

---

① 第9兵团政治部：《淞沪战役敌军工作综合材料》。

是他的学生。让他出面劝许照投降。"蒋子英的电话号码很快查出，接电话的蒋子英做梦也没想到解放军的首长会找到他，连声表示："我照办，我照办！"当天下午，许照率部放下武器。①

5月27日，上海全部解放。经历15天的淞沪战役，我军歼灭国民党军第51、37军和五个交警总队全部，第12、21、52、75、123军大部，总计15万人。我军坚持外围作战，把大上海完整地交回人民手中，创造了战争史的奇迹。在战斗中，我军伤亡3万余人。上海的解放宣告了历时43天的渡江战役胜利结束。第三野战军总共歼灭国民党军10个军、32个师及交警、保安部队共约30万人，其中俘虏23万人，毙伤24000余人，起义投诚48000余人。缴获各种火炮2350余门，汽车1300余辆，坦克、装甲车120余辆，舰艇72艘，以及大量物资。三野在渡江战役全过程中共伤亡46000余人。②

如何接管好大上海是对我军更严峻的考验。在战役之前，三野各部队都进行了深入的政策教育和纪律教育，反复学习"三大纪律八项注意"和"约法八章"。根据南京等城市接收的经验教训，华东局、华东军区和三野前委制订了更为详细具体的《入城守则》、《城市纪律》和《外交纪律》等文件，发到各部队。粟裕为三野干部作了"怎样进入大上海"的报告。干部战士都写了保证书。总前委对三野提出两大要求：一是"打得好"，要显示出我军的威力和艺术；二是"进得好"，即入城后政策纪律好，军容好。陈毅对部队入城后的纪律提出极为严格的要求，最基本的一条就是"不入民房"。有的干部提出：遇见下雨、有病号怎么办？陈毅坚持说："这一条一定要无条件执行，说不入民宅，就是不准入，天王老子也不行！这是我们人民解放军送给上海人民的'见面礼'！"

5月27日早晨下着小雨，上海市民们在枪声平息后打开家门，惊奇地发现马路两边潮湿的水泥地上，睡满了身穿黄布军装的解放军战士。胜利的

① 《陈毅传》第9章第1节。
② 《中国人民解放军第三野战军战史》。

军队在城市中露宿，谁都是生平第一次见到。27军在市区的部队从聂凤智军长带头，官兵一致。20军入城后，全军露宿街头。最少的露宿30个小时，有的长达几天。59师师长住在小学校门口，政治部、司令部住在一条弄堂里，部队在人行道上。据9兵团的总结记载："进入市区的部队，虽在战斗中，服装均能保持清洁整齐。初入市区的部队，两三夜均在马路边露宿。适值雨季，连夜下雨，由于从军部起干部均能以身作则，战士亦都有觉悟，毫无怨言。市民（工人、学生、商人等）再三邀请部队进屋休息，均被婉言谢绝。市民送的慰劳品以至开水，均谢绝不受。部队三天无开水喝，吃由30里外送来的冷饭。有一工厂工人送慰劳品给部队，双方互相推让十次之多。工人感动地说：'这真是我们的队伍'。有个商人夜间送烧饼慰劳他门口的我军哨兵，被谢绝；等哨兵换班后，又送给新接哨的，又被谢绝。连送三四次，直到天明，无一人接受。商人说：'解放军的纪律个个人都一样，真是好队伍'。闸北水电公司的哨兵发现水管坏了，当即追究责任，找人修理，并向公司交代清楚。据该公司工人说该厂英国人从来不说中国一点好处，这次英国人反映：'这个部队好，非常负责，纪律好'。攻浦东时，英、美、葡等外商仓库和煤油公司等被蒋军盘踞，外商托人要求我军暂不炮击，答应帮助我们劝降。我军攻击部队接受其请求，和平收缴守军枪械。事后几国领事均托人或用电话向我道谢。外电一致报道我军为他们所见过的最好的军队。"

严格的城市纪律，使我军在上海最初的生活比在农村还要艰苦。9兵团报告说："前三天吃冷饭，没有开水喝，睡马路边。以后也是吃'战斗饭'（用子弹箱盛饭，钢盔打菜，炮弹壳做饭碗，甚至用痰盂打面条）。每天早晨天没亮，连长带着全连跑步到黄浦江边去大便。因为找不到厕所，路远，有的战士半路上就拉在了裤子里。""币制未规定前，就不在市场上买东西。有好几天没吃过菜没抽过烟。20军政治部通讯员看见某部队采买员在买咸菜，大家告诉他币制没规定，不能买。采买员说：'是首长叫买的。部队几天都没有吃菜了，对身体很有影响'。后来20军政治协理员就把自己从乡下带来的腐乳让了一坛给采买员，把要买的咸菜仍还给店里。"战士干部们就这样坚持不入民房，坚持不在市场上买东西，坚持不入公共场所。三天后接管工作基本就绪，各部队才找到国民党军空闲的营房、仓库、机关用房，陆续住了进去。①

上海开始了解放后的新生活。陈毅领导军管会干部日夜紧张工作，对原有的市政、财政、文化、军事单位进行全面的清理和接收。市区内担任警备任务的部队在清查、收容国民党散兵游勇，逮捕特务，疏散难民，清除垃圾。驻在郊区的部队在拆除碉堡、平毁工事，排除地雷，为老百姓恢复正常生活和生产而努力。两三天内，上海的供电、供水就完全恢复了正常，商店开门，新鲜的蔬菜也源源不断上市。这个巨大的城市迅速地恢复了正常运转。陈毅说："好好地接管帝国主义、国民党反动派遗留下来的遗产，好好地接管这些人民多年来血汗的积累和新民主主义新中国的物质基础，这对新中国的建设有重大的意义。因此，毛主席和我党中央非常重视接管工作，号召并领导共产党员、人民政府工作人员、人民解放军的指战员首先遵守纪律，以自己的模范纪律来对待接管工作，我们是这样做了。这就保证了用战争夺回的人民财产，原封不动地交还人民。"②

上海解放后，基本上没有大的战斗了。华东解放战争取得了决定性的胜利。三野部队有的进行城市接管和警备工作，有的深入山区追剿国民党残匪，有的南下福建。在清理废墟、重建家园的工作中，在解放沿海岛屿的进军中，迎来了中华人民共和国的诞生。

① 《第9兵团进入上海的政纪检讨》。
② 《关于上海市军管会和人民政府六、七两月的工作报告》，载《陈毅军事文选》。

参考书目

《毛泽东文集》 人民出版社 1996 年版

《毛泽东军事文集》 军事科学出版社、中央文献出版社 1993 年版

《毛泽东选集》 人民出版社 1991 年版

《刘少奇选集》 人民出版社 1981 年版

《朱德选集》 人民出版社 1983 年版

《邓小平文选》 人民出版社 1993 年版

《周恩来军事文选》 人民出版社 1997 年版

《陈毅军事文选》 解放军出版社 1996 年版

《粟裕军事文集》 解放军出版社 1989 年版

《中共中央文件选集》 中央档案馆编 中共中央党校出版社 1992 年版

《毛泽东年谱》 中共中央文献研究室编 人民出版社 1993 年版

《周恩来年谱》 中共中央文献研究室编 人民出版社、中央文献出版社 1989 年版

《陈毅年谱》 刘树发主编 人民出版社 1995 年版

《粟裕战争回忆录》 解放军出版社 1988 年版

《叶飞回忆录》 解放军出版社 1988 年版

《天地翻覆三年间》 陈士榘著 中共中央党校出版社 1995 年版

《许世友回忆录》 解放军出版社 1986 年版

《管文蔚回忆录续编》 人民出版社 1988 年版

《皮定均日记》 解放军出版社 1986 年版

《曾生回忆录》 解放军出版社 1992 年版

《在历史巨人身边》 师哲著 中央文献出版社 1992 年版

《胡乔木回忆毛泽东》 人民出版社 1994 年版

《陈毅传》 当代中国出版社 1991 年版

《罗荣桓传》 当代中国出版社 1991 年版

《刘伯承传》 当代中国出版社 1992 年版

《中国人民解放军战史》 军事科学院军事历史研究部编著 军事科学出版社 1987 年版

《中国人民解放军第二野战军战史》 解放军出版社 1990 年版

《中国人民解放军第三野战军战史》 南京军区《第三野战军战史》编辑室编 解放军出版社 1996 年版

《中国人民解放军组织沿革和各级领导成员名录》 军事科学院军事图书馆编著 军事科学出版社 1990 年版

《中国人民解放战争军事文集》 中国人民解放军总部 1949 年编印

《中国军事百科全书》 军事科学出版社 1997 年版

《重庆谈判纪实》 重庆出版社 1984 年版

《苏中七战七捷》 江苏人民出版社 1986 年版

《鲁南战役资料选》 山东人民出版社 1982 年版

《莱芜战役》——全国解放战争时期山东重要战役资料丛书山东出版总社泰安分社编 山东人民出版社 1982 年版

《胶东保卫战》——全国解放战争时期山东重要战役资料丛书 山东人民出版社 1988 年版

《豫东战役》——中共河南党史资料丛书 河南人民出版社 1988 年版

《济南战役》——全国解放战争时期山东重要战役资料丛书 山东人民出版社 1986 年版

《济南战役中吴化文起义》 山东人民出版社 1987 年版

《淮海战役》——中国共产党历史资料丛书 中共中央党史资料征集委员会主编 中共党史资料出版社 1988 年版

《黄河归故斗争资料选》 王传忠等编 山东大学出版社 1987 年版

《山东人民支援解放战争》 山东人民出版社 1989 年版

《华东战场参谋笔记》 王德著 上海文艺出版社 1996 年版

《淮海战役史》 何晓环等编著 上海人民出版社 1983 年版

《渡江战役史事新探》 江苏党史资料专辑 1989 年版

《陈粟大军征战记》 新华出版社 1987 年版

《李宗仁回忆录》 广西政协文史资料研究会发行 1980 年版

《张治中回忆录》 文史资料出版社 1985 年版

《民国高级将领列传》 王成斌主编 解放军出版社 1989 年版

《文史资料选辑》 中国人民政治协商会议全国委员会文史资料研究会编中华书局 1961 年版

《淮海战役亲历记——原国民党将领的回忆》 文史资料出版社 1983 年版

《百万国民党军起义投诚纪实》 中国文史出版社 1991 年版

《杨伯涛回忆录》 中国文史出版社 1996 年版

《风雨中的宁静》 蒋经国著 台北实践出版社 1984 年版

《中美关系资料汇编》 第 1 辑 世界知识出版社 1957 年版

《在华五十年》 司徒雷登著 求精出版社 1955 年版

华东解放战争各战略阶段国共双方序列表

附表1

新四军兼山东军区 (1946年6月-7月)

军长兼政治委员 陈毅
军区政治委员兼 饶漱石

第一副军长兼司令员 张云逸
第二副军长兼 黎玉
第二副司令员

副政治委员 张云逸
参谋长 罗炳辉
副政治部主任 陈士榘 舒同 袁仲贤 唐亮

政治委员 黎玉
参谋长 陈士榘
副参谋长 袁仲贤
政治部副主任 唐亮

胶东军区 司令员 许世友 政治委员 林浩
第五师 第六师 军分区 警备区 ...

渤海军区 司令员 袁也烈 政治委员 景晓村
第七师 (8月组建) ...

鲁中军区 司令员 王建安
第四师 第九师 警备区 ...

鲁南军区 司令员 张光中 政治委员 傅秋涛
警备旅 海军分区 ...

东江纵队 司令员 曾生 政治委员 雷经天

山东军政干部学校 校长 张云逸 (兼)

注:滨海军区于1946年7月撤销。

山东野战军
司令员兼政治委员 陈毅
副政治委员兼政治部主任
参谋长 宋时轮
政治部主任 唐亮
政治部副主任 张凯

第一纵队 司令员 叶飞 政治委员 赖传珠
第一旅 第二旅 第三旅

第二纵队 司令员 韦国清 政治委员
第四旅 第九旅

第七师 师长 谭希林 政治委员 曾希圣
第十九旅 第二十旅 第二十一旅

第八师 师长 丁秋生 政治委员 何以祥

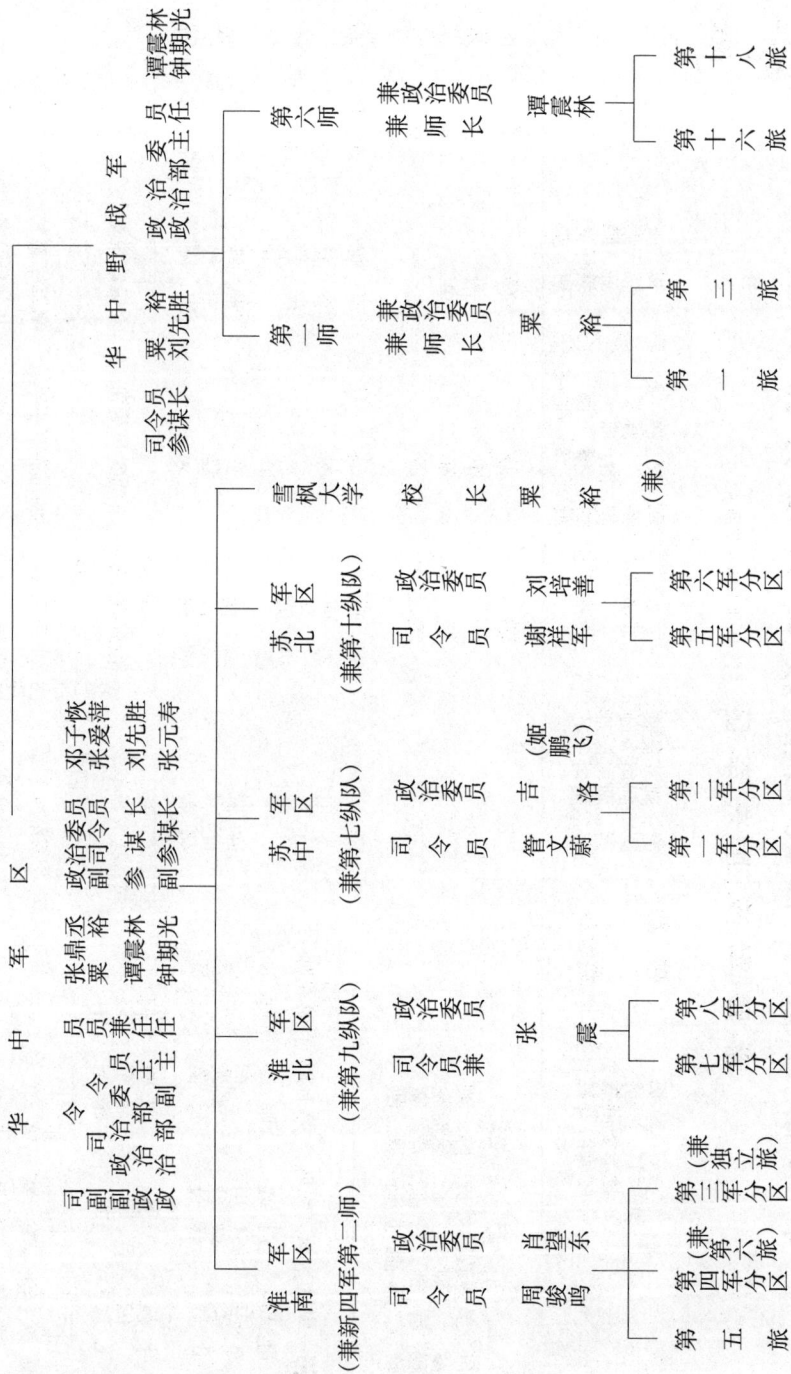

新 四 军 （1946年6月－7月）

华 中 军 区

司 令 员　张鼎丞
副司令员　粟　裕
政治委员兼任　邓子恢
政治部主任　谭震林
政治部副主任　钟期光

政治委员　邓子恢
副司令员　粟　裕
参 谋 长　谭震林
副参谋长　钟期光
政治部主任　张爱萍
政治部副主任　刘先胜
副参谋长　张元寿

华 中 野 战 军
司令员　粟　裕
参谋长　刘先胜
政治部主任　谭震林
政治部副主任　钟期光

- 第一师　兼师长　政治委员　粟　裕
  - 第一旅
  - 第三旅
- 第六师　兼师长　兼政治委员　谭震林
  - 第十六旅
  - 第十八旅

淮南军区（兼新四军第二师）
司令员　周骏鸣
政治委员　肖望东
- 第四军分区（兼第六旅）
- 第五旅
- 第三军分区（兼独立旅）

淮北军区（兼第九纵队）
司令员兼政治委员　张　震
- 第七军分区
- 第八军分区

苏中军区（兼第七纵队）
司令员　管文蔚
政治委员　吉洛（姬鹏飞）
- 第一军分区
- 第二军分区

苏北军区（兼第十纵队）
司令员　谢祥军
政治委员　刘培善
- 第五军分区
- 第六军分区

雪枫大学
校长　粟　裕（兼）

华 东 军 区 （1947年7月－8月）

司令员　陈毅
副司令员　张云逸
参谋长　陈士榘
副参谋长　袁仲贤
政治委员　饶漱石
副政治委员　黎玉
政治部主任　舒同
政治部副主任　唐亮　周骏鸣　张凯

华东野战军东线兵团
司令员　许世友
参谋长　刘少卿
野战军副政治委员兼兵团政治委员　谭震林
野战军政治部主任　谢有法

鲁中军区
司令员／政治委员　王建安　向明
第一军分区　第二军分区　第三军分区

两广纵队
司令员　曾生
政治委员　雷经天

第十三纵队
司令员　周志坚
政治委员　廖海光
第三十七师　第三十八师　第三十九师

第九纵队
司令员　许世友（兼）
政治委员　林浩（兼）
第二十五师　第二十六师　第二十七师

第七纵队
司令员　成钧
政治委员　赵启民
第十九师　第二十师　第二十一师

第二纵队
司令员兼政治委员　韦国清
第四师　第五师　第六师

第四纵队（10月归还晋冀鲁豫军区建制）

独立师（10月调归军区建制）

华东军事政治大学　校长　张云逸（兼）

华中指挥部
　指挥　管文蔚
　政治委员　陈丕显

第十二纵队　兼苏北军区
　司令员　陈庆先
　政治委员　曹荻秋
- 第七军分区（兼）
- 第三十六旅（兼第六军分区）
- 第三十五旅（兼第五军分区）
- 第三十四旅

第十一纵队　兼苏中军区
　司令员　管文蔚
　政治委员　吉洛（姬鹏飞）
- 第九军分区
- 第一军分区
- 第三十三旅
- 第三十一旅

渤海军区
　政治委员　景晓村
　司令员　袁也烈
- 新编第十一师（10月初组建）
- 新编第七师
- 第四军分区
- 第三军分区
- 第二军分区
- 第一军分区

滨海独立军分区

胶东军区
　政治委员　林浩
　司令员　许世友
- 烟台警备区
- 滨北军分区
- 北海军分区
- 南海军分区
- 西海军分区
- 东海军分区

鲁南军区
　司令员　张光中
　政治委员　傅秋涛
- 第三军分区
- 第二军分区
- 第一军分区

挺进中原三路大军（1947年7月—9月）

刘邓野战军

司令员 刘伯承
副司令员 李先念
参谋长 李达

政治委员 邓小平
副政治委员 张际春
兼政治部主任

- 中原独立旅

- 第十二纵队
  司令员 赵基梅
  政治委员 文建武
  - 第三十五旅
  - 第三十四旅

- 第十纵队
  司令员 王宏坤
  政治委员 刘志坚
  - 第三○旅
  - 第二十九旅
  - 第二十八旅

- 第六纵队
  司令员 王近山
  政治委员 杜义德
  - 第十八旅
  - 第十七旅
  - 第十六旅

- 第三纵队
  司令员 陈锡联
  政治委员 彭涛
  - 第九旅
  - 第八旅
  - 第七旅

- 第二纵队
  司令员 陈再道
  政治委员 王维纲
  - 第六旅
  - 第五旅
  - 第四旅

- 第一纵队
  司令员 杨勇
  政治委员 苏振华
  - 第二○旅
  - 第十九旅
  - 第一二旅

陈粟野战军

司令员兼政治委员　陈毅
副司令员　粟裕
参谋长　陈士榘
政治部主任　唐亮
政治部副主任　钟期光
副参谋长　刘先胜　刘瑞龙

第一纵队　司令员兼政治委员　叶飞
　　第一师　第二师　第三师

第三纵队　司令员　何以祥　政治委员　丁秋生
　　第七师　第八师　第九师

第四纵队　司令员　陶勇　政治委员　王集成
　　第十师　第十一师　第十二师
　　第十二师东10月归建由胶东建制

第六纵队　司令员　王必成　政治委员　江渭清
　　第十六师　第十七师　第十八师

第八纵队　司令员　王建安　政治委员　向明
　　第二十二师　第二十三师　第二十四师

第十纵队　司令员　宋时轮　政治委员　景晓村
　　第二十八师　第二十九师

特种兵纵队　司令员　陈锐霆　政治委员　张藩

第十一纵队　司令员　王秉璋　政治委员　张霖芝
　　第三十一旅　第三十二旅　第三十三旅

陈谢集团

司令员　陈赓　政治委员　谢富冶

第四纵队　司令员　陈赓　政治委员　谢富冶
　　第十旅　第十一旅　第十三旅

第九纵队　司令员　秦基伟　政治委员　黄镇
　　第二十五旅　第二十六旅　第二十七旅

第三十八军（西北民主联军）　军长　孔从周　政治委员　汪锋
　　第十七师　第五十五师

第二十二旅

注:第十一纵队属刘邓野战军建制,此时归陈、粟指挥。

附表5

中 原 野 战 军 （1948年8月—9月）

司令员　刘伯承　　政治委员　邓小平
副司令员　陈毅　李先念　　副政治委员兼政治部主任　张际春
参谋长　李达

- 第一纵队　司令员　杨勇　政治委员　苏振华
  - 第一旅
  - 第二旅
  - 第二〇旅
- 第二纵队　司令员　陈再道　政治委员　王维纲
  - 第四旅
  - 第六旅
- 第三纵队　司令员　陈锡联　政治委员　彭涛
  - 第七旅
  - 第八旅
  - 第九旅
- 第四纵队　司令员　陈赓　政治委员　谢富治
  - 第十旅
  - 第十一旅
  - 第十三旅
  - 第二十二旅
- 第六纵队　司令员　王近山　政治委员　杜义德
  - 第十六旅
  - 第十七旅
  - 第十八旅
- 第九纵队　司令员　秦基伟　政治委员　李成芳
  - 第二十六旅
  - 第二十七旅
- 第十一纵队　司令员　王秉璋　政治委员　张霖芝
  - 第三十一旅
  - 第三十二旅
  - 第三十三旅

华东野战军（1948年8月—9月）

司令员　陈毅
兼政治委员　谭震林
副政治委员
政治部主任　唐亮
政治部副主任　钟期光

代理　司令员　粟裕
兼　代理政治委员　陈士榘
代理参谋长　张震
副参谋长　刘瑞龙

刘先胜

山东兵团
司令员　许世友
副政治委员　王建安
政治部主任　谢有法

谭震林（兼）
政治委员
参谋长　李迎希

苏北兵团
司令员　韦国清
副政治委员
政治委员　吉洛（姬鹏飞）
参谋长　张凯
政治部主任

政治委员　陈丕显
参谋长　覃健

第七纵队
司令员　成钧
政治委员　赵启民
　第十九师
　第二十师
　第二十一师

第九纵队
司令员　聂凤智
政治委员　刘浩天
　第二十五师
　第二十六师
　第二十七师

第十三纵队
司令员　周志坚
政治委员　廖海光
　第三十七师
　第三十八师
　第三十九师

渤海纵队
司令员　袁也烈
　新编第七师
　新编第十一师

鲁中南纵队
司令员　傅秋涛
　第四十六师
　第四十七师

第二纵队
司令员　滕海清
政治委员　康志强
　第四师
　第五师
　第六师

第十一纵队
司令员　胡炳云
政治委员　张藩
　第三十一旅
　第三十二旅
　第三十三旅

第十二纵队
司令员　谢振华
政治委员　李干辉
　第三十五旅
　第三十六旅

先遣纵队　司令员 孙仲德　政治委员 谭启龙
　第七支队　第十四支队　第十一支队

第一纵队　司令员 叶飞
　第一师　第二师　第三师

第三纵队　代司令员 孙继先　代理政委 丁秋生
　第八师　第九师

第四纵队　司令员 陶勇　政治委员 郭化若
　第十一师　第十二师　第十三师

第六纵队　司令员 王必成　政治委员 江渭清
　第十六师　第十七师　第十八师

第八纵队　司令员 张仁初　政治委员 王一平
　第二十二师　第二十三师

第十纵队　司令员 宋时轮　政治委员 刘培善
　第二十八师　第二十九师

特种兵纵队　司令员 陈锐霆

两广纵队　司令员 曾生　政治委员 雷经天

第三野战军（1949年3月）

司令员兼政治委员　陈毅
副司令员　粟裕
第二副政治委员兼政治部主任　唐亮
第一副政治委员　谭震林
参谋长　张震
政治部副主任兼政治勤务部司令员　钟期光
政治委员　刘瑞龙

第八兵团

司令员　陈士榘
政治委员　袁仲贤
副司令员兼政治部主任　江渭清
参谋长　何以祥

- 第二十四军　军长　王必成　政治委员　廖海光
  - 第七○师
  - 第七十一师
  - 第七十二师
- 第二十五军　军长　成钧　政治委员　黄火星
  - 第七十三师
  - 第七十四师
  - 第七十五师
- 第二十六军　军长　张仁初　政治委员　王一平
  - 第七十六师
  - 第七十七师
  - 第七十八师
- 第三十四军　军长　何基沣　政治委员　赵启民
  - 第一○○师
  - 第一○一师
  - 第一○二师

第七兵团

司令员　王建安
政治委员　谭启龙
副司令员兼政治部主任　姬鹏飞
参谋长　李迎希

- 第二十一军　军长　滕海清　政治委员　康志强
  - 第六十一师
  - 第六十二师
  - 第六十三师
- 第二十二军　军长　孙继先　政治委员　丁秋生
  - 第六十四师
  - 第六十五师
  - 第六十六师
- 第二十三军　军长　陶勇　政治委员　卢胜
  - 第六十七师
  - 第六十八师
  - 第六十九师
- 第三十五军　军长　吴化文　政治委员　何克希
  - 第一○三师
  - 第一○四师
  - 第一○五师

教导师

第十兵团
司令员 叶飞
政治委员 韦国清
参谋长 陈庆先
政治部主任 刘培善

特种兵纵队
司令员 陈锐霆
政治委员 张凯

第三十一军
军长 周志坚
政治委员 陈华堂
第九十一师 第九十二师 第九十三师

第二十九军
军长 胡炳云
政治委员 张藩
第八十五师 第八十六师 第八十七师

第二十八军
军长 朱绍清
政治委员 陈美藻
第八十二师 第八十三师 第八十四师

第九兵团
司令员 宋时轮
政治委员 郭化若
参谋长 覃健
政治部主任 谢有法

第三十三军
军长 张克侠
政治委员 韩念龙
第九十七师 第九十八师 第九十九师

第三十军
军长 谢振华
政治委员 李干辉
第八十八师 第八十九师 第九○师

第二十七军
军长 聂凤智
政治委员 刘浩天
第七十九师 第八十○师 第八十一师

第二十军
军长 刘飞
政治委员 陈时夫
第五十八师 第五十九师 第六十师

华 东 军 区 （1949年3月—4月）

司令员 陈毅
副司令员 张云逸
参谋长 周骏鸣
后勤司令员 宋裕和

政治委员 饶漱石
政治部主任 舒同
政治部副主任 唐亮
后勤政治委员 石集成

历任表

山 东 军 区

司令员 张云逸（兼）
第二副司令员 许世友
第二副司令兼参谋长 袁也烈

政治委员 康生
第一副政治委员 傅秋涛
第二副政治委员 向明
政治部主任 王集成

鲁中南军区

司令员 钱钧
政治委员 高克亭

- 泰西军分区
- 滨海军分区
- 台枣军分区
- 尼山军分区
- 沂蒙军分区
- 泰山军分区

渤海军区

司令员 覃士冕
政治委员 张晔

- 垦利军分区
- 清河军分区
- 沧北军分区
- 沧南军分区

胶东军区

司令员 贾若瑜
政治委员 赖可可

- 滨北军分区
- 北海军分区
- 南海军分区
- 西海军分区
- 东海军分区
- 警备第五旅
- 警备第四旅

第三十二军

军长 谭希林
政治委员 彭林

- 第九十五师
- 第九十四师

济南警备区（兼警备第一旅）

司令员 廖容标
政治委员 刘顺元

徐州警备区（兼警备第二旅）

司令员 张光中
政治委员 张北华

昌潍特区

军事政治大学　校长　张云逸（兼）

警备旅

后备军区　司令员　林维先
- 第十四师
- 第十三师
- 第十二师
- 第十一师

皖北军区　司令员兼政治委员　曾希圣
- 阜阳军分区
- 安庆军分区
- 六安军分区
- 巢湖军分区
- 宿县军分区
- 滁县军分区
- 警备第三旅
- 警备第二旅
- 警备第一旅

苏南军区　司令员　管文蔚　政治委员　陈丕显
- 警备第八旅
- 警备第七旅
- 警备第六旅

苏北军区　司令员　张震东　政治委员　肖望东
- 盐城军分区
- 淮阴军分区
- 南通军分区
- 扬州军分区
- 泰州军分区
- 警备第九旅

徐州绥靖公署 （1946年7月）

主任　薛岳
副主任　李品仙　汤恩伯　吴奇伟　冯治安
参谋长　陈世希　李延年

第一绥靖区
司令官　李默庵
副司令官　陈大庆　李觉

- 整编第八十三师　师长　李天霞
  - 第十九旅
  - 第六十三旅
- 整编第七十四师　师长　张灵甫
  - 第五十一旅
  - 第五十七旅
  - 第五十八旅
- 整编第四十九师　师长　王铁汉
  - 第二十六旅
  - 第七十九旅
  - 第一○五旅
- 整编第二十五师　师长　黄百韬
  - 第四十旅
  - 第一○八旅
  - 第一四八旅

第十九集团军
总司令　张雪中
副总司令　李铣

- 整编第五十二师　师长　王毓文
  - 第八十二旅
  - 第三十三旅
- 整编第五十一师　师长　周毓英
  - 第一一三旅
  - 第一一四旅
- 整编第二十一师　师长　刘雨卿
  - 第一四五旅
  - 新编第七旅
  - 新编第四六旅

第二绥靖区
司令官　王耀武　李仙洲
副司令官　丁治磐　廖运泽

- 第五十四军　军长　阙汉骞
  - 第八师
  - 第三十六师
  - 第一九八师
- 第七十三军　军长　韩浚
  - 第十五师
  - 第七十七师
  - 第一九三师
- 第九十六军　军长　陈金城
  - 暂编第十二师
  - 暂编第十五师
  - 新编第十四师

第二集团军
总司令　夏楚中

- 第十二军　军长　霍守义
  - 新编第三六师
  - 第一一一师
  - 第二二三师
- 第八军　军长　李弥
  - 第一○三师
  - 荣誉第一师
  - 第一六六师

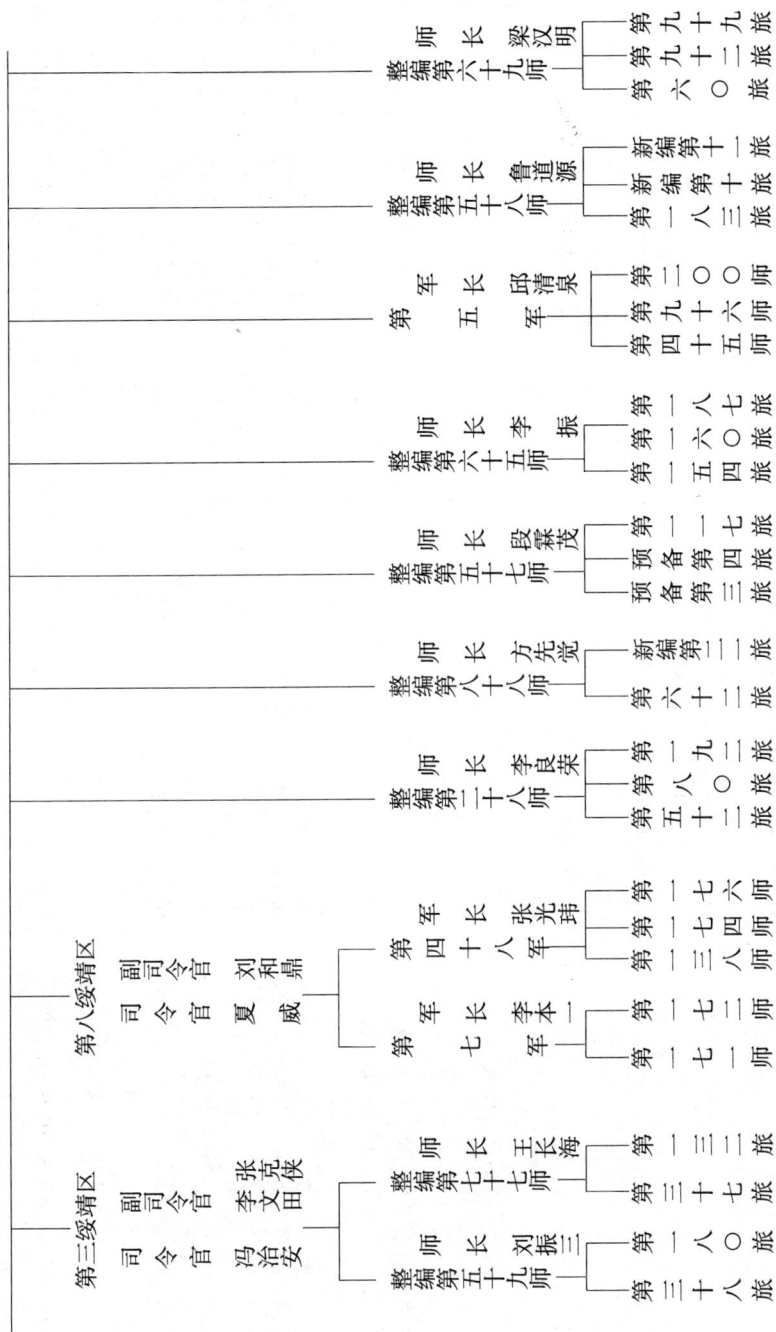

第三绥靖区
司令官 冯治安
副司令官 李文田
张克侠

第八绥靖区
司令官 夏威
副司令官 刘和鼎

- 整编第五十九师 师长 刘振三
  - 第三十八旅
  - 第一八○旅
- 整编第七十七师 师长 王长海
  - 第三十七旅
  - 第一三二旅
- 第七军 军长 李本一
  - 第一七一师
  - 第一七二师
- 第四十八军 军长 张光玮
  - 第一三八师
  - 第一七四师
  - 第一七六师
- 整编第二十八师 师长 李良荣
  - 第五十二旅
  - 第八○三旅
  - 第一九二旅
- 整编第八十八师 师长 方先觉
  - 第六十二旅
  - 新编第二十一旅
- 整编第五十七师 师长 段霖茂
  - 第一一七旅
  - 预备第四旅
  - 预备第三旅
- 整编第六十五师 师长 李振
  - 第一五四旅
  - 第一六○旅
  - 第一八七旅
- 第五军 军长 邱清泉
  - 第四十五师
  - 第九十六师
  - 第二○○师
- 整编第五十八师 师长 鲁道源
  - 新编第十一旅
  - 新编第一八三旅
- 整编第六十九师 师长 梁汉明
  - 第九十二旅
  - 第一○六旅

陆军总部徐州司令部（1947年7月—8月）

总司令　顾祝同
副总司令　韩德勤
参谋长　郭汝瑰

范汉杰

第一兵团　司令官　范汉杰（兼）

- 整编第八十五师　师长　吴绍周
  - 第一一O旅
  - 第二三旅
- 整编第五师　师长　邱清泉
  - 第二OO旅
  - 第四十五旅
- 整编第三十五师　师长　黄百韬
  - 第一O四旅
  - 第一OO旅
- 整编第七十五师　师长　沈澄年
  - 第十六旅
  - 第六OO旅
- 整编第十一师　师长　胡琏
  - 第十八旅
  - 第一一八旅
- 整编第六十四师　师长　黄国梁
  - 第一三一旅
  - 第一五六旅

第三兵团　司令官　欧震

- 整编第五十七师　师长　段霖茂
  - 第一八七旅
  - 第一六O旅
  - 第一五四旅
- 整编第六十五师　师长　李振
  - 第一八七旅
  - 第一六O旅
  - 第一五四旅
- 整编第九师　师长　王陵云
  - 预备第二旅
  - 第七十六旅
  - 第九旅
- 整编第五十一师　师长　王严
  - 第一一三旅
  - 第四十一旅
- 整编第八十三师　师长　周志道
  - 第六十三旅
  - 第四十四旅
  - 第十九旅

第二兵团临沂指挥所　主任　李延年

第三纵队　司令官　张淦

- 整编第二十三军　军长　李良荣
  - 整编第四十八师　师长　张光玮
    - 第一七四旅
    - 第一七六旅
  - 整编第七师　师长　钟纪
    - 第一七一旅
    - 第一七二旅
  - 整编第四十四师　师长　王泽浚
    - 第一五O旅
    - 第一六二旅
  - 整编第二十八师　师长　李勃
    - 第五十二旅
    - 第一九二旅

第二兵团
司令官 王敬久

第一绥靖区（南通）
司令官 李默庵
副司令官 陈大庆
李 觉

第二绥靖区（济南）
司令官 王耀武
副司令官 丁治磐

整编第七十二师
师长 余锦源
├ 新三十四旅
├ 新十三旅
└ 新十五旅

整编第八十四师
师长 吴化文
├ 第一五五旅
└ 新六旅

整编第七十师
师长 陈颐鼎
├ 第一四〇旅
└ 新一旅

整编第四师
师长 王作华
├ 第九〇旅
├ 第五九旅
└ 第一〇三旅

整编第二十一师
师长 刘雨卿
├ 第一四五旅
└ 第一〇六旅

暂编第二十五师
师长 孙良诚
├ 第十旅
└ 第二旅

整编第二十一军
军长 夏楚中

整编第八师
师长 李弥
├ 独立旅
├ 第一六六旅
├ 第一〇三旅
└ 第四十二旅

整编第十二师
师长 霍守义
├ 第一一一旅
└ 第一一二旅

整编第四十五师
师长 陈金城
├ 第二一一旅
├ 第二一二旅
└ 第二一三旅

青岛警备总司令部
总司令 丁治磐

整编第五十四师
师长 阙汉骞
├ 第八旅
├ 第三十六旅
└ 第一九八旅

整编第七十三师
师长 曹振铎
├ 第十五旅
├ 第七十七旅
└ 第一九三旅

第三绥靖区(贾汪)　第六绥靖区(商丘)　第八绥靖区(合肥)　徐兖绥靖区(兖州)　淮海绥靖区(淮阴)

司　令　官　马治安　　司　令　官　周　　　司　令　官　夏　威　　司　令　官　李玉堂　　司　令　官　张雪中
副司令官　李文田　　　区寿年　　　　　副司令官　刘和鼎
　　　　　张克侠　　　副司令官
　　　　　何基洋

第三绥靖区：
整编第五十九师　师长　刘振三
- 第一八○旅
- 第三十八旅

整编第七十七师　师长　王长海
- 第一三二旅
- 第三十七旅

第六绥靖区：
整编第五十八师　师长　鲁道源
- 第一八三旅
- 第三十九旅
- 第一一三旅

暂编第三十四师　师长　黄秀甫
- 第一旅
- 第一二旅
- 第三旅

第八绥靖区：
整编第四十六师　师长　韩练成
- 第一七五旅
- 第一八八旅
- 第二十九旅

徐州"剿匪"总司令部 (1948年8月—9月)

总司令 刘峙

副总司令 杜聿明 李延年 冯治安 刘汝明 韩德勤 孙震

参谋长 李树正

第二兵团
司令官 杜聿明　副司令官 邱清泉

- 整编第五师 师长 邱清泉
  - 第四十六旅
  - 第二〇〇旅
  - 第一六五旅
- 整编第七〇师 师长 高吉人
  - 第九十六旅
  - 第三十二旅
  - 第一三九旅
- 整编第七十四师 师长 邱维达
  - 第五十八旅
  - 第五十一旅
- 整编第八十三师 师长 周志道
  - 第六十三旅
  - 第四十四旅
- 第一一三旅
- 新编第二十一旅
- 骑兵第一旅

第七兵团
司令官 黄百韬

- 整编第二十五师 师长 陈士章
  - 第四〇八旅
  - 第一〇八旅
- 整编第四十五师 师长 于兆龙
  - 第一四一旅
  - 第二一二旅
- 整编第六十三师 师长 林湛
  - 第一五二旅
  - 第一八六旅
- 整编第六十四师 师长 刘镇湘
  - 第一五六旅
  - 第一五九旅
- 整编第七十二师 师长 余锦源
  - 第三十四旅
  - 第二一五旅

第十三兵团
司令官 李弥　副司令官 陈冰

- 整编第八师 师长 李弥
  - 第四十二旅
  - 新编第二三旅
  - 新编第一〇旅
- 整编第九师 师长 黄淑
  - 第三十六旅
  - 第二六六旅
  - 暂编第二十六旅

第十六兵团　司令官　孙元良

- 整编第四十一师　师长　胡临聪
  - 第一二二旅
  - 第一二四旅
- 整编第四十七师　师长　汪匣锋
  - 第一一七旅
  - 第一二五旅
- 整编第六十九师　师长　胡长青
  - 第九十九旅
  - 第一二二旅

第一绥靖区（淮阴）　司令官　周碞　副司令官　顾锡九　李天霞

- 整编第四师　师长　王作华
  - 第五十九旅
  - 第九〇旅
- 整编第二十一师　师长　王克俊
  - 第一一四旅
  - 第一四六旅
- 整编第五十一师　师长　王严
  - 第四十一旅
  - 第一一三旅
- 暂编第二十一师　师长　杨庭宴
  - 暂编第四十五旅
  - 暂编第四十六旅
- 暂编第二十五师　师长　孙良诚
  - 暂编第十三旅
  - 第一四八旅

第二绥靖区（济南）　司令官　王耀武　副司令官　牟中珩

- 整编第七十三师　师长　曹振铎
  - 第五十七旅
  - 第十九旅
  - 第七十七旅
  - 第十五旅
- 独立旅
- 整编第九十六军　军长　吴化文　整编第八十四师　师长　吴化文
  - 第一六一旅
  - 第一五五旅
- 整编第二师　师长　晏子风
  - 第二一三旅
  - 第二一一旅

- 徐州警备司令部　司令　谭辅烈
- 第八绥靖区　合肥
- 整编第六十六师　师长　罗贤达
  - 第一八五旅
  - 第十三旅
- 第十一绥靖区　新乡　司令官　陈鼎勋
  - 整编第四〇师　师长　李振清
    - 第一〇六旅
    - 第三十九旅
- 第十一绥靖区（青岛）　司令官　刘安琪　副司令官　施中诚
  - 新编第三旅
  - 第一〇三旅
  - 整编第五十四师　师长　李志鹏
    - 第七旅
    - 第三十六旅
  - 整编第三十二师　师长　施中诚
    - 新编第三十六旅
    - 第五十七旅
- 第九绥靖区　海州　司令官　汤位东　副司令官　李延年
  - 整编第四十四师　师长　王泽浚
    - 第一六二旅
    - 第一五〇旅
- 第四绥靖区（开封）　司令官　刘汝明　副司令官　曹福林　米文和　田镇南
  - 整编第六十八师　师长　刘汝珍
    - 第一一九旅
    - 第一四三旅
  - 整编第五十五师　师长　曹福林
    - 第二十九旅
    - 第七十四旅
    - 第一八一旅
- 第三绥靖区（贾汪）　司令官　冯治安　副司令官　李文田　何基沣　张克侠
  - 整编第七十七师　师长　王长海
    - 第三十七旅
    - 第一三二旅
  - 整编第五十九师　师长　刘振三
    - 第三十八旅
    - 第一八〇旅

京 沪 杭 警 备 总 司 令 部 （1949年3月）

总司令 汤恩伯　副总司令 冷　欣　刘汝明　宋忠一
参谋长 曹士澄　　　　　　丁治磐　宣铁吾　陈大庆

第八兵团

司令官 刘汝明
副司令官 曹福林　刘汝珍　米文和

- 第五十五军 曹福林
  - 第二十九师
  - 第七十四师
  - 第一八一师
- 第六十八军 刘汝珍
  - 第八十一师
  - 第一一九师
  - 第一四三师
- 第九十六军 于兆龙
  - 第二一二师
  - 第一四一师
  - 第二七五师

第七绥靖区

司令官 张世希
副司令官 马师恭　曾　振

- 第二十军 杨干才
  - 第一三三师
  - 第一三四师
- 第六十六军 罗贤达
  - 第十三师
  - 第一八五师
  - 第一九九师
- 第八十八军 马师恭
  - 第一四九师
  - 第一四九师
  - 第三一九师

第六兵团

司令官 李延年

- 第九十九军 胡长青
  - 第九十二师
  - 第二六八师
  - 第三一九师
- 第二十八军 刘秉哲
  - 第八〇师
  - 第一九二师
  - 第五十二师
- 第四十五军 陈　沛
  - 第九十七师
  - 第二一二师
  - 第三一二师

首都卫戍总司令部

司令官 张耀明
副司令官 覃异之　陈　沛

- 江宁要塞

淞沪警备司令部

司令 陈大庆

- 第三十七军 罗　泽
  - 第二〇四师
  - 第二〇〇师
  - 第三〇二师
- 第五十二军 刘玉章
  - 第二师
  - 第二十五师
  - 第二九六师
- 第七十五军 吴仲直
  - 第六师
  - 第十六师
  - 第九十五师
- 吴淞要塞
- 警备旅
- 第三八师

附表12②

第一绥靖区　　　　　　　　　第十七兵团　　　　　第九编练司令部　　　　　　　浙江警备司令部

- 第一绥靖区
  - 司令官　丁治磐
  - 副司令官　顾锡九
  - 第四军　军长　王作华
    - 第五十九师
    - 第九十师
    - 第一○六师
  - 第二十一军　军长　王克俊
    - 第一三○师
    - 第一四五师
    - 第二一四师
  - 第四十一军　军长　王秉钺
    - 暂编第四师
    - 第一三四师
  - 第五十一军　军长　阚汉骞
    - 第一一三师
    - 第一九一师
  - 第一二三军　军长　顾锡九
    - 第二○四师
    - 第三一八师
    - 第三○四师
    - 江阴要塞

- 第十七兵团
  - 司令官　侯镜如
  - 第一○六军　军长　王修身
    - 第二八二师
    - 第二九五师
    - 第三一三师
  - 第八十七军　军长　段沄
    - 第二二○师
    - 第二二三师
    - 第三一八师

- 第九编练司令部
  - 司令官　张雪中
  - 第七十三军　军长　李天霞
    - 暂编第三十三师
    - 第十五师
    - 暂编第十八师
  - 第七十四军　军长　劳冠英
    - 第五十八师
    - 第五十一师
    - 暂编第三十三师
  - 第八十五军　军长　吴求剑
    - 第二一六师
    - 第一一○师
    - 第二三师

- 第十八军　军长　胡琏
  - 第十一师
  - 第一一八师
  - 第一一四师

- 浙江警备司令部　司令　周碞
  - 第六十七军　军长　刘廉一
    - 第五六师
    - 第二八一师
    - 第二九师

（以上各表选自《中国人民解放军战史》第3卷，军事科学院军事历史研究部编著。）

附图 1

苏 中 战 役
1946年7月13日～8月26日

宿 北 战 役
1946 年 12 月 15 日～19 日

五花顶
蛐蝓
西鲍圩
南涧子
9 纵一部
7 师
(欠19旅)
新店子
8 师
郯店
沐
叶海子
河
钱杨
顶3旅
崎山镇
刘圩子
嶂山
蓝庄
41旅
小牌坊
李庄
骆
60旅
马
罗庄
人和圩
9 纵一部
胡
1 纵
佃家湖
整69师部
嶂店子
峰家淮
92旅1个团
2 纵
王家渡
麻林
来龙庵
9 纵一部
朱瓦房庄
李圩
高圩子
张圩子
康庄
井儿头
晓店子
曹家集
整11师
六
塘
宿迁
河

图 例

解放军 12 月 15 日行动方向
解放军12月16~19日行动方向
国民党军的行动方向
0   3   6公里

胶东保卫战
1947年9月～12月

渤　海

黄　海

蓬莱
烟台
龙口
黄山馆
招远
栖霞
整25师
莱县
道头
沙河北
整8师
整9师
整54师一部
莱阳
新河
整64师一部
昌邑
平度
13纵
13纵
13纵
寨亭
潍县（潍坊）
范家集
整25师
198旅
7纵
海阳
山阳庄
整45师211旅
现子海整54师主力
朱里
灵山
南阡
76旅
丈岭
整9师
57旅
12月11日开往青岛
安丘
高密
即墨
兰村
城阳
7、9纵
2纵
胶县
整64师
诸城
胶南
青岛
2纵
7纵

图　例

图例	说明
⇒	1947年9月胶东阻击战
⇒	10月2日～10日胶河战役
→	11月6日～30日胶高追击战
⋯⋯⇒	12月4日～27日莱阳战役

0　　20　　40公里

孟 良 崮 战 役

1947 年 5 月 13 日～16 日

0　　8　　16公里

5军

10纵

新泰

整11师

3纵

常路

1纵

蒙阴

整65师

曹庄

桃墟

整25师

界牌

望海楼

6纵

上冶

观上

白埠

朴里庄

西王庄

坦埠

旧寨

4纵

孟家寨　黄鹿寨

黄斗顶山

佛山

马牧池

唐家峪子

孟良崮

古山　万象山

老猫窝

桃花山

磊石山　鼻子山

塅庄

黄山铺

沂水

港埠口

9纵

8纵

2纵

大张庄

界湖

苗家曲

崔家店

赵家城子

留田

整83师

青驼寺

整48师

7纵

泗阳

垛沟

莱 芜 战 役
1947 年 2 月 20 日～23 日

附图 3

鲁 南 战 役
1947年1月2日～20日

豫东战役
1948 年 6 月 17 日～7 月 6 日

图　例
6 月 17 日～22 日　作战行动
6 月 27 日～7 月 6 日　作战行动

0　　25　　50公里

附图 8

济南战役
1948年9月16日~26日

图 例
第一阶段
第二阶段
第三阶段
国民党军退却方向
0　4　8公里

华野战役决心

淮 海 战 役

1948年11月6日～1949年1月10日

上海战役
1949 年 5 月 12 日～27 日

图例
解放军外围战
解放军总攻

0　10　20公里